BASTEI
LÜBBE

WILLIAM F. PEPPER

Die wahren Hintergründe der Ermordung von
MARTIN LUTHER KING

IN DER SCHUSSLINIE

Aus dem Amerikanischen übertragen von
Nikolaus Gatter

BASTEI
LÜBBE

BASTEI-LÜBBE-Taschenbuch
Band 60453

Deutsche Erstveröffentlichung

Originaltitel: ORDERS TO KILL
The Truth Behind the Murder of Martin Luther King
Originalverlag: Carroll & Graf Publishers, New York

Printed in Germany, Mai 1998
Lektorat: Marco Schneiders
Einbandgestaltung: Dieter Deichmann
Titelfoto: A.K.G., Berlin
Satz: Textverarbeitung Garbe, Köln
Druck und Bindung: Elsnerdruck, Berlin
ISBN 3-404-60453-9

Dieses Buch und meine voraufgehenden Recherchen
widme ich
Reverend Dr. Martin Luther King jr.
James Earl Ray
sowie
dem amerikanischen Volk,
und mit ihm allen Opfern

Inhalt

Einleitung

Wie die meisten Menschen gab ich mich damals, nach dem Mord an Martin Luther King, mit der offiziellen Darstellung der Ereignisse zufrieden. Heute glaube ich, daß ich allzu naiv gewesen bin. Wahrscheinlich wollte ich so rasch wie möglich über den Tod eines guten Freundes hinwegkommen. Wie dem auch sei, vier Tage nach dem Attentat, am 8. April 1968, als ich mit dem Kinderarzt und Friedensaktivisten Benjamin Spock zur Trauerdemonstration nach Memphis reiste, glaubte ich noch felsenfest, der Fall sei bei der Polizei in den besten Händen.

Erst Jahre später erfuhr ich von Ungereimtheiten bei den Ermittlungen. Es gab eine Verschwörungstheorie, wonach der Mord dem Verurteilten zu Unrecht angelastet worden sei. Auf Ersuchen des Reverend Ralph Abernathy bereitete ich selbst in den Jahren 1977/78 ein fünfstündiges Gespräch mit James Earl Ray vor. Seitdem ließ mir das Geheimnis um das Attentat keine Ruhe mehr. Dabei spielen wohl auch Schuldgefühle eine Rolle. Aufgrund eines Artikels von mir hatte Martin einst Stellung gegen den Vietnamkrieg bezogen – und dies war es nicht zuletzt, was sein gewaltsames Ende heraufbeschwor.

Der Tod Martin Luther Kings war der schwerste Verlust, den die Vereinigten Staaten in dieser Epoche erlitten haben. Das haben uns die vergangenen zwei Jahrzehnte deutlich gezeigt. Um das ganze Ausmaß der Katastrophe zu begreifen, muß man wissen, daß King nicht nur der beliebte Vorkämpfer für die Bürgerreche der Schwarzen war, als den ihn die Öffentlichkeit vorwiegend kennt. Als gewaltloser Revolutionär war er zugleich die treibende Kraft für längst überfällige soziale, politische und wirtschaftliche Reformen.

Aufmerksame Beobachter im amerikanischen Militär- und Justizwesen, vor allem in den Geheimdiensten, hatten seine wahre Bedeutung frühzeitig erkannt. Kings entschiedener Pazifismus, sein Bemühen, die Ärmsten der Armen in Solidarität zu vereinen, bedrohten die ohnehin schon brüchige Sozialordnung der ausgehenden 60er Jahre. Seine mächtigen Gegner unterstellten ihm, er sei eine Marionette des Kommunismus.

Das letzte Jahr seines Lebens gehört zu den bewegtesten in der Geschichte unserer Nation. Es war von Unruhen und Gewalttaten bestimmt, von Rassenhaß und Empörung, von Verzweiflung und Hoffnungslosigkeit angesichts bedrückender Lebensverhältnisse in den Großstädten. Doch würden solche Krawalle unbegreiflich bleiben, wenn man die Allgegenwart des Krieges außer Betracht läßt, der die Gewalt zu legitimieren schien und auch das friedliche Miteinander der verschiedenen Staaten unserer Nation vergiftete.

Im Juli 1967 hatte es in neunzehn Staaten Amerikas nicht weniger als 93 Aufstände und größere Störungen der öffentlichen Ordnung gegeben. Im August kamen weitere 33 Erhebungen in 32 Städten von 22 US-Staaten hinzu.

Martin Luther King stand damals im Mittelpunkt des öffentlichen Interesses. Seine hartnäckige Opposition gegen den Krieg, seine Entschlossenheit, den Kongreß mit einer Großdemonstration an seine sozialen Aufgaben zu erinnern, die Armen zu Tausenden und Abertausenden auf einem Friedensmarsch nach Washington zu führen, jagten der Regierung Angst und Schrecken ein. Daß King mit seinem Heer der Mittellosen im Schatten des Kriegerdenkmals der Hauptstadt zu kampieren gedachte, überstieg ihre schlimmsten Vorstellungen.

Nach den Ausschreitungen in Detroit vom 26. Juli 1967, bei denen es neunzehn Tote, achthundert Verletzte und einen Sachschaden in Höhe von 150 Millionen Dollar gegeben hatte, wurden viele der inhaftierten Teilnehmer vernommen. Zu ihrer Bestürzung hörten die Offiziere der Abwehr, wen diese radikalen Jugendlichen als ihr Vorbild verehrten – nicht etwa Stokeley Carmichael oder H. Rap Brown, sondern Martin Luther King.

Sechs Wochen nach den Vorfällen in Detroit lud die National Conference for New Politics (NCNP) zu einem bundesweiten

Kongreß am Labor-Day-Wochenende nach Chicago ein. Rund fünftausend Delegierte aus dem ganzen Land strömten zusammen, um eine neue Partei zu gründen und Martin Luther King gemeinsam mit Benjamin Spock die Kandidatur zu den Präsidentschaftswahlen anzutragen. Heute wissen wir, welchen Wirbel dieses Vorhaben an höchster Stelle auslöste.

Doch der Kampf um soziale Gerechtigkeit nahm uns so in Anspruch, daß uns die eiserne Härte unserer Widersacher viel zu spät bewußt wurde. Mir ist inzwischen klar, welche Wagenburgmentalität 1967 bei der Regierung herrschte. Offizielle Vertreter Washingtons, auch Bundesgerichte, Geheimdienste und Armee – sie alle wollten von den wirklichen Problemen im Land nichts wissen. Für sie sah es so aus, als rotteten sich vor den Pforten der Macht die Barbaren zusammen. Die Verteidigung des etablierten Systems und einzelner Wirtschaftsinteressen erschien ihnen als patriotische Pflicht. Initiativen, die gegen den Vietnamkrieg oder für einen Wandel der sozialen Verhältnisse eintraten, wurden argwöhnisch betrachtet, bespitzelt und/oder unterwandert.

Die Entstehung dieses Buchs reicht ins Jahr 1978 zurück. Es ist das Ergebnis langwieriger Bemühungen, die Wahrheit über das Attentat ans Licht zu bringen. Es berücksichtigt nicht das ganze Ausmaß meiner Recherchen; manche Spuren wurden verfolgt und wieder verworfen, viele noch so interessante Informationen weggelassen, weil sie zur alles entscheidenden Frage nichts Neues beitrugen. 1988 wurde ich der Anwalt von James Earl Ray; seit 1990 bemühe ich mich um Aufklärung des Falls, um meinen Mandanten freizubekommen. Diesem Ziel dienten auch die Recherchen für das vorliegende Buch. In den sieben Jahren, die der Publikation vorausgingen, habe ich alles versucht, was in meinen Kräften stand, um den Fall neu aufzurollen. Nachdem ich vor jedem Gerichtshof gescheitert bin, wende ich mich an die letzte verbleibende Instanz – die amerikanische Öffentlichkeit.

Es hat über siebenundzwanzig Jahre gebraucht, den Schleier zu lüften, den die Regierung mit Hilfe ihrer Vertreter auf kommunaler, bundesstaatlicher und nationaler Ebene über diesen Fall gelegt hat.

Manchen ehrlichen, sachkundigen Beamten der Mordkommission von Memphis habe ich im Lauf der Jahre kennen und schätzengelernt. Und würden sie nicht von ihrer eigenen Behörde daran gehindert, müßten sie – davon bin ich überzeugt – aufgrund der von ihnen ermittelten Indizien den einen oder anderen Mitbürger vor Gericht bringen: unter Anklage der Verschwörung, der Mittäterschaft, des Mordes in einem besonders schweren Fall. Es könnte sogar einige ihrer langjährigen Kollegen treffen. Doch auch ohne Einmischung von oben wäre die Verschwörung wohl kaum bis in jene wohlbehüteten Kreise zurückverfolgt worden, von denen sie ausgegangen ist.

Nach und nach wurde klar, daß eine derartige Untersuchung durch die Polizeibehörden nicht gestattet wurde, und daß alle seit 1968 politisch verordneten offiziellen Ermittlungen nur dazu dienten, die Wahrheit zu verschleiern und die Öffentlichkeit irrezuführen.

Nach jahrelangem Aktenstudium kam der Fall 1993 vor ein »Fernsehgericht«. Das Urteil der Geschworenen in dieser Sendung ohne Drehbuch lautete »nicht schuldig«. Bei weiteren Recherchen konnte ich neue Indizien zutage fördern. Erstmals werden Aussagen mehrerer Tatzeugen zitiert, die 27 Jahre geschwiegen hatten. Wir werden diese heimtückische Mordtat wohl nie in allen Details aufklären können, doch die Fakten sprechen mit überwältigender Beweiskraft für James Earl Rays Unschuld. Die Gesamtheit der Beweismittel müßte bei angemessener Würdigung zum Aufrollen des Verfahrens vor einem unabhängigen Gerichtshof führen. Dort gehören auch jene auf die Anklagebank, die damals wie heute die Ermittlungen behindern. Wir haben uns vergebens um einen Prozeß bemüht – noch während der Niederschrift dieses Buchs, anderthalb Jahre lang. Selbst jetzt, wo das Manuskript in den Druck geht, suchen wir nach einem Rechtsweg, der James zur Freiheit und der Gerechtigkeit zum Sieg verhelfen soll.

Diesem Attentat sind viele zum Opfer gefallen: Martin Luther King, James Earl Ray, ihre Angehörigen, das ganze amerikanische Volk. Wir haben das schändliche Fehlverhalten der staatlichen Autorität zu beklagen. Die Regierung und ihre Vertreter auf allen Ebenen tragen Mitschuld am Attentat auf Martin Luther King. Erst recht sind sie für die anschließende Verschleierungstaktik haftbar zu machen. Die Kontrolle durch die öffentliche Meinung, das nur vermeintlich »freie« Spiel der Kräfte, die von machtvollen Interessengruppen abhängige Regierung haben gänzlich versagt. Was wir Demokratie zu nennen pflegen – Herrschaft für und durch das Volk –, wurde im wahrsten Sinne des Wortes von innen ausgehöhlt.

Daher endet, was mit einem Kriminalfall begann, als Tragödie von ungeahnten Ausmaßen: Martin Luther King ist tot, James Earl Ray hinter Gittern, die Schuldigen sind auf freiem Fuß, manche von ihnen noch in Amt und Würden, und unser Vertrauen in die Vereinigten Staaten von Amerika wurde in den Grundfesten erschüttert.

William F. Pepper
London

Abb. 1: Schauplatz des Attentats

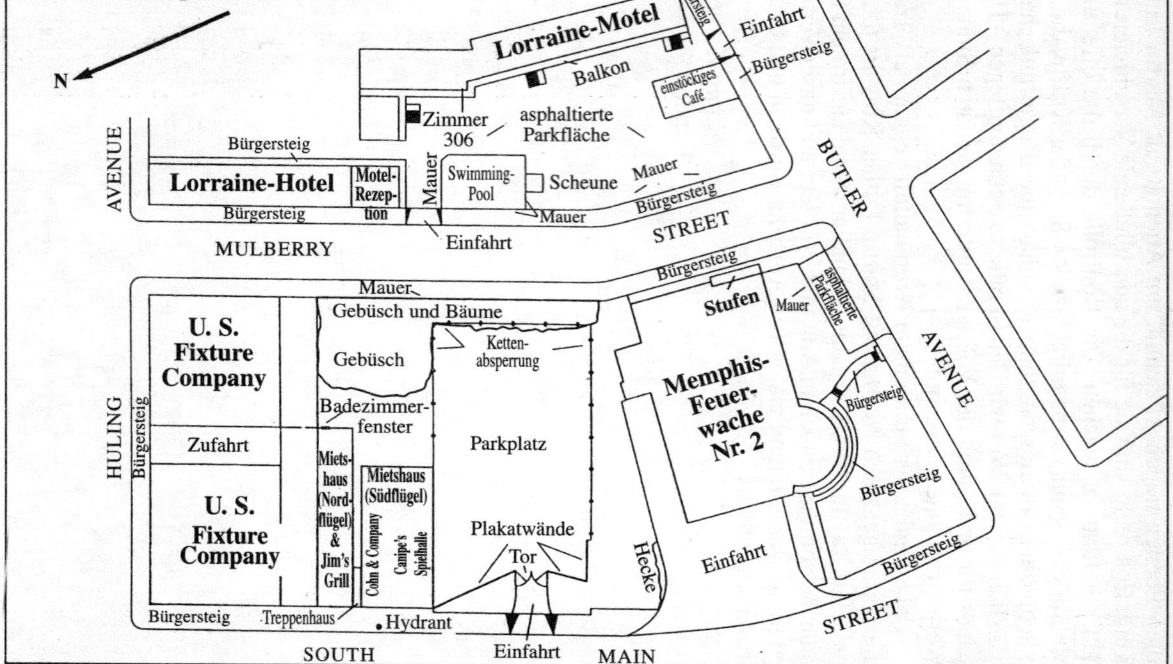

Teil I
Die Hintergründe des Attentats

1
Vietnam:
Frühling 1966 bis Sommer 1967

Unsere Geschichte beginnt in Südvietnam, wohin ich im Frühjahr 1966 als freiberuflicher Zeitungskorrespondent reiste.

Schon bald gewann ich ein Bild von der Lage. Überall, wohin ich kam, vom Mekong-Delta bis an die Nordgrenze (1. Korps), waren durch amerikanische Bombenangriffe die Siedlungen dieser uralten bäuerlichen Kultur systematisch vernichtet, ihre Bewohner getötet worden. Immer wieder traf ich in Flüchtlingslagern und Krankenstationen auf Kinder, die kaum mehr menschenähnlich waren; ihre Glieder waren vom Napalmfeuer grotesk entstellt, und sie berichteten, wie die »Feuerbomben« vom Himmel herab auf ihr Dorf regneten.

Ich hatte eine Zeitlang die Front bereist, bis meine Maschine in der Nähe von Pleiku unter Beschuß geriet, und ich bei der Bruchlandung leicht verletzt wurde. Ich kehrte nach Saigon zurück und wurde von Freunden zu einer Party eingeladen. Erschöpft und entnervt wie ich war, sagte ich dennoch zu. Im Hochland hatte ich zahlreiche Greuel erlebt, und weil ich alles andere als ein hartgesottener Kriegsberichterstatter war, machte mich all das völlig fertig. Es dauerte nicht lange, bis eine junge Vietnamesin auf mich zukam und mich ausfragte. Ein paar Drinks lösten mir die Zunge und verleiteten mich zur offenen Kritik am Verhalten der US-Streitkräfte in diesem Krieg. Die Frau schien mir sympathisch. Nach jenem Abend habe ich sie nie wiedergesehen.

Anderntags rief mich Commander Madison zu sich, der für Akkreditierungen zuständige Presseoffizier, den meine Kollegen für einen V-Mann der Abwehr hielten. Er zeigte sich befremdet, daß ich der täglichen Pressekonferenz in Saigon fernblieb (wo die offiziellen Verlautbarungen des Militärs bekanntgegeben wurden) und deutete an, ihm seien unerwünschte Bemerkungen von mir hinterbracht worden. Meine Akkreditierung als Berichterstatter müsse deshalb zurückgezogen werden.

Ich flog nach Hause, gab meine Artikel zum Druck und präparierte mich für eine Zeugenaussage vor dem Unterausschuß, den Senator Edward M. Kennedy zur Erkundung der Flüchtlings- und Vertriebenenprobleme einberufen hatte. Meinen Bericht über »Die Kinder von Vietnam« brachte die Zeitschrift *Ramparts* im Januar 1967. Was Martin Luther King damals am meisten beunruhigte, waren die Pläne der Johnson-Regierung, das innenpolitische Sozialprogramm zu kippen, um mehr Geld in die Rüstung zu pumpen.

Zum endgültigen Bruch mit dem Weißen Haus über dieses Thema war es noch nicht gekommen. Doch als der *Ramparts*-Artikel erschienen war, wurde King von vielen Seiten telefonisch bedrängt, den Vietnamkrieg zu verurteilen und sich im Wahljahr 1968 als Präsidentschaftskandidat zur Verfügung zu stellen. Zu den Anrufern gehörten der Yale-Geistliche William Sloane Coffin, der *Nation*-Herausgeber Carey McWilliams und Sozialistenführer Norman Thomas. Später stellte sich heraus, daß Mitschnitte der abgehörten Telefongespräche dem FBI-Chef J. Edgar Hoover vorlagen und durch ihn an Lyndon B. Johnson gelangten.

Am Samstag, dem 14. Januar, war King nach Jamaica geflogen. Das Buch, das er dort schreiben wollte, betraf einen seiner leidenschaftlichsten Glaubenssätze: die Idee eines garantierten Mindesteinkommens für jeden erwachsenen Staatsbürger. Sein Freund und Mitarbeiter Bernard Lee begleitete ihn. Beim Frühstück las Martin Luther King die Januar-Ausgabe des *Ramparts*. King zeigte sich, wie Lee bestätigte und auch David Garrow in seinem historischen Bericht *Bearing the Cross* feststellt[1], von meiner Schilderung der an Zivilisten verübten Greuel und den Fotos erschüttert. Früher schon hatte er gegen den Krieg Stellung genommen, doch jetzt war er bereit, alles zu unternehmen, um ihn zu beenden.

King machte den Kampf gegen den Vietnamkrieg zu seinem Hauptanliegen. Seinem langjährigen Berater Stanley Levinson und dem farbigen Gewerkschafter Cleveland Robinson erklärte er, ohne Rücksicht auf die finanziellen und persönlichen Konsequenzen notfalls mit der Johnson-Regierung zu brechen.[2] Mehr denn je erkannte er die Notwendigkeit eines Bündnisses der Bürgerrechts- mit der Friedensbewegung. Bald nahm er selbst an Kundgebungen gegen den Krieg teil. Bei einer Konferenz, die unter Schirmherrschaft der Zeitschrift *Nation* am 25. Februar 1967 in Los Angeles stattfand, ergriff er das Wort und leitete neben Benjamin Spock (seinem Mitbewerber bei der Nominierung zum Präsidentschaftskandidaten), mitten in Chicago den Friedensmarsch vom 23. März. Zugleich bereitete er eine größere Rede vor, die er am 15. April bei der Demonstration der Spring-Mobilization-Gruppe in New York halten wollte.

Seit Jahresbeginn widmete Martin Luther King einen Großteil seiner Zeit dem Projekt eines Bündnisses aller progressiven Kräfte. Die einzelnen, auf ihr jeweiliges Ziel beschränkten Initiativen sollten eine machtvolle, durch wachsende Mitgliederzahl und gemeinsame Finanzierung gestärkte Koalition bilden. All diese Gruppen waren gegen den Krieg, und alle traten für die Gleichberechtigung der Farbigen und anderer Minderheiten ein, doch ihr Hauptziel war die Bekämpfung der Armut in einer der reichsten Nationen der Welt. Diese gemeinsamen Ziele bildeten die Grundlage ihrer »neuen Politik«, und für ihre bundesweite Umsetzung wurde die National Conference for New Politics (NCNP) ins Leben gerufen. Ich wurde zum Geschäftsführer dieser Organisation bestellt.

Obwohl wir in erster Linie politische Basisarbeit leisten wollten, waren wir so unzufrieden mit der »alten Politik« der Johnson-Regierung, daß die NCNP eine unabhängige Präsidentschaftskandidatur anstrebte. Am Labor-Day-Wochenende 1967 sollte im Palmer House von Chicago ein entsprechender Beschluß gefaßt und das Wahlprogramm erarbeitet werden – eine bundesweite Übereinkunft, die anschließend von Delegierten aller gesellschaftskritischen Gruppen bundesweit verbreitet würde.

Auf den Tag genau zwölf Monate vor seiner Ermordung, am Dienstag, dem 4. April, wandte sich King in der New Yorker Riverside Church an mehr als dreitausend Zuhörer und erklärte sich öffentlich zum Gegner des Krieges. Er stellte die Frage, ob sein Vaterland, die ehrwürdigen Vereinigten Staaten, vor der Welt jemals wieder als »Vorbild der Revolution, der Freiheit und der Demokratie« gelten und nicht vielmehr »ein Zerrbild der

Gewalt und des Militarismus bieten« werde. Er forderte zur Kriegsdienstverweigerung auf, zu Friedensdemonstrationen, zur Einmischung in die Politik, und verlangte von Amerika eine moralische Umkehr, die zugleich die radikale Wendung vom Materialismus hin zum Humanismus einleiten solle.

Die Reaktion auf diese Rede kam prompt und fiel niederschmetternd aus. Alte Freunde (wie Phil Randolph und Bayard Rustin) weigerten sich, öffentlich Stellung zu nehmen, oder distanzierten sich von Kings Positionen. Die Haushaltspolitik und die Sozialreformen Lyndon B. Johnsons fanden wohlwollende Unterstützung bei Liberalen und Bürgerrechtlern, denen es fern lag, dem Präsidenten durch Kritik an seiner Kriegsführung ihre Loyalität aufzukündigen. Martin Luther King litt sichtlich unter den fortgesetzen Attacken durch Führer der Bürgerrechtsbewegung wie Roy Wilkins von der National Association for the Advancement of Colored People (NAACP) und Whitney Young von der National Urban League. (Daß Wilkins in dieser Phase enge Kontakte und einen Informationsaustausch mit dem FBI-Vizedirektor Cartha DeLoach pflegte, ahnten wir damals noch nicht.)[3] Selbst einige langjährige Mitarbeiter Kings waren mit seiner Rede nicht einverstanden. So erscheint es rückblickend wie Ironie des Schicksals, daß ausgerechnet Stanley Levison, dem das FBI den stärksten »kommunistischen« Einfluß auf King zuschrieb, dessen öffentliche Stellungnahme gegen den Krieg um jeden Preis zu verhindern suchte.

Auch die Kommentare in der Presse fielen fast durchweg negativ aus. Die *Washington Post*, die *New York Times* und das *Life*-Magazin mißbilligten die Rede aufs Schärfste.

Während der Vorbereitungen der zum 15. April angekündigten Friedensdemonstration diskutierte ich mit Martin Luther King über die Folgen des US-Engagements in Vietnam. Wir besprachen die künftige politische Strategie im allgemeinen sowie Einzelheiten der bevorstehenden Aktion. Fünf Tage vor dem Ereignis veröffentlichte der Vorstand des NAACP eine Resolution, die Kings Bemühungen um ein Bündnis von Bürgerrechts- und Friedensbewegung verurteilte. »Jetzt fallen sie alle über mich her«, erklärte mir Martin mit einem Anflug von Verzweiflung,

»dennoch dürfen wir nicht nachgeben. Sie und die übrigen müssen standhaft bleiben, jetzt und in Zukunft.«

Er und seine Freunde baten mich, bei den Demonstranten für seine Idee einer gemeinsamen King-Spock-Kandidatur zu werben. Den Eindruck, er habe es auf die Nominierung abgesehen, wollte er auf jeden Fall vermeiden; die Medien hätten dies mit Sicherheit, zum Schaden seiner eigentlichen Berufung, als Ehrgeiz in eigener Sache ausgelegt. Andererseits: Warum sollte er nicht, wo der Ruf nach seiner Kandidatur immer lauter wurde, dennoch ins Rennen gehen – nicht, um zu siegen, sondern um die politische Debatte neu zu entfachen?

Als King seine Rede vom 15. April mit dem Appell an die Regierenden schloß, »die Bombardements einzustellen«, war die Demonstrantenschar auf 250.000 begeistert skandierende Teilnehmer angewachsen. Meinen Vorschlag, das Team King-Spock in den Wahlkampf zu schicken, beantwortete die Menge mit einhelligem Jubel. Viele von uns glaubten tatsächlich am Ende der Kundgebung, in den Vereinigten Staaten habe eine Ära der »Neuen Politik« begonnen.

Am 23. April 1967 reisten Martin und ich nach Massachusetts, um gemeinsam mit Ben Spock ein Friedenscamp »von unten« mit dem Titel *Vietnam Summer* ins Leben zu rufen. Zur gleichen Zeit stieg ein Mann, der uns damals völlig unbekannt war und dessen Lebensschicksal wenig später auf unlösliche Weise mit unserem verquickt sein sollte, in der Großküche des Staatsgefängnisses von Missouri in Jefferson City in eine Brotkiste. Die Kiste wurde auf einen Lieferwagen gehievt, der James Earl Ray durch das offene Gefängnistor in die Freiheit brachte.

2
Das Ende der Neuen Politik: Sommer 1967 – Frühjahr 1968

Die NCNP-Zusammenkunft am Labor-Day-Wochenende 1967 begann vielversprechend und mit großen Erwartungen. Viele von uns bildeten sich ein, auf der Tagesordnung stünde nichts Geringeres als die Wiedergeburt einer Nation. Kings leidenschaftliche Rede wurde von den rund fünftausend Delegierten mit überwältigendem Beifall aufgenommen. Es war die politisch bedeutendste Ansprache seiner gesamten Laufbahn.

Und doch gab es auch Warnzeichen. Eine kleine, aggressive Minderheit zwang jeden farbigen Delegierten zur Mitgliedschaft in einem selbsternannten Schwarzen Block. Diese Gruppierung stellte eine Gefährdung für Martin Luther King dar, hatte sie doch gedroht, ihn als Geisel zu nehmen. Nachdem seine Rede beendet war, verließ er im Schutz seiner Leibwächter so rasch wie möglich die Versammlung.

Von Meinungsverschiedenheiten aufgerieben, endete der gesamte Kongreß mit einem niederschmetternden Fiasko. Unsere Hoffnungen auf ein breites politisches Bündnis waren dahin.

Über ein Jahrzehnt ging ins Land, bis wir uns darüber klar wurden, welchen Einfluß die Regierung auf den Verlauf der Zusammenkunft genommen hatte. Erst viel später erfuhren wir, daß wir unser Scheitern dem Einfluß mächtiger Interessengruppen aus Politik und Wirtschaft verdankten.

Beispielsweise stellte sich heraus, daß die CIA mit einer großangelegten Operation CHAOS die oppositionelle Bewegung zu spalten versuchte, indem sie politische Initiativen unterwandern ließ. Operation CHAOS schloß auch das Sammeln von Nachrichten durch verdeckte Ermittlungen, Abhörmaßnahmen, Postkontrollen und das Einschleusen von V-Leuten in Bürgerinitiativen ein. Bei der NCPC-Zusammenkunft bestand die Taktik darin, weiße und farbige Delegierte gegeneinander aufzuhetzen, auch durch den sogenannten Schwarzen Block, den wir damals für einen natürlichen Ableger der legitimen Black-Power-Bewegung hielten.

Delegierte des Schwarzen Blocks stimmten immer gemeinsam ab und bedienten sich unerhörter Taktiken. Sie machten sich das schlechte Gewissen der Weißen zunutze, nahmen jede Gelegenheit zur Spaltung und Einschüchterung wahr, riefen zum bewaffneten Kampf auf und formulierten unverhohlen antisemitische Resolutionen. Damals ahnte niemand, daß sie von der Regierung entsandt wurden und auf dem Umweg über die Wohlfahrtsorganisation Richard Daleys, des Bürgermeisters von Chicago, staatliche Gelder erhielten. Einige von ihnen gehörten dem meistgefürchteten Verbrecherring von Chicago an – den Blackstone Rangers.

Der Kongreß war im Handumdrehen heillos zerstritten; selbst führende Sponsoren der New-Politics-Bewegung verließen ihn vorzeitig. Manche zeigten sich persönlich verletzt, wie etwa der Harvard-Professor Martin Peretz, einer der Hauptakteure – nur zu verständlich, wenn man bedenkt, wieviel Zeit und Geld sie in die Vorbereitungen gesteckt hatten. Zunächst wollten wir es nicht wahrhaben, doch an jenem Wochenende erlosch die NCNP für immer als politische Kraft; statt bundesweiter Vernetzung war regionale Zersplitterung das Ergebnis.

Angesichts der Schwäche ihrer Organisationsstruktur war es für *agents provocateurs* ein leichtes, solche Gruppen zu unterwandern. (Eine von ihnen, die Invaders, war in Memphis aktiv. Es handelte sich um rund zwanzig farbige Männer und Frauen, die mit einer Reihe von Hilfsprogrammen vor Ort soziale Dienste leisteten, die es vorher nicht gab. Wichtig für uns wurden die Invaders durch die Nähe zu King in den Wochen vor seiner Ermordung. Sie wurden von V-Leuten unterwandert und in einem Ausmaß geheimdienstlich bespitzelt, das in keinem Verhältnis zu ihrer im Grunde genommen unbedeutenden Rolle im Machtgefüge von Memphis stand.)

Nach dem Kongreß blieben King und ich freundschaftlich verbunden. So schwer ihn die Katastrophe von Chicago auch getroffen hatte, sein Einsatz gegen den Vietnamkrieg steigerte sich noch. Zugleich brachte er die Poor People's Campaign ins Rollen, die zum Ende des Frühjahrs in einer Großdemonstration in Washington gipfeln sollte. In der ersten Phase dieser Armutskampagne sollten Hunderttausende nach Washington aufbrechen: die Ärmsten der Armen, Farbige, Weiße, Amerikaner hispanischer und indianischer Herkunft, überdies sympathisierende Studenten und Intellektuelle aus allen Teilen des Landes. Eine Zeltstadt sollte errichtet, ziviler Ungehorsam und gewaltfreier Widerstand trainiert und, wenn nötig, auch angewandt werden, um das Weiße Haus, den Kongreß und die zuständigen Behörden auf die sozialen Probleme aufmerksam zu machen.

Die Kritik am Vietnamkrieg, kombiniert mit der Forderung, den Wohlstand der Nation neu zu verteilen, machten Martin Luther King bei der Regierung erst recht unbeliebt. Zweifellos fühlten sich manche Privatleute und Institutionen in ihrem Vorurteil bestätigt und vermuteten in ihm einen potentiellen Feind der bestehenden Ordnung und des Staates. Was geschehen würde, wenn die Armee der Entrechteten unter seiner Führung in die Hauptstadt einzog, konnte niemand absehen.

Für diejenigen, die King nahestanden, war die zunehmende Radikalisierung im letzten Jahr seines Lebens nicht zu übersehen. Gründlicher als je zuvor ging er den Problemen der amerikanischen Gesellschaft auf den Grund. Zunehmend betonte er, wie wichtig es sei, dem Frevel der Mächtigen Einhalt zu gebieten – ganz in der Tradition von Jeffersons Grundsatz, wonach die Staatsgewalt letztendlich vom Volk ausgehen muß, um jede Form von Tyrannei zu verhindern.

Diesen Eindruck gewann ich jedenfalls bei unserer letzten Zusammenkunft. Es war im März 1968, am Union-Theological-Seminar von New York City, im Arbeitszimmer des Dekans John Bennett, als ich Martin Luther King zum letzten Male lebend sah. Auch Andrew Young, Geschäftsführer der Southern Christian Leadership Conference (SCLC) und Ben Spock waren zugegen. Spock warb bei Martin, der den Krieg als Völkermord per Einberufung bezeichnete, um aktives Eintreten für Deserteure und Wehrdienstverweigerer. Doch was Martin Luther King damals in erster Linie beschäftigte, war der Müllfahrerstreik in Memphis – ein weiteres Beispiel für die Notwendigkeit, den Kampf der Farbigen in den Großstädten gewaltlos zu unterstützen.

3
Der Müllfahrerstreik in Memphis: Februar – März 1968

Seit Februar 1968 hielt sich King über seinen Freund James Lawson, Reverend an der Centenary Methodist Church in Memphis, über den Arbeitskampf der Müllfahrer auf dem laufenden. Die 1300 Bediensteten bei den Stadtwerken waren zu 90 Prozent Farbige. Sie hatten sich weder gewerkschaftlich noch sonstwie organisiert, durften ihre Beschwerden weder artikulieren noch Abhilfe schaffen. Doch für die meisten Einwohner, ob schwarz oder weiß, war ein Streik gegen städtische Behörden gleichbedeutend mit Aufruhr.

Es war ein schmerzlicher Rückschlag für die Farbigen von Memphis gewesen, als der ihnen freundlich gesonnene William Ingram bei der Bürgermeisterwahl von Henry Loeb geschlagen wurde, der dieses Amt schon von 1960 bis 1963 innehatte. Auf eine Verbesserung ihrer Arbeitsbedingungen oder ihres Lohns durften die schwarzen Arbeiter, angesichts der Biographie und des Leumunds ihres neuen und alten Bürgermeisters, nicht hoffen.

Dabei gab es allen Grund zur Klage. Die Löhne waren minimal, Gehaltserhöhungen gab es praktisch nicht. Oft entließ man die Männer willkürlich und nahm ihnen den Lebensunterhalt. Das Arbeitsgerät war veraltet und schlecht gewartet. Anfang 1968 wurden zwei Arbeiter, der 35jährige Echole Cole und der 29jährige Robert Walker, von einem schlecht funktionierenden Müllwagen regelrecht verschluckt. Die Lastwagen hätten nach über zehnjährigem Betrieb längst ausgemustert werden sollen. Es gab keine Abfindungen, und keiner der Männer hatte eine Lebensversicherung. Die Stadt zahlte den Angehörigen einen Monatslohn und übernahm 500 Dollar von den Begräbniskosten, wozu sich Bürgermeister Loeb moralisch, nicht arbeitsrechtlich verpflichtet fühlte. Nach dem Unfalltod von Cole und Walker wurde erstmals von Streik gesprochen.

Maynard Stiles, der stellvertretende Leiter des Public Works Department von Memphis, erklärte mir Jahre später, der Gewerkschaftsführer T. O. Jones habe am Abend vor Streikbeginn mit ihm telefoniert und eine Liste von Forderungen vorgetragen, die Stiles für recht maßvoll hielt. Stiles berichtete, daß ihn Jones zu einer Gewerkschaftsversammlung einlud, um den Kompromiß mit der Stadt über die Forderungen öffentlich kundzutun. Daraufhin habe Stiles hochbefriedigt seinen Bürgermeister angerufen und ihm gütliches Einlenken unter den günstigen Bedingungen des Kompromisses empfohlen. Loeb habe ihm jedoch strikt untersagt, die Versammlung durch seine Anwesenheit aufzuwerten; ein Nachgeben käme auf keinen Fall in Frage. An diesem Abend trafen sich die Gewerkschafter ohne Stiles. Anderntags wurde gestreikt.

Die Bundesgeschäftsstelle der Association of Federal, State, County and Municipal Employees (AFSCME) schickte geschulte Vertreter zu den Verhandlungen nach Memphis. Der Bürgermeister bestand darauf, sie selbst und in aller Öffentlichkeit zu führen, womit er beide Seiten daran hinderte, durch Kompromisse aufeinander zuzugehen. Als sich keine Lösung abzeichnete, bot sich eine interkonfessionelle Gruppe von Geistlichen als Vermittler an, doch auch sie kam nicht vom Fleck.

Der Stillstand der Verhandlungen führte am 23. Februar zu einem Protestmarsch, der nach heftigen Provokationen durch einen massiven Polizeieinsatz außer Kontrolle geriet. Auf dem Höhepunkt der Ausschreitungen setzte die Polizei gegen Männer, Frauen und Kinder, Teilnehmer und Zuschauer gleichermaßen, die chemische Keule ein. Anschließend tagte ein Streikkomitee unter Vorsitz von Reverend James Lawson. Reverend Lawson war Mitgründer der SCLC gewesen und arbeitete seit einem Jahrzehnt für diese Organisation. Martin Luther King schätzte ihn hoch.

Unterdessen hatte King eine Vorstandskonferenz in Miami beendet. Im Bewußtsein, daß die meisten Teilnehmer mit seiner Armutskampagne nicht einverstanden waren, beharrte er darauf, daß angesichts von Hunger und Not Amerikas Gewissen wachgerüttelt werden müsse. Die in Washington geplante Barackenstadt sollte die Nation, wenn nicht die ganze Welt an ihre Verpflichtung gegenüber den Ärmsten in ihrer Mitte erinnern.

»Wir sind Diener Christi«, verkündete er, »und ... wir sind die Straßenkehrer Gottes; wir müssen die Straßen vom Schnee der Verzweiflung, der Armut und des Hasses räumen ...«

Eine gerichtliche Verfügung der Stadt Memphis gegen die Streikenden steigerte die Entschlossenheit der schwarzen Gemeinde zum Widerstand. Ein Ladenboykott und tägliche Demonstrationsmärsche wurden organisiert. Frank Holloman, der Polizei- und Feuerwehrchef von Memphis, duldete die Märsche, solange alles friedlich zuging, und zog einen Großteil der sichtbaren, uniformierten Polizeikräfte zurück. Aber Holloman war ein Vierteljahrhundert lang Spezialagent des FBI gewesen. Sieben Jahre lang (1952-1959) hatte er das Büro J. Edgar Hoovers in Washington geleitet. Von den Anführern der Schwarzen in Memphis wurde er nicht unterstützt. Intern verließ er sich voll und ganz auf seinen Vorgesetzten, J. C. MacDonald (der 1968 kurz vor der Pensionierung stand), einen Stab von sieben Befehlshabern, Inspector Sam Evans, der für alle Special Services zuständig war, und Lieutenant Eli H. Arkin von der polizeilichen Geheimdienstabteilung

Die wachsende Beteiligung schwarzer Jugendlicher, vor allem von Highschool-Studenten, die den Invaders und ihrer Parallelgruppe BOP (Black Organizing Project) angehörten, gab der Streikbewegung eine neue Dynamik. Während eines Boykotts städtischer Läden fingen diese jungen Leute an, Farbige zu belästigen, die trotz des Boykotts ihre Einkäufe erledigen wollten. Die Radikalen spielten sich im Laufe der Auseinandersetzung immer mehr in den Vordergrund. Einige Invaders wurden wegen Ordnungswidrigkeiten verhaftet, weil sie Schüler aus dem Unterricht lockten oder die Straßen blockierten. Im Vergleich mit den Aktionen der Black-Power-Bewegung überall im Land erscheint das Vorgehen der Invaders rückblickend betrachtet vergleichsweise harmlos.

Die Communitiy on the Move for Equality (COME), ein Bündnis von Arbeiterführern und Bürgerrechtsgruppen, das von einem Komitee aus Pastoren gebildet worden war, hatte inzwischen die Streikführung übernommen, sorgte für lokale und überregionale Öffentlichkeitsarbeit und lud prominente Redner zu den Arbeiterversammlungen. Die Ortsgruppe der NAACP bat Roy Wilkins zu kommen; die Gewerkschaftsvertretung bemühte sich um Bayard Rustin, den Veteranen der Bürgerrechtsbewegung, und Reverend Lawson hielt es nicht für ausgeschlossen, Martin Luther King nach Memphis zu holen.

Lawson hatte King bereits laufend über das Geschehen unterrichtet. Seine Anfrage kam Ende Februar, als die Gesundheit des Bürgerrechtsführers sehr angegriffen war. Eben erst hatte ihm sein Hausarzt eine Ruhepause verordnet.

So erklärt sich Kings anfängliches Zögern, sich persönlich in Memphis zu beteiligen. Reden hatte er dort bereits gehalten, ohne allerdings an politischen Aktionen mitzuwirken – mit einer Ausnahme: dem sogenannten »Marsch gegen die Angst«, einem Protest gegen die Schüsse auf James Meredith, den ersten an der Universität von Mississippi eingeschriebenen schwarzen Studenten. Doch während ihn sogar manche SCLC-Führer vom Streik fernhalten wollten, erkannte King die unmittelbare Bedeutung für seine eben angelaufene bundesweite Armutskampagne.

Wer konnte seine Kritik am System der Ausbeutung besser symbolisieren als jene erbärmlichen, unorganisierten Handlanger, die täglich überall in der Stadt die Mülleimer leerten? Gut möglich, daß Kings Auftritt ein wohlüberlegter, planvoller, wenn auch riskanter erster Schritt war, der die Armutskampagne in Washington zwanglos in die Wege leitete. Memphis, wo es neben der kleinen, radikalen schwarzen Minderheit (den Invaders) vor allem die konservative schwarze Südstaatengemeinde gab, bildete in seinen Augen einen Mikrokosmos der gesamten Nation, mit allen Begleiterscheinungen und Hindernissen für ein erfolgreiches Oppositionsbündnis. Hätte er dem täglichen, ganz realen Kleinkrieg der Müllfahrer von Memphis seine Unterstützung versagen sollen?

Anfang März konnte Reverend Lawson die langersehnte Nachricht verkünden. Die SCLC hatte ein Vorstandstreffen, das am 18. März für Clarksdale, Mississippi einberufen worden war, nach Memphis verlegt. An diesem Abend würde Martin Luther King vor der Versammlung der Streikenden sprechen.

4
Dr. Kings Auftritt:
März – 3. April 1968

Martin Luther King hatte in letzter Zeit eine ganze Serie von Rückschlägen hinnehmen müssen, zumal wegen seiner Stellungnahmen als Kriegsgegner. Dennoch hätte niemand gewagt, seine überragende Rolle als Stimme der Schwarzen und sozial Benachteiligten in Amerika zu bestreiten. Seine Unterstützung würde mit Sicherheit der Streikbewegung, ihren Zielen und gewaltlosen Taktiken nationale Aufmerksamkeit sichern.

Am 18. März war der Saal im Mason Temple zum Bersten gefüllt. Die Zuschauermassen drängten sich auf dem Boden, auf Treppenstufen, in Seitenfluren und Eingängen; Ungezählte verharrten draußen auf der Straße. King betrat das Gebäude durch eine Seitentür, und ein menschlicher Keil aus kräftig gebauten Freiwilligen bahnte ihm den Weg zum Podium. Donnernder Applaus und rhythmisches Stampfen sorgten für ohrenbetäubenden Lärm. Reverend Ralph Abernathy, der Vizepräsident der SCLC erklärte mir, sie seien niemals zuvor so herzlich empfangen worden.

Als King einen Generalstreik in Memphis befürwortete, verwandelte sich der Saal in einen Siedekessel. King setzte sich unter Beifallsstürmen und nahm eine Meldung entgegen, die von Andy Young und Ralph Abernathy unterschrieben war. Sie schlugen vor, er solle am Tag der Arbeitsniederlegung wiederkommen und den Marsch zum Rathaus persönlich anführen.

King ging ans Mikrophon und erklärte, seine Armutskampagne werde ihren Ausgang von Memphis nehmen. Die Reaktion war vorhersehbar. Der Termin wurde auf den 22. März festgelegt, in vier Tagen also. Die Organisatoren gaben bekannt, Martin Luther King werde nach Memphis zurückkehren und am Freitag vom Clayborn Temple zum Rathaus vorangehen. Man erwartete rund zehntausend Teilnehmer.

Angst verbreitete sich unter den Weißen. Hetzschriften kursierten überall in der Stadt. Dann geschah das Unglaubliche: am Tag vor dem Generalstreik wurde die Stadt, wo im Jahresdurchschnitt höchstens vierzehn Zentimeter Schnee fielen, von einem Blizzard heimgesucht, der eine 42 Zentimeter dicke Schicht von Eiskristallen hinterließ. Die Stadt war praktisch vollkommen unzugänglich, und der Marsch mußte auf Donnerstag, den 28. März, verschoben werden. Am Morgen dieses Tages reiste King in aller Frühe von New York City nach Memphis.

Aktivisten hatten damit begonnen, schwarze Studierende auf dem Schulweg anzusprechen, um sie zur Teilnahme an der Demonstration zu bewegen. Bei einer Schlägerei zwischen Polizei und Studierenden der Hamilton High School wurde eine Schülerin verletzt. In Windeseile verbreitete sich das Gerücht, die Polizei hätte auf dem College-Gelände ein Mädchen getötet, was die Verbitterung der jungen Leute steigerte – kein hoffnungsvoller Auftakt für den geplanten Friedensmarsch.

Das Memphis Police Department (MPD) war an diesem Morgen in höchster Alarmbereitschaft. Über 300 Beamte waren auf dem Demonstrationsgelände im Einsatz, unterstützt von rund fünfzig Hilfssheriffs. TACT, eine Krisen-Eingreiftruppe unter Leitung von Inspector Sam Evans, befand sich ebenfalls vor Ort. Jede ihrer Einheiten bestand aus zwölf Hilfssherifs und MPD-Beamten, dazu drei Einsatzwagen mit je vier Mann Besatzung. In Memphis war zum ersten Mal eine TACT-Truppe im Einsatz. Da es an Ausrüstung fehlte, trugen viele der Beamten private Schußwaffen.

Die Ordnungskräfte waren sichtlich nervös. In Memphis hatte es, außer für eine besondere Eliteeinheit, praktisch keine Schulung für das Verhalten in Krisensituationen gegeben. Der unablässig über dem Gelände kreisende Polizeihubschrauber sorgte erst recht für Anspannung.

Martin Luther King hatte sich verspätet, und die Menschen wurden allmählich ungeduldig. Einige Anführer, wie der Reverend Samuel »Billy« Kyles, wären bereitwillig ohne King losmarschiert, aber Reverend Lawson bestand darauf zu warten. Lawson hatte Kyles längst in die regelmäßigen Vorbereitungstreffen der Streikführung einbeziehen wollen, mußte aber ebenso wie seine Mitstreiter einsehen, daß es Zeitverschwendung war. Kyles ließ sich nur ausnahmsweise blicken, wenn überhaupt; nur den öffentlichen Veranstaltungen wohnte er regelmäßig bei.

Gegen 11.00 Uhr vormittags trafen King und Ralph Abernathy endlich am Treffpunkt ein. Sie kamen direkt vom Flughafen. Arm in Arm mit den Mitgliedern des Streikkomitees führten sie die Menge an, doch ringsum war die Aggressivität kaum zu zügeln. Der Ärger ließ nicht lange auf sich warten. Als der Demonstrationszug von der Beale in die Main Street kam, hörte man Fensterglas splittern, erst vereinzelt, dann regelmäßig. Einige Jugendliche ignorierten die Anweisungen der Ordner und überholten seitlich den Demonstrationszug im Laufschritt. Als das Chaos größer wurde, ließ sich Martin Luther King überreden, den Schauplatz zu verlassen. Man winkte einen Wagen durch und brachte ihn unter Polizeischutz zum Rivermont-Hotel, eskortiert von dem Motorradpolizisten Marion Nichols. Die Hotelleitung gewährte King Unterkunft, obwohl er dort nicht gebucht hatte (sein Zimmer war ursprünglich im Peabody-Hotel reserviert).

Nachdem King in Sicherheit war, durchquerte Lawson mit einem Megaphon den Demonstrationszug in Gegenrichtung und lenkte die Teilnehmer zurück in die Kirche, ihren Ausgangspunkt. Der Lärm und das Bersten von Glas wollten nicht enden, während Tausende kehrtmachten. Halbstarke flitzten von einem Laden zum nächsten und schlugen Schaufenster ein. Teilweise wurde auch geplündert; nach Aussagen von Umstehenden waren es jedoch ältere, routiniert wirkende Gestalten, die sich über die zerstörten Fenster hermachten und mit reicher Beute abzogen. Die Polizei rückte mit Wasserwerfern und Tränengas gegen die sich auflösende Menge vor.

Gegen 11.30 Uhr riefen Frank Holloman und Bürgermeister Loeb bei Buford Ellington an, dem Gouverneur von Tennessee, und baten um Verstärkung durch die Nationalgarde.

Polizei- und Ordnungskräfte prügelten wahllos auf unbeteiligte Zuschauer ein. In Mitleidenschaft gerieten auch Besucher von Läden, Spielhallen, Restaurants und Kneipen, die auf Befehl von Inspector Sam Evans schließen mußten. Larry Payne, ein Junge von sechzehn Jahren, wurde angeschossen und starb; die Polizei behauptete später, er sei beim Plündern erwischt worden und habe ein Klappmesser gezogen. Ein Augenzeuge versicherte, Larry hätte die Hände gehoben, bevor er erschossen wurde. Angeblich fand man das Messer am Tatort, doch trug es keine Fingerabdrücke. Noch am selben Abend wurde eine Ausgangssperre über die Stadt verhängt und Streitkräfte aus ganz Tennessee zusammengezogen, die acht gepanzerte Gefangenentransporter mitbrachten.

Am Freitagmorgen waren bereits 282 Personen inhaftiert und wurden ohne Anklage festgehalten; 64 Verletzte lagen seit Mitternacht in den Notaufnahmen der Krankenhäuser, weitere zehn wurden während des Wochenendes eingeliefert. Presse und Regierung erhoben schwere Vorwürfe gegen Martin Luther King. Ein Kongreßabgeordneter nach dem anderen trat vor die Mikrophone, um ihn zu schmähen und zugleich aufzufordern, die in Washington geplante Armutskampagne einzustellen.

An der Planung unbeteiligte SCLC-Mitstreiter wiesen jede Verantwortung für die Eskalation der Gewalt von sich und erklärten die Streikführung für inkompetent. Reverend Lawson vertrat die Ansicht, die jungen, ebenfalls nicht beteiligten Radikalen müßten stärker durch die SCLC eingebunden werden. Mit dreien aus der Invaders-Gruppe – Charles Cabbage, Calvin Taylor und Charles »Izzy« Harrington – traf sich Martin Luther King am Morgen danach. Man einigte sich darauf, die Invaders an der Ausarbeitung einer Strategie für die nächste Demonstration zu beteiligen. Sosehr ihn die Ausschreitungen bedrückten, dieses Treffen stimmte King wieder optimistischer. Nachmittags, bei der Pressekonferenz, äußerte er sich zuversichtlich über die künftige Zusammenarbeit. Außerdem versprach er, die Vorbereitung der Armutskampagne zu unterbrechen und wiederzukommen, um einen großen gewaltlosen Friedensmarsch in Memphis anzuführen. Diesmal sollte die SCLC von Anfang an mitwirken. In der Zwischenzeit wurden kleinere Aktionen unternommen und der Streik fortgesetzt. Oberstes Prinzip war nach wie vor die Gewaltlosigkeit.

Am darauffolgenden Samstag, dem 30. März, beriet sich der SCLC-Vorstand mit ausgewählten Mitgliedern in Atlanta über das weitere Vorgehen in Memphis. Einige führende Repräsentanten, darunter der Neuling Jesse Jackson, mahnten Martin Luther King, sich nicht zu verzetteln und stärker auf die Armutskampagne zu konzentrieren.

Wie Ralph Abernathy mir berichtete, war King bereits fest entschlossen, erneut in Memphis zu demonstrieren, wollte zuvor jedoch verständlicherweise die Zustimmung der SCLC einholen. Endlich bekam King den Rückhalt, den er brauchte. Die Entscheidung wurde am Nachmittag des 30. März 1968 offiziell bekanntgegeben.

Was dann geschah, habe ich lange Zeit nicht mit den hier geschilderten Vorkommnissen in Zusammenhang bringen können. Am 31. März trat Lyndon B. Johnson vor die Kameras und Mikrophone und verkündete der Nation, er werde sich nicht zur Wiederwahl stellen. Zwei Wochen vorher war Robert Kennedy als Herausforderer für die Präsidentschaftswahlen aufgetreten. Jahre später erfuhr ich, daß Johnson durch FBI-Chef Edgar Hoover über Robert Kennedys Versuch informiert war, Martin Luther King zu kontaktieren. Der schwarze Bürgerrechtler sollte ihm die Entscheidung erleichtern und seine Unterstützung bei dem voraussichtlich schwierigen und erbitterten Wahlkampf zusichern.

Aktivisten des SCLC wie James Bevel, James Orange und Jesse Jackson reisten nach Memphis, um im Vorfeld die Demonstration zu organisieren, deren Termin nunmehr endgültig für den 5. April festgelegt worden war. Sechstausend Gewerkschaftsmitglieder aus dem ganzen Land wurden erwartet. Aus der Arbeiter- und Bürgerrechtsbewegung sagte eine Initiative nach der anderen ihre Teilnahme zu.

Am Montag, dem 1. April, hob Bürgermeister Loeb die Ausgangssperre auf. Die Einheiten der Nationalgarde wurden vorsichtig zurückgezogen, blieben jedoch für den Fall einer erneuten Eskalation in Bereitschaft. Die Beisetzung Larry Paynes, der als Sechzehnjähiger den Ausschreitungen zum Opfer gefallen war, fand im Clayborn Temple statt; anschließend hielt Ralph Abernathy vor der tausendköpfigen Menge eine Trauerrede. An jenem Abend stieg er im Peabody-Hotel ab, wechselte jedoch anderntags ins Lorraine, als Martin Luther King eintraf.

Mittwochmorgens erschien der städtische Anwalt Frank Gianotti vor dem US-Bezirksgericht und verlangte von Richter Bailey Brown, gegen mehrere namentlich benannte Ortsfremde – King, Abernathy, Hosea Williams, James Bevel, James Orange und Bernard Lee – ein befristetes Aufenthaltsverbot zu verhängen. Sie sollten daran gehindert werden, »in Memphis Unruhe zu stiften und bei Demonstrationen gegen die Stadt mitzuwirken«. Richter Brown erließ ein vorläufiges Aufenthaltsverbot, das jedoch bis zur Anhörung der Betroffenen am nächsten Morgen zurückgestellt wurde.

Kings Flugzeug, das wegen Bombendrohung aufgehalten worden war, erreichte Memphis erst abends um 22.33 Uhr. Das Team wurde abgeholt und direkt ins Lorraine-Motel gebracht. Nach dem Auspacken fand in der Pfarrei von Reverend Lawson ein Treffen von Kirchenmännern, Gewerkschaftsführern und ihren Anwälten statt. Gemeinsam begab man sich anschließend zu einem Treffen mit der BOP-Initiative ins Restaurant des Lorraine-Motels. Bei dieser Unterredung versprach King, sich für die Gründung einer schwarzen Genossenschaft und ein Schulprojekt der »Befreiungsfront« einzusetzen.

Das Lorraine beherbergt heute das Museum der Nationalen Bürgerrechtsbewegung. Das zweistöckiges Gebäude Mulberry Street Nr. 406 liegt mitten in einem heruntergekommenen Geschäfts- und Wohnviertel von Memphis; fünf Häuserblocks südlich der Beale Street, ein Block östlich der South Main (vgl. Abb. Nr. 1). Das Motel wurde seit jeher von Farbigen geführt. Walter und Lorraine »Lurlee« Bailey übernahmen es 1955, als es noch vierzehn Zimmer umfaßte. Um 1965 gab es nahezu fünfzig neue Apartments und einen Swimming-pool. Es war ein Familienbetrieb; Bailey und seine Frau besorgten Küche und Zimmerservice fast ohne fremde Hilfe.

Gleichzeitig mit dem SCLC-Vorstand waren am 2. April auch James Laue vom kommunalen Amt für Justizfragen (Zimmer 308) und der Fotograf Joseph Louw eingezogen, der an einer Dokumentation über die Armutskampagne arbeitete und ständig mit King unterwegs war (Zimmer 309).

Martin Luther King sollte bei einer Massenversammlung im Mason Temple sprechen, zu der man trotz des Schneesturms mehrere tausend Teilnehmer erwartete. Nach Ralph Abernathys Bericht war King erschöpft und wäre lieber zu Gesprächen im kleineren Kreis im Motel geblieben. Wie am Abend zuvor hatte er Abernathy gebeten, sein Fernbleiben zu entschuldigen und die Rede an seiner Stelle zu halten.

Abernathy erinnerte sich, wie er den Saal durch eine Seitentür betrat und bei seinem Anblick applaudiert wurde. Doch als sich herausstellte, daß Martin Luther King nicht an seiner Seite war, verebbte der Beifall wieder. Er trat gar nicht erst vor die Menge, sondern setzte den Weg durch den Seitenflügel fort, um im Foyer zu telefonieren. »Dein Volk ist hier versammelt«, erklärte er King, »du selbst mußt zu ihm sprechen. Das ist nicht mein Publikum. Man merkt ihnen an, daß sie nicht hergekommen sind, um Abernathy zu hören. Sie sind durch Sturm und Unwetter gekommen, um King zu hören.«

Und King kam.

In den Nachrichten wurde vor dem Eissturm gewarnt. Orkanartige Böen fegten aus Arkansas über Tennessee und Kentucky und machten alles dem Erdboden gleich: Häuser, Scheunen, Strommasten und Bäume. Zwölf Menschen fanden den Tod, über hundert wurden verletzt. Das Heulen der Sirenen gellte durch die Straßen und steigerte die bange, unheimliche Stimmung im Mason Temple noch. King traf gegen 21.00 Uhr ein und betrat unter frenetischem Applaus die Bühne.

Diese Rede Martin Luther Kings, eine seiner bedeutendsten, sollte seine letzte werden; sie schloß mit den prophetischen Worten:

.... wie jedermann wünsche ich mir ein langes Leben.
Ein langes Leben ist etwas Gutes.
Aber das kümmert mich im Augenblick nicht.
Ich will nur eins: dem Willen Gottes genügen.
Denn Er hat mir die Gnade gewährt, den Berg zu erklimmen,
und ich habe über den Gipfel geschaut
und das Land der Verheißung gesehen.
Mag sein, daß ich euch nicht dorthin folgen kann.

Aber eines sollt ihr heute abend wissen:
Wir werden als ein Volk in das Land der Verheißung gelangen.
Deshalb bin ich heute abend glücklich.
Ich fürchte mich nicht. Ich habe keine Angst, vor niemandem.
DENN MEINE AUGEN HABEN DIE GNADE DES HERRN GESEHEN.

Teil II

Das Attentat

5
Die Ermordung: 4. April 1968

Der fünfunddreißigste Streiktag war Donnerstag, der 4. April. Während King noch schlief, erwog Richter Bailey Brown das Für und Wider einer Verlängerung provisorisch bereits geltender Notstandsmaßnahmen, mit denen die Demonstration am 8. April unterbunden werden sollte. Die Rechtsberater Martin Luther Kings forderten hingegen, die Maßnahmen völlig oder teilweise aufzuheben; statt dessen sollte die Demonstration mit Auflagen verbunden werden, die auch für King akzeptabel waren. Gegen 16.00 Uhr verkündete Richter Brown, daß die Demonstration unter gewissen Einschränkungen genehmigt sei.

Vormittags hatte King ein Treffen mit einigen Mitgliedern aus der Invader-Gruppe; anschließend nahm er mit Abernathy auf ihrem Zimmer 306 das Mittagessen ein. Sein jüngerer Bruder, Alfred Daniel »A. D.« King, war, wie Abernathy berichtete, unvermutet aufgetaucht. Nach dem Essen führten sie ein fröhliches Telefonat mit ihrer Mutter in Atlanta, die sie vermutlich von Alfreds Zimmer 201 aus angerufen hatten. Kurze Zeit später traf sich der Vorstand zur Besprechung in Zimmer 306. Hosea Williams hat mir versichert, daß King ihn bei dieser Konferenz beauftragt hatte, einige der Invaders in den SCLC-Vorstand zu holen. (Hosea war stets ein kluger Stratege gewesen und begriff sofort, wieviel daran gelegen war, die Invader-Führung auf ihre Seite zu bringen.) King stellte klar, daß nur jemand in Frage kam, der Gewaltlosigkeit wenn schon nicht als Lebensmaxime, so doch wenigstens als Mittel der Auseinandersetzung respektierte. Im SCLC sollten seiner Meinung nach nur solche Personen mitwirken, die das gewaltlose Konzept mitzutragen bereit waren.

Die Besprechung war noch in vollem Gang, als Andy Young mit der großen Neuigkeit vom Gericht zurückkehrte. Er hatte sich verspätet und nicht, wie King wünschte, während der laufenden Verhandlungen angerufen, um die anderen über den Stand der Dinge zu informieren. Scherzhaft wurde er deswegen gemaßregelt. Hosea erinnerte sich, wie King ihn neckte: »Dir werd' ich zeigen, wer hier was zu melden hat!«

Zur selben Zeit, als im Motel die Diskussion auf Hochtouren lief, mietete sich kaum dreihundert Meter entfernt ein Mann, der sich John Willard nannte, eine Unterkunft. Die an der South Main Street gelegene, ziemlich heruntergekommene Pension grenzt mit dem Hinterhaus direkt an das Lorraine. Gleichzeitig wurde ein Beauftragter des SCLC-Vorstands, Reverend James Orange, zum Einkaufen geschickt. Der Invader Marrell McCollough nahm ihn im Wagen mit; unterwegs holten sie noch James Bevel beim Clayborn Temple ab.

Ungefähr zwei Stunden später bestellte sich J. Edgar Hoover in seinem Stammlokal in Washington, Harvey's Restaurant, den ersten Martini zum Aperitif. Daß er wie jeden Abend zum Dinner bei Harvey's einkehrte, wurde später von Anwälten des FBI als Beweis gewertet, daß er vollkommen ahnungslos gewesen wäre, was sich in der nächsten halben Stunde in Memphis abspielte.

Reverend Kyles hat ausgesagt, daß er gegen 15.00 Uhr im Motel eintraf und ein Zimmer nach dem anderen aufsuchte, um sich mit verschiedenen Leuten zu treffen. Er hatte King mit rund vierzehn Mitarbeitern zu sich nach Hause eingeladen, wo seine Frau Gwen ein Büffet bereitgestellt hatte. In ihrem Buch *At the River I stand* zitiert Joan Beifuss ausführlich, was Kyles über die letzte Stunde in Martin Luther Kings Leben zu Protokoll gab.[4] Im Hinblick auf das, was ich heute weiß, erscheint es mir sinnvoll, diese Passage hier wörtlich wiederzugeben:

> Ralph war angekleidet, als ich ins Zimmer Nr. 306 kam, Martin zog sich noch um … Ralph sagte: »Na schön, Billy, mach mir heut' abend keine Schande. Wird's bei dir auch wirklich *soul food* geben? Wenn wir nachher bei dir sind und du servierst uns Filet Mignon oder ein T-bone-Steak, mußt du Buße tun …« Martin sagte: »Genau, hoffentlich wird es nicht so wie bei diesem Prediger aus Alanta, der uns in sein großes, stattliches Haus eingeladen hatte. Da … gab es Schinken – eine Schinkenkeule, an der kein bißchen Fleisch war. Und dazu kriegten wir Brausepulver mit Wasser, nicht einmal süß …«

Ich gab zurück: »Macht bloß, daß ihr fertig werdet. Wir sind spät dran.« Ihnen hatte ich 17.00 Uhr gesagt, und meine Frau erwartete uns um 18.00 Uhr. »Beeilt euch«, drängte ich, »gehen wir!«

Martin hatte glänzende Laune ... vielleicht wegen dem, was bei der Konferenz herausgekommen war ... Wenn Martin gut drauf ist, ist er gut drauf ... Dann zog er sich das Hemd an. Die Krawatte konnte er nicht finden. Erst glaubte er, seine Leute wollten ihm einen Streich spielen, aber schließlich fanden wir sie in der Kommode. Als er das Hemd zuknöpfte, war es ziemlich eng. Ich meinte: »Herr Doktor haben in letzter Zeit ganz schön zugelegt«, und er erwiderte: »Stimmt, das hab' ich.«

Ralph wurde mal wieder nicht fertig. Er ist immer ziemlich langsam. Deshalb gingen King und ich noch mal nach draußen und standen nebeneinander ... Solomon Jones (Kings Chauffeur in Memphis) rief ihm noch zu, daß es kalt sei heut abend, und daß er den Mantel mitnehmen solle... Ich winkte ein paar Leuten zu, die ich noch nicht gesehen hatte. Martin beugte sich über das Geländer ...

Ich drängte Ralph, er solle sich sputen. Sie stiegen schon alle in den Wagen. »Komme gleich«, rief ich hinunter, »eine Minute noch. Bei mir kann auch noch einer mitfahren.« Kaum drehte ich mich um, ich stand vielleicht fünf Schritte entfernt, hörte ich's auch schon krachen. Wie ein Feuerwerkskörper ...

Nur wenige Minuten nach dem Schuß machte der Fotograf Joseph Louw die Aufnahme von einigen SCLC-Mitgliedern, unter ihnen Andy Young, die auf dem Balkon stehen und auf die Rückfront der Pension deuten. Auf demselben Bild kniet eine Person zu Füßen der anderen und scheint King auf Lebenszeichen zu untersuchen. Zum damaligen Zeitpunkt kannte offenbar noch niemand die wahre Identität dieses Mannes.

Der erste Notruf erreichte laut Polizeibericht die Einsatzzentrale um 18.03 Uhr. Belegt sind auch Telefonkontakte der Polizei mit Station 2, einer Feuerwache schräg gegenüber dem Lorraine, wo der Wachhabende, Willie B. Richmond, den Alarm ausgelöst hatte.

In dieser Nacht hatte Judson E. Ghormley vom Sheriff's Department in Shelby County das Kommando über die TACT-Einheit 10 (TACT 10). Sie war mit drei Wagen bei Station 2 an der Ecke South Main/Butler Street stationiert. Zu jeder TACT-Truppe gehörten zwölf Offiziere des MPD und des Sheriff's Department von Shelby County. Außer Emmett Douglass, der draußen im Kombiwagen seiner Einheit saß und den Funkverkehr abhörte, verbrachten sie ihre Kaffeepause in der Feuerwache, spielten Tischtennis, unterhielten sich oder telefonierten. Als der Schuß fiel und Richmond rief: »Dr. King ist erschossen worden!«, rannten die Männer zum Nordausgang der Wache und ins Hinterhaus. Ghormley hat berichtet, wie er vor der Betonwand im Hof der Wache stehenblieb, kehrtmachte, zurück in die Wache und nordwärts auf die South Main Street lief und sich der Pension von dort näherte. Knapp zwei Minuten nach dem tödlichen Schuß sei er vor dem Eingang von Canipe's Spielhalle in der South Main Nr. 424 stehengeblieben. Dort habe er ein Bündel vorgefunden, das ein Gewehr im Pappkarton und mehrere andere Objekte enthielt, darunter neun unbenutzte Patronen vom Kaliber 30.06. Einer der beiden Kunden in Canipe's Spielhalle und der Besitzer selbst schildern, daß sie Gepolter hörten, als das Bündel vor ihre Tür geworfen wurde. Außerdem wollen sie gesehen haben, wie ein junger Mann vorüberging, und ein vor dem Lokal geparkter weißer Mustang davonfuhr.

Hilfssheriff Vernon Dollahite muß unmittelbar nach Ghormley aus der Gegenrichtung gekommen sein, denn er hatte das Motel auf der South Main umrundet. Er betrat Jim's Grill im Erdgeschoß der Pension, in welchem John Willard ein Zimmer gemietet hatte (vgl. Abb. 1). Dollahite befahl Loyd Jowers, dem Eigentümer und Geschäftsführer der Imbißstube, die Tür abzuschließen und niemanden hinein- oder herauszulassen.

Den Berichten der Anwesenden zufolge wurde King auf eine Bahre gehoben und die Treppe hinunter zum Krankenwagen gebracht. Ralph Abernathy begleitete ihn in die St. Joseph's-Klinik. Bernard Lee, Andy Young und Kings privater Anwalt

Chauncey Eskridge folgten in einem Wagen, den Solomon Jones steuerte. Jones, der als Fahrer beim Bestattungsinstitut R. S. Lewis beschäftigt war, stand King während seines Aufenthalts in Memphis als Chauffeur zur Verfügung.

Zu dieser Zeit war Bürgermeister Henry Loeb auf der Interstate 55 nach Süden unterwegs zu einem Vortrag an der Universität von Mississippi. Als er den Wagen von Sheriff Bill Morris erkannte, hielt er an. Bill Morris unterrichtete ihn von den Geschehnissen. Nach Rücksprache mit MPD-Chef Holloman, der die Nachricht bestätigte, machte Loeb kehrt und fuhr nach Memphis zurück.

Gegen 18.30 Uhr erhielt Einsatzleiter William Tucker in der Zentrale den Funkspruch einer Streife, die im nördlichen Teil der Stadt vermutlich den weißen Mustang verfolgte.

Als sie vom Attentat auf Martin Luther King erfuhr, hatte Lorraine Bailey aufgeschrien, war in ihr Zimmer gelaufen und auf dem Bett zusammengebrochen. Sie erlitt eine Gehirnblutung; man brachte sie mit Blaulicht zur St.-Joseph's-Klinik. Dort starb sie, ohne das Bewußtsein wiedererlangt zu haben, am folgenden Dienstag, gerade als die Trauerfeier für King in Atlanta begann.

Reverend A. D. King stand gerade unter der Dusche, als der Schuß fiel. Er zog sich an, als der Krankenwagen losfuhr, wartete im Motel die Nachricht der Ärzte ab und kontaktierte seine Eltern in Atlanta.

Im St. Joseph's kümmerte sich ein Team von fünf oder sechs Medizinern in der Notaufnahme um King, während die Polizei das Krankenhaus abriegelte. Wie sich schon bald herausstellte, war die Kugel mit Hochdruck in die rechte untere Gesichtshälfte eingedrungen, in der Gegend des Kinns, und hatte abwärts die Wirbelsäule im Nacken-, Brust- und Rückenbereich zerschmettert.

Andy Young und Chauncey Eskridge warteten in einem kleinen Nebenzimmer. Ralph Abernathy und Bernard Lee lehnten an der Rückwand der Notaufnahme, während die Ärzte fieberhaft arbeiteten. Endlich trat der Neurochirurg Frederick Gioia auf Abernathy zu und teilte ihm mit, daß jede Hoffnung vergebens sei. Das einzige Lebenszeichen, das King noch zeigte, war sein Herzschlag, der schließlich auch versagte. Um 19.05 Uhr wurde Dr. Martin Luther King jr. für tot erklärt. Kurze Zeit später kam der Klinikpfarrer Faith Coleman Bergard in die Notaufnahme, beugte sich mit einem Gebet über den Leichnam und schloß King für immer die Augen.

Nachdem sie die Nachricht von dem Attentat erhalten hatte, hatte sich Coretta King zum Flughafen und nach Memphis begeben wollen und hörte unterwegs vom Tod ihres Mannes. Sie kehrte heim, um bei ihren vier Kindern zu sein.

Um diese Zeit bog ich gerade in die Einfahrt vor dem Haus meiner Eltern in Yonkers, New York, und hörte die Nachricht von der Ermordung Martin Luther Kings im Radio. Wie gelähmt blieb ich minutenlang im Wagen sitzen.

Es war ein kurzer, optimistischer Moment in den 60er Jahren gewesen, als wir glaubten, wir könnten unser Land reformieren. Wir hatten den Gegner erkannt. Wir sahen ihm ins Antlitz, waren ihm gewachsen – und zuversichtlich genug, ihm zuvorkommen zu können. Der Gegner blähte sich auf, wo wir Substanz zeigten; er blieb oberflächlich, während wir in die Tiefe blickten; er war heimtückisch und grausam, die unbekümmerte Liebe und Fürsorge ließen ihn kalt. Und nun waren all unsere Träume verflogen, zerstört von der Kugel eines Mörders. Die Hoffnung war mit jenem Mann gestorben, der zeit meines Lebens ihr Prophet gewesen war, und dessen sterbliche Reste nun auf einem Operationstisch in Memphis lagen.

Kurze Zeit später telefonierte ich mit Benjamin Spock. Wir vereinbarten, am kommenden Montag gemeinsam nach Memphis zu reisen, um am Trauermarsch und später an der Beerdigung in Atlanta teilzunehmen.

Angst und Verunsicherung bestimmten das Klima in Memphis an jenem Abend. Die Telefonleitungen in der Innenstadt brachen zusammen. Eine Ausgangssperre wurde verhängt und das Treffen im Mason Temple, bei dem King hatte reden sollen, abgesagt. Dennoch machten sich zahlreiche schwarze Mitbürger, teils aus Unwissenheit, teils aus Trotz, auf den Weg dorthin. Um 20.15 Uhr hagelte es Pflastersteine, Schaufenster gingen zu Bruch. Gegen neun kam die Nachricht von Heckenschützen, die im Nordteil der Stadt herumballerten. Und um 22.00 Uhr brach ein Großbrand in einer Lagerhalle am Nordrand der Downtown aus. Es kam zu Krawallen und Plünderungen, denen hauptsächlich Schnapsläden zum Opfer fielen. Das erste Kontingent der viertausendköpfigen Nationalgarde durchkämmte die Straßen und leistete den übrigen Ordnungskräften aus Kriminal- und Verkehrspolizei, Hilfssheriffs sowie fünfzig Autobahnstreifen des Staates Arkansas Verstärkung

Nach und nach fanden sich Ralph Abernathy, Andy Young, Hosea Williams und die übrigen Führer des SCLC-Stabs wieder im Motel ein und konferierten bis in die Morgenstunden des 5. April. Einmütig erkannten sie Ralph Abernathy als Kings designierten Nachfolger an.

Am Freitagmorgen hatte der Gerichtsarzt von Shelby County, Jerry Francisco, im John-Gaston-Krankenhaus eine Autopsie vorgenommen. Der Leichnam von Martin Luther King wurde ins Beerdigungsinstitut von R. S. Lewis überführt, wo zahllose Menschen Abschied von ihm nahmen.

Coretta King war von Atlanta unterwegs, um den Toten abzuholen; der SCLC-Vorstand versammelte sich in der Trauerhalle und begleitete den Sarg zum Flughafen. Weder sie noch die Kinder wollten den Privatjet, den Senator Robert Kennedy für die Überführung zur Verfügung gestellt hatte, verlassen. Generalstaatsanwalt Ramsey Clark mußte sie an Bord aufsuchen, um ihnen die offizielle Darstellung bekanntzugeben: »Nach den bisherigen Ermittlungen deutet alles darauf hin, daß dieses Verbrechen die Tat eines einzelnen war.«

6
Nach der Schlacht: 5. – 18. April 1968

Am Freitagmorgen, dem 5. April, traf sich Präsident Johnson mit 21 Bürgerrechtlern, die er aus allen Teilen des Landes nach Washington zusammengerufen hatte. Danach fuhr er in die

National Cathedral. Inmitten der Wirren und Aufstände auch in der Hauptstadt hatte man eine Trauerfeier für Martin Luther King anberaumt.

Verglichen mit den spontanen Krawallen am Vorabend blieb es den Freitag über relativ ruhig in Memphis, als hätte die Stadt ihre Wut in einem kurzen Ausbruch abreagiert. Draußen im Land sah es anders aus. Gegen abend hatte die Unruhe rund vierzig Städte erfaßt; in Washington, D. C., Chicago, Detroit, Pittsburgh, Baltimore, Wilmington, Delaware und Newark wurde der Notstand ausgerufen.

Binnen vierundzwanzig Stunden nach dem Attentat war die Herkunft des nahe am Tatort in einem Bündel entdeckten 30.06 Remington 760 Gamemaster-Gewehrs geklärt. Der Seriennummer nach stammte es aus einer Firma namens Aeromarine Supply Company in Birmingham, Alabama. Deren Inhaber, Donald Wood, erklärte den Fahndern, ein gewisser Harvey Lowmeyer habe am 29. März zunächst eine .243er Winchester erworben, die er anderntags jedoch – merkwürdigerweise – gegen die Remington umtauschte. Das Gewehr war auf Lowmeyers Wunsch mit einem 2 x 7 Redfield-Zielfernrohr versehen worden.

Ein Fernglas, das ebenfalls im Bündel vor Canipe's Spielhalle gelegen hatte, brachte die Polizei zur York Arms Company. Dieses Waffengeschäft lag nur wenige Häuserblocks nördlich der Pension auf der Main Street.

Das Gewehr hatte in einer Browning-Gewehrschachtel gelegen, zusammen mit einer Remington-Peters-Munitionsbox, die neun 30.06-Geschosse enthielt – vier Militärpatronen und fünf Remington-Peters-Rundkopfgeschosse. Die Schachtel war in ein Bettlaken gewickelt, zusammen mit einem Kulturbeutel aus Plastik und einigen Hygieneartikeln, einer Zange, einem Hammer, einem Transistorradio, zwei Büchsen Bier und einer Ausgabe des in Memphis erscheinenden *Commercial Appeal* vom 4. April. Im Gewehrlauf steckte eine Patronenhülse.

Der Stadtrat von Memphis sprach der Familie King feierlich sein Beileid aus und zeigte sich bereit, Hinweise, die zur Ergreifung und Verurteilung des Täters führen würden, mit 50.000 Dollar zu belohnen. Da der *Commercial Appeal* und der *Press*

Scimitar eine Summe von jeweils 25.000 ausgeschrieben hatten, steigerte sich die Belohnung auf insgesamt 100.000 Dollar.

Die für Montag, den 8. April, vorgesehene Demonstration wurde zum Trauermarsch für King, mit einer Kundgebung vor dem Rathaus. Sie fand unter den zuvor vereinbarten und von Richter Bailey Brown angeordneten Auflagen statt. An jenem verhangenen Montagvormittag schloß ich mich mit Benjamin Spock den rund 40.000 vorwiegend farbigen Einwohnern an. Gemessenen Schrittes bewegten wir uns zwischen den fünftausend Soldaten der Nationalgarde, die von der Hernando Street bis zum Rathaus den Straßenrand säumten.

Später traten Spock und ich auf die eigens errichtete Bühne zu den Angehörigen, Ralph Abernathy und anderen, die zu der gewaltigen Menge der Trauernden sprechen würden. Anderntags wohnten wir der Beerdigung in Atlanta bei. Dort folgten rund 100.000, darunter auch Vizepräsident Hubert Humphrey, dem von Maultieren gezogenen Sarg, zunächst zur Meßfeier auf dem Gelände des Morehouse College in Atlanta, dann zur Beisetzung auf dem South-View-Friedhof. Prominente Zeitgenossen, die sich im vergangenen Jahr, als er ihre Hilfe dringend brauchte, von Martin Luther King abgewandt hatten, erschienen nun an seinem Grab. Ihre Heuchelei widerte mich an.

Am selben Abend blieb ich dem Bankett fern, zu dem Robert Kennedy eine kleine Anzahl von uns in seine Hotelsuite geladen hatte. Diese Art politisch motivierter Selbstdarstellung hielt ich für geschmacklos. Aber von den Kennedys erwartete ich nichts anderes, seit meiner Zeit als Bürgerschaftsvertreter von Westchester County, New York, im Jahr 1964. Damals warb Robert Kennedy für seine Kandidatur bei den Senatswahlen. (Erst Jahre später stellte sich heraus, daß ein willfähriger Generalstaatsanwalt Kennedy dem Drängen Hoovers nachgegeben und das Anzapfen von Kings Telefon genehmigt hatte.)

In neuen Verhandlungen gab man sich Mühe, den Müllfahrerstreik in Memphis baldmöglichst zu beenden und – da der US-Präsident darauf drängte – einen Kompromiß zu finden. Am 16. April einigte man sich. Arbeitnehmervertreter wurden eingesetzt und die geforderte Lohnerhöhung gewährt, ebenso wie die Überprüfung des Arbeitsplans durch die Public Workers Federal Credit Union. Nach fünfundsechzig Tagen war der Streik beendet.

Am 10. April rief Mrs. John Riley vom Apartment 492 des Capitol Homes Housing Projekt in Atlanta beim örtlichen FBI-Büro an und teilte mit, daß auf dem kleinen nahegelegenen Parkplatz ein Mustang stünde. Sie beschrieb ihn als weiß, mit einem Alabama-Nummernschild von 1968 und zwei Aufklebern aus Mexiko auf der Heckscheibe. Sie hatte gelesen, daß die Polizei im Zusammenhang mit dem Attentat auf King den Halter eines weißen Mustangs suchte. Dieser Mustang stehe nun schon seit dem 5. April auf dem Parkplatz.

Eine erste Überprüfung ergab, daß der Wagen auf den Namen Eric S. Galt angemeldet war, mit der Anschrift 2608 South Highland Avenue, Birmingham. Der Aschenbecher am Armaturenbrett quoll über von Kippen und Zigarettenasche.

Am 12. April erließ das FBI-Büro Miami einen bundesweiten Fahndungsaufruf, der allerdings sofort wieder zurückgezogen wurde. Darin ging es um die Ermittlung des Aufenthaltsortes – nicht um die Verhaftung! – von Eric Starvo Galt.

Ein Vergleich der Handschrift ergab, daß Galt auch derjenige war, der sich unter dem Namen Harvey Lowmeyer im Aeromarine-Laden in Birmingham das Gewehr gekauft hatte. Bei einer Analyse von Fasern, die im Kofferraum des Mustangs gefunden wurden, stellte sich heraus, daß sie zu Kopfkissen und Bettzeug in Zimmer 5 B der Pension paßten, in dem John Willard am 4. April einquartiert war.

Bei Vernehmungen in Galts Bekanntenkreis erfuhr das FBI, daß er eine internationale gastronomische Fachschule auf dem Sunset Boulevard in Los Angeles besucht hatte. Deren Direktor, Tomas Reyes Lau, konnte ein Foto des Gesuchten beschaffen. Überweisungen aus der Umgebung von Los Angeles auf den Namen Eric S. Galt, deren Quittungen man gefunden hatte, waren der Schlosserschule von Bloomfield, New Jersey, für Fernkurse gutgeschrieben worden. Aus den Akten ergab sich, daß Galt Lehrbriefe nach Montreal zugestellt worden waren; die letzte Zusendung erfolgte an die Anschrift 14th Street Nr. 113 in Atlanta.

Am 16. April überprüfte das FBI-Büro diese Angaben und stellte fest, daß Galt noch immer das Erdgeschoßzimmer 2 gemietet hatte. Daraufhin ließ man das Haus rund um die Uhr beschatten. Der Journalist Gerold Frank behauptete, auf Anordnung des stellvertretenden FBI-Direktors, Cartha DeLoach, hätten zwei als Hippies verkleidete Beamte den Eigentümer des Hauses, James Garner, aufgesucht und die Nachbarwohnung angemietet.[5] Die Zwischentür sei von der anderen Seite verriegelt gewesen, weshalb DeLoach die Tür aus den Angeln heben ließ, um einzudringen (diese Angaben Franks wurden von DeLoach dementiert). Auf diese Weise wurden – möglicherweise illegal, denn einen Durchsuchungsbefehl gab es nicht – eine Reihe von Gegenständen sichergestellt, unter anderem eine Straßenkarte von Atlanta mit einem deutlich sichtbaren Daumenabdruck. Angeblich kam der Vorschlag, ihn mit den Fingerabdrücken von Weißen unter fünfzig aus der Fahndungskartei zu vergleichen, von J. Edgar Hoover höchstpersönlich. Die Kartei enthielt 53.000 Fingerabdrücke.

Am 17. April erließ das FBI-Büro Birmingham einen bundesweiten Fahndungsaufruf nach Eric Starvo Galt, dem ein konspirativer Anschlag gegen das Leben Martin Luther Kings zur Last gelegt wurde.

In den Frühstunden des 18. April nahmen FBI-Spezialisten die Suche nach dem Fingerabdruck auf; die siebenhundertste Karte wurde am anderen Morgen als die passende identifiziert. Sie gehörte zu einem Flüchtling aus der Strafanstalt von Missouri namens James Earl Ray. Damit war für die Beamten erwiesen: Galt und Ray waren ein und dieselbe Person.

7
Fahndung, Auslieferung und Einspruch: Mai 1968 – 10. März 1969

Beim Tod Martin Luther Kings war die vom FBI geführte Fahndung nach dem Täter naturgemäß das wichtigste Pressethema.

Mit den Indizien aus Birmingham wurde die Jagd am 17. April offiziell eröffnet. Von diesem Moment an setzte das FBI (»das Büro«) alle Kräfte für eine Großfahndung nach Kings Mörder ein.

Ausgewählten Reportern ließ das Büro unter der Hand vorsorglich immer wieder Auskünfte zukommen. Eine solche Quelle mußte Martin Waldron von der *New York Times* angezapft haben. In seinem Artikel unter der Schlagzeile DIE FAHNDUNG vom 20. April 1968 heißt es:

> Schon vor einiger Zeit hieß es in FBI-Kreisen, man habe Fingerabdrücke auf dem in Memphis weggeworfenen Gewehr gefunden, die eindeutig mit denen Rays übereinstimmen.

Am 1. Mai zitierte der *San Francisco Chronicle* »glaubwürdige Quellen« der *Los Angeles Times*, denen zufolge das FBI eine Alabama-Karte gefunden oder zugespielt bekommen habe. Darin sei »die Wohngegend Martin Luther Kings und seine Kirche eingekreist, und ... zwar von dem mutmaßlichen Mörder, James Earl Ray«. Weiter hieß es in dem Artikel, die Karte »scheint die Theorie einiger Ermittler zu bestätigen, wonach Ray bereits seit geraumer Zeit Dr. King beobachtet habe, bevor es zum tödlichen Schuß vom 4. April kam«. (Am 22. Mai wurde dieselbe Version durch den Scripps-Howard-Zeitungskonzern bundesweit verbreitet.) Deutlich wird, daß die Medien, unter dem Einfluß von Mitteilungen des Büros, James Earl Ray kurz nach der Identifizierung als Killer schilderten, der seinem Opfer – wofür es handgreifliche Beweise gäbe – heimtückisch aufgelauert habe.

Mehrere Lobeshymnen auf die Menschenjagd des Büros erschienen im Druck. Die erste stammte von einem engen Freund Hoovers, dem anerkannten Kolumnisten Drew Pearson, der am 6. Mai 1968 gemeinsam mit Jack Anderson folgende Einschätzung abgab:

> Diesbezügliche Aktionen des FBI haben wir geprüft und kommen zu dem Schluß: Hier handelt es sich um die wohl

schwierigste und aufwendigste Großfahndung in der Kriminalgeschichte der Vereinigten Staaten.

Von Geheimdienstlern wurde jede Kneipe, deren Gast James Earl Ray war, jedes von ihm frequentierte Stundenhotel und jede von ihm besuchte mexikanische Cantina überprüft. Dabei förderten sie eine Fülle überraschender Beweise zutage, die alle auf Rays Täterschaft hindeuten.

Anfang Mai fragte das FBI bei der Royal Canadian Mounted Police (RCMP) routinemäßig an, ob nach ihren Unterlagen jemand, auf den die Beschreibung des flüchtigen James Earl Ray passen könnte, kürzlich einen Paß beantragt habe. (Ähnliche Nachforschungen bei US-Behörden waren zuvor ergebnislos geblieben.)

Kanadische Ermittler verglichen daraufhin Rays Fotoporträt mit einer knappen Viertelmillion Bilder, die seit dem 23. April 1967 (dem Datum von Rays Flucht aus dem Gefängnis) in Visumsangelegenheiten eingegangen waren.

Am 20. Mai entdeckte ein junger Constable eine Aufnahme, die Ray zu ähneln schien. Sie war dem Antrag eines gewissen Ramon George Sneyd beigeheftet, eines 35jährigen Bürgers aus Toronto. Der Paß war am 24. April 1968 ausgestellt und unter dem gleichen Datum zu Händen Sneyds an das Kennedy-Reisebüro in Toronto abgesandt worden.

Mr. Sneyd entpuppte sich als Polizeikollege, der mit Sicherheit nicht der Mann auf dem Foto war, das mit dem Visumsantrag eingereicht worden war. Sneyd gab zu Protokoll, er sei um den ersten Mai von einem Mitarbeiter der Paßbehörde angerufen worden, der ihn fragte, ob er seinen Paß verloren hätte. Auf seine Entgegnung, er habe nie einen Paß besessen, habe sich der Anrufer entschuldigt und mit den Worten eingehängt, es handle sich wohl um ein Mißverständnis.

Die RCMP übergab den Visumsantrag dem FBI-Labor in Washington, um die Handschrift mit der Signatur Galts zu vergleichen. Sie stimmten tatsächlich überein.

Bei der Rekonstruktion von Rays Fluchtweg entdeckte die RCMP, daß er anscheinend am 8. April in Toronto gewesen war und nicht nur eine, sondern gleich zwei neue Identitäten ausprobierte, indem er sich nicht nur als Sneyd, sondern auch als Paul Edward Bridgeman ausgab – ein 35jähriger Mann, der Ray ähnlich sah. Auch Bridgeman war telefonisch gefragt worden, ob er seinen Paß verloren habe. (Acht Jahre zuvor hatte er einen besessen.)

Außerdem stellte die RCMP fest, daß es einen Bürger namens Eric St. Vincent Galt in Toronto gab, übrigens der einzige in kanadischen Telefonverzeichnissen von 1968 vorhandene Eric Galt. Er arbeitete für Union Carbide, eine US-Rüstungsfirma.

Wenig später erfuhr die RCMP über das Kennedy-Reisebüro, daß Ray unter dem Namen Sneyd am 6. Mai einen Flug nach London gebucht hatte. Scotland Yard wurde informiert, und jeder Flughafen des Britischen Königreichs in Alarmbereitschaft versetzt. Der offizielle Grund war der, daß Ramon George Sneyd, der mit kanadischen Papieren reiste, den Einwanderungsparagraphen verletzt habe. Wenn er gestellt würde, sollte man ihn bis zum Verhör festhalten.

Am selben Tag, an dem er nach London reiste, flog Ray nach Portugal weiter, wo er einen neuen Paß von der kanadischen Botschaft erhielt. Darin war ein Druckfehler in seinem Nachnamen berichtigt worden; statt »Sneya« hieß es nunmehr »Sneyd«. Am 17. Mai kehrte er nach London zurück.

Unterdessen ging in den US-Medien die Berichterstattung weiter. Nach einem Artikel des *Time-Magazine* vom 20. Mai hatten »Personen aus seinem Bekanntenkreis« Ray als »hirnverbrannten rassistischen Frömmler« bezeichnet, als »aggressiven Saufbruder, der sich Wodka-Cocktails hinter die Binde kippte und mit jedem, der ihm zu nahe kam, Streit anfing«.

Time verbreitete auch die FBI-Version von der tödlichen Kugel, die kein Mantelgeschoß gewesen sei und daher zu verformt, um aussagekräftige Vergleiche ziehen zu können.

Ein Artikel vom 20. Mai in *Newsweek* zitierte den Kommentar des FBI über eine Kontaktanzeige, die Ray beantwortet hatte, wobei er ein Foto von sich einsandte, das ihn dicker aussehen ließ als er tatsächlich war. *Newsweek* berichtete, »gut informierte Kreise des Büros wollen wissen, daß er phasenweise zu Aufputschmitteln greift und sein Körpergewicht infolgedessen möglicherweise rasch wechselt.« Der Artikel erwähnte eine neue Aufnahme, die inzwischen vom Büro freigegeben worden war, und die Ray in Mexiko neben einer Prostituierten zeigte, die jedoch »weggeschnitten wurde«. Weiter heißt es:

> Trotzdem läßt die Tatsache ihrer Gegenwart bei der Aufnahme tief blicken, wenn man an Galts/Rays krampfhafte Partnersuche mittels Kontaktanzeigen denkt, und bestätigt den Eindruck eines in sich gekehrten, emotional verkrüppelten Eigenbrötlers. Je mehr die Ermittler von ihm erfahren, desto weniger betrachten sie ihn als den typischen Verschwörer. »Wenn Sie fünf Kerle nehmen, die einander nicht kennen, und sie in ein Zimmer sperren«, erklärte ein FBI-Mann, »werden vier mit banalem Geschwätz anfangen. Ray würde bloß stumm dasitzen.« Dann griff der Beamte nach dem Steckbrief des Gesuchten. »Das ist unser Mann«, sagte er. »Er hat King zur Strecke gebracht.«

Mit derartigen Äußerungen gegenüber der Presse machte das FBI der amerikanischen Öffentlichkeit rund eine Woche vor Rays Verhaftung klar, daß es sich bei dem mutmaßlichen Attentäter um einen sittlich verkommenen Einzelgänger handele, der mit einiger Sicherheit schuldig gesprochen würde.

Jeremiah O'Leary, verläßliches Sprachrohr des Büros, zitierte in einem Artikel des *Washington Star* ungenannte Strafgefangene, die von ungenannten Ermittlern – mit Sicherheit FBI-Agenten, die Ray auf der Spur waren – verhört worden waren. Sie behaupteten, Ray habe sich »während der Haft als tablet tensüchtiger Rassist erwiesen«. Außerdem behauptete O'Leary, einige Mithäftlinge hätten ihn als »einsamen Negerhasser beschrieben, der sich die Langeweile hinter Gittern vorzugsweise mit Pornobüchern und Sexmagazinen vertrieben hat«.

Die Pressedienste verbreiteten ähnlich negative Schlagzeilen. Ein UPI-Artikel mit der Überschrift »Ray sprach von Kopfgeld für King«[6] zitierte Raymond Curtis, einen Mithäftling und angeblich guten Bekannten Rays, mit der Behauptung: Ray habe ihm versichert, falls es ein Kopfgeld für Martin Luther King gäbe, würde er es sich holen, sobald er freikäme. Curtis bestätigte außerdem, Ray sei rauschgiftsüchtig, prahle ständig mit Weibergeschichten und käme eigentlich mit niemandem zurecht.

Schlimmer kann man den Ruf eines Beschuldigten nicht schädigen, zumal Ray nicht einmal gefaßt war und sich zu den Vorwürfen hätte äußern können.

Am Samstag, dem 8. Juni, trat Ray gegen 11.15 Uhr in einem beigefarbenen Regenmantel und mit Hornbrille vor einen Schalter am Flughafen Heathrow und legte seinen kanadischen Paß vor. Er wollte um 11.50 Uhr eine Maschine der British Airways nach Brüssel nehmen. Der Zollbeamte, Kenneth Human, bemerkte einen zweiten Paß, als Ray den ersten aus der Jacke zog, und wollte diesen ebenfalls sehen. Beide Pässe waren identisch, doch der andere war am 4. April in Ottawa auf den Namen »Sneya« ausgestellt worden. Ray erklärte, daß er vor der Abreise aus Kanada keine Zeit gefunden habe, den Fehler korrigieren zu lassen, was er dann aber in Lissabon nachgeholt habe.

Daraufhin wurde Ray von Detective Philip Birch angesprochen, der die Pässe zu sehen verlangte. Er nahm Ray (unter dem Namen Sneyd) in Gewahrsam und telefonierte mit Scotland Yard. Detective Chief Superintendent Thomas Butler und Chief Inspector Kenneth Thompson wurden verständigt und machten sich auf den Weg nach Heathrow. Ray mußte sich von Detective Birch durchsuchen lassen, und der Beamte zog einen .38er Revolver aus Rays rechter Gesäßtasche, deren Griff mit schwarzem Isolierband umwickelt war. Die sechsschüssige Waffe war mit fünf Kugeln geladen.

Ray erläuterte, er wolle nach Rhodesien fliegen, und die Waffe diene seiner Sicherheit wegen der dortigen Unruhen. Birch ließ ihn wissen, daß er eine strafbare Handlung begangen habe, für die er ihn verhaften müsse. Butler und Thompson trafen kurz nach 13.00 Uhr ein, als Ray wegen unerlaubten Waffenbesitzes verhaftet und zum Cannon-Row-Revier abgeführt wurde, wo man seine Fingerabdrücke abnahm und ihn in eine Zelle brachte.

Später erklärten ihm Butler und Thompson, daß sie allen Grund hätten, ihn nicht für einen kanadische Staatsbürger, sondern für einen Amerikaner zu halten, der in den USA wegen verschiedener Verbrechen, darunter Mord mit Schußwaffengebrauch, gesucht werde.

Rechtsanwalt Michael Eugene erschien, um Ray zu vertreten. Routinemäßig legte er Beschwerde gegen die Auslieferung ein. Ray schrieb den US-Anwälten F. Lee Bailey in Massachusetts und Arthur J. Hanes in Birmingham und bat um ihren Rechtsbeistand, falls er wegen Mordes nach Memphis vor ein Schwurgewicht müsse. Bailey, der mit Martin Luther King gut befreundet war, wollte die Verteidigung nicht übernehmen. Doch Arhur Hanes und sein Sohn Arthur jr. sagten bereitwillig zu und kamen nach England, um ihren neuen Klienten in Augenschein zu nehmen. Bei ihrer ersten Reise im Juni 1968 verweigerte man ihnen den Zutritt, doch kurze Zeit später durften sie ihn sprechen.

Das Auslieferungsbegehren der Staaten Tennessee und Missouri fußte weitgehend auf der Aussage eines gewissen Charles Quitman Stephens, Mieter in der Pension an der South Main Street, der als Hauptbelastungszeuge der Staatsanwaltschaft vorgestellt wurde. Er hatte eine provisorische Identifizierung Rays vorgenommen, den er am Tag des Attentats im Flur des Hauses gesehen haben wollte.

Dem Begehren wurde stattgegeben. Ray legte Berufung ein. Später zog er auf Rat seines Anwalts Arthur Hanes sen. die Berufungsklage zurück. Während noch über die Auslieferung verhandelt wurde, war in Abstimmung mit der Bundesregierung ein ganzer Zellenblock im Shelby-County-Gefängnis für Ray hergerichtet worden. Als Ray schließlich am 19. Juli 1968 in den Staaten eintraf, wurde er in diesen Sondertrakt eingeliefert.

Die Kolumne Drew Pearsons und Jack Andersons vom 22. Juli 1968 schilderte Ray als Einzeltäter und Sonderling. Sie begann mit den Worten:

> Mittlerweile hat das FBI den Anfangsverdacht zerstreuen können, daß hinter der Ermordung von Reverend Martin Luther King eine Verschwörung steckte.

In der Kolumne wird ferner behauptet, das FBI habe »herausgefunden, daß sich Ray das notwendige Geld durch einen Bankraub verschafft habe«. Weiter heißt es: »Das FBI hat sehr sorgfältig ermittelt; auf einen der Bankräuber paßt die Personenbeschreibung von James Earl Ray. Er hat ebenso langes Haar, die gleiche Körpergröße und ähnliche Gesichtszüge.«[7]

Damit kam – zum ersten Mal übrigens – die Geschichte vom Bankraub in Alton, Illinois, ins Spiel. Sie lieferte dem Büro 1968 die Erklärung, wie Ray als entflohener Strafgefangener seinen Lebensunterhalt bestritt. Wenn sein Geld aus einem Bankraub stammte, würde niemand unterstellen können, daß ihm von anderer Seite geholfen wurde. (Erst Jahre später erfuhren wir, daß Ray nichts mit dem Bankraub zu tun hatte, und daß es andere Hauptverdächtige gab.)

Inzwischen bereitete die Anwaltskanzlei Hanes, unterstützt vom Detektivbüro Renfro Hays in Memphis, den Prozeß vor. Am 10. November, nur zwei Tage vor der Eröffnung und nach einem Besuch des Anwalts Percy Foreman, entließ Ray seine Anwälte und beauftragte Foreman. Am 12. November erwirkte Foreman einen Aufschub, weil er so kurzfristig ins Verfahren gekommen war.

Da Foreman nur unregelmäßig zu den Prozeßterminen kam, bestellte das Gericht am 18. Dezember die beiden Pflichtanwälte Hugh Stanton senior und junior, um Foreman zu helfen. Zugleich sollten sie sich bereithalten, die Verteidigung zu übernehmen, falls Foreman sie wegen seines schlechten Gesundheitszustands niederlegen müsse. Am 17. Januar, dem nächsten Verhandlungstag, fehlte Foreman tatsächlich krankheitsbedingt. Der Richter befand, wenn Foreman von diesem Fall überfordert sei, müßten eben die Stantons ihr Glück versuchen. Als neuer Termin wurde der 3. März festgesetzt.

Die Stantons beauftragten zwei Ermittler, George King und George Getz, um Zeugen zu befragen und sich in den Fall einzuarbeiten. Foreman war den ganzen Januar über krank, und die Stantons hatten offenbar Anlaß zur Sorge, ob an ein Weitermachen überhaupt zu denken war. Sie informierten den Gerichtshof, die Einarbeitung in die Prozeßmaterie sei bis zum 3. März nicht zu schaffen, worauf die Verhandlung um einen weiteren Monat vertagt wurde.

Letzten Endes kam es zu gar keinem richtigen Prozeß mehr, nachdem James Earl Ray am Montag, dem 10. März 1969, ein Schuldbekenntnis abgelegt hatte.

Der Angeklagte mußte vor Richter Preston Battle erscheinen. Als Richter Battle ihn fragte, ob Ray begreife, daß die Anklage wegen Mordes in einem besonders schweren Fall gegen ihn erhoben werde, »weil die Umstände, unter denen Sie Dr. Martin Luther King ermordet haben, nach den Gesetzen, die man Ihnen erklärt hat, Sie rechtlich als des Mordes in einem besonders schweren Fall schuldig werden lassen«, entgegnete Ray: »Ja, rechtlich schon.« Nachdem Ray bekräftigt hatte, daß sein Geständnis freiwillig und in vollem Bewußtsein der Bedeutung und Konsequenzen erfolgt sei, suchte man zwölf Namen aus der Geschworenenliste zusammen.

Nachdem die Jury beisammen war, trat Phil M. Canale jun. als Generalstaatsanwalt von Shelby County auf und stellte seinen Exekutivbeauftragten Robert Dwyer und den assistierenden Staatsanwalt James Beasley vor. Beim Gericht beantragte er ein Strafmaß von 99 Jahren Haft. Canale führte aus, daß der Staat auch bei einem Geständnis durch den Angeklagen gehalten sei, dem Gericht und den Geschworenen unzweideutige Beweise für die Schuld vorzulegen.

Er schloß mit den Worten, daß die Ermittlung durch die Ortspolizei, die nationale Polizeibehörde und internationale Fahnder durchgeführt worden sei und daß seinem Büro über dreihundert Beweisgegenstände zur Prüfung vorgelegen hätten. Sein Hauptermittler sei Tausende von Kilometern quer durch die gesamten Vereinigten Staaten und ins Ausland gereist, habe jedoch nirgends Anzeichen einer Verschwörung zum Attentat festgestellt. Die Ermordung Martin Luther Kings sei durch niemand anders als den Angeklagten selbst geschehen. Canale versicherte, wenn ihm je irgendein Hinweis auf eine Verschwörung vorgelegt werde, werde er »umgehend und entschlossen die Untersuchung wieder aufnehmen und neue Anklage erheben, falls es Mittäter gibt oder sich herausstellt, daß andere Personen in die Sache verwickelt sind«.

Daraufhin wandte sich Percy Foreman an die Jury und erklärte, er habe einen Monat gebraucht, um sich zu überzeugen, daß es keine Verschwörung gäbe. Er behauptete, über fünfzig Stunden mit dem Angeklagten gesprochen zu haben, vorwiegend in Form eines Kreuzverhörs, wobei »jede Stunde und jede Minute überprüft und jede Geldausgabe bis zu den letzten 75 Cents nachgerechnet worden sei«.

Nach seinem Plädoyer fragte Foreman jeden einzelnen Geschworenen, ob er willens sei, eine Verurteilung zu 99 Jahren zu unterschreiben. »Jawohl, Sir«, lautete jedesmal die Antwort. Am Ende der Abstimmung wurde die Jury offiziell vereidigt, und man rief die Zeugen herein. Nacheinander machten Reverend Kyles, Chauncey Eskridge als persönlicher Anwalt Martin Luther Kings, Gerichtsarzt Dr. Jerry Francisco, der Leiter der Mordkommission N. E. Zachary und der FBI-Spezialagent Robert G. Jensen ihre Aussagen.

Nach einer Prozeßpause setzte Generalstaatsanwalt Beasley die verabredete Beweisaufnahme fort und ergänzte die Zeugenaussagen durch zusätzliche Fakten. Beasley faßte die behördliche Deutung des Tathergangs zusammen und berichtete in allen Einzelheiten von der Flucht James Earl Rays, seinen Überseeflügen, seiner Verhaftung und Rückkehr in die USA.

Richter Battle bat die Jury, durch Handzeichen zu signalisieren, ob sie dem vereinbarten Kompromiß – Urteil auf 99 Jahre gegen Schuldbekenntnis – zustimmen wolle. Die Geschworenen machten keine Einwände und bestätigten durch Unterschrift den Schuldspruch. Damit war Ray zu 99 Jahren Gefängnishaft verurteilt.

Für einen Außenstehenden dürfte es schwierig sein, sich vorzustellen, weshalb sich ein Mann wie Ray so schwer belasten sollte, wenn er die Tat gar nicht begangen hatte. (Erst viele Jahre später erfuhr ich von merkwürdigen Vorfällen, die sein Geständnis begleiteten.) Ein einziges Mal während der Sitzung schien er dem, was da über ihn gesagt und verhandelt wurde, widersprechen zu wollen. Nachdem beide Seiten die Jury akzeptiert hatten, unterbrach er den sonst reibungslosen Ablauf mit den Worten:

»Euer Ehren, ich möchte eine Erklärung abgeben. Ich will nichts zurücknehmen von dem, was ich gestanden habe, aber einen Zusatz muß ich noch machen. Das einzige, was ich noch sagen möchte, ist, daß ich die Meinung von Mr. Clark nicht teilen kann.«

»Wessen Meinung können Sie nicht teilen?« fragte der Richter.

»Die Meinung von Mr. J. Edgar Hoover. Ich bin mit dem Kompromiß völlig einverstanden, und möchte nichts widerrufen.«

»Womit sind Sie denn nicht einverstanden?«

»Mit dem, was Mr. Canale, Mr. Clark und Mr. J. Edgar Hoover über die Verschwörung gesagt haben. Ich will nicht, daß nachträglich etwas hinzugefügt wird, womit ich vorher nicht einverstanden war.«

Darauf ergriff Mr. Foreman das Wort. »Ich glaube, der Angeklagte will sagen, daß er nicht der Meinung ist, Ramsey Clark oder J. Edgar Hoover hätten recht. Das habe ich als Beweis in diesen Prozeß auch gar nicht einbringen wollen. Ich habe nur festgestellt, daß es dem General-Staatsanwalt Canale leicht gemacht wurde, weil alle dieselbe Aussage gemacht haben. Niemand verlangt, daß Sie mit allem einverstanden sind.«

Obwohl Presse und Öffentlichkeit das Geständnis genau verfolgten, fand die Doppeldeutigkeit in Rays Wortmeldung damals kaum Beachtung.

Gegen Mittag war alles gelaufen. Drei Tage nach Antritt seiner Haftstrafe schrieb Ray einen Brief an das Gericht, in welchem er sein Geständnis widerrief und um Neuaufnahme des Verfahrens bat.

Weitere drei Tage später, am 16. Mai, erschien die *Washington Post* mit der Schlagzeile: »Nur Ray spricht noch von Verschwörung!«

Zitiert wurden Ermittler in Memphis, die angeblich »Einsicht in umfassendes Aktenmaterial beim FBI« hatten und

»Ray als jemanden einschätzen, der Menschen anderer Hautfarbe haßt und den unbewußten oder triebhaften Wunsch verspürte, King zu beseitigen«. Inzwischen sei Ray, so hieß es, der einzige Prozeßbeteiligte, der noch einer Verschwörungstheorie anhinge.

Der Autor des Artikels hatte verschwiegen, daß noch andere, darunter die Witwe Kings, Ralph Abernathy und viele seiner Getreuen, an die Existenz einer Verschwörung glaubten.

Teil III

Erste Zweifel

8
Der Kampf um die Wiederaufnahme: Ende 1977 – 15. Oktober 1978

Ein knappes Jahrzehnt lang stand ich in keinerlei Verbindung mehr zur Bürgerrechts- oder Friedensbewegung. Am Grabe des Ermordeten hatte ich einsehen müssen, daß es keine Hoffnung auf eine Erneuerung Amerikas gab ohne den unvergleichlichen Charismatiker Martin Luther King. Es gab niemanden, der ihn ersetzen konnte. Ralph Abernathy und ich traten in diesen neun Jahren nur sporadisch in Verbindung. Ich hatte meine Examina in Erziehungswissenschaft und Jura abgelegt und zwei Bücher geschrieben; er hatte die Leitung des SCLC übernommen, von der er später, nicht ohne Verbitterung, zurücktreten mußte.

Ende 1977 erklärte mir Ralph während eines Telefongesprächs, daß ihn die offizielle Version des Attentats auf King nie befriedigt habe. Er sei bereit, dem angeblichen Mörder seines Freundes von Angesicht zu Angesicht gegenüberzutreten. Am liebsten wolle er Rays Geschichte von ihm selbst hören und sich ein eigenes Urteil bilden. Ob ich ein solches Treffen arrangieren und ihn begleiten könne?

Der Grund für sein neu erwachtes Interesse war mit Sicherheit die Aktivität des House Select Committee on Assassination (HSCA), eines Untersuchungsausschusses des Senats, der sich politischen Attentaten widmete. Ermittlungen des HSCA zur Ermordung von Präsident Kennedy und Martin Luther King liefen damals gerade an.

Das HSCA war 1976 gegründet worden, um der wachsenden Skepsis gegenüber den Ergebnissen der Warren-Kommission im Mordfall Kennedy entgegenzuwirken. Längst war die Regierung in den Augen vieler Amerikaner unglaubwürdig geworden, vor allem durch die Aussagen des Generalstaatsanwalts von New Orleans, Jim Garrison, die Watergate-Affäre und den Bericht des Justiz-Unterausschusses im Senat (der die landesweite Bespitzelung von US-Zivilisten durch den militärischen Abschirmdienst enthüllte). Dem folgten im Juni 1975 der Bericht der Rockefeller-Kommission über CIA-Operationen im Inland gegen amerikanische Bürger und die Erkenntnisse des House Judiciary Committee über das FBI-Abwehrprogramm COINTELPRO. Stärker noch, wenn das überhaupt möglich war, erschütterten 1976 der Bericht des Church Committee (der sich auf 100 Seiten der Beschattung Martin Luther Kings durch das FBI widmete) und der House-Intelligence-Bericht über Inlandsaktivitäten der CIA das Vertrauen der Öffentlichkeit in die staatlichen Organe.

Walter Fauntroy, ein ehemaliger Kollege Abernathys und Kings, war Vorsitzender des HSCA-Ausschusses, der das Attentat auf den Bürgerrechtsführer untersuchen sollte. Trotz meiner Skepsis gegenüber derartigen Ausschüssen, die mir aus der Anti-Vietnam-Bewegung ein Jahrzehnt zuvor noch in unguter Erinnerung waren, gab es doch Hoffnung, daß mit ihrer Hilfe einige der vielen offenen Fragen zumindest gestellt werden konnten. Erst später fiel mir auf, was Abernathy wirklich wollte. Seine Anteilnahme an Rays Schicksal sollte den Anstoß geben, die Aufklärung des Falles King voranzutreiben.

Um Ralph eine echte Stütze zu sein, mußte ich zunächst einiges an Vorarbeit leisten. Ich sagte ihm meine Hilfe zu, wenn er bereit sei, so lange mit dem Treffen zu warten, bis ich den Eindruck hatte, daß wir soweit wären. Auf keinen Fall wollte ich zulassen, daß Kings Andenken befleckt oder Ralph von einem cleveren Anwalt Rays benutzt wurde. Ich war überzeugt, daß wir nur eine kleine Chance hatten, Ray die richtigen Fragen zu stellen, und das Beste daraus machen sollten. Klar war, daß Ralph nach der Unterredung von der Presse interviewt werden würde, und ganz gleich, wie seine Stellungnahme ausfiel – sie mußte auf soliden Fakten beruhen. Andernfalls konnte es wegen des neu erwachten Interesses peinliche Folgen für Ralph nach sich ziehen und Rays Hoffnung auf ein Revisionsverfahren zum Scheitern bringen. Seit zehn Jahren versuchte er jetzt, seinen Fall neu aufrollen zu lassen. Wenn dieser Mann unschuldig war, durfte ich seine Zukunft nicht ein für allemal ruinieren. Ralph war ebenso wie Mark Lane, Rays damaliger Anwalt, mit diesen Vorgaben einverstanden.

In der Zwischenzeit las ich das Wenige, was über den Mord publiziert worden war. Eine der frühesten und bekanntesten Arbeiten war Gerold Franks *An American Death*[8], die im Grunde nur die offizielle Version wiedergab. Jahre später fiel mir ein internes FBI-Dokument in die Hände, das auf den 11. März 1969 datiert war – dem Tag nach Rays Geständnis vor dem Richter. Dieses Memorandum an den zweitwichtigsten Mann neben Hoover, seinen engsten Vertrauten Clyde Tolson, stammte vom stellvertretenden FBI-Chef Cartha DeLoach:

> Jetzt, wo Ray verurteilt ist und seine 99jährige Strafe absitzt, möchte ich vorschlagen, daß uns der Direktor erlaubt, einen verläßlichen, begabten Autor, oder den *Reader's Digest* zu bitten, ein Buch über den Fall zu schreiben.
>
> Ein sorgfältig ausgewogener Tatsachenbericht würde viel dazu beitragen, die wahrheitsgemäße Darstellung in Umlauf zu bringen. Natürlich lassen sich nicht alle künftigen Gerüchte zerstreuen oder zum Schweigen bringen, aber es wäre gewiß eine große Hilfe, wenn ein solches Buch für die Nachwelt in den Regalen der College- und Schülerbüchereien stünde.
>
> [Unter diesem Absatz steht ein handschriftlicher Zusatz: »Wen schlagen Sie dafür vor?«]
>
> Außerdem rege ich an, einen verläßlichen Kontaktmann bei der Presse vertraulich darüber zu unterrichten, daß Coretta King und Reverend Abernathy nur deshalb die Verschwörungstheorie unterstützen würden, damit weiterhin Spenden an Mrs. King, Abernathy und die Southern Christian Leadership Conference fließen. Wir können das durchsickern lassen, ohne das FBI ins Spiel zu bringen. Es muß ja niemand wissen, daß unsere Information aus einem Lauschangriff stammt.
>
> Hochachtungsvoll
> *C. D. DeLoach*[9]

Nur einen Tag später übersandte DeLoach eine Nachschrift, in der es wörtlich heißt:

> Das Einverständnis des Direktors vorausgesetzt, erwägen wir die Vorbereitung eines Buchs, entweder in Zusammenarbeit mit *Reader's Digest,* oder mit dem Schriftsteller Gerold Frank.

> Frank ist ein prominenter Autor; sein letztes Buch hieß »The Boston Strangler«. Frank schreibt bereits an einem Buch über den Fall Ray und hat uns bei seinen Recherchen schon mehrmals um Kooperation und Auskünfte gebeten. Nachteiliges geht nicht aus seinen Akten hervor, und unsere bisherigen Erfahrungen mit ihm sind vorzüglich.[10]

Am Ende dieser Nachschrift finden sich handschriftlich das Wort »O. K.« sowie die Initiale »H.«

Ein weiterer Zusatz auf dem Brief DeLoachs an Tolson ist eine handschriftliche Notiz über George E. McMillan. Offenbar waren dem Autor George E. McMillan gewisse Dokumente durch das Büro zugespielt worden. McMillan, der zu Geheimdiensten beste Verbindungen pflegte, hatte ebenfalls ein Buch über den Fall geschrieben, *The Making of an Assassin*, das vorgibt, eine psychologische Analyse James Earl Rays zu sein, und vor allem die Einzeltäter-Theorie des FBI unterstützt.[11]

In einigen Punkten brachte Gerold Frank interessante und neue Aspekte. Er wies die Anwesenheit von Polizeibeamten in der Feuerwache von Memphis nach, die das Geschehen im Lorraine beobachtet hatten, und schildert, wie einer von ihnen, Ed Redditt, am Nachmittag des 4. April heimgeschickt wurde, offenbar zu seiner eigenen Sicherheit, weil er bedroht worden war. Frank vermißte den vollständigen Fahndungsaufruf (mit genauer Personenbeschreibung) und enthüllte, daß ein ziviler Funkspruch die Aufmerksamkeit der Polizei von den Vorgängen in der Nähe des Tatorts abgelenkt hatte. Seiner Meinung nach war dieser Funkspruch ein Jungenstreich gewesen. Frank erwähnt außerdem das Gerücht, ein elfjähriger Junge habe den Schuß gehört und sei in die Feuerwache geflüchtet.

William Bradford Huies Buch *He Slew the Dreamer* kam 1968 heraus und war von vornherein fragwürdig, weil der Autor bei zwei von Rays Anwälten unter Vertrag stand. Er zahlte ihnen Geld für Auskünfte und für die Übermittlung von Fragen an den Angeklagten.[12] Ursprünglich war Huie von der Existenz einer Verschwörung ausgegangen. Nach seinen Erkenntnissen war der Hauptzeuge der Anklage, Charlie Stephens, während der Tat sogar zu betrunken gewesen, um von dem Taxifahrer James McCraw befördert zu werden. Dennoch wechselte Huie urplötzlich die Fronten und gab sich mit der Version vom Einzeltäter zufrieden.

Es waren diese Bücher und die Darstellung des Geschehens in den Massenmedien, die in den ersten Jahren nach dem Attentat die öffentliche Meinung bestimmten. Die Interpretation der Strafverfolgungsbehörden galt in aller Welt als der Weisheit letzter Schluß.

Der Tathergang aus der Sicht der Anklage

Der angeklagte Killer wurde stets als Rassist charakterisiert, dessen Tatmotiv hauptsächlich in seinem unstillbaren Haß auf Farbige, speziell auf Martin Luther King gelegen haben soll. Durch sein Verbrechen wollte er sich die Anerkennung verschaffen, die er zeitlebens begehrte. Die Existenz einer zwielichtigen Gestalt namens Raoul, von der Ray behauptete, sie habe ihm sein Tun und Lassen vorgeschrieben, und zwar seit ihrem ersten Zusammentreffen im August 1967 bis zum Nachmittag des Attentats, wurde von staatlicher Seite immer bestritten. (James hat nie erfahren, wie der Name sich schreibt; mit der Zeit gewöhnte er sich die Schreibweise ›Raoul‹ an, obwohl die zutreffendere für den romanischen Namen, die ich durchgehend in diesem Buch benutze, ›Raul‹ wäre.) Die Anklage hielt daran fest, Ray habe Martin Luther King seit dem Wochenende vom 17. März 1968, als King nach Los Angeles kam, aufgelauert.

Um den 22. März war Ray in Selma, Alabama, wo King ganz in der Nähe seine Armutskampagne vorbereiten wollte. Er soll die letzte Märzwoche in Atlanta geblieben und am 30. März abgereist sein, um das Gewehr zu kaufen. Nach Meinung der Anklage war er am 31. März nach Atlanta zurückgekehrt, wo er am 1. April Wäsche in einem Waschsalon liegenließ. Auf dem Stadtplan von Atlanta, den man unter Rays Habseligkeiten im Wohnheim gefunden hat, waren angeblich Haus, Kirche und Büro von Martin Luther King angekreuzt. Mit der Mordwaffe im Gepäck traf Ray am 3. April in Memphis ein, demselben Tag, an dem Martin Luther King die Stadt zum letzten Mal besuchte.

Am 4. April fuhr Ray in die Downtown und mietete sich unter dem Decknamen John Willard ein Zimmer in der heruntergekommenen Pension an der South Main Street 422½. Während ihn die Pensionswirtin, Bessie Brewer, herumführte, lehnte er eine »Dienstmädchenkammer« im Südflügel des Hauses ab und wählte statt dessen ein »Schlafzimmer« im hinteren Nordflügel. Letzteres blickte auf das Lorraine Motel hinaus, wo Martin Luther King angeblich stets übernachtete, wenn er sich in Memphis aufhielt. Der Altbau der Pension hatte separate Eingänge für jeden Flügel. Das von Ray gewählte Zimmer, Nr. 5-B, das an die Räume der Dauergäste Charles Quitman Stephens und Grace Walden grenzte, befand sich am Ende eines Flurs und in der Nähe eines rückwärtig gelegenen Badezimmers mit Aussicht auf den Balkon des Motels. Dort hatte Martin Luther King gestanden, als er erschossen wurde (vgl. Abb. 2).

Irgendwann an diesem schicksalhaften Nachmittag kaufte Ray ein Fernglas im York-Waffenladen auf der South Main. Dabei sei er angeblich mit dem Wagen gefahren, den er bei der Rückkehr genau vor Canipe's Spielhalle, südlich von Jim's Grill parkte (vgl. Abb. 3). Dann begab er sich auf sein Zimmer, wo er Möbel umgestellt und einen Stuhl ans Fenster gerückt haben soll, um das Motel besser überblicken zu können. Später habe er das Badezimmer am Ende des Flurs betreten und die Tür abgeschlossen. Er stieß eine Fensterscheibe aus dem Rahmen, die auf den Hinterhof der Pension hinausging. Der mit Unkraut übersäte Hof endete an der zweieinhalb Meter hohen Mauer an der Mulberry Street, dem Balkon direkt gegenüber. Er stellte sich in die Badewanne (wo er einen Schuhabdruck hinterließ), legte das Gewehr auf die Fensterbank und paßte den richtigen Zeitpunkt ab. Um 18.01 Uhr feuerte er einen einzigen Schuß ab, dessen Rückstoß eine Kerbe in die Fensterbank schlug, und vergaß in der Eile, die leere Patronenhülse auszuwerfen. Die Kugel legte 70 Meter zurück und traf Martin Luther King in die rechte untere Gesichtshälfte; sie wanderte abwärts durch den Kiefer,

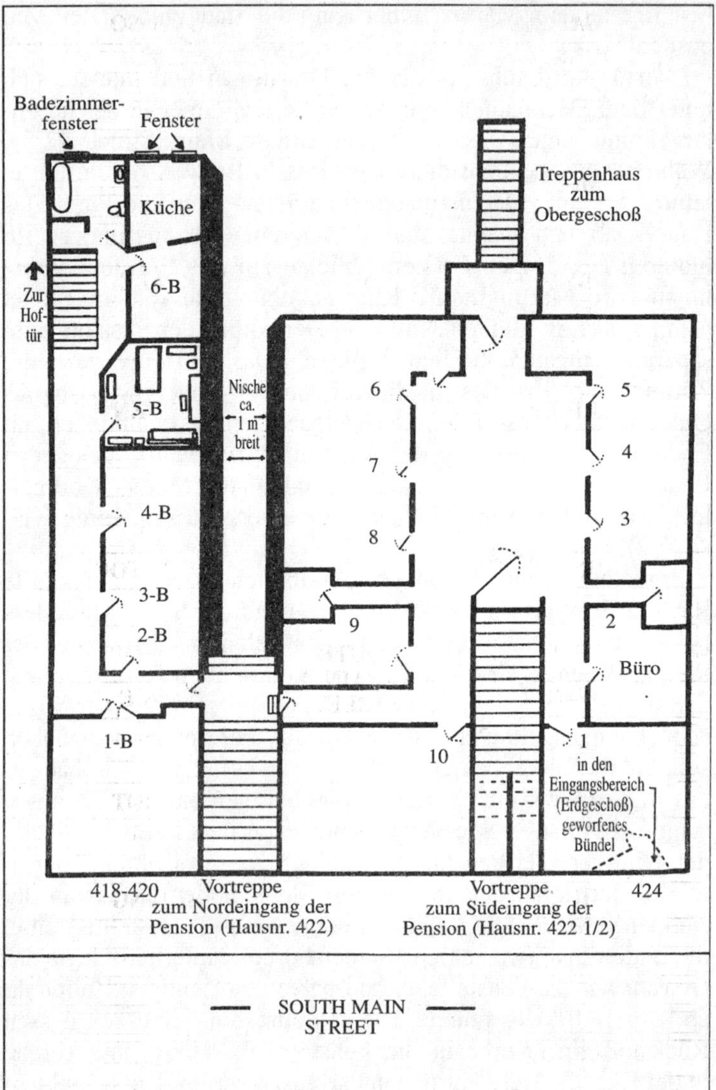

Badezimmer-
fenster
Fenster
Küche
Zur
Hof-
tür
6-B
5-B
Nische
ca.
1 m
breit
4-B
3-B
2-B
1-B
Treppenhaus
zum
Obergeschoß
6
5
7
4
3
8
9
2
Büro
10
1
in den
Eingangsbereich
(Erdgeschoß)
geworfenes
Bündel
418-420
Vortreppe
zum Nordeingang der
Pension (Hausnr. 422)
Vortreppe
zum Südeingang der
Pension (Hausnr. 422 1/2)
424
SOUTH MAIN
STREET

Abb. 2

	SOUTH MAIN STREET	
GAYOSO		**GAYOSO**
Goldsmith Warenhaus 123		128 Shainbarst's Warenhaus
Blue Light Studio 145		134 Peanut Shoppe
»Home of the Blues« (Schallplatten) 147		138 Strand-Theater
McCALL		140 Restaurant Gridiron
Princess-Theater 167		152 Loew's-State-Theater
		162 York-Waffenladen
		164 Café White House
BEALE		**BEALE**
Malco-Theater 197		200 M & M-Gebäude
Jim's Friseursalon 201		
Tri-State Bank 213		
LINDEN		**LINDEN**
		262 Hotel Chisca Sundry
		266 Riverboat Lounge
		270 Chisca-Schnapsladen
		272 Hotel Chisca Plaza
PONTOTOC		**PONTOTOC**
Kneipe »Jim's Place« 299		326 Café Merchant's
Frank's Green Beetle 325		
Frank's Schnapsladen 327		
VANCE		**VANCE**
Café Ambassador 345		362 Hotel Tri-State
Hotel Ambassador 347		
TALBOT		**TALBOT**
		386 Restaurant Nick's Corner
		390 1/2 Hotel Wynne
HULING		**HULING**
leerstehend 409		410 U. S. Fixture Co.
Acme Lagerhaus Co. 413		418 Jim's Grill
Crosstown Lagerhaus & Speditionsfirma 417		422 Cohn & Co.
Seabrook Farben Co. 421		422 1/2 Pension
NETTLETON		424 Canipe's Spielhalle
		Memphis-Feuerwache Nr. 2
		BUTLER

Abb. 3

zerschmetterte die obere Wirbelsäule und blieb unter dem linken Schulterblatt stecken.

Unmittelbar nach dem Schuß soll Ray in sein Zimmer gerannt sein, wo er seine Habseligkeiten zu einem Bündel schnürte und anschließend die Vordertreppe hinunterlief. Dabei will ihn Charles Stephens gesehen haben. (Ein anderer Mieter, Willie Anschutz, hat ebenfalls einen Mann mit einer Art Päckchen gesehen, den er aber nicht identifizieren konnte.) Die Anklagevertretung unterstellte, Ray habe draußen den Kombiwagen der Polizei gesehen, der am Bürgersteig in der Einfahrt der Feuerwache parkte. Darüber sei er in Panik geraten und habe das aus einem Bettlaken geschnürte Bündel in den Eingangsbereich von Canipe's Spielhalle geworfen. Dann sei er in seinen weißen Mustang gehechtet, der gleich neben der Spielhalle stand, und bis Atlanta gefahren, wo er den Mustang stehenließ.

Anschließend habe sich Ray unter dem Namen Ramon George Sneyd nach Kanada und später nach England durchgeschlagen. Laut Anklage sei er zur Flucht entschlossen gewesen, egal wohin und so weit wie möglich, weshalb er sich trotz seiner rassistischen Ansichten sogar nach Rhodesien absetzen wollte. Als dieses Vorhaben während einer Reise nach Portugal scheiterte, sei er nach England zurückgekehrt, wo er eine Bank ausraubte. Schließlich wurde er auf dem Weg nach Brüssel, von wo aus er in andere afrikanische Staaten ausreisen wollte, im Flughafen Heathrow geschnappt.

Seinen Lebensunterhalt bestritt er seit seiner Flucht am 26. April 1967 durch diverse Raubüberfälle, die er in Kanada und später in den USA verübt haben soll. Für die Anklagevertretung gab es keinerlei Anzeichen, daß Ray von irgendwem unterstützt wurde, außer vielleicht von Angehörigen.

Sein Charakterbild entsprach nach dieser Auffassung genau dem, das die Behörden seit seiner Identifizierung am 19. April 1968 bis zum Schuldbekenntnis vom 10. März 1969 verbreiteten: James Earl Ray war ein gefährlicher, notorischer Krimineller und zugleich ein erbitterter Rassist und Einzelgänger.

Einspruch

Die einzige kritische Stimme, die in den ersten Jahren nach dem Attentat laut wurde, gehörte dem Sachbuchautor Harold Weisberg, der sich weitgehend auf die Erkenntnisse des (am Tatort anwesenden) Reporters Matt Herron und auf Nachrichtenmeldungen, Hintergrundberichte und telefonische Interviews stützte.

Weisbergs Buch *Frame-Up*, das 1971 erschien[13], zählte eine Reihe ungeklärter Punkte auf, darunter die folgenden:

- Die Zeugenaussage des Chauffeurs Solomon Jones, der unmittelbar nach dem Schuß jemanden im Gestrüpp beobachtet hatte;
- der Wechsel der Unterkunft in letzter Minute; ursprünglich hatte Martin Luther King im Riverside Hotel logieren sollen; ferner im Lorraine ein Wechsel von seinem ursprünglich gebuchten Zimmer in ein anderes;
- die Tatsache, daß ein zweiter weißer Mustang, keine hundert Meter von dem Mustang vor der Spielhalle entfernt, in Höhe von Jim's Grill geparkt war;
- daß es dem FBI-Labor nicht gelang, die tödliche Kugel mit letzter Sicherheit der angeblichen Mordwaffe zuzuschreiben;
- das Fehlen von Fingerabdrücken Rays in der Pension;
- daß am Vorabend des Attentats farbige Feuerwehrleute aus der Wache in der Nähe des Tatorts versetzt worden waren;
- der »Streich« mit dem falschen CB-Funkspruch, der nur wenige Sekunden nach dem Schuß gesendet wurde, und den Weisberg als wichtigstes Indiz für eine Verschwörung wertete.

Außerdem wurde in diesem Buch ein berittener Polizist aus Louisiana namens Raul Esquivel erwähnt, in dessen Baton-Rouge-Kaserne ein Telefonanschluß existierte; angeblich hatte Ray diese Nummer gewählt. Die Telefonnummer hatte Weisberg von

Jeff Cohen, einem Reporter der *Los Angeles Times*, der sie seinerseits von Charles Stein bekommen haben will, der mit Ray in Kalifornien zusammentraf und im Dezember von Los Angeles nach New Orleans reiste. Stein hatte Ray angeblich telefonieren sehen und die Nummer heimlich mitgeschrieben.

Weisberg hob die Interessenkonflikte hervor, welche möglicherweise durch die von Ray, seinen Anwälten und dem Autor William Bradford Huie unterzeichneten Verträge entstanden waren. Außerdem erörterte er ausführlich den Argwohn des FBI und Edgar Hoovers gegen Martin Luther King und dessen geheimdienstliche Beschattung. Erstmals entwarf er das Bild einer umfassenden Verschwörung, bei der Ray nur als Schachfigur in den Händen eines Mannes namens Raul diente.

Mark Lanes Untersuchung *Code Name »Zorro«* kam 1977 heraus und brachte neues Material über die Widersprüche in der Darstellung der Staatsanwaltschaft.[14] Lane wies auf die Tatsache hin, daß kurz nach dem Attentat eine »Sichtblende« aus Sträuchern hinter der Pension abgemäht worden war. Er bestritt die offizielle Version, wonach Detective Redditt kurz vor dem Schuß von seinem Posten abberufen worden war, weil er eine Morddrohung erhalten habe. Redditt hatte ihm berichtet, daß die Invaders von einem schwarzen Undercoveragenten infiltriert waren, der als *agent provocateur* auf Gewalt und illegale Aktionen hinwirken sollte. Redditt traf ihn Jahre später wieder, und der Agent bat ihn inständig, seine Identität nicht preiszugeben, weil er gegenwärtig für die CIA tätig sei.

Lanes Schilderung kritisierte die offizielle Version mit der Feststellung, daß Martin Luther King nie zuvor im Lorraine gewohnt hatte. Er zitierte die Reporterin Kay Black aus Memphis, die schon früher über King berichtet hatte. Soweit sie zurückdenken konnte, habe er im Hotel Claridge logiert, und vor seinem letzten Besuch habe er nicht einmal gewußt, wo das Lorraine-Motel lag. Außerdem stellte Lane die Frage, wo das seit langem verschollene Gästebuch der Pension abgeblieben sei.

Aus alledem wird deutlich, daß die Presse erst spät begann, auf die Probleme des Falles hinzuweisen und über Rays Schuld oder Unschuld zu diskutieren.

Klammheimlich und hinter den Kulissen begann ich, soweit es meine sonstigen Verpflichtungen zuließen, selbst zu recherchieren. Als bekannt wurde, daß die Polizei von Memphis (MPD) am 10. September 1976 alle Geheimakten verbrannt hatte, obwohl die Bürgerrechtsinitiative American Civil Liberties Union (ACLU) gegen die Vernichtung protestiert hatte, war ich mir der enormen Schwierigkeiten einer Rekonstruktion des Tathergangs bewußt.

Mit größerem Interesse denn je wandte ich mich den Erkenntnissen des HSCA zu. Schon im Gründungsjahr war es hoch hergegangen. Der erste Chefberater des Untersuchungsausschusses, der ehemalige Staatsanwalt von Pennsylvania, Richard Sprague, ein gewiefter, aufrichtiger Profi, war Anfang 1977 kurzerhand gegen G. Robert Blakey, einen Rechtswissenschaftler der Cornell University, ausgetauscht worden.

Bei Gelegenheit der Entlassung Spragues – infolge persönlicher Angriffe gegen ihn in der Presse –, war die Zuständigkeit des Komitees zur Aufklärung des King-Attentats offensichtlich auf James Earl Ray sowie seine Brüder John und Jerry beschränkt worden.

Bei einer späteren Unterredung mit Sprague erklärte er mir, er habe den Job damals nur übernommen, weil ihm der Kongreß vollkommen freie Hand versprochen habe. Doch der Ausschuß war eben erst zusammengestellt, als der Kongreßsprecher Tip O'Neill forderte, er solle zur Begründung zusätzlich beantragter Gelder dem Kongreß »nachweisen«, daß es sich um eine Verschwörung handle. Sprague behauptete, die Zielsetzung des Ausschusses habe sich seit seinem Abgang drastisch geändert. Während er für zeitlich unbegrenzte, förmliche Ermittlungen bestellt worden sei, befürwortete der neue Chefberater ein Vorgehen, das auf »Evaluation« hinauslief (als Gegenbegriff zu »Investigation«). Es ging eher darum, die Akten zu schließen als erneut zu öffnen. Artikel, Bücher und Berichte zum Thema wurden einzeln evaluiert, ohne Querverweise, so daß sie nicht als Quelle neuer Informationen dienen konnten. Das öffentliche Desinteresse kommentierte Sprague mit enttäuschtem Zynismus. Er glaube nicht mehr daran, daß Kongreß und Exekutive an echten Ermittlungen interessiert seien und offensichtlich die Wahrheit verschleiern wollten. Später warf auch der stellvertretende Chefberater, Robert Lehner, das Handtuch, weil er sich nicht mit Blakeys Entscheidung abfinden mochte, die Untersuchung auf die Ray-Brüder zu beschränken.

Während der Ermittlungen des HSCA beschäftigten sich die Medien erneut mit Ray. Das Nachrichtenmagazin *Time* gab in seiner Ausgabe vom 26. Januar 1976 die Richtung vor und diskreditierte ihn in einem Artikel unter Berufung auf George McMillans Buch[15] als »rauschgiftsüchtig« und als »Drogenhändler«. George M. Camp, dem das Gefängniswesen in Missouri unterstellt war, hatte sich bei McMillan vergebens nach Einzelheiten wegen des Vorwurfs erkundigt, Ray habe den Mord an Martin Luther King über Drogenverkäufe im Gefängnis finanziert. Camp stellte öffentlich fest, McMillans Thesen seien »vollkommen aus der Luft gegriffen« und forderte, dem Autor »das Handwerk zu legen«.[16] Doch Camps Dementi wurde, von der Titelgeschichte des *St. Louis Post-Dispatch* abgesehen, kaum zur Kenntnis genommen.

Mit Beginn des letzten Jahres der Ermittlungen, in einer UPI-Agenturmeldung vom 25. Januar 1978, wurde Ray hintereinander als »Spinner« (1963-1964) bezeichnet, der einen »osbszönen Brief« auf die Post gegeben hätte (1967-1968), und – schlimmer noch – ständig in »Pornoheftchen« schmökernd, »zwei Frauen mit nächtlichen Anrufen behelligt« habe (1967-1968), in »Drogengeschäfte« verwickelt sei und sogar »Mithäftlinge mit gezinkten Karten beim Spiel übers Ohr gehauen habe«.

Robert Blakey galt als vielgepriesener Experte für Verbrecherorganisationen, der an den juristischen Fakultäten von Notre Dame und Cornell gelehrt hatte. An der Universität von Cornell hatte er das Institut für Organisiertes Verbrechen geleitet; zuvor war er beim US-Justizministerium unter Robert Kennedy als Sonderbeauftragter für Bandenkriminalität zuständig.

Zu Beginn meiner Erkundungen las ich ein höchst sonderbares Gutachten, das Blakey am 4. Februar 1976 erstellt hatte.[17]

Erstellt war es im Auftrag eines Zivilgerichts, vor dem Morris Dalitz, Oberhaupt des Verbrechersyndikats Cleveland-Las Vegas, das Magazin *Penthouse* verklagte, weil ein Artikel die Verstrickung der kalifornischen Firma Rancho La Costa ins organisierte Verbrechen aufgezeigt hatte.[18] Der Vorwurf krimineller Machenschaften knüpfte sich vor allem an Dalitz' Beteiligung an der Firma.

Als Experte im Zeugenstand bestritt Blakey jede Verbindung von Moe Dalitz zum organisierten Verbrechen.[19] Das klingt verblüffend, denn Dalitz' langjährige Rolle als führender Kopf eines Verbrechersyndikats war bereits eine wohlbekannte Tatsache. Daß Bundesbehörden ihn längst als Schlüsselfigur der organisierten Kriminalität ausgemacht hatten, bemerkte später selbst das *Wall Street Journal* in seiner Ausgabe vom 10. September 1979.

Auch an der Ermordung von Martin Luther King konnte das organisierte Verbrechen beteiligt sein. Es war daher nicht auszuschließen, daß ein Chefberater, der kurz vor seiner Berufung an die Spitze des HSCA solche Positionen vertrat, Ermittlungen in dieser Richtung behindern würde. (Blakeys Gutachten wurde letztendlich zurückgewiesen, und *Penthouse* verteidigte den Artikel mit Erfolg.)

Weiteren Anlaß zur Sorge gab das intime Verhältnis des neuen Chefberaters zur CIA und zum FBI, denen es gelang, ihren Agenten mehr Einfluß auf die Benutzung der Akten, Dokumente und Berichte durch die Ermittler zu verschaffen. Was mich ferner beunruhigte, war die umgehende Entlassung von 28 Mitarbeitern des Ausschusses, das Beharren auf strengster Geheimhaltung (wobei die Mitarbeiter gezwungen wurden, entsprechende Verpflichtungserklärungen zu unterschreiben, mit hohem Strafmaß bei Zuwiderhandlung), die Regel, daß Gespräche mit Kritikern des Ausschusses nur mit persönlicher Genehmigung Blakeys stattfinden durften, sowie die Tatsache, daß die Mitglieder des Komitees nur dem Vorstand rechenschaftspflichtig waren. Aus alldem zog ich frühzeitig den Schluß, daß von diesem Ausschuß nach dem Wechsel in der Führung keine unabhängigen Recherchen mehr geleistet werden konnten.

Mein Mißtrauen gegen das HSCA steigerte sich noch, als ich im Sommer 1978 von einem konspirativen Auftrag erfuhr, den Oliver Patterson erhalten hatte, ein ehemaliger FBI-Spitzel und Undercoveragent des HSCA. Er sollte sich mit Rays Bruder Jerry anfreunden und bei ihm so viele Informationen wie möglich abschöpfen. Man wies ihn an, Haarproben von Jerry zu nehmen und in einem unbewachten Moment seine Papiere, einschließlich seiner Korrespondenz, nach verwertbarem Material zu durchstöbern.

Im August 1978 sollte Patterson öffentlich Mark Lane diskreditieren, der damals als Anwalt James Earl Rays tätig war.

In einer beeidigten Erklärung vom 14. August 1978 gab Patterson an, seine HSCA-Kontaktleute hätten ihn eine Woche zuvor beauftragt, dem *New-York-Times*-Reporter Anthony J. Marro ein Interview zu geben. Dabei sollte er durchblicken lassen, Mark Lane sei homosexuell und habe ihm versichert, es gäbe gar keine Person namens Raul. Außerdem sollte Patterson behaupten, seine verdeckten Ermittlungen hätten die Schuld von James Earl Ray eindeutig erwiesen.

Lane erhielt einen Hinweis von Pattersons Freundin Susan Wadsworth, deckte das Komplott auf und stellte Patterson zur Rede. Dieser zeigte sich zur Kooperation bereit. Als Marro gegen Mittag am vereinbarten Treffpunkt – einem Hotel in St. Louis – erschien, trat er zu seiner Verwunderung in einen Raum voller TV-Kameras und Mikrofone. Er machte auf dem Absatz kehrt, doch Lane lief ihm nach und fragte ihn, ob er die Wahrheit hören wolle. Anschließend gab Lane eine Pressekonferenz und enthüllte in Gegenwart von Oliver Patterson und Susan Wadsworth, welcher Machenschaften sich das HSCA bediente. Später wurden beglaubigte Zeugenaussagen mit allen Details von Wadsworth und einer anderen Freundin Pattersons namens Tina Denaro vorgelegt.

Chefberater Blakey gab daraufhin eine Erklärung ab und versprach eine umfassende Aufklärung des Vorfalls. Doch nach einer ersten Prüfung müsse der Ausschuß schon jetzt »den Vorwurf des Fehlverhaltens in allen Punkten kategorisch zurückweisen. Wir stellen fest, daß keine Verletzung von Bundes-,

Landes- oder Gemeinderecht, keine Übertretung der Senatsverfassung oder der Regeln des Ausschusses stattgefunden hat, weder durch einen unserer Ermittler noch durch ein Mitglied des Komitees.«

Patterson hat keinen seiner Vorwürfe gegen den Ausschuß je zurücknehmen müssen.

9
Besuch im Gefängnis: 17. Oktober 1978

Es sollte bis Mitte Oktober 1978 dauern, bis ich zum ersten Treffen mit Ray im Brushy-Mountain-Zuchthaus von Tennessee bereit war. Mark Lane hatte nichts einzuwenden gegen ein Gespräch beliebiger Länge, das wir auf eine uns genehme Weise protokollieren konnten. Von unserer Seite nahmen außer mir noch Ralph Abernathy, der auf die Deutung von Körpersprache spezialisierte Bostoner Psychiater Howard Berens sowie zwei Fotografen teil.

Vom Leben unseres Gesprächspartners wußte ich mittlerweile alles, was es zu erfahren gab. James Earl Ray war am 10. März 1928 in Alton, Illinois, zur Welt gekommen. Er und seine Familie, zu der die beiden Brüder Jerry und John gehörten, übersiedelten rund sechs Jahre später nach Ewing, Missouri, wo sein Vater den Familiennamen »Rayns« annahm, um Verwechslungen mit den zwielichtigen und kriminellen Geschäften eines Onkels von James vorzubeugen. Auf diese Weise erhielt Ray seinen ersten Decknamen schon im Alter von sechs Jahren durch seinen eigenen Vater.

Ray verließ die Volksschule nach der achten Klasse. Anschließend ließ er sich eine Zeitlang treiben. Er kehrte nach Alton zurück, und mit sechzehn Jahren arbeitete er in einer Gerberei, der International Shoe Tannery in East Hartford, Illinois. Im Januar 1946 trat er schließlich in die Armee ein. Später war er in Westdeutschland stationiert.

Im Dezember 1948 wurde er aus der Armee entlassen; zur Begründung wurde auf sein »Ungeschick und die mangelnde Fähigkeit zur Anpassung an die Erfordernisse des Militärdienstes« verwiesen. Er kehrte nach Alton zurück und fing an, sich mit Gelegenheitsjobs durchzuschlagen.

Im September 1949 hielt er sich in Chicago auf. Von dort brach er nach Kalifornien auf, und einen Monat später stand er wegen eines Bagatelldelikts vor Gericht; daß es sich um einen Diebstahl handelte, hat er stets geleugnet. Man verurteilte ihn zu neunzig Tagen Gefängnis. 1950 hielt er sich wieder in Illinois auf, arbeitete in Supermärkten und Fabriken und versuchte, auf einer Abendschule seinen Highschool-Abschluß nachzuholen. Im Mai 1952 stahl er einem Taxifahrer elf Dollar. Man schickte ihn in die Strafanstalt Joliet; später wurde er in die staatliche Gefängnisfarm in Pontiac überführt, wo er bis zu seiner Entlassung am 12. März 1954 gemeldet war.

Eine Zeitlang wurde es still um ihn, doch dann lernte er in einer Kneipe Walter Rife kennen, der ihn überredete, von Rife gestohlene US-Postanweisungen zu Geld zu machen. Sie wurden ertappt, und am 1. Juli 1955 begann für Ray eine 45monatige Haftzeit im Bundesgefängnis von Leavenworth, Kansas. Interessant ist, daß Rife, der ihn offenbar denunziert hatte, ein geringeres Strafmaß erhielt, obwohl eigentlich er die Postanweisungen gestohlen hatte. In einem späteren Interview (12. März 1979) sinnierte Ray über das Denunziantentum und erklärte, er wolle nicht enden wie Joe Valachi, der Verräter der Mafia. Wenn jemand andere anschwärzen wolle, sei das seine Sache, aber er selbst würde nie denunzieren oder bei Ermittlungen gegen einen anderen mitwirken. Mit den Jahren merkte ich, wie ernst es ihm mit diesem Grundsatz war. Im Gefängnis ist das für Ray nicht mehr und nicht weniger als eine Überlebensfrage. Er hält jede Art von Denunziation für verwerflich und läßt sich darin nicht beirren. Wenn man bedenkt, wo er sein Leben zubringen muß, ist Ray in dieser Hinsicht eine geradezu altmodisch treue Seele.

Aus Leavenworth wurde er Anfang 1959 auf Bewährung entlassen, doch schon im Dezember für den Überfall auf einen Lebensmittelladen in St. Louis erneut verurteilt. Im März 1960 trat er eine zwanzigjährige Haftstrafe im Staatsgefängnis von Missouri an.

Lange lauerte er auf eine Chance zur Flucht. Nach zwei gescheiterten Versuchen glückte sie ihm am 23. April 1967. Es war der Beginn seiner Odyssee, die über ein Jahr später mit der Auslieferung aus Großbritannien endete. Nachdem er verurteilt und in Brushy Mountain hinter Schloß und Riegel gekommen war, versuchte er abermals sich abzusetzen. Sein zweiter Fluchtversuch gelang; am 10. Juni 1977 kam er über die Mauer, wurde jedoch schon nach zwei Tagen festgenommen und wieder eingeliefert. Zu diesem Zeitpunkt stand fest, daß der Untersuchungsausschuß, dessen Zukunft damals noch im Dunkeln lag, weitermachen würde. Es bereitete mir Unbehagen, als ich erfuhr, daß in kürzester Zeit eine große Anzahl von FBI-Beamten aufgetaucht war.

Am 16. Oktober, dem Tag vor unserem vereinbarten Treffen, versammelte sich unsere kleine Gruppe in einem Hotel am Stadtrand von Knoxville. Noch spät am Abend stießen Mark Lane und Barbara Rabbito zu uns, eine seiner Assistentinnen. An diesem Abend gingen Ralph und ich noch stundenlang die Fragen durch, die ich mir bei der Vorbereitung für das Gespräch notiert hatte.

Am anderen Morgen lernten wir auch Rays Ehefrau Anna kennen. Sie war Gerichtszeichnerin bei NBC und hatte der Verhandlung nach Rays Fluchtversuch von 1976 beigewohnt, sich auf der Stelle in ihn verliebt und von da an regelmäßig besucht. Später wurden sie von Kings altem Freund Jim Lawson getraut, der wie Mark Lane an Rays Unschuld glaubte. (Im März 1993 war das Verhältnis zerrüttet, James und Anna ließen sich scheiden.)

Gegen zehn Uhr vormittags fuhren wir ins entlegene Petros, wo das Staatsgefängnis Brushy Moutain liegt. Mark Lane, Ralph Abernathy, Dr. Howard Berens und ich sollten in einem schmalen Verhörzimmer außerhalb der Sicherheitszone mit James zusammenkommen. Nach allem, was ich über ihn gelesen hatte, war ich darauf gefaßt, einen hartgesottenen, rassistischen Schwerverbrecher zu treffen, dessen Neigung zu Gewalttaten nur notdürftig kaschiert war. Ich sollte eine Überraschung erleben. Er wirkte ernsthaft und scheu, fast verlegen, und reichte uns eine schlaffe Hand zum Gruß. Er war schlank und erschreckend blaß, denn er hatte nach dem Fluchtversuch größtenteils »zu seiner eigenen Sicherheit« in Einzelhaft gesessen. Zu dieser Zeit war er bereits acht Jahre und sieben Monate in Haft. Er setzte sich vorn an den niedrigen Tisch, und nachdem Dr. Berens und ich die Tonbandgeräte hergerichtet hatten, begann Abernathy die Sitzung mit einem Gebet.

Ralphs Beten vermochte die Spannung kaum zu lösen, die sich seit der Durchquerung des Gefängnistors in mir aufgebaut hatte. Aufgrund meiner Recherchen neigte ich zu der Annahme, daß dieser Mann nicht der Mörder Kings war; ich hoffte zumindest, daß er uns von seiner Unschuld überzeugen würde. Vielleicht rührte diese Hoffnung nicht zuletzt daher, daß ich nicht einsehen wollte, weshalb ein so einzigartiges Lebenswerk wie das Martin Luther Kings von einem nichtswürdigen »Spinner« und »Eigenbrötler« ausgelöscht werden konnte. Andererseits mußte Ralph, wenn uns Rays Antworten nicht zufriedenstellten und wir zu der Überzeugung gelangten, daß er schuldig war, eine entsprechende Erklärung an die Presse abgeben. Das waren wir dem Andenken Martin Luther Kings schuldig

10
James Earl Rays Geschichte: 17. Oktober 1978

Die Geschichte, die wir an jenem Tag von James Earl Ray zu hören bekamen, und an der er über die Jahre hinweg festhielt, klingt ganz anders als jene, die den Schlußfolgerungen des HSCA zugrunde liegt.

Als Ray 1967 aus dem Missouri-Staatsgefängnis in Jefferson ausbrach, hatte er sich in eine Brotkiste eingeschlossen und war mit dem Lieferwagen der Gefängnisfarm entwichen. Mit sich führte er rund 1.250 Dollar in bar, ein kleines Transistorradio und eine Sozialversicherungskarte auf den Namen John L. Rayns, die ihm sein Bruder überlassen hatte.

Er gelangte bis nach Chicago, wo er einen Job beim Indian-Trail-Restaurant in Winnetka bekam. Unter dem Namen Rayns verschaffte er sich Personalpapiere, kaufte einen alten Wagen und erwarb einen Führerschein auf Probe. Während dieser Phase hielt er noch Kontakt zu seinem Bruder Jerry.

Um nicht zu lange in ein und derselben Gegend zu bleiben, gab Ray seinen Job nach etwa sechs Wochen auf und beschloß, nach Kanada zu gehen, wo er hoffte, einen falschen Paß zu bekommen und den Kontinent zu verlassen. Er besorgte sich eine Pistole von einem ehemaligen Knastbruder, verkaufte den Wagen, erstand einen anderen und fuhr nach Montreal. Seit seiner Ankunft in Kanada nannte Ray sich Eric S. Galt (wie er auf den Namen gekommen war, ist nie geklärt worden).

In Montreal überfiel er ein Bordell und erbeutete 1.700 Dollar. Wenig später erkundigte er sich in einem Reisebüro, welche Papiere die Ausstellung eines kanadischen Passes erfordere. Man erklärte ihm, er benötige einen Bürgen, der ihn seit zwei Jahren kenne – eine Fehlinformation, wie sich später herausstellte. Gern wäre er in ein afrikanisches oder südamerikanisches Land ausgereist, wo er keine Auslieferung befürchten mußte. Immer häufiger trieb es ihn ins Hafenviertel, wo er in den Kneipen herumhing, nach Überfahrt auf einem Frachter Ausschau hielt, vielleicht auch nach betrunkenen Matrosen der Handelsmarine, denen er das Seemansbuch abknöpfen konnte.

Eine dieser Tavernen hieß Neptune-Bar und lag in der West Commissioner's Street 121. Hier traf er im August 1967 jene zwielichtige Figur, die Raul heißen soll und nach Rays Angaben von Stund an bis zum 4. April 1968 seine Geschicke lenkte. Es war die erste von acht oder zehn Begegnungen mit Raul. Nach einer Weile gestand Ray, daß er einen Identitätsnachweis sowie eine Schiffspassage ins Ausland benötige. Raul zeigte sich bereit, ihm beides zu verschaffen, wenn Ray ihm bei einem Schmuggelunternehmen an der US-Grenze behilflich wäre. Ray konnte damals nicht von sich aus mit Raul in Kontakt treten. Gewöhnlich verabredeten sie sich für Zusammenkünfte in der Neptune-Bar. (Mit den Jahren wechselte Rays Beschreibung von Raul in Nuancen; grundsätzlich aber schilderte er ihn als romanischen Typ, der zwischen 145 und 150 Pfund wog und einen Meter sechsundsiebzig groß gewesen sei, dunkelhaarig, mit leicht rötlicher Tönung.)

War Ray anfangs noch darauf aus, einen Bürgen zu finden, so traf er sich nun immer öfter mit Raul und willigte versuchsweise ein, sich beim Schmuggel ungenannter Güter über die Grenze von Windsor nach Detroit zu beteiligen. Raul versprach, ihm seine Dienste mit Reisedokumenten und Geld zu entlohnen. Daß er nicht viel für die kleine Aktion erwarten konnte, sah Ray ein und versuchte nie, mehr herauszuholen oder auch nur nach der Summe zu fragen. Das war typisch für Rays gesamtes Verhalten. Stets glaubte er, keine Fragen stellen zu dürfen, schließlich wurde er bezahlt und hatte zu parieren.

Von Raul erfuhr Ray, falls er über dieses eine Mal hinaus mitmachen wolle, müsse er nach Alabama umziehen, wo Raul ihm einen Wagen besorgen, seinen Lebensunterhalt bestreiten und ein kleines Gehalt zahlen wollte. Als Gegenleistung sollte Ray bei einem anderen Schmuggel behilflich sein, diesmal über die mexikanische Grenze.

Kurze Zeit später traf er Raul in Windsor, und in zwei getrennten Fahrten brachte Ray je eine Lieferung mit Päckchen über die Grenze nach Detroit. Er vermutet, die erste Lieferung sei sauber gewesen, um ihn auf die Probe zu stellen. Beim zweiten Mal wurde er am Zoll angehalten, doch der Beamte wurde von seinem Vorgesetzten abgelöst und weggeschickt. Der zweite Beamte setze die Suche nicht fort und berechnete ihm lediglich 4,50 Dollar Gebühr für ein Fernsehgerät, das Ray deklariert hatte.

Als er nach Detroit kam, erkundigte sich Raul nervös, weshalb er so spät käme. Ray zeigte ihm die Quittung vom Grenzübergang. Daraufhin gab ihm Raul etwa 1.500 Dollar und eine Telefonnummer in New Orleans, wo er Nachrichten hinterlassen könne. Ray erfuhr, daß er neue Papiere und auch mehr Geld bekäme, wenn er weitermachen wolle.

Seinen alten Wagen müsse er loswerden, meinte Raul, und nach Mobile in Alabama ziehen, wo sie sich an einem noch zu vereinbarenden Ort treffen könnten. Ray will Raul davon überzeugt haben, es wäre besser, nach Birmingham zu gehen, weil die Stadt größer sei und Ray sich in der Anonymität sicherer fühlte. Raul wollte ihm postlagernd nach Birmingham schreiben, mit Instruktionen für das Wann und Wo ihrer nächsten Zusammenkunft.

Einige Zeit nach seiner Ankunft in Birmingham holte Ray einen Brief von Raul ab, der ihn für denselben Abend ins Starlight Lounge bestellte. Dort erinnerte ihn Raul, daß er einen verläßlichen Wagen brauche. In der Zeitung entdeckte Ray das Angebot eines gebrauchten Mustang, und Raul gab ihm 2.000 Dollar in bar.

Anschließend bat ihn Raul, eine Fotoausrüstung zu beschaffen. Außerdem gab er Ray eine neue Telefonnummer in Baton Rouge, Louisiana, unter der er Raul künftig erreichen könne, obwohl die Nummer in New Orleans nach wie vor gelten sollte. Raul gab ihm einen Tausender für die Fotoausrüstung und die laufenden Kosten, und Ray überließ ihm einen Zweitschlüssel für den Mustang. Die Fotoausrüstung bestellte er bei einem Versand in Chicago, fand jedoch nie heraus, wofür Raul sie benötigte.

Ray hatte zuvor unter dem Namen Eric S. Galt seinen Führerschein und zwei Alabama-Nummernschilder bekommen. Den alten Rayns-Führerschein bewahrte er in einem gemieteten Bankschließfach auf, zusammen mit einem Rest des Geldes von Raul und einer Pistole, die er zwei oder drei Wochen nach seiner Ankunft in Birmingham über eine Anzeige erworben hatte.

Irgendwann Ende September oder Anfang Oktober bekam Ray einen postlagernden Brief von Raul, der ihn bat, in New Orleans anzurufen. Es war das erste von mehreren Ferngesprächen dieser Art. Raul kam nie selbst ans Telefon, statt dessen sprach Ray mit einem Mann, der nicht wußte, wo Raul war, ihm jedoch Aufträge übermittelte. Ray hat den Mann, mit dem er telefonierte, nie kennengelernt und glaubt nicht, daß er die Stimme heute noch wiedererkennen würde. Aber er hatte den Eindruck, der

Kontaktmann habe den Auftrag gehabt, ihn in Rauls Abwesenheit zu kontrollieren. Ray wurde befohlen, nach Baton Rouge zu fahren und noch einmal zu telefonieren, um Anweisungen für ein Treffen in Mexiko entgegenzunehmen.

Als Ray nach Baton Rouge kam, war Raul schon fort und hatte nur die Nachricht hinterlassen, er möge sich umgehend ein Motel in Nuevo Laredo jenseits der mexikanischen Grenze nehmen. Ray traf am 7. Oktober dort ein. Raul holte ihn ab, und sie kehrten mit Schmuggelgut im Ersatzreifen über die Grenze in die Vereinigten Staaten zurück. Ray vermutet, daß es sich um Schmuck oder Drogen handelte. Er bekam 2.000 Dollar von Raul und das Versprechen, beim nächsten Mal Papiere zu erhalten, dazu ausreichend Geld, um eine Existenz im Ausland zu gründen. Raul gab ihm eine zweite Nummer in New Orleans, welche die erste ersetzen sollte, und erklärte, beim nächsten Transport würden Waffen und Munition über die Grenze gehen. Wenn es soweit sei, werde Raul ihn wieder postlagernd anschreiben.

Nach einer Rundfahrt durch Mexiko fuhr Ray in Richtung Kalifornien. Vor dem Grenzübertritt durchsuchte er freilich den Wagen nach auffälligen, den Zollbeamten verdächtigen Gegenständen. Links vom Beifahrersitz fand er auf dem Boden ein Zigarettenpäckchen mit einer ins Zellophan gesteckten Visitenkarte. Vorn war ein Name aufgedruckt, der mit Tinte übermalt war, wohl ein Städtename in zwei Teilen (der New Orleans heißen konnte) sowie die Buchstaben »L.E.A.A.«; auf der Rückseite stand handschriftlich der Name Randy Rosen und einige andere, unleserliche Buchstaben (später gelangte Ray zu der Auffassung, der Name habe Rosenson gelautet). Dazu die Adresse 1180 Northwest River Drive, Miami.

Ray wußte nicht, wie die Karte in den Wagen gelangt war, glaubte jedoch, sie hätte mit Raul zu tun. Vielleicht war Raul die Zigarettenpackung aus der Tasche gerutscht. Erst nachdem er sie abgeschrieben hatte, warf Ray die Karte in Los Angeles weg. Später wandten Rays Bruder Jerry und andere viel Zeit und Mühe daran, den geheimnisvollen Rosenson ausfindig zu machen.

Als Ray am 19. November in Los Angeles eintraf, hielt er seine Beziehungen zu Raul für beendet. Er hatte die Hoffnung aufgegeben, jemals von ihm die Reisedokumente zu bekommen, und er war entschlossen, sich auf eigene Faust ein Seemansbuch zu verschaffen. Eine Zeitlang bewohnte er ein Apartment in der North Serrano Street. Er fing an, sich nach Papieren und einem Job umzusehen, und setzte sogar eine Anzeige in die *Los Angeles Times*, in der er sich als »Küchenhilfe« empfahl. Er hatte keine Sozialversicherungskarte mehr, und weil man für ein Seemannsbuch Fingerabdrücke nehmen lassen mußte, fürchtete er, als geflohener Sträfling aufzufallen. Er meldete sich für eine Schlosserlehre per Fernkurs an, nahm Tanzstunden und machte eine Hypnose-Psychotherapie, was ihn insgesamt etwa 800 Dollar kostete.

Außerdem schrieb er an eine Reihe von Organisationen in der Hoffnung, mit ihrer Hilfe außer Landes zu kommen. Er versandte Fotos von sich, die ihm unähnlich waren (sein Gesicht wirkte dicker als in Wirklichkeit); später wurden sie von den Medien benutzt, um ihn als tablettensüchtig zu verleumden. Zusätzlich ließ Ray sich die Nase richten, um sein Äußeres zu verändern.

Anfang Dezember ging ihm das Geld aus. Er rief die Nummer in New Orleans an, und der Kontaktmann bestellte ihn nach New Orleans. Marie Martin, ein Barmädchen im Sultan Club des Hotels St. Francis, überredete ihn, ihren Cousin Charles Stein mitzunehmen, der nach New Orleans und zurück wollte. Bevor er Los Angeles verließ, brachte Ray Marie Martin sowie Charles und Rita Stein zum unabhängigen Wahlbüro von George Wallace, wo sie sich in die Wählerlisten eintrugen. Kurze Zeit später brachen Ray und Stein auf. Stein wird von Ray als »eine Art Hippie-Typ« beschrieben.

In New Orleans nahm Ray im Latin Quarter auf Steins Empfehlung ein Zimmer im Provincial Motel. Raul begegnete er im Bunny Lounge. Raul erklärte, er sei demnächst mit Waffen nach Mexiko unterwegs; Ray könne nach Kuba weiterreisen. Von dort sei es kein Problem, Schiffspassagen in alle Welt zu buchen. Raul gab ihm 550 Dollar und versprach, wenige Monate später Kontakt mit ihm in Los Angeles aufzunehmen.

Bei der Rückkehr nach Los Angeles mit Charlie Stein, etwa Mitte Januar, quartierte sich Ray im Hotel St. Francis ein. Am 17. März reiste er, von Raul instruiert, erneut nach New Orleans, kam jedoch einen Tag zu spät. Raul war schon nach Birmingham aufgebrochen und hatte hinterlassen, daß er ihn dort am nächsten Tag im Starlight Lounge erwarte. Doch Ray verfuhr sich auf dem Weg nach Birmingham und landete in Selma. Da es bereits dunkelte, übernachtete er gleich dort.

Es war Freitag, der 23. März, als Ray in Birmingham eintraf. Er war wieder ein Stück hinter dem Zeitplan und suchte umgehend das Starlight auf, wo er Raul antraf. Raul schien es eilig zu haben und nach Atlanta zu wollen, schwieg sich jedoch über die Gründe aus. Sie brachen gleich auf.

In Atlanta fuhren sie ins Viertel Peachtree, wo Ray bei einem sturzbetrunkenen Zimmerwirt namens James Garner eine Unterkunft buchte. Nach einem Essen in einer nahegelegenen Gastwirtschaft verließ ihn Raul, der am andern Morgen wiederkommen wollte.

Am nächsten Tag mietete Ray das Zimmer für eine Woche. Es gelang ihm, kostenlos dort zu wohnen, denn er redete Garner ein, vergangene Nacht die Miete im voraus gezahlt zu haben. Später wies Raul seinen Schützling telefonisch an, sich nicht allzuweit zu entfernen, damit er jederzeit erreichbar wäre; es könne sein, daß er binnen weniger Tage nach Miami fahren müsse.

Raul verließ offenbar die Stadt und versprach Ray, in ein paar Tagen wiederzukommen. Rund sechs Tage später kehrte er zurück und erklärte, er sei jetzt soweit, den Waffenschmuggel ins Werk zu setzen. Ray solle ein großkalibriges Gewehr mit Zielfernrohr besorgen, dazu Munition, und sich nach den Preisen billiger, ausländischer Gewehre erkundigen. Ursprünglich wollte Raul, daß er sich die Waffe in Atlanta besorgt, aber Ray machte ihm klar, daß es leichter in Alabama sei, weil sein Ausweis hier registriert sei. Raul sah das ein.

Nachdem dieser Teil der Operation erledigt war, packte Ray einige Sachen zusammen, ließ aber seine Pistole, einige Kleider, ein Fernsehgerät und eine Schreibmaschine in der Pension zurück. Er hatte ernsthaft vor wiederzukommen. Raul und Ray fuhren gemeinsam nach Birmingham, wo Ray im Travelodge-Motel unterkam. Dort teilte ihm Raul weitere Einzelheiten über den Gewehrkauf mit und gab ihm Geld. Sie gingen in eine Kneipe, womöglich das Starlight Lounge, wo ihn Raul anwies, die Waffe bei Aeromarine Supply zu kaufen.

Dort erklärte Ray dem Verkäufer, er wolle mit seinem Schwager auf die Jagd, sah sich einige Gewehre an, suchte sich schließlich eins aus und bat den Verkäufer, ein Zielfernrohr anzubringen.

Ray kaufte das Gewehr unter falschem Namen, weil er diese Methode für sicherer hielt. Er gab sich gegenüber dem Verkäufer als Havey Lowmeyer aus, der Name eines Knastbruders, den Ray in Quincy, Illinois, kennengelernt hatte.

Er brachte das Gewehr ins Motel und zeigte es Raul. Zu Rays Überraschung war Raul nicht damit zufrieden. Ray hatte allerdings ein paar Prospekte aus dem Geschäft mitgebracht, und Raul zeigte ihm das Gewehr, das er kaufen sollte. Ray ging also in das Waffengeschäft zurück und bat den Verkäufer, das Gewehr umzutauschen. Das sei in Ordnung, entgegnete der Verkäufer, würde aber einen Tag in Anspruch nehmen.

Anderntags, am 30. März, holte Ray das neue Gewehr ab (das wir als Remington 760 Gamemaster kennen). Der Verkäufer gab ihm ein wenig Gratismunition dazu. Raul war zufrieden. (Während unseres Gesprächs schien Ray keine Ahnung von Marke, Typ und Bauart des Gewehrs zu haben, das er am 29. gekauft und am 30. gegen ein anderes eingetauscht hatte – selbst jetzt, nachdem alles längst bekannt ist, scheint Ray sich die technischen Details nicht merken zu können.) Bevor er das Motel verließ, ermahnte ihn Raul, am 3. April ein Zimmer im New Rebel Motel auf der Lamar Avenue in Memphis zu nehmen und das Gewehr mitzubringen.

Ray brach von Birmingham auf und machte sich, wie vereinbart, gemächlich auf den Weg nach Memphis. In Decatur übernachtete er im Motel. Am 31. blieb er ebenfalls in einem Motel in der Tuscumbia-Florence-Gegend. Am 1. April war er in Corinth, Mississippi, und übernachtete im Southern Motel. Die

Nacht vom 2. auf den 3. April verbrachte er im DeSoto-Motel von Mississippi, südlich von Memphis. (Harold Weisberg hat mir ein paar Jahre später erzählt, daß er 1974, als er im Auftrag der Anwälte Bud Fensterwald und James Lesar eine Zeugenvernehmung für Ray vorbereitete, mit dem Manager und der Putzkolonne gesprochen habe, die ihm bestätigten, daß Ray tatsächlich im DeSoto-Motel gewesen war. Der Manager behauptete, das Gästebuch sei den FBI-Agenten übergeben worden, als sie ihn kurz nach dem Attentat aufsuchten.)

Am 3. April überquerte Ray die Mississippi-Tennessee-Staatsgrenze und nahm ein Zimmer im New-Rebel-Motel in Memphis. Spät abends tauchte Raul in einem Regenmantel am Eingang auf, und Ray ließ ihn ein. Ray wußte nicht, woher oder wie er gekommen war. Raul erklärte ihm, sie würden ein Zimmer nahe am Fluß mieten. Dort würden sie in Kürze ihre erste Waffenlieferung zusammenstellen.

Damals glaubte Ray noch, Raul habe das heruntergekommenste Viertel von Memphis gewählt, weil sie dort weniger auffielen. Doch wie immer stellte er Raul keine Fragen. Raul wollte, daß er das Zimmer unter dem Decknamen Galt miete, was Ray jedoch nicht geheuer war. Er schlug statt dessen ein Pseudonym vor, das er schon früher benutzt hatte – John Willard.

Raul gab ihm dann die Adresse einer Imbißstube namens Jim's Grill und bestellte ihn für den kommenden Nachmittag um 15.00 Uhr dorthin.

In aller Frühe hatte Ray die Gewehrschachtel, eingewickelt in einen Bettbezug oder ein Laken, auf sein Zimmer geschafft. Kurz bevor Raul ihn verließ, übergab Ray das Gewehr an Raul, der es unter seinem Mantel mitnahm. Wozu Raul die Waffe brauchte, wußte Ray nicht. Bis auf den heutigen Tag behauptet James Earl Ray, das Gewehr, nachdem Raul es am Abend des 3. April im New-Rebel-Motel in Empfang genommen hatte, nicht mehr gesehen zu haben.

Nachdem er das New-Rebel-Motel am 4. April verlassen hatte, schlenderte Ray eine Zeitlang umher, tätigte Einkäufe, wechselte einen Reifen, der Luft zu verlieren schien, und fuhr anschließend in die Stadt. Den Wagen ließ er auf einem Parkplatz stehen und machte sich zu Fuß auf die Suche nach Jim's Grill. Erst betrat er eine Kneipe auf der Main Street, die sich Jim's Club nannte. Dort traf er einen Mann, der ihn »irgendwie komisch anglotzte«. Später fand er Jim's Grill am Ende der South Main Street, im Haus Nr. 418. Da er Raul noch nicht antraf, holte er den Wagen und parkte ihn gegen 15.30 Uhr am Bordstein direkt vor dem Grill. Inzwischen war Raul gekommen. Ray erinnerte sich, daß Raul ihn nach dem Wagen fragte. Er ließ sich von Ray zeigen, wo er abgestellt war.

Unter dem Namen John Willard mietete Ray für eine Woche im voraus ein Zimmer in der Pension über dem Imbiß. Dann verlangte Raul von ihm, er solle ein Infrarot-Fernglas besorgen. Als Ray im York-Waffenladen auf der Main Street danach fragte, hieß es, so etwas gäbe es nur in Läden mit ausrangierten Armeebeständen. Ray begnügte sich mit einem normalen Fernglas.

Als er wiederkam, bemerkte er den Mann aus Jim's Club, der sich jetzt in der Imbißstube aufhielt. Offenbar nahm er keine Notiz von Ray, der nicht eintrat, sondern gleich auf sein Zimmer ging, wo Raul auf ihn wartete.

Ray wollte Raul von dem Mann erzählen, aber Raul hörte nicht zu und erklärte, er werde einen wichtigen Waffenhändler treffen, mit dem er das Gewehr am Stadtrand ausprobieren wolle. Raul wies ihn an, seine Sachen nach oben zu bringen. Ray holte seine Reisetasche aus dem Mustang und brachte außerdem Bettzeug mit, denn auf dem Laken im Zimmer wollte er nicht schlafen. Raul gab ihm 200 Dollar und schickte ihn ins Kino. Er sollte in zwei oder drei Stunden wiederkommen. Den Mustang durfte er nicht benutzen, weil Raul ihn möglicherweise brauchen würde.

Ray ging um 17.20 Uhr zum letzten Mal nach unten. Er hatte jetzt über eine Dreiviertelstunde in Rauls Gesellschaft verbracht. Auf der Straße sah er bei Jim's Grill ins Fenster, merkte aber nicht, wie der verdächtig wirkende Mann ihm folgte. Ihm fiel ein, daß dem Mustangs ein Ersatzreifen fehlte, und beschloß, den Platten flicken zu lassen, damit Raul keine Schwierigkeiten haben würde, wenn er den Wagen nachher brauchte. Er fuhr zu einer Tankstelle und gab den Wagen zwischen 17.50 und 18.00 Uhr in Reparatur. Da mehrere Kunden vor ihm dran waren und Ray es nicht eilig hatte, wartete er einfach. Schließlich kam der Tankwart und erklärte, er habe jetzt keine Zeit mehr, den Reifen zu flicken. Ray erinnerte sich, daß er einen Krankenwagen mit heulender Sirene hörte.

Auf der Rückfahrt wurde er von einem Polizisten gestoppt. Der ganze Häuserblock war systematisch abgeriegelt. Der Uniformierte forderte ihn auf umzukehren. Ray wußte, daß die Anwesenheit der Polizei nichts Gutes verhieß, und machte sich schleunigst aus dem Staub. Er fuhr in südlicher Richtung nach Mississippi. Eigentlich wollte er bei der nächsten Telefonzelle anhalten und die Nummer in New Orleans wählen. Erst als er schon fast in Grenada, Mississippi, war, hörte er im Radio, daß Martin Luther King ermordet worden war.

Als durchgesagt wurde, daß die Polizei nach einem weißen Mustang fahndete, war ihm klar, daß er es mit Leuten zu tun hatte, die den Mord an King ausgeheckt hatten. Den Interstate Highway mied er und hielt sich auf Nebenstrecken, falls nach ihm gefahndet wurde. Unterwegs hielt er an und warf die Fotoausrüstung weg, dann fuhr er direkt nach Atlanta und ließ den Wagen dort stehen.

Per Bus schaffte es Ray über die Grenze nach Kanada, wo er am 6. April in Toronto eintraf. In einer Lokalzeitung studierte er Geburtstagsanzeigen von Leuten, die einige Jahre nach ihm geboren waren, denn er glaubte, er sehe jünger aus als in Wirklichkeit. Einige Namen schrieb er sich heraus, darunter Ramon George Sneyd und Paul E. Bridgeman. Jeden rief er unter dem Vorwand einer behördlichen Nachfrage an, um herauszufinden, ob sie einen Paß beantragt hatten. Sneyd hatte keinen Antrag gestellt, Bridgeman schon, weshalb er seinen Namen nur für den Ortsgebrauch, nicht aber für den Paß benutzen konnte.

Am 8. April schrieb er sich in einer Pension an der Ossington Street als Paul Bridgeman ein. Er verließ das Haus allmorgendlich um 8.30 Uhr und kehrte um 17.30 zurück. (Später sagte er aus, er habe ein zweites Pensionszimmer in der Dundas Street angemietet, wo er sich den Großteil des Tages aufhielt und behauptete, Nachtarbeiter zu sein. Dort schrieb er sich unter dem Namen Sneyd ein.)

Am 8. Mai flog Ray nach England und später nach Portugal, um von dort in eine der portugiesischen Kolonien, Angola oder Mosambik, zu gelangen. Ohne Erfolg kehrte er nach England zurück, um von dort über Belgien einen anderen Fluchtweg zu finden. Wie wir wissen, wurde er am 8. Juni 1968 in Heathrow festgehalten und am 19. Juli desselben Jahres an die USA ausgeliefert.

Wir fragten Ray, weshalb er ein Geständnis abgelegt hatte. Er gab an, man habe ihn unter Druck gesetzt und erpreßt. Später erst erfuhr ich das ganze Ausmaß der Pressionen, denen er ausgesetzt war, und die Hintergründe seiner Anhörung vor Gericht (dies wird in Kapitel 17 erörtert). Unsere Unterredung mit Ray war gegen 16.00 Uhr beendet; sie hatte rund fünf Stunden gedauert.

Dr. Berens und ich stimmten darin überein, daß sich Ray während des Gesprächs nur unsicher und doppeldeutig über die Vorgänge und Personen in Louisiana geäußert hatte. Außerdem fand ein merkwürdiger Wechsel in Tonfall und Gestik statt, wenn er sich über seine Motive äußerte, an einer Hypnose-Therapie teilzunehmen. Es war die einzige Gelegenheit, bei der er seinen echten Namen benutzte (schon aus Angst, er könne sich durch die Hypnose offenbaren). Er hatte es als bloßen Zeitvertreib abtun wollen, während er auf neue Anweisungen von Raul wartete. Allmählich keimte in mir der Verdacht auf, Ray sei einer Gehirnwäsche unterzogen worden.

Was Raul betrifft, waren die von Ray vorgebrachten Einzelheiten so konkret, daß wir überzeugt waren, diese Person müsse – allen öffentlichen Dementis zum Trotz – existieren. Ray hatte es im Gespräch nicht erwähnt, aber ich wußte, daß er Anfang 1978 erklärt hatte, sein Bruder Jerry habe anonym die Fotografie eines Mannes erhalten, den Ray eindeutig als Raul identifiziert hatte. Damals zeigte nur eine Lokalzeitung Interesse für den Vorfall. Auf der Rückseite des Fotos stand der Name Carlos Hernandez Rumbaut. James meinte, er habe das Foto seinem Bruder John nach St. Louis geschickt und ihn gebeten, er möge es in den Bildarchiven der Zentralbibliothek mit anderen Fotos vergleichen, namentlich mit Aufnahmen bekannter Drogendealer. John ließ einen Abzug machen und schickte das Original in einem Päckchen mit anderen Gegenständen zurück. Als er das Päckchen öffnete, habe das Foto gefehlt, behauptet Ray. Ein paar Tage später wurde John Ray wegen Verletzung der Bewährungspflicht von Beamten der Bundespolizei verhaftet. Als er wieder freigelassen wurde, hatte man sein Haus durchsucht und mehrere Gegenstände beschlagnahmt, darunter auch das bewußte Foto. (Später stellte sich heraus, daß Rumbaut ein wichtiger V-Mann bei der Drug Enforcement Administration [DEA] und selbst in den Drogenhandel verwickelt war. Ich verschaffte mir ein Foto von ihm – es zeigte sich, daß Rumbaut nicht der Mann war, den James 1978 als Raul identifiziert hatte. Bei näherer Überlegung scheint es durchaus möglich, daß jemand wissentlich seinen Namen auf das Foto des echten Raul geschrieben hat, um James über die Identität Rauls zu täuschen.)

Abernathy und ich waren mit Dr. Berens einig, daß Ray uns im großen und ganzen die Wahrheit erzählt hatte. Allerdings bin ich der Meinung, daß James Earl Ray nie alles preisgegeben hat, was er weiß. Im Gefängnis wurde mindestens ein Mordversuch auf ihn verübt, und vielleicht hat er deshalb beschlossen, daß es lebensgefährlich wäre, mehr zu sagen. Wir wissen nicht, welche Rolle er gespielt hat, doch als kaltblütiger Killer kam er für uns nicht in Frage.

Ralph Abernathy fiel auf, daß Ray keinerlei Anzeichen der im Süden weitverbreiteten Vorurteile gegen Menschen anderer Hautfarbe erkennen ließ. Das überraschte uns alle. Natürlich kannten wir die Berichte, in denen Rays vermeintlicher Rassismus als das wichtigste Motiv des Mordanschlags dargestellt wurde.

Als wir das Gefängnis verließen, wurden wir von einer Phalanx von Fernsehkameras und Zeitungsreportern erwartet. Ralphs Stellungnahme ließ unmißverständlich erkennen, welchen Schluß wir aus der Begegnung zogen: »James Earl Rays Antworten auf meine Fragen haben mich mehr denn je überzeugt, daß Martin

Luther King einer Verschwörung zum Opfer fiel, und daß gegen James Earl Ray neu verhandelt werden muß.«

Ich verließ das Gefängnis verwirrt und beunruhigt. Der Mann, der in diesem winzigen Zimmer saß, war nicht jener James Earl Ray, von dem ich gelesen und gehört hatte. Dieser Mann war weder ein Spinner noch ein eifernder Rassist. Statt dessen strahlte er eine Liebenswürdigkeit aus, die kaum geheuchelt sein konnte. War es denn möglich, daß ein Unschuldiger fast neun Jahre im Gefängnis verbrachte? Sollte die Wahrheit denn nie ans Licht kommen? Ich nahm mir vor, meine Recherchen fortzusetzen.

11
Puzzlesteine: 1978 – 1979

Seit 1978 hatte ich mich, soweit es mir die knappe Zeit und die Tätigkeit in meiner Anwaltspraxis erlaubten, immer tiefer in die Materie eingearbeitet. Dank einer Klage Morton Halperins vom Zentrum für National Security Studies in Washington entdeckte ich Anfang 1978, wie sehr sich in den 60er Jahren das der CIA angegliederte, wenig bekannte OS (Office for Security) für King interessiert hatte. Einige Aktionen von größter Geheimhaltung waren vom OS durchgeführt worden. Durch ein raffiniertes Netzwerk von V-Leuten (unabhängig arbeitende Vertragsagenten, deren Handlungen offiziell nicht gedeckt werden brauchen) konnte es unterschiedliche Operationen durchführen und sogar Attentate vorbereiten, deren abscheulichstes der gemeinsam mit den Syndikaten von Sam Giancana und John Roselli ausgeheckte Mordanschlag auf Fidel Castro zu Beginn der 60er Jahre war.

Ich erfuhr, daß einige Schlüsselfiguren des OS frühere FBI-Agenten waren, und daß J. Edgar Hoover und seine Organisation eng mit dem OS zusammenarbeiteten. Daß der OS-Geschäftsführer Lee Pennington Hoovers private Einkommensteuererklärung erstellte, erscheint fast unglaublich. Außerdem hatte das OS ein geheimes Projekt durchgeführt, das unter dem Namen RESISTANCE lief und wobei, parallel zur Operation CHAOS (die 1967 durch Präsident Johnson angeordnet wurde), Tausende von Kriegsgegnern abgehört und ausspioniert wurden.[20] In dieser Phase ließ die CIA Protestgruppen und Friedensinitiativen von Agenten unterwandern und versorgte kommunale Polizeireviere mit Amtshilfe, Ausrüstung und Schulungsprogrammen, damit die eigenen Agenten bei verdeckten Operationen, Einbrüchen und Lauschangriffen unbehelligt blieben. Während der 60er Jahre und Anfang der 70er Jahre wurde dieser Austausch durch das OS koordiniert, oft genug unter Einbeziehung des FBI und der Abwehr, die nicht selten gemeinsam operierten.[21]

Aus den Akten geht hervor, daß die CIA fürchtete, King werde von einer kommunistischen »Peking-Fraktion« beeinflußt. Man plante, ihn durch rufschädigende Desinformation öffentlich zu diskreditieren. King gehörte jahrelang zu den Hauptobjekten der Operation CHAOS, des RESISTANCE-Projekts und anderer geheimdienstlicher Bespitzelungsmaßnahmen. Seit 1960 ließ die CIA Bürgerrechtsinitiativen gezielt von V-Leuten durchsetzen, unterwandern und beschatten.

Einer dieser V-Leute war der Informant A, der häufig in Hausmitteilungen des OS-Direktors Howard Osborn an Paul Gaynor, Leiter des OS-Security Research Staff (SRS), auftaucht. Informant A wurde später als Jay Richard Kennedy identifiziert, der Martin Luther King als »Maoisten« bezeichnet hatte. In einer Aktennotiz vom 5. Oktober 1967 (die am 13. März 1978 öffentlich bekannt wurde) äußerte sich Kennedy auch über den New-Politics-Kongreß (NCNP). In völliger Verkennung der Umstände berichtete er, der Schwarze Block und die Kommunistische Partei hätten »den Kongreß völlig zum Scheitern gebracht«, sich jedoch mit der King-Spock-Präsidentschaftskandidatur nicht durchsetzen können. Die Leichtgläubigkeit der Regierung gegenüber derart dubiosen Informanten ist erschreckend.

Ein Gutachten für den SRS-Chef vom 29. November 1975 dementierte die Vorgänge wie folgt: »Die gründliche Prüfung der zitierten Akten des Office of Security hat keinerlei Hinweis ergeben, daß vom Office je irgendwelche verdeckten Ermittlungen geführt wurden, sei es durch Lauschangriffe, Postkontrollen oder Beschattung der im Anhang aufgelisteten Subjekte [von denen eines Martin Luther King hieß]. Erkundungen wurden außerhalb des Office of Security nicht vorgenommen, Akten des DOD wurden weder geprüft noch herangezogen.« (DOD – Domestic Operation Division – ist die US-Koordinierungsstelle für Geheimdiensttätigkeit im Innern.)

In Wahrheit hatte das OS die Post Martin Luther Kings abgefangen und war vermutlich auch illegal in seine Hotelzimmer eingedrungen. Fotokopien seiner Kreditkarten-Quittungen, Visitenkarten und Telefonnotizen befinden sich in den Akten. Obwohl die Operation CHAOS erst 1967 begonnen haben soll, datieren viele durch den Freedom of Information Act zugänglich gewordene King-Unterlagen von Frühjahr und Sommer 1965; Quittungen und Telefonnotizen reichen bis zum Frühjahr 1966.

Schließlich geht aus Hausmitteilungen des OS an das FBI hervor, daß sie es in Kings letztem Lebensjahr gemeinsam auf ihn abgesehen hatten. Eine OS-Notiz vom 15. März 1968, nur drei Wochen vor seiner Ermordung, versichert: » ... im Verbund mit dem FBI arbeitet das Büro kooperativ und effizient; so erhielt es aktuelle Auskünfte über verschiedene radikale Gruppen und Demonstranten.«[22]

Während des gesamten Jahrzehnts, namentlich in den zwei Jahren nach der Ernennung Richard Helms' zum CIA-Chef am 30. Juni 1966, haben die zuständigen Kongreß- und Regierungsbehörden, im Zweifelsfall immer wieder bestärkt durch Gerichtsurteile des Supreme Court (seit dem Urteil von 1959 im Fall *Barr* gegen *Matteo*), jede Verantwortung für die Geheimdienstkontrolle abgelehnt und für spezielle verdeckte Operationen (SOG-Aktionen) im Innern der USA grünes Licht gegeben.

Das Interesse der Geheimdienste an Martin Luther King und seine Überwachung Mitte der 60er Jahre brachte mich auf die Idee, ihre Tätigkeit in der kritischen Phase kurz vor dem Attentat genauer unter die Lupe zu nehmen. Das meiste davon war bereits bekannt und in vielen Fällen auch veröffentlicht, denn in der Vergangenheit hatte es immer wieder Enthüllungen über verdeckte Operationen gegeben.

Die CIA wurde durch den National Security Act vom 18. September 1947 ins Leben gerufen. Die Gründung sollte einer Wiederholung des Überfalls auf Pearl Harbor vorbeugen, der eine ganze Nation unvorbereitet getroffen hatte. Damals habe sich, wie Präsident Harry Truman meinte, gezeigt, wie dringend notwendig ein Nachrichtendienst sei, der vor drohenden feindlichen Angriffen rechtzeitig warnen könne. Sprecher der Regierung betonten immer wieder, die CIA werde ausschließlich in Übersee tätig sein. Um gewissen Vorbehalten im Kongreß entgegenzutreten, wurde ein Nachtrag zum Gesetz eingebracht, um sicherzustellen, daß »die Agentur keine polizeilichen, strafrechtlichen oder ordnungspolitischen Kompetenzen und keinen *Auftrag zur Wahrung der inneren Sicherheit* erhält«

Nichtsdestotrotz wurde die CIA in den 60er Jahren zunehmend innerhalb der USA eingesetzt. Die Liste prominenter Persönlichkeiten, die zum Ziel der Überwachung wurden, liest sich wie ein Who's Who der amerikanischen Oberschicht. Mehr als einmal wurde festgestellt, daß jene Koalition von Anwälten, Geschäftsleuten und Vertretern der Hochfinanz, die das »Establishment« bildet, in jener Zeit heimlich die US-Politik zu kontrollieren begann.[23]

Die Öffentlichkeit wurde beschwichtigt, und allgemein glaubte man, die CIA greife tatsächlich nur auf internationaler Ebene ein. Ihr innenpolitisches Engagement hatte sich freilich schon 1964 derart ausgeweitet, daß eine spezielle Abteilung geschaffen wurde – die bereits genannte Domestic Operation Division. Ihr Büro in der Pennsylvania Avenue 1750 lag nur einen Häuserblock vom Weißen Haus entfernt. Der Zweck dieser Abteilung, den ihr Name nicht verhehlt, strafte die offizielle Darstellung von der innenpolitischen Abstizenz der CIA Lügen.

Selbst Ex-Präsident Truman, ursprünglich der Initiator der Gründung, erklärte angesichts dieser Entwicklung 1962: »Es lag nicht in meiner Absicht … als ich die CIA auf den Weg brachte, daß sie in Friedenszeiten irgendwelche Mantel-und-Degen-

Aktionen durchführt. Manche der Schwierigkeiten und Peinlichkeiten, die wir erleben, hängen wohl damit zusammen, daß sich dieser unsichtbare geheimdienstliche Arm des Präsidenten so weit von seiner ursprünglichen Funktion entfernt hat ... Mir wäre es lieb, wenn sich die CIA auf ihren eigentlichen Auftrag beschränkte, geheimdienstlicher Arm des Präsidenten zu sein, und alles unternimmt, was sie vernünftigerweise auf ihrem Gebiet vermag ... Unsere Nation ist seit den Anfängen für ihre freie Gesellschaftsordnung respektiert worden. Manches an der Arbeitsweise der CIA könnte geeignet sein, einen Schatten auf dieses historische Verdienst zu werfen, und das sollten wir nicht dulden.«[24]

Doch ähnlich wie die spätere Warnung Präsident Eisenhowers vor der Gefährdung der amerikanischen Demokratie durch den »militärisch-industriellen Komplex«, verhallten auch Trumans Worte ungehört.

Am 30. Juni 1966 krönte Richard McGarrah Helms, ein Profi-Geheimdienstler, seine Laufbahn mit der Ernennung zum CIA-Direktor durch Lyndon B. Johnson. Er war der Nachfolger des Vizeadmirals William P. »Red« Raborn, der vor Übernahme der CIA-Leitung Vizepräsident für Projektmanagement beim kalifornischen Rüstungskonzern Aerojet-General-Corporation war.

Schon 1967 besaß die CIA Büros und Einrichtungen in ganz Amerika. In New York City, Chicago, Los Angeles, Detroit, Philadelphia, San Francisco, Miami, Pittsburgh, Houston, St. Louis, New Orleans, Denver und Minneapolis wurden sie sogar öffentlich eingetragen. Weitere verbargen sich unter Decknamen und Scheinfirmen. Nach und nach wurden zahlreiche Maßnahmen und Vorgänge auf dem Gebiet der inneren Sicherheit bekannt, und amerikanische Steuerzahler begriffen, was für eine Institution sie unwissentlich finanziert hatten.

Im Februar 1967 (einen Monat nach meinem Artikel über den Vietnamkrieg) brachte *Ramparts* einen Artikel von Mike Wood (später wurde er Koordinator des NCNP in Chicago), der die engen Beziehungen der CIA zur amerikanischen Universitätslandschaft über eine Fülle von Beraterverträgen, Forschungsprojekten und Instituten aufzeigte. Woods Artikel konzentrierte sich auf die Unterwanderung der National Student Association. Doch diese Aktion war nur die Spitze eines Eisbergs; die CIA hatte ihre Agenten unter Fakultätsmitgliedern und Angestellten in Dutzenden von Institutionen. Und hinter diesen Enthüllungen zeichnete sich bereits ab, daß die Armee selbst noch viel tiefer in die geheimdienstlichen Aktivitäten verstrickt war.

Durch Woods Recherchen wurde offensichtlich, daß der Nachrichtendienst in jener Zeit praktisch alle Bereiche des amerikanischen Alltags durchdrungen haben mußte: Wirtschaft, Regierungen und Ordnungsbehörden der Kommunen, der Länder und des Bundes, Universitäten, Wohlfahrtseinrichtungen, Printmedien, Rundfunk und Fernsehen, Anwälte, Lehrer, Künstler, Frauenvereine und kulturelle Initiativen. Beängstigend lang ist bereits die Liste der öffentlich bekanntgewordenen Einflußbereiche.[25] Stipendien wurden gewährt, Projekte finanziert, Identitäten gefälscht, Trainingsprogramme durchgeführt und Bücher publiziert. Die Interessen waren breitgefächert und unabsehbar. In seinem Bericht von 1976 stellte das Select Committee on Intelligence Activities des Senats fest, bis 1967 habe die CIA über tausend Bücher gesponsort, bezuschußt oder produziert, von denen noch im selben Jahr 200 erschienen. Auf die Praxis, Bücher CIA-gesteuerter Autoren durch CIA-gesteuerte Rezensenten in ausgewählten Zeitungen und Zeitschriften besprechen zu lassen, haben Kenner der Materie mehrfach hingewiesen.[26]

1967 verfügte die CIA über einen jährlichen Etat von 1,5 Milliarden Dollar ohne nennenswerte fiskalische Kontrolle. Verdeckte Ermittlungen und Operationen wurden als »quittungslose Finanzierung« behandelt (Ausgaben ohne Bestellungen oder Rechnungen). Der Central Intelligence Act von 1949 verlieh Direktor Helms die Macht, Geld auszugeben, »ohne Berücksichtigung der Regeln und Gesetze über die Regierungsausgaben von Steuermitteln«. Helms Unterschrift auf einem Scheck bürgte für jede beliebige Summe, ganz gleich bei welchem CIA-Bankkonto. Behördliche Kooperation, besonders mit der Armee und/oder dem State Department, erwies sich bisweilen als notwendig; zu diesem Zweck wurde die Special Operations Group (SOG) für besondere Missionen und Projekte eingerichtet. SOG-Aktionen im Innern Vietnams und über Kambodscha und Laos gegen »Charlie« – den Vietkong – wurden immer häufiger, während der Krieg eskalierte, und waren allgemein bekannt. Vom Vorgehen der SOG im Innern der USA gegen »Willie« (Schwarze und Dissidenten) wußte und berichtete niemand.

Kurz bevor wir am 17. Oktober 1978 von Knoxville zu unserem Treffen mit Ray aufbrachen, hatte mir Mark Lane die Kopie einer eidesstattlichen Erklärung von Daniel Ellsberg überreicht, jenem Mann, der durch die Veröffentlichung der Pentagon-Papiere den Amerikanern schmerzliche Wahrheiten über den Vietnamkrieg enthüllt hatte. Die Erklärung betraf ein Gespräch, das vor vier Monaten zwischen Ellsberg und Brady Tyson, einem Assistenten des damaligen UN-Botschafters Andrew Young, stattgefunden hatte.

Als er am 16. Juni 1978 bei den Vereinten Nationen war, um mit den Teilnehmern der UN-Sonderkommission für Abrüstungsfragen zu sprechen, hatte sich Ellsberg mit Tyson angefreundet. Eines Tages, als sie Tysons Büro verließen, kamen sie auf die Ermordung Martin Luther Kings zu sprechen.

In seiner Erklärung berichtete Ellsberg: »Ich fragte Tyson, ob er an eine Verschwörung glaube, und wer seiner Meinung nach dahinterstecke. Darauf erwiderte er kurzerhand: *›Wir wissen, daß es eine Verschwörung gab, und kennen auch den Täter …‹* Ich fragte ihn, ob er mir Näheres anvertrauen wolle, und seine Antwort war wiederum überraschend offen und unzweideutig: ›Es war eine Gruppe amtsenthobener oder pensionierter FBI-Leute unter persönlicher Leitung von J. Edgar Hoover.‹ Weiter führte er aus, daß die Gruppe geheim arbeite und selbst beim FBI fast niemand von ihr wisse. Zu ihr gehöre, wie Tyson bemerkte, ›ein Scharfschütze‹, der die Tat auch ausgeführt habe.«

Ellsberg war wie vor den Kopf gestoßen. Er drängte Tyson, ihm seine Quelle zu nennen. Widerstrebend rückte Tyson damit heraus: »Das hat Walter Fauntroys Untersuchung [durch das HSCA] ergeben; er selbst hat es uns gesagt.« Mit »uns« waren, wie Ellsberg unterstrich, Botschafter Young, ein anderer Assistent namens Stoney Cooks und Tyson selbst gemeint.

»Aus späteren Äußerungen gewann ich den Eindruck, daß Botschafter Young und seine Mitarbeiter selbst ein Großteil der Beweise geprüft hatten, und ihnen die Tatsache nicht einfach nur allgemein mitgeteilt worden war.« Die Erklärung zitiert Tyson mit den Worten: »Wir sind zu 80 Prozent sicher, daß *wir wissen, wer sie sind*. Wir sind zu 80 Prozent sicher, daß wir die Namen aller Beteiligten kennen, und ... wir verfügen über detaillierte Indizienbeweise.«

Tyson betonte jedoch, es gäbe keine gerichtsverwertbaren Beweise hinsichtlich der Namen.

Ellsberg wunderte sich über Tysons Arglosigkeit. »Tyson hat mich nicht mit einem Wort gewarnt oder mir Stillschweigen auferlegt, nicht einmal verlangt, Diskretion walten zu lassen ... Bis zu einem gewissen Grad hatte ich den Eindruck, er *wünschte* sogar, daß ich es vertraulich weitergäbe. Seine [Tysons] damalige Stellungnahme hat mich beeindruckt: Die Nähe zu Young, zu King, seine Betroffenheit und die Tatsache, daß er Beamter der US-Regierung war, der einzige anständige Kerl, der mir in rund sieben Jahren begegnet ist. Eine Story aus seinem Mund, die Wasser auf die Mühlen der Verschwörungstheoretiker bringt ... konnte enorme Bedeutung gewinnen.«

Beim Abschied hatte Ellsberg den Eindruck, alle hofften auf die Anhörungen im Senat, bei denen schon alles herauskommen würde. Außerdem hatte Tyson erzählt, worum Fauntroy bei der Bildung des HSCA den Sprecher des Repräsentantenhauses, Carl Albert, bat: an einem Komitee mitzuwirken, daß die Ermordung Kings aufklären würde, oder besser noch, die Leitung eines solchen Komitees. Albert habe zu ihm gesagt: »Walter, den Job willst du doch nicht wirklich.« Worauf Fauntroy erwiderte: »Aber ja doch, ich will ... warum sollte ich nicht?« Albert flüsterte zurück: »Weil sie dich umbringen werden, Walter, ... das FBI!«

Als die von Ellsberg erwähnten Fakten in den Anhörungen vom Sommer 1978 unberücksichtigt blieben und das Komitee eine ganz andere Richtung einschlug, beschloß Ellsberg, sein

Wissen an den Anwalt von James Earl Ray weiterzugeben. So kam es zu der bewußten eidesstattlichen Erklärung.

Nach der Unterredung mit Ray suchte ich Ellsberg auf, der seinen Bericht bestätigte. Jim Lawson, der sich mit Andy Young, Stoney Cooks und Brady Tyson freundschaftlich verbunden fühlte, war bereit, sie um Unterstützung zu bitten. Als er mit Stoney Cooks telefonierte, erklärte dieser: »Andy und ich hatten gehofft, durch das House Select Committee würde das alles an die Öffentlichkeit gelangen.«

»Während ich ihm noch zuhörte«, erklärte mir Lawson, »wurde mir klar, daß er Ellsbergs Erklärung bestätigte. Er gab unumwunden zu, daß Namen zurückgehalten wurden, daß es Informationen zum Attentat gäbe, von denen die Öffentlichkeit nichts wisse, und die nicht mit der Version von James Earl Ray als Einzeltäter übereinstimmten.« Lawson war fest davon überzeugt, daß diese Informationen von Walter Fauntroy an Andy Young und seine Mitarbeiter gelangt waren.

Als sich Jim Lawson später bei Tyson wegen Ellsbergs Schilderung erkundigte, gab Tyson zurück, er könne sich nicht an alles erinnern, was er Ellsberg gesagt habe, doch hielte er ihn für einen aufrichtigen und präzisen Gewährsmann. Er behauptete sogar, Ellsberg sei in dieser Hinsicht »mustergültig«.

Während wir über all diese Dinge sprachen, erinnerte sich Lawson, daß Dr. Joseph Lowery, Abernathys Nachfolger als Präsident des SCLC, schon vor Monaten von einer Diskussion mit Fauntroy berichtet hatte, die Ellsbergs Angaben stützte. Bei einem späteren Treffen in Los Angeles wiederholte Lowery diese Darstellung in Lawsons und Mark Lanes Gegenwart. Im Herbst des Jahres, als ich mit ihm wegen meiner geplanten Rede beim SCLC-Nationalkongreß telefonierte, versicherte mir Lowery, daß Lawson die Wahrheit sage. Er hoffe noch immer, erklärte er, daß irgendwann einmal das HSCA mit der Wahrheit herausrücke.

Allmählich war ich der Meinung, die Ellsberg-Erklärung reiche aus, um das HSCA versuchsweise mit ihr zu konfrontieren. Rückblickend betrachtet, konnten wir natürlich nicht verlangen, daß uns der Ausschuß in allem zustimmt, aber wir waren neugierig, mit welcher Erklärung man dort reagieren würde. Deshalb verabredeten wir uns – Abernathy, Reverend Lawson, der Bürgerrechtler und Schauspieler Dick Gregory, Mark Lane und ich – am Morgen des 27. Oktober zu einer privaten Unterredung mit Walter Fauntroy, um der Komiteeleitung die neuen Informationen zu unterbreiten. Bei unserer Ankunft sahen wir zu unserer Bestürzung einen Auflauf von Reportern und Fotografen vor Fauntroys Bürosuite.

Wie die Medien von unserem Treffen erfahren haben, wissen wir bis heute nicht. Für den Ausschuß wäre es in jedem Fall ungünstig gewesen, die Sache öffentlich zu machen. Es entsprach auch nicht dem Führungsstil des Chefberaters Robert Blakey. Er pflegte nur erstklassig vorbereitete Statements an die Presse zu geben. Obwohl er es nie zugegeben hat, hielten wir instinktiv Mark Lane für die undichte Stelle. Für mich war dies ein großes Unglück. Die vorzeitige Enthüllung solcher Informationen konnte Türen verschließen, die uns mittlerweile einen Spaltbreit offengestanden hatten.

Man brachte uns in Fauntroys internes Büro, wo uns der Vorsitzende Stokes, Blakey und zwei Mitarbeiter erwarteten. In seiner Einführungsrede ging Lane mit dem Ausschuß, seinem Mitarbeiterstab und dem Vorstand hart ins Gericht. Er warf ihnen vor, wichtige Spuren zu vernachlässigen und Fakten zu ignorieren. Dann griff er Blakey in persönlicher und beruflicher Hinsicht an. Blakey wehrte sich zornig und verließ die Besprechung. Er kam erst wieder, als Lane geendet hatte.

Während die Ellsberg-Erklärung vor dem Komitee verlesen wurden, merkte ich, wie Fauntroy in seinem Sessel unruhig wurde. Heftig bestritt er jede ihm von den erwähnten Personen zugeschriebene Äußerung. Fauntroy wollte gar nicht begreifen, weshalb ihn Tyson, Cooks und vor allem Andy Young mit den fraglichen Aussagen in Verbindung brächten. Er unterstrich, es sei sein Auftrag, jedes Faktum und jedes Gerücht zu prüfen, das dem Ausschuß vorläge, und er sei entschlossen, sein Bestes zu tun. Schon aus Bewunderung für Martin Luther King, mit dem er jahrelang Seite an Seite das Bürgerrecht erkämpft habe, werde er die Ermittlungen stets vollständig und rückhaltlos führen.

Lawson wunderte sich allerdings über die Unbestimmtheit, mit der Fauntroy anschließend den Ellsberg-Bericht dementiert hatte. Abernathy habe er gelegentlich Seitenblicke zugeworfen und rasch die Augen niedergeschlagen, während er Jim Lawson nie direkt in die Augen sah.

Mitarbeiter und Leitung des Komitees versicherten uns im übrigen, daß an den Ellsbergschen Behauptungen kein wahres Wort wäre. Sie versuchten, uns in die Defensive zu drängen, indem sie uns vorwarfen, wir hätten mit den angeblich neuen Informationen nur die Presse anlocken wollen. Gleichwohl versuchten sie nicht, Ellsbergs Version der Aussagen Tysons anzuzweifeln; auch die Bestätigung durch Jim Lawson wurde nicht widerlegt. Statt dessen ließ man uns einfach vor die Wand laufen.

Nach dem Treffen kam es zum offenen Streit zwischen Blakey und Lane. Ich trat zwischen sie, als Blakey zu Lane sagte, wenn er so weitermache, würde man ihn ein für allemal erledigen. Ich war schockiert.

Als wir Fauntroys Büro verließen, traten uns Presse- und Fernsehjournalisten in den Weg. Lane und Abernathy gaben kurze Erklärungen ab. Abernathy versicherte in seiner freimütigen Art, das Gespräch mit der Leitung und den Mitarbeitern des Komitees sei produktiv gewesen; wir hofften, daß sie ihre Arbeit fortsetzen und zum Abschluß bringen würden, und wir hätten ihnen gewisse Mitteilungen übergeben, die auf eine Mitwirkung des FBI an der Ermordung Martin Luther Kings hindeuten könnten. Mich wunderte, daß kein einziger Journalist einhakte. Es gab nicht die geringste Reaktion darauf.

Am anderen Morgen brachte ich eine Kopie der Ellsberg-Erklärung ins Büro des ehemaligen Generalstaatsanwalts Ramsey Clark. Ramsey erklärte sich bereit, Brady Tyson darauf anzusprechen. Nach der Rückfrage bei Tyson stellte sich heraus, daß die Sache sich ein wenig anders verhielt. Tyson habe, berichtete Ramsey, Ellsbergs Zitate zwar nicht direkt dementiert, aber angedeutet, er wisse nicht mehr, ob die ihm zugeschriebenen Äußerungen tatsächlich gefallen seien. Später erfuhr ich mehr von dieser Fauntroy-Tyson-Geschichte.

Von New York aus begab ich mich nach Memphis, um den Tatort in Augenschein zu nehmen und mit Zeugen zu sprechen, die das tragische Geschehen aus nächster Nähe verfolgt hatten.

Kein Zweifel: King hatte, als er erschossen wurde, auf dem Balkon des Zimmers 306 im ersten Stock gestanden. Mark Lane mißtraute jedoch der Darstellung von MPD und FBI, daß der Schuß vom Badezimmerfenster im Obergeschoß der Pension aus abgefeuert worden sei. Auch der Autor und Reporter Harold Weisberg bestritt diese Theorie: Der Schuß sei mit großer Wahrscheinlichkeit vom Parkplatz aus abgegeben worden, der von der einen Seite an die Feuerwache, von der anderen an den Hinterhof der Pension grenzt (vgl. Abb. 1, S. 16).

Zum Zeitpunkt des Attentats hatten eine Reihe Sträucher, ein größerer Baum und andere Buschpflanzen eine Sichtblende zwischen der Pension, dem Parkplatz und dem Motel auf der anderen Straßenseite geschaffen. Von einer zweieinhalb Meter hohen Steinmauer an der Mulberry Street aus steigt dieses Hinterhofgelände etwa um ein Meter fünfzig an. Es liegt daher eigentlich höher als der Balkon, auf dem King bei seiner Ermordung stand – ein Detail, das anscheinend bislang übersehen worden war.

Ich hielt es für sinnvoll, die Flugbahn des Geschosses zu analysieren, was jedoch zu diesem Zeitpunkt noch nicht möglich war. Von entscheidender Bedeutung war außerdem die Körperhaltung Kings während des Einschlags. Unmittelbar vor dem Schuß hatte man gesehen, wie er sich leicht über das Geländer beugte. Ob er sich noch einmal aufrichtete, bevor ihn die Kugel traf, blieb umstritten.

Der Hauptbelastungszeuge der Anklage war 1968 Charlie Stephens gewesen. Er und seine Lebensgefährtin Grace Walden hielten sich in ihrem Zimmer auf (6-B, dem Badezimmer benachbart), als der Schuß fiel. Stephens hatte mit seiner eidesstattlichen Erklärung Rays Auslieferung erleichtert, indem er Rays Profil bei einer versuchsweisen Gegenüberstellung als dasjenige des Mannes identifizierte, der nach dem Attentat die Vordertreppe hinunterlief. Als ich mit Walden sprach, gab sie zu, daß Charlie nichts und niemanden gesehen haben konnte. Sie selbst habe, als sie um die Zeit des Attentats im Bett lag, einen dünnen Mann mit silberfarbenem Haar beobachtet, der in offener Armeejacke und kariertem Sporthemd die Hintertreppe hinunterlief, die zur Hoftür führt. Diese Beschreibung paßte ganz und gar nicht auf Ray. Ihre Angaben schwankten mit den Jahren immer wieder (einmal schilderte sie den Mann als Schwarzen). Nur in einem Punkt blieb sie konsequent – daß Charlie Stephens nichts gesehen habe.

Wayne Chastain war derselben Meinung. Als Reporter des *Press Scimitar* in Memphis war Chastain einer der ersten gewesen, die am Tatort erschienen. Er erzählte mir, er sei nur Minuten nach dem Schuß einem aufgeregten Solomon Jones begegnet; dieser habe über die Mulberry Street in die Sträucher gezeigt und versichert, der Schuß sei von »da drüben« aus dem Buschwerk gekommen. »Sprechen Sie mich nachher im Krankenhaus an«, hatte Solomon gebeten.

Chastain umrundete danach das Gebäude und unterhielt sich kurz mit Judson »Bud« Ghormley, dem Hilfssheriff, der für die Krisen-Eingreiftruppe TACT 10 zuständig war, die während der Schüsse auf der Feuerwache in Bereitschaft stand und offenbar das Bündel vor Canipe's Spielhalle fand. Dann betrat er die Pension durch den Vordereingang und kam ins Obergeschoß, wo er sich eine bessere Aussicht über den Grünstreifen verschaffen wollte.

Als er den Kopf durch die Tür des Zimmers 6-B steckte, sah er Grace Walden auf dem Sofa liegen und fragte, ob er kurz aus ihrem Fenster schauen dürfe. Sie fragte, was all der Trubel zu bedeuten habe, und erfuhr von ihm, daß man Martin Luther King erschossen hatte. »Ach, das war der Knall, den ich hörte; ich dachte zunächst an einen Feuerwerkskracher!« Sie führte ihn in die Küche des heruntergekommenen Apartments, wo man aus dem Fenster das Lorraine und das Gebüsch überblicken konnte. Charlie Stephens saß am Küchentisch und spielte mit einem Radiogerät. Chastain und Charlie wechselten ein paar belanglose Worte, aber ein Gespräch mit Charlie, der ihm wie gelähmt vorkam, schien nicht möglich.

Vom Fenster aus sah Chastain den Lorraine-Balkon, aber das wuchernde Gestrüpp und der Baum waren so dicht, daß er keine gute Sicht auf den Parkplatz des Motels und die Einfahrt hatte. Als er sich verabschieden wollte, bemerkte er, daß Charlie, dessen Kopf auf der Tischplatte ruhte, bewußtlos war.

Chastain verließ die Pension und suchte die St. Joseph's-Klinik auf, wo King eingeliefert worden war. Dort hörte er mit den anderen Pressevertretern zu, wie Solomon Jones erzählte, was er gesehen hatte. Er habe beim Wagen gestanden und King das Tragen eines Mantels empfohlen als der Schuß fiel. Danach habe er sich geduckt und in die Richtung gespäht, wo er den Schützen vermutete. Dabei will er einen Mann in den Sträuchern gesehen haben, der ein weißes Kopftuch oder eine Kapuze über dem Gesicht trug. Jones zufolge kletterte der Mann aus dem Gestrüpp, schien dann etwas beiseite zu werfen, sprang auf die Mauer, kletterte herunter und mischte sich unter die Menge. Er trug ein Jackett und ein kariertes Hemd und näherte sich dem verängstigten Jones auf weniger als acht Meter. Als der Mann davonlief, sprang Jones in den Wagen und wollte ihm folgen, doch die wachsende Menschenmenge und andere Wagen hinderten ihn daran. Kurz darauf kam der Ambulanzwagen.

Chastain kehrte anderntags zwischen 7.30 und 8.00 Uhr in die Pension zurück, um die Zimmerwirtin Bessie Brewer zu sprechen. Das FBI, sagte sie, habe ihr jede weitere Aussage verboten. Chastain wurde von einem »alten Kauz« angesprochen, den jeder nur als Major kannte. Schon zu dieser frühen Stunde war er gewöhnlich besoffen, bat aber Chastain auf sein Zimmer. Er behauptete, den Täter gesehen zu haben »Es war ein Nigger«, sagte der Alte, fügte aber gleich hinzu, er würde unter keinen Umständen als Zeuge auftreten. Sein Zimmer befand sich im Südteil der Pension, wo auch die Brewers wohnten und das Büro lag. Stephens und Walden lebten auf der anderen Seite; eine anderthalb Meter breite Mauernische trennte die beiden Gebäudeteile. Chastain nahm den Major nicht ernst, denn sein Fenster ging auf die Nische hinaus (allerdings sah man von dort direkt ins Zimmer 5-B, das Ray gemietet hatte).

Gegen 11.00 Uhr vormittags wurde Chastain von seinem Chefredakteur erneut in die Pension geschickt, um Charlie Stephens zu interviewen. Charlie hatte inzwischen seinen Rausch ausgeschlafen, und als sie miteinander redeten, kam der Major die Treppe herauf und erklärte Charlie, daß er Chastain berichtet habe, der Täter sei ein Schwarzer gewesen. »Klar, es war ein Nigger«, bestätigte Charlie. Chastain glaubte keinem von beiden. Bessie Brewer erklärte, die beiden hätten viel zu viel getrunken, um irgendwas zu sehen.

Einige Zeit später hörte Chastain von Loyd Jowers, dem Eigentümer von Jim's Grill, daß er Stephens in seiner Imbißstube nicht mehr bedienen wollte, weil er völlig betrunken gewesen sei. Allerdings verkaufte er ihm noch zwei Flaschen Bier, die Stephens mit nach oben aufs Zimmer nahm.

Am Tag nach dem Attentat erzählte Grace Walden Chastain dieselbe Geschichte wie mir zehn Jahre später: Von dem dünnen Mann mit silberfarbenem Haar, den sie vom Bett aus beobachtet habe, wie er sich über die Hintertreppe entfernte. Chastain war allerdings nicht ganz klar, wie sie vom Bett aus überhaupt etwas sehen konnte.

Nicht wenig überrascht war Chastain, als Stephens einige Monate später der Öffentlichkeit als Hauptzeuge der Anklage gegen James Earl Ray vorgestellt wurde. Angesichts seines Zustands zur Tatzeit, der doch polizeilichen Ermittlern nicht verborgen geblieben sein durfte, konnte er wohl kaum in der Lage sein, irgend etwas zu bezeugen. Was der beigeordnete Staatsanwalt James Beasley mit Stephens Aussage anfangen wollte, wenn es zu einem Verfahren gekommen wäre, erschien Chastain unbegreiflich. Baesley hatte dem Gericht bei der Anhörung des Schuldbekenntnisses folgendes vorgetragen:

> In der Zwischenzeit hatte Charles Quitman Stephens oben in der South Main 422½, wo er die dem Badezimmer benachbarten zwei Zimmer bewohnte – derselbe Mr. Stephens, der am Nachmittag Mrs. Brewer im Gespräch mit dem Angeklagten gesehen hatte – Geräusche im Apartment des Angeklagten gehört … Ungefähr um 18.00 Uhr hörte Mr. Stephens

den Schuß, der durch die Außenwand des Badezimmers zu kommen schien. Er stand daher auf, durchquerte dieses Zimmer und trat in den Korridor hinaus, gerade rechtzeitig, um das linke Profil des Angeklagten zu sehen, als er diesen Korridor entlanglief …

Wie ich erfuhr, wurde Charlie Stephens unmittelbar nach dem Mord vom MPD unter strenge Polizeiaufsicht gestellt; er hoffte wohl, die Belohnung zu ergattern, die vom *Commercial Appeal* und der Stadt Memphis ausgesetzt worden war. Nachdem Ray in die Vereinigten Staaten zurückgebracht worden war, hielt das MPD Stephens unter Hausarrest; Grace Walden wurde in eine psychiatrische Anstalt eingeliefert. Bessie Brewer wurde als Pensionsverwalterin entlassen und verschwand von der Bildfläche. Die Pension selbst wurde abgesperrt und versiegelt.

Chastain lenkte meine Aufmerksamkeit auf ein Interview, das der CBS-Korrespondent Bill Stout wenige Wochen nach dem Mord mit Stephens führte, das aber merkwürdigerweise erst 1976 ausgestrahlt wurde. Stout zeigte Stephens ein Bild von James Earl Ray, das die Behörden verbreitet hatten:

BILL STOUT: Mr. Stephens, was halten Sie von diesem Bild? Sieht es dem Mann ähnlich?
CHARLES STEPHENS: Naja – [räuspert sich] – 'tschuldigung – nach dem kurzen Moment, den ich – äh, den ich sein Profil sehen konnte, ähnelt es ihm nicht.
STOUT: Keine Ähnlichkeit?
STEPHENS: Nein, Sir, mit Sicherheit nicht. Zum einen ist er viel zu stattlich. Sein Gesicht ist zu breit. Und er hat zuviel Haar, seine Nase ist zu breit – jedenfalls nach dem kurzen Moment zu urteilen, den ich, wie gesagt, sein Profil gesehen habe. Aber das ist eindeutig, würde ich sagen, nicht dieser – dieser Typ.

Weder Charlie Stephens noch Solomon Jones standen mir 1978 zur Verfügung. Beide waren spurlos verschwunden.

Chastain erkundigte sich auch nach der in letzter Minute erfolgten Verlegung des King-Quartiers ins Lorraine. Er rekapitulierte ein Gespräch, das er eines Samstagabends mit Walter Bailey, dem Eigentümer des Lorraine, geführt hatte. Bailey sagte aus, seine Frau habe am 2. April, am Tag vor Kings Ankunft, eine Art »Quartiermeister« des SCLC empfangen. Das Hofzimmer im Erdgeschoß erschien ihm ungeeignet, für King werde das Balkonzimmer im Obergeschoß benötigt, das auf den Swimming-pool hinausging. Bailey zufolge beschrieb seine Frau den Besucher als etwa 1,80 Meter groß, mit der Statur eines Footballspielers, »indianischen« Zügen und hohen Wangenknochen.

Eine weitere Reporterin des *Press Scimitar*, Kay Black, berichtete mir in zwei Gesprächen, daß sie am Morgen des 5. April einen Anruf des früheren Bürgermeisters William Ingram erhalten habe, der ihr mitteilte, daß ein paar Bäume oder Sträucher hinter der Pension, von der aus King mutmaßlich erschossen worden war, entfernt werden sollten. Er schlug vor, sie solle sich das doch einmal ansehen. Als sie im Lauf des Tages zur Pension kam, stellte sich heraus, daß das Buschwerk tatsächlich abgemäht worden war. Ein Beauftrager des Public Works Department erklärte ihr, es handle sich um eine Routinebereinigung.

Reverend James Orange, der sich auf dem Parkplatz des Lorraine aufhielt als der Schuß fiel, konnte sich noch gut an die Grünfläche erinnern, denn unmittelbar nach dem Attentat sah er, wie Qualm »aus einer Reihe von Sträuchern gleich neben der Feuerwache« aufstieg. (Vermutlich irrte er sich bei der Lokalisierung des Qualms, denn seine Angabe deckt sich nicht mit dem Schußwinkel. Außerdem zog sich das Gestrüpp bis zum Nordrand des Hinterhofs der Pension hin.) »Das kann höchstens fünf oder zehn Sekunden nach dem Schuß gewesen sein«, fuhr er fort. Unmittelbar vor dem Schuß waren er und Jim Bevel von dem Invader Marrell McCollough zum Lorraine zurückgebracht worden. Nachdem sie McColloughs Wagen verlassen hatten, unterhielten sie sich noch eine Weile unter dem Balkon, auf dem

Martin Luther King stand, als er erschossen wurde. Am anderen Morgen fiel Rev. Orange auf, daß die Sträucher verschwunden waren.

Die Nacht-und-Nebel-Flurbereitung des Geländes erschien mir zunehmend verdächtig. Wie war es zu erklären, daß die Ermittler von MPD, FBI und HSCA diese naheliegende Tatsache unbeachtet ließen? James Orange sagte mir, niemand von den Ordnungskräften und Ermittlern habe ihn je danach gefragt, was er gesehen hatte. Als er die Polizei am Tatort darauf aufmerksam machte, hieß es nur, er solle sich da heraushalten.

Anfang November 1978, kurz nach unserem HSCA-Debakel in Walter Fauntroys Büro, hörte ich von Dan Ellsberg, Fauntroy sei ihm kürzlich begegnet. Nach seiner Einschätzung leugne Fauntroy noch immer, das FBI gegenüber Tyson, Cooks und Young erwähnt zu haben, doch auf sein Drängen habe er zugegeben, daß das FBI »nicht nur das Signal zur Ermordung Kings durch seine Gegner gegeben, sondern tatkräftig bei der Verschwörung mitgewirkt« hätte, und daß es »J. Edgar Hoover durchaus zuzutrauen sei, eine solche Operation persönlich gebilligt, wenn nicht gar selbst geleitet zu haben«.

Am Freitag, dem 17. November 1978, standen Walter Fauntroy, Brady Tyson, Andy Young und Stoney Cooks vor dem HSCA-Untersuchungsausschuß. Sie bestritten jede Kenntnis einer Verwicklung des FBI in das Attentat und dementierten die Aussage Daniel Ellsbergs. Ihre Zeugenaussage war eine Entgegnung auf die Titelstory des *Knoxville New Sentinel* vom 11. November, in der Mark Lane und Anna Ray den Inhalt der eidesstattlichen Erklärung bekanntgemacht und daraus den Schluß gezogen hatten, das Ellsberg-Lowery-Statement belege »zweifelsfrei«, daß FBI-Direktor Hoover den Mord angeordnet habe. Meiner Meinung nach war Lane mit seiner Deutung der Auskunft entschieden zu weit gegangen.

Von Hinweisen auf eine FBI-Beteiligung wollte Fauntroy nichts wissen, und Young leugnete, Informationen darüber von Fauntroy erhalten zu haben. Dennoch gab Young an einer Stelle zu, daß es »seltsame Querverbindungen gab, die uns allen zu schaffen machten, und die wir als erstes durchleuchten wollten«. Er räumte auch ein, die Möglichkeit einer Verschwörung bereite ihm Kopfzerbrechen. Da aber kein Mitglied auf diese Bemerkungen einging, blieben sie einfach im Raum stehen, und Youngs Zeugnis wurde als Widerlegung von Ellsbergs Erklärung gewertet.

Brady Tyson gab zu Protokoll, er und Dan Ellsberg hätten zuerst ganz allgemein über Attentate gesprochen und dann, als sie auf King zu sprechen kamen, habe er Ellsberg mit seiner »Lieblingstheorie« vertraut gemacht, derzufolge eine Verschwörergruppe innerhalb des FBI, wenn auch nicht im offiziellen oder gedeckten Auftrag, die Tat ausgeführt hätte.

Stoney Cooks stieß ins gleiche Horn: Von einer Verstrickung des FBI habe er nie etwas gehört. Auf die Frage des Kongreßabgeordneten Harold Ford über Tysons Ruf bei der UN gab Cooks zu, daß sich sein Kollege etwas »missionarisch« verhalte und »in seinen Gesprächen vielleicht ein wenig übereifrig« gewesen sei, um Dan Ellsberg entgegenzukommen.

Wenn ich nicht irre, saß Brady Tyson die Zunge vielleicht ein wenig locker, aber seine Bemerkungen zu Dan Ellsberg waren aufrichtig. Fauntroy hatte seine Insiderkenntnisse möglicherweise Young und seinen Helfern zugesteckt, im Vertrauen darauf, daß kein Außenstehender davon erfahren und sie weitergeben würde. Als alles herauskam, weil Ellsberg nicht mehr an einen durchgreifenden Erfolg des HSCA glaubte, mußten alle Hebel in Bewegung gesetzt werden, ihn Lügen zu strafen. Unter Druck leugneten Young und seine Helfer, daß sie von der möglichen Beteiligung Hoovers wußten, und Fauntroy selbst (der als führendes Mitglied des Komitees nach außen hin Loyalität wahren mußte) war zum Dementi gezwungen, wenn er nicht zurücktreten wollte.

Dan Ellsbergs Enthülungen erbrachten nicht nur erste reelle Hinweise auf die FBI-Verstrickung in den Mord an Martin Luther King, sondern waren ein Menetekel für den HSCA-Untersuchungsausschuß, der solche Hinweise nicht einmal als Vermutung öffentlich laut werden lassen durfte, geschweige denn zugeben, daß es sich um eigene Erkenntnisse handelte.

Entschlossener denn je, die offizielle Version auf den Prüfstand zu legen, kehrte ich nach Memphis zurück und konzentrierte mich diesmal auf Jim's Grill. Chastain hatte 1968 von Loyd Jowers die Geschichte jenes mysteriösen Fremden vernommen, der am Nachmittag des 4. April und am Morgen danach in seinem Imbiß gewesen war und beide Male Rührei mit Würstchen bestellt hatte. Jowers schilderte ihn als vornehm gekleidet, jemand, der ganz und gar nicht in diese Umgebung paßte. Auf Anordnung der Ermittler verständigte Jowers die Polizei, als der Mann erneut auftauchte. Die Beamten nahmen den Unbekannten fest, ließen ihn aber nach kurzer Zeit wieder frei.

Wayne Chastain behauptete, die meisten der Schwarzen, die sich zur Zeit des Attentats im Grill aufhielten, seien nie verhört worden. Vergebens suchte er die farbigen Kellnerinnen aufzuspüren und zu befragen, die an dem bewußten Nachmittag Dienst hatten. Eine von ihnen hieß Betty und hatte ihm angeblich etwas mitzuteilen. Jowers schien ihm bei der Suche nach Betty und einer Kollegin nicht helfen zu können, arrangierte aber ein Treffen mit einer dritten Kellnerin – Rosie Lee Dabney –, die den Fremden am Nachmittag des 4. April bedient hatte.

Durch die Recherchen des Schriftstellers William Sartor, der regelmäßig für das Magazin *Time* arbeitete, und des Ermittlers Renfro Hays erfuhr Chastain, daß Jowers, ebenso wie Rosie Lee Dabney, den »Rührei-mit-Würstchen«-Mann nach Fotos identifiziert hatten, die Sartor ihnen vorlegte. Die Aufnahmen zeigten einen V-Mann der Regierung mit Verbindungen zur militärischen Abwehr und zur CIA. Sein Name war Walter Alfred »Jack« Youngblood. Chastain berichtete allerdings, daß Jowers fünf Jahre später, als er und der Reporter Jeff Cohen ihm das Bild zeigten, sich anders besonnen hätte. Jetzt weigerte er sich, den Mann wiederzuerkennen. Als man ihn an die frühere Identifizierung erinnerte, gab er einfach zurück, er glaube nicht mehr, daß er es gewesen sei.

Chastain hatte gehört, wie der MPD-Vizechef Henry Lux dementierte, Youngblood verhaftet zu haben, doch Frank Holloman und der zuständige FBI-Spezialagent Robert Jensen räumten ein, daß eine Verhaftung stattgefunden habe. Es sei ein Waffennarr gewesen, behauptete Jensen, und die Verhaftung habe nichts mit dem Attentat zu tun.

Chastain glaubte, der »Rührei-mit-Würstchen«-Mann sei Jack Youngblood und mit jener geheimnisumwitterten Person identisch, die etwa eine Woche nach dem Attentat den Rechtsanwalt Russell X. Thompson sowie die Pfarrer James M. Latimer und John Baltensprager aufsuchte. Reverend Latimer identifizierte Youngblood anhand eines Fotos, das ihm Chastain vorlegte, und Staatsanwalt Walter Buford (ein ehemaliger Klassenkamerad und Freund von Youngblood) sagte aus, Youngblood habe ihn angerufen, als er in der Stadt war. Ich beschloß, dieser Sache auf eigene Faust nachzugehen.

Zunächst machte ich Loyd Jowers ausfindig, einen mageren, fast kränklich wirkenden Mann Ende Sechzig. Er zog an seiner Zigarette und bestätigte Chastains Bericht von der Verhaftung. Ich zeigte ihm Fotos von Jack Youngblood und er nickte. »Genau, das war er«, sagte Jowers.

Anwalt Russell Thompson gab an, am 10. April 1968 habe ihn gegen 22.00 Uhr ein Mann mit Westküsten-Akzent angerufen. Der Anrufer habe ihm mitgeteilt, er sei eben erst aus Chicago nach Memphis gekommen. Freunde hätten ihm von Thompson erzählt; er müsse ihn so bald wie möglich sprechen, und zwar allein. Sie verabredeten sich für den anderen Morgen.

Er schilderte den Besucher als etwa einsachtzig groß, Mitte Dreißig, mit hellblondem Haar und einem Sombrero. Außerdem trug er eine Buchstabentätowierung »T« oder »S« auf dem Oberarm, die er nach Thompsons Erinnerung verschwinden lassen konnte. Seinen Namen nannte er nicht, benutzte aber später das Pseudonym Tony Benavites. Er behauptete, ein Zimmernachbar von ihm aus Denver, ein Profi-Schütze (wie er selbst), der sich Pete nannte, habe Martin Luther King ermordet. Nur ein Idiot würde versuchen, das Attentat von einem Badezimmer im Obergeschoß auszuführen, weil das Gestrüpp die Kugel viel zu leicht ablenken könne. In Wahrheit habe Pete aus den Sträuchern geschossen, das Gewehr anschließend auseinandergelegt und den Lauf hinter dem Rücken versteckt. Danach sei er über die

Mauer geklettert und in der allgemeinen Verwirrung untergetaucht. Thompson wunderte sich über die präzise Beschreibung des Grünstreifens und des Baums hinter der Pension. Er kam daher zu dem Schluß, daß der Mann die Gegend gut kannte und möglicherweise dabei war, als der Mord geschah.

Wie beiläufig bat er Thompson, seinen Freund zu vertreten, falls er vor Gericht käme. Benavites behauptete, er selbst sei »letzten Freitag« arrestiert worden (am Tag nach der Verhaftung des Fremden in Jim's Grill) und wieder freigelassen worden, nachdem man ihn zur Pension gebracht hatte.

Thompson hörte nur noch ein Mal von ihm, als der Mann ihm telefonisch mitteilte, ein Rechtsbeistand sei wohl nicht mehr erforderlich. Thompson sandte dem MPD-Inspector N. E. Zachary und William Lawrence vom FBI einen ausführlichen Bericht.

Keine vier Stunden nachdem der geheimnisvolle Fremde am 11. April Thompsons Büro verlassen hatte, erhielt Reverend James Latimer, damals Pastor an der Cumberland Presbyterian Church, einen Anruf. Er wollte gerade mit seinem Freund, Reverend John Baltensprager, zum Essen gehen. Der Anrufer meinte, er brauche »geistlichen Beistand«, andernfalls würde er »Selbstmord begehen«.

Die beiden Pfarrer suchten ihn in einem Steakhaus namens Jim's Place auf und trafen einen auffallend gutgekleideten Mann mit getönter Brille, der eine blaue Sportjacke, dunkle Hosen und Stiefel trug. Er hatte dunkles, gewelltes Haar, lange Koteletten und einen dunklen Teint. Er war einsachtzig groß und von athletischem Körperbau. Auf Latimers Vorschlag gingen sie zu Robilio's Cafeteria in Südmemphis, wo sie ruhiger miteinander reden konnten. Der Mann stellte sich als J. Christ Bonnevecche vor und behauptete, er habe am Nachmittag des Attentats auf King als Handlanger der Mafia gedient.

Latimer fragte Bonnevecche, ob er Martin Luther King umgebracht habe. »Nein«, entgegnete der Fremde, »aber ich weiß, wer's getan hat.« Offenbar wollte er andeuten, daß der Mord auf irgendeine Weise mit dem organisierten Verbrechen zu tun habe, aber das erschien den Pfarrern ziemlich abwegig. Er behauptete, drogenabhängig zu sein, und rollte den Ärmel hoch, um den

Pfarrern die Einstiche am inneren Ellbogen zu zeigen. Dabei fiel ihnen seine Tätowierung auf, zwei ineinander verschlungene Buchstaben: ein »T« über einem »J«, was an das »T« über dem »S« erinnert, das Thompson bemerkt hatte. Bonnevecche hatte angeblich gesagt, sein Freund »Nick«, dem er selbst sehr ähnlich sei, habe King getötet. Nick sei per Motorrad in die Stadt gekommen und habe sie mit diesem Fahrzeug auch wieder verlassen. Nach vollbrachter Tat hätte er den Lauf des Gewehrs abmontiert und die Waffe selbst auf den Rücken geschnallt.

Gemäß Reverend Latimers Erinnerung widmeten sie sich danach hauptsächlich der Ermordung Kennedys, die nach Bonnevecches Darstellung ein Mafia-Anschlag gewesen sei. Der Fremde habe außerdem prophezeit, daß Robert Kennedy als nächster dran sei, vor allem, wenn er die Vorwahl in Kalifornien gewinnen würde. Damit sollte der ominöse Bonnevecche recht behalten.

Reverend Latimer hat dieses Gespräch Inspector Zachary mitgeteilt, der versprach, was er auch Thompson versprochen hatte: er werde das »alles überprüfen«.

Es sollte noch Jahre dauern, bis ich Reverend Latimer persönlich begegnete, aber Russell Thompson hatte sich mit ihm über den Zwischenfall ausgetauscht. Thompson zweifelte nicht, daß sein Besucher in der Praxis mit dem Gesprächspartner der beiden Pfarrer identisch war. Von Inspector Zachary oder dem FBI hatte Thompson nie eine befriedigende Antwort oder Stellungnahme erhalten, und als ich ihm Jack Youngbloods Foto vorlegte, war er nicht ganz sicher, glaubte aber, der könnte es gewesen sein. Obwohl der Besucher im richtigen Alter war, hatte Thompson seine blonden Haare erwähnt. Sämtliche Fotos, die mir von Youngblood bekannt sind, zeigen ihn als dunkelhaarig. Wenn Youngblood dieser Besucher gewesen war, wollte er inkognito bleiben.

Youngblood schien der Beschreibung eines Mannes zu entsprechen, der kurz nach dem Attentat im Hotel St. Francis in Los Angeles auftauchte. Dabei handelte es sich um einen Doppelgänger James Earl Rays, der mit Geld nur so um sich warf und ganz offen erzählte, daß bald ein weiteres Attentat stattfinden würde. (Während seines Aufenthalts in Los Angeles Ende 1967 bis Anfang 1968 hatte Ray bekanntlich eine Zeitlang im St. Francis logiert, wo man ihn kannte.)

Monate später traf ich zweimal mit Jack Youngblood zusammen. Angeblich kannte er mehrere Personen, die aus erster Hand über das Attentat informiert waren. Sie lebten jetzt außer Landes, aber für eine entsprechende Geldsumme könne er sie dazu bringen, ihre Geschichte zu erzählen.

Auf die Nachfrage, weshalb seine Bekannten in Übersee so kooperativ wären, wo man doch wegen Mordes ausgeliefert werden könnte, erklärte er, sie seien in erster Linie enttäuscht. Lange Jahre hätten sie der Regierung treu gedient und jetzt würde man sie fallenlassen wie heiße Kartoffeln. Angeblich stünde ihnen das Flugzeug einer Ölfirma zur Verfügung.

Aufgrund seiner vorzüglichen Geheimdienstkontakte war es gut möglich, daß er mehrere Beteiligte kannte. Doch am Ende kam ich zu dem Schluß, daß seine eigene Verwicklung in den Fall eher unwahrscheinlich war. Es schien so, als ob er entweder im Auftrag der Regierung bewußt irreführende Nachrichten verbreitete (»Desinformation«), um die Ermittlungen zu stören und von der richtigen Fährte abzulenken, oder seine Versprechungen zielten nur darauf ab mich auszunehmen. Obwohl ich einige Gelder bereitstellte, rückte er nie mit seinen mysteriösen, regierungstreuen und landesflüchtigen Agenten heraus.

Noch merkwürdiger als die Bekanntschaft mit Jack Youngblood war das Verhalten von William Bradford Huie. 1978 hatte mir Jerry Ray erzählt, daß 1976, bei der Einberufung des HSCA, Jack Kershaw – der damalige Anwalt James Earl Rays – zu einer Besprechnung mit dem Autor William Bradford Huie und zwei weiteren Personen nach Nashville eingeladen worden war.

Huie bat ihn, seinem Klienten ein Angebot zu unterbreiten. James wurde eine Summe von 220.000 Dollar, ein Gnadenakt des Gouverneurs von Tennessee, die Aussetzung seiner restlichen Haftstrafe durch das Department of Corrections von Missouri und eine neue Identität versprochen, wenn er ohne Umschweife seine Schuld an der Ermordung Martin Luther Kings erklärte. Kershaw trug dem Häftling das Angebot vor, der es auf der Stelle zurückwies.

Kurze Zeit später, als Mark Lane Kershaw abgelöst hatte, wiederholte Huie das Angebot gegenüber Jerry in zwei Telefongesprächen, die Jerry mitschneiden konnte. James Earl Rays Antwort war dieselbe wie zuvor.

Die Transkription des Tonbands legte Jerry mir vor. Am 29. Oktober 1977 fand um 12.15 Uhr folgende Unterredung statt:

Jerry Ray: »... Und dann kam doch dieser Handel, den Sie mit James machen wollten, und Kershaw meinte, Sie würden all das Geld zahlen, Sie wissen schon, wenn er gesteht und sich schuldig erklärt.«

William Bradford Huie: »Stimmt haargenau. Aber lassen Sie mich eins ganz klar sagen: Es geht hier um mehr als eine bloße Presseerklärung. Es geht um etwas, das James nie im Leben getan hat. Es geht um eine Story, die auch das Wann und das Wie bringt.«

Neuneinhalb Stunden später gab es ein zweites Telefonat mit folgender Bemerkung:

Huie: »Wir sprechen hier von 200.000 Dollar, Jerry. Für dieses Geld will ich ein Buch und einen Film. Und prägt es euch gut ein: *Warum und wie ich Martin Luther King ermordet habe.* In Ich-Form, von James Earl Ray. Unter Mithilfe von William Bradford Huie.«

12
Bruder Jerry im Zeugenstand: 30. November 1978

Jerry Rays Aussage vor dem HSCA-Ausschuß fand am Donnerstag, dem 30. November 1978 statt. Mark Lane wurde als Jerrys Beistand abgelehnt, weil er bereits James vertrat und damit Interessenkonflikte vorprogrammiert waren. Jerry hatte mich gebeten, ihn zu begleiten. Zwei Umstände ließen mich zögern. Einmal hielt ich mein Auftreten in seiner Sache – auch wenn es nur um eine Befragung ging – für wenig konstruktiv, wenn ich langfristig den Unschuldsbeweis seines Bruders antreten wollte. Zweitens glaubte meine Familie, daß eine öffentliche Stellungnahme unklug wäre. Dennoch entschloß ich mich, Jerry zu vertreten und seine Rechte zu schützen.

Die Familienvorbehalte zerstreute ich, indem ich die feministische New Yorker Bürgerrechtlerin Florynce Kennedy als Nebenanwältin berief. Als eine der bekanntesten schwarzen Anwältinnen des Landes, mit gründlicher Erfahrung im Verfahrensrecht und der Bekämpfung seines Mißbrauchs, war Flo ein beachtliches Plus für die Zeugenseite.

Meiner Einschätzung nach würde sich die Befragung vor allem um die angebliche Beteiligung von James und seinem Bruder an jenem Bankraub von 1967 in Altona, Illinois, drehen. Der Ausschuß würde aller Wahrscheinlichkeit nach versuchen, die Existenz eines Raul mitsamt der Verschwörungstheorie zu widerlegen, indem man unterstellte, James habe sein Leben auf der Flucht mit der 27.000-Dollar-Beute aus dem Alton-Bankraub gefristet.

Fest steht, daß James Earl Ray nach dem 13. Juli 1967 und während seines Aufenthalts in Kanada nicht mittellos war. Der Alton-Bankraub geschah einen Tag, bevor Ray größere Ausgaben machte, und war deshalb auch als Geldquelle identifiziert worden. James hatte ursprünglich gestanden, erst in Kanada durch den Überfall auf ein Bordell in Montreal an Geld gekommen zu sein. In der Folgezeit habe Raul für ihn gesorgt. Der Untersuchungsausschuß war anderer Auffassung. Anstatt sich nach der Flucht aus dem Gefängnis zweieinhalb Monate in den Staaten herumzutreiben, mittellos in eine fremde Stadt im Ausland zu reisen und dort einen bewaffneten Raubüberfall zu verüben, sei es doch weit naheliegender, daß James auf der Flucht seinen Bruder John in St. Louis kontaktierte und sich einen Job besorgte, während sie gemeinsam ein Verbrechen auf vertrautem Terrain ausheckten, um anschließend mit der Beute nach Kanada zu entkommen.

Am 17. November 1978 druckte die *New York Times* eine Titelstory aus der Feder von Wendel Rawls jr., in der es hieß, Recherchen der *Times* stimmten mit den Ergebnissen gesonderter Untersuchungen des HSCA-Ausschusses überein, daß die Ray-Brüder, einschließlich Jerry, den Bankraub von Alton verübt hätten.

Am Mittwoch, dem 29.11., einen Tag vor Jerrys Auftritt vor dem HSCA, rief ich den Polizei-Lieutenant Walter Conrad in East Alton an, dem ich folgendes mitteilte: Um die permanenten Vorwürfe, mein Klient sei bei dem Bankraub beteiligt gewesen, ein für allemal auszuräumen, habe ich ihm empfohlen, erneut nach East Alton zu gehen und sich einem Verfahren zu stellen. (Schon am 18. August 1978 hatte Jerry, trotz der inzwischen eingetretenen Verjährung, einen Lügedetektor-Test angeboten und seine Bereitschaft erklärt, sich vor Gericht zu verantworten, falls es bei der Anklage bliebe.) Ferner informierte ich Lieutenant Conrad über den Artikel der *New York Times*.

Lieutenant Conrad entgegnete, er habe Jerry Ray bei seinem Besuch mitgeteilt, daß weder er noch seine Brüder als Täter verdächtig seien und auch nie verdächtigt wurden. Er versicherte ausdrücklich, weder er noch andere Angehörige des Alton-Polizeidepartments und, soweit er informiert sei, auch kein Angestellter oder Vorstand der Bank von Alton wären je von der *New York Times* oder Ermittlern des HSCA befragt worden. Er könne sich beim besten Willen nicht erklären, worauf die Behauptungen der *Times* oder die Vorwürfe des Komitees gründeten.

Zugleich wurde mir versichert, eine Rückkehr von Jerry Ray oder einem seiner Brüder nach Alton wäre nicht erforderlich.

Später entdeckte ich ein FBI-Telegramm vom 19. Juli 1968, das Direktor Hoover an den SAC-Beauftragten in Memphis geschickt hatte, welches die Untersuchungsergebnisse eines Vergleichs von Fingerabdrücken aller damals ungelöster Banküberfälle enthielt. Der Bericht schloß mit der Feststellung, daß Abdrücke James Earl Rays mit *keinem* im Fall des Alton-Bankraubs sichergestellten Fingerabdruck übereinstimmten.

Ein weiteres FBI-Fernschreiben vom 1. August 1968 zitierte Einzelheiten aus einem Verhör im Madison-County-Gefängnis in Edwardsville, Illinois, mit einem Verdächtigen des Alton-Überfalls. Über das Verhör wird unter anderem mitgeteilt, daß der Betreffende »der Personenbeschreibung ... in obengenanntem Bankraub entspricht, für den Gebrauch von Automatik-Schußwaffen bekannt ist, die denen von Operation sub. Nr. 1 gleichen, auf Teilzeitbasis bei einem Taxiunternehmen beschäftigt war, das der Bank gegenüber liegt ..., und kurz nach dem Bankraub in neue Taxis investierte«.

Nach meiner Überzeugung war das FBI zweifelsfrei selbst am 1. August 1969 den Verdächtigen des Alton-Bankraubs auf der Spur, und diese Verdächtigen waren nicht die Ray-Brüder. Doch im August 1978 wandte sich das HSCA, vertreten durch Chefberater Blakey, an Philip Heymann, den stellvertretenen Generalstaatsanwalt der Criminal Division im Justizministerium. Gefordert wurde eine Untersuchung gegen John Ray wegen angeblich falscher Zeugenaussagen zum Alton-Bankraub vor dem Ausschuß.

Bevor er den förmlichen Antrag beim Justizminister stellte, hatte sich Mr. Blakey am 24. Mai 1978 mit dem Bundesanwalt Earl Silberg und einem Vertreter der Criminal Division getroffen. Blakey räumte ein, der Hauptgrund für sein Klagebegehren gegen John Ray wegen Meineids sei, daß er nur so seinen Bruder James Earl Ray zur Aussage über das King-Attentat vor dem Komitee bewegen könne. Blakey behauptete allen Ernstes, John Ray habe den Tatbestand des Meineids erfüllt, als er die Beteiligung der Brüder an dem Überfall bestritt.

In ihrer brieflichen Antwort an den HSCA-Untersuchungsausschuß (die mir erst Jahre später vorlag), lehnten Heymann und Alfred L. Brantman, der Chef der General Crimes Section in der Criminal Division, das Ansinnen ganz entschieden ab: »Es gibt keinen tatsächlichen, mutmaßlichen oder sonstigen Hinweis, der John Ray oder James Earl Ray mit diesem Raubüberfall in Verbindung bringen könnte.«

Außerdem stellten sie fest, daß »eine Anklage gegen John Ray mit dem Ziel, seinen Bruder James Earl Ray zur Kooperation zu zwingen, als Mißbrauch des Prozeßrechts aufgefaßt werden kann und muß. Mit strafrechtlichen Mitteln einen einzelnen zur Kooperation mit der Regierung zu zwingen, ist eine Sache;

das Strafrecht bei einer Person anzuwenden, um eine andere zu zwingen, mit der Regierung zu kooperieren, ist eine ganz andere Sache. Das gilt besonders, wenn diese Personen nahe Angehörige oder gar Brüder sind.«

Während der Anhörung Jerry Rays am 30. November interessierte sich das Ausschußmitglied Mark Speiser tatsächlich vorwiegend für den Alton-Banküberfall. Ich ließ Speiser wissen, daß Jerry in diesem Fall nicht verdächtigt werde, was erst am Tag zuvor durch die Polizeibehörde in Alton bekräftigt worden sei. Außerdem gab ich zu Protokoll, daß Jerry bereit sei, die Verjährung aufheben zu lassen und vor Gericht Rede und Antwort zu stehen, wenn die Behörden ihn verklagen wollten.

Jerry bestritt jede Teilnahme und gab an, er sei zur Zeit des Alton-Banküberfalls im Sportsman's Club von Northbrook, Illinois, angestellt gewesen. Anhand seiner Personalpapiere ließe sich feststellen, daß er in den drei Jahren seiner Tätigkeit nie einen Tag krankgefeiert, gelegentlich sogar sieben Tage die Woche gearbeitet habe. Es sei unter diesen Umständen unmöglich gewesen, zum Zeitpunkt der Tat in Alton zu sein. Doch die von Jerry aufgezählten Fakten fanden kein Gehör.

Während der Ausschußsitzung gerieten Flo und ich mehrmals in Dispute mit der Jury. Die Juroren versuchten nach wie vor, Jerry und John Kontakte zu James während seiner Flüchtlingszeit zu unterstellen. Alles, was dagegen sprechen konnte, wurde ignoriert.

Insgesamt erwarteten Flo und ich nichts Gutes vom Abschlußbericht des Ausschusses, der wohl nur die vorgefaßte Meinung des Komitees wiedergeben würde.

Wir täuschten uns nicht.

13
Der HSCA-Report: Januar 1979

Gegen Ende der letzten öffentlichen Anhörungen gewann ich den Eindruck, daß das HSCA das abschließende Urteil längst gefällt hatte, und an der schriftlichen Ausfertigung bereits gearbeitet wurde. Tatsächlich erschien ein Vorabdruck schon am 13. Dezember 1978, etwa zwei Wochen nach den letzten Vernehmungen.

Den Steuerzahlern griff man für diese Desinformation tief in die Tasche (die Gesamtkosten der King- und Kennedy-Untersuchungen beliefen sich auf fünfeinhalb Millionen Dollar). Mit diesem Finanzpolster hätte man von der Arbeit der Ausschüsse mehr erwarten dürfen. Ankläger Blakey zählte auf, daß beide Ermittlungsstäbe während der 4.758 Tage 562mal zu insgesamt 1.463 Reisezielen unterwegs gewesen waren – darunter Mexiko, Kanada, Portugal und Kuba. 335 Zeugen waren öffentlich oder hinter verschlossenen Türen befragt worden; insgesamt hatte man rund 4924 Verhöre geführt.

Die letzte offizielle Handlung des HSCA im Dezember 1978 bestand darin, seine Erkenntnisse und Empfehlungen der Öffentlichkeit vorzulegen. Der Abschlußbericht ging im Januar 1979 in Druck. Zu unterscheiden sind dabei der Report selbst – der große Verbreitung fand, sogar in einer Buchhandelsausgabe –, und die begleitenden dreizehn Materialbände, die nur in sehr geringer Auflage erschienen. In diesen Wälzern liegen zuweilen Erkenntnisse begraben, die den Schlußfolgerungen im eigentlichen Report widersprechen.

Zu den historisch wertvollsten Informationen gehört die Enthüllung der legalen oder illegalen Infiltration kommunistischer Gruppen durch das FBI (COMINFIL) und der entsprechenden Abwehrprogramme und Aktivitäten (COINTELPRO) vor und nach dem Attentat. Sie hatten zum Ziel, Dr. King und die SCLC in der Öffentlichkeit zu diskreditieren und als Kommunisten darzustellen.

Schon 1957, in der Gründungsphase der SCLC, hatte der FBI-Beauftragte J. K. Kelly in einem Gutachten festgestellt, die Gruppe sei »ein naheliegendes Ziel für kommunistische Infiltration«.[27] Als die SCLC zu einer zunehmenden Herausforderung für die Politik der Rassentrennung wurde und das Wahlrecht für Schwarze auch im Süden durchzusetzen drohte, begann das FBI, ihre Treffen und Konferenzen aktiv zu unterwandern.[28]

Am 23. Oktober 1962 autorisierte Hoover seine Regionalstellen in Atlanta und New York, allgemeine COMINFIL-Ermittlungen gegen die SCLC anzustrengen. Hoovers Mitteilung enthielt auch die Anfrage, ob die SCLC irgendwelche Vertretungen in New Orleans unterhalte, und forderte das New-Orleans-Büro auf, COMINFIL-Möglichkeiten in dieser Stadt zu erkunden.[29]

Was die COINTELPRO-Aktionen betrifft, die sich seit Ende Oktober 1962 gegen Martin Luther King persönlich richteten, erwähnt der Report, daß ein Papier des Justizministeriums von 1976 detailliert aufliste, welche Verstöße das FBI während dieser Kampagne begangen habe. Der HSCA-Report selbst faßt sie nur beiläufig zusammen, doch die Dokumente im Materialband VI enthüllen das ganze Ausmaß der illegalen Aktivitäten.

Im Dezember 1963, weniger als einen Monat nach der Ermordung des Präsidenten John F. Kennedy, trafen sich leitende FBI-Beamte in Washington zu einer Konferenz, um Maßnahmen zu erörtern, die der »Neutralisierung Kings als Schwarzenführer dienlich« seien.[30] Die Besprechung drehte sich vor allem darum, »ohne Bloßstellung des FBI die besten Resultate zu erzielen«.[31] Die Anwesenden überlegten, ob dafür Kings Haushälterin, seine Gemahlin oder ausgewählte Informanten beim SCLC in Frage kämen. Seit dieser Zeit wurden V-Leute zu Vorschlägen aufgefordert, wie Martin Luther King und die SCLC diskreditiert, gedemütigt oder auch nur in der Arbeit behindert werden könnten.

Die versammelten Beamten stimmten mit dem Vorschlag des Geheimdienstchefs für Inneres, William C. Sullivan, überein, daß heimlich Mikrofone in Kings Hotelzimmer plaziert werden sollten, wenn er auf Reisen war. Diese sollten die Wanzen ergänzen, die bereits im Privathaus und in seinem Büro in Atlanta angebracht worden waren. Das FBI hoffte, Details über außerehelichen Sexualverkehr zu gewinnen, mit denen King erpreßt oder sein Ruf geschädigt werden könnte.

Das FBI führte diese Lauschangriffe von Herbst 1963 bis Ende 1965 bundesweit in zahlreichen Hotels durch. Aus den Akten geht hervor, daß die Mitschnitte aus dem SCLC-Büro in Atlanta vom 24. Oktober 1963 bis 21. Juni 1966 reichen.[32] Das Privathaus von Martin Luther King wurde vom 8. November 1963 bis zu seinem Umzug am 30. April 1965 abgehört.[33]

FBI-Chef Hoover, der eine Kongreß-Untersuchung seiner elektronischen Lauschangriffe fürchtete, ordnete 1966 an, die Bespitzelung Martin Luther Kings zu unterbrechen – doch so, daß sie möglichst bald wieder aufgenommen werden könne.[34]

Als die SCLC und King 1967 den Vietnamkrieg und die Armutskampagne in Washington zum Thema machten, bat das Büro Generalbundesanwalt Clark um die Erlaubnis für erneute Lauschangriffe. Sie wurde verweigert.[35] Ich blieb skeptisch, ob die elektronische Überwachung Kings tatsächlich eingestellt worden war, hielt es aber für unwahrscheinlich, daß Beweise für derartige Methoden je ans Tageslicht kämen.

Das FBI war außerdem in eine Reihe verdeckter Aktionen und Einbrüche verwickelt, die King und die SCLC betrafen. Der Report des Untersuchungsausschusses spricht von rund zwanzig derartigen Vorkommnissen zwischen 1959 und 1964.[36] Die illegalen Operationen begannen mindestens drei Jahre vor den ersten Aktenjahrgängen, die bislang offiziell eingesehen werden dürfen.

Das FBI behauptete stets, daß King vor Ende 1967 bzw. Anfang 1968 kein offizielles Zielobjekt für COINTELPRO-Maßnahmen gewesen sei. In Wahrheit lief schon seit 1964 eine massive Kampagne gegen ihn, offenbar mit dem Ziel, ihn in den Selbstmord zu treiben. Während dieser Kampagne ließ das Büro kaum einen Bereich seines Lebens unangetastet.

Kontakte des Büros zu Politikern

Das FBI wandte sich, oft durch persönlichen Kontakt eines Agenten oder SAC-Mannes, direkt an eine Reihe von Politikern, denen es Auskünfte über Kings angeblich ausschweifendes Privatleben und seine vermeintlichen kommunistischen Hintermänner abverlangte.

Zu den Personen, die auf diese Weise angesprochen wurden, gehörten:

- der britische Premierminister Harold Wilson (den King auf seiner Rückkehr von Oslo besuchen sollte, nachdem er den Friedensnobelpreis in Empfang genommen hatte);
- Nelson Rockefeller, Gouverneur von New York;
- der ehemalige Gouverneur von Florida, LeRoy Collins, der später Direktor des Community Relations Service beim US-Verteidigungsministerium wurde;
- John A. Volpe, Gouverneur von Massachusetts (King sollte 1965 in Massachusetts für sein Wirken geehrt werden);
- John McCormack, Sprecher des Repräsentantenhauses (wurde am 14. August 1965 informiert);
- der Direktor der CIA; Staatssekretär Dean Rusk; der Vorsitzende der Stabschef-Konferenz; Generalmajor Carl C. Turner; der Kommandant des US-Marinekorps, General Leonard E. Chapman (alle Genannten erhielten eine Denkschrift des FBI vom 19. März 1968 unter dem Titel *Martin Luther King jr. Eine aktuelle Analyse*, eine rufschädigende Materialsammlung, die das FBI nur zwei Wochen vor seiner Ermordung zusammenstellen ließ.[37]

Pressemanipulation durch das Büro

Seit Ende 1964 streute das FBI unter Journalisten das Gerücht aus, King führe ein anstößiges Sexualleben. Die Medien wurden zum Ziel von Hiobsbotschaften, verläßliche Reporter durften sich die angeblich skandalösen Telefonmitschnitte anhören oder erhielten Einsicht in Transkriptionen. Das HSCA bestätigte mehrere Kontaktversuche Hoovers zu den Medien, die über den Chef der Crime Records Division, Cartha DeLoach, abgewickelt wurden.

U.S. News & World Report gehörte zu den beliebtesten Sprachrohren des FBI. Wie einige andere erhielt das Blatt die komplette Abschrift einer außergewöhnlichen Pressekonferenz Hoovers mit Journalistinnen, denen der FBI-Chef versicherte: »Ich halte King für den notorischsten Lügner, den es hierzulande gibt!« Eine zusammenfassende Meldung darüber erschien auf der Titelseite der *New York Times* vom 19. November 1964.[38]

Im November 1966 gelang es dem FBI mit Hilfe der Medien, ein Treffen zwischen King und Jimmy Hoffa, dem Chef der Teamsters-Gewerkschaft, zu vereiteln. (Damals befand sich Hoffa in der letzten Phase seines Berufungsverfahrens gegen ein Urteil wegen Geschworenenbestechung, die er in einem früheren Prozeß in Nashville begangen haben sollte. Seine Berufung wurde im Januar 1967 abgelehnt, und am 7. März wurde er inhaftiert.) Ein Bündnis Martin Luther Kings mit dem einflußreichen Arbeiterführer hätte nach Meinung des FBI und der Bundesregierung den Staat ins Wanken gebracht. Tausende von Arbeitern und nahezu unbegrenzte Mittel standen Hoffa zu Gebote. Mit seiner Unterstützung hätte King die Arbeit der SCLC erheblich ausdehnen können. Kein Wunder, daß die Crime Records Division für die Öffentlichkeit einen Pressebericht fabrizierte und zugleich empfahl, »einen FBI-Beamten bereitzustellen, der, sobald das Datum feststeht, verläßliche Nachrichtenagenturen beliefert und entsprechende Arrangements für eine günstige Berichterstattung trifft, damit die Zusammenkunft rechtzeitig kompromittiert und vereitelt wird«.[39] Unter die Empfehlung kritzelte Hoover sein »OK«.

Als sie das Datum der Zusammenkunft erfuhr, benachrichtigte die Crime Records Division einen prominenten Kolumnisten der *Daily News* und ausgewählte Pressefotografen, um ein Maximum an Publicity zu schaffen. Daß die *Daily News* die Meldung vorzeitig ausposaunte, veranlaßte King, auf die Begegnung mit Hoffa zu verzichten. Anschließend gab das FBI einigen Journalisten den Tip, daß King nach Washington reisen würde. Beim Aussteigen aus dem Flugzeug sah er sich von Reportern umringt, die ihn nach dem geplanten Treffen fragten. Die Crime Records Division konnte melden, daß es ihr gelungen war, eine Finanzierung des SCLC durch die Teamsters zu verhindern. »Exzellent«, notierte Hoover am unteren Blattrand.[40]

Im März 1967 folgte Hoover einer Empfehlung der Domestic Intelligence Division und versorgte »wohlgesonnene » Reporter mit Fragen, die Kings wachsende Opposition gegen den Vietnamkrieg deutlich machen sollten. Außerdem erhielt die Presse vorformulierte »peinliche« Fragen nach seinem Privatleben, die King bei den Pressekonferenzen verunsichern sollten.[41]

Nach der UN-Versammlung vom 15. April 1967 spekulierte die Presse erstmals über die Möglichkeit einer dritten Partei, die das Gespann King-Spock ins Rennen um die Präsidentschaft schicken würde. Wir zweifelten nicht, daß diese Kandidatur eine ernsthafte Herausforderung für den amtierenden Präsidenten darstellte, der die Spaltung der liberalen Wählerschaft zugunsten Nixons fürchten mußte. Ebenso besorgt über die Kandidatur dürften das FBI und die Geheimdienst-Elite gewesen sein, denn die anhaltende Debatte über den Krieg hätte auch ihre Rolle mit einbeziehen müssen. (Später wurde diese Einschätzung durch mehrere Dokumente bestätigt.)[42] Wer hätte damals gedacht, daß Kings Aktivitäten und Pläne der Jahre 1967–68 den Sicherheitsapparat der Geheimdienste, der Armee und der Bundesbehörden derart in Angst und Schrecken versetzten!

Das FBI wurde erst richtig nervös, als es erfuhr, daß wir für September einen Kongreß in Chicago anberaumt hatten. Das Regionalbüro wurde angewiesen, an Flugblättern, Prospekten, Postkarten und Autoaufklebern nicht zu sparen, um – in Verbindung mit einer Reihe politischer Kommentatoren und Reportern – die Wahlempfehlung in Miskredit zu bringen.[43] Der Bericht aus Chicago hob hervor, daß »diese Person [der auszuwählende Journalist] ... für seine eher maßvolle und ausgewogene Haltung bekannt sein sollte. Der Artikel eines angesehenen Konservativen wäre unserer Sache nicht dienlich.« (Später erfuhren wir von der Existenz eines zum Großteil getilgten CIA-Berichts vom 5. Oktober 1967, in dem es hieß, die Kommunisten seien in ihren Anstrengungen behindert worden, eine King-Spock-Kandidatur für Frieden und Freiheit durchzusetzen. Die Tilgungen in der Akte wurden begründet mit dem Schutz »geheimdienstlicher Arbeit, Quellen oder Methoden.«)[44]

Im Oktober 1967 empfahl die Domestic Intelligence Division des FBI, man solle einen Leitartikel in einem »Negermagazin« plazieren, der King als »Verräter an seinem Land und an seiner Rasse« entlarve. Damit würden seine Chancen verringert, bei den damals geplanten SCLC-Benezifkonzerten von Harry Belafonte nenenswerte Spenden zu erhalten. Diese Empfehlung wurde von Hoover ebenfalls gutgeheißen und mit der Notiz »Erledigt 10/28/67« versehen.[45]

Anfang März 1968 versuchte das FBI, durch gezielte Flüsterpropaganda die Spendenwerbung der SCLC für die Armutskampagne in Mißkredit zu bringen. Eine der fabrizierten Storys war, »daß King keine Spenden von den 70.000 Personen brauche, die er anbettelt. Da die Kirchen ihre Finanzhilfe angeboten haben, wird kein Geld mehr benötigt; jeder Überschuß würde von King für sachfremde Zwecke ausgegeben«.[46]

Am 28. März 1968, als die Demonstration in Memphis gewalttätig endete (was aus heutiger Sicht nur das Werk von *agents provocateurs* gewesen sein kann), schilderte die Domestic Intelligence Division die Ausschreitungen in allen Einzelheiten; angeheftet wurde eine Notiz von fremder Hand mit dem Vorschlag, sie über die Crime Records Division »kooperativen Berichterstattern« zuzuspielen. Auch hier findet sich Hoovers »OK« und der Vermerk »erledigt 3/28/68«. Dieser Vorgang führte zu weitverbreiteten Artikeln, in denen King als Feigling hingestellt wurde, weil er dem Aufruhr mit knapper Not entkam.

Ein Beispiel dafür bietet der in Memphis erschienene *Commercial Appeal* vom 30. März 1968. Fünf Tage vor Kings Ermordung hieß es in einem Leitartikel: »Dr. King hat zu seinem Leidwesen erheblich an Glaubwürdigkeit verloren. Schlimmer noch, es schadet dem Ruf eines Führers, wenn er sich aus dem Staube macht, sobald es nach Gewalt riecht.«

Einen Tag später (31. März) hieß es im selben Blatt unter dem Titel »Huhn à la King«, daß »Martin Luther King jr. am Donnerstag vor Ausschreitungen und Plünderungen in der Downtown Reißaus genommen hat ... Während er noch mit Mühe auf den Wagen eines Geflügellieferanten kletterte, kam ihm der nächste Motorradpolizist zu Hilfe und nahm ihn mit.«

Am 30. und 31. März druckte der *Globe-Democrat* einen Artikel, der fast wörtlich vom FBI übernommen wurde und die Schlagzeile »Der wahre Martin Luther King« trug. Es hieß dort: »King verdrückte sich in eine Seitenstraße, wo ihn ein Wagen erwartete und mit Vollgas davonbrauste.« King wurde als Verräter dargestellt, der »intelligente Amerikaner nicht länger an der Nase herumführen« könne. Zugleich galt er als »gefährlichster Mann Amerikas«. Die gegenüberliegende Seite zeigte in einer Karikatur den Bürgerrechtler mit einem Gewehr in der Hand und der Unterzeile: »Ich schieße doch gar nicht – ich drücke nur den Abzug.« In Wahrheit hatte King am 28. März gezögert, die Demonstration zu verlassen; man drängte ihn geradezu, sein Leben in Sicherheit zu bringen.

Als King sich zu seinem, wie wir heute wissen, letzten Besuch in Memphis anschickte, empfahl die Domestic Intelligence Division in einem Memorandum vom 29. März 1968, den folgenden Artikel einem »kooperativen Berichterstatter« zu übergeben:

> Martin Luther King hat während des Müllfahrerstreiks in Memphis, Tennessee, die Schwarzen aufgefordert, Geschäfte von Weißen zu boykottieren. Am 29. März 1968 führte King die Demonstration der Müllfahrer an. Wie Judas die Lämmer zur Schlachtbank führte, endete dieser Marsch im Chaos. Doch als die Gewalt eskalierte, war King spurlos verschwunden.
>
> Das ordentliche Lorraine Hotel in Memphis wird ausschließlich von Schwarzen geführt, aber King ließ sich dort nach seinem überstürzten Abgang nicht blicken. Stattdessen zog er das noblere Holiday Inn vor, das natürlich von Weißen geführt wird. Für King kommt ein Boykott weißer Geschäftsleute nicht in Frage, das überläßt er seinen Anhängern.

Demnach war das FBI noch fünf Tage vor dem Attentat auf der Suche nach einem geeigneten Blatt für einen Hetzartikel, dessen Botschaft lautete, King solle besser bei Schwarzen wohnen, anstatt weiße Etablissements aufzusuchen. Besonders interessant ist die Hervorhebung des »ordentlichen Lorraine Hotels«.

Im vierten Band des HSCA-Reports[47] stellt der Ausschuß fest, daß »als Teil der Propaganda gegen King das FBI am 29. März eine Pressemitteilung formulierte, die ihn wegen der Übernachtung im Holiday Inn der Heuchelei beschuldigte. Daraufhin wurde diese Kritik landesweit von Zeitungen verbreitet. Die Ermittler konnten allerdings nicht eindeutig feststellen, ob diese Kommentare direkt auf die FBI-Erklärung zurückgehen …«

In seiner Ausgabe vom 30. März verzichtete auch der *Commercial Appeal* nicht auf den Hinweis, daß King »in einem 29-Dollar-Zimmer des Holiday Inn übernachtet hat, das auch als Rivermont-Hotel bekannt ist«. Keiner der Artikel wies darauf hin, daß sich King das Hotel nicht selbst ausgesucht hatte, sondern nach der Eskalation von der Polizei dort abgesetzt und angemeldet worden war.

Der Aussage Ralph Abernathys, daß Dr. King normalerweise im Lorraine wohnte, stimmte der Untersuchungsausschuß zu, obwohl die Reporterin Kay Black dem widersprach. Daß man sich mit der Auskunft zufriedengab, das Lorraine sei Kings bevorzugte Adresse gewesen, ergibt keinen Sinn angesichts der Polemik gegen seine Übernachtung in »weißen« Hotels. Eine solche Kritik wäre haltlos, wenn King in Memphis tatsächlich ständig im Lorraine logiert hätte. Der Zimmertausch Kings im Lorraine wurde vom Komitee mit keinem Wort erwähnt.

Aus dem HSCA-Report geht hervor, welchen Fleiß das FBI darauf verwandte, King auch noch nach seiner Ermordung zu verleumden. Im März 1969, als der Kongreß darüber debattierte, ob Kings Geburtstag zum Nationalfeiertag erklärt werden solle, empfahl die Crime Records Division, Mitglieder des Unterausschusses für Innere Sicherheit anzusprechen, in deren Macht es stand, die Gesetzesvorlage von der Tagesordnung zu streichen. Es wurden Pläne erarbeitet, doch Hoover mahnte, bei der posthumen Diffamierung Kings »mit größter Vorsicht« zu handeln.[48]

Zu den niederträchtigsten Maßnahmen des FBI gehörte die Verbreitung der Falschmeldung, King sei auf Befehl des Ehemanns einer Ex-Geliebten erschossen worden. Kolumnist Jack

Anderson, den das FBI ständig mit Nachrichten versorgte, gab 1975 bekannt, wie ihn Hoover 1968 – als er, nach eigenen Worten, »mit dem alten FBI-Geizkragen [!] noch auf gutem Fuß stand« – angesprochen habe:

> Der FBI-Feldzug gegen Martin Luther King war mit seiner Ermordung noch nicht zu Ende. FBI-Chef Hoover, der Kings Namen zu Lebzeiten, wo er nur konnte, in den Dreck zu ziehen versuchte, gab auch nach seinem Ableben keine Ruhe.
>
> Es war kurz nach dem Attentat vom 4. April, als ich eine Nachricht von Hoover erhielt. Er wollte mir weismachen, das Motiv für den Mord sei Eifersucht gewesen. Der Mörder sei mutmaßlich von einem betrogenen Ehemann gedungen worden, der in Zorn geriet, als er entdeckte, daß seine Frau ein Kind von King hatte. Der Überbringer der Nachricht nannte mir den Namen des Paars aus Los Angeles und händigte mir zusätzliches Material aus, darunter ein FBI-Protokoll der Schäferstündchen Kings mit der Ehefrau in einem Hotel in New York City …
>
> Ich flog nach Los Angeles und lief mir die Hacken ab, um den FBI-Verdacht zu erhärten … Aber ich fand nicht den geringsten Hinweis, der die Erklärung des Ehepaars widerlegt hätte, wonach King ein angesehener Freund der Familie sei, häufiger Gast in ihrem Heim und sonst nichts.
>
> Außerdem entdeckte ich, daß kein einziger FBI-Agent dieser Spur nachging, die doch angeblich brandheiß war. Bei der Rückkehr nach Washington gab ich mich damit zufrieden, daß die FBI-Story ein Windei war.[49]

1968 stand Anderson mit Hoover in der Tat noch auf gutem Fuß, indem er FBI-Informationen erhielt und veröffentlichte, wie beispielsweise in seinen Artikeln vom 6. Mai 1968 (der die Suche des FBI nach Ray kolportierte und seine Schuld als erwiesen ansah) oder vom 25. März 1969 (der die Existenz einer Verschwörung oder eines Drahtziehers namens Raul verneinte).

Einfluß des Büros auf religiöse Führer

In seiner Zeugenaussage vor dem HSCA bestätigte der FBI-Vizedirektor C. D. Brennan, daß versucht wurde, King auch in den Augen prominenter Religionsführer unmöglich zu machen. Eine ganze Reihe vertraulicher Mitteilungen bestätigen diese Darstellung.

Das FBI stand buchstäblich Kopf, als im September 1964 ein Treffen Martin Luther Kings mit dem Papst bevorstand. Um die Audienz zu verhindern, schreckte der damalige Vizedirektor John Malone nicht davor zurück, ausführliches Geheimmaterial einem verläßlichen Freund des FBI zu überlassen – Kardinal Francis Spellman von der New Yorker Diözese. Seine Eminenz war bekanntlich einer der glühendsten Antikommunisten der römisch-katholischen Kirche Amerikas und treuer Befürworter der US-Intervention in Vietnam. Nach Aktenlage hat er dem Staatssekretär des Vatikan »umgehend geraten«, King keine Audienz zu geben, aufgrund »sehr ernster, aber streng vertraulicher Informationen, die zu meiner Kenntnis gelangt sind, doch nicht im einzelnen am Telefon weitergegeben werden dürfen«[50]. Wie auch immer, die Denunziation verfehlte ihre Wirkung, und King traf am 18. September mit dem Papst zusammen.

Mehr Glück hatte das FBI bei der Internationalen Allianz der Baptisten, die King im Juni 1965 auf ihren Kongreß in Miami Beach, Florida, eingeladen hatte. Der Allianz legte man gewisse »Fakten« über King vor, und seine Rede wurde abgesagt.

Ähnliche Feldzüge führte das FBI Ende 1964 und Anfang 1965, um das gute Verhälnis Kings zum Nationalrat der Kirchen und zu Erzbischof Cody von der Erzdiözese von Chicago zu trüben.

Kampagnen zur Verhinderung von akademischen Ehren für King

Wann immer das FBI erfuhr, daß eine Universität King die Ehrendoktorwürde verleihen wollte, sprach es Vertreter des Dekanats an, um die Verleihung zu verhindern. Normalerweise zielten diese Versuche ins Leere. Erfolg hatte das FBI bemerkenswerterweise 1964 bei der Marquette-Universität. Von ihr hatte Hoover 1950 selbst einen Ehrendoktor erhalten; eine gleichrangige Ehrung für King betrachtete der FBI-Chef als persönliche Kränkung. Das Büro zog sämtliche Register, und die Verleihung wurde in letzter Minute verhindert.

Versuche, Dr. King aus seiner Position zu drängen oder ihn zu ersetzen

1964 unternahm das FBI den Versuch, einen schwarzen Konkurrenten aufzubauen. Wenn Martin Luther King erledigt und sein Ruf ein für allemal ruiniert war, sollte ein gemäßigter, akzeptabler Ersatzmann auftauchen. Eine Mitteilung vom 1. Dezember 1964 schlug vor, eine Konferenz von gefügigeren Bürgerrechtlern durch Cartha DeLoach einzuberufen. Diese Führer sollten ebenso offen über die Einflußnahme des FBI auf die Bürgerrechtsbewegung informiert werden wie über die negativen Seiten von Martin Luther King. Nach Möglichkeit sollten die sogenannten potentiellen Nachfolger King wie einen Aussätzigen behandeln.

Das »Selbstmord-Projekt«

Eine der abscheulichsten Aktionen des FBI gegen King fand im Oktober 1964 statt, nachdem bekannt wurde, daß er den Friedensnobelpreis erhalten würde. Den US-Botschaftern in London, Stockholm, Oslo und Kopenhagen wurden Details aus seinem Privatleben und über seine »kommunistischen« Umtriebe übermittelt, falls jemand sich einfallen ließe, ihn zu empfangen. Zusätzlich produzierte das FBI ein Tonband, auf dem angeblich obszöne Bemerkungen Kings und Geräusche von Paaren beim Geschlechtsverkehr zu hören waren. Ein Agent brachte das Band nach Tampa, Florida, und sandte es von dort anonym an die SCLC. Beigefügt war ein Brief, der mit weiteren Enthüllungen über Kings Sexualleben drohte.

Der Brief, abgeschickt im November, sollte King zur Verzweiflung bringen:

> King, hör auf Dein Gewissen. Du weißt, daß Du ein abgrundtiefer Heuchler bist und eine Gefahr für uns Neger ... Du bist kein Priester, das weißt Du sehr gut. Ich wiederhole, Du bist nur ein gigantischer Heuchler, und ein liederlicher, hassenswerter dazu ... Schon in Deiner Jugend hat sich gezeigt, daß Du gar nicht das Zeug zum Führer hast, weil Du ein perverser, lasterhafter Dummkopf bist. Besser, wenn wir uns auf unsere älteren Führer verlassen, auf Wilkins zum Beispiel, ein Mann von Charakter ... Und Gott sei gedankt, daß wir ihn und andere haben. Aber Du bist erledigt. Deine »Ehren«-Doktoren, Dein Nobelpreis, diese widerliche Farce, und andere Trophäen werden Dich nicht retten. King, ich wiederhole, Du bist erledigt ...

Das HSCA zog den Schluß, daß der folgende Absatz »eindeutig Selbstmord als einzigen Ausweg für Martin Luther King empfiehlt«[51]:

> King, Dir bleibt nur noch eins übrig. Du weißt, was gemeint ist ... Es gibt nur noch einen einzigen Ausweg. Für ihn solltst Du Dich entscheiden, bevor Deine dreckige, perverse Heuchelei vor der ganzen Nation enthüllt wird ...[52]

Daß King und seine Kollegen erstmals das ganze Ausmaß der FBI-Bespitzelung erfuhren, war das einzige, was bei dieser Aktion des FBI herauskam. Von da an wußten sie, wie weit Hoover gehen würde, um King zum Schweigen zu bringen.

SCLC-Infiltration

Der Ex-Spion Arthur Murtagh hat vor dem Untersuchungsausschuß bezeugt, daß er mehrere Informanten innerhalb der SCLC hatte, die ihn mit Auskünften versorgten. Sie waren Teil der

Operation »Black Probe«. Nach seinen Angaben war der wichtigste Informant des Regionalbüros ein Mitglied des SCLC-Vorstands, der von dem Agenten Al Sentinella, mit dem er das Büro in Atlanta teilte, geführt wurde. Zusätzlich zur Monatsmiete des Büros besserte dieser Informant sein Einkommen mit veruntreuten Geldern der Organisation auf. Sentinella warnte ihn davor, unternahm aber nichts gegen ihn. Bis zum Tag der Ermordung teilte ihm der Informant mit, was er über King und die SCLC in Erfahrung brachte. Unter anderem erfuhr das FBI auf diese Weise von geplanten Vorträgen und Reisen.

Der Amtsmißbrauch, den Hoover persönlich dirigierte, wurde in allen Teilen des Landes durch das Büro und seine Vertreter in den Regionalbüros unterstützt und durchgeführt. Murtagh sagte aus, in Atlanta habe man 90 Prozent der Zeit damit verbracht, Martin Luther King zu verunglimpfen. Dieser Aufwand läßt auf einen maßlosen Haß schließen, der das ganze FBI durchdrungen hatte, von der Direktion bis hinunter zum letzten Mann vor Ort.

Murtaghs Zeugenaussage brachte ans Licht, daß am 4. April 1968, als er gegen 18.30 Uhr in Begleitung von Spezialagent Jim Rose das Atlanta-Büro verließ, sein Kollege förmlich »vor Freude tanzte« und ausrief: »Endlich haben wir [oder: »sie«; Murtaghs Erinnerung war hier getrübt] diesen Hurensohn zur Strecke gebracht!«

(Als er selbst vor dem HSCA aussagte, konnte sich Rose nicht an den Wortlaut dieser Äußerung erinnern. Auf die Frage, ob es möglich wäre, daß er den von Murtagh zitierten Ausdruck gebraucht habe, erwiderte er: »Möglich ist es!«)[53]

So schmutzig diese Kampagne auch dem Untersuchungsausschuß erschien, betrachtete das Komitee sie doch nicht als Indiz für eine Verwicklung des Büros in den Mord, gab aber zu bedenken, daß sie ein dem Attentat günstiges Klima geschaffen haben konnte. Die HSCA-Erkenntnisse zusammenfassend, äußerte Ankläger Blakey, »im Endergebnis habe das House Select Committee keinen Beweis einer Komplizenschaft der CIA, des FBI oder *irgendeiner sonstigen Behörde* an dem Attentat gefunden«.

So erschreckend wie die Beiläufigkeit, mit der die Möglichkeit einer Verantwortung der Behörden an Kings Tod zurückgewiesen wurde, war der Eifer, mit dem man der Verschwörungstheorie durch eine höchst fragwürdige eigene Theorie zu begegnen suchte. Zwar wies das HSCA die Behauptung des FBI, Ray sei ein Rassist und sein Rassismus das Motiv für den Mord, entschieden zurück. Aber die Theorie, die der Ausschuß schließlich selbst vertrat, war geradezu absurd: Zwei rassistische Verschwörer aus St. Louis, John Sutherland und John Kauffmann – beide schon tot, als das HSCA ins Leben gerufen wurde; ihre Beteiligung wurde erstmals im Schlußbericht unterstellt –, hätten ein Kopfgeld auf Martin Luther King ausgesetzt. Ray habe irgendwie davon erfahren und wollte sich das Geld verdienen. (Man mußte freilich gleichzeitig zugeben, daß Ray den beiden Männern in Wahrheit nie begegnet ist. Auf eine Erklärung, weshalb er das Geld weder gefordert noch versucht habe, es einzutreiben, wurde verzichtet.)

Dagegen zeigte das HSCA auf, wie James Earl Ray von dem geheimnisvollen Angebot Kenntnis bekommen hätte. Der Ausschuß machte geltend, er könne es von einem Mithäftling oder gar von einem Anstaltsarzt erfahren haben, den er während seiner Haftzeit in Missouri kennenlernte. Gleichzeitig räumte das Komitee jedoch ein, daß ihre Ermittlungen diesen Rückschluß nicht erhärten konnten. Der Mithäftling John Paul Spica dementierte ebenso wie der Arzt Hugh Maxey, je von der angeblichen Sutherland-Kauffmann-Offerte gehört zu haben.

Ferner behauptete der Ausschuß, John Ray habe in seiner Grapevine-Kneipe in St. Louis James über das Angebot informiert. John Ray soll um die Jahreswende 1967/68 Anhänger des Präsidentschaftskandidaten und Gouverneurs von Alabama, George Wallace, und seiner Amerikanischen Unabhängigkeitspartei gewesen sein, die angeblich auch von Sutherland und Kauffmann unterstützt wurde. Für den Ausschuß reichte das als gemeinsamer Nenner. Das Grapevine soll, dem Komitee zufolge, Wallace-Literatur vermittelt haben. Überdies behauptete man, die Brüder John und Jerry seien im Wahlkampf aktiv für Wallace eingetreten. John Ray beschwor unter Eid, weder Sutherland noch Kauffmann zu kennen und im Grapevine von ihrem Angebot weder gehört noch davon gesprochen zu haben.

Obwohl der Ausschuß einräumen mußte, daß seine ausgedehnten Ermittlungen der St. Louis-Verschwörung enttäuschend ausfielen und kein Beweis vorlag, daß Ray je von einem Kopfgeld für die Ermordung Martin Luther Kings gehört hatte, wurde angedeutet, daß er sich – wegen seiner Beteiligung am Alton-Bankraub – im Juli 1967 nicht weit von St. Louis aufgehalten habe.

Das HSCA schloß, daß Ray ein Einzeltäter war, der in vollem Bewußtsein seiner Tat handelte und King vor dem Attentat womöglich eine Zeitlang aufgelauert hatte. Raul, wie ihn Ray beschrieb, existierte nicht; Ray konnte demnach auch kein willensschwaches Individuum sein, das von anderen manipuliert wurde. Selbst wenn es einen Raul gab, war er entweder einer von Rays Brüdern oder stand für beide, mit denen Ray in ständiger Verbindung blieb. Der Untersuchungsausschuß stellte fest, alle Umstände würden darauf hindeuten, daß einer der Brüder Ray beim Kauf der Waffe beratend zur Seite gestanden haben muß. (Der einzige Schimmer eines Beweises lag darin, daß der Waffenhändler ausgesagt hatte, Ray habe, als er die Waffe kaufte, behauptet, er wolle mit seinem Bruder auf die Jagd gehen. Tatsächlich hatte Ray dem Händler gesagt, daß er mit seinem Schwager jagen wolle.)

Um den Schlußfolgerungen des Komitees über die Verstrickung seiner Brüder in die Tat Gewicht zu verleihen, forderte Ankläger Blakey nach wie vor, John Ray wegen Meineids zu verklagen, weil er die Beteiligung am Alton-Bankraub leugne. Wie bereits erwähnt, weigerte sich der US-Generalbundesanwalt, dieser Forderung zu entsprechen, da es an Beweisen fehlte.

Anschließend ließ das HSCA alle Ermittlungsergebnisse, die es nicht zur Publikation freigeben wollte, auf fünfzig Jahre für die Öffentlichkeit sperren. Dies betraf sämtliche Vor-Ort-Recherchen, Verhöre, Akten und personenbezogenen Daten. Ankläger Blakey lud überdies die CIA, das FBI und die MPD-

Ermittler ein, ihre Akten unter Kongreßaufsicht zu stellen, damit sie vor jeder Einsichtnahme gemäß des Freedom of Information Acts geschützt seien. Und so geschah es.

Bei allen Trugschlüssen und Unzulänglichkeiten stellte der HSCA-Report eine Reihe wichtiger Fragen und enthält die eine oder andere relevante Zeugenaussage. In den meisten Fällen begnügte sich der Ausschuß mit kurzen Erklärungen und Inhaltsangaben, um die Verschlußnahme zu rechtfertigen.

Der Ausschuß akzeptierte die offizielle Erklärung für die Entfernung des Detectives Redditt von seinem Beobachtungsposten in der Feuerwache. Doch im Kreuzverhör gab Redditt zu, daß sein Auftrag nicht lautete, Kings Sicherheit zu garantieren, wie er zuvor behauptet hatte, sondern vielmehr, ihn auszuspionieren und geheimdienstlich zu überwachen. Der Bericht hält fest, daß Redditt nach der Versetzung von MPD-Geheimdienstleiter Lieutenant E. H. Arkin persönlich zu einer Besprechung ins Polizeihauptquartier geholt wurde, wo ihn Polizeichef Holloman von einer Morddrohung gegen ihn informierte. Freilich enthüllt der Report auch, ohne näher darauf einzugehen, daß ein Phillip Manuel zugegen war, Beauftragter des ständigen Unterausschusses im US-Senat für Ermittlungen unter Vorsitz von John McClellan, Senator von Arkansas. Angeblich hatte Manuel den Vorgesetzten Redditts die Nachricht von der Morddrohung überbracht.

Das HSCA diskutierte auch die Entfernung zweier schwarzer Feuerwehrleute, über die sich die Ermittler anfangs wunderten, die sie aber mit MPD-internen Sicherheitsbedenken erklärten, welche ausschließlich mit dem Beobachtungsposten und nichts mit einer Verschwörung zu tun hätten.

Außerdem widmete sich der Report den Gerüchten, weshalb ein für Kings persönliche Sicherheit zuständiges Polizeikommando entfernt worden war. Das HSCA begnügte sich mit der Erklärung von Inspector Don Smith, die SCLC habe mit dem Kommando nicht zusammenarbeiten wollen, weshalb man es am späten Nachmittag des 3. April zurückbeorderte.

Der Aussage Solomon Jones', er habe gleich nach dem Schuß jemanden im Buschwerk beobachtet, setzte der Ausschuß entgegen, es könne sich unmöglich um einen Menschen gehandelt haben, und falls doch, dann habe Solomon einen rasch zum Tatort eilenden Polizisten gesehen.[54] (Das erscheint wenig glaubwürdig, denn nach Solomons Schilderung trug der Mann eine Jacke und ein kariertes Hemd.)

Das Versäumnis des MPD, nach dem Mord einen ausführlichen Fahndungsaufruf (mitsamt genauer Personenbeschreibung) und den »Signal Y«-Alarm (bei dem Streifenwagen sämtliche Ausfallstraßen blockieren) zu erlassen, ist dem Komitee nicht entgangen. Seitenweise sucht der Bericht Grace Walden zu diskreditieren, die James Earl Ray nicht als den Mann identifizieren wollte, der nach dem Schuß aus dem Badezimmer lief. Damit wollte der Auschuß der Aussage Charlie Stephens mehr Glaubwürdigkeit verleihen, der jemanden nach dem Schuß über den Flur laufen sah. Das Komitee traute ihm zwar nicht die Identifizierung zu, attackierte aber zugleich Wayne Chastains Bericht von seinem Besuch bei Walden und dem betrunkenen Stephens als »haltlose, wenn nicht vollkommen erlogene Unterstellung«.[55] (Und das trotz der eidesstattlichen Erklärung des Detective-Lieutenants Tommy Smith, Stephens sei tatsächlich betrunken gewesen.)

Ferner nannte der Report die Namen von drei Personen, die in rätselhaften Beziehungen zu dem Fall stehen. Einer von ihnen war Herman Thompson, ein ehemaliger Hilfssheriff. Ray ließ den Ausschuß wissen, daß Thompson der Anschlußteilnehmer für die Baton-Rouge-Telefonnummer war, die ihm Raul gegeben hatte. (Dies hatte Ray entdeckt, als er die ihm bekannte Nummer mit dem Telefonbuch von Baton Rouge verglich, indem er mit dem letzten Eintrag anfing. Später fand er heraus, daß die Nummer zu einem Herman Thompson gehörte. Die zweite Person war Randy Rosenson, dessen Name auf der Visitenkarte stand, die Ray in seinem Mustang vor der Rückreise von Mexiko nach Kalifornien gefunden haben wollte. Der dritte Mann war Raul Esquivel, jener berittene Polizist aus Louisiana, dessen Polizeikaserne in Baton Rouge angeblich von Ray im Dezember 1967, auf seiner Reise mit Charlie Stein von Los Angeles nach New Orleans, angerufen worden war.

Der Untersuchungsausschuß stellte fest, alle drei hätten bestritten, Ray zu kennen, und schloß daraus, daß keiner von ihnen mit dem Attentat auf King in Verbindung gebracht werden könne. Es wurde auch bemerkt, daß angesichts der Dienstzeugnisse Esquivels eine Identität mit Rays Raul ausgeschlossen sei.

Die Informationen, die das Komitee in den Materialienbänden drucken ließ, erwiesen sich als weit fruchtbarer als der Report selbst. Wenn auch in sorgfältiger Auswahl, enthalten diese Bände beeidigte Stellungnahmen und Dokumente, die mir eine Starthilfe für eigene Untersuchungen gaben. Das Interview des Aeromarine-Ladenbesitzers Donald Wood vom 10. März 1977 enthält beispielsweise den Wortwechsel mit Ray, als dieser das Gewehr umtauschen wollte. Wood erinnerte sich daran, wie Ray sagte, »er habe – und ich bin ganz sicher daß dies seine Worte waren – mit jemandem geredet, und es sei nicht das Gewehr, das er brauche«. Weiter erinnerte sich Wood, der Betreffende habe gesagt, er wolle in Wirklichkeit eine Remington, Modell 760 Gamemaster. Er hatte den Eindruck, der Interessent hätte das bloß irgendwo gelesen, vor allem, weil er die Waffe als »Gamemaster« bezeichnete. (Dies paßte zu Rays Schilderung, derzufolge Raul ihm die Waffe in einem Katalog gezeigt habe, den Ray aus dem Waffengeschäft mitgebracht hatte.)

Die HSCA-Ballistikproben hatten ergeben, daß Probeschüsse mit der Tatwaffe Spuren hinterließen, die auf den *meisten* der Testpatronen unterschiedlich waren. Daraus zog man den Schluß, ein sinnvoller Vergleich zwischen dem tödlichen Geschoß und den Testpatronen sei unmöglich.

Das FBI-Labor hatte Neutronen-Aktivierungstests zum Vergleich des Geschosses mit anderen der Tatwaffe zugeordneten Patronen unternommen (solche Tests prüfen die Zusammensetzung des Bleis in der Kugel). Die Geschworenenjury des Komitees gab zu Protokoll, daß laut Bericht des FBI vom 29. April 1968 die Elementaranordnung der Kugeln variiere und ein Vergleich mit der tödlichen Patrone aussichtslos wäre. Eigene Neutronen-Aktivierungstests konnten die Geschworenen nicht anstellen.

Die Geschworenen bemerkten, daß man Gewehr und Zielfernrohr nicht ordentlich montiert hatte, weshalb die Schußlinie nicht gerade verlief. Außerdem hielt man fest, daß die Originalpatrone intakt war, als sie dem FBI übergeben wurde, von dort aber in drei Fragmenten an die Jury ausgeliefert wurde, was wohl (wie die Geschworenen glaubten) auf die Versuche des FBI-Labors zurückzuführen sei.

Der Fingerabdruck-Bericht zeigte, daß Rays Abdrücke auf folgenden Beweisstücken aus dem weggeworfenen Bündel gefunden wurden: auf dem Gewehr, dem Zielfernrohr, dem Fernglas, auf einer Bierdose und der Nummer des *Commercial Appeal*. Im Badezimmer, dem von ihm gemieteten Zimmer oder sonstwo in der Pension fanden sich keine Fingerabdrücke von Ray. Der Bericht räumte außerdem ein, daß es zahlreiche nicht identifizierte Fingerabdrücke in den relevanten Teilen des Hauses und auf Rays Mustang gab.

Eine Anlyse der Flugbahn durch städtische Ingenieure aus Memphis brachte kein Ergebnis, ob der Schuß aus dem Badezimmerfenster der Pension oder aus dem erhöht gelegenen Gestrüpp hinter dem Hof abgefeuert wurde. Diese Ungewißheit ließ nicht nur Kings Körperhaltung während des Attentats fraglich erscheinen, sondern auch, weshalb der untersuchende Arzt, Dr. Francisco, den Weg der Kugel nicht verfolgt hatte. Dr. Francisco redete sich damit heraus, daß er, aus welchen Gründen auch immer, keine weiteren Verstümmelungen der Leiche vornehmen wolle. Das HSCA erörterte ferner die Möglichkeit, ob der Schuß aus dem Gestrüpp abgefeuert worden sein könnte und befaßte sich auch mit der Frage, ob es anderntags in aller Frühe abgemäht worden war. Man kam zu dem Ergebnis, daß der Schuß vom Badezimmerfenster aus erfolgt sei, wobei – wie bereits erwähnt – die Aussage von Solomon Jones verworfen wurde. Außerdem wurde beschlossen – nachdem man vermutlich Unterlagen des Memphis Sanitation Department und des Department of Parks eingesehen hatte –, daß ein Zurückschneiden des Gestrüpps nicht nachweisbar sei. Weder Kay Black noch James Orange wurden vom Ausschuß vorgeladen.

Gelegentlich standen manche Zeugenaussagen in deutlichem Widerspruch zu Rays Version. Beispielsweise entnahm Estelle Peters, eine Angestellte der Piedmont-Wäscherei in Atlanta, ihren Auftragsbüchern, daß Ray ihr am 1. April Wäsche gebracht hatte. Wenn das zutraf, wäre Ray, im Besitz der Mordwaffe, zeitgleich mit Martin Luther King in Atlanta gewesen und hätte ihm möglicherweise auflauern können. Ray behauptete, er habe die Wäsche früher hingebracht und sei am 1. April längst nicht mehr in Atlanta gewesen. Vielmehr habe er die Nacht im Motel von Corinth, Mississippi, verbracht.

Bisweilen blieben mehr Fragen offen, als beantwortet wurden.

Der MPD-Agent, von dem Reddit Mark Lane erzählte, er habe die Invaders unterwandert, wurde als Marrell McCollough identifiziert. Unter Eid gab McCollough zu, daß er regelmäßig Berichte über die Aktivitäten der Invaders an Lieutenant Arkin schickte, seinen Führungsoffizier in der Geheimdienstabteilung des MPD. Als einer der ersten, die nach dem Attentat bei King eintrafen, hatte McCollough auf dem Parkplatz des Lorraine gestanden, wo er soeben die SCLC-Führer Orange und Bevel absetzte. Er raste sofort nach dem Schuß die Treppen hoch. Während der Aussage vor dem HSCA gab McCollough zu, daß er die mysteriöse Gestalt war, die vor Kings Leiche auf dem Balkon gekniet und ihn offenbar nach Lebenszeichen untersucht hatte. Außerdem räumte er ein, später als *agent provocateur* in viele illegale Aktivitäten verwickelt gewesen zu sein, für die einzelne Invaders verurteilt und inhaftiert wurden. Ausdrücklich bestritt er, zum Zeitpunkt des Mordes im Dienst einer Bundesbehörde gestanden zu haben. Als ich später versuchte, McCollough ausfindig zu machen, stellte sich heraus, daß er nicht mehr in Memphis war. Angeblich sollte er inzwischen für die CIA arbeiten.

Das HSCA fragte auch, weshalb einige TACT-Einheiten des MPD aus der Gegend rings um das Lorraine abgezogen worden waren. Dies wurde mit einer eidesstattlichen Erklärung beantwortet, die MPD-Chef William O. Crumby für das HSCA verfaßt hatte. Seiner Darstellung zufolge soll jemand aus der Gruppe Kings den Rückzug verlangt haben. Jedenfalls trug er dazu bei, daß in unmittelbarer Umgebung des Tatorts kaum Polizeikräfte vertreten waren.

Mehrere Verschwörungstheorien – einige unter Einbeziehung der Mafia – wurden vom HSCA durchgespielt und wieder verworfen. Ich interessierte mich für diese Spekulationen, vorwiegend um neue Spuren zu erkunden und ihnen folgen zu können.

Alles in allem hatte mich der HSCA-Report in der Überzeugung bestärkt, daß der Mord an Martin Luther King noch immer nicht aufgeklärt war.

14
Auf den Spuren der Verschwörung: Januar – September 1979

In den ersten Monaten des Jahres 1979 fuhr ich häufiger nach Memphis, um einigen Fragen nachzugehen, die vom HSCA nur summarisch behandelt worden waren.

Zuerst wollte ich John McFerren treffen, den Eigentümer einer Tankstelle mit angeschlossenem Supermarkt in Somerville, Tennessee. Seit mir Jim Lawson vor vier Monaten seine Geschichte erzählt hatte, war ich bemüht, ein Gespräch zu vereinbaren. Lawson schilderte McFerren als tapferen und verläßlichen schwarzen Bürgerrechtler, der wegen seines Engagements immer wieder Morddrohungen erhalte. Seine Lebensversicherung war deshalb gekündigt worden, und sein Laden stand bei weißen Lieferanten permanent auf der schwarzen Liste. Am Nachmittag des 8. Februar 1979 fuhr ich mit zwei Mitarbeiterinnen Mark Lanes – April Ferguson, einer Rechtsanwältin, und der Stenographin Barbara Rabbito – in die Kleinstadt Somerville, knapp siebzig Kilometer hinter Memphis.

Als wir McFerrens Laden gegen 18.15 Uhr erreichten, fühlte ich mich auf Anhieb an eine belagerte Festung erinnert. Die große Milchglasscheibe vor dem Schaufenster zeigte Risse von oben bis unten und war mit Isolierband geflickt worden, nachdem – wie McFerren erzählte – ein Vorüberfahrender Schüsse auf den Laden abgegeben hatte, was seit 1968 relativ oft vorkam. Vor nicht allzu langer Zeit habe er einen Mann in Notwehr angeschossen und verletzt, der ihn im Auftrag der Mafia erledigen sollte. Angeblich war er drei Wochen vor dem Mordversuch gewarnt worden und hatte den Killer erwartet – einen Schwarzen, der nicht aus der Gegend stammte. Unrasiert, in Arbeitskluft und mit einer alten Baseballkappe bekleidet, maß McFerren gute einsachtzig. Stämmig gebaut und immer auf der Hut, beäugte er uns mißtrauisch über den Rand seiner Brille.

Obwohl wir angemeldet waren und in ein Hinterzimmer geführt wurden, wo ein roh gezimmerter Tisch und ein paar Stühle das einzige Mobiliar bildeten, wirkte er nervös. Den Laden hatte er geschlossen und die Lichter gelöscht, doch an der Tankstelle war noch immer Betrieb. Während es dunkel wurde, nahm seine Unruhe noch zu. Zwar hatte sein alter Freund Jim Lawson das Treffen arrangiert, aber es wurde deutlich, daß McFerren den drei weißen Fremden, die vor ihm saßen, nicht über den Weg traute. Bei diesem Besuch erreichten wir wenig und verständigten uns beim Abschied darauf, daß Lawson uns an einem sicheren Treffpunkt ein zweites Mal zusammenführen würde. Es folgten weitere drei Wochen, in denen wir nur sporadisch in Verbindung blieben. Er weigerte sich, am Telefon seines Wohnorts zu sprechen, denn er war überzeugt, daß er abgehört würde.

Schließlich hörte ich McFerrens Geschichte aus erster Hand, als wir uns wiedertrafen. An jenem Nachmittag des 4. April 1968 hielt sich McFerren zum Einkauf in der Großhandelsfirma Liberto, Liberto & Latch (L, L & L) Produce Company auf und wurde Zeuge eines Telefongesprächs, das der Mitinhaber Frank Liberto führte. Einer seiner Teilhaber hatte den Anruf entgegengenommen und ihm den Apparat gebracht. Als McFerren in den rückwärtigen Teil des Ladens kam, wo das Büro lag, hörte er durch die halbgeöffnete Tür, wie Liberto sagte: »Hab' ich dir nicht gesagt, du sollst mich hier nicht anrufen? Schieß' den Mistkerl nieder, wenn er auf dem Balkon steht.« Liberto gab dem Anrufer zu verstehen, er bekäme sein Geld von Libertos

Bruder in New Orleans, wenn alles erledigt sei. Erwähnt wurde ein Betrag von 5.000 Dollar.

McFerren wußte von Gerüchten, wonach Frank Liberto Beziehungen zur Unterwelt pflegte; erst dachte er, die Sache ginge ihn nichts an, und vergaß das Gespräch. Er fiel jedoch aus allen Wolken, als eine Stunde später – längst war er wieder in Somerville – die Nachricht von der Ermordung Martin Luther Kings kam.

Nachdem McFerren zwei Tage hin und her überlegt hatte, rief er Baxton Bryant, den Geschäftsführer der Menschenrechtskonferenz von Tennessee, daheim in Nashville an. Bryant war Methodistenpfarrer und hatte hinter den Kulissen bei den Streikverhandlungen der Müllfahrer mitgewirkt. McFerren bat Bryant, nach Somerville zu kommen.

Als Bryant eintraf und die Geschichte vernahm, drängte er McFerren, das FBI zu informieren. Dieser zögerte, bis Bryant versprach, daß man entweder seinen Namen heraushalten oder ihn und seine Familie unter Polizeischutz stellen würde.

Noch in derselben Nacht fuhr Bryant nach Memphis, wo er Frank Holloman privat erreichte und um eine Unterredung bat. Gegen Mitternacht trafen sie sich in Hollomans Büro im Polizeihauptquartier; bald darauf kamen N. E. Zachary von der Mordkommission und der FBI-Agent O. B. Johnson hinzu. Interessiert lauschten sie der Geschichte und verlangten, auf der Stelle mit McFerren zu sprechen.

Bryant wußte, daß McFerren am Telefon nicht reden wollte, fuhr die siebzig Kilometer nach Somerville zurück, holte seinen Freund aus dem Bett und brachte ihn dazu, mit ihm nach Memphis zu kommen. Am Montag, dem 8. April, wurde McFerren von Zachary und Johnson um 3.00 Uhr früh in Bryants Hotelzimmer zur Sache vernommen. Mit David Caywood war auch ein Anwalt von der ACLU-Bürgerrechtsinitiative zugegen.

Gegen 5.00 endete das Verhör. Zachary und Johnson hatten McFerrens Aussage auf Tonband mitgeschnitten und ließen ihn eine Skizze des Büros zeichnen, wo er Liberto und dessen Teilhaber gesehen und das Telefongespräch belauscht hatte. Sie versprachen, die Angaben sorgfältig zu prüfen.

Drei Tage später wurde Bryant mitgeteilt, wenn McFerren tatsächlich ein Telefongespräch mitgehört habe, dann hätte es gewiß nichts mit dem Attentat zu tun. McFerren erzählte, er habe sich bei der gesamten Prozedur höchst unbehaglich gefühlt. Ihm war, als würde er selbst als Krimineller behandelt.

Das HSCA hatte einen weiteren, unabhängigen Hinweis auf die mögliche Verwicklung eines Frank Liberto entdeckt (die weiter unten zusammengefaßte Aussage von Morris Davis). Der Report erwähnte Libertos wohlbekannte rassistische Einstellung und gab sogar preis, daß sein Bruder Salvatore, der in Louisiana lebte, indirekte Verbindungen zum Gangsterboß Carlos Marcello pflegte (was McFerren nicht wissen konnte). Gleichwohl nahm das HSCA McFerrens Geschichte ebensowenig ernst wie zuvor das MPD und das FBI. Kurz nach dem Attentat hatte William Sartor, Reporter des Magazins *Time*, McFerrens Darstellung nachrecherchiert. Nachdem er zu seiner Genugtuung die Beziehungen des Großhändlers Frank C. Liberto zum Oberhaupt der Mafia von New Orleans, Carlos Marcello, aufgedeckt hatte, zog der Autor den Schluß, daß ein Verbrechersyndikat hinter dem Mord stecken mußte. Das HSCA hingegen konnte nach dem, was es unter ausgedehnten Ermittlungen verstand, keine Belege für Verbindungen Libertos oder Marcellos zum Attentat ausfindig machen.

Mir lag schon seit längerer Zeit eine Erklärung vor, die Morris Davis aus Birmingham, Alabama, am 21. Februar 1977 beeidigt hatte. Wäre mir McFerrens Aussage unbekannt geblieben, hätte ich die von Morris Davis kurzerhand als Unsinn abgetan. Sein unabhängiges Zeugnis für eine Beteiligung von Frank Liberto war beunruhigend. Davis behauptete, er habe zu Beginn des Jahres 1968 von einem Mordanschlag auf Martin Luther King gehört. Die Beteiligten seien Gus Prosch, ein Arzt und Berufskiller aus Birmingham, ein Mann mit Mafiakontakten namens Frank Liberto aus Memphis und – so unglaublich es klingt – Kings bester Freund, Ralph Abernathy, sowie der SCLC-Führer in Birmingham, Fred Shuttlesworth, gewesen. Davis wollte beobachtet haben, wie sich Abernathy und Shuttlesworth mit Prosch und Liberto zweimal auf dem Parkplatz der Gulas-Lounge in Birmingham getroffen hatten. Und am späten Nachmittag des 3. April habe Prosch ihm sogar das Gewehr gezeigt, mit dem die Tat ausgeführt werden sollte.

Während einer meiner Fahrten nach Memphis stieß ich Anfang 1979 auf Arthur Baldwin, den Besitzer einer Striptease-Bar, der zum nützlichen V-Mann der Behörden avanciert war. Nachdem er früher schon mit dem Gesetz in Konflikt geraten war, hatte er einen Straferlaß dafür bekommen, daß er als Kronzeuge der Anklage gegen hochrangige Beamte in der Regierung des Gouverneurs Ray Blanton auftrat. Dabei brachte er die Praxis der »Scheckbuch-Amnestie« und andere Korruptionsfälle ans Licht. Auf Baldwin wurde ich im Zusammenhang mit dem Attentat, beziehungsweise mit der Verschleierung seiner Hintergründe aufmerksam. Am 16. Februar 1979, nach einem Besuch bei William »Tim« Kirby, einem Insassen der Strafanstalt von Shelby County, gaben Mark Lanes Mitarbeiterinnen Ferguson und Rabbito eidesstattliche Erklärungen ab. Ihrem Bericht zufolge hatte Kirk mehrmals in ihrem Büro angerufen und um einen Besuch Mark Lanes gebeten, für den er wertvolle Informationen bereithielte. Da Lane unabkömmlich war, fuhren Ferguson und Rabbito selbst hin. Er weigerte sich, das Gespräch auf Band mitschneiden zu lassen oder ein Protokoll zu unterzeichnen, erlaubte jedoch, daß sie sich Notizen machten. Kirk behauptete, seit 1972 habe er mehrfach wegen Raub und Erpressung im Gefängnis gesessen. Zwischen dem 15. Oktober 1977 und Februar 1978 habe er sich mit einem Mitgefangenen namens Arthur Baldwin angefreundet, mit dem er auch nach ihrer Entlassung gelegentliche Kontakte unterhielt.

Im Juni oder Juli 1978 habe Baldwin einen Mordauftrag über 5.000 Dollar erwähnt. Das Opfer sollte James Earl Ray sein. Kirk saß damals gerade wieder im Gefängnis. Seiner Meinung nach sollte er den Mord nicht selbst ausführen, sondern die 5.000 Dollar dafür bekommen, daß er den Vertrag aushandelte und Baldwin für die Ausführung geeignete Leute empfahl.

Kirk hatte sich schon immer gewundert, weshalb Baldwin, der eine geräumige Villa im Balboa Circle bewohnte, ab und zu für geschäftliche Besprechungen Zimmer im Executive Plaza Inn in Flughafennähe mietete. Baldwins Frau hatte Kirk geraten, ihn dort im Hotel anzurufen, und von diesem Apparat aus erfuhr er von dem gegen Ray gerichteten Mordauftrag. Kirk hörte sich ein wenig um. Von Mithäftlingen, die für Baldwin gearbeitet hatten, brachte er manches über diesen in Erfahrung. Man hatte Baldwin mit amtlicher Hilfe aus Tennessee weggeschafft und mit einer neuen Identität anderswo untergebracht. Möglicherweise nahm er an einem Regierungsprogramm zum Schutz von Kronzeugen teil, weil man mit seiner Hilfe Untersuchungen gegen bestimmte Regierungsbeamte eingeleitet hatte. Außerdem vermutete Kirk, der Mordauftrag gegen Ray könne nur mit Wissen der Regierung erfolgt sein. Ein Mann in Baldwins Stellung, ein wichtiger Informant der Behörden, war doch bestimmt Tag und Nacht unter Kontrolle. Von Kontaktmännern im Brushy-Mountain-Zuchthaus hatte Kirk erfahren, daß James Earl Ray ein »anständiger Kerl« sei. Das hatte ihn bewogen, Rays damaligen Anwalt Mark Lane zu verständigen.

Ferguson und Rabbito hatten beide den Eindruck, daß Kirk verängstigt war und unter Druck stand. Aus seiner Aussage wollte er keinerlei Vorteil ziehen, im Grunde stand sie seinen eigenen Interessen sogar entgegen. Er verlangte kein Geld für die Auskunft und beschwor die beiden Frauen inständig, seinen Namen aus der Sache herauszuhalten.

Arthur Hanes sen., Rays ersten Anwalt, suchte ich im Februar 1979 in seiner Praxis in Birmingham auf. Er begegnete mir zuvorkommend und kooperativ. Hanes berichtete, er habe den Balkon im Lorraine-Motel erst im September 1968 besichtigt, und selbst dann wäre es schwierig gewesen, durch die vom Zurückschneiden verschont gebliebenen Zweige von Baum und Sträuchern vernünftig zu zielen und abzufeuern. Hanes räumte ein, daß im September das Laubwerk dichter gewesen sein muß als im April. Doch die Zweige selbst bildeten ein Hindernis, das auch den gewieftesten Schützen, der James Earl Ray gewiß nicht war, vor Probleme stellen mußte.

Arthur Hanes versicherte: »Wir waren gut vorbereitet. Wir glaubten, alle Trümpfe in der Hand zu haben, um den Prozeß zu gewinnen, und es enttäuschte uns maßlos, daß wir in letzter Minute abgelöst wurden. Nach unserem Eindruck stand die Anklage auf wackligen Füßen. Im Grunde genommen ist kein einziges neues Beweisstück aufgetaucht, seit wir aus dem Fall 'raus sind. Ich glaube sagen zu dürfen, daß wir alle Beweise, die bis auf den heutigen Tag bekannt sind, eigenhändig zusammengetragen haben. Als der Prozeß damals kurz bevorstand, war es freilich nicht an uns, irgend etwas zu beweisen. Wir brauchten nur die Lücken in der Beweisführung aufzuzeigen, um die Anklage zu erschüttern. Das war eigentlich ein Kinderspiel. Die Anklage konnte uns keinen einzigen Zeugen nennen, der den Schützen anderswo lokalisierte als dort im Gebüsch ... Und dann die vielen Widersprüche in der Beweiskette! Die ungelösten ballistischen Fragen und die Tatsache, daß die Anklage das angeblich von Ray gekaufte Gewehr nicht mit der Kugel vergleichen konnte, die in Kings Leiche steckte. Schließlich das Bündel, das bei Guy Canipe im Eingang lag. Selbst Mr. Canipe erklärte, das Bündel sei zwei oder drei Minuten *bevor* der Schuß fiel dorthin geworfen worden!«

Diese bemerkenswerte Aussage bedeutet, wenn sie zutrifft, daß der Mord Ray zweifelsrei angehängt worden ist. Hanes zufolge hatte Canipe einer der wichtigsten Zeugen der Verteidigung werden sollen.

Hanes fuhr fort, er sei früher selbst beim FBI tätig gewesen und habe Lehrgänge in ballistischer Beweisführung besucht. Hätte er das Geschoß aus Kings Leiche selbst untersucht, dann hätte, »wenn noch genug Spuren auf der Kugel waren, die Verbindung zur Schußwaffe auf jeden Fall hergestellt werden können, vorausgesetzt, auch die Waffe hätte vorgelegen«.

Als Rays Schuldbekenntnis bei der Habeas-Corpus-Verhandlung von 1974 entkräftet werden sollte, hatte Hanes unter Eid ausgesagt, die tödliche Kugel wäre zweifellos »ein perfektes Indiz gewesen. Wenn sie zum Gewehr paßte, das vor Canipe's Spielhalle gefunden wurde, hätte das FBI – wie in Dutzenden Fällen zuvor – beweisen können, daß der Schuß aus diesem Gewehr und aus keinem anderen abgefeuert wurde. Außerdem handelte es sich um ein 30.06-Gewehr und ein 30.06-Kaliber-Geschoß. Man hätte also untersuchen können, wieviele 30.06er Gewehre damals landesweit, oder nur in Memphis, zur Tatzeit in Gebrauch waren, selbst wenn wir dazu die gesamte Waffenindustrie auf den Kopf hätten stellen müssen.«

Allerdings kam es am 12. November 1968 nicht zur Verhandlung gegen Ray. Zwei Tage zuvor hatte er Arhur Hanes das Mandat entzogen und sich Percy Foreman anvertraut. Bis auf den heutigen Tag betont Ray, daß dies ein schwerer Fehler war.

Im Sommer 1979 bat Anna Ray inständig, ich solle mich mit Gene Stanley unterhalten, einem Anwalt in Knoxville und ehemaligem Staatsanwalt für Ost-Tennessee. Ihr war zu Ohren gekommen, daß er Randy Rosenson vertreten hatte, dessen Name auf der behördlichen (L.E.A.A.) Visitenkarte stand, die Ray in seinem Mustang gefunden hatte. L.E.A.A. war eine Abkürzung für die Law Enforcement Administration, eine Ordnungsbehörde, die zu jener Zeit eine Reihe von Pilotprojekten in ausgewählten Städten durchführte. Anna hatte den Tip vom Manager des Andrew-Johnson-Hotels in Knoxville bekommen. Der Hotelmanager hatte sich an das HSCA gewandt, das Rosenson verzweifelt nachspürte, bis durch einen Zufall herauskam, daß er sich nach einem Verkehrsunfall zur Erholung in dem Hotel aufgehalten hatte. Außerdem berichtete der Hotelmanager, Stanley habe Rosenson früher anwaltlich vertreten. Ray glaubte fest an eine Verbindung zwichen Raul und Rosenson, und bei seiner Suche nach Raul hatte er auch erfolglos nach Rosenson Ausschau gehalten. Um seiner Spur zu folgen, hatte er sogar seinen Bruder Jerry mit einem Anwalt aus Tennessee nach New Orleans geschickt.

Im Juli 1979 trafen Anna, Mark Lane und ich mit Stanley in dessen Büro in Knoxville zusammen. Stanley wirkte nervös, obwohl er uns bereitwillig eingeladen hatte. 1977 war er Rosensons Anwalt bei einem Verkehrsdelikt gewesen und hatte ihn später in einem Drogenprozeß verteidigt. Als nächstes hörte er von Rosenson im Oktober 1977, als man ihn in Richmond,

Virginia, aufgrund eines Steckbriefs aus Ohio verhaften ließ. Im Wahlkreis des Kongreßabgeordneten und HSCA-Vorsitzenden Louis Stokes sollte er ein Drogendelikt begangen haben.

Zu dieser Zeit war Stanley in Begleitung von HSCA-Anwalt Robert Lehner und Ausschuß-Ermittlern nach Richmond geflogen, um Rosenson zu verhören. Stanley war sein Rechtsbeistand während der Vernehmung und an den folgenden zwei Tagen, als ihn das HSCA in Atlanta befragte. Stanley berichtete, Rosenson soll Kontakte zum organisierten Verbrechen unterhalten und seinen Geschäftspartnern in Miami und New York Drogen verabreicht haben. Beim Drogenschmuggel habe Rosenson selbst mitgewirkt; er handele außerdem unter dem Deckmantel seiner Import-Export-Firma mit exotischen Tieren. Er sei Eigentümer einer Tierhandlung und in zahlreiche Schwarzmarktgeschäfte verwickelt. Als Rosenson nach Oberhäuptern von Verbrechersyndikaten gefragt wurde, deutete er an, daß er mit vielen persönlich bekannt sei.

Das HSCA setzte am 26. Oktober die Vernehmung in Atlanta fort. Nach Stanleys Angaben war Lehner diesmal nicht zugegen, die ausführliche Befragung wurde vielmehr vom Chefermittler Edward Evans und zwei weiteren Mitarbeitern des Teams geleitet. Hauptsächlich sei es, so Stanley, um Raul gegangen. Nach diesen Sitzungen sei er überzeugt gewesen, daß das HSCA von der Existenz Rauls wisse, seine Identität kenne und ihm das von Ray unterstellte Vorgehen zutraue.

In Gesprächen am Rande erfuhr Stanley von den Ermittlern, daß sie den Mann, den Ray als Raul bezeichnete, im mexikanischen Monterey ausfindig gemacht hätten, wo er unter dem Decknamen »Raul de (oder: da) Gasso« lebe. Es hieß, er sei als Schmuggler im Dreieck Mexiko-Montreal-New Orleans unterwegs und handele vor allem mit Heroin. Stanley zufolge konnte Rosenson die Namen, Daten und Orte seiner Treffen mit dieser Person bestätigen und war sogar imstande, ihn aus einem Verbrecheralbum, das ihm die Ermittler vorlegten, herauszupicken, obwohl er ihn nicht unter dem Namen kannte, unter dem die Polizei ihn führte.

Das, was schließlich im HSCA-Report erschien, hielt Stanley für enttäuschend und unerklärlich. Obwohl festgestellt wurde, daß sich Randy Rosenson häufig zur selben Zeit am selben Ort aufgehalten hatte wie James Earl Ray, habe man darin keinen Hinweis sehen wollen, daß sein ehemaliger Klient mit Raul in Verbindung stand. Besonders empörte ihn, daß der Ausschußbericht Rosenson ausdrücklich mit der (seines Wissens nie gefallenen) Äußerung zitierte, von »einem Raul« wisse er nichts.

Rauls Existenz erstmals von anderen bestätigt zu hören, war ein Ansporn für mich. Doch Anna Ray blieb skeptisch. Sie sagte, Stanley habe ihr zuvor erzählt, die HSCA-Ermittler hätten Raul für tot erklärt – er sei um das Jahr 1972 bei einem Verkehrsunfall in Mexiko ums Leben gekommen.

Während dieser Phase wurde mir eines Tages etwas zugespielt, was man einen heißen Tip nennen könnte oder auch eine gezielte Desinformation: die Fotokopie der Aufnahme eines Gebäudes. Vergebens suchte ich festzustellen, woher diese Kopie kam. Am oberen Blattrand stand handschriftlich, dieses Gebäude befände sich nur wenige Häuserblocks vom Tatort entfernt; sein damaliger Eigentümer sei mit einem stadtbekannten Gangster verwandt, und hier sei das von Ray gekaufte Gewehr bis zum 4. April 1968 aufbewahrt worden.

In den Akten der Verteidigung entdeckte ich die Aussagen zweier Zeugen, die Ray unter Umständen ein Alibi verschafft hätten. Merkwürdigerweise waren sie niemals erwähnt worden. Die eine Aussage stammte von Ray Alvis Hendrix, Mitglied eines Ingenieurtrupps, der auf einem Lastkahn am Fluß arbeitete; die andere stammte von William Zenie Reed, einem Fotohändler. Hendrix und Reed wohnten im nahegelegenen Clark's Hotel an der Second Avenue und hatten sich am Nachmittag des 4. April in Jim's Grill aufgehalten. Sie verließen den Imbiß irgendwann zwischen 17.30 und 17.45 Uhr. Als Hendrix bemerkte, daß er seine Jacke vergessen hatte, kehrte er um. Reed wartete vor dem Imbiß. Dabei fiel ihm ein geparkter Mustang auf. Da er selbst in nächster Zeit einen Wagen kaufen wollte und sich für das Modell interessierte, betrachtete er ihn genauer. Als Hendrix wiederkam, schlenderten die Männer nordwärts zur South Main und erreichten nach ein paar Häuserblocks die Vance Avenue. Sie wollten gerade die Kreuzung überqueren, als ein weißer Mustang in nördlicher Richtung an ihnen vorbeiraste und rechts in die Vance Avenue einbog. Wären sie nicht stehengeblieben, hätte er sie gewiß angefahren. Reed sah einen jungen, dunkelhaarigen Mann hinterm Steuer. Nur wenig später, als sie schon im Hotel waren, hörten sie die Sirenen. Reed hielt es für sehr wahrscheinlich, daß der weiße Mustang, den er vor dem Imbiß betrachtet hatte, mit demjenigen identisch war, der an ihnen vorbeigerast war. Hendrix erinnerte sich, daß Reed noch darauf hingewiesen habe.

Die Aussagen von Reed und Hendrix scheinen Rays Angabe zu bestätigen, daß er den Wagen vor Jim's Grill abstellte, und daß er ihn vor dem Attentat weggefahren habe, um den Reifen flicken zu lassen.

Im Herbst 1979 hatte ich einen Termin bei Clifton Baird, einem Polizeibeamten aus Louisville, Kentucky, dessen Geschichte ich aus dem HSCA-Report kannte. So glaubwürdig seine Schilderung erschien, war sie unbegreiflicherweise vom HSCA-Ausschuß übergangen worden. Jeder, der mit Baird arbeitete, kannte ihn als ernsthaften, aufrichtigen Cop, der seine Pflicht tat und sich streng an die Tatsachen hielt. Das konnte auch das HSCA nicht leugnen.

Am 18. September 1965 nahm der Polizist Arlie Blair das Angebot seines Kollegen Baird an, ihn am Ende der 15.00-bis-23.00-Uhr-Schicht nach Hause zu fahren. Wie bei früheren Gelegenheiten fuhren die beiden zu Blair, parkten gegen Mitternacht eine Weile in der Auffahrt und redeten miteinander. Arlie Blair wußte nicht, daß Baird manchmal ein Tonbandgerät mitlaufen ließ, das hinten im Lautsprecher versteckt war. Baird traute Arlie nicht mehr über den Weg. Voller Sorge, es könne sich etwas zusammenbrauen, betrachtete er seine wachsende Sammlung von Bändern als eine Art Lebensversicherung.

Blair hatte behauptet, er gehöre einer Organisation an, die es auf Martin Luther King abgesehen und 500.000 Dollar auf seinen Kopf ausgesetzt habe. Ob Baird bei dieser Gruppe mitmachen würde, fragte Blair. Baird entgegnete, mit solchen Sachen wolle er nichts zu tun haben, und er könne ihm als Kollegen nur raten, ebenfalls die Finger davon zu lassen. Zum Zeitpunkt des Anwerbeversuchs unterstand Baird, im Zusammenhang mit Ermittlungen gegen einen »Dynamitring« in West-Kentucky, intensiver Beschattung durch das FBI und kommunaler Polizeikräfte. Infolgedessen glaubte er, das FBI und gewisse Kollegen hätten sich vorgenommen, ihn bei laufenden Ermittlungen zu einer Mordverschwörung gegen King zu zwingen. Er fürchtete außerdem, man wolle ihm damit eine Falle stellen. Die Ermittlungen gegen Baird waren lange vor der Gründung des HSCA eingestellt worden, mit dem Ergebnis, daß er zu einer »Sprengstoff-Verschwörung« keinerlei Verbindung pflege. Gut informierte, dem Ausschuß nahestehende Kreise wurden in einem Artikel zitiert, den die *Scripps-Howard*-Agentur am 28. März 1977 verbreitete. Darin hieß es, die von Baird unterstellte Erpressung »könnte erklären, weshalb ein altgedienter Polizist im unteren Dienstrang von einem der angeblichen King-Verschwörer angesprochen wurde«.

Baird hatte den Anwerbeversuch Blairs mitgeschnitten. Am nächsten Tag, während des Nachmittags-Appells, sah er Blair mit ein paar Leuten reden, teils Beamte der Louisville-Polizei, teils FBI-Agenten, die zu den hiesigen Ordnungskräften seit rund sechzehn Jahren enge Beziehungen pflegten. Die ihm namentlich bekannten Personen waren die Spezialagenten William Duncan (der FBI-Mittelsmann zum Louisville Police Department) und Robert Peters. Der HSCA-Report hält außerdem fest, daß auch der FBI-Beauftragte für Louisville, Bernard Brown, zugegen war. Schließlich gab es da noch einige »Männer in Zivilkleidung«, die Baird nicht kannte. Nach seiner Beobachtung wurde einer der Agenten Blair vorgestellt, worauf die gesamte Gruppe in ein Nebenzimmer trat und die Tür verschloß. Von draußen hörte Baird, wie die Diskussion sich erhitzte. Dabei bekam er auch mit, wie er selbst als »Niggerfreund« bezeichnet wurde.

Entschlossen, mehr in Erfahrung zu bringen, brachte Baird seinen Kollegen auch am nächsten Abend, dem 20. September 1965, im Wagen nach Hause. Das Tonbandgerät war eingeschaltet, als Blair von dem Treffen berichtete und die 500.000 Dollar erwähnte. Das Band vom 18. September ist spurlos verschwunden, so daß die Aufnahme vom 20. September das einzige existierende Beweisstück ist. Baird hat mir berichtet, daß er eine Kopie für sich behielt und das Original dem HSCA-Untersuchungsausschuß überließ.

Bei der HSCA-Sitzung vom 30. November 1977 beeidigte er seine Aussage. Spezialagent Duncan gab zu, daß die Diskussion stattgefunden hatte, behauptete jedoch, es handle sich nur um einen Scherz des Polizei-Sergeanten William Baker aus Louisville, der zum Zeitpunkt der Anhörung verstorben war; die Agenten Peters und Brown könnten dies bestätigen. Anders als Duncan glaubte, bestritten Peters und Brown jedoch jede Kenntnis von einem Kopfgeld, ebenso wie Blair, der allerdings zugeben mußte, daß die Stimme auf Bairds Tonband seine eigene war. Seine Gedächtnislücken erklärte Blair mit physischem und geistigem Verfall durch Alkoholmißbrauch.

Der Ausschuß ließ Clifton Baird gründlich durchleuchten und stellte fest, daß er in hohem Maße glaubwürdig sei. Eine technische Prüfung des Tonbands ergab, daß es einem Typ entsprach, der 1965 in Gebrauch war. Trotzdem weigerte sich das HSCA, die von Baird vorgebrachte Aussage – das Angebot vom 18. September 1965 – mit der Ermordung Martin Luther Kings im Jahr 1968 in Verbindung zu bringen. Dieser Zusammenhang, so schlußfolgerte der Ausschuß, könne unter keinen Umständen hergestellt werden.

Während des dreistündigen Interviews, das ich am 5. September 1979 im Flughafen Louisville mit ihm führte, bekräftigte Baird, daß er nie an der Realität eines Mordauftrags durch jene Agenten gezweifelt habe. Martin Luther King war häufig in Louisville zu Besuch, wo sein Bruder A. D. King lebte. Sie hatten Arlie Blair eindeutig zu ihm geschickt, um ihn zu einem, wie sie es nannten, »seriösen Geschäft« zu überreden. Baird glaubte nicht, daß er der Killer sein sollte – »für so etwas hatten die genug Profis«, meinte er – aber vielleicht brauchten sie ihn als »eine Art Strohmann, wie möglicherweise James Earl Ray einer war«.

Den angeblichen Scherz Sergeant Bakers hielt Baird für eine billige Ausrede. Baker war damals gerade nach Juvenile versetzt worden und hatte zu den Beteiligten wenig oder gar keinen Kontakt. Baird glaubte vielmehr, Baker sei deshalb genannt worden, weil »Tote schwerlich in den Zeugenstand treten können«. Außerdem fragte er sich, wieso hochrangige Beamte des Louisville-Hauptquartiers und der FBI-Vertretung in einem Zimmer verschwanden, wenn sie bloß scherzen wollten. Und falls es so war, weshalb sollten Peters und Brown das verschweigen?

Während unseres Gesprächs berichtete Baird von zahlreichen Begegnungen mit den vier Agenten – vom Sommer 1965 bis zum Frühjahr 1968. Die Männer lauerten ihm zu den ungewöhnlichsten Tageszeiten und an den seltsamsten Orten auf: im Krankenhaus, auf dem Polizeiparkplatz und anderswo. Entweder traten sie ihm in den Weg, oder starrten ihn nur ausdruckslos an, als wollten sie ihm Angst einjagen. Außerdem bemerkte er, daß seine Briefe geöffnet wurden. Vermutlich wollte man ihn einschüchtern, damit er den Mund hielt. Als Martin Luther King tot war, hörten die Belästigungen plötzlich auf.

Baird erzählte mir außerdem, daß kurz vor dem Attentat sämtliche FBI-Agenten von Louisville unvermittelt in andere Regionalvertretungen versetzt worden waren. Dieser Schritt habe ihn damals völlig überrascht, denn seit einer Ewigkeit war alles beim alten geblieben. Baird vermutete, daß Hoover es wohl für besser hielt, kurz vor dem Anschlag jene Agenten, die in frühere Aktionen verwickelt waren, aus dem Verkehr zu ziehen. (Es gehörte zu den Grundsätzen des FBI, daß Versetzungen nur mit Hoovers persönlicher Genehmigung vorgenommen wurden.)

Nach Clifton Bairds Bericht hielt ich es für immer wahrscheinlicher, daß schon im September 1965 versucht worden war, King aus dem Weg zu räumen. Obwohl nicht ganz klar wurde, wo die Auftraggeber saßen, waren Agenten des FBI beteiligt, die ihre Freunde unter den Polizeikräften von Louisville um Hilfe ersucht hatten.

Der Zeitpunkt eines Anschlags hätte kaum passender sein können. 1965 genoß Martin Luther King weltweites Ansehen. Trotz aller Anstrengungen des FBI und sehr zum Ärger J. Edgar Hoovers, hatte King den Friedensnobelpreis erhalten und jedem subversiven Versuch, seinen Ruf zu schädigen, widerstanden.

Auf meinem Heimflug von Louisville fragte ich mich, wann das Todesurteil gegen King gefallen sein mochte, wieviele Drehbücher jenem vorangingen, das am 4. April 1968 in Memphis zur Ausführung kam. Vielleicht war es Clifton Bairds Geschichte, auf der die Information fußte, die Daniel Ellsberg von Brady Tyson erhielt. Schließlich hatte Tyson »eine Gruppe amtsenthobener oder pensionierter FBI-Leute« erwähnt, die sich zur Planung eines Mordanschlags auf Martin Luther King zusammengefunden hätten.

Während dieser ersten Phase meiner Ermittlungen wurde mir schmerzlich bewußt, welche Folgen es hatte, wenn sich das HSCA weigerte, vorhandenen Spuren konsequent nachzugehen. Die wichtigsten Fragen rund um das Attentat waren noch immer nicht gestellt, geschweige denn beantwortet worden.

15
Zäsur, Neuansatz und Fortsetzung: 1978 – 1988

Meine Beratertätigkeit in einer Großstadt Neuenglands zwischen 1975 und 1977 endete mit der umfassenden Reorganisation eines Schuldezernats, das von Korruption durchsetzt war, und der Schließung der größten Jugendstrafanstalt in dieser Region. Viele, die dabei ihren Job verloren, hatten Beziehungen oder Verwandte mit Beziehungen zu Raymond Patriarca, dem unbestrittenen Oberhaupt der Mafia Neuenglands. Die Folge war, daß ich für vogelfrei erklärt wurde. Telefonterror und Morddrohungen waren an der Tagesordnung; seltsame Typen in Maßanzügen belagerten mein Landhaus. Meine Beraterverträge wurden entweder storniert oder nicht verlängert. Aus dem Nirgendwo erreichten mich haarsträubende Strafanzeigen; gegen mich und die beteiligten Beraterfirmen wurde ermittelt. Fragte man jedoch nach konkreten Fakten, gab es keine, und die Anschuldigungen lösten sich in Wohlgefallen auf.

Da ich mich auf Internationales Recht spezialisiert hatte, zog es mich immer öfter nach Europa, bis ich schließlich im Juni 1981 mit meiner Familie nach England übersiedelte. Von telefonischen Erkundigungen und dem Studium von Dokumenten abgesehen, kam meine Arbeit am Mordfall Martin Luther King zeitweise zum erliegen. Es sollte bis 1988 dauern, bis ich mich der Sache wieder mit voller Kraft widmen konnte.

Erst im Frühjahr 1988 konnte ich einer Geschichte nachgehen, die vom HSCA-Untersuchungsausschuß geprüft und als unglaubwürdig verworfen worden war. Mit Hilfe eines Reporters, der in Polizei- und Agentenkreisen verkehrte (nennen wir ihn T. J.), konnte ich Sam Giancanas Chauffeur Myron »Paul Bucilli« Billet aufspüren, der in einem kleinen Apartment in Columbus, Ohio, lebte. Ein alter Mann im Pyjama, der an einem Lungenemphysem litt und daher ständig am Sauerstoffgerät hing, ließ uns ein, als ich mit meiner Assistentin Jean Obray dort vorsprach.

Wir betraten ein düsteres Wohn-Schlafzimmer und folgten Myron, der in die Küche schlurfte. Auf seinem Bett lehnte ein Teddybär am Kissen.

Er berichtete aus seiner Zeit als »Handlanger« der Chicagoer Mafia in den 50er und 60er Jahren. Sam Giancana, der Gangsterboß von Chicago, hatte einen Narren an ihm gefressen und ihm den Namen Paul Bucilli gegeben. (An anderer Stelle, in elf Jahre älteren persönlichen Notizen und Briefen, die er mir später überließ, hieß es, der Name sei ihm von Ben »Bugsy« Siegel verliehen worden, den er in Los Angeles kennengelernt hatte.)

Im Januar 1968 arbeitete Billet im Whitemarsh Country Club am Stadtrand von Chicago, als Sam ihn bat, ein paar Tage freizunehmen und ihn zu einer Besprechung nach Apalachin, New York, zu bringen. (Die Stadt war 1957 der Schauplatz eines größeren Treffens von Bandenführern des organisierten Verbrechens. Dies wurde zufällig durch einen New Yorker Polizeibeamten aufgedeckt, der – trotz vorauseilender Dementis durch J. Edgar Hoover – aus seinen Ermittlungen den Schluß zog, daß es ein bundesweites Verbrechersyndikat geben müsse.) Billet schilderte in allen Einzelheiten das Restaurant, das sie nach der Ankunft besucht hatten, sowie den Grundriß und die Lage ihres Motels. Billet berichtete, insgesamt wären sie zu siebt gewesen – er selbst, Sam Giancana, Carlo Gambino, John Roselli sowie drei Agenten einer Bundesbehörde, entweder vom FBI oder von der CIA. Die Agenten waren bei den Gangstern gut angeschrieben, denn zuvor hatten sie in Kuba gemeinsam Waffenschmuggel betrieben und andere Operationen durchgeführt. Das Treffen zielte darauf ab, die Geschäftsbeziehungen zwischen den »Familien« und den hier vertretenen Regierungsorganisationen zu verbessern. Im Verlauf des Gesprächs boten die Vertreter des Bundes eine Offerte an, wonach für den Mord an Martin Luther King eine Summe von einer Million Dollar ausgesetzt sei. »Kommt nicht in Frage«, erwiderte Giancana auf der Stelle. Er stellte klar, daß – soweit es ihn betraf – keiner seiner Jungs sich dafür hergeben würde. Die Agenten wechselten sofort das Thema und kamen nicht mehr darauf zurück.

Aus Billets Aussage geht nicht eindeutig hervor, ob die Bundesagenten nur vom Vorhandensein eines derartigen Angebots sprachen oder selbst in einer Weise beteiligt waren, daß sie den Job erledigt sehen wollten. Myron erinnerte sich an die Namen zweier Teilnehmer – Lee Leland und Martin Bishop. In den Aufzeichnungen Billets fällt auch der Name des dritten Agenten (Hunt), den er von früher kannte. (Mir kam der Gedanke, ob vielleicht der CIA-Mann E. Howard Hunt gemeint sei.)

Als ich Myron mehrere Fotos vorlegte, darunter auch die von Giancana, Gambino und Roselli, konnte er jeden der Gangster namentlich identifizieren. Als er Giancanas Bild sah, lächelte er wehmütig: »Sam, wie er leibt und lebt.«

Wie sich beim anschließenden Aktenstudium ergab, lebte Sam Giancana Ende 1967 und Anfang 1968 in Mexiko. Das von Billet geschilderte Treffen kann nur während einer seiner Kurztrips nach Amerika stattgefunden haben, die er häufiger unternahm. Als Billet seine Aussage vor dem Untersuchungsausschuß machte, saß er noch im Gefängnis; er hatte versäumt, den Fund einer Leiche zu melden. Bei der Befragung war, wie er sich entsann, der HSCA-Vorsitzende Louis Stokes höchstpersönlich anwesend. Am Ende verwarf der Ausschuß Billets Aussage, doch als er aus dem Gefängnis entlassen war und seine Wohnung in Columbus bezog, kam es zu merkwürdigen Vorkommnissen.

Anfangs tauchte regelmäßig ein Mann in dem kleinen Kiosk im Erdgeschoß des Gebäudes auf und erkundigte sich nach ihm. Das Benehmen des Mannes ließ Billet vermuten, er wolle ihm signalisieren, daß man ihn im Auge behielt.

Dann erlitt Billet eines Tages einen Herzanfall. Einige Zeit später hörte er von einem Krankenhausangestellten, daß ein Beamter der US-Regierung in der Klinik erschienen war und vor Billets Krankenzimmer Posten bezogen hatte. Offenbar wollte jemand verhindern, daß es zu irgendwelchen Geständnissen auf dem Sterbebett kam.

Auch wenn er manchmal an Gedächtnislücken litt, andererseits aus der Erinnerung an die Zeit vor zwei Jahrzehnten schöpfte, hielt ich Myron Billet für aufrichtig und glaubte, daß seine Darstellung der Geschäftsbeziehungen zwischen Gangstern und Bundesbeamten den Tatsachen entsprach.

Nachdem wir Billet verlassen hatten, besuchten wir Ray im Brushy-Mountain-Zuchthaus. Fast zehn Jahre waren vergangen, seit ich ihn das letzte Mal gesehen hatte. In der Zwischenzeit hatte er ein Buch unter dem Titel *Tennessee Waltz* geschrieben, das den Fall aus seiner Sicht behandelt. Darin faßt er vorwiegend seine Erinnerungen an die Zeit nach der Flucht aus dem Gefängnis am 23. April 1967 zusammen.

Ray war erst kürzlich mit einer Beweisanhörung vor dem Federal District Court Magistrate von Memphis gescheitert, doch er war überzeugt, daß ihm die Berufungsinstanz – Sixth Circuit Court of Appeal – eine Chance geben würde. Er suchte vorwiegend einen Rechtsbeistand, der ihn vor dem Berufungsgericht verteidigen würde. Mark Lane hatte sein Mandat längst niedergelegt. Ich bot an, bei Russell Thompson anzufragen, einem Anwalt in Memphis, der einige Nebenermittlungen durchgeführt hatte, als Art Haines noch Rays Strafverteidiger war. Thompson wollte es sich überlegen, vorausgesetzt, ich wäre sein Assistent und April Ferguson, inzwischen öffentlich bestellte Pflichtanwältin, würde ihm bei den Vorbereitungen helfen. Damals begann ich, mich in Rays Petitionsgesuch einzulesen.

In Memphis traf ich erstmals mit Renfro Hays zusammen, der für Art Hanes Recherchen vor Ort angestellt hatte. Da er auch für Staatsanwalt Walter Buford in Memphis ermittelte, der wiederum Jack Youngblood kannte, wußte er einiges über Eingreiftruppen der Regierung und das Söldnerwesen. Er behauptete, Youngblood sei wenige Tage vor dem Mord in Memphis gewesen. Hays hielt ihn für äußerst gefährlich. Er entsann sich, daß Youngblood einen offenen Kleinlaster besaß, und daß er am Tag vor dem Attentat auf der Ladefläche stand, um einen Ast vom Baum hinter der Pension zu entfernen, der angeblich die Sicht vom Badezimmerfenster auf das Lorraine versperrte. Mir war nicht ganz klar, wie Renfro das erfahren haben konnte, und ich wurde skeptisch. Zu oft hatte ich bei früheren Geschichten erlebt, wie sich Dichtung und Wahrheit vermischten.

Hays ließ sich auch über Raul Esquivel aus, dem in Baton Rouge stationierten Louisiana-Polizisten. Er sei der Mann mit dem silberfarbenem Haar, den Grace Walden angeblich in der Pension gesehen hatte. Esquivel, der früher als Leibwächter für den Gouverneur von Louisiana, Huey Long, gearbeitet haben soll, habe auch den Schuß abgegeben. Ein Foto von Raul Esquivel, das allerdings von zweifelhafter Authentizität sei, habe Grace Walden in Gegenwart von Hays, Wayne Chastain und ihrem damaligen Anwalt, Charles Murphy, als das des geheimnisvollen grauhaarigen Fremden identifziert.

Das alles war verwirrend. Hays schien aufrichtig und furchtsam zugleich. Auch erwähnte er die Nummer in Baton Rouge, die Ray angeblich von Raul hatte und zu einem Anschluß auf dem Gelände der Staatspolizei gehörte, wo Esquivel kaserniert war. Wie bereits erwähnt, hatten schon Jeff Cohen und Harold Weisberg 1969 von der Nummer gewußt. Später erhielt ich eine Kreditauskunft über Esquivel, die für 1968 ein ansehnliches Sparguthaben auswies. Ein Beleg, daß Huey Long ihn irgendwann als Leibwächter beschäftigt hatte, fand sich nirgends.

Ferner behauptete Hays, ein zwölfjähriger schwarzer Junge habe den Schützen gesehen und sei die Mulberry hoch zur Butler Avenue gelaufen, um Unterschlupf in der Feuerwache zu finden. Dort berichtete er den Feuerwehrleuten sein Erlebnis, die daraufhin die Polizei verständigten. Die Polizei erschien und nahm den Jungen mit; man hat nie wieder von ihm gehört. Nach Hays Auskunft hatte einer der Feuerwehrleute eine verheiratete Frau zur Geliebten, der er davon erzählte. (Später wollte ich Hays Geschichte prüfen und sprach mit der von ihm erwähnten Frau. Inzwischen war sie mit einem Anwalt verheiratet und wollte nie einen Feuerwehrmann gekannt und schon gar keine Affäre mit einem gehabt haben. Diese Spur gab ich folglich auf. Später interviewte ich fast alle Feuerwehrleute, die damals Dienst hatten, doch keiner erinnerte sich an den Zwischenfall.)

Hays erwähnte auch Harvey »Ace« Locke, einen Gelegenheitsschuster und Safeknacker ohne festen Wohnsitz, der sich oft an der Pension in der South Main Street herumtrieb, um eine Übernachtungsmöglichkeit zu finden. Ein oder zwei Tage vor dem Attentat hatte er erfahren, daß Nummer 5-B frei wäre, und am 4. April kam er am späten Nachmittag wieder, nichtsahnend, daß das Zimmer inzwischen vermietet war, öffnete leise und sah drei oder vier Männer, von denen keiner James Earl Ray ähnelte. Er schlug die Tür gleich wieder zu und verdrückte sich. Obwohl ich lange nach Locke gesucht habe, war er nirgends aufzufinden; später nahm ich an, er sei nicht mehr am Leben. Hays riet mir noch: »Sie sind doch ein netter junger Mann. Warum müssen Sie sich mit diesen Kerlen einlassen? Wissen Sie, die sind wirklich gefährlich! Sie riskieren den Kopf!«

Ich befragte Floyd Newsom, einen jener schwarzen Feuerwehrmänner, die am Abend vor dem Mord aus der Station 2, schräg gegenüber dem Lorraine, entfernt worden waren. In der Nacht vom 3. auf den 4. April teilte ihm ein Anrufer mit, er solle anderntags nicht auf seine angestammte Feuerwache, sondern in ein Spritzenhaus im Norden kommen, in einem ausschließlich von Weißen bewohnten Stadtviertel, wo er als zusätzlicher Mann die Verstärkung bildete, während auf Station 2 ein Mann fehlte.

Er selbst hat den Grund nie begriffen, selbst als er später das Department verließ und man ihm zu verstehen gab, es sei auf Anordnung der Polizei geschehen. Genauso sinnlos erschien der Transfer des schwarzen Feuerwehrmanns Norvell Wallace, der ebenfalls aus Station 2 ersatzlos versetzt und dort, wo er hingeschickt wurde, überzählig war.

Als ich wieder in England war, erfuhr ich, daß sich Russell Thompson gegen ein Mandat in Rays Berufungsangelegenheit entschieden hatte. Mein Interesse war nach wie vor, die Wahrheit über den Mord in Erfahrung zu bringen, aber es gab eine Reihe verfassungsrechtlicher Probleme, deren Erörertung ebenso dringlich war. Widerstrebend erklärte ich mich bereit, die Berufung selbst zu vertreten. (Dieses Verfahren wird in einem späteren Kapitel diskutiert.)

Bei meinem nächsten Besuch in Memphis wurde ich von Renfro Hays mit Ken Herman bekannt gemacht, einem anderen Ermittler vor Ort, den ich in meine Dienste nahm. Durch Herman und seine Beziehungen kam ich in Kontakt mit mehreren aktiven und pensionierten Polizisten des MPD. Bis Ende Oktober 1988, als ich formell Rays Berufung beim Sixth Circuit Court of Appeals einreichte, galt ich als Schriftsteller aus Übersee, der historische Studien zu dem Attentat betreibt.

In diesem Zusammenhang gelang es mir auch, den Inspector a. D. Sam Evans zu interviewen. Von Evans konnte ich vielleicht erfahren, weshalb das MPD die TACT-Einheiten am Nachmittag des 4. April zurückgezogen hatte. Besonders interessierte ich mich für TACT 10, die ursprünglich im Lorraine-Motel stationiert war und in die Feuerwache an der South Main Street verlegt wurde. Bei unserer ersten Zusammenkunft räumte er ein, daß die Krisen-Eingreiftruppen seinem direkten Kommando unterstellt waren; aber daß er auch deren Rückzug angeordnet hatte, wollte er zunächst nicht wahrhaben. Er versuchte vom Thema abzulenken und kam auf den riesigen Braunbär zu sprechen, den er erlegt hatte, als dieser aus seinem Käfig im Zoo getürmt war. Mit selbstzufriedenem Behagen malte er aus, wie er das Tier mit dem Maschinengewehr niedergestreckt hatte. Auf die TACT-Einheiten zurückkommend, erinnerte ich ihn an die eidesstattliche Erklärung des Polizeichefs Crumby vor dem Untersuchungsausschuß 1978, die den Rückzug der Truppe bestätigte. Endlich entsann er sich, daß die Einheiten abgezogen waren, aber nur, weil es jemand aus Kings Umgebung verlangt hätte. Wer das gewesen sein soll, wußte er nicht mehr. Persönlich sei er mit Kings Kollegen in Memphis gut befreundet und habe an den morgendlichen Lagebesprechungen mit Reverend Lawson und den anderen während des Streiks teilgenommen. Er hatte nach eigenen Angaben auch persönliche Beziehungen zu manchen Führern der schwarzen Gemeinde, die ihn regelmäßig mit Auskünften versorgten. In diesem Zusammenhang fielen die Namen Solomon Jones und Walter Bailey, Eigentümer des Lorraine. In einer späteren Sitzung prahlte Evans, gut mit Reverend Billy Kyles befreundet zu sein. Mir kam der Verdacht, daß Kyles einer seiner Gewährsleute unter den Schwarzen war. Will man dem Autor Philip Melanson Glauben schenken, so hat Evans 1985 behaupet, Kyles habe verlangt, die TACT-Einheiten aus dem Lorraine fernzuhalten. Kyles hat eine solche Forderung vehement bestritten.[56]

Polizeichef Crumby bestätigte mir später, die Forderung nach Rückzug der TACT-Einheiten sei »am Vortag« von jemandem aus Kings Mitarbeiterstab gekommen; die Einheiten selbst hätten unter dem Befehl von Sam Evans gestanden.

Die Tatsache, daß Reverend Kyles kein Amt in Martin Luther Kings Organisation hatte, läßt es zweifelhaft erscheinen, daß er eine derartige Forderung hätte stellen können. Ebenso unwahrscheinlich ist, daß die Polizei einem solchen Vorschlag überhaupt nachgekommen wäre. Die TACT-Truppen waren Spezialisten in der Bekämpfung von Aufständen, und in der Stadt rechnete man mit dem Schlimmsten.

Einige MPD-Offiziere hatten mit Marrell McCollough zu tun, dem bei den Invaders eingeschleusten V-Mann. Ihrer Meinung nach war er ein Außenseiter gewesen. Ursprünglich stammte er aus Mississippi und stieß erst nach der Rückkehr aus Vietnam zur Polizeitruppe. Gerüchte kursierten, wonach er zu

Beginn der 70er Jahre eine Zeitlang bei der CIA gearbeitet haben soll; zuletzt will man ihn in Mittel- oder Südamerika gesehen haben.

Um mehr über den sogenannten »Streich« der falschen Funkmeldung herauszufinden, ließ ich von Ken Herman Interviews mit den MPD-Funkern von damals vereinbaren. Als ergiebigster Zeuge erwies sich Billy Tucker, der nach eigenen Worten den gesamten Funkverkehr kontrolliert hatte. Bei unserem Treffen am Mittag des 29. Oktober 1988 konnte er sich gut an die Vorfälle erinnern.

Nach Tuckers Angaben war es der Polizist Rufus Bradshaw gewesen, der die Einzelheiten einer Verfolgungsjagd im Nordosten der Stadt meldete. Ein blauer Pontiac versuchte offenbar, einen weißen Mustang einzuholen. Anfangs hatte Bradshaw behauptet, er selbst sei hinter ihm her, aber dann stellte sich heraus, daß er nur die Meldungen eines CB-Funkers namens William Austein weitergab, der neben ihm parkte. Austein erfuhr die Einzelheiten der Verfolgungsjagd offenbar vom Fahrer des Pontiac selbst, der alles über CB-Funk kommentierte. Bald merkte Tucker, daß es weder eine Verfolgungsjagd noch einen blauen Pontiac gab, sondern daß der Funkspruch die Aufmerksamkeit der Polizei ablenken und auf den Norden von Memphis konzentrieren sollte. Außerdem bestätigte Tucker, daß kein Fahndungsaufruf mit genauer Beschreibung des Verdächtigen und kein »Signal Y«-Alarm erlassen wurde (bei dem alle Ausfallstraßen von Streifenwagen blockiert werden).

Zahllose Interviews mit anderen MPD-Angehörigen führten ins Leere. Beamte, die das Geschehen eigentlich in allen Einzelheiten kennen mußten, lehnten oft barsch jede Hilfe ab.

In einer heruntergekommenen Pension am Peabody fanden wir den ehemaligen Taxichauffeur James McCraw, den Fahrer, der sich kurz vor dem Mord geweigert hatte, den sturzbetrunkenen Zeugen der Anklage, Charlie Stephens, zu transportieren. McCraw war Mitte Sechzig und mußte durch ein künstliches Stimmbandgerät sprechen, das er vor die Kehle hielt. Er sei am

Nachmittag des 4. April mit dem Taxi unterwegs gewesen und in eine Pension bestellt worden, um Charlie Stephens in Zimmer 6-B auf der zweiten Etage abzuholen. Bei seiner Ankunft kurz vor 18.00 Uhr habe er den Wagen in der zweiten Reihe vor der Pension, dem nördlichsten Eingang gegenüber abgestellt. Als er das Taxi verließ, um einzutreten, bemerkte er einen Lieferwagen vor dem Haus und zwei weiße Mustangs, die in etwa hundert Meter Abstand geparkt waren, der eine vor Jim's Grill, der andere weiter südlich bei Canipe's Spielhalle.

Er betrat Stephens Zimmer und sah »den alten Charlie« reglos auf dem Bett liegen. McCraw verließ das Zimmer auf der Stelle, denn »ihn 'runterschleppen« wollte er nicht. Die Badezimmertür habe offengestanden, das Bad selbst sei leer gewesen. Anschließend habe er sich wieder ins Taxi gesetzt und sei zu einem anderen Kunden gefahren. Er war noch nicht weit gekommen, als aus der Funkzentrale die Meldung kam, Martin Luther King sei erschossen worden, und die Fahrer sollten sich aus der Downtown fernhalten. McCraw war ganz sicher, daß er keine fünf Minuten von der Pension entfernt war, als er die Nachricht hörte.

Das war eine aufregende Neuigkeit. Wenn sie zutraf, was die Details der Schilderung nahelegten, irrten MPD, FBI und HSCA mit ihrer These, der Schuß sei vom Badezimmer aus abgegeben worden. McCraw hatte seine Geschichte seit Jahren erzählt und jedem Ermittler, der ihn danach fragte, von dem leeren Badezimmer berichtet. Seine Aussage, Charlie Stephens sei Minuten nach dem Attentat im volltrunkenen Zustand angetroffen worden, bestätigte erneut Rays Version und widersprach der offiziellen Darstellung.

Hilfssheriff Vernon Dollahite lehnte sich in seinem Drehstuhl zurück und verkündete, er habe nach dem Attentat das Bündel vor Canipe's Spielhalle gefunden. Er sei mit der TACT 10 in der Feuerwache gewesen, und als er die Schüsse hörte, lief er zum Nordosttor, sprang über den Zaun und landete auf dem Bürgersteig der Mulberry Street. Dann rannte er auf den Motel-Parkplatz, verlor seine Waffe, hob sie wieder auf und setzte seinen Weg von der Mulberry zur Huling Street fort. Dort hielt sich der Hilfssheriff westlich zur South Main und postierte einen Kollegen nahe der Ecke Huling und Mulberry Street. Vor Jim's Grill blieb er kurz stehen und befahl allen, sich bis zu seiner Rückkehr nicht vom Fleck zu rühren. Er ging weiter südlich, an Canipe's vorbei, und kehrte dann um, wobei er auf das Bündel stieß. Kurz darauf gesellte sich Lieutenant »Bud« Ghormley dazu, Kommandant der TACT-10-Einheit. Ghormley übernahm das Bündel, und Dollahite verzog sich auf die andere Straßenseite.

Sein gesamter Rundgang habe nicht länger als zwei Minuten gedauert, meinte Dollahite, und er war sicher, daß er das Bündel erst auf dem Rückweg entdeckt hatte. Er habe auch niemanden gesehen, vor allem kein Fahrzeug, das den Tatort verließ.

Herman und ich blickten einander an. Der Hilfssheriff mußte das Bündel übersehen und sich in der Zeit geirrt haben, die er für seinen Weg gebraucht hatte. Seiner Aussage zufolge wäre es einem Mörder unmöglich gewesen, aus der Pension zu fliehen, das Bündel nach der Erschießung Martin Luther Kings wegzuwerfen, anschließend in den Mustang vor Canipe's Spielhalle zu steigen und davonzufahren, ohne von ihm gesehen zu werden. Da konnte etwas nicht stimmen. Entweder brachte Dollahite den Zeitplan durcheinander, oder er hatte mehr Zeit in Jim's Grill verbracht, als er dachte. Die Aussage Ghormleys (der 1988 verstorben war) hatte ich gelesen. Er behauptete, das Bündel gefunden zu haben, nachdem er zuerst dieselbe Richtung nahm wie Dollahite, dann aber nicht über die Mauer sprang, sondern zur anderen Seite hinaus auf die South Main und nördlich Richtung Canipe's rannte. Ghormley schätzte die Zeit, die er brauchte, um am Tatort zu sein und die achtlos weggeworfenen Beweise einzusammeln, ebenfalls auf zwei Minuten. Auch er sah keinen Menschen und keinen davonfahrenden Wagen. Beide Geschichten widersprachen einander, doch alles in allem erschien es mir wahrscheinlicher, daß Ghormley eher bei der Spielhalle eingetroffen war und das Bündel aufgehoben hatte.

Die Aussagen zweier Kunden, Bernell Finley und Julius Graham, und des Spielhallenbesitzers Guy Canipe waren mir bekannt. Sie alle berichteten von einem Poltern, das sie gehört hätten, als das Bündel weggeworfen wurde, während zugleich ein Weißer in südlicher Richtung davonlief. Kurz danach sei ein Mustang Richtung Norden losgefahren. Julius Graham erinnerte sich auch an einen Schuß, der dem Ganzen vorangegangen sein soll.

Ich erinnerte mich an Art Hanes, der mir prophezeit hatte, Canipe würde aussagen, das Bündel sei Minuten *vor* dem Schuß zu Boden geworfen worden. Mit Canipe selbst konnte ich nicht sprechen, denn er war inzwischen verstorben. Es gelang mir jedoch, ein Interview ausfindig zu machen, das George Bryan mit ihm geführt und im *Commercial Appeal* vom 11. April 1968 veröffentlicht hatte. Bryan schrieb, Canipe habe gesehen, wie ein Mann ein Bündel in den Eingangsbereich seines Lokals warf und einfach weiterging. Canipe ließ seine beiden Kunden stehen, die sich im rückwärtigen Bereich aufhielten, trat an die Tür, blickte hinaus und sah nur noch den Rücken des Mannes, der sich rasch entfernte. Eine Minute später rannten die Kunden, die anscheinend ein Geräusch – vielleicht einen Schuß – gehört hatten, zur Vorderfront des Ladens. Im selben Moment stieg der Unbekannte in einen weißen Mustang, der nur knapp sieben Meter entfernt geparkt hatte, und fuhr davon.

Wenn man den Tathergang so betrachtet, wie ihn die Anklage darstellte, dann war das Timing dieser Flucht optimal. Zwischen ihr und dem Abfeuern des Schusses konnte nicht mehr als eine Minute gelegen haben.

Die Ermittlungen des MPD stützten die Andeutungen des Untersuchungsausschusses, es habe nur einen Mustang gegeben. Allmählich wurde immer deutlicher, daß dies ein Fehlschluß war.

Ray war stets dabei geblieben, daß er den Mustang vor Jim's Grill abgestellt hatte und erst wieder fortbewegte, als er den Tatort gegen 18.00 Uhr endgültig verließ. Nach seiner Aussage war er zu Fuß zum York-Waffenladen gegangen, wohin Raul ihn wegen der Infrarot-Ferngläser geschickt hatte. Der Mustang war also noch da, als Ray kurz vor 18.00 Uhr die Pension betrat. Das hatte auch McCraw bestätigt.

Ich machte Peggy und Charles Hurley ausfindig und befragte sie. 1968 hatte Peggy Hurley für die Tapetenfabrik Seabrook gearbeitet, die der Pension direkt gegenüberlag. Jeden Tag wurde sie von ihrem Ehemann Charles abgeholt, wenn sie gegen 17.00 Uhr Feierabend machte. Er parkte stets vor der Spielhalle, bis sie herauskam. An diesem Donnerstagnachmittag erzählte ein Arbeitskollege Peggy, ihr Mann sei gegen 16.45 Uhr eingetroffen, früher als gewöhnlich. Als Peggy aus dem Fenster blickte, sah sie, daß der Wagen, der gerade unten hielt, nicht der weiße Falcon war, sondern ein weißer Mustang – und der junge, dunkelhaarige Mann am Steuer war gewiß nicht Charles.

Mr. Hurley bekräftigte, daß er sich entsinnen könne, hinter einem weißen Mustang geparkt zu haben. Außerdem fiel ihm ein junger Mann mit dunkelblauer Wetterjacke auf, der am Steuer saß. Die Nummernschilder des Mustangs waren aus Arkansas – rote Buchstaben auf weißem Grund. Rays Wagen hatte natürlich Alabama-Nummernschilder mit weißen Ziffern auf rotem Grund, und Ray trug an diesem Nachmittag einen dunklen Anzug, ein weißes Hemd und eine dunkle Krawatte. Als Peggy Hurley einige Minuten später herauskam und sie losfuhren, saß der junge Mann noch immer in dem Mustang.

Auf den gemeinsamen Vorschlag von Kay Black und Wayne Chastain verabredete ich mich mit Jim Reid, einem ehemaligen Fotoreporter beim *Press Scimitar* in Memphis. Ungefähr drei Tage vor dem Attentat, so berichtete er mir, habe er einen Ast am Baum hinter der Pension gesehen, der einen gezielten Schuß aus dem Badezimmer auf jeden Fall verhindert hätte. Er fotografierte ihn sogar. Angeblich hatte er einem Bekannten bei der CIA davon erzählt, der mit dem Ausruf: »Woher, zum Teufel, wußtest du das?« reagierte. Ich bat ihn, mir das Foto herauszusuchen.

Kurz nach dem Attentat führte Reid ein Interview mit Willie Green, der in einer Esso-Tankstelle unweit der Linden und der Third Avenue arbeitete. In einer Titelstory, die auch Greens Porträt brachte, schilderte Jim die Aufregung des Mannes, als man ihm ein Foto von Ray zeigte und fragte, ob er sich erinnere, den Mann an jenem Abend gegen 18.00 Uhr gesehen zu haben. Green hatte Ray eindeutig als Kunden identifiziert, der seinerzeit in die Tankstelle gekommen war. 1988 existierte die Tankstelle nicht mehr.

Es war zehn Jahre her, seit ich Loyd Jowers, der 1968 Eigentümer von Jim's Grill war, das erste Mal besucht hatte. Jetzt suchte ich ihn in seinem neuesten Etablissement auf, einer Spielhalle auf der Union Street. Während er mit mir sprach, hatte er zugleich ein Auge auf die Kundschaft sowie auf eine großkalibrige Pistole, die an seiner Theke stets in Griffnähe lag und, wie er meinte, gelegentlich von Nutzen sei.

Jowers äußerte sich über einige mir bereits vertraute Themen. Den Mustang hatte er vor seinem Imbiß bemerkt, als er an diesem Nachmittag gegen 16.00 Uhr zur Arbeit kam. Außerdem wußte er noch, daß er Charlie Bier verkauft und verlangt hatte, er solle es mit auf sein Zimmer nehmen, weil er schon schwer betrunken war. Während des Attentats will Jowers vor dem Laden gestanden haben; als er den Schuß hörte, dachte er, ein Topf in der Küche sei heruntergefallen. Daraufhin sei er hineingegangen und habe nachgesehen, aber nichts Ungewöhnliches bemerkt, weshalb er wieder vor die Tür trat. Kurze Zeit später kam ein Hilfssheriff herein und befahl allen, sich auf keinen Fall zu entfernen.

Jowers gab zu, daß am Nachmittag des 4. April mehrere Kellnerinnen anwesend waren. Ich hatte lange auf ein Gespräch mit ihnen gehofft, besonders mit Betty, die Wayne Chastain 1978 erwähnt hatte. Jowers zufolge hatte sie mehrere Ehen hinter sich und häufig den Namen gewechselt. Ihren derzeitigen Wohnort beschrieb er recht vage, und Ken Herman und ich gaben uns alle Mühe, sie aufzuspüren. Doch schon bald stellte sich heraus, daß uns Jowers in die Irre führen wollte.

16
Heiße Spuren, ungelöste Rätsel: Frühling – Sommer 1989

Im Frühjahr 1989 verlagerte ich den Schwerpunkt meiner Recherchen auf Atlanta, wo ich Ralph Abernathy und Hosea Williams besuchte, die ich seit Jahren nicht gesehen hatte. Hosea war erfreut, daß ich James Earl Ray bei seiner Berufungsklage vertrat und noch immer versuchte, die Geheimnisse rund um den Fall aufzuklären. Er hatte sich nie mit dem offiziellen Ergebnis der Ermittlungen zufriedengeben wollen.

Überdies hatten wir eine recht heikle Angelegenheit zu erörtern. Aus David Garrows Recherchen wußte ich, welcher Informant unter den Vorstandsmitgliedern der SCLC auf der Lohnliste des FBI stand: James Harrison, der im Oktober 1964 beigetreten war und unter Ralph Abernathys persönlicher Aufsicht stand.[57] Seit Herbst 1965 gab Harrison dem Agenten Al Sentinella im Regionalbüro Atlanta regelmäßige Berichte, auch noch am Tag, als Martin Luther King ermordet wurde. Es war ein schwerer Schlag für Hosea, als die Geschichte Harrisons ans Licht kam, denn sie waren in der gleichen College-Burschenschaft und 1967-68 sogar Zimmergenossen gewesen. Der Gedanke, daß andere ihm unterstellen könnten, er mache mit Harrison und der Regierung gemeinsame Sache, bereitete ihm große Sorge. Äußerst unangenehm war, daß er sich von Harrison, der ihm offenbar eingeredet hatte, seine Stellung sei gefährdet, einige Tonbandmitschnitte von SCLC-Konferenzen abschwatzen ließ. Von Harrisons Spitzeltätigkeit hatte Hosea keine Ahnung. Beispielsweise wußte er nicht, daß Harrison bei ihrer gemeinsamen Reise nach Memphis am 3. April 1968 zunächst getreulich bei dem FBI-Spezialagenten Jensen angeklopft hatte, bevor er den Rest des Tages mit der SCLC-Gruppe verbrachte und anschließend nach Atlanta zurückflog.

Bei der Rekapitulation der Ereignisse vom 4. April bestätigte Hosea, was ich bereits wußte: daß Martin den Nachmittag größtenteils bei einer Vorstandskonferenz im Lorraine verbracht hatte. Das Treffen endete zehn oder fünfzehn Minuten vor dem Attentat. Zwischen 16.00 und 16.30 Uhr wurde es kurz unterbrochen, als Andy Young vom Gericht zurückkam und die richterliche Genehmigung der Demonstration mitteilte. Außerdem entsann er sich einer kleinen »Balgerei« Martins mit Andy, bevor die Konferenz endete. Billy Kyles, der dem Treffen nicht beiwohnte, hatte irgendwann kurz vor 18.00 Uhr an die Tür geklopft und daran erinnert, daß sie schon eine Dreiviertelstunde über der Zeit waren, zu der sie daheim zum Essen erwartet wurden. Martin forderte die anderen auf, in ihre Zimmer zu gehen und sich rasch fertigzumachen. Hosea ging, blieb noch einmal kurz stehen und begab sich dann in sein Zimmer im Erdgeschoß, genau unter dem von Martin Luther King. Er hatte neben Solomon Jones Limousine gestanden und wußte noch, wie Solomon, der hinterm Steuer saß, King zurief, er solle den Mantel nicht vergessen, es sei ein kühler Abend.

Hosea berichtete, er habe gerade den Schlüssel in seine Zimmertür gesteckt, als er King sagen hörte: »Recht hast du, Jonesey, ich hol mir den Mantel.« Dann fiel ein Schuß, und als nächstes sah er Martins Bein vom Balkon herabbaumeln.

Ich erwähnte Kyles Behauptung, er habe sich fast eine Stunde vor dem Attentat in Martins Zimmer aufgehalten. Kyles war kein Mitglied des Vorstands, deshalb war er gewiß nicht zur Sitzung geladen worden.

Anderntags, nach dem Mittwochsgottesdienst der Osterwoche in der Baptist Church an der West Hunter Street, wo Ralph Abernathy, seit ich zurückdenken kann, als Reverend gewirkt hat, erörterte ich mit ihm die letzte gemeinsame Reise, die er mit Martin nach Memphis unternommen hatte.

Ralphs Schilderung der Stunde vor Martins gewaltsamem Tod deckte sich exakt mit der von Hosea. Er und Martin hatten sich zwischen 17.30 und 17.45 zum Essen umgezogen, nachdem sich die Versammlung aufgelöst hatte. Martin war als erster fertig und trat nach draußen. Ralph erinnerte sich, wie Solomon Jones ihm kurz vor dem Todesschuß zurief, den Mantel zu holen, weil es heute abend kühl sei.

Mit Kyles Aussage konfrontiert, entgegnete Ralph wütend: »Wenn Billy Kyles das gesagt hat, ist Billy Kyles ein Lügner.« Ralph meinte, Kyles habe keine Sekunde mit ihnen im Zimmer verbracht. Ralph hatte sich gerade mit etwas Eau de Cologne eingerieben, als er den Schuß hörte und nach draußen rannte, um den sterbenden Freund im Arm zu halten. Kyles befand sich auf dem Balkon. Ralph schickte ihn hinein, ans Telefon. Er erinnerte sich, daß Andy Young neben ihm kniete und den Kopf schüttelte: »Es ist aus, Ralph, es ist alles, alles aus!« Er habe widersprochen: »Nein, nichts ist aus, Andy, sag so etwas nicht!«

Sekunden später trat er ins Zimmer und sah Kyles schluchzend auf dem Bett liegen. Ralph habe ihn ermahnt, es sei jetzt nicht der Augenblick, hysterisch zu werden, er solle lieber den Notarzt anrufen. »Die Leitungen sind alle besetzt, Ralph«, gab Kyles zurück.

Ein paar Jahre später erhielt ich Einblick ins Dienstprotokoll der Polizeistreife von Memphis. Willie Richmond hatte den Auftrag, King und seine Leute im Lorraine zu bespitzeln. Sein Bericht stimmt mit dem überein, was Hosea und Ralph mir erzählten.

Aus welchem Grund hatte Kyles gelogen? Wollte er sich bloß wichtig machen, indem er behauptete, Martin Luther King noch so kurz vor dessen Tod nahe gewesen zu sein? Zuvor hatte ich Kopien des Lorraine-Gästebuchs von dieser Woche bis zum 5. April 1968 bekommen und mich gewundert, daß Kyles, der doch am Ort wohnte, für den 3. und 4. April das Zimmer 312 gebucht hatte.

Ralph ist 1992 verstorben. Bei dieser Unterredung sah ich ihn zum letzten Mal.

Im Frühsommer 1989 wurde ich als Berater zu einer BBC-Produktion heranzogen. Es handelte sich um einen Dokumentarfilm über das Attentat unter dem Titel *Inside Story: Who Killed Martin Luther King?* Auf Rays Empfehlung war zu Beginn des Jahres der britische Filmautor John Edginton von Otmoor Productions an mich herangetreten. Er zeigte sich bestürzt über die HSCA-Enthüllungen hinsichtlich der COINTELPRO-Aktivitäten gegen Martin Luther King. Ich rechnete damit, daß derartige Operationen, einschließlich der elektronischen Ausspähung, bis zum Tag seiner Ermordung weitergeführt wurden, selbst wenn sich das möglicherweise nie zweifelsfrei beweisen ließ. Edginton teilte ich die bisherigen Ergebnisse meiner Recherchen mit und schlug vor, er solle Myron Billet und John McFerren vor laufender Kamera interviewen.

Ich brachte Edginton und sein Team zu Billet. Edginton hielt dessen Story für glaubwürdig und machte sich auf, die Einzelheiten zu überprüfen. Er reiste nach Apalachin, New York, und fand das Motel und das Restaurant, wo Billet mit seinem Chef am Abend vor dem Treffen gespeist hatte. Beide Orte waren so, wie er sie beschrieben hatte. Edginton war nicht weniger beeindruckt als ich. Billet war ein alter, tiefreligiöser Mann, der am Rand des Grabes stand – aus welchem Grund hätte er lügen sollen?

Bald nach der Ausstrahlung des BBC-Films starb Billet an Herzschwäche. Sein bester Freund, Reverend Maurice McCracken aus Cincinatti, betonte, er sei glücklich gestorben. Wenigstens am Ende hatte man ihm zuhören wollen.

Eines Nachmittags wartete Edgintons Team drei geschlagene Stunden vor John McFerrens Tankstelle, während ich versuchte, den Besitzer vor die Kamera zu locken. Seine Angst war noch immer zu groß, als daß er sich zu reden getraut hätte.

Nach der Ausstrahlung des Dokumentarfilms erzählte mir McFerren, obwohl er ja gar nicht vor die Kamera getreten sei, habe ihn ein Lieferant und Vertreter eines großen Benzinkonzerns beiseite genommen und ihm geraten, vorsichtiger zu sein: »Dieser Pepper will bloß Staub aufwirbeln!«

Im Juni 1989 erhielt ich einen Bericht von T. J., meinem Kontaktmann in den Südstaaten, über Raul Esquivel senior und Raul Esquivel junior. Der New-Orleans-Kontaktmann von T. J. hatte herausgefunden, daß der ältere Esquivel 1968 als berittener Polizist in der Troop-B-Kaserne von Baton Rouge stationiert gewesen war und angeblich mit Jules »Ricco« Kimbel und Sal Liberto verkehrte. Kimbels Name war schon verschiedentlich am Rande der Mordfälle John F. Kennedy und King aufgetaucht. Seine mögliche Verwicklung war vom HSCA erörtert und verworfen worden, da der Ausschuß die Überzeugung vertrat, Kimbel sei nicht zur gleichen Zeit wie Ray in Kanada gewesen. Das HSCA wies auch auf Kimbels Weigerung hin, mit dem Ausschuß zu kooperieren. Sal Liberto war ein Verwandter des Großhändlers Frank Liberto in Memphis, den McFerren in seiner Aussage erwähnt hatte. Esquivel war spanischer Abkunft (er stammte aus Belize), 1,77 Meter groß und wog 175 Pfund; 1968 war er 42 Jahre alt. Im Zweiten Weltkrieg hatte er sowohl in der Army als auch zur See gedient.

Obwohl er einige verdächtige Kontakte nach New Orleans pflegte, konnte man ihm die Beteiligung nicht schlüssig nachweisen. Als ich im Herbst 1994 mit Charlie Stein sprach, bestritt er sogar kategorisch, die Telefonnummer gesehen zu haben, die James auf der Reise nach New Orleans im Dezember 1967 wählte.

Edginton und seine Leute nahmen also Kontakt zu Kimbel auf. Jim Garrison, ehemaliger Generalstaatssanwalt von New Orleans, versicherte Edginton, alles, was ihm Kimbel über den Kennedy-Mord erzählt hätte, habe sich hinterher als wahr erwiesen. Das BBC-Team besuchte Kimbel im Three-Rivers-Staatsgefängnis von Texas.

Er wartete mit einer ungewöhnlichen Story auf. Als V-Mann des FBI und CIA habe er für die Regierung und zugleich für einen Verbrecherring gearbeitet. Sein Führungsoffizier beim FBI sei ein Agent namens Clement Hood sen. in New Orleans gewesen. Syndikate und FBI arbeiteten nach seiner Einschätzung Hand in Hand. Die Gangster handelten für das FBI die Verträge aus, und falls etwas publik wurde, konnte das FBI alle Verbindungen oder Kenntnisse abstreiten. Er sei für seine Dienste stets bar bezahlt worden, was ihn als »Mann fürs Grobe« auswies, der auch vor Mord nicht zurückschreckte. Das BBC-Team erfuhr, wie verhaßt King in mächtigen und wohlhabenden Kreisen des Südens gewesen war, besonders bei Leander Perez, dem rechtsextremen Führer in Louisiana, und dem texanischen Ölmilliardär H. L. Hunt. Dies sei, so Kimbel, der gemeinsame Nenner mit CIA und FBI.

Obwohl er später behauptete, sich geirrt zu haben, sagte er zunächst aus, James im Sommer 1967 auf Anweisung von Clement Hood sen. nach Kanada geflogen zu haben, wo er ihm falsche Papiere besorgte. Ein früherer CIA-Agent bestätigte der BBC, ein Spezialist seiner Organisation in Toronto hätte seinerzeit in ganz Kanada operieren können. Sein Name sei Raul Maori.

Bei späteren Interviews mit dem BBC-Team im Dezember 1989 räumte Kimbel allerdings eine weit größere Beteiligung am Fall Martin Luther King ein. So behauptete er, zwei Schützen von Montreal nach Memphis geflogen und nach dem Attentat zurückgebracht zu haben. Er deutete »Generalproben« in der Umgebung der South Main Street an und eine grenznahe Operationsbasis in Mississippi. Sogar die Gewehre für die Heckenschützen will er besorgt haben. James Earl Ray sei nicht der Killer gewesen, betonte er, nur eine Art Lockvogel. Frank Liberto habe eine kleinere Nebenrolle bei der Ermordnung gespielt, viel stärker sei sein Bruder Sal involviert. Es hätte uns allerhand Mühe bereitet, Kimbels Geschichte zu überprüfen.

Der BBC-Dokumentarfilm enthielt auch ein Interview mit Earl Caldwell, dem *Daily-News*-Kolumnisten aus New York, der 1968 als junger Reporter für die *New York Times* über King berichtet und am 4. April in Zimmer 215 des Lorraine-Motels logiert hatte. Unmittelbar nach dem Schuß sei er aus dem Zimmer gelaufen und habe die Gestalt eines Weißen gesehen, der sich hinter dem Grill und der Pension ins Buschwerk verdrückte. Niemand von FBI, MPD oder HSCA hatte ihn je darauf angesprochen, und seine Beobachtungen waren mit der offiziellen Version der Anklage unvereinbar, der Schuß sei vom Badezimmerfenster aus abgegeben worden. Die Edginton-Produktion zitierte weitere Gutachten, die sich gegen diese Möglichkeit wandten, wobei auch die Theorie widerlegt wurde, der Gewehrlauf hätte beim Rückstoß eine Kerbe hinterlassen können (auch das HSCA hatte die Fensterbank-Indizien verworfen).

Im Gegensatz zu dem, was er mir und offenbar auch dem Autor Phil Melanson gesagt hatte, bestritt Inspector Sam Evans in seinem BBC-Interview, die TACT-Einheiten hätten sich zurückgezogen oder seien aufgelöst worden. Ein Rückzug hätte ausschließlich auf seinen Befehl geschehen können, den er aber nie erteilt habe. Ich kam aus dem Staunen nicht mehr heraus.

Meine Ermittlungen in Memphis setzte ich sporadisch fort. Im Sommer 1989 stießen Herman und ich endlich auf Betty (deren Nachname, wie wir erfuhren, Spates lautete), die ehemalige Kellnerin in Jim's Grill, die ich schon lange sprechen wollte. Betty war eine attraktive, farbige Enddreißigerin, mit scheuem Blick und leiser Stimme. Um mit uns zu reden, kam sie aus dem Haus und wirkte sehr nervös. Daß sie am Tag des Attentats in der Imbißstube arbeitete, bestritt sie nicht, aber sie wollte sich nicht dazu äußern. Nachdem ich mich als Rays Anwalt vorgestellt hatte, bemerkte sie: »Daß dieser Mann [Ray] Martin Luther King nicht umgebracht hat, ist eine Tatsache. Ich weiß das mit Sicherheit.« Woher sie es wußte, wollte sie nicht darlegen. Wie sie mir sagte, werde sie jedesmal, wenn sie einen Job annehme, von einem Unbekannten aufgesucht, der »nur vorbeikommt, damit ich sehe, daß er über mich Bescheid weiß«. Einmal seien ihr Geld und falsche Papiere angeboten worden, damit sie in eine andere Gegend zöge, aber das brächte sie nicht fertig, denn ihre ganze Familie und ihre Kinder wohnten in Memphis. Mehr ließ sie sich nicht entlocken, und wir trennten uns mit dem Vorsatz, in Verbindung zu bleiben.

Hatte Loyd Jowers unsere Suche nach Betty erschwert, weil er sie schützen wollte? Das paßte irgendwie gar nicht zu Jowers, der einen ziemlich kaltschnäuzigen Eindruck machte. Wenn wir über den Fall redeten, schien er immer auf der Hut zu sein. Man munkelte, er sei in den letzten zehn Jahren stark alkoholsüchtig geworden. Nach seiner Darstellung hatte er Betty seit längerer Zeit nicht mehr gesehen; er interessiere sich nicht für sie und wolle nichts von ihr wissen. Welchen Anlaß sollte er haben, sie in Schutz zu nehmen?

Meine Bedenken gegen Jowers wuchsen, als ich feststellte, daß er dem Edginton-Team weisgemacht hatte, am Nachmittag des 4. April hätte bei ihm niemand bedient, er habe die Grillstube ganz alleine versorgt. Zuvor hatte er mir gegenüber, bei mehreren Anlässen auch vor Chastain, die Anwesenheit von Kellnerinnen bestätigt. Andererseits hatte er Chastain auch schon mal erzählt, er sei allein gewesen. Außerdem gab es über die Jahre ein ständiges Hin und Her seiner Aussage, ob Jack Youngblood nun der »Rührei-mit-Würstchen«-Mann gewesen sei oder nicht. Der ehemalige Grillbudenwirt litt keinesfalls an Altersschwäche. Er war im Vollbesitz seiner geistigen Kräfte. Mehr und mehr kam ich zu der Überzeugung, daß es sich nicht um Gedächtnisprobleme handelte, und betrunken war er auch nicht gewesen, als er mir Stein und Bein schwor – übrigens kurz vor dem BBC-Interview –, zur Tatzeit seien Kellnerinnen im Dienst gewesen. Was mochte in ihm vorgehen?

Im Gespräch mit einem Mitarbeiter Edgintons hatte James McCraw beiläufig ein Gewehr erwähnt, das sich zum Zeitpunkt der Tat in Jim's Grillstube befunden habe. Ich suchte McCraw auf, und er bestätigte, daß Jowers ihm am darauffolgenden Vormittag das Gewehr gezeigt hatte, das in einer Schachtel auf einem Regal unter der Theke gelegen habe. Jowers ließ ihn wissen, er habe es nach dem Attentat »draußen im Hinterhof« gefunden und wolle die Waffe der Polizei übergeben. Später beteuerte Jowers gegenüber McCraw, genau das habe er auch getan.

Mich bestürzte diese neue Enthüllung. War das zweite Gewehr möglicherweise die Mordwaffe? Wenn Jowers die Wahrheit gesagt hatte, war erwiesen, daß der Schuß aus dem Gestrüpp hinter der Pension, und nicht von drinnen abgefeuert worden war. Aber die Ermittler hatten doch wenige Minuten nach der Tat das ganze Gelände durchkämmt. War es möglich, daß sie das Gewehr übersehen hatten? Weshalb hatte Jowers es bei unseren zahlreichen Unterredungen nie erwähnt? Und wieso gab es im HSCA-Report nicht den geringsten Hinweis darauf? Was war aus der Waffe geworden? Hatte Jowers sie tatsächlich der Polizei übergeben?

War das der Grund, weshalb Betty Spates Angst hatte? Kannte auch sie das Gewehr, oder wußte sie sogar mehr darüber?

17
Die Rechtsvertretung James Earl Rays
– ein Rückblick –

Um Rays Berufungsklage möglichst effektiv vorzubereiten, mußte ich mich mit der ganzen Verfahrensgeschichte, auch mit seinem Schuldbekenntnis, neu auseinandersetzen. Ich fing noch einmal ganz von vorn an.

Arthur Hanes sen. glaubte, James habe ihm das Mandat übertragen, weil er schon einmal einen ähnlichen Fall vertreten hatte: die Verteidigung von Angeklagten aus Alabama, denen man vorwarf, Mrs. Viola Liuzzo aus Detroit umgebracht zu haben. Mrs. Liuzzo war während eines Protestmarsches aus dem Seitenfenster eines überholenden Wagens erschossen worden. Sie hatte an diesem Abend in ihrem Wagen (ebenso wie ich) schwarze Demonstranten aus Montgomery herausgebracht. Hanes meinte, es sei nicht ungewöhnlich für ihn, in Fällen wie diesen herangezogen zu werden; als Bürgermeister von Birmingham hatte er eine konservative Haltung in der Rassenfrage eingenommen. (Freilich darf nicht vergessen werden, daß sich Ray auch an F. Lee Bailey gewandt hatte, einen als politisch linksstehend bekannten Anwalt aus Boston.)

Hanes und sein Sohn wurden auch von William Bradford Huie aus Huntsville, Alabama, angesprochen, der die Exklusivrechte an James Earl Rays Geschichte haben wollte. Huie versprach, den Angeklagten in günstigem Licht zu schildern und aus dem Erlös des Buches Mittel für die Verteidigung bereitzustellen.

Anfang Juli 1968 reiste Hanes nach London und nahm die von Huie übersandten Papiere mit. Darunter war auch eine sehr weitgehende anwaltliche Vollmacht, die Hanes autorisierte, in James' Namen zu handeln. In einer weiteren Erklärung trat James alle Einkünfte aus Folgevereinbarungen mit Huie an Hanes ab. Beide Dokumente wurden am 5. Juli 1968 unterzeichnet.

Am 8. Juli 1968 formulierten Hanes und Huie einen Vertrag, der Huie das Exklusivrecht an der literarischen Bearbeitung des Falles einräumte.

Einige Tage später entschloß sich James, den Vertrag zu unterzeichnen, weil er meinte, anders sei das Geld für seine Verteidigung nicht aufzubringen. Huie war bereit, Hanes und James jeweils 30 Prozent der Bruttoeinkünfte zu überlassen. Das Geld für James sollte zur Abgeltung der Anwaltskosten direkt an Hanes überwiesen werden. Im September 1968 wurde der Vertrag vom 8. Juli auf James' Betreiben nachgebessert. Dabei wurde ein Pauschalhonorar von 20.000 Dollar plus Spesen für Hanes vereinbart. James hielt die Änderung für notwendig, denn inzwischen hatte er begriffen, daß Hanes nur das Mandat in der ersten Instanz übernommen hatte; er aber mußte sich für den Fall einer Berufungsverhandlung finanzielle Reserven zurücklegen.

Die Entscheidung der englischen Behörden, James auszuliefern, fußte vorwiegend auf der eidesstattlichen Erklärung des »Augenzeugen« Charles Q. Stephens. Nachdem er auf Hanes' Anraten darauf verzichtet hatte, gegen die Auslieferung Berufung einzulegen, wurde James am 19. Juli in die USA geflogen, wo er zu früher Stunde im Shelby-County-Gefängnis eintraf.

Die Bedingungen der achtmonatigen Untersuchungshaft (19. Juli 1968 bis 10. März 1969) in der speziell präparierten Zelle waren außergewöhnlich hart. Der Gefangene stand unter permanenter Aufsicht durch mehrere Wachbeamte. Schwenkbare Kameras verfolgten jede seiner Bewegungen, auch das Ausüben natürlicher Körperfunktionen. Da eine Vielzahl von Mikrofonen totale akustische Überwachung ermöglichte, mußten sich James und Hanes bei ihren Gesprächen auf alle Viere niederlassen und einander ins Ohr flüstern. Die Zelle war rund um die Uhr taghell erleuchtet; wollte er schlafen, mußte James die Augen mit einem Tuch bedecken. Es gab kein natürliches Licht und keine frische Luft. Die Wachbeamten führten Buch über jeden, der James besuchte. Zusätzlich zur permanenten Überwachung wurde auch seine Post kontrolliert, darunter die Anwaltskorrespondenz, und in Kopien den Ermittlungsbehörden zugestellt. Selbst der Abfall aus seiner Zelle, einschließlich der Notizen, die sich James vor den Besuchen seines Verteidigers machte, wurde systematisch durchgekämmt und den Ermittlern ausgehändigt.

Diese Haftbedingungen höhlten James physische und psychische Widerstandskraft aus. Als er Ende Februar 1969 von seinem zweiten Verteidiger, Percy Foreman, gedrängt wurde, ein Geständnis abzulegen, war er kaum noch fähig, dem Druck standzuhalten.

Art Hanes und sein Sohn berichteten mir, am 12. November 1968 sei alles zur Verteidigung bereit gewesen. Sie glaubten, gut vorbereitet in den Prozeß zu gehen; einen Schuldspruch hielten sie nach vernünftigem Ermessen für unmöglich. Der ältere Hanes legte Wert auf die Feststellung, daß James ihn nie zu irgendeinem Kuhhandel mit dem Generalstaatsanwalt autorisiert habe. *Er habe stets auf einem Verfahren bestanden.* Hanes konnte sich erinnern, daß die Anklage schon früh eine lebenslängliche Haftstrafe im Tausch gegen ein Geständnis angeboten hatte. James wollte nicht darauf eingehen.

Noch während der Prozeßvorbereitung wurde James von Huie durch Vermittlung von Arthur Hanes befragt. Hanes gab die Anfragen an seinen Klienten weiter. Wenn James schriftlich antwortete, brachte Hanes dem Autor die Antworten mit. Wenig später lud Huie Jerry Ray zu sich nach Hause ein. Bei diesem Treffen bat er Jerry, seinen Bruder zu beschwören, während des Prozesses auf ein Plädoyer in eigener Sache zu verzichten. Jerry nahm an, Huie wolle James an der Aussage hindern, weil jede Stellungnahme öffentlich bekannt werden und damit den Sensationswert von Huies Buch mindern würde.

Empört setzte Jerry seinem Bruder auseinander, daß Hanes mit Huie unter einer Decke stecke, und riet ihm, einen anderen Anwalt zu nehmen. Er schlug Percy Foreman vor (auch »Texas-Tiger« genannt), dem der Ruf eines aggressiven Strafverteidigers vorauseilte. James sträubte sich gegen Foreman, aber für den örtlichen Verteidiger in Memphis, an den sie sich wandten, war der Fall zu groß. Daraufhin wandte sich Jerry auf eigene Faust an Percy Foreman. Foreman war einverstanden, das Mandat zu übernehmen, verlangte aber vor dem Gefängnisbesuch einen Brief von James, in dem dieser erklärte, er selbst wolle Foreman sprechen. James weigerte sich und bestand darauf, mit Arthur Hanes vor Gericht zu gehen.

Abermals rief Jerry bei Foreman an, der ihn zu einem Gespräch einlud und verlangte, Kopien der Verträge einzusehen, die James mit Hanes und Huie unterzeichnet hatte. Am 10. November, zwei Tage vor dem anvisierten Prozeßbeginn, trafen sich Jerry und John Ray mit Percy Foreman am Flughafen von Memphis. Foreman las die Verträge und legte sie mit der Bemerkung weg: »Die kann ich knacken. Nehmen wir ein Taxi und fahren zu Ihrem Bruder!«

James hat sich immer gewundert, wie es Foreman gelungen war, schon beim ersten Mal zu ihm vorzudringen. Art Hanes konnte mir die Antwort geben: Sheriff Bill Morris habe ihm erzählt, als Foreman im Gefängnis aufkreuzte, habe ihn der Gefängnisdirektor angerufen und den Besucher vertröstet, während Morris mit Richter Battle verhandelte. Zur größten Überraschung des Sheriffs hatte Battle gegen den unangemeldeten Besuch nichts einzuwenden und wies Morris an, dem Anwalt aus Texas Einlaß zu gewähren und ein Gespräch mit James zu genehmigen. Fast scheint es, als habe der Richter selbst, aus welchem Grund auch immer, am Vorabend des Prozesses dazu beitragen wollen, daß Arthur Hanes und seinem Sohn das Mandat entzogen werden konnte.

Während seines Besuchs redete Foreman auf James ein: Er müsse, wenn er mit Hanes weitermache, damit rechnen, »auf den Grill« zu kommen. Foreman schwor hoch und heilig, keinerlei Buchverträge abzuschließen, bis das Verfahren beendet sei. Er nannte eine Gebühr von 150.000 Dollar einschließlich der Berufungsinstanzen.

James war inzwischen überzeugt, daß Hanes für Huie arbeitete und Huie seine Informationen an das FBI weitergab. Daß es dem Büro immer wieder gelang, den Hinweisen zu folgen, die er zuvor Huie anvertraut hatte, konnte kein Zufall sein. Foreman schlug Kapital aus diesem Verdacht und beschwor James inständig, ihn zu seinem Anwalt zu machen. Der unvermeidliche Interessenkonflikt, zu dem, so Foreman, die Beziehungen zwischen Hanes und Huie führten, könne ihm sonst möglicherweise das Leben kosten.

Am Abend des 10. November wurde dem Hanes-Gespann ein Brief überbracht, der ihnen kurzerhand das Mandat aufkündigte. Hanes bot seinem Nachfolger einen Termin an, damit er von seinen Vorarbeiten profitiere, aber Foreman war nicht interessiert. Richter Battle fiel Foremans schlechter Gesundheitszustand auf, nachdem er sich mehrfach bei Gerichtsterminen entschuldigen ließ. Schließlich ernannte der Richter am 18. Dezember 1968 den Pflichtanwalt Hugh Stanton sen. zum zweiten Verteidiger. Später rückte Stanton zum gleichrangigen Rechtsbeistand auf. Foreman erwirkte einen Aufschub des Prozeßbeginns; seine nächste Amtshandlung war, daß er einen eigenen Vertrag mit Huie schloß, der am 5. Januar 1969 unterzeichnet wurde. Außerdem schlug er vor, Jerry solle sich einmal mit dem Autor George

McMillan unterhalten, der – ebenso wie seine Frau – seit langem Kontakte zu US-Geheimdiensten unterhielt.

Bis auf den heutigen Tag hat James seinen Entschluß, sich Foreman anzuvertrauen, bitter bereut. Nicht zuletzt war es seine schwache Konstitution, die Foreman an einer kompetenten Vertretung der Interessen Rays hinderte. Damals litt Foreman an den Folgen eines Verkehrsunfalls und mußte täglich drei verschiedene Medikamente einnehmen. Vor nicht allzu langer Zeit hatte er unter Eid versichert, er könne kaum noch durchschlafen oder ruhig dasitzen und sich längerfristig konzentrieren. Infolgedessen war er nach eigener Aussage nicht imstande, größere Prozesse alleine zu führen. Dabei stand er selbst, wegen Steuervergehen und anderer Delikte, auf Kriegsfuß mit den Behörden.

Nach ein paar Wochen wandte sich Foreman an die Hanes-Praxis in Birmingham und bat um einen Gesprächstermin. Hanes sen. hat mir berichtet, daß sie zwei oder drei Stunden zusammensaßen, anschließend mit ihm essen gingen und sich darüber wunderten, daß er die Prozeßvorbereitung auf die leichte Schulter nahm und keine eigene Strategie entwickelt hatte.

Ein drastischer Sinneswandel erfolgte am 13. Februar 1969. An diesem Tag überbrachte Foreman seinem Klienten einen Brief, der den kurzgefaßten Rat enthielt, ein Geständnis abzulegen, und eine Reihe von Gründen anführte. Überrascht zeichnete James den Brief ab, um den Empfang zu quittieren, nicht etwa als Signal seines Einverständnisses, und bedeutete seinem erregten Rechtsvertreter, er habe nichts dergleichen im Sinn. Von da an ließ Foreman ihm keine Ruhe mehr. Er verlangte unaufhörlich, James solle sich schuldig bekennen.

Aber James war strikt dagegen. Noch am 17. Februar schrieb er seinem Bruder Jerry:

Lieber Jerry,

ich will endlich Deinen Brief beantworten. Wahrscheinlich hast Du schon gelesen, daß der Prozeß bis zum 7. April aufgeschoben ist. Ich freue mich darauf, irgendwann im April vor den Richter zu treten, vermutlich ist es dann bald vorbei.

Unbeeindruckt von Rays Weigerung, übergab Foreman ihm sechsundfünfzig vom Anklagevertreter sorgsam formulierte Tatsachenfeststellungen und drängte energisch darauf, sie alle zu unterschreiben und ein Schuldbekenntnis abzulegen. Unablässig drohte er James mit dem Schlimmsten und behauptete wiederholt: »Sie brennen dir den Arsch weg, wenn du nicht unterschreibst!« (Und das, obwohl in Tennessee seit Jahren niemand mehr auf den elektrischen Stuhl gekommen war, die Todesstrafe vom Großteil der Bevölkerung abgelehnt wurde und auch Kings Angehörige sich gegen die Anwendung in ihrem Fall entschieden hatten.) Überdies drohte Foreman, James' greiser Vater werde zurück nach Idaho geschickt, wo vor rund vierzig Jahren eine kleinere Strafe zur Bewährung ausgesetzt worden war, wenn er kein Geständnis ablege. Die Presse hätte ihn sowieso schon vorverurteilt, weshalb ihn kein Geschworenengericht in Memphis freisprechen würde. Schließlich, und das war für James wohl ausschlaggebend, könne er für den Fall einer Verhandlung nicht mehr für eine optimale Vertretung seiner Interessen garantieren.

Schließlich gewann James den Eindruck, Foreman werde, sollte er das Geständnis verweigern, sein Mandat niederlegen. In diesem späten Stadium, soviel stand für ihn fest, würde ihm der Richter keinen weiteren Aufschub für einen erneuten Anwaltswechsel gewähren. Andererseits glaubte er, durch einen vorläufigen Kompromiß Foreman loswerden, einen neuen Anwalt gewinnen und den Prozeß später wiederaufnehmen zu können. Am Ende erklärte er sich mit dem Schuldbekenntnis einverstanden, wenn Foreman seinem Bruder Jerry eine gewisse Summe zukommen ließ, um einen neuen Anwalt anzuheuern und den Fall neu aufzurollen. Und so geschah es; kurz nach der Anhörung wurde Richard Ryan als Anwalt in Memphis verpflichtet.

Am Freitag, dem 7. März, erschien Foreman um 7.45 Uhr im Gefängnis, um sicherzustellen, daß James bei guter Gesundheit und klarem Verstand ein einwandfreies Schuldbekenntnis ablegte. Foreman versicherte schriftlich, Jerry ein Darlehen von 500 Dollar zu geben, »vorausgesetzt, Schuldbekenntnis und Urteil können am 10. März 1969 ohne irgendwelche Störung durch Ihr [Rays] Verhalten vor Gericht vonstatten gehen«.

Das Protokoll der Anhörung vom 10. März 1969 stützt Rays Versicherung, er habe mit der Erklärung nur die Anklage bestätigen, sich aber nicht zur Tat bekennen wollen. Die überwältigenden Beweise für seine Anwesenheit am Tatort und seine, wenn auch unbewußte, Beteiligung am Geschehen ließen sich nicht wegdiskutieren. Dies, verbunden mit der Tatsache, daß er ein Gewehr gekauft hatte, das am Tatort gefunden wurde, ließ ihn tatsächlich glauben, er sei »rechtlich« schuldig. Einmal antwortete er auf die Frage, ob er schuldig sei, ausdrücklich mit: »Ja, rechtlich schon.« Er wollte die Abwicklung seines Falls an einem gewissen Punkt unterbrechen, um die verbreitete Meinung zurückzuweisen, es habe keine Verschwörung gegeben.

Am 10. März 1969 wurde James zu 99 Jahren Haft verurteilt. Es war das – neben der Todesstrafe – strengste Urteil, das in diesem Fall möglich war. Drei Tage später begann sein Kampf um die Wiederaufnahme des Verfahrens, für den bald darauf Rechtsanwalt Ryan verpflichtet wurde.

Richter Battle prüfte gerade eine Eingabe, mit der James sein Geständnis widerrufen und ein Verfahren erreichen wollte, als er am 31. März 1969 an seinem Schreibtisch einem Herzanfall erlag. Er brach wortwörtlich über James' Antragspapieren zusammen. Die damaligen Gesetze in Tennessee sahen vor, daß dem Begehren automatisch stattgegeben wurde, wenn ein Richter während einer solchen Antragsprüfung starb. In dem einzig bekannten Fall, in dem ein Richter über einer vergleichbaren Eingabe starb, erhielt der Antragsteller ein neues Verfahren. Genaugenommen stellte Rays Wiederaufnahmeantrag eine Rücknahme des Geständnisses dar, doch der hier vorwaltende Rechtsgrundsatz – dem Antragsteller diesen Wunsch zu gewähren, wenn der mit dem Fall vertraute Richter ausfällt – hätte angewandt werden müssen. Doch weit gefehlt: James' Eingabe wurde 1969 ebenso abgelehnt wie alle weiteren, die ihr folgen sollten. 1988 hatte James einige Erfahrungen mit dem Unwillen der Gerichte, neue Beweise zur Kenntnis zu nehmen.

Die Zwickmühle, in die sich James begeben hatte, war katastrophal. Foreman hatte ihn in die Enge getrieben, wo James vermeinte, nur noch das Geständnis könne helfen, den Anwalt loszuwerden und gleichzeitig an Geld zu gelangen, mit dessen Hilfe ein neuer Rechtsbeistand das Geständnis rückgängig machen würde. Trotz des Interessenkonflikts hatte Hanes eine Reihe seriöser Ermittlungen vorgenommen und war zuversichtlich, einen Freispruch herauszuholen, während Foreman den Eindruck erweckte, als habe er nie vor Gericht gehen wollen. Was die Recherchen der Verteidigung betrifft, so hat Foreman später unter Eid ausgesagt, er habe mit sechs oder acht Studenten an dem Fall gearbeitet, konnte sich aber weder an die Namen erinnern noch schriftliche Unterlagen oder Zahlungsbelege vorweisen. Angeblich hat er sie in bar honoriert.[58] Zeugen habe er stets persönlich befragt, »bis zu dem Augenblick, als Ray plötzlich meinte, es wäre wohl doch besser, ein Geständnis abzulegen, um die Todesstrafe abzuwenden. Das war in den ersten Februartagen ...«[59] Diese Unterstellung wird durch den Brief entkräftet, den James seinem Bruder viel später, nämlich am 17. Februar, schrieb, und in dem es hieß, er freue sich auf die Gerichtsverhandlung im April.

Außerdem gab Foreman an, James habe nach eigenem Eingeständnis die Fingerabdrücke absichtlich auf dem Gewehr hinterlassen. »Er hat mehrfach beteuert, sie nicht abgewischt, sondern das Gewehr extra eingewickelt zu haben, damit die Fingerabdrücke nicht verwischt würden. Er hat mir damals auch den Grund genannt: Er wollte, daß die Jungs in Jefferson City mitkriegen, daß er es getan hat.«[60]

Diese Aussage läßt sich mit keiner anderen Aussage oder Version des Tathergangs in Übereinstimmung bringen. In keinem der Gespräche, die ich mit James Earl Ray führte, hat er jemals die von Percy Foreman unterstellte Haltung eingenommen, und niemand von denen, die mit dem Fall vertraut sind und von mir befragt wurden, einschließlich des Hanes-Teams, hält eine solche Bemerkung von James für möglich.

Foreman behauptete außerdem, bei ihrem ersten Treffen sei James mit der Information herausgerückt, auch Arthur Hanes habe ihm ein Geständnis nahegelegt, was er jedoch abgelehnt hätte. Diese völlig haltlose These wurde vom Hanes-Team vehement zurückgewiesen und brachte James selbst in Harnisch, der seit 1969 beharrlich wiederholt, der Mann, den er nur noch Percy »Fourflasher« nennt, habe ihn so lange gequält und unter Druck gesetzt, bis er das Schuldbekenntnis unterschrieb.

Zwölf Jahre danach entdeckte James weitere Manöver hinter den Kulissen. Er erfuhr von der Existenz ominöser handschriftlicher Notizen, die der Generalstaatsanwalt Phil Canale bei den Verhandlungen angefertigt und 1978 dem HSCA-Untersuchungsausschuß überlassen hatte. Erst 1981 gelang es James, Kopien davon zu bekommen. Aus ihnen geht hervor, daß Richter Battle den Pflichtanwalt Hugh Stanton sen. am 18. Dezember 1968 kaum zum Nebenanwalt Foremans ernannt hatte, als Stanton auch schon Stunden später bei Canale im Büro erschien und ihm ein Geständnis seines neuen Klienten offerierte, den er noch nicht einmal gesprochen hatte. Die Verhandlungen hinter James' Rücken zogen sich über zwei Monate hin. Die Notizen des Anklägers Canale enthüllen auch, daß Richter Battle selbst eine aktive Rolle dabei spielte. Foreman hat später bestätigt, daß er regelmäßig direkte Gespräche *ex parte* mit dem Richter führte. An einer Stelle deuten die Notizen an, daß Richter Battle sogar Botschaften zwischen Foreman und Canale übermittelte. Für einen Vorsitzenden Richter war dieses Verhalten eindeutig unstatthaft und belegt, wie weit alle Seiten – mit Ausnahme des Angeklagten, um den sich doch alles drehte – in ihrer Prozeßvermeidungsstrategie zu gehen bereit waren.

Ferner enthüllen die Canale-Notizen den Interessenkonflikt Stantons, der zuvor den Hauptbelastungszeugen der Anklage gegen James – Charles Q. Stephens – vertreten hatte; die Frage wurde vom Generalstaatsanwalt selbst aufgeworfen, als er mit Stanton zusammentraf, der jedoch jede Befangenheit weit von sich wies.

James letzte Petition zur Wiederaufnahme und seine spätere Berufung fußten weitgehend auf den durch diese Notizen offenbar gewordenen neuen Aspekten und der Tatsache, daß ihm die Notizen bislang vorenthalten worden waren. Sie boten wichtige Argumentationshilfen für James' Berufungsklage.

Hugh Stanton stand in einem klassischen Interessenkonflikt. Er war ernannt worden, James zu vertreten (und war aus Sorge um Foremans Gesundheit sogar zum gleichrangigen Rechtsbeistand aufgerückt). Die Ernennung erfolgte durch Richter Battle, also durch denselben Richter, der ihn bei einer früheren Anhörung im Juli 1968, als die Anklage eine Schutzhaft für den Hauptbelastungszeugen gegen Ray verlangte, mit Stephens' Mandat betraut hatte.

Es handelte sich folglich um einen Rechtsbeistand der Verteidigung, der in derselben Sache innerhalb von sechs Monaten die Anklage in Gestalt ihres wichtigsten Zeugen ebenfalls vertreten hatte. Zusätzlich hatte Charlie Stephens versucht, die Belohnung einzuklagen, die für die Identifizierung des Täters ausgeschrieben worden war. Demnach war er auch noch finanziell an der Verurteilung der von ihm identifizierten Person interessiert. Höchstwahrscheinlich hätte eine effektive Verteidigung im bevorstehenden Prozeß verlangt, Stephens ins Kreuzverhör zu nehmen. Der Fall durfte also gar nicht verhandelt werden, denn seinen eigenen Mandanten Stephens hätte Stanton auf keinen Fall vernehmen dürfen. Und James wäre auf diese Weise gegen seinen Hauptbelastungszeugen machtlos gewesen.

Ein solcher Schauprozeß hätte nicht mehr und nicht weniger bedeutet, als Rays verfassungsmäßiges Recht auf freie und ungehinderte Verteidigung sowie das Recht des Angeklagten, dem Ankläger mit gleichen prozessualen Chancen gegenüberzutreten, in gravierender Weise zu verletzen. Der Supreme Court [Oberster Gerichtshof] hat Urteile schon bei weit geringeren Interessenkonflikten der Verteidigung aufgehoben und schwere Strafen verhängt.

Daher hatte ich allen Grund zur Hoffnung, daß die für James angestrengte Berufung angenommen werden würde. Damit, daß der Generalstaatsanwalt die wichtigsten hier erhobenen Rechtsfragen kurzerhand ignorieren würde, konnte ich nicht rechnen. Meine erste Reaktion war, daß die Anklage weder bedacht noch sorgfältig vorbereitet sei. Später neigte ich zu der Annahme, daß der Anklage Tatsachen vorliegen müßten, die mir unbekannt geblieben waren.

Ich bereitete eine Petition vor und anschließend ein Antwortgesuch beim Sixth Circuit Court of Appeals; dann wartete ich auf die Festsetzung eines Termins zur mündlichen Verhandlung. Nichts war mir lieber, als dem dreiköpfigen Appellationsgremium in Cincinatti die prinzipiellen Rechtsfragen dieses Falls auseinanderzusetzen. Es schien, als habe die Anklage keinen schlüssigen Ablehnungsgrund, und mir war es wichtig, dies dem Gremium zu verdeutlichen.

Aber wir hatten keine Chance. Das Gericht erkannte auf Zurückweisung der Berufung; eine mündliche Verhandlung sei überflüssig. Ich beantragte die Anhörung und nochmalige Erwägung *en banc* – vor dem versammelten Gerichtshof. Auch dies wurde abgelehnt.

Schließlich formulierte ich am 19. Juni 1989 einen Antrag auf Revision durch den U.S. Supreme Court (*certiorari*). Es war der letzte Ausweg. Wenn der Supreme Court James' Berufung ebenfalls zurückwies, käme dies einer fundamentalen Rechtsbeugung gleich, weil damit das unveräußerliche Menschenrecht des Angeklagten auf Konfrontation mit dem Kläger aufgehoben wäre. Das US-Justizsystem würde zur Farce, Strafverfolgern und Richtern würde unumschränkte Gewalt überlassen, den einzelnen seiner Freiheit zu berauben. In jedem anderen Verfahren wäre undenkbar gewesen, daß man in solcher Weise mit den Rechten des Angeklagten umgeht.

Zusätzlich zur eingereichten Petition sandten die Produzenten des BBC-Dokumentarfilms *Inside Story: Who Killed Martin Luther King?*, der im September 1989 ausgestrahlt wurde und zahlreiche noch offene Fragen zu diesem Fall aufzeigte, jedem einzelnen Richter des Supreme Court ein Videoband. Doch wir stießen auf taube Ohren. *Certiorari* wurde am 30. Oktober 1989 abgewiesen. Das Verfahren, das James Earl Ray schon seit so langer Zeit verweigert wurde, rückte erneut in weite Ferne.

Teil IV

Das Fernsehgericht tagt gegen James Earl Ray

18
Einberufung des Fernsehgerichts: November 1989 – 17. September 1992

Ich war zutiefst enttäuscht. Die Weigerung des Supreme Court, den gravierenden Interessenkonflikt der Verteidigung unter die Lupe zu nehmen, stimmte mich traurig und wütend. Es war ein Rückschlag nicht nur für die Sache Rays. Zugleich war damit in Frage gestellt, was ich seit jeher für ein fundamentales Recht des Angeklagten gehalten hatte. Mehr denn je wurde mir deutlich, daß in politisch sensiblen Fällen wie diesem andere Maßstäbe von Recht und Gesetz galten, und daß James nicht eher freikommen würde, als bis seine Unschuld lückenlos bewiesen werden konnte.

Wenn der Supreme Court James kein Verfahren gewährte, mußte ich seinem Fall auf andere Weise Gehör verschaffen. Das Jahr 1989 verbrachte ich damit, das Konzept eines Fernsehgerichts auszuarbeiten. Es sollte ein Verfahren ohne Drehbuch werden, mit echten Beweismitteln, Zeugen, Richter und Anwälten vor einer unabhängigen Geschworenenjury. Auch müßte es den strengen Vorgaben des Prozeß- und Verfahrensrechtes von Tennessee standhalten. James gefiel der Vorschlag von Anfang an. Er wußte aus leidvoller Erfahrung, daß die Enthüllungen des einen oder anderen Dokumentarfilms kein ausreichendes Publikumsinteresse fanden, um seinem Anliegen langfristig zu nutzen. Er brannte auf eine Gelegenheit, seine Geschichte einer unabhängigen Jury vortragen zu dürfen. Nur dann, so glaubte er, hätte er eine Chance auf Freispruch. Allerdings war das entsprechende Beweismaterial in den Akten der Bundesbehörden nach wie vor versiegelt und der Verteidigung nicht zugänglich.

Zwei Jahre lang kam ich nicht von der Stelle. Endlich signalisierte Thames Television in London Interesse an der Produktion dieser Sendung. Doch da die Sendelizenz für Thames im folgenden Jahr auslaufen würde und die Fernsehanstalt die Sendung daher nicht selbst ausstrahlen konnte, mußte die Firma für den Verkauf an einen anderen Sender sorgen. Zugleich war ein US-Coproduzent erforderlich, um die enormen Kosten auf mehrere Schultern zu verteilen.

Anfang 1992 unterschrieb ich einen Vertrag bei Thames. Wir vereinbarten, daß Verteidigung und Richter ein professionelles Honorar bekommen sollten. Zugleich bestand ich darauf, auch die Familie Ray zu honorieren. Thames versprach, die Ermittlungen beider Seiten freigebig und gleichmäßig zu vergüten. Das bedeutete nicht allein die Finanzierung ausgedehnter Erkundungen vor Ort, sondern auch Reise- und Unterbringungskosten für Verteidigerteam und Zeugen. Hinterher fiel die Spesenerstattung der Verteidigung freilich weit niedriger aus als erhofft, und ich mußte einen Großteil der Kosten aus eigener Tasche zahlen.

In Memphis machte ich den Thames-Regisseur Jack Saltman mit meinem Ermittler Ken Herman bekannt, der ihm und seinem Aufnahmeteam während des gesamten Projekts seine persönlichen Kontakte und Informationen zur Verfügung stellte.

Saltman entschied sich schließlich für den ehemaligen US-Staatsanwalt Hickman Ewing jr. als Anklagevertreter. Hickman war über zehn Jahre lang Staatsanwalt im Western District von Tennessee gewesen. Zuvor hatte er als stellvertretender Staatsanwalt mit voller Prozeßverantwortung gewirkt und galt als gewiefter Ankläger. Um so realistisch wie möglich zu agieren, hatte ich gehofft, Hickman würde als Assistenten oder in anderer Funktion Robert »Buzzy« Dwyer oder Jim Beasley gewinnen, die 1968 die Anklage mitvertreten hatten. Doch Hickman wählte Glenn Wright zum Mitstreiter, einen farbigen Ex-Staatsanwalt aus Shelby County, der damals eine Privatpraxis hatte. Meine Nebenanwältin wurde April Ferguson, damals Pflichtverteidigerin beim US-Bundesgericht.

Was den Richter betraf, so akzeptierte Hickman meinen Vorschlag, Marvin E. Frankel zu bestellen, der ehemals am Bundesgericht tätig gewesen war und jetzt in New York City praktizierte. Richter Frankel hatte außerdem früher an der Columbia Law School das Fach Beweislehre unterrichtet und war in New Yorker Justizkreisen hochangesehen. Soviel ich weiß, war er auf Anhieb von der Idee begeistert.

Die Jury wurde aus einem Adressenpool gewählt, den eine Marktforschungsgruppe für uns bereitstellte. Die einzelnen Jurymitglieder kamen aus Illinois, Nebraska, Iowa und Texas und mußten zuvor Fragebögen ausfüllen und Video-Interviews geben. Hickman und ich einigten uns später auf zwölf Geschworene und zwei Ersatzleute.

In Memphis fanden wir für unser Vorhaben großes Entgegenkommen und Ermutigung. Inzwischen wurde die Stadt von Farbigen verwaltet. Neben dem schwarzen Bürgermeister und dem schwarzen Polizei- und Feuerwehrchef wurde das Gerichtsarchiv des Criminal Court, wo alle Beweismittel des King-Attentats aufbewahrt wurden, von einer Farbigen geleitet: Minerva Johnican, die anbot, alles für uns zu tun, was in ihrer Macht stand.

John Pierotti, der Generalstaatsanwalt im Shelby County District, war freilich ein Weißer. Er hatte seinen Vorgänger und Mentor Phil Canale, der 1968 Generalstaatsanwalt gewesen war, abgelöst und teilte uns frühzeitig mit, er wolle mit keinem Aspekt des King-Falls hinter dem Berg halten und sei bereit, uns nach Kräften zu untestützen. Saltman strahlte vor Begeisterung. Ich blieb auf der Hut und fürchtete, die Falltür könne jederzeit wieder zuklappen.

Wir erhielten Zugang zum Archiv der staatsanwaltschaftlichen Ermittler, wofür James schon früher eine höchstrichterliche Genehmigung erwirkt hatte. Ich nahm mir vor, das Gewehr, die Patronen und die tödliche Kugel genauen ballistischen Untersuchungen sowie Neutronen-Aktivierungstests zu unterziehen und an anderen Beweismitteln DNA-Analysen vornehmen zu lassen.

Der amerikanische Kabelsender Home Box Office (HBO) und Thames beantragten, die Indizienbeweise des Archivs einsehen, nutzen, nach Möglichkeit auch untersuchen zu dürfen. Der Antrag beim Criminal Court lag John P. Colton vor, der sich nach außen freundlich und zuvorkommend gab. Er galt als fairer, aufgeschlossener Richter, und Kenner der Szene beglückwünschten uns, daß wir an ihn geraten waren.

Unsere Eingabe wurde vorläufig zurückgestellt, um zunächst die Meinung des Generalstaatsanwalts einzuholen. Sein Büro gab zur Antwort, gegen die Einsichtnahme im Gerichtsarchiv sei nichts einzuwenden, lehnte jedoch die Herausgabe einzelner Gegenstände sowie jegliche Untersuchung an Gewehr, Kugel oder anderen Beweisstücken ab. Uns wurde klar, daß wir nicht mehr erreichen konnten. Letztendlich würde praktisch alles, was dem Generalstaatsanwalt nicht paßte, von den Gerichten in Tennessee torpediert werden. Es wurde jedoch eine Einvernehmenserklärung aufgesetzt und unterzeichnet, die uns wenigstens im Gerichtsarchiv eine Überprüfung der Beweismittel gewährte.

Nachdem kein Widerstand in Sicht und alle Parteien einig waren, flog ich von England nach Memphis, wo ich am Freitag, dem 5. Juni 1992, gegen 16.00 Uhr eintraf. Ken Herman holte mich ab, und seine Begrüßung – »Vielleicht hören sie wenigstens auf dich« – ließ mich zusammenfahren. Nur eine Stunde zuvor hatte Richter Colton auf eigenen Antrag einstweilig verfügt, keines der Beweismittel, für welchen Zweck auch immer, zugänglich zu machen. Dieser unerklärliche Beschluß bestätigte, daß ein Vierteljahrhundert nach dem Mord alles noch beim Alten war.

Zu den Gründen, die Colton geltend machte, gehörte die angebliche Besorgnis, James könne vorverurteilt werden. Das würde seine Ausgangslage erheblich verschlechtern, falls es eines Tages doch noch zum Prozeß käme. Außerdem habe James noch ein Berufungsverfahren vor dem State Supreme Court angestrengt. Die längst vorliegende eidesstattliche Erklärung von James, daß er den von uns gewünschten Zugang zu den Beweismitteln billige und auf jede künftige Beschwerde verzichte, wurde vom Richter verworfen. Dieser ging so weit, an James Geisteszustand zu zweifeln, der ihn hindern könnte, sein Einverständnis bei klarem Bewußtsein zu geben. Es war der blanke Hohn. Wir versuchten ja nur deshalb das Beweismaterial einem Fernsehgericht vorzulegen, weil James der offizielle Prozeß seit 25 Jahren verweigert wurde. Doch Richter Colton verweigerte auch jetzt noch jeden Einblick in die Beweise mit dem Argument, James im Hinblick auf einen zukünftigen Prozeß schützen zu wollen!

Der Richter schien überdies ganz zu vergessen, daß anderen Medienvertretern längst erlaubt worden war, Beweisstücke zu besichtigen und zu fotografieren; nichts anderes sollte uns die Einvernehmenserklärung ermöglichen.

Über die gerichtliche Entscheidung waren alle entsetzt. Wer oder was hatte Colton veranlaßt, eine solch dramatische und ungewöhnliche Kehrtwendung zu machen? Selbst ihm freundlich gesonnene Kollegen konnten es sich nicht erklären.

Anderntags rasten wir in aller Frühe zum Riverbend-Hochsicherheitstrakt in Nashville, wohin James verlegt worden war. James beschloß, den schwebenden Berufungsantrag zurückzuziehen, um dem Richter wenigstens eins seiner vorgeschobenen Motive zu nehmen. Seine gelassene, eigentlich sehr weise Reaktion versetzte mich in Erstaunen. Der politische Charakter der einstweiligen Verfügung leuchtete ihm sofort ein. Für ihn war es nur ein zusätzlicher Beweis für das Doppelspiel, das von Anfang an die Aufklärung seines Falles verhindert hatte.

Bei der folgenden Anhörung, bei der sich alle Parteien einig waren, lauschte der Richter höflich, lobte die Anwälte für ihren Vortrag und setzte seine Entscheidung aus. Zehn Tage später lehnte er unseren Antrag ab und machte seinen Beschluß endgültig.

HBO reichte daraufhin Klage ein. Angesichts der Fristen war klar, daß für uns nichts dabei herauskommen würde, und die Anwaltsrechnungen gingen zu Lasten unseres Budgets.

Nicht lange danach fanden wir heraus, daß Richter Colton nach dem Ablehnungsbescheid in unserer Sache einem Fernsehsender erlaubt hatte, Beweismittel zu filmen. Umgehend verlangten wir gleiches Zugangsrecht. Diesem Begehren konnte er sich nicht länger verschließen, und endlich durften wir innerhalb der Archivräume der Behörde die Indizienbeweise prüfen und fotografieren.

Schon früh hatte ich mir vorgenommen, James' Zeugenaussage noch vor Beginn der Produktion im Gefängnis zu filmen. Ich wollte, daß er direkt, im Kreuzverhör, unter Eid und vor dem Richter befragt wurde, nur für den Fall, daß die Justizbehörde, aus welchem Grund auch immer, ihm die Teilnahme versagte. Wir wollten uns absichern gegen alles, was ihm vor der Zeugenaussage zustoßen könnte.

Unterdessen sollte Ken Herman herausfinden, ob Charlie Stephens noch lebte. Gerüchten zufolge war er im letzten Jahr in den Kneipen von Memphis gesehen worden. Wir und die anderen hielten Stephens seit Jahren für tot. Auch Herman konnte Stephens nicht auftreiben. Dann fand er das heruntergekommene Wohnheim, wo Stephens Bruder und weitere Angehörige von ihm lebten, und hörte von den beiden FBI-Agenten, die gegen Ende der 70er Jahre mit Charlie aufgetaucht und rund zwei Wochen in dieser Gegend geblieben waren. Später hätten sie Charlie einen Job besorgt, und er übersiedelte nach Fort Smith, Arkansas. Im Sommer 1979 hatte die Familie schließlich erfahren, Charlie sei in Little Rock einem Herzschlag erlegen, doch seine Leiche, die eingeäschert worden war, hatte niemand gesehen. Ken reiste nach Little Rock und stellte fest, daß Stephens dort in der Tat im August 1979 verstorben war.

In New York besuchte ich Anfang August Earl Caldwell, der gegenwärtig für die *Daily News* arbeitete. Seine Schilderung der Ereignisse rund um das Attentat warf manchen Schatten auf die offizielle Version. Caldwell, der zuvor schon für den BBC-Dokumentarfilm interviewt worden war, hatte im April 1968 King nach Memphis begleitet, nachdem er als Reporter der *New York Times* auf ihn angesetzt worden war. Der damalige *Times*-Herausgeber Claude Sitton hatte Gerüchte vernommen, wonach King die Kontrolle seiner Organisation aus der Hand geglitten sei; er verlangte von Caldwell, ihn »hochgehen zu lassen«. Caldwell war sprachlos. Er beschloß, einfach seiner Arbeit nachzugehen; jedenfalls wollte er sich unter keinen Umständen daran beteiligen, Martin Luther King »hochgehen zu lassen«.

Caldwell hatte Zimmer 215 im Erdgeschoß des Lorraine-Motels bezogen, auf der Südseite, die zur Butler Street hinausgeht (vgl. Abb. 1, S. 16). Gegen 18.00 Uhr stand er in Shorts auf der Türschwelle seines Zimmers, als er plötzlich etwas hörte, was er zunächst für eine Bombenexplosion hielt. Er blickte zum Hof der Pension auf der anderen Seite der Mulberry Street hinüber, wo eine Gestalt, die eine Art Overall zu tragen schien, im Buschwerk niederkniete. Dieser Mann schien auf allen Vieren oder geduckt inmitten der Sträucher zu kriechen und starrte unverwandt zum Balkon. Caldwell war verblüfft, als er später zu höhren bekam, daß es kein Buschwerk gebe, daß dort freies Gelände sei, wo sich kein Heckenschütze verstecken könne. Dies bestätigten auch Fotos vom Tatort.

Caldwell konnte nicht erkennen, ob der Mann eine Waffe bei sich trug. Dann wurde er für einen kurzen Moment abgelenkt, weil Solomon Jones mit dem Wagen in der Einfahrt wie verrückt vorwärts und rückwärts fuhr. Als Caldwell wieder ins Gestrüpp sah, war der Mann verschwunden. Bald schon erfuhr er, daß Martin Luther King erschossen worden war. (Caldwell hatte offenbar keine Kenntnis von Solomons Aussage vor der versammelten Presse kurz nach dem Attentat. Der schwarze Chauffeur berichtete damals,er habe einen Mann aus den Büschen kommen sehen, der zur Mauer lief, bis er das Grundstück des Lorraine erreichte und dann verschwand. Verzweifelt wollte er dem Mann, den er für den Täter hielt, mit dem Wagen verfolgen. Als er nicht mehr weiterkam, drehte er durch – daher das scheinbar sinnlose Vor- und Rückwärtsfahren, das Caldwell aufgefallen war.)

Caldwell hatte mehrfach über seine Erlebnisse geschrieben, wenn auch nicht in der *Times*, zu deren Grundsätzen es gehörte, daß Reporter ihre persönlichen Ansichten nicht in den Nachrichtenteil bringen durften. Weder das FBI noch die Polizeibehörden hatten ihn je vernommen, und er wurde auch nicht vom HSCA als Zeuge berufen, weshalb seine Beobachtungen nahezu unbekannt geblieben waren.

Im August 1992 fing ich an, die Akten des Generalstaatsanwalts zu kopieren, was mich monatelang in Anspruch nahm. Die Liste meiner Interviewpartner wurde bei jedem Besuch in Memphis länger.

Der vierteilige Aktenschrank aus Metall enthielt rund 8.000 Seiten: Dokumente, Gutachten, Verhörprotokolle aus den Ermittlungen von MPD und FBI. Anfänglich konzentrierte ich mich auf Material, das unmittelbar für James Aussage relevant war. Das meiste davon, Kopien von Quittungen, geplatzten Schecks und dergleichen, bestätigte lediglich James' Version der Ereignisse.

Die wichtigste Quelle war der Ermittlungsbericht des MPD von 1968 mit seinen zahlreichen Beilagen, der die Aussagen der

Polizisten und Feuerwehrleute enthielt, die am Tag des Attentats in Tatortnähe Dienst taten, sowie weiterer Personen, die sich zur Tatzeit in der Gegend der South Main Street aufgehalten hatten. Die Schlußfolgerungen lauteten: Der Schuß kam vom Badezimmer her; der Killer entfloh über die nördliche Vordertreppe, mit einem Bündel, das seine Habseligkeiten sowie die Tatwaffe enthielt; er hatte das Gebäude durch den Vordereingang verlassen und war südwärts zu seinem Wagen gelaufen, der vor Canipe's Spielhalle abgestellt war. Unterstellt wurde, daß der Täter in der Einfahrt der Feuerwache einen Polizeiwagen entdeckt hätte (dieser gehörte zur TACT-10-Einheit, deren Mitglieder in der Feuerwache pausierten). Daraufhin sei er in Panik geraten, habe bei Canipe's das Bündel in den Eingang geworfen, um in seinen Mustang zu steigen und loszufahren. Das alles mußte sich in weniger als zwei Minuten nach dem Schuß abgespielt haben, denn länger brauchte Lieutenant Bud Ghormley nicht, um bis zu dem Bündel zu gelangen; kurz danach traf Hilfssheriff Vernon Dollahite von der anderen Seite ein. (Von einem weiteren weißen Mustang, den James McCraw und andere vor Jim's Grill gesehen hatten, war nicht die Rede. Dort wollte James Earl Ray den Wagen abgestellt haben, bis er ihn kurz vor 18.00 Uhr zur Reparaturwerkstatt fuhr. Im Bericht hieß es dagegen, James sei zum York-Waffenladen gefahren und habe das Fernglas gekauft, bevor er vor Canipe's einparkte.)

Meine Assistentin Jean reiste aus London an, um mich bei den Sitzungen mit James zu unterstützen, die am 22. August, einem Samstag, beginnen sollten. Zehn Stunden und mehr arbeiteten wir täglich an unserer Prozeßvorbereitung. Intensiv gingen wir seine Geschichte und die vielen Aussagen durch, die er in all den Jahren gemacht hatte. Unvermeidliche Gedächtnislücken zu verschiedenen Einzelheiten mußten aufgespürt und gefüllt werden. Wir fingen ganz am Anfang an, bei seiner Kindheit.

Ich wollte, daß James als die Persönlichkeit auftrat, die ich kannte, nicht als gewalttätiger Rassist, wie er in den Medien dargestellt wurde. Während er aufwuchs, hatte er wenig Kontakt zu

Farbigen, erinnerte sich aber, daß er regelmäßig mit Schwarzen an der Bushaltestelle würfelte, wenn er von der Schuhfabrik, seinem damaligen Arbeitsplatz, heimkehrte. Feindseligkeit jeder Art gegenüber Menschen anderer Hautfarbe war ihm völlig fremd. Sein Arbeitgeber im Indian-Trails-Restaurant in Illinois hatte ausgesagt, er sei immer gut mit seinen Kollegen ausgekommen, die größtenteils Minderheitengruppen angehörten. Als er dort aufhörte, vermißten sie ihn.

James war ein schüchterner Typ von durchschnittlicher Intelligenz und mit einem oft unterschätzten Sinn für Humor. Waffen kaufte er nur, wenn er sie für einen Job brauchte; normalerweise lief er nicht bewaffnet herum. Seine Bezugsquelle war selbstredend der eine oder andere »Hehler«. Im Gebrauch von Schußwaffen hatte er, abgesehen von seiner Zeit beim Militär, keine Erfahrung. In der Armee war er den Scharfschützen zugeteilt worden, aber das entsprach dem untersten Dienstgrad und erforderte nicht mehr als ein paar Wochen Grundausbildung.

Er hatte nie auf andere gefeuert. Seine sechsschüssige Pistole lud er immer nur mit fünf Patronen und ließ die Schußkammer frei, weshalb er zweimal hätte abdrücken müssen, wenn er sie tatsächlich benutzen wollte. (So war er auch, wie bereits erwähnt, in Heathrow mit fünf Kugeln in einem sechsschüssigen Revolver gefaßt worden.) Er tat dies, um Unfälle durch versehentliches Abfeuern zu vermeiden, weil er selbst damit schon schlechte Erfahrungen gemacht hatte. Zu Beginn seiner kriminellen Laufbahn hatte er sich einmal dem Tatort des geplanten Überfalls genähert. Als der Eigentümer des Grundstücks ihn unvermittelt anbrüllte, floh er Hals über Kopf, stolperte – und schoß sich in den Fuß.

Bei seinen kriminellen Aktionen hatte er sich meist ungeschickt und dumm angestellt – Ray war ein echter Tolpatsch. Bei mehr als einer Gelegenheit verirrte er sich auf dem Weg zu einem geplanten Verbrechen, kam zu spät oder wurde nach kurzer, heilloser Flucht geschnappt. Einmal brach er in einen Supermarkt ein und zog sich, um Lärm zu vermeiden, die Schuhe aus. Draußen bemerkte er einen Polizisten und geriet in Panik. Er rannte auf Strümpfen los und humpelte kilometerweit, bis er ein

Paar Damenschuhe im Straßengraben fand und überstreifte. Das tat er nach eigener Angabe, um nicht aufzufallen, wenn er durch einen Ort kam. Kurz danach verhaftete man ihn. Er war leicht zu beeindrucken und neigte dazu, sich in Kneipen herumzutreiben und mit Kriminellen zu verkehren, die ihn zu illegalen Aktionen anstifteten. Angesichts dieser Charakterisierung wird begreiflich, weshalb er im King-Fall nur als Strohmann gedient haben will, der sich voll und ganz auf den Drahtzieher Raul verließ – ebenfalls eine Kneipenbekanntschaft aus der Neptune-Bar in Montreal.

Ich fragte James nach dem Stadtplan von Atlanta, der in seinem Apartment in Birmingham gefunden worden war. Er gab zu, die Karte markiert zu haben, aber diese Markierungen hätten nichts mit Kings Wohnung, seiner Kirche oder dem SCLC-Büro zu tun. Er kaufe jedesmal Stadtpläne, wenn er in eine fremde Gegend komme, und versehe sie mit Markierungen, um sich besser zurechtzufinden.

Was sein Verhalten am Nachmittag des Attentats betrifft, so bestätigte er im wesentlichen die frühere Schilderung: Daß er zu Fuß zum York-Waffenladen gelaufen sei, um das Fernglas zu besorgen; daß er zweimal um den Block gehen mußte, weil er den Laden nicht gefunden hätte; daß er schließlich zu Raul zurückgekehrt sei, um weitere Anweisungen entgegenzunehmen.

Die Sitzungen mit James dauerten bis Samstag, den 29. August. Danach trafen wir uns mit dem Richter, den Anklagevertretern und Mitarbeitern von Thames und HBO, um eine Reihe von Strategien und Prozeduren festzulegen, die alle Aspekte des Verfahrens und seiner Vorbereitung betrafen.

Ein gewisses Problem entstand aus meiner Stellung als Anwalt des Beklagten, der ihn nun gleichzeitig in einem Fernsehgericht vertrat. Für einen US-Anwalt war das damals noch absolutes Neuland.

Meine Gewohnheit, stets die Interessen des Angeklagten in den Vordergrund zu stellen, ließ mich in den Augen des Aufnahmeteams nicht selten unkooperativ erscheinen. Rücksichten, die meiner Meinung nach der Verteidigung substantiell schaden könnten oder den Angeklagten in seinen Rechten einschränkten, waren für mich nur akzeptabel, insofern der publizistische Nutzen den Preis unserer Zugeständnisse aufwog. Am meisten mußte ich beim prozessualen Mittel der Überraschung nachgeben, das normalerweise in jedem Strafprozeß zu den wichtigsten Trümpfen der Verteidigung zählt, schwerlich jedoch in den festgesteckten Rahmen eines Drehplans paßt. Das Klägerteam verlangte, dem Regisseur und der Anklage jeden Zeugen der Verteidigung im voraus zu benennen, mit einer knappen Zusammenfassung seiner Aussage, um Scheindispute auf ein Minimum zu reduzieren. Dies hätte freilich den Angeklagten wichtiger Vorteile beraubt, weshalb als Kompromiß eine Art Fahrplan unserer Enthüllungen aufgestellt wurde, während Saltman als Regisseur Stillschweigen zusicherte, um unsere Argumente und Beweisanträge nicht zu gefährden.

Die heikle Frage der Entschädigung von Zeugen wurde einvernehmlich gelöst, indem wir jedem eine symbolische Vergütung von vierzig Dollar gewährten, unter Erstattung der Ausgaben und des Lohnausfalls, über die im Einzelfall entschieden wurde.

Mit der Zeit entwickelten wir Regularien und einen Verhaltenskodex für den Prozeßverlauf. Daß wir soweit wie irgend möglich den Tennessee Rules of Criminal Procedure (TRCP) folgen wollten, galt als ausgemacht. Im folgenden werden die wichtigsten Abweichungen vom Strafprozeßrecht aufgezählt:

- Da eine ganze Anzahl von Zeugen verstorben oder aus sonstigen Gründen unabkömmlich war, einigten wir uns darauf, ihre früheren Aussagen ins Protokoll zu nehmen, falls sie unter Eid beziehungsweise vor beamteten Ordnungskräften gemacht worden waren oder dem Richter aus sonstigen Gründen verläßlich und relevant erschienen. Einander widersprechende Aussagen konnten, als Ersatz für ein Kreuzverhör, ebenfalls herangezogen werden.
- Der Richter legte fest, daß wir, mit Ausnahme von (besonders gefährdeten) »Schutzzeugen«, dem Kläger vollen Aufschluß über die Beweismittel geben mußten. Dies wurde von seiten des Richters damit begründet, daß der Ver-

teidigung, obwohl sie keinen formellen Antrag gestellt hatte, der Zugang zu den Akten der Staatsanwaltschaft von 1968 gewährt worden war. Unberücksichtigt blieb dabei freilich das Zurückhalten eines Großteils anderer Beweismittel, darunter diejenigen, die der HSCA-Ausschuß gesammelt hatte und die erst im Jahr 2029 freiwerden.

- Eine Bedingung *sine qua non* der Verhandlung war das Einvernehmen darüber, daß sich der Angeklagte dem Gericht stellen, in den Zeugenstand treten und einem Kreuzverhör unterziehen mußte. Da James auf eine solche Gelegenheit seit 24 Jahren gewartet hatte, stimmte er bereitwillig zu und dehnte seine Aussage auf insgesamt dreizehn Stunden aus.
- Wir stimmten überein, daß jede Seite nach einem gemeinsam vereinbarten Fahrplan die andere über die jeweilige Kategorie der Zeugen – reguläre, Überraschungs- oder Schutzzeugen – informieren sollte. Namentlich sollte der Zeugenschutz von John McFerren, Tim Kirk und Betty Spates gewahrt werden, die um ihre persönliche Sicherheit bangen mußten. Es war klar, daß sie keine Aussage machen würden, falls ihre Identität nicht mindestens so lange geheim blieb, bis sie in den Zeugenstand traten.
- Die Produzenten hielten es für notwendig, in irgendeiner Weise auf James' Geständnis einzugehen. Wir stimmten schließlich überein, daß ich vor den Geschworenen eine zwanzigminütige Rede halten sollte, in der ich die Umstände und Motive des Schuldbekenntnisses erläuterte. Hickman sollte Gelegenheit zu einer fünfminütigen Erwiderung bekommen.
- Wir bestanden darauf, daß die Verteidigung völlig unabhängig von der Anklage und ihren Vertretern ermitteln und ihre Informationen dem Aufnahmeteam (das seinerseits Vertraulichkeit zusicherte) nur insoweit mitteilen sollte, wie es unbedingt notwendig war. Auf diese Weise hofften wir, nach Möglichkeit nur das Notwendigste mitteilen zu müssen.

James' Vernehmung sollte am kommenden Dienstag, dem 1. September, morgens um 9.00 Uhr beginnen. Am Morgen versammelten wir uns in einem relativ kleinen Konferenzzimmer des Gefängnisses, das uns durch die Gegenwart des Kamerateams noch enger vorkam. Meine direkte Befragung nahm den ganzen Tag in Anspruch. Als der Richter in einer Vernehmungspause einen abfälligen Kommentar über das Anstaltsessen machte und vorschlug, man solle draußen essen gehen, bemerkte James schüchtern: »Nehmt mich mit!« und dann, als alle lachten, setzte er hinzu: »Ich würde euch sogar einladen.«

Anderntags wurde James von Hickman ins Kreuzverhör genommen; anschließend führte ich die Nachvernehmung, und Hickman begann mit dem erneuten Kreuzverhör.

Eines Morgens, während wir James Aussage vorbereiteten, gelang es mir, den Insassen Tim Kirk zu befragen.

Ich bat ihn, bei uns als Zeuge aufzutreten oder wenigstens eine schriftliche Aussage vorzulegen, den Auftragsmord an James betreffend, von dem er 1978 durch Arthur Baldwin erfahren hatte. Kirk wollte James helfen, zögerte aber wegen der öffentlichen Resonanz, die sein Auftritt haben würde. Er konnte seine Freilassung auf Bewährung verzögern und womöglich seine Sicherheit innerhalb der Gefängnismauern gefährden. Nachdem ich ihn zum zweitenmal aufgesucht hatte, wies er zwar die Vernehmung im Zeugenstand zurück, erklärte sich aber zu einer schriftlichen Aussage oder eidesstattlichen Erklärung bereit, wenn ich seinen Namen aus der Sache heraushalten würde.

Als James' Vernehmung am 2. September zu Ende ging, faßte ich meine Erkenntnisse aus dem Aktenmaterial des Staatsanwalts in Memphis zusammen. Von den unzähligen Fotos, die es dort gab, schienen die meisten am Tag nach der Tat aufgenommen zu sein. Das ehemals von Buschwerk überwucherte Gelände wirkte wie gerodet; überall lagen abgeschnittene Zweige und Äste herum. Einige Bilder, die offenbar vom Balkon des Lorraine aus gemacht worden waren, zeigten die Pension und das offene Badezimmerfenster. Auf den meisten war ein großer Ast zu erkennen, der über die Mauer am Ende des Grünstreifens ragte (vgl. Abb. 12 und 13 im Bildteil).

Besonders interessant waren Aufnahmen von Fußabdrücken oberhalb der Mauernische. In derselben Akte fanden sich die Aussagen dreier Fahnder, die kurz nach dem Attentat am Tatort waren: die Streifenpolizisten Torrence N. Landers, Carroll Dunn und J. B. Hodges. Offenbar hatten sie von der Mulberry Street aus die Mauer erklommen, sich durch die Sträucher bis zum Rand des Gebäudes geschlagen und am Ende der Mauernische eine Tür sowie einen recht großen Fußabdruck entdeckt, der in dem feuchten Boden deutlich zu erkennen war und in Richtung Tür zeigte. Nachdem sie die Tür geöffnet hatten, stießen sie auf einen Treppenabsatz, der nach unten in den Keller und rechts zu Jim's Grill führte. In Landers Aussage hieß es, sie seien die Nische entlanggegangen, hätten aber den Keller unter der Pension und der Imbißstube nur oberflächlich in Augenschein genommen, weil sie keine Taschenlampe bei sich trugen. Daß der Keller nicht inspiziert worden war, hielt ich für ein schweres Versäumnis.

Der Fußabdruck war zwar abfotografiert worden, und man hatte sogar einen Gipsabdruck genommen, doch diese Beweise waren bislang ignoriert worden.

Vor der Rückkehr nach London besuchten Jean und ich James McCraw, den ehemaligen Taxifahrer. Er lag seit kurzem im Krankenhaus und äußerte sein Bedauern, daß er Ende Januar, wenn der Prozeß stattfinden sollte, wegen seines gebrechlichen Zustands nicht dabeisein könne. Seine Aussage war aber von grundlegender Bedeutung, denn nur er konnte bestätigen, daß der Hauptbelastungszeuge unter Alkoholeinfluß gestanden und wenige Minuten vor dem Attentat sich niemand im Badezimmer aufgehalten hatte. Außerdem wußte er von der Existenz eines zweiten Gewehrs, von dem nie zuvor die Rede gewesen war.

Wir beschlossen, ihm eine Erklärung unter Eid abzuverlangen, sobald er aus dem Krankenhaus entlassen würde. Obwohl wir seine Stellungnahme nur benutzen konnten, wenn wir zuvor die Anklage davon in Kenntnis setzten, würde so zumindest seine Mitteilung bewahrt.

HBO entschied sich am 17. September definitiv für das Projekt, und Thames signalisierte, wir könnten weitermachen. Ein

Aufnahmetermin für den Prozeß wurde für den 25. Januar 1993 anberaumt, die weltweite Ausstrahlung sollte an Martin Luther Kings 25. Todestag, am 4. April 1993, stattfinden. Dreieinhalb Monate blieben uns für Ermittlungen und Prozeßvorbereitung. Angesichts der monströsen Aufgabe war es nicht mehr als ein Tropfen auf den heißen Stein.

19
Untersuchungen im Vorfeld: September – Oktober 1992

Anfangs machten wir uns keine Illusionen über die gewaltige Aufgabe. Es würde nicht reichen, mit vernünftigen Argumenten James' Schuld in Zweifel zu ziehen; in den Medien war er längst als Täter gebrandmarkt. Wir mußten beweisen, daß seine Unschuld über jeden Zweifel erhaben war. Dies machte eine Doppelstrategie notwendig. Wir mußten Beweise vorbringen, um die Argumente der Anklage zu erschüttern, und anschließend überzeugend darlegen, wie der Mord tatsächlich stattgefunden hatte. Dabei würden wir weit über den eigentlichen Mordfall hinausgehen, um den Tatbestand und das Ausmaß einer geheimen Verschwörung nachzuweisen. Es fehlte ja nicht an Material und an Spuren. Aber ließen sie sich in sicheres Beweismaterial ummünzen, das man einer Geschworenenjury vorlegen konnte?

Hickman und seine Anklagevertretung bekamen ebenfalls Gelegenheit zu neuen Recherchen in diesem Fall. Auf diese Weise war nicht ganz ausgeschlossen, daß er mit einer Theorie aufwartete, die ganz anders war als die 1969 von der Anklage vorgetragene. Schließlich gaben wir uns damit zufrieden, daß er den Fall wohl nach der vorgegebenen Linie der MPD/FBI-Protokolle aufrollen würde, die sich weitgehend auf Indizienbeweise stützten.

Bei meinen vorangegangenen Recherchen hatte ich mehrere interessante Spuren entdeckt, denen nachzugehen sich lohnte. Betty Spates stand ganz oben auf meiner Liste. Ich hatte Ken

Herman gebeten, in Kontakt mit ihr zu bleiben, und hoffte noch immer, sie würde uns irgendwann alles offenbaren, was sie wußte. Außerdem mußten wir die folgenden Personen ausfindig machen: Randy Rosenson; Solomon Jones, der seit einigen Jahren nicht mehr in Memphis lebte; William Reed und Ray Hendrix (Kunden in Jim's Grill, die den Imbiß kurz vor 18.00 Uhr verlassen hatten); der Tankwart Willie Green – sie alle konnten James möglicherweise ein Alibi für die Tatzeit verschaffen. Außerordentlich wichtig war für uns natürlich auch die Zimmerwirtin der Pension, Bessie Brewer.

Ich wollte mit jeder Person sprechen, deren Anwesenheit in Jim's Grill an jedem Nachmittag bekannt war; außerdem mit den Pensionsgästen, jedem diensthabenden Feuerwehrmann auf Station 2, jedem Mitglied der TACT-10-Einheit, die zur Tatzeit in der Feuerwache pausierte, sowie den Angestellten der Tayloe-Papierfirma und des Seabrook Farben- & Tapetenhandels auf der Straße gegenüber.

Ebenso wichtig war mir, alle Polizisten zu befragen, die am Tatort gewesen oder sonstwie an den Ermittlungen beteiligt waren, ferner den SCLC-Vorstand, die Mitarbeiter Martin Luther Kings und des Lorraine-Motels, sowie eine Reihe weiterer Personen, die sich in der Umgebung aufgehalten hatten.

Dann waren da noch die Mitglieder der Invaders, die Anführer der örtlichen Bürgerrechtsgruppen sowie einige aus der farbigen Gemeinde, die nie zuvor zur Sache vernommen worden waren. Weiterhin bedurften die Aussagen von Gestalten wie Morris Davis und Jules »Ricco« Kimbel genauer Nachprüfung, ebenso wie James Earl Rays Aufenthalte in Montreal und Toronto.

Es galt vor allem, mehr über die Rolle der Verbrechersyndikate in Erfahrung zu bringen. Das von John McFerren zufällig mitgehörte Telefonat in Frank C. Libertos Büro legte dessen potentielle Beteiligung nahe, doch es würde nicht leicht sein, Licht in diese undurchdringlichen Verhältnisse zu bringen.

Schließlich mußte aufgeklärt werden, worauf die Verschwörung abgezielt und wer sie finanziert hatte. Das hieß, die Strukturen des organisierten Verbrechens einzubeziehen, auch über Memphis hinaus, besonders Carlos Marcellos Organisation in New Orleans. Ich wußte, daß wir nur »dem Weg des Geldes« zu folgen brauchten, denn Gangster beteiligten sich nur, wenn Geld im Spiel war.

Im Jahr nach seiner Flucht aus Jefferson City war James viel herumgekommen. Ich durfte meine Nachforschungen nicht auf Memphis und die ländlichen Gebiete Tennessees beschränken, sondern würde bis nach Kalifornien im Westen, Toronto und Montreal im Norden, Texas im Südwesen und in praktisch alle Regionen des Südens, mit den Schwerpunkten New Orleans, Atlanta, Birmingham und Miami gehen müssen. Ferner brauchte ich Auskünfte von früheren Mitgefangenen und Wärtern aus dem Missouri-Staatsgefängnis und ausgewählter Insassen der Haftanstalt Brushy Mountain.

Ich mußte ein kleines Ermittlungsteam zusammenstellen, deren Mitglieder nicht mehr wissen durften als nötig, einander nach Möglichkeit nicht kannten und niemanden sonst in ihre Tätigkeit einweihten. In der Regel würde ich mit Detekteien in der jeweiligen Region zusammenarbeiten. Bald stand mir ein Stab von 22 Personen zur Verfügung.

Es kostete viel Zeit, die wenigen wertvollen Materialien im Gerichtsarchiv von der überwältigenden Fülle falscher, irreführender und unbedeutender Informationen und Anschuldigungen zu trennen. Wir fertigten Notizen an, wenn wir auf vielversprechende Spuren stießen, denen zum Teil noch niemand nachgegangen war.

Gewisse Dokumente in den Akten des Generalstaatsanwalts ließen sich an das knüpfen, was Betty Spates möglicherweise über den Mord wußte. Eins davon war der Bericht über die Klage des Kopfgeldjägers Alexander Wright aus Memphis. Er hatte Betty Spates 1969 kennengelernt, als er für ihren Bruder Eddie Lee Eldridge die Freilassung auf Kaution aushandelte. Der Bericht datierte vom 3. Februar 1969 und stammte von Detective J. C. Davis aus der MPD-Geheimdienstabteilung. Davis schrieb:

> Den Obengenannten wurden Auskünfte aus verläßlicher Quelle übermittelt, aus denen hervorgeht, daß Mr. WRIGHT

> von der State Surety Bonding Company mit den Worten zitiert wird: »Ich kenne zwei Frauen, die in dem Gebäude beschäftigt waren, von dem aus auf Martin Luther King geschossen wurde. Sie haben mir berichtet, daß RAY auf der anderen Seite der Main Street gewesen sei und nicht im Gebäude, als der Schuß fiel. Der Mann, der King ermordet habe, sei der Besitzer der Bruchbude und nicht RAY.« Mr. Wright sprach auch von Polizisten, die im Gebäude gewesen seien, als der tödliche Schuß auf King abgegeben wurde, und die bereits am Tag vor dem Attentat dort Posten bezogen hätten.
>
> Nach der Vernehmung beider Frauen durch Polizei und FBI wurden sie von ihrem Boß, dem angeblichen Mörder Kings, entlassen. Sie sind bereit, unter Eid vor Gericht auszusagen.

Eine handgeschriebene Notiz unter diesem mit Schreibmaschine getippten Bericht, versehen mit den Initialen des Chefermittlers der Staatsanwaltschaft, John Carlisle, lautet:

> Wir haben die Kopie eines Tonbands vorliegen, das uns O'Neill [Wrights Vorgesetzter, der Bettys Aussage mitgeschnitten hatte] am 30. Januar ins Büro gebracht hat.

Das zweite Dokument, das auf Betty Spates Bezug nahm, war Mr. Carlisles Protokoll eines Verhörs, das er mit James Alexander Wright am 10. Februar 1969 geführt hatte. Mr. Wright bestätigte, daß Betty ihm erzählt hatte, Ray sei unschuldig. Sie wisse nämlich, wo er sich an jenem Nachmittag aufgehalten habe, jedenfalls nicht im Hinterhaus, während ihr Boß [Loyd Jowers] als einziger für die Tat in Frage käme.

Das dritte Dokument gibt die angebliche Vernehmung Betty Spates vom 12. Februar 1969 wieder, bei der sie bestritten haben soll, je die von Wright zitierte Bemerkung gemacht zu haben. Es fällt auf, daß dieses Protokoll nicht abgezeichnet ist; dort, wo die Unterschrift von Betty Spates stehen müßte, wurde lediglich eine Lücke gelassen.

Rays Aufenthalt am Nachmittag des 4. April – gemäß der Schilderungen Wrights, die auf einer angeblichen Äußerung Betty Spates' beruhen –, stimmten nicht damit überein, was ich bisher über den Fall wußte. Aber mir fiel ein, mit welcher Gewißheit Betty vor vier Jahren, ohne ins Detail zu gehen, von James' Unschuld gesprochen hatte. 1969 hatte sie sogar versucht, James ein Alibi zu verschaffen, weil sie von seiner Unschuld wußte. Daß sie bei Jowers das Gewehr gesehen hatte, war mir schon längst klar, aber ihre Angst begriff ich erst jetzt so richtig.

Wright bestätigte mir den Vorfall und fügte hinzu, Betty sei in der Woche vor dem Attentat aufgefallen, daß MPD-Zivilbeamte und Uniformierte in ungewöhnlicher Zahl die Grillstube besucht hätten, vielleicht um das Gelände auszukundschaften. Nach dem Mord sprach sie ihn erneut an und erklärte, Ray könne es nicht gewesen sein, denn der hätte sich oben betrunken. Außerdem habe man das Gewehr im Hinterhof, zehn Meter vom Schußfeld entfernt, an einer Ecke des Gebäudes gefunden. (Mir kam der Gedanke, daß sie die Ecke meinte, wo Fußspuren zur Mauernische führten.)

Charles Cabbage, der in den 60er Jahren zu den Gründungsmitgliedern der Invaders und des BOP gehörte, sprach alle noch auffindbaren Invaders an und lud sie zu einer Versammlung mit mir ein.

Die ehemaligen Feuerwehrleute Floyd Newsom und Norvell Wallace erklärten sich bereit, zu ihrer außerplanmäßigen Versetzung aus Station 2 der Feuerwache am 4. April auszusagen. Für mich war dieser Vorgang, obwohl die Anklage ihn vermutlich als Zufall darstellen würde, eine der vielen behördlichen Unregelmäßigkeiten, die auf eine Verschwörung deuteten.

Olivia Hayes, die 1968 als Empfangsdame im Lorraine gearbeitet hatte, erklärte widerstrebend, Dr. King habe zunächst Zimmer 202 im Erdgeschoß gebucht, sei dann aber irgendwie auf das Balkonzimmer Nr. 306 verlegt worden. Wieder eine Bestätigung für den Zimmerwechsel. Als ich der ehemaligen Empfangsdame weitere Fragen stellte und um Details bat, machte sie einen Rückzieher und wollte gar nichts mehr sagen.

Die Tayloe-Papierfirma lag 1968 Jim's Grill genau gegenüber. Viele der Angestellten schauten regelmäßig nach Feierabend auf ein Bier und ein Spielchen Billard oder Shuffleboard herein. Zwei dieser Gäste, Kenneth Foster und David Wood, die seinerzeit ausgesagt hatten, daß sie einen weißen Mustang vor Jim's Grill gesehen hätten, waren 1992 nicht mehr aufzufinden.

Steve Cupples, der ebenfalls 1968 bei Tayloe beschäftigt gewesen war und den Abend des 4. April in Jim's Grill verbracht hatte, war mit einer Befragung einverstanden. Er erinnerte sich, irgendwann zwischen 17.00 und 17.20 Uhr von der Arbeit gekommen zu sein. Seinen Wagen hatte er auf der Jim's Grill gegenüberliegenden Straßenseite geparkt.

»Klar, ein Mustang stand vor dem Imbiß«, erklärte er. »Ich hab' mir noch den nagelneuen blauen Anzug dreckig gemacht, als ich das Heck streifte, weil der Hintermann ihn zugeparkt hatte.« Er sei ganz sicher, daß der Mustang um 17.15 oder 17.20 Uhr noch dort und die hintere Stoßstange »praktisch gleichauf« mit dem Nordeingang der Pension war (vgl. auf Abb. 4 die Reihenfolge der Wagen am 4. April, 17.30 Uhr in der South Main Street).

Cupples erinnerte sich, daß er viermal Besuch vom FBI erhielt, zweimal daheim und zweimal an seinem Arbeitsplatz. Sie fragten ihn jedesmal dasselbe, zeigten ihm Fotos derselben Personen, die er nicht erkannte. Die Beamten hätten ihm auch geraten, über seine Beobachtungen mit niemandem zu sprechen. Ob sich noch andere Personen in der Gegend aufgehalten hätten, wurde er gefragt, und er berichtete von einem farbigen Straßenmusiker, der normalerweise ständig in der Grillstube anzutreffen wäre. Der Musiker sei fast »Stammgast« gewesen, bloß an jenem Tag habe er das vertraute Gesicht nicht gesehen. Steve Cupples war bereit, uns nach Kräften zu helfen.

Auch Jimmy Walker, 1992 stellvertretender städtischer Leichenbeschauer in Atlanta, war damals im Tayloe beschäftigt gewesen. Er entsann sich vage, daß er an jenem Nachmittag knapp hinter dem Hydranten vor Canipe's Spielhalle parken mußte und ab und zu die Tür der Grillstube öffnete, um nach seinem

Abb. 4: Übersicht der an der South Main Street am 4. April 1968 um 17.30 Uhr in Pensionsnähe abgestellten Wagen

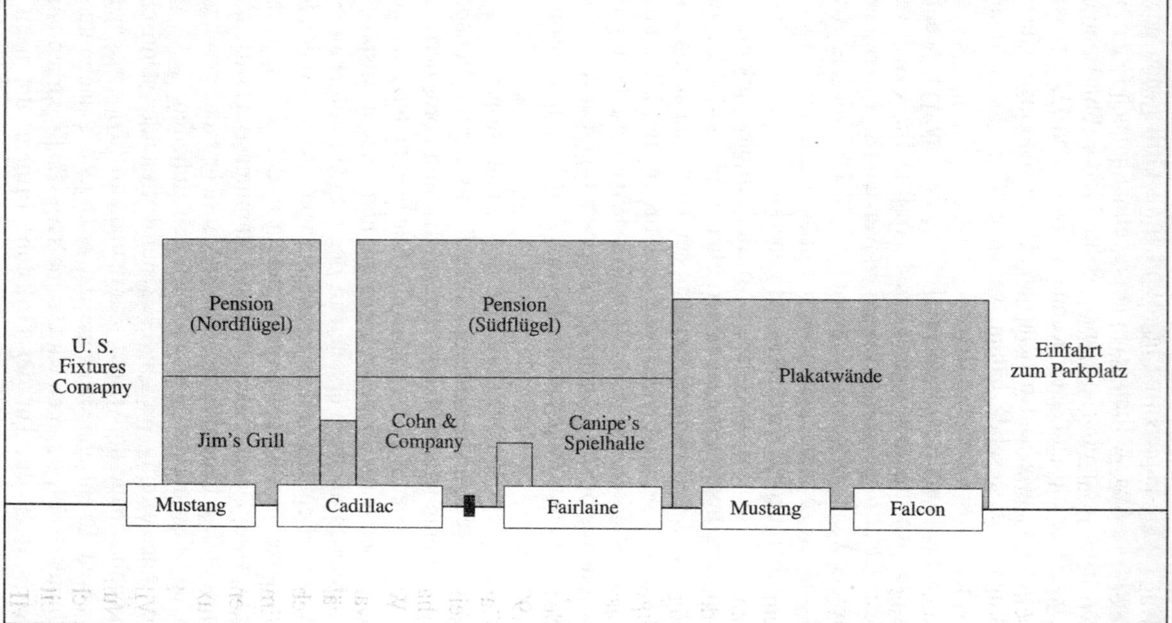

Wagen zu sehen. Den weißen Mustang vor der Imbißstube konnte er sich merken, denn das Fahrzeug stand genau auf dem Platz, wo er normalerweise parkte. Nach Memphis zu kommen sei kein Problem; ich dürfe ihn sogar unter Hypnose befragen, um sein Gedächtnis aufzufrischen. Als das 1993 geschah, wiederholte er seine Aussage Punkt für Punkt.

Ein weiterer Angestellter bei Tayloe, Franklin Ray, erinnerte sich ebenfalls an den Mustang vor Jim's Grill. Damit hatten wir vier Mitarbeiter der Papierfabrik und Aussagen von zwei weiteren Zeugen, die einen weißen Mustang vor der Imbißstube gesehen hatten, während die Anklage aufgrund der Aussagen anderer unabhängiger Zeugen (McCraw und die Hurleys) betonte, ein ähnlicher weißer Mustang habe vor Canipe's Spielhalle gestanden. Alles deutete darauf hin, daß während der Tatzeit zwei identische Wagen in der Straße parkten, im Abstand von zwanzig bis dreißig Metern voneinander. Es gab noch weitere »zufällige« Koinzidenzen, die wir uns von der Klägerseite erklären lassen wollten.

Zum Beispiel der »Streich« des CB-Funkers zum Zeitpunkt des Attentats. An einem Samstagmorgen, es war der 24. Oktober 1992, lernte ich Carroll Satchfield kennen, der seinen Namen in Carroll Carroll hatte ändern lassen. Am 4. April hatte er sich in seinem Elektronik- und Radioladen an der Union Avenue aufghalten, Kanal 17 seines CB-Geräts eingeschaltet und hörte: »Wir sind jetzt auf der Höhe Summer und East Parkway.« Das war gewiß die Polizei auf Verfolgungsjagd, dachte er, und während er noch zuhörte, merkte er plötzlich, daß die durchgegebenen Standorte immer weiter weg lagen, die Qualität des Empfangs jedoch die gleiche blieb, wie bei einem ortsansässigen Sender. »Die tun bloß so«, dachte er – jemand schien sich einen Jux zu machen.

Später erfuhr er, daß er der Stimme eines Spaßvogels namens William Austein gelauscht hatte. Der hatte zuvor die MPD-Streife Nummer 160 angehalten. Deren Fahrer, Rufus Bradshaw, ließ sich die fiktive »Jagd« von ihm vorspielen und gab sie seinerseits über die Wellenlänge der Polizei an Willie Tucker in der MPD-Funkzentrale weiter.

Wenn es uns gelang, all die Merkwürdigkeiten dieses Vorfalls, der die Aufmerksamkeit der Polizei unmittelbar nach dem Schuß auf den Nordrand der Stadt abgelenkt hatte, weit weg vom Schauplatz des Verbrechens und der logischen Fluchtroute nach Süden, in Verbindung mit den Fahndungspannen zu bringen (kein kompletter Fahndungsaufruf, kein Durchgeben des Y-Signals) –, wenn uns dies gelang, würde ich die Geschworenen überzeugen können, daß die Verschwörung mehr als ein Hirngespinst war.

Anderntags, am 25. Oktober, hatte ich erstmals Gelegenheit, im Gerichtsarchiv ein Beweismittel zu prüfen. Bestimmte Schlüsselmerkmale stimmten nicht mit der Beschreibung überein.

Die Kugeln im Bündel, die laut Archivprotokoll zu Testschüssen gedient hatten, waren mit Sicherheit nie abgefeuert worden. Die Hülsen der unbenutzten Patronen waren zerschnitten, was darauf hindeutete, daß man Neutronen-Aktivierungstests oder andere Analysen von Spurenelementen vorgenommen hatte. Daß solche Untersuchungen 1968 durch das FBI vorgenommen worden waren, entsprach auch dem forensischen HSCA-Bericht. Bei einem solchen Test wurde eine Bleiprobe von jeder Kugel genommen, um sie mit dem Blei der tödlichen Kugel abzugleichen und festzustellen, ob beide aus ein und derselben Lieferung stammten. Traf das zu, so sprach es dafür, daß die Kugeln aus dem sichergestellten Bündel (das auch persönliche Gegenstände aus Rays Besitz enthielt) zur selben Zeit und am selben Ort gekauft worden waren wie das Geschoß, das Martin Luther King getötet hatte.

Doch die Ergebnisse blieben unauffindbar. In keinem Dokument wurden die Tests erwähnt, von den Laborberichten selbst ganz zu schweigen. Was war aus ihnen geworden? Eine Vielzahl anderer forensischer Gutachten wurden dem Staatsanwalt vorgelegt. Warum nicht diese?

Unter James persönlichem Eigentum in Atlanta hatte man eine Anzahl Stadtpläne und Karten gefunden. Er hatte sie offenbar jedesmal gekauft, wenn er in einen neuen Bundesstaat oder in eine andere Stadt kam. Wie James uns berichtete, hatte er aus Gewohnheit überall Markierungen eingezeichnet, auch im

Atlanta-Stadtplan. Allerdings hatten die Kreise im Stadtplan wenig oder gar nichts mit Martin Luther Kings Haus und Kirche zu tun, sondern waren vorwiegend im Umfeld der 14. Straße nahe der Pension anzutreffen.

Das FBI hatte Zigarettenasche und Kippen aus dem Aschenbecher des Mustang sichergestellt, nachdem man ihn auf dem Parkplatz der Capitol Homes entdeckt hatte. Hier im Archiv fehlten sie. James war Nichtraucher; wenn Kippen dagewesen waren, mußte es darauf hindeuten, daß der Wagen zumindest vorübergehend auch von einem oder mehreren anderen benutzt worden war. Augenzeugenberichten von der Sicherstellung war zu entnehmen, daß der Aschenbecher des Mustangs geradezu überquoll, doch die Beweise aus dem Mustang enthielten nur eine einzige Kippe und eine minimale Aschenprobe.

Ich bat die Leiterin des Archivs, Minerva Johnican, den Generalstaatsanwalt auf das manipulierte und fehlende Beweismaterial anzusprechen. Die absichtliche oder fahrlässige Zerstörung von Beweismitteln hatte mit einiger Sicherheit vor Johnicans Amtsantritt stattgefunden, und sie würde die Frage nach der Verantwortlichkeit ihres Vorgängers stellen. Außerdem hegte ich die Hoffnung, daß sie aus eigener Amtsgewalt und Verantwortung forensische Tests erlauben würde, doch dazu mochte sie sich nicht bereitfinden.

Dann kam das Interview mit Feuerwehrmann William B. King. Er hatte sich im hinteren Bereich der Station 2 aufgehalten und aus dem Türfenster geblickt, als der Schuß fiel. Martin Luther King habe aufrecht auf dem Balkon gestanden, obwohl er sich nur Sekunden vorher über das Geländer gebeugt hätte. Feuerwehrmann Charles Stone habe oben auf den Spinden gelegen, von wo aus er durchs Fenster sehen konnte, als es passierte. William King glaubte, er und Stone seien die einzigen wirklichen Augenzeugen des Geschehens. Er erinnerte sich, daß der MPD-Detective kurz zuvor gegangen sei. Nach dem Schuß rief William King seine Frau an und trat nach draußen, hinter die Feuerwache, wo er über den Grünstreifen blickte. Das Gebüsch lag rund dreißig Meter weiter nördlich von seinem Standort. Er konnte sich auch an frisch geschnittenes Holz erinnern.

Wie bereits erwähnt, fiel das Gelände des Hinterhofs der Pension zur Mauer hin leicht ab. Die gesamte Ostseite, der Mauer am nächsten gelegen, war mit wildwuchernden Maulbeersträuchern und Bäumen bewachsen. Von den kleineren Bäumen erreichten die wenigsten drei bis vier Meter, aber einer war immerhin 7,50 Meter hoch. Außerdem gab es dort noch eine Platane, die alle Bäume überragte. Das Dickicht des Maulbeergestrüpps erstreckte sich von der Mauer bis fast in den Hof und ging dann in hohes, unkrautdurchsetztes Gras über.

William King fügte hinzu, daß ihm FBI und Generalstaatsanwalt damals eingeschärft hätten, mit niemandem über seine Beobachtungen zu sprechen. Vom HSCA wurde er nie befragt, und kein Verteidiger oder anwaltlicher Ermittler hatte ihn bisher aufgesucht.

Wenige Tage später sei er die Mulberry Street entlang zur Auffahrt des Lorraine spaziert, wo noch immer das frischgeschnittene Holz lag. Was würde die Anklage dazu sagen? Vermutlich sprach William King über einen stattlichen Ast, den ich in all den Jahren auf mehreren Aufnahmen gesehen hatte, und erst kürzlich auf einem 8x10-Glanzfoto im Gerichtsarchiv (vgl. Bildteil, Abb. 13).

Ob er nun vor oder nach dem Attentat geschnitten worden ist, in seiner ursprünglich aufrechten Position hätte dieser Ast zwischen dem Badezimmerfenster der Pension und dem Balkon, auf dem Martin Luther King stand, als er erschossen wurde, die Sicht verstellt. (Selbst nach den offiziellen Fotos, die uns ausschließlich vorlagen, erschien fraglich, ob das Schußfeld ausreichend frei war). William King wollte in den Zeugenstand treten.

Auch der pensionierte Feuerwehr-Lieutenant George Loenneke erklärte, er habe den Bürgerrechtler im Augenblick seiner Erschießung gesehen. Richmond sei damals nicht am Fenster gewesen und er, Loenneke, habe den Alarm ausgelöst.

Was dann kam, verblüffte mich. Loenneke setzte hinzu, einige Tage nach dem Attentat habe er mit einer Verkäuferin gesprochen, die im Erdgeschoß des Seabrook's-Büros arbeitete, das der Pension direkt gegenüberlag. Sie erzählte ihm, am Nachmittag des 4. Dezember habe sie gegen 17.30 Uhr bemerkt, wie ein Mann in einem weißen Mustang heranfuhr und den Wagen unterhalb von Canipe's stehenließ. Sie sah, wie er die Pension durch den nördlichsten Eingang neben dem von Jim's Grill betrat. Sie war sicher, daß der Mann nicht James Earl Ray gewesen sei. Den Namen des Mädchens wußte Loenneke nicht. Würden wir sie ausfindig machen? Wenn ja, dann gäbe es nicht nur einen erneuten Beleg für den zweiten Mustang, sondern auch für eine weitere Person (offenbar dieselbe, die von den Hurleys wahrgenommen wurde). Sie war mit dem Mustang herangefahren und hatte ihn südlich der Spielhalle abgestellt.

Feuerwehrmann Charles Stone befand sich im hinteren Teil der Station 2, als geschossen wurde. Er war auf die Spinde geklettert, wo er durch eins der kleinen Fenster unterhalb der Decke sehen konnte. Nur er und William King hätten gesehen, wie King von der Kugel getroffen wurde, meinte er. George Loenneke »fummelte an seiner Spindtür herum« und habe vermutlich gar nichts gesehen.

Am 29. Oktober waren Ken Herman und ich zur Central Church unterwegs, wo Reverend James Latimer als Pfarrer wirkte. Ich wollte ihn schon seit längerer Zeit aufsuchen, nachdem ich vor Jahren von dem seltsamen Besucher gehört hatte, der eine Woche nach dem Attentat angeblich »geistlichen Beistand« brauchte, weil er ohne diesen »Selbstmord begehen« würde. Latimer bestätigte den Bericht, den Russell Thompson mir über den Zwischenfall gegeben hatte, und betonte, er habe dieselbe Geschichte Inspector N. E. Zachary vom MPD und einem FBI-Mann erzählt. Sie hätten versprochen, »der Sache nachzugehen«. Dann aber hörte er nichts mehr davon. Im August besuchten ihn zwei Männer, die ihre Ausweise vorzeigten und behaupteten, vom Tennessee Bureau of Investigation (TBI) zu kommen, nicht vom FBI. Sie legten ihm Fotos vor, die dem Mann ähnelten, der ihn besucht hatte. Das war das letzte Mal, daß Latimer in dieser Sache angesprochen wurde. Ich zeigte ihm einen unscharfen Schnappschuß von Jack Youngblood, doch Latimer schüttelte den Kopf. Später besuchte ich ihn mit Wayne Chastain, und wir hatten ein besseres Foto Youngbloods dabei. Er zögerte zwar, konnte aber den Mann noch immer nicht eindeutig identifizieren. Wayne erinnerte ihn, daß er früher einmal Youngblood erkannt hatte. Latimer zuckte die Achseln: »Das alles ist 25 Jahre her.«

Kein Kenner der Arbeitsweise des TBI konnte sich dessen Eingreifen erklären. Unter normalen Umständen wurde diese Behörde, die prinzipiell nur in kleineren Städten zum Einsatz kam, an Ermittlungen in Shelby County/Memphis nicht beteiligt.

Als nächstes führte ich ein Gespräch mit dem New Yorker Polizisten Leon Cohen, der 1968 als Privatdetektiv in Memphis gewirkt hatte. Im Verlauf seiner Arbeit hatte er sich mit Walter Bailey, dem Eigentümer des Lorraine angefreundet. Am 5. April, einen Tag nach dem Attentat, hatte er Bailey, der am Boden zerstört war, im Lorraine besucht. Baileys Frau hatte nach dem Attentat auf King einen Gehirnschlag erlitten und schwebte in Lebensgefahr.

Bailey habe ihm damals erzählt, für King sei ursprünglich Zimmer 202 im Erdgeschoß vorgesehen gewesen, bis ein Anruf aus Atlanta kam, der anordnete, den Bürgerrechtler in Zimmer 306 unterzubringen. Bailey habe protestiert, das am Innenhof gelegene Erdgeschoßzimmer sei viel sicherer, aber der Anrufer habe auf der Buchungsänderung bestanden.

Cohens Gespräch mit Walter Bailey stützte Olivia Hayes' Aussage, wonach Kings Unterkunft vom Erdgeschoß in den ersten Stock verlegt worden sei. Abweichend davon war die Auskunft, die Wayne Chastains 1970 oder 1971 von Bailey erhalten hatte, wonach dessen Frau von einem dunkelhäutigen, indianisch wirkenden Quartiermeister der Gruppe besucht worden sei, der den Raumwechsel angeordnet hätte.

Woher rührten diese Unterschiede? Da Walter Bailey vor mehreren Jahren gestorben war, konnten wir darüber nur noch spekulieren. Wenn ein Quartiermeister die Verlegung organisiert hatte, hätte Mrs. Bailey wohl nachträglich erkannt, welche Rolle sie unwissentlich bei der Ermordung Kings gespielt hatte. Daß ihr Mann sie damals schützte, indem er die Notlüge von dem Anruf vorschob, war nur allzu verständlich. Eine andere Erklärung wäre freilich, daß Bailey später die Schuld von sich abwälzen wollte, als er nicht mehr belangt werden konnte. Diese Idee kam mir im Gespräch mit William Ross, der bei Walter Bailey als Chauffeur beschäftigt gewesen war. Er berichtete mir, daß Bailey einmal gesagt haben soll, der Tod seiner Frau sei eine Art Sühneopfer gewesen, und daß er damals anfing, ihr Ableben mit der Ermordung von Martin Luther King in Verbindung zu bringen. Dr. King mußte sterben, habe Bailey gemeint, weil er Kräfte herausforderte, denen er nicht gewachsen war. Hätte er nicht am 4. April 1968 in Memphis im Lorraine den Tod gefunden, wäre es zu einem späteren Zeitpunkt anderswo geschehen. Aber es sei tragisch, setzte Bailey hinzu, daß seine Frau darin verwickelt wäre.

Als ich später Baileys Tochter Carolyn Champion und ihren Ehemann befragte, schworen sie Stein und Bein, der Hausarzt habe Mrs. Bailey ungefähr um die Zeit des Schlaganfalls untersucht und sie in bester Gesundheit vorgefunden. Sie waren überzeugt, daß sie sich aus irgendeinem Grund an dem Attentat persönlich schuldig fühlte. Warum, wüßten sie auch nicht.

Unauffindbar blieb Willie Green, der farbige Tankwart, der James am 4. April gegen 18.00 Uhr gesehen haben muß, als er – jedenfalls nach James' eigener Version – ihm die Reparatur des Reifens verweigerte. Bestätigt wurde diese Geschichte durch ein FBI-Gutachten; bei gründlicher Untersuchung des Mustangs stellte sich heraus, daß der Reservereifen tatsächlich platt war. Später erklärte uns Cliff Dates, einer der Ermittler in Memphis, daß Green bereits verstorben war.

Um diese Zeit vertiefte ich mich in die mysteriöse Tätigkeit und das noch mysteriösere Ableben William Sartors. Wie bereits erwähnt, wurde Sartor erst richtig in den Fall verwickelt, als er McFerrens Geschichte nachgehen wollte. Bevor er starb, kam er immer mehr zu der Überzeugung, daß Verbrechersyndikate in den Mordfall verwickelt waren, besonders Carlos Marcellos Organisation in New Orleans. Er verbrachte viel Zeit in New Orleans und traf sich mit Bekannten Marcellos, auch mit seinem Neffen Little Joe.

Doch 1971 starb Sartor völlig unerwartet, anscheinend an einer Überdosis Rauschgift, obwohl er gar keine Drogen nahm. Dale Dougherty, der schon als kleiner Junge mit dem Journalisten befreundet war, und Bill Sartors Mutter zweifelten an dieser Diagnose. Am Abend vor seinem Tod hatte er Dougherty angekündigt, jemand in Memphis wolle ihn sprechen, und er freue sich schon auf das Treffen. Wenige Tage zuvor hatte er nervös gewirkt und daheim bei der Mutter gesessen, wo er mit dem Gewehr in der Hand die Straße beobachtete. Doch am letzten Abend seines Lebens, als er kurz bei ihrer Arbeitsstelle vorbeischaute, war er guter Dinge. Er berichtete ihr, er wolle noch zur Hickory Stick Bar, um ein Gläschen zu trinken, und danach ins Bett. Morgen müsse er früh 'raus. Doch anderntags gelang es Miss Sartor nicht, ihren Sohn zu wecken; er wurde mit Blaulicht und Sirene ins Krankenhaus gebracht und starb, ohne das Bewußtsein wiederzuerlangen.

Einen Obduktionsbericht hat sie nie erhalten. Der Totenschein stellte fest, daß die Todesursache ungewiß sei. So sehr sie sich bemühte, niemand schien ihr helfen zu wollen. Selbst ihr Hausarzt riet ihr, nachdem er ein paar Telefonate getätigt hatte, sie solle besser die Finger davon lassen.

So war der Stand der Dinge, bis ich mit Dougherty sprach, der zu Sartors literarischem Nachlaßverwalter bestellt worden war. Kopien seiner Unterlagen hatte er dem HSCA überlassen. Ich begab mich auf einige der aussichtsreicheren Spuren, die Sartor verfolgt hatte. Er hatte notiert, daß ein Großhändler namens Frank Liberto in der Nacht, als James Earl Ray in Handschellen aus London zurückgebracht wurde, nach Detroit abgereist war. Er erfuhr dies aus einem Telefonat zwischen Sartors Freundin (und künftigen Ehefrau), die angerufen hatte, und Libertos Partner James Latch, der ihr versicherte, Frank sei seit der Nacht von Rays Auslieferung nicht mehr hiergewesen. Das war eine interessante Neuigkeit, denn es zeigte, wie vorsichtig Liberto agierte, und enthüllte außerdem, daß er in Detroit, einer Stadt nahe der kanadischen Grenze, Verwandte oder Freunde hatte. Ich versprach, wenigstens zu versuchen, einige Fragen Doughertys und Mrs. Sartors zum Tod des Journalisten zu klären. Dougherty seinerseits erklärte sich bereit, nach Memphis zu kommen und einen gewissen Pat Lyons anzusprechen, einen früheren Freund von Sartors Frau, der ihnen bei der Arbeit an diesem Fall geholfen hatten.

Pat Lyons war einer der letzten, die mit Bill Sartor gesprochen hatten. Am Abend vor seinem Tod hatte Sartor den Besuch in Memphis telefonisch angekündigt. Als Dougherty im November nach Memphis kam, weigerte sich Lyons kurzerhand, mit ihm zu sprechen. Später beobachtete einer unserer Privatdetektive das Haus, wo Lyons mit seiner Mutter wohnte. Das Haus schien ständig verschlossen zu sein, mit verriegelten Fensterläden und heruntergezogenen Jalousien.

Die Angst des Mannes war nicht unberechtigt. Sartor hatte notiert, Lyons sei 1969 oder 1970 von einem ortsansässigen Gangster bedroht worden, der ihm ein Messer an die Kehle gehalten und ihm mitgeteilt habe, er stünde auf der Abschußliste. Der Mordauftrag, so Sartor, habe mit Lyons Hilfe bei den King-Ermittlungen zu tun. Lyons hatte Sartor erzählt, ein Komplize von Frank C. Liberto wolle ihn umbringen. Sartor könne die Lebensgefahr nur von ihm abwenden, wenn er sich dem Auftragskiller oder Frank Liberto stelle und die beiden davon überzeuge, daß er [Lyons] nichts mit ihm zu schaffen habe.

Doch 1992 war Liberto bereits vierzehn Jahre tot. Saß Lyons der Schreck noch immer in den Knochen?

Unterdessen arbeitete Dougherty mit Hochdruck daran, den Obduktionsbericht im Fall Sartor zu bekommen. Er versicherte sich der Hilfe des Generalstaatsanwalts von Waco, Ken Abels, und eines privaten Ermittlers namens J. C. Rappe.

20
Bestätigung und neue Beweise: November 1992

Der Fotojournalist John »Bill« McAfee machte 1968 für eine Nachrichtenagentur Aufnahmen von der Teilnahme Kings am

Müllfahrerstreik. McAfee hatte seine Kamera am 4. April gegen Mittag gerade im Lorraine aufgebaut, als er bemerkte, daß MPD-Chef J. C. MacDonald mit griffbereitem Walkie-talkie an der Moteleinfahrt in der Nähe der Butler Street »auf der Lauer lag«. MacDonald, den er oft fotografiert hatte, erkannte er sofort und wunderte sich, weil der Polizeichef sein Büro selten zu verlassen pflegte.

McAfee hatte das Lorraine gegen 17.00 Uhr verlassen, weil er den Reporter, mit dem er zusammenarbeitete, zum Flughafen bringen mußte. Während er zu Hause auf ihn wartete, erhielt er die Mitteilung der ABC, er solle die Stimmung nach dem Attentat einfangen. Er stürzte aus der Tür und raste zur South Main Street zurück, hielt dabei kurz beim Schallplattenladen seines Bruders in der Second Street an, einen Block von der Mulberry Street entfernt, um einen Assistenten und neue Ausrüstung mitzunehmen.

Als er den Laden betrat, wurden im Lokalradio AM gerade die Nachrichten von einem starken CB-Sender übertönt. Ihm war klar, daß der CB-Funk von einer Basis in unmittelbarer Nähe gesendet werden mußte. Was er hörte, war der gefälschte Polizeidialog über die angebliche Verfolgungsjagd. Es war der erste Hinweis, daß die Fälschung aus unmittelbarer Nähe des Tatorts zu kommen schien.

Ich rief daraufhin Carroll Carroll an, der bestätigte, daß ein CB-Sender die normale Radiofrequenz nicht überlagern könne, es sei denn, er stünde nicht weit vom Empfänger. Daß der Funkspruch von einem Amateur im entlegenen Nordteil der Stadt gekommen sei, wie das MPD schlußfolgerte, ergab keinen Sinn.

McAfee war bereit, als Zeuge aufzutreten.

Ende Oktober und Anfang November besuchte ich mit Hilfe von Sarah Teale von Teale Productions die CBS-, NBC- und ABC-Studios in New York, um mir sämtliche verfügbaren Archivfilme von damals anzusehen. Besonders interessierten mich Earl Wells NBC-Interview mit Tankwart Willie Green sowie die Bilder vom Grünstreifen hinter der Pension, bevor er zurückgeschnitten wurde.

Ernest Withers, ein farbiger Fotograf aus Memphis, hatte mir außerdem zugesagt, seine Kollegen anzusprechen, die damals Aufnahmen vom Tatort gemacht hatten. Überdies wollte er eine Farbige ausfindig machen, die im Frühjahr 1968 das LeMoyne College besucht hatte. Aus Hugh Stantons Unterlagen ging hervor, daß sie einen Mann gesehen haben wollte (vielleicht dieselbe Person, die von Solomon Jones beschrieben worden war), der den Tatort direkt nach dem Geschehen verlassen hätte. Die junge Frau hatte offenbar Polizisten angebrüllt, sie sollten die Verfolgung aufnehmen.

Weder Teale noch Withers konnten mir deutliche Fotos des Gestrüpps am Tag des Attentats verschaffen, und es gelang Withers nicht, die LeMoyne-Studentin zu finden. Außerdem suchte ich nach Mary Hunt, die auf Joseph Louws Schnappschuß von den Leuten auf dem Balkon, die in Richtung der Pension deuten, zu sehen ist. Sie scheint dort den Blick auf einen Punkt zu richten, der weiter links (südlicher) liegt. Später stellte sich heraus, daß sie an einem Krebsleiden verstorben war.

Ganz oben auf unserer Liste stand der Wunsch, schlüssig aufzuklären, was mit dem Gelände hinter der Pension geschehen war. 1992 sah diese Gegend völlig anders aus als 1968. Damals grenzte der ganz gewöhnliche Hinterhof an einen 1,20 Meter breiten Weg. Dieser führte zu einer Kellertür, hinter der man nicht nur in den Keller sondern auch in Jim's Grill gelangen konnte.

Der Hof war zur Mauer hin, die in zwei bis zweienhalb Meter Höhe am Bürgersteig der Mulberry Street emporragte, leicht abschüssig. Wie bereits erwähnt, war das Gelände in Mauernähe von einem Dickicht wildwuchernder Maulbeersträuche, kleiner Bäume, Unkraut, Gras und einer hohen Platane bewachsen. Das Buschwerk erstreckte sich von der Mauer bis in den Hof hinein.

Wir wollten möglichst viele Personen befragen, die sich noch an den Hof von damals erinnerten. Wayne Chastain war am 4. April kurz nach der Tat im Obergeschoß der Pension gewesen, um einen Blick auf den Hinterhof und das Gestrüpp zu werfen. Er hatte am Küchenfenster der Stephens gestanden und ein ziemlich undurchdringliches Gewirr von Bäumen und Sträuchern gesehen.

Kay Black, Reporterin beim *Press Scimitar*, wiederholte ihre Aussage von 1978 über den Telefonanruf, den sie am 5. April erhalten hatte. Ex-Bürgermeister William Ingram hatte ihr mitgeteilt, daß ein Arbeitstrupp hinter der Pension damit beschäftigt sei, Büsche, Gras und Gehölz zu entfernen oder zurückzuschneiden. Ingram kam das offenbar verdächtig vor.

Im Laufe des Vormittags hatte Black das Gelände besichtigt und festgestellt, daß es bereits geräumt war. Die Sträucher waren verschwunden, das Buschwerk entfernt, die Gartenabfälle sorgfältig zusammengetragen und zu großen Haufen gestapelt. Niemand konnte ihr eine befriedigende Erklärung für diese Maßnahme geben; irgend jemand hatte erwähnt, es diene wohl zur Sicherheit der Touristen, die zum Tatort anreisten. Black war zur Aussage bereit. (Dem SCLC-Organisator James Orange war das Fehlen des Gestrüpps am Tag nach dem Attentat ebenfalls aufgefallen. Ich nahm mir vor, ihn darauf anzusprechen.)

Taxifahrer James McCraw, der sich in der Gegend gut auskannte und gelegentlich durch die Hintertür der Imbißstube nach draußen trat, behauptete, das gänzlich unwegsame Gelände sei nie gepflegt oder bepflanzt worden. Er könne sich zwar nicht an den genauen Zeitpunkt erinnern, aber kurz nach dem Attentat hätten Arbeiter der Stadtverwaltung das Dickicht zurückgeschnitten.

Tommy Smith, MPD-Captain a. D. (1968 im Rang eines Lieutenant), hatte jahrelang jede Aussage verweigert. Schließlich ließ er sich doch dazu überreden. Bei unserem Treffen 1992 erinnerte er sich lebhaft an den Zustand des Grünstreifens hinter der Pension. Er beschrieb ihn als »Dickicht« von Maulbeersträuchern, das ihm den Zugang zum Tatort am Abend des 4. August beträchtlich erschwert hätte.

Die Anwesenheit eines Mannes im Gestrüpp wollte Earl Caldwell vor dem Fernsehgericht bezeugen. In ihm hatte die Verteidigung den wohl stärksten Fürsprecher für den Standort des Schützen im Hinterhof gefunden. Noch immer hielten wir Ausschau nach Solomon Jones, der seit Jahren nicht mehr in Memphis lebte. Gerüchten zufolge hielt er sich in Atlanta auf, und da er früher bei einem Bestattungsinstitut gearbeitet hatte, fingen wir an, die dortigen Beerdigungsinstitute systematisch abzuklappern.

Nachdem ich von Fußspuren am Ende der Mauernische zwischen den Gebäudeflügeln erfahren hatte, die kurz nach dem Attentat sichergestellt worden waren, versuchte ich den letzten noch lebenden der drei damit befaßten Streifenbeamten zu finden – Hundeführer J. B. Hodges. Vor längerer Zeit war er von Memphis fort und aufs Land gezogen. Da er das Gelände unmittelbar nach der Tat betreten hatte, konnte er uns wohl eine authentische Schilderung geben.

Außerdem suchte ich nach Maynard Stiles, dem seinerzeitigen Vizedirektor des City Public Works Department. Diese Stelle war für die Tageseinsätze der Gartenarbeiter zuständig; Stiles hatte möglicherweise auch die Mäh- und Rodungsarbeiten angeordnet.

Über einen Ast, der vielleicht schon kurz vor dem 4. April abgesägt worden war, kursierten diverse Gerüchte. Jim Reid, ehemaliger Fotoreporter beim *Memphis Press Scimitar*, hatte mir vierzehn Jahre zuvor ein Foto von dem Ast versprochen, konnte es aber immer noch nicht finden.

Nach vielen Versuchen gelang es mir am 30. November, Captain Ed Atkinson zur Rede zu stellen, der 1968 als Assistent Frank Hollomans die rechte Hand des Feuerwehr- und Polizeidirektors gewesen war. Ihm mußten wichtige Unterlagen zugänglich gewesen sein. An solche konnte er sich nicht erinnern, aber nach dem Attentat wohnte er im Polizeihauptquartier einer Diskussion mit zwei anderen Beamten bei. Einer der Beamten hatte mit zwei FBI-Agenten im hinteren Teil der Pension das Badezimmerfenster untersucht und wollte dabei gehört haben, wie ein FBI-Mann sagte, man müsse einen Ast der Platane absägen lassen, sonst würde kein Mensch glauben, daß der Schuß von hier abgegeben worden sei. Anderntags wurde der Ast tatsächlich abgesägt. Wer die Beamten waren, wollte Atkinson nicht einfallen.

Wochen später unterzog sich Atkinson auf meine Bitte hin einer Hypnose, um sein Gedächtnis aufzufrischen. Erst beschrieb er zwei gesichtslose Personen, glaubte aber, die Stimme der einen sei ihm vertraut. Erst nach und nach gelang es Atkinson, den ihm vertrauten Sprecher als Earl Clark (ein MPD-Captain) zu identifizieren. Der andere Beamte, der von dem Gespräch über den Ast erzählt hatte, sei offenbar Sergeant und trage eine Brille sowie einen Schnurrbart. Doch seine Identität konnte er nicht feststellen.

Daß James das Gewehr, das im Bündel vor Canipe's Spielhalle gefunden worden war, gekauft hatte, war unbestritten, doch wollten wir die Umstände dieses Kaufs so genau wie möglich aufklären.

Als Ken Herman den Eigentümer des Aeromarine-Waffenladens, Donald Wood, in Birmingham besuchte, wiederholte dieser im wesentlichen seine Aussage vor dem HSCA, daß der Käufer, den er auf Fotos als James Earl Ray identifizierte, keine Ahnung von Schußwaffen hatte. Der Käufer habe angegeben, mit seinem Schwager in Wisconsin auf die Jagd gehen zu wollen. Später setzte Wood merkwürdigerweise von sich aus hinzu, einer seiner Kunden, ein gewisser Dr. Gus Prosch, sei nach seiner Überzeugung an dem Attentat beteiligt gewesen. Prosch, der eine stattliche Anzahl Gewehre bei ihm gekauft habe, sei notorisch in Waffengeschäfte verwickelt und habe auch mit Rassenkrawallen zu tun. Als ich Monate später selbst mit Wood redete, bekräftigte er diese Aussage. Proschs Name war schon früher im Umkreis meiner Recherchen aufgetaucht, und zwar in der eidesstattlichen Erklärung von Morris Davis. Wir wußten, daß ein Vergleich seiner Fingerabdrücke mit nicht identifizierten Fingerabdrücken vom Tatort aus irgendeinem Grund ergebnislos geblieben war. Einen Versuch Hermans, ihn auf den Fall anzusprechen, hatte Prosch abgewehrt. Als ich ihn später ausführlich befragen durfte, allein oder in Gegenwart von Morris Davis, bestritt Prosch kategorisch jede Beteiligung.

Außerdem hatte ich Herman beauftragt, die Wege abzufahren, die James zwischen März und dem 1. April 1968 genommen hatte, denn die Kläger würden vermutlich bei der Version bleiben, James habe King in Atlanta eine Zeitlang aufgelauert. Doch die Motels, in denen James auf seiner Reise von Birmingham nach Memphis logiert haben will, existierten nicht mehr oder hatten ihre Gästebücher längst vernichtet. Erfolglos blieben unsere Bemühungen auch in Atlanta, wo wichtige Zeugen verstorben oder unauffindbar waren.

Jim Kellum, ein Privatdetektiv aus dieser Region, hatte in meinem Auftrag eine Akte über den Stripteasebar-Besitzer Arthur Baldwin angelegt, der von seinem Mithäftling Tim Kirk im Zusammenhang mit der Auftragsmord-Offerte von Juni oder Juli 1978 genannt worden war. Unabhängig davon bestätigten Kellums Unterlagen die Verbindungen Baldwins zum organisierten Verbrechen, über den Bandenführer Frank Colacurcio in Seattle und Carlos Marcello in New Orleans, ebenso wie seine Rolle als Informant und Kronzeuge für die Bundesregierung gegen den Tennessee-Gouverneur Ray Blanton und einige seiner Mitarbeiter.

Kellum hatte allerdings keinen Erfolg bei dem Versuch, die Geliebte des Großhändlers Frank Liberto ausfindig zu machen. Noch immer fehlten konkrete Beweise für Libertos Kontakte zu Gangsterkreisen, auf die erstmals William Sartor hingewiesen hatte.

Doch am 17. November 1992 bat Kellum plötzlich, von seiner Aufgabe entbunden zu werden, weil einigen seiner Kontaktleute die Stoßrichtung meiner Ermittlungen nicht paßte. Dafür hatte ich Verständnis. Diskret wandte ich mich an Privatdetektiv Gene Barksdale, der dem Liberto-Clan nahestand und über Frank Libertos Aktivitäten Bescheid wußte. Ich drängte ihn, Libertos Geliebte anzusprechen und mir Auskunft über dessen Geschäftsfreunde zu geben, von denen einer, Sam Cacamici, kürzlich verstorben war. Barksdale erwiderte, seine alten Bekannten aus dem Umkreis Libertos würden ausgesprochen nervös auf derartige Fragen reagieren. Auch die Geliebte weigere sich, mit uns zu kooperieren.

Erschwert wurde die Untersuchung durch die Tatsache, daß es 1968 allein in Memphis nicht weniger als drei Frank Libertos gab, die alle drei familiäre Verbindungen nach New Orleans hatten. Der erste Frank Liberto (Frank Camille Liberto), auf dessen Anstifterrolle beim Attentat unsere Recherche hauptsächlich zielte, war jener 1978 verstorbene Großhändler, dessen Telefonat John McFerren mitgehört hatte. Der zweite Frank Liberto lebte ebenfalls nicht mehr; 1968 war er der Eigentümer eines Schnapsladens und der Green Beetle Tavern auf der South Main Street, nur einen Häuserblock von Jim's Grill entfernt. Der dritte und möglicherweise wohlhabendste Frank Liberto war 1992 über achtzig Jahre alt. Barksdale berichtete mir, daß er noch immer im Autohandel tätig sei. Wir kannten nunmehr also drei Libertos, die 1968 Verwandte in New Orleans hatten. Es gab noch ein weiteres Mitglied der Familie Frank C. Libertos, das ein Geschäft in der Nachbarschaft des Lorraine hatte.

John McFerren hatte mir von Ezell Smith erzählt, der in diesem Geschäft angestellt gewesen war und gesehen haben wollte, wie im Vorfeld des Attentats in den Büroräumen ein Gewehr zusammenmontiert wurde. Später habe Ezell erfahren, dies sei die Waffe gewesen, mit der Martin Luther King erschossen wurde.

Wie bereits erwähnt, war mir 1978 die Abbildung eines Gebäudes in die Hände gespielt worden; am oberen Rand der Fotokopie hatte jemand notiert, der Eigentümer des dem Tatort benachbarten Gebäudes sei mit einem Gangster verwandt. In dem Gebäude selbst sei das von Ray gekaufte Gewehr versteckt worden.

Ken Herman fotografierte das Haus, in dem Ezell gearbeitet hatte. Es war identisch mit dem auf meiner fotokopierten Aufnahme. Damit war erstmals der Panzer geknackt, der die Beziehungen der Verbrechersyndikate zum Attentat auf Martin Luther King zu umgeben schien. Wir forschten nach Ezell Smith, leider ohne Erfolg. Für uns war es eine furchtbare Enttäuschung, aus einem solchen Hinweis kein Kapital für unsere Verteidigung schlagen zu können.

Als nächstes wandten wir uns an Emmett Douglass. Dieser Polizist sollte laut Berichten des MPD James Earl Ray bei seiner angeblichen Flucht erschreckt haben. Im Polizeibericht stand, beim Verlassen des Hauses habe James einen Blick in südliche Richtung geworfen und Douglass' Fahrzeug am Bürgersteig der South Main Street stehen sehen, vor der Nordfassade der Feuerwache. In diesem Moment sei er in Panik geraten, habe das Bündel in Canipe's Eingangsbereich geworfen und daraufhin mit seinem ganz in der Nähe geparkten Mustang die Flucht angetreten.

Der HSCA-Report präzisierte diese Angaben. Demnach soll Douglass' Kombi »angrenzend« zur Station 2 und halb auf dem Bürgersteig gestanden haben. (Das war schon deshalb unmöglich, weil zwischen dem Bürgersteig und der Vorderfront der Feuerwache rund achtzehn Meter Abstand liegen.) Vielleicht, so der Report, habe James auch vor den Polizisten fliehen wollen, die im Laufschritt aus der Wache kamen.

Seinen TACT-10-Kombiwagen hatte Emmett Douglass tatsächlich an der Nordseite der Feuerwache abgestellt, aber nicht auf dem Bürgersteig. Douglass saß an diesem Nachmittag hinter dem Lekrad und verfolgte während der Kaffeepause den Polizeifunk; die anderen Mitglieder seiner Einheit hielten sich in der Feuerwache auf.

An einem frostigen Novemberabend ging Captain Douglass mit mir zu Station 2 und zeigte mir die genaue Position, wo sein Kombi am 4. April 1968 gestanden hatte. Er beteuerte, daß er nicht auf dem Bürgersteig geparkt habe, sondern direkt vor dem nordwestlichen Seiteneingang der Wache, etwa achtzehn Meter vom Bürgersteig der South Main Street entfernt (vgl. Abb. 5). 1968 standen am Nordrand der Parkfläche, angrenzend zum Pensionsgebäude, gerahmte Plakatwände von beträchtlicher Höhe. Sie hätten jedem die Sicht versperrt, der von dort kam.

Auch von einer Hecke war die Rede, die zwischen der Einfahrt zur Feuerwache und dem Parkplatz nebenan gestanden haben soll. Sie hätte ebenfalls die Sicht von der Straßenseite – in Höhe von Canipe's Spielhalle – auf den Parkplatz behindert, wo Douglass' Kombi laut MPD-Bericht gestanden hatte. Wenn das Gerücht zutraf, daß auch diese Hecke kurz nach dem Attentat gerodet worden war, konnte dies nur geschehen sein, um die Behauptung der Polizei zu stützen, James habe den Kombiwagen auf dem Bürgersteig gesehen und in seiner Angst das Bündel fallenlassen.

Abb. 5: Schauplatz des Attentats

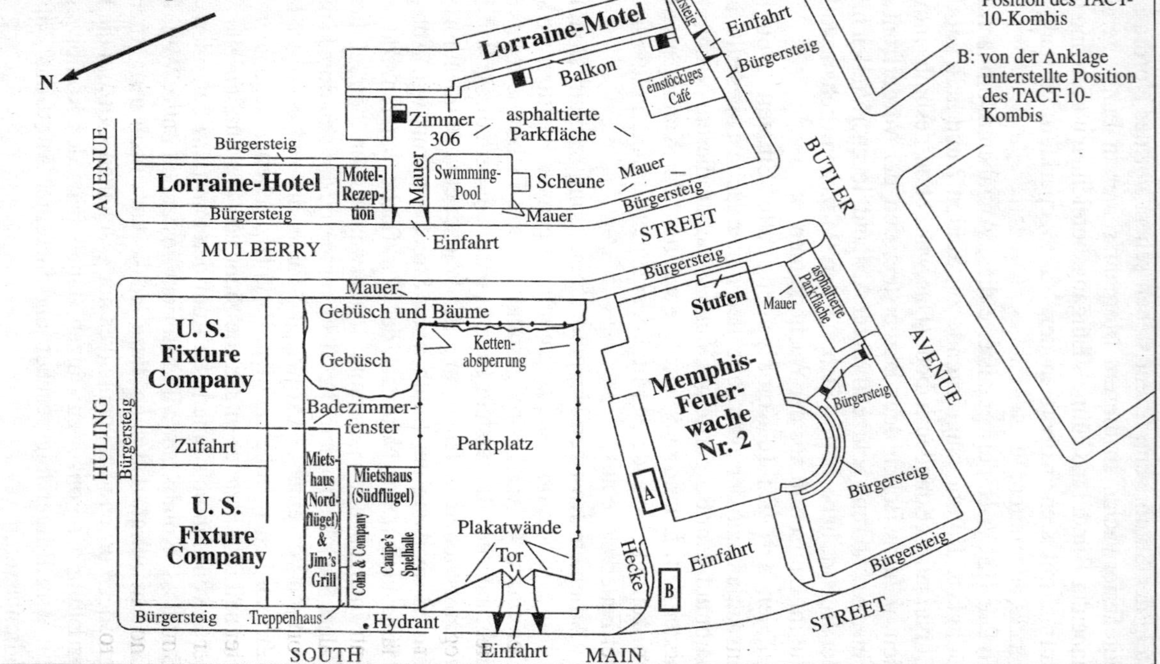

Douglass versicherte mir, er habe weder dem FBI noch der eigenen Behörde je mitgeteilt, auf dem Bürgersteig geparkt zu haben. Es wäre ihm völlig sinnlos erschienen, den Kombiwagen dort abzustellen, wo er Fußgänger und in die Auffahrt einbiegende Fahrzeuge gleichermaßen behindert hätte. Weiter hinten am Gebäude, der Tür gegenüber, war der Wagen im Notfall auch viel schneller erreichbar für seine TACT-10-Kollegen.

Nach dem Schuß war Douglass zunächst ausgestiegen und in den hinteren Bereich der Wache gelaufen, doch dann fiel ihm ein, daß er den Funkverkehr abhören sollte. Er kehrte zurück und meldete sich gleich beim Hauptquartier. Andere hatten die Wache durch den nordöstlichen Seiteneingang verlassen und überquerten den niedrigen Zaun und die Mauer. Douglass erinnerte sich an zwei Beamte, einer mit gezogener Pistole, die nur eine Minute nach dem Schuß vor der Wache vorüberliefen und etwa achtzehn Meter vor ihm kurz in sein Blickfeld kamen. Hätte er am Bürgersteig gestanden, wären sie seinem Kombi ganz nahe gekommen. Sie waren aber ziemlich weit weg.

Douglass war zu einer Zeugenaussage bereit.

Der ehemalige FBI-Agent Arthur Murtagh, der vor dem HSCA die umfassenden COINTELPRO-Aktivitäten seiner Behörde gegen Martin Luther King enthüllt hatte, wollte auch bei uns in den Zeugenstand treten. Die Mißachtung der verfassungsmäßigen Grundrechte durch seine Behörde hatte ihn zutiefst enttäuscht. Seine Informationen aus erster Hand über die illegalen Aktivitäten des FBI boten der Verteidigung unschätzbare Vorteile.

Bei meiner Akteneinsicht im Gebäude des Criminal Justice Center hatte mir die Generalstaatsanwaltschaft den Ermittler Jim Smith zur Seite gegeben. Seine gründliche Kenntnis des Archivs und sein langjähriges Interesse an diesem Fall waren mir eine große Hilfe. Nach und nach begann auch er mir zu erzählen, was er 1968 erlebt hatte.

Als junger Polizist hatte er an einem geheimen Lehrgang in Memphis teilgenommen, wo von Notstands-Maßnahmen gegen

Krawalle und Demonstrationen sowie von elektronischen Spionagetechniken die Rede war. Der Kurs fand gegen Ende 1967 unter größter Geheimhaltung statt; die Lehrkräfte wurden von verschiedenen Bundesbehörden gestellt. Keiner der Polizisten in Memphis begriff, wofür sie ausgebildet werden sollten, denn hier hatte es die in anderen Großstädten beobachteten Krawalle nie gegeben. Die Ereignisse des Frühjahrs 1968 ließen diese Präventivmaßnahmen in einem ganz anderen Licht erscheinen, was manchen der sorgfältig ausgewählten Kursteilnehmer nachdenklich stimmte. Vielleicht wußte Frank Holloman mehr, als er zugeben wollte. Manchmal fand das Training an geheimen Orten statt, deren genaue Lage selbst den Teilnehmern nicht bekannt war. Hierfür wurden sie beim Polizeihauptquartier abgeholt und in geschlossenen, fensterlosen LKWs direkt in die Trainingslager irgendwo in der Umgebung von Memphis transportiert. Für solche Nacht-und-Nebel-Aktionen hatten die redlichen Beamten wenig Verständnis. Mich erinnerte dies an ähnliche, bereits erwähnte Lehrgänge, die in jener Zeit von der CIA örtlichen Polizeikräften in bestimmten Städten angeboten wurden. Koordiniert wurden diese Maßnahmen durch das CIA-eigene Office of Security (OS), nicht selten in Verbindung mit dem FBI und der militärischen Abwehr, die ähnliche Programme durchführten.

Smith berichtete mir außerdem von einem zwielichtigen Vertragsagenten, der einige dieser Kurse leitete. Cooper, den manche Coop nannten, stieß im Januar 1968 zu ihnen. Jim fand es sonderbar, daß Coop – anders als die sonstigen Lehrkräfte – nicht in zentraler Lage einquartiert wurde, sondern im Ambassador Hotel an der South Main Street, ganz in der Nähe von Jim's Grill. Er erinnerte sich, Coop nicht selten in Jim's Grill, im Restaurant Arcade und im Green Beetle gesehen zu haben. Als Smith ihn fragte, weshalb er sich in solchen Lokalen herumtrieb, behauptete Coop, dringend benötigte Auskünfte zu sammeln. Coop zeichnete auch detaillierte Karten dieser Gegend und erzählte Smith, er sei bei der Abwehr gewesen, bevor er sich vom FBI anwerben ließ. Dort hatte man ihn offenbar wegen seiner Alkoholprobleme entlassen, so daß er nur noch als Vertragsagent tätig war. Smith gewann jedoch den Eindruck, diese Geschichte sei – ebenso wie der Lehrgang – nur eine Tarnung für Coop, der in Wirklichkeit in geheimer Mission unterwegs sei.

Kurz vor dem Attentat war Coop abgetaucht, und Smith hatte ihn nie wiedergesehen.

Unklarheit herrschte nach wie vor darüber, wo Martin Luther King bei früheren Besuchen in Memphis gewohnt hatte. Ich fragte Jim Smith danach. Zumindest einmal – am Abend des 18. März 1968 – sei King im Hotel Rivermont abgestiegen, meinte er. Smith war seiner Sache ganz sicher, weil er damals einem Überwachungs- und Lauschangriffsteam angehörte hatte. Im Einvernehmen mit der Leitung des Hotels durfte diese Einheit die gesamte Penthouse-Suite mit Wanzen versehen. Die Gespräche in Kings Räumen wurden in einem Möbelwagen abgehört, der dem Hotel schräg gegenüber parkte. Da Smith die Mikrofone nicht selbst versteckt hatte, wußte er nicht genau, wo sie plaziert waren. Eine andere Person – die namentlich nicht genannt werden darf – informierte mich über die Sachlage. Praktisch jedes Zimmer im Penthouse war verwanzt, selbst das Bad. Aus dieser Quelle erfuhr ich, daß es Mikrofone im Lift, unter dem Frühstückstisch, im Tagungsraum neben der Suite und in den Zimmern seiner Mitarbeiter gab. Selbst der Balkon wurde mit einem Richtmikrofon auf dem Dach des Möbelwagens abgehört. Dieses Mikrofon arbeitete mit Mikrowellen und erlaubte nahezu störungsfreien Empfang der Gespräche, weil die Nebengeräusche der Umgebung herausgefiltert wurden.

Das Überwachungsteam hatte ungefähr ein Dutzend Wanzen angebracht und die Gespräche wurden auf unterschiedlichen Frequenzen übertragen. Die Vielzahl der Wanzen ermöglichte Aufnahmen mit Stereo-Effekt, angeblich ein Trick aus der Filmindustrie. Ein Sendeverstärker auf dem Dach des Hotels übertrug die Signale an die mit Stimmaktivatoren ausgestatteten Tonbandgeräte im Möbelwagen. Die Tonbänder waren je nach Standort des Mikrofons gekennzeichnet; ein Licht am Studiotisch signalisierte, daß die Aufnahme aktiviert wurde. Der diensthabende Beamte hörte mit und entschied, ob der Inhalt des

Gesprächs auf der Stelle weitergegeben werden sollte. Andernfalls wurde das Gespräch einfach mitgeschnitten und am Ende der Schicht zum Abschreiben ins Büro gesandt; anschließend legte man es bis auf weiteres zu den Akten.

Die normalerweise zur Verfügung stehende Spionagetechnologie reichte für den Empfang nicht aus, denn die Mikrofone sendeten nur sehr schwache Signale. Tatsächlich trug das Signal nur zehn bis fünfzehn Meter weit, bis zum Sendeverstärker auf dem Dach. Kings Suite war vom Boden bis zur Decke etwa 2,50 Meter hoch.

Hätte Martin Luther King nicht die Suite im Dachgeschoß bezogen, dann wäre der Sendeverstärker im direkt darüberliegenden Stockwerk oder in einem der rechts und links angrenzenden Räume aufgestellt worden.

Es muß daran erinnert werden, daß die Lauschangriffe nicht dazu dienten, Kings politische Pläne auszukundschaften. Vielmehr waren die Geheimdienste darauf aus, ihn in einer sexuell kompromittierenden Situation zu ertappen, die man umgehend für die Kampgne gegen ihn ausgeschlachtet hätte.

Während dieser Überwachungsmaßnahmen gehörte Jim Smith dem Special Service an und war der MPD-Geheimdienstabteilung unterstellt. Eigentlich war er so etwas wie der Laufbursche der beiden Bundesagenten gewesen, die den Lauschangriff leiteten und mit Kopfhörern verfolgten. Sie hatten Anweisung, so viele belastende Sachverhalte wie möglich über Martin Luther Kings persönliches Verhalten, seine Kontakte und Bewegungen zu ermitteln, und sie operierten von einem in der Nähe geparkten Möbelwagen aus. Dies bestätigte einen Verdacht, den ich seit Jahren hegte.

King hielt sich auch am Abend des 28. März, kurz nach der Demonstration, im Rivermont auf. Wie bereits erwähnt, war er von einer MPD-Motorradstreife unter Leitung von Lieutenant Marion Nichols, der auch die Suite für ihn buchte, dorthin eskortiert worden. Obwohl Smith an diesem Abend dem Überwachungsteam nicht zugeteilt war, muß vernünftigerweise angenommen werden, daß der Lauschangriff auch an diesem Abend fortgesetzt wurde.

Natürlich wußte Smith, daß sich die Maßnahmen des FBI zur Bespitzelung Kings landesweit erstreckten, und er vermutete zu Recht, daß diese Aktivitäten inzwischen kein Geheimnis mehr waren. Er wußte aber offenbar nicht, daß das FBI einen Lauschangriff in Memphis stets dementiert hatte. Das Bekanntwerden illegaler Abhörmaßnahmen in zeitlicher Nähe des Attentats konnte sich das FBI nicht leisten. Zu dieser Zeit vermuteten Jim Smith und ich, das FBI habe die Überwachung vorgenommen, denn die gesamte Operation schien ihren Stempel zu tragen.

Jetzt begriff ich, weshalb man King am 28. März ins Rivermont gebracht hatte (wo gar kein Zimmer für ihn gebucht war), anstatt ins Peabody (wo er eigentlich übernachten sollte). Der Hotelwechsel hatte mir nie eingeleuchtet, denn das Peabody lag weit genug von den Ausschreitungen entfernt und war leicht zu erreichen. Lieutenant Marion Nichols stand vor dem Fernsehgericht für eine Befragung nicht zur Verfügung. Als er später interviewt wurde, leugnete er jede persönliche oder polizeiliche Verantwortung für die Unterbringung im Rivermont und behauptete, die Entscheidung habe irgendwer aus Kings Gruppe getroffen.

Nach Rücksprache mit seinem Vorgesetzten, Fred Wall, der keine Ahnung hatte, worum es ging, war Jim Smith zur Aussage bereit.

Smith erinnerte sich noch gut an die Ausschreitungen vom 28. März, weil er in der Polizeikette stand, die von der South Main Street bis zur McCall reichte, als sich der Demonstrationszug von der Beale Street näherte. Er und seine Kollegen hatten Anweisung, die Kette unter keinen Umständen zu öffnen, doch dann begannen vereinzelte Teilnehmer zwischen ihnen und der Hauptmasse der Demonstranten Scheiben einzuwerfen.

Der Gewaltausbruch bei diesem Marsch war von Interesse, weil es Hinweise auf die Anwesenheit von *agents provocateurs* gab. Es war die einzige je von Martin Luther King angeführte Demonstration, die gewalttätig verlief. Erst dadurch war seine Rückkehr nach Memphis am 3. April notwendig geworden, als er in einem Motel einquartiert wurde, das er sonst nie benutzt hatte, und das mit seinen hohen, leicht einsehbaren Fenstern einem Glashaus ähnelte.

Reverend Jim Lawsons Erinnerungen ergänzten diejenigen von Jim Smith. Er hatte die Demonstranten über die Beale Street und zur Main geführt, wo sie von Polizeitruppen erwartet wurden. Das war merkwürdig genug, denn es hatte ja ein Friedensmarsch werden sollen; doch dann sah Lawson eine Gruppe schwarzer Jugendlicher auf dem Bürgersteig, zwischen den Demonstranten und der Polizei. Er kannte die Invaders ebenso wie die meisten anderen politisch aktiven Farbigen, doch diese hier schienen nicht aus Memphis zu sein. Schon hatten sie begonnen, Fensterscheiben einzuwerfen, doch die Polizei rührte sich nicht und sah untätig zu.

Lawson erkannte in diesem Moment, daß die Polizei nicht eingreifen, sondern die Ausschreitungen als Vorwand für Maßnahmen gegen die Demonstranten benutzen wollte. Er stoppte den Marsch und ließ ihn eine Kehrtwendung machen. Wie alle andern sorgte er sich am meisten um Martin Luther King. King wollte nicht fort, aber Bernard Lee und Ralph Abernathy überredeten ihn, sich in Sicherheit zu bringen.

Auf meine erneute Anfrage erklärte sich Lawson bereit, nach Washington zu reisen und Walter Fauntroy zu besuchen, mit dem er noch einmal die gesamte HSCA-Untersuchung erörtern würde. Lawson und ich wollten Ende Dezember in Memphis zusammentreffen.

Die Verteidigung mußte ihre besondere Aufmerksamkeit der Aussage des einzigen Augenzeugen der Anklage widmen. Nach den von uns festgesetzten Prozeßregeln würde, da Stephens nicht mehr lebte, die schriftliche Aussage mit Sicherheit vorgetragen und zu Protokoll gegeben werden. Daß er zur Tatzeit betrunken war, ließ sich der späteren Vernehmung nicht ablesen. Dennoch mußten wir die Aussage anfechten.

Grace Walden, Stephens damalige Lebensgefährtin, besuchte ich am 29. November im Fürsorgeheim, wo sie jetzt wohnte. Erneut versicherte sie mir, daß Charlie Stephens am Nachmittag des 4. April betrunken gewesen sei und nichts gesehen haben könne. Damit bestätigte sie bereits gesammelte Aussagen aus Interviews mit Wayne Chastain, MPD-Captain Jewell Ray, Detective Roy Davis und seinem Kollegen, Lieutenant Tommy Smith.

Captain Ray hatte noch vor 18.30 Uhr die Pension betreten. Es gelang ihm nicht, den betrunkenen Charlie Stephens zu verhören. Detective Davis wollte Stephens noch am Abend vernehmen, stellte aber ebenfalls nur starke Trunkenheit fest; Lieutenant Smith bestätigte, Stephens sei noch am späten Abend benebelt und kaum fähig gewesen, gerade zu stehen.

Tommy Smith enthüllte uns noch weitere beunruhigende Umstände. Ein Foto der Leiche Kings aus den Akten des Generalstaatsanwalts zeigte eine Wölbung der Haut über dem linken Schulterblatt. Offenbar lag die Stelle, wo das Geschoß steckengeblieben war, dicht unter der Haut (vgl. Bildteil, Abb. 16). Smith bestätigte dies und sagte, er habe die Haut betastet und dabei einen Gegenstand gespürt, der eine intakte Kugel zu sein schien. Damals glaubte er, ein hervorragendes Indiz zur Identifizierung der Tatwaffe zu haben.

Doch die vermeintliche Todeskugel im Archiv zerfiel in drei Fragmente, und der offiziellen Version zufolge war sie *schon immer* fragmentiert gewesen. Allerdings enthielten die Materialbände des HSCA-Reports ein Foto, das die intakte Kugel kurz nach ihrer Bergung durch Dr. Francisco zeigte. In Franciscos Obduktionsbericht ist auch nicht von drei Teilen, sondern immer nur von einem einzigen Geschoß die Rede.

Während der Interviews mit Captain Jewell Ray fragte ich ihn nach einem Bericht, in dem es hieß, er habe am Abend nach dem Attentat mit einem Abwehroffizier namens Bray gesprochen. Er bestätigte diese Unterredung. Bray sei der Verbindungsmann zur Tennessee-Nationalgarde gewesen.

Jewell Ray war in der MPD-Geheimdienstabteilung Lieutenant E. H. Arkins Vorgesetzter gewesen. Arkin, behauptete Ray, sei dem FBI so nahegestanden, daß er [Ray] stets seine Schreibtischschublade abgeschlossen habe, um zu verhindern, daß wichtige Unterlagen an Bill Lawrence vom FBI-Regionalbüro gelangten. Die Gewohnheit des FBI, alles an sich zu reißen und wenig oder nichts zurückzugeben, war Ray verhaßt. Eine Aussage im Zeugenstand des Fernsehgerichts lehnte Arkin ab.

Calvin Brown hatte nach dem Attentat im Lorraine gewohnt. Ich bat Ken Herman, ihn ausfindig zu machen und festzustellen, ob er damals etwas über den Tod von Mrs. Bailey oder das Attentat selbst gehört hatte. Später interviewte ich ihn vor seinem Haus in Hermans Wagen. Brown überraschte mich mit der Mitteilung, es sei davon gesprochen worden, Jowers, der Eigentümer von Jim's Grill, sei der Täter. Von wem er das erfahren hatte, wußte er nicht mehr.

Später gelang es mir, einen Fernmeldetechniker namens Hasel Huckaby ausfindig zu machen, der laut Anhang des MPD-Berichts am Nachmittag des 4. April in der Nähe des Tatorts gearbeitet hatte. Huckaby erklärte, er und sein Kollege Paul Clay hätten damals eine Reparatur an der Ecke Huling und South Main Street, auf dem Grundstück von Fred P. Gatta durchführen müssen. Huckaby war ein gutgekleideter, aber sichtlich angetrunkener Mann aufgefallen, der auf den Stufen des Nebeneingangs zu Gattas Haus an der Huling Street saß. Auf der anderen Straßenseite stand ein dunkelblauer Sedan, der ihm nach Huckabys Meinung gehören mußte. Der Mann sei versehentlich über ihn gestolpert und habe alberne Bemerkungen gemacht. Irgend etwas störte Huckaby an dem Mann. Für die Gegend war er viel zu fein angezogen, und sein Benehmen wirkte gekünstelt.

Als Huckaby und Clay am Spätnachmittag aufhörten, war der Mann immer noch da. Nach dem Attentat wurde Huckaby routinemäßig vernommen, wunderte sich jedoch, daß er MPD-Detective J. D. Hamby die Aufträge der letzten beiden Wochen detailliert schildern sollte. Etwa fünf Jahre später verlegte er eine Leitung im Polizeihauptquartier und sah Lieutenant Hamby wieder. Spontan erkundigte er sich, ob Hamby je herausgefunden habe, wer der »Betrunkene« von damals gewesen sei. Man beschied ihm, der Mann hieße Smith und sei als Undercover-Agent für das FBI unterwegs gewesen. Wenn das zutraf, ließ sich die Präsenz des FBI am Tatort nachweisen, lange bevor der Schuß fiel.

Doch anscheinend hätte Huckaby sich besser nicht erkundigt. Wenig später stellte ihm die Post ein Päckchen zu, das ein abgebranntes Streichholz, eine halb gerauchte Zigarette und die Klapper einer Klapperschlange enthielt. Als er sich umhörte, erfuhr er, daß ein solches Päckchen eine Drohung darstellte; eine Warnung, den Mund zu halten, wenn ihm sein Leben lieb war. Interessanterweise stand davon nichts in seinem Vernehmungsprotokoll. Huckaby war bereit, als Zeuge auszusagen.

Auch Robert Hagerty, dessen Name vereinzelt in den Berichten auftauchte, schien zunächst nur eine Randfigur zu sein. Er war Angestellter der Lucky Electric Supply Company auf der Butler Street gewesen, gleich hinter dem Lorraine. Am Nachmittag des 4. April hatte er einen Sedan bemerkt, der seinem Laden schräg gegenüber parkte, und zwar so, daß man von drinnen freie Sicht auf den Balkon des Lorraine-Motels hatte. Zwei Männer in Zivil saßen vorn, mit Walkie-talkies in den Händen. Hagerty hielt sie nicht für Detectives des MPD, denn Walkie-talkies waren damals bei der örtlichen Polizei noch nicht allgemein verbreitet. Vielleicht handelte es sich hier um Bundespolizisten.

Demnach hätte sich ein zweites Überwachungsteam auf der Butler Street aufgehalten, und das Lorraine-Motel wäre im Zangengriff zwischen den beiden Posten gelegen. Endlich waren wir auf Hinweise gestoßen, daß Bundesbehörden wenige Stunden vor dem Attentat in unmittelbarer Nähe des Lorraine operiert hatten.

Diese Bespitzelungsmaßnahmen stehen im Kontext von fünf weiteren Faktoren:

- Rückzug der für Kings Sicherheit zuständigen Beamten;
- Entfernung des Detectives Redditt von seinem Beobachtungsposten;
- Versetzung der Feuerwehrleute Newsom und Wallace;
- Rückzug der TACT-Einheiten, vor allem der zehnten;
- Anwesenheit von Polizeichef MacDonald in der Umgebung des Lorraine, mit einem Walkie-talkie in der Hand.

Polizeichef William Crumby hatte mir 1988 versichert, die TACT-Einheiten seien infolge eines Begehrens »vom Vortag« zurückgezogen worden. Auf die Frage, wer in der King-Gruppe den Rückzug verlangt habe, meinte er, es könne Kyles gewesen sein. Zugleich stellte er jedoch fest, daß die Krisen-Eingreiftruppe Sam Evans' direktem Kommando unterstanden hatte. Crumby war bereit, im Zeugenstand auszusagen, was er über den Rückzug wußte. Inspector Sam Evans war 1993 verstorben.

Ich war erschüttert, als ich Ende 1992 zum ersten Mal erfuhr, daß Martin Luther King stets von einer kleinen, persönlichen Leibwache farbiger Detectives der Mordkommission begleitet wurde, wenn er nach Memphis kam. Nie zuvor waren Existenz und Funktion dieser Leibwache bekanntgegeben oder erwähnt worden. Das einzige Sicherheitskommando, von dem das HSCA wußte, war die von Inspector Don Smith aus weißen Detectives gebildete und am ersten Tag des letzten King-Besuchs wieder zurückgezogene Einheit.

Es war von größter Bedeutung, mit dem kleinen Kreis farbiger Detectives zu sprechen, die 1968 in der Mordkommission tätig waren. Nach der Befragung von zwei Beamten, die am 4. April nicht im Dienst waren – Tom Marshall und Wendell Robinson –, stieß ich auf den Richtigen: den mittlerweile pensionierten MPD-Captain Jerry Williams. In den 60er Jahren war er ein junger Detective, der von Inspector Don Smith den Auftrag erhalten hatte, mit insgesamt vier schwarzen Zivilbeamten bei Aufenthalten Martin Luther Kings in Memphis für dessen persönliche Sicherheit zu sorgen. Solche Besuche fanden unregelmäßig statt; King war nur ein paar Mal dagewesen, bevor der Müllfahrerstreik seine Aufmerksamkeit auf Memphis lenkte. Das Viererteam blieb offenbar ständig in Kings Nähe, in 24stündigem Wechsel, und wohnte stets im gleichen Hotel wie er. Williams erinnerte sich, wie er bei zwei anderen Besuchen Kings die Gruppe zusammenrief. Jim Lawson erzählte mir später, daß diese Detectives redliche junge Leute und stolz darauf waren, für den Personenschutz Martin Luther Kings verantwortlich zu sein.

Ich deutete Williams an, daß ich mich seit Jahren für die Unterkünfte Kings bei seinen diversen Besuchen in Memphis interessierte. Ich fragte ihn, ob King jemals zuvor im Lorraine-Motel abgestiegen sei.

Williams erwiderte, er könne sich an mehrere Aufenthalte im Rivermont-Hotel und im Admiral Benboe Inn erinnern, jedoch nicht an eine einzige Übernachtung im Lorraine-Motel. Möglich wäre allerdings, daß er dort Zimmer gemietet hatte, um sich mit farbigen Bürgerrechtlern aus dem Ort zu treffen, die sich in Hotels, die von Weißen geführt wurden, nicht wohl fühlten. (Erst vor kurzem war das Gesetz, das Schwarzen verbot, in »weißen« Hotels zu verkehren, aufgehoben worden.) Während Williams sprach, fiel mir ein, daß ich ein Foto von Ernest Withers gesehen hatte, der King während eines solchen Besuchs vor der Tür zu Zimmer 307 fotografierte.

»Daß ich bei Kings letztem Besuch nicht beauftragt wurde, das Sicherheitsteam einzuberufen, läßt mir bis heute keine Ruhe«, klagte Williams. Er war sicher, daß auch sonst niemand für diese Aufgabe vorgesehen worden war, denn er hatte sich nach dem Attentat bei mehreren farbigen Kollegen erkundigt. Auf die Frage, ob er je Don Smith wegen des Verzichts auf ein solches Kommando zur Rede gestellt hätte, lächelte er und verneinte höflich. Damals wäre so etwas undenkbar gewesen. Schwarze Polizeibeamte hätten in jenen Tagen Weiße nicht einmal verhaften dürfen; ihnen war höchsten erlaubt, weiße Verdächtige festzuhalten und einen weißen Kollegen zur Verstärkung zu holen.

Erst kurz zuvor, als King am 18. März die erste Rede vor der Streikversammlung hielt, hatte Williams auf Inspector Smiths Verlangen das Kommando zusammengestellt. Bei diesem Besuch wohnte King in der Dachgeschoßsuite des Holiday Inn Rivermont Hotels. Detective Williams und sein Team postierten einen Mann vor der Tür und hielten sich in benachbarten Zimmern auf. Williams glaubte, daß auch am 28. März der Personenschutz funktionierte, nachdem der Marsch gewaltsam endete, doch er konnte sich nicht erinnern, wer ihn leitete; möglicherweise sei es R. J. Turner gewesen, der mittlerweile verstorben war.

Vor dem HSCA hatte Inspector Smith ausgesagt, er habe am 3. April ein Sicherheitsteam zusammengestellt, das King am Bahnhof erwartete und ihm zum Lorraine folgte. Das Kommando bestand ganz aus weißen Detectives, nämlich den Lieutenants

George Kelly Davis und William Schultz sowie Detective Ronald B. Howell, zu denen sich im Lorraine noch Inspector J. S. Gagliano und die Lieutenants Hamby und Tucker gesellten. Nicht einer von ihnen hatte je mit Martin Luther King zu tun gehabt. Sie waren wohl auch, was ihr Verhältnis zur Bürgerrechtsbewegung und ihren Zielen betraf, eine denkbar schlechte Wahl. Doch da die Existenz einer farbigen Einheit für den Personenschutz erst jetzt ans Licht kam, ließ sich Smiths weißes Sicherheitsteam damals noch nicht im Kontext beurteilen.

Dieses Kommando wurde auf Smiths eigene Bitte noch am selben Nachmittag zurückbeordert, mit der Begründung, der King-Anhang käme nicht mit ihm zurecht. (Jim Lawson und Hosea Williams beteuerten, sie hätten durchaus mit ihnen kooperieren wollen.)

Laut HSCA-Report soll, als Smith um Erlaubnis bat, das Kommando abzuberufen, der Leiter der Detectives, William Huston, bei Polizeichef MacDonald angefragt und dieser sein Einverständnis erklärt haben. MacDonald behauptete, er habe weder die Abberufung noch einen Rückzug angeordnet. Das HSCA konstatierte außerdem, Direktor Holloman habe nichts von dieser Entscheidung gewußt[61], und stellte ferner fest, man sei »der Frage nachgegangen, ob Dr. King bei früheren Reisen nach Memphis Personenschutz durch das MPD erhielt, ohne die Angelegenheit klären zu können«.[62]

Das konnte kaum überraschen, denn nie hatte sich jemand vom FBI oder vom HSCA die Mühe gemacht, Jerry Williams oder ein Mitglied der von ihm geleiteten Sicherheitsteams zu befragen: Elmo Berkley, Melvyn Burgess, Wendell Robinson, Tom Mashall, R. J. Turner, Caro Harris, Ben Whitney und Emmett J. Winters.

Williams war sicher, daß in Gegenwart seiner Leute das Team nicht ohne weiteres abgezogen wäre. Die Anklage würde dies vermutlich für einen der vielen Zufälle erklären. Daß schwarze Leibwächter ausgerechnet bei seinem letzten Besuch von King ferngehalten wurden, hielt ich für die bisher bedenklichste Enthüllung überhaupt.

Am 28. November verbrachte ich sechs Stunden bei Morris Davis in Birmingham. Seine frühere eidesstattliche Erklärung, ihm sei eine Verschwörung zum Attentat auf Martin Luther King bekannt geworden, in die der Mediziner Gus Prosch aus Birmingham, ein gewisser Frank Liberto sowie Ralph Abernathy und Fred Shuttlesworth verwickelt seien, wurde bereits erwähnt. Das HSCA hatte Davis' Geschichte in seinem Report kurz erwähnt, aber verworfen. So wenig Glauben ich seinen Behauptungen sonst schenken mochte, über die angebliche Beteiligung Frank Libertos wollte ich mehr wissen.

Davis verkehrte 1967 und 1968 häufig in der Gulas-Lounge in Birmingham. Dort freundete er sich mit einem Dr. Gus Prosch an, der ein paar Jahre später wegen illegalen Waffenhandels und Steuerhinterziehung belangt wurde. Prosch vermittelte ihm die Bekanntschaft eines Mannes namens Frank Liberto.

Bald wurde mir klar, daß Davis über keinen der drei Frank Libertos aus Memphis sprach, denen wir bereits begegnet sind, sondern über einen vierten Frank Liberto. Er schilderte ihn als dunkelhaarig und mit gebräuntem Teint, zwischen 35 und 40 Jahre alt, circa 1,80 Meter groß und 95 Kilo schwer. Dieser Liberto betrieb angeblich Geschäfte in Memphis und auch in New Orleans.

Davis hatte schon zu Beginn der 60er Jahre dem Secret Service als bezahlter Spitzel gedient, war ein Experte für Fälschungsdelikte und zeitweilig Mitarbeiter der Drug Enforcement Agency (DEA). Er hatte der Polizei von Birmingham geholfen, als die Kirche in der 16. Straße in die Luft flog und vier Kinder starben, und diese revanchierte sich mit jenen Auskünften, die er zum Teil an bekannte Bundesagenten weitergab.

Davis behauptete, aus den DEA-Akten gehe hervor, daß Frank Liberto an einem größeren internationalen Drogenschmuggel beteiligt gewesen war, den die Familie Luigi Greco in Montreal durchführte, und daß sich dieses Unternehmen von Corpus Christi, Texas, über Memphis, New Orleans und Los Angeles sowie über Familienbeziehungen nach Detroit und Toronto erstreckte. Liberto, hieß es, habe seinen Schwerpunkt in New Orleans und wohne in einer Villa am Lake Ponchartrain vor der Stadt.

Davis war 1977/78 auf eigene Kosten nach Memphis gekommen, um im Mordfall Martin Luther King zu ermitteln, zum Teil in mündlicher Absprache mit dem HSCA. In Memphis traf er einen Liberto-Handlanger, den er nur als Ed kannte. Als er Ed kennenlernte, kam dieser soeben aus Franks [Frank Libertos] Schnapsladen in der South Main Street Nr. 327. Ed sprach von Waffen- und Drogenschiebereien Frank Libertos. Demnach wurden Waffen im Austausch gegen Kokain und Marihuana über die Grenze bei Corpus Christi, Texas, nach Südamerika geschmuggelt. Außerdem hatte Ed ihm versichert, Liberto betreibe in verschiedenen Stadtteilen von Memphis eine Reihe von Glücksspielunternehmen.

Ed nahm Morris Davis später in Libertos Geschäftsstelle mit, wo Ezell Smith gearbeitet hatte. Davis erfuhr, daß James hier am 30. März gegen 19.30 Uhr das Gewehr abgeliefert hatte, das er am selben Tag erworben hatte. Es wurde dort bis zum 4. April aufbewahrt. An diesem Tag wurde ein einzelner Schuß daraus abgefeuert, während die Patronenhülse im Lauf blieb. Der einzige Zweck des Gewehrs war, als »Wegwerfwaffe« zu dienen, um die Mordtat zu verschleiern.

Ich erstarrte. Wieder einmal kam das Gebäude ins Spiel. Mir fiel die Aufnahme mit der handschriftlichen Notiz ein. Hatte Davis mir die ominöse Fotokopie zugespielt? Später verneinte er die Frage, obwohl die Handschrift relativ ähnlich war. (Wie bereits erwähnt, war das Gebäude auf dem kopierten Foto dasselbe, von dem Ezell Smith angeblich gesprochen hatte, und das natürlich einem Verwandten des Großhändlers Frank Liberto gehörte.)

Davis wollte beim Katasteramt von Memphis festgestellt haben, daß die meisten Gebäude im Block Nr. 300 bis 400 der South Main Street – also auch die Merchant's Lounge, der Schnapsladen und das Green Beetle – Frank Liberto gehörten, auch wenn manche auf den Namen seines Vaters eingetragen wären, der ebenfalls Frank Liberto hieße [Frank H.] und ein stattliches Anwesen an der Memphis-Arlington Road besäße. Mehr wußte Davis nicht über den Vater. Ich wußte, daß die Person unter dieser Adresse der Autohändler Frank Liberto war, der 1992 in den Achtzigern stand. Dieser Liberto konnte keinesfalls der Vater jenes Liberto sein, dem der Schnapsladen und das Green Beetle gehörten, und der 1992 im Alter von 80 Jahren verstorben war.

Ein gewisser Jim Bo Stewart soll, Ed zufolge, für Liberto die Geschäfte besorgt haben, wenn er selbst abwesend war. Außerdem bestätigte er, James habe nur als Strohmann oder Lockvogel gedient und sollte eigentlich umgebracht werden, nachdem der Job erledigt war. Einmal hatte Ed geprahlt, er sei 1969 eigens dafür von Frank Liberto mit einer fingierten Drogenanklage in den Knast geschickt worden.

Davis betonte, einige Details, die ihm HSCA-Ermittler Al Hack mitgeteilt hatte, würden seine eigenen Beobachtungen vom März 1968 ebenso bestätigen wie das, was er von Ed und DEA-Informanten wußte. Hack hatte ihm erzählt, er habe zwei Telefonnummern erhalten, die James angerufen hätte, bevor er Puerto Vallarta verließ und nach Los Angeles fuhr; Telefonnummern, die angeblich zur Liberto-Familie gehörten.

Nachdem Davis den HSCA-Ermittlern diese Informationen gegeben habe, sei das HSCA entschlossen gewesen, sie zu unterdrücken, und habe seine Vorladung abgesagt.

Morris' Aussage zu benutzen, ohne sie gründlich zu prüfen, wäre ein Fehler gewesen. Selbst wenn der Richter seine Aussage zugelassen hätte, wäre es unverantwortlich gewesen, ihn in den Zeugenstand zu rufen. Davis hatte Verständnis dafür und bot seine Hilfe bei der Suche nach Belegen an, die seine Geschichte beglaubigen konnten. Er schlug vor, ich solle mit Robert Long und Oscar Kent sprechen, die sich mit manchen Aspekten dieser Materie auskannten. Außerdem stellte mir Davis sein ganzes Aktenmaterial über den Fall zur Verfügung.

Robert Long war nicht aufzufinden, und obwohl Oscar Kent noch in der Gegend lebte, war er für uns nicht mehr rechtzeitig erreichbar. Ich nahm mir vor, die glaubwürdigsten Punkte herauszufiltern.

Was das Engagement im Glücksspiel betraf, das Davis erwähnt hatte, bestätigte mir ein früherer MPD-Beamter namens S. O. Blackburn, der für illegale Spielhöllen zuständig war, daß derartige Etablissements damals nichts Ungewöhnliches gewesen wären. Wenigstens zwei der Frank Libertos (der Großhändler und der Schnapshändler), sowie ein weiteres Mitglied der Familie waren darin verwickelt. Eine der Spielhöllen war das Check Off (ehemals Café Tremont), dessen damaliger Eigentümer Loyd Jowers gewesen war.

Ken Herman fand heraus, daß Rich Gianetti, der ehemalige Detective aus Birmingham, Davis als gewieften Nachrichtenhändler kannte, auf den man sich gewöhnlich verlassen konnte. Gianetti erinnerte sich außerdem an einen Frank Liberto, der angeblich aus New Orleans stammte, die Gulas Lounge besuchte und mit Geld nur so um sich warf. Er sei stets piekfein gekleidet gewesen. Die Beschreibung stimmte ungefähr mit der überein, die Davis mir gab. Als ich später mit Gianetti sprach, wollte er sich freilich nur ganz vage an den Namen Frank Liberto erinnern.

Davis hatte außerdem behauptet, Leiter und Mitarbeiter des HSCA hätten ihn mehrmals besucht, was er durch Angabe von Namen und Daten belegte. Da diese Leute für die Bundesregierung tätig waren, mußten ihre Ausgaben und Spesenerstattungen irgendwo registriert sein. Eine Nachprüfung der Ausgabenbücher für besondere Untersuchungsausschüsse der General Services Administration (GSA), die mir der Ermittler Kevin Walsh beschaffte, stimmte im großen und ganzen mit der von Davis erstellten Liste überein. Dabei ergab sich, daß das HSCA sogar beträchtliche Zeit auf Morris Davis verwandt hatte. Später erkundigte ich mich bei Hack, der einräumte, Davis sei ihm als glaubwürdiger Informant erschienen, der als Nachrichtenhändler für andere Bundesbehörden arbeitete, doch allen Bemühungen zum Trotz ließen sich seine Angaben nicht erhärten. Bei seinen Ermittlungen stand Hack ein Polizist aus Atlanta namens Rosie Walker zur Seite, der inzwischen verstorben war. Ich nahm an, seine Akten könnten Neuigkeiten enthalten, und bat unseren Privatdetektiv in Atlanta, nach ihnen zu fahnden.

Davis' Angaben über Liberto waren in der Regel zutreffend, doch seine Bemerkungen zu Abernathy, Shuttlesworth und mehreren anderen waren aus mancherlei Gründen unglaubwürdig. Ob es sich hierbei um schlichten Irrtum, absichtliche Verleumdung oder offizielle Desinformation handelte, sei dahingestellt. Davis stand zu seiner Geschichte und behauptete, sie durch Mitschnitte von Gesprächen mit HSCA-Ermittlern bestätigen zu können. Die Tonbänder abzuhören, war technisch unmöglich. Die entsprechenden Abspielgeräte wurden längst nicht mehr hergestellt, doch Davis' Anwalt bot sich an, ein solches Gerät zu besorgen.

Was wir bis jetzt herausgefunden hatten, ließ das früher entdeckte Beweismaterial in neuem Licht erscheinen. Die offizielle Version der Anklage wies manche erschreckende Widersprüche auf. Es gab keinen Zweifel mehr, daß der Hauptzeuge der Strafverfolger zur Tatzeit betrunken war und nichts bezeugen konnte. Außerdem hatte sich herausgestellt, daß Chastains frühere Aussage über Kings Raumwechsel im Lorraine zutraf. Aus irgendeinem Grund war er vom abgeschlossenen, an den Innenhof grenzenden Erdgeschoßraum ins exponierte Balkonzimmer verlegt worden. Die Lorraine-Angestellte Olivia Hayes erinnerte sich an den Sachverhalt, und Leon Cohen hatte ihn bestätigt, als er sein Gespräch mit dem Lorraine-Eigentümer Walter Bailey wiedergab.

Die Beobachtungen von Solomon Jones, James Orange und Earl Caldwell ließen darauf schließen, daß der tödliche Schuß aus dem Gestrüpp abgefeuert wurde und nicht vom Badezimmerfenster aus. Wir hatten den Beweis frischer Fußspuren auf dem Grünstreifen, der am Morgen nach dem Mord zurückgeschnitten und gesäubert worden war, wie Kay Black und James Orange schon vor vierzehn Jahren festgestellt hatten. Dazu kam die Tatsache, daß ein Ast, der das Schußfeld verdeckte, abgesägt worden war.

Eine ganze Anzahl von Verdachtsmomenten konnte bestätigt werden. Die beiden einzigen schwarzen Feuerwehrleute waren am Abend vor dem Mord aus ihrem Revier versetzt worden. Dieser Wechsel – zusammen mit der Abberufung des schwarzen Detectives Ed Redditt von seinem Beobachtungsposten und dem Versäumnis des MPD, Martin Luther King den bisher üblichen Personenschutz zu gewähren – war höchst verdächtig. Hinzu kam der Rückzug der Krisen-Eingreiftruppe TACT, wobei die TACT-10-Einheit aus dem Lorraine in die Feuerwache verlegt wurde. Schließlich gab es auf der Butler und der Huling Street an jenem Tag unübersehbare Anzeichen für eine Bespitzelung durch Angehörige von Bundesbehörden.

Zusätzlich hatte, wie wir erstmals beweisen konnten, ein gefälschter CB-Funkspruch die Aufmerksamkeit der Streifenpolizisten auf den Nordostteil der Stadt gelenkt. Dieser Funkspruch wurde von der Downtown aus gesendet, nicht weit vom Tatort entfernt.

Der ehemalige FBI-Agent Arthur Murtagh kannte aus erster Hand eine Reihe von Maßnahmen des FBI, die dem Zweck dienten, Martin Luther King unter Druck zu setzen und seine Privatsphäre nachhaltig zu verletzen. Jim Smith, Angehöriger der MPD-Geheimdienstabteilung und des Special Service, hatte bestätigt, daß die von King bevorzugte Suite im Rivermont unter elektronischer Überwachung durch Bundesbehörden stand.

Zunehmend verdichteten sich die Hinweise, daß Mitglieder der Liberto-Familie, namentlich in Memphis und New Orleans, in das Attentat verwickelt waren. Beispielsweise erfuhren wir, daß im Zusammenhang mit der Tat ein Gewehr – vielleicht die Mordwaffe – auf dem Gelände einer Liberto-Geschäftsstelle unweit des Lorraine bereitgehalten wurde.

Auch Loyd Jowers, der Eigentümer von Jim's Grill, dessen Verhalten seit jeher merkwürdig erschien, hatte mit einiger Gewißheit eine Rolle gespielt. Von Gerüchten abgesehen, die vor Ort kursierten, wußten wir von einem Kopfgeldjäger, daß eine Kellnerin ihren Boß direkt beschuldigte. Der Taxifahrer McCraw hatte schon früher behauptet, er habe bei Jowers unter der Theke ein Gewehr gesehen, das der Imbißwirt selbst als Mordwaffe bezeichnet hätte.

21
Ein Fall gewinnt Konturen: Dezember 1992

Am 1. Dezember 1992 enthüllte Susan Wadsworth, eine Freundin des inzwischen verstorbenen FBI- und HSCA-Informanten

Oliver Patterson, was sie von seinen verdeckten Aktivitäten und schmutzigen Tricks wußte. Aus persönlichen Gründen wollte sie jedoch nicht am Fernsehgericht teilnehmen. Außerdem sprach ich mit Fernsehreporter John Auble, der den früher erwähnten Zwischenfall bestätigte, daß der *New-York-Times*-Reporter Tony Marro in ein Hotel in St. Louis geschickt worden war, um Patterson zu befragen und diffamierende Auskünfte über Mark Lane zu bekommen. Auble, der die Unterredung gefilmt hatte, war bereit, als Zeuge auszusagen und das Filmmaterial vorzulegen.

Anderntags sprach ich in New York mit Bill Schaap vom Institute for Media Analysis. Schaap und seine Kollegin Ellen Ray (nicht verwandt mit James) waren bereit, als Experten die Rolle und die Nutzung der Medien in diesem Fall zu begutachten. Ich bat sie, die Darstellung Kings in den Medien in seinem letzten Lebensjahr zu untersuchen, ebenso wie die James Earl Rays seit seiner Identifizierung bis zur Verurteilung. Mir war daran gelegen, den Einfluß der Regierung auf die Massenmedien als Element und Motor der noch immer andauernden Verschwörung darzustellen. Ich wollte Bill Schaap als Zeuge berufen. Er galt als internationaler Experte, spätestens seit seiner Expertise im australischen *Spycatcher*-Fall, bei dem die britische Regierung eine Buchveröffentlichung des ehemaligen MI-5-Agenten Peter Wright zu unterdrücken versuchte.

Eine Zeitlang war ich bemüht, an die Dokumente aus Archiven fremder Geheimdienste über die Ermordung Martin Luther Kings zu gelangen. Im vergangenen Sommer war ich in Moskau gewesen, um mich mit hochrangigen KGB-Beamten zu treffen, die ihre einst streng gehüteten Geheimnisse mittlerweile meistbietend loszuschlagen versuchten. Obwohl sie bereitwillig recherchierten, schien mir das, was sie über das Attentat wußten, wenig ergiebig.

Am 4. Dezember flog ich nach Paris und traf mich mit dem französischen Anwalt Marcel Sorrequere und dem ehemals führenden Kopf des SDECE (dem französischen Äquivalent zum CIA) Pierre Marion. Sorrequere war persönlicher Rechtsbeistand von Charles de Gaulle gewesen und hatte auch Ducret vertreten, den Superintendenten des SDECE, der 1968 zum Chef avanciert und inzwischen verstorben war. Marion bestand auf strengster Geheimhaltung des Treffens. Er war bereit, Informanten des französischen und israelischen Geheimdienstes anzuzapfen. Irgendwann während des Gesprächs nahm er mich beiseite: »Sie schweben in großer Gefahr!« Offenbar war er zu der Auffassung gelangt, daß US-Geheimdienste die Ermordung Martin Luther Kings mitgetragen, wenn nicht verantwortet hatten. Marion hatte keinen Grund zu übertreiben. Einige Zeit später fand der Regierungswechsel in Frankreich statt. Kein Wunder, daß Marions Nachrichtenquellen im Inland auf heikle Nachfragen nervös reagierten. Seine Informanten in Israel behaupteten, keine signifikanten Erkenntnisse zu besitzen.

In Memphis hatte sich Betty Spates, nach eifriger Überlegung und vielen Tränen, zur Aussage durchgerungen. In einem Gespräch mit Ken Hall räumte sie ein, daß sie mit Loyd Jowers liiert gewesen war, seit sie 1967 mit siebzehn Jahren bei ihm in der Grillstube angefangen hatte. Angeblich habe sie damals nur »ausgeholfen«, weil sie in ihrem Alter nicht in einem Lokal mit Schankgenehmigung arbeiten durfte. Zusätzlich war sie auf Teilzeitbasis in der Seabrook-Tapetenfabrik gegenüber beschäftigt gewesen. Am Tag des Attentats war sie nach eigener Einschätzung gegen 14.30 Uhr in die Grillstube gekommen, um Jowers bei den Vorbereitungen für den Feierabendbetrieb zu helfen. Gewohnheitsmäßig sei sie in die Abstellkammer hinter der Küche gegangen, wo Jowers ein Feldbett aufgestellt hatte und »irgendwie beschäftigt war«. Jowers benutzte den Lagerraum manchmal nachmittags für ein Nickerchen. Ansonsten pflegte er während der Pause – meistens gegen 14.30 Uhr – nach Hause zu gehen oder ins Café Tremont auf der Calhoun, das ihm ebenfalls gehörte.

An diesem Nachmittag kam Spates von Seabrook mehrmals zu Jim's Grill herüber. Sie wußte, daß sich in der Huling/Mulberry-Gegend regelmäßig Prostituierte aufhielten, und wollte Loyd Jowers im Auge behalten. Außerdem hatte er sich in dieser

Woche des öfteren im Hinterhof aufgehalten, und sie fürchtete, daß er sie betrog. Gegen 14.30 Uhr kündigte Jowers an, daß er das Lokal vorübergehend schließen wolle, und schickte sie mit allen anderen weg.

Sie kehrte in die Seabrook-Fabrik zurück und kam gegen 17.00 Uhr wieder. Um 18.00 Uhr bemerkte sie, daß Jowers aus seinem Grill verschwunden war, und betrat die Küche, um ihn zu suchen. Sie stand noch mitten in der Küche, als sie etwas vernahm, das sich wie ein Schuß anhörte. Sekunden später stürzte Jowers, mit einem Gewehr in der Hand, durch den Hintereingang in die Küche. »Was hast du mit der Knarre vor?« wollte sie wissen. »Damit werde ich dich abknallen, wenn ich dich mit einem Nigger erwische«, gab er zurück. Sie bekam es mit der Angst zu tun. »Das hab' ich doch gar nicht vor, Loyd«, schwor sie. »Keine Angst, ich tu dir nicht weh«, murmelte er sanft.

Jowers habe blaß ausgesehen, »weiß wie die Wand«, und nervös. Vor ihren Augen zerbrach er das Gewehr in mindestens zwei Teile, preßte Betty dann wortlos an die Brust, durchquerte rasch das Lokal und trat durch den Vordereingang nach draußen. Durch das Schaufenster sah sie, wie er sich nach rechts wandte und sich dem braun-weißen Kombiwagen näherte, den er nördlich der Grillstube geparkt hatte. Er öffnete die hintere Luke und legte die Teile der Waffe hinein. Dann kehrte er ins Lokal zurück. Der gesamte Vorgang – vom Zeitpunkt, als er die Küche betrat, bis zum Verstauen der Gewehrteile im Kombi – hatte nur Sekunden gedauert.

Spates entsann sich, daß Jowers' Ehefrau jeden Donnerstag nach Memphis kam, um zum Friseur zu gehen; vermutlich sei das auch an diesem Tag geschehen. Damals glaubte sie, Jowers habe sie aus diesem Grund vom Lokal fernhalten wollen. Donnerstags war er immer auf der Hut. Jowers' Gattin gehörte der weiße Cadillac, der nicht weit vom Hydranten hinter James' Mustang parkte. Doch Spates war nicht sicher, ob seine (inzwischen verstorbene) Frau ihn dort abgestellt hatte oder Jowers selbst, wie er behauptete.

Außerdem fiel ihr ein, daß sie um diese Zeit auch eine große Menge Bargeld gefunden hätte, »mehr, als ich je auf einen Haufen gesehen habe«, Das Geld sei in einem alten Koffer gewesen, der in einem unbenutzten Backofen in der Küche stand.

Betty Spates fürchtete sich vor Jowers. Jowers hatte gedroht sie umzubringen, falls sie ausplaudere, was sie gesehen habe. In all den Jahren war sie bei jedem Jobwechsel von Jowers »Gorilla« Willie Akins besucht worden. Sie vermutete, Jowers wolle ihr auf diese Weise zu verstehen geben, daß er sie im Auge behielt. Außerdem habe er ihr 1969 ein Haus in Oakview gekauft, um sie zum Schweigen zu bringen. Es wurde auf den Namen ihrer Schwester überschrieben, weil sie noch minderjährig war.

Betty Spates erweiterte ihre Geschichte um einige Details, als ich sie am 16. Dezember befragte. Sie und ihre Schwestern Bobbi und Alta hätten 1967 in Jim's Grill angefangen. Am Nachmittag des 4. April habe sie bemerkt, daß die Kellnerinnen Rosie Lee Dabney und Rosetta vormittags gearbeitet, doch gegen 15.30 Uhr das Lokal verlassen hätten. Bobbi habe auch am Nachmittag gearbeitet.

Während ihrer Beziehung zu Jowers hatte er ihr ein Apartment an der Peabody vermittelt. Nachdem der Kredit abbezahlt war, brachte Jowers sie eine Zeitlang in der Pension unter, und 1969 kaufte er ihr das Haus in Oakview.

Dort bekam sie eines Tages im Frühjahr 1969 Besuch von zwei Männern, von denen einer schwarz war. Wenn sie und ihre Schwestern alles sagten, was sie wüßten, bekämen sie Geld und neue Pässe, versprachen die Unbekannten. Außerdem würde man ihnen ein neues Zuhause verschaffen. Betty wollte Memphis nicht verlassen, so daß sie sich weigerte. Seither habe niemand mehr mit ihr über den Fall gesprochen, abgesehen von den Gesprächen mit Herman und mir. Selbst am Abend des Attentats sei die Polizei gekommen und habe die Farbigen in der Imbißstube angeherrscht: »Ihr Nigger habt keine Ahnung, also macht, daß ihr nach hinten kommt!« Daraufhin sei sie mit anderen Farbigen in die Küche gegangen und nie zur Sache vernommen worden.

Übrigens habe es zwischen Jowers und ihr eine von Jowers arrangierte Hochzeitszeremonie gegeben, die im November 1969 im Oakview-Haus stattfand. (Jowers, der 1968 heftig zu trinken anfing, hatte sich inzwischen von seiner Frau getrennt.)

Im Januar 1972 lernte Betty, die inzwischen im Arcade-Restaurant arbeitete, einen Mexikaner namens Luis Ortiz kennen, den sie mit nach Hause nahm. Jowers muß den Wagen in ihrer Einfahrt gesehen haben; er trat ein, zog einen Revolver und nahm Ortiz mit. Betty hat Ortiz nie wieder gesehen und glaubte, Jowers habe ihn in dieser Nacht getötet. Ortiz' Wagen blieb noch eine ganze Weile in der Einfahrt stehen.

Betty war fest davon überzeugt, daß Jowers schließlich auch sie aus dem Weg räumen wollte. Zu diesem Zweck habe er Willie Akins beauftragt, sie umzubringen. Betty erklärte, Akins habe insgesamt zweimal versucht sie zu töten; einmal habe er auf sie allein geschossen, und ein zweites Mal 1983 auf sie und ihre Söhne. Ich beschloß, mehr über Akins in Erfahrung zu bringen.

Betty wußte, daß Jowers im letzten Jahr wieder geheiratet hatte und aufs Land gezogen war. Seine farbigen Freunde wollte er nicht mehr kennen. Auch sie hatte jeden Kontakt mit ihm abgebrochen, aber sie wirkte erleichtert, als ich ihr mitteilte, daß wir ihn nicht für den Mörder Martin Luther Kings hielten. Anscheinend hatte sie Jowers noch immer nicht ganz aufgegeben. Seit er wieder verheiratet sei, habe er für zwei ihrer Kinder Unterhalt gezahlt.

Ken Herman hatte ich gebeten, mit Rosie Lee Dabney zu sprechen, einer weiteren Kellnerin aus Jim's Grill. Wenige Tage später berichtete er mir von der Unterredung. Rosie Lee hatte während des Attentats schon Feierabend und kannte das Gewehr nicht, wußte jedoch von der Affäre zwischen Jowers und Betty. Sie bestätigte, daß sie an diesem Nachmittag einem Fremden Rührei mit Würstchen serviert hatte.

Auch Bobbi äußerte im Gespräch mit uns, sie sei am Tag des Attentats früh zur Arbeit gegangen. Ein Priester habe das Lokal in den Morgenstunden betreten und sich nach einer bestimmten Kirche erkundigt. Sie fand das merkwürdig, weil es in der Downtown-Gegend keine Kirchen gab. Außerdem hatte sie James Earl Ray gesehen, der am Nachmittag einen Kaffee bei ihnen trank.

Daß Jowers am Vormittag vorübergehend wegging, könne sie beschwören, denn Rosie Lee habe den Bierlieferanten selbst auszahlen müssen, als er zwischen 9.00 und 10.00 Uhr eingetroffen sei. Seinen Lkw habe der Bierfahrer in der Lücke geparkt, wo sonst Jowers alter Kombi zu stehen pflegte.

Bobbi meinte auch, Jowers habe ihr schon früh am Morgen untersagt, Grace Walden, die im Zimmer 6-B im Obergeschoß der Pension wohnte, wie sonst das Frühstück aufs Zimmer zu bringen. Er verbot allen Anwesenden, die Pension an diesem Tag zu betreten.

Anderntags, am 5. April, holte Jowers in seinem alten braunweißen Kombiwagen Bobbi zur Arbeit ab. Dabei prahlte er, im Hinterhof das Gewehr gefunden zu haben, mit dem Martin Luther King erschossen worden sei. Er habe es der Polizei übergeben. Sie solle vorsichtig sein und nicht mit jedem über die Ereignisse sprechen. Außer den beiden Männern, die sie 1968 vernommen hatten und wissen wollten, ob sie Ray gesehen habe (um nicht hineingezogen zu werden, verneinte sie), hatte nie jemand mit ihr über den Fall gesprochen.

James McCraw hatte ausgesagt, Jowers habe ihm das Gewehr gezeigt, das er unter der Theke in einer Schachtel aufbewahrte. Jowers wollte dieses Gewehr irgendwo draußen gefunden und es später der Polizei übergeben haben. Auf Bettys Fragen antworteten Bobbi und McCraw einhellig, Jowers habe ihnen versichert, daß die Waffe längst gemeldet und der Polizei übergeben worden sei. Das war zwar eine recht fadenscheinige Behauptung, aber Jowers dachte wohl, sie sei besser als nichts.

Was das Oakview-Haus betraf, vermutete Bobbi, sie und ihre Schwester Alda hätten das Haus selbst gekauft. Ihr Anteil an den 9.000 Dollar, die es insgesamt kostete, habe 200 Dollar betragen. Die ganze Familie lebte in diesem Haus, und auch Jowers übernachtete dort häufig. Bobbi erinnerte sich, daß sie kurz nach dem 4. April entlassen worden war, doch von Bettys und Jowers' Hochzeit wollte sie nichts wissen.

Bobbi bestätigte, daß Jowers auch das Café Tremont auf der Calhoun gehört hatte. Der MPD-Beamte S. O. Blackburn stellte fest, das Café habe Jowers, beiden Frank Libertos und einem weiteren Mitglied der Liberto-Familie als Spielhölle gedient. Diese Mitteilung war der erste Hinweis auf mögliche Verbindungen zwischen Jowers und den Libertos.

Bettys andere Schwester, Alda, wollte in dieser Zeit nicht mit uns sprechen.

Alles deutete darauf hin, daß auch Jowers im Umgang mit Gewehren nicht besonders geschickt war. Unbestritten war außerdem, daß er nicht allein im Gebüsch gewesen sein konnte; der übergroße Fußabdruck stammte keinesfalls von Jowers. Hatte er andere benutzt, um die Drecksarbeit zu erledigen? Wir neigten zu der Ansicht, Jowers sei eher Komplize der Tat, nicht der Attentäter selbst.

Am 5. Dezember rief mich Dale Dougherty aus Waco an. Er war sehr aufgeregt, denn nach über zwanzig Jahren war endlich der Obduktionsbericht seines Freundes Bill Sartor zur Einsicht freigegeben worden. Demnach hatte Sartor zum Zeitpunkt seines Ablebens eine tödliche Dosis Methaqualon im Blut. Da Sartor zu Lebzeiten weder diese noch irgendeine andere Droge genommen hatte, vermutetete Dougherty, man habe sie ihm eingegeben, entweder mit den Drinks, die er in der Hickory-Stick-Bar bestellt hatte, oder gewaltsam und später am Abend, als er bereits zu Bett gegangen war.

Ken Abels, der Generalstaatsanwalt von Waco, glaubte ebenfalls an Mord. Er beauftragte seinen Chefermittler J. C. Rappe mit der Untersuchung.

Da Sartors Recherchen kurz vor seinem Tod zum Großteil dem Attentat auf Martin Luther King galten und sich auf Shelby County konzentrierten, fragte Dougherty, ob Abels nicht um Amtshilfe des Generalstaatsanwalts von Shelby Dounty nachsuchen wolle. Tatsächlich bat Abels daraufhin Jim Smith um seine Mitwirkung, der umgehend die Zustimmung des Generalstaatsanwalts für die Kooperation einholte.

Meiner Meinung nach bildeten die Ermittlungen im Mordfall Sartor eine Ergänzung der Bemühungen, das Attentat aufzuklären. Die Waco-Untersuchungen konnten von meinen Ergebnissen profitieren und mir Kontakte zu bislang noch nicht gehörten oder unauffindbaren Zeugen verschaffen.

Wir verabredeten uns mit Robert Patrick Lyons, von dem Sartor behautet hatte, ein Liberto-Gangster habe ihm ein Messer an den Hals gesetzt und mitgeteilt, er sei beauftragt ihn umzubringen, denn er habe Sartor unliebsame Mitteilungen über Dinge gemacht, die ihn nichts angingen. Lyons hatte sich zuvor Gesprächen mit Kenny und Dale Dougherty verweigert. Mit Jim Smith und mir als Rechtsbeistand der Sartor-Familie traf er sich ein paarmal, und es wurde deutlich, daß Lyons noch immer Angst hatte. Er leugnete jede ihm von Sartor zugeschriebene Kenntnis von Personen oder Ereignissen.

Wenige Monate später gab er bei einer Vernehmung durch Jim Smith zu Protokoll, daß er sich an einen Anruf Sartors erinnere, der kurz vor seinem Tod nach Memphis kommen wollte. Dabei sei, so Lyons, der Name eines gewissen Sam Termine gefallen, der in der Waco-Region lebe und den Sartor aufsuchen wollte. Als Dougherty diesen Namen gegenüber J. C. Rappe erwähnte, fiel der Groschen: Termine war Eigentümer eines Nachtclubs und einer von Carlos Marcellos Verbindungsleuten in Waco. Offenbar wußte Lyons weit mehr, als er zugeben wollte.

Während dieser Zeit suchten wir fieberhaft nach Gene Pearson Crawford. Wie wir aus Akten des Generalstaatsanwalts wußten, sollte er der »Rührei-mit-Würstchen«-Mann sein, der am Nachmittag des 4. sowie am Morgen des 5. April Jim's Grill besucht hatte. (Mittlerweile waren wir davon abgekommen, daß Jack Youngblood als »Rührei-mit-Würstchen«-Mann in Frage kam – auch wenn er möglicherweise derjenige war, der am Morgen des 11. April Russel X. Thompson und die Reverends Latimer und Baltensprager besucht hatte.) Crawford wurde von der Polizei verhaftet, die Loyd Jowers am 5. April verständigt hatte, aber umgehend wieder auf freien Fuß gesetzt. Danach war er spurlos verschwunden. Wir fanden heraus, daß er ein Herumtreiber aus Jackson, Tennessee, war, was seine potentielle Bedeutung erheblich minderte; sein Vater soll mit einer Frau liiert gewesen sein, die das Hotel Ambassador leitete. Hinweise darauf, daß Crawford als Waffenhändler tätig gewesen war, was FBI-Spezialagent Jensen nach Crawfords Verhaftung behauptet hatte, fanden wir nicht.

Ken Herman rief den früheren Teilhaber der L, L & L Produce Company und Liberto-Partner James Latch an, erfuhr jedoch nur, daß er in ständiger ärztlicher Behandlung sei und nichts über die Ereignisse von 1968 aussagen könne. Übrigens hieß es, er habe einen Schlaganfall mit erheblichem Gedächtnisverlust erlitten.

Latch hätte gewiß noch so manche Information beitragen können. Über ihn lag ein 302-Bericht des FBI in den Akten des Generalstaatsanwalts. (Bei den 302-Berichten handelt es sich um nicht unterzeichnete Protokolle, die gelegentlich nur stichwortartig zusammenfassen, was ein FBI-Mann von anderen gehört haben will.) Daraus ging hervor, daß Latch am Nachmittag des 4. April bei L, L & L arbeitete und sein Nacken eine lange Narbe aufwies. In John McFerrens 302-Bericht von der nächtlichen Vernehmung am Sonntag nach dem Attentat stand, derjenige, der den ominösen Anruf entgegengenommen und mit der Bemerkung »einer der Bosse« dem »fetten Frank« den Hörer reichte, habe eine solche Narbe gehabt. Es mußte James Latch gewesen sein. Ich war entschlossen, notfalls nach Mississippi zu reisen, um Latch aufzusuchen, doch das mußte ich mir bis nach dem Prozeß aufsparen.

Ich war besorgt, daß Hickman während der Verhandlung fragwürdige Aussagen ehemaliger Mithäftlinge über James präsentieren würde. Nach unseren Prozeßregeln waren 302-Berichte des FBI als Beweismittel zulässig. Als wir James nach bestimmten Personen fragten, von denen uns 302-Berichte vorlagen, schien er sie gar nicht oder höchstens ganz entfernt zu kennen. Dies betraf auch den Informanten Raymond Curtis, dessen Behauptungen, wie bereits erwähnt, in einer Pressemitteilung von UPI ausführlich zitiert wurden. UPI hätte nur ein wenig besser recherchieren müssen, um festzustellen, daß Curtis, obwohl sie beide gleichzeitig im Stadtgefängnis von Jefferson interniert waren, James gar nicht kennengelernt, und James mit Sicherheit kein Wort mit ihm gewechselt hatte. Daß Curtis ein alter Bekannter des Büros war, hätten die FBI-Gewährsmänner von UPI gewiß bestätigen können. Harold Weisberg hatte sich die Akte des FBI über Curtis verschafft (C. A. 75-1996), aus der hervorging, wie entschlossen er war, sich an diesen Fall anzuhängen. Zunächst gelang es ihm, das *Ebony*-Magazin mit einer fingierten Story zu leimen, die sich um seinen angeblichen »Auftrag« drehte, King zu ermorden. Nach Weisbergs Mitteilung hatte selbst das FBI Curtis als »pathologischen Lügner« bezeichnet.[63] Dies hinderte die Presse nicht daran, seine übelsten Verleumdungen gegen James auszuposaunen. Sie wurden auch von FBI-Leuten, die es besser wissen mußten, nicht korrigiert. Curtis' Geschwätz kam ihnen gerade recht, um das vom Büro propagierte Bild des Einzeltäters zu bestätigen.

Ich besorgte mir Aussagen mehrerer Mithäftlinge, die tatsächlich mit James bekannt waren. Einer von ihnen war J. J. Maloney, mehrfacher Mörder und Raubmörder, der sich rehabilitiert hatte und ein vielgefragter Autor, Lyriker und Reporter des *Kansas City Star* geworden war. Er bestätigte James' Version von der Flucht in der Brotkiste am 23. April 1967 aus dem Missouri-Staatsgefängnis. Nach seiner Einschätzung war James kein Rassist, verhielt sich in der Haft unauffällig, nahm keine Drogen und hatte mit schwarzen Mithäftlingen keinerlei Probleme. Auf verschiedene Gefangene angesprochen, die sich abfällig über James geäußert hatten, versicherte er, diese hätten ihn gar nicht gekannt, auch keinen Kontakt mit ihm gepflegt. Er wunderte sich, daß von James' Freunden und Zellengenossen nahezu keiner vom FBI befragt worden war.

Maloney war eine Entdeckung für uns. Er war 1977 vom *Star* nach Brushy Mountain geschickt worden, um über James' Ausbruch zu berichten. Als er dort eintraf, stieß er auf rund fünfzig schwerbewaffnete FBI-Agenten in Lederkluft. Sie hatten ein Basiscamp errichtet, und einige von ihnen waren bereits in den Hügeln unterwegs, wo man die Flüchtlinge vermutete. Maloney konnte sich ihre Anwesenheit nicht erklären; schließlich waren James und all die anderen Gefangene des Staates Missouri, der nicht um Bundeshilfe ersucht hatte. Er erinnerte sich, wic der genervte Ray Blanton, Gouverneur von Tennessee, vor Ort erschien und das FBI zum Teufel schickte. Als sie nicht freiwillig abzogen, drohte er, sie allesamt in James' freigewordene Zelle zu stecken. Maloney war zu einer Zeugenaussage bereit.

Ken Herman und ich besuchten Don Wolverton, einen weiteren ehemaligen Mithäftling, in seiner Autowerkstatt. Wolverton war in über dreieinhalb Jahren mehrfach James Zellengenosse gewesen. Er kannte und mochte ihn. Auch er bestätigte, daß James kein Rassist sei, keine Drogen nehme und mit Farbigen gut auskäme. Nach den achtzehn Monaten, die er und James wegen eines verpatzten Fluchtversuchs in Einzelhaft verbringen mußten, wurden sie Zellennachbarn.

1981 wurde James im Brushy-Mountain-Staatsgefängnis niedergestochen, angeblich von Mitgliedern einer militanten schwarzen Gruppe namens Akabulon. Wolverton erinnerte sich, daß Doc Walker, einer der Angreifer, etwa drei oder vier Tage zuvor in die Nachbarzelle gekommen sei. Zwei Tage vor dem Überfall war Wolverton – der schon seit anderthalb Jahren vergeblich beantragt hatte, seine Strafe in Heimatnähe absitzen zu dürfen – wie aus heiterem Himmel nach Nashville verlegt worden. Hinterher kam ihm das merkwürdig vor, denn bis dahin hatte er stets auf James aufgepaßt. Wolverton war einverstanden, in den Zeugenstand zu treten.

In Gesprächen mit Jim Johnson, einem meiner Ermittler, führte Jules Ricco Kimbel noch einmal aus, was er bereits dem englischen Dokumentarfilmer John Edginton bei dessen Recherche erzählt hatte: Er habe die Cessna einer von Carlos Marcello kontrollierten Firma geflogen, mit der am 4. April zwei Schützen nach Memphis eingereist und zurück nach Kanada gebracht worden waren. Die Route konnte er detailliert schildern: Three Rivers, Detroit, Atlanta, New Orleans und Memphis West. Trotzdem hatte ich Zweifel an Kimbels Glaubwürdigkeit. Als der kanadische Ermittler Alec Lomonosof die Wege überprüfte, auf denen Kimbel falsche Papiere für James beschafft haben will, stellte sich heraus, daß Kimbel sich irrte oder die Wahrheit bewußt entstellte. Bei seiner Geschichte vom Flug der kanadischen Schützen hatte er behauptet, bei Three Rivers gestartet zu sein, wo die CIA angeblich ein Trainingslager mit angrenzendem Flugplatz unterhalten habe. Später stellte sich heraus, daß es offenkundig kein derartiges Lager gab.

Manche von Kimbels Mitteilungen enthielten allerdings ein Körnchen Wahrheit, denn sie ließen sich mit Auskünften abgleichen, die wir aus anderer Quelle hatten.

Kimbel kam immer wieder auf die Liberto-Familie zurück, namentlich auf Sal Liberto in New Orleans, den wir als einen der Brüder Frank Camille Libertos kannten. Kimbel behauptete, Sal habe Verbindungen zu Carlos Marcello. Kimbel hatte in einem Zeitraum von zwei Jahrzehnten »Aufträge« von H. L. Hunts Firma Placid Oil erhalten. Hunt bezeichnete er als unerbittlichen Gegner Kings. Gemeinsam mit Leander Perez, einem mächtigen Rechtsextremisten aus Louisiana, habe Hunt den Bürgerrechtler längst aus dem Weg räumen wollen.

Marcello wurde von Kimbel als Geschäftsmann geschildert, der hauptsächlich in Texas investierte. Aller Wahrscheinlichkeit nach hätten Marcello und Hunt gemeinsame Unternehmen in Louisiana und anderswo. Kimbel bestätigte, daß er Sal Liberto persönlich kenne. Außerdem wollte er wissen, daß der alte Hunt unangenehme Aufträge über John Curington abwickeln ließ, der als Privatdetektiv in Dallas arbeitete.

Von größtem Interesse war Kimbels Schilderung einer Jagdhütte, in der sich H. L. Hunt gelegentlich mit Carlos Marcello zum Kartenspielen getroffen habe. Ermittler Jim Johnson hatte mir einmal erzählt, wie ihn sein Onkel in den 50er Jahren auf eine Ranch in Texas mitnahm, wo er, sein Onkel und der Eigentümer der Ranch zur Taubenjagd gingen, und wo er Hunt und Hoover beim Pokerspielen sah.

Der Autor Anthony Summers hatte mir seine Unterlagen über J. Edgar Hoover gezeigt. Unter anderem belegten sie Hoovers Freundschaften mit texanischen Ölbaronen, von denen er sogar Zuwendungen erhielt, meist Anteile ihrer zahlreichen Firmen. Er legte mir eine Kopie von Hoovers Testament vor, das sämtliche seiner Beteiligungen an Ölfirmen auflistete. Auch seine Kontakte zu mächtigen Bandenführen und deren Einfluß auf Hoover hatte Summers dokumentiert. Zu den zwielichtigen Gestalten, die den selbsternannten obersten Gesetzeshüter der Nation kontrollierten, gehörte auch Carlos Marcello.

Ende Oktober hatte ich Johnson beauftragt, Kontakte zu John Curington zu knüpfen, der auf einer Ranch in Big Sandy, Texas, lebte. 1969 hatte er sich gemeinsam mit Hunts Leibwächter Paul Rothermel von den Hunts losgesagt, nachdem er bei der Familie (vor allem bei den Söhnen, Bunker und Herbert) wegen angeblicher Managementfehler bei der Tochterfirma von HLH Foods in Ungnade gefallen war. Rothermel war 1954 über Hoover zu H. L. Hunt gelangt, als er das FBI verließ, um Sicherheitsbeauftragter der Hunt-Gruppe zu werden. Während der Auseinandersetzungen ließen Bunker und Herbert sogar Rothermels Telefon anzapfen; Rothermel deckte es auf und brachte sie vor Gericht. Der Anwalt, dessen sich die Hunt-Brüder 1969 bedienten, um einen ihrer Schnüffler von der Anklage freizubekommen, war kein Geringerer als Percy Foreman, James' zweiter Verteidiger. Er hatte die Hunts schon des öfteren vertreten.

Der gebürtige Texaner Curington versuchte sich gelegentlich als Nachrichtenhändler. Ein Artikel im *National Enquirer*, der die Ermordung Kennedys als von Hunt finanziert darstellte, ging auf ihn zurück. Jim Johnson gelang es nicht, ihn anzusprechen, denn wegen eines Wirtschaftsdelikts verbüßte er eine Gefängnishaft und konnte oder wollte uns nicht treffen, bevor er wieder frei war. Das Gespräch mit Curington mußte bis nach dem Prozeß aufgeschoben werden.

Das Restaurant Ernestine und Hazel's auf der South Main Street war ein Lokal, das seit Jahren von Farbigen geleitet wurde und nur dreihundert Meter von der Pension entfernt lag. Dort unterhielt ich mich mit dem Inhaber, William L. Ross, der zum Zeitpunkt des Attentats in unmittelbarer Nähe des Lorraine gewesen war. Nach Feierabend hatte er den Bus zur Butler und South Main bestiegen, wo er gegen 17.45 Uhr ankam. Zu Fuß setzte er den Weg über die Butler zur Mulberry fort, bog links in die Mulberry ein, überquerte die Straße Richtung Lorraine und lief die Mauer entlang. Auf dem Parkplatz unter dem Balkon war allerhand los. Er hörte den Schuß, ging in Deckung und richtete sich wieder auf; dann lief er die rund fünfzehn Meter zur Einfahrt, wo er King auf dem Balkon liegen und Leute aufgeregt umherlaufen sah. Ross erinnerte sich, daß uniformierte Polizei über die Mulberry kam.

Später hatte Ross mit einer Frau gesprochen, die ihm von einer Unterhaltung im Foyer des Lorraine erzählte. Angeblich war ein Anruf zu Zimmer 306 durchgestellt worden, bevor Martin Luther King auf den Balkon trat. Es war das erste Mal, daß ich von einem Telefonanruf in seinem Zimmer hörte.

Da Ross dem Grünstreifen näher gewesen war als alle anderen, wollte ich ihn unter Hypnose befragen, ob er direkt nach dem Schuß jemanden gesehen hatte. Er war zu einem Versuch bereit. Ross machte mich auch auf Ernestine Campbell aufmerksam, die ich kurz danach interviewte.

1968 waren Ernestine Campbell und ihr Mann Eigentümer des dem Lorraine benachbarten Hotels Trumpet. Niemand hatte sie je verhört oder gefragt, was sie an jenem tragischen Nachmittag gesehen hatte. Ernestine hatte ihr Hotel kurz vor 18.00 Uhr verlassen und wollte nach Hause fahren. Ihr goldbronzener Cadillac rollte die Butler entlang und kam in die Mulberry Street. Als sie die Lorraine-Einfahrt passierte, sah sie King auf dem Balkon stehen. Sie hörte nichts, denn die Fenster waren hochgekurbelt und das Radio lief, doch als sie um die Mulberry-Ecke bog, sah sie King auf dem Balkon liegen. Sie glaubte, er habe einen Herzanfall erlitten. Ein bis zwei Minuten blieb sie in der Einfahrt stehen und wunderte sich, daß niemand zum Balkon eilte. Vermutlich hielt sie in einem Augenblick an, als noch alle unter Schock standen.

Was ihre Aufmerksamkeit fesselte, war Jesse Jackson, der mit einem Fuß auf der Treppe stand und zum Balkon hinaufblickte, während er gebückt »etwas in einer Reisetasche verstaute«. Sie hatte nur kurz gebremst und setzte ihren Weg fort, ohne Polizisten oder sonst jemanden gesehen zu haben.

Von Jim Lawson erfuhr ich, daß Walter Fauntroy, ehemaliger Leiter der HSCA-Ermittlungen zum Attentat auf Martin Luther King, mit uns zusammenarbeiten wollte. Wir vereinbarten ein Treffen. Ich hatte Fauntroy seit fünfzehn Jahren nicht gesehen und freute mich über sein Entgegenkommen und seine Hilfsbereitschaft. Er brachte seinen Anwalt Harley Daniels mit. Daniels kannte eine Menge »versiegelter«, unbearbeiteter HSCA-Akten, die Walter nach dem Ende der Ausschußtätigkeit sichergestellt hatte. Mir schien, als habe Daniels einen Großteil des Jahres damit verbracht, den Fall King – ausschließlich gestützt auf sein Akten- und Quellenstudium – selbst zu lösen. (Er und Fauntroy planten damals ein Buch über den Fall.)

Einer der beiden berichtete, Hoover habe in den Jahren 1967 und '68 täglich Berichte der militärischen Abwehr über Kings Aktivitäten erhalten. Ich hatte im Gerichtsarchiv ein Dokument entdeckt, aus dem hervorging, daß Captain Jewell Ray nach dem Mord mit Colonel Bray zusammentraf, der mittlerweile als Abwehroffizier enttarnt war. Damals hatte ich mir das Treffen mit Captain Rays Plan erklärt, Memphis durch die Nationalgarde von Tennessee besetzen zu lassen, um jeden Aufruhr sofort niederzuschlagen, der von der geplanten Demonstration ausgehen könnte. Jetzt begann ich an eine weitaus größere Rolle der Armee zu glauben.

Es kam mir merkwürdig vor, daß Hoover sich die Berichte der Abwehrspione kommen ließ, wo doch sein eigenes Späherteam vor Ort war, mit den hochentwickelten Abhöranlagen im Rivermont, die uns Jim Smith beschrieben hatte.

Kopfzerbrechen bereitete mir auch die mögliche Verstrickung eines schwer faßbaren Charakters namens J. C. Hardin in das Attentat. Nach einer Aktennotiz des FBI war im März 1968 ein Mann dieses Namens im St. Francis-Hotel in Los Angeles aufgekreuzt. James Earl Ray hatte dort erst vor kurzem ein Zimmer bezogen. Hardin wollte den Hotelmanager, Alan Thompson, sprechen und fragte nach James. Mir fiel ein, daß die Mutter des Großhändlers Frank C. Liberto mit Mädchennamen Hardin hieß. Die Tatsache, daß eine Hardin in die Familie Liberto eingeheiratet hatte, war zwar nicht gerade von überwältigender Bedeutung für den Prozeß, aber es konnte nicht schaden, mehr darüber herauszufinden. Jim Lesar, der James Mitte der 70er Jahre als Anwalt vertreten hatte, war auf ein Verhör des ehemals in Tampa stationierten FBI-Agenten John Hartingh gestoßen, der auf die

Frage nach J. C. Hardin angeblich erwidert hatte, er sei V-Mann des FBI gewesen. Ich fragte James nach dieser Angelegenheit, doch er bestritt, einen J. C. Hardin oder sonst jemanden zu kennen, der im Hotel nach ihm gefragt haben könnte. Der Name Hardin sollte uns bei den Ermittlungen in einem ganz anderen Kontext wiederbegegnen.

Ein weiterer Unbekannter hatte James kurz vor dessen Flucht nach England angeblich in Toronto aufgesucht und ihm einen Umschlag überreicht. Über einen längeren Zeitraum hinweg gab es immer wieder Gerüchte und Meldungen über diesen Besuch des sogenannten »dicken Mannes«. Schließlich entdeckte ich im Gerichtsarchiv die Identität und die Anschrift des geheimnisvollen Besuchers, der Robert McDoulton hieß. Als ich McDoulton anrief und mich vorstellte, war er kurz angebunden und schien vor irgend etwas Angst zu haben. Er wolle nicht über den Vorfall reden, beschied er mir, und legte auf.

Als sich das Jahr 1992 seinem Ende zuneigte, gelang es uns, die ehemalige Seabrook-Angestellte Frances Thompson ausfindig zu machen. Sie war bereit, als Zeugin auszusagen, was sie am Nachmittag des 4. April gesehen hatte. Sie war überzeugt, daß ein Mann in dem weißen Mustang gesessen hatte, der auf der South Main Street ihrer Firma gegenüber parkte. Einer meiner Ermittler schloß nicht aus, daß es James Earl Ray gewesen war.

Der ehemalige FBI-Agent Bill Turner war bereit, aus eigener Anschauung über ausgedehnte Abhörmaßnahmen und sogenannte »Black-Bag-Jobs« (illegale Einbrüche) auszusagen, für die das FBI speziell ausgebildete Einheiten hatte. Turner war rund zehn Jahre Agent gewesen, bevor er eine Untersuchung von Hoovers Führung des Büros durch den Kongreß beantragt hatte. Kein Wunder, daß er beim FBI gefeuert wurde.

Ende Dezember 1992 hatte Betty Spates Loyd Jowers, ihren ehemaligen Chef und Liebhaber, zum ersten Mal ausdrücklich als Täter belastet, indem sie aussagte, sie habe erst einen Schuß gehört und dann gesehen, wie er mit dem Gewehr in der Hand aus dem Buschwerk in die Küche zurückgelaufen sei.

Ihre Schwester Bobbi hatte dies zum Teil bestätigt; als sie anderntags von Jowers zur Arbeit gefahren wurde, habe er behauptet, draußen ein Gewehr gefunden zu haben. Diese neue Information schien sich mit der früheren Aussage des Taxifahrers McCraw zu decken, dem Jowers nach dem Attentat ein unter seiner Theke verstecktes Gewehr gezeigt hatte. Bobbi hatte ferner verdächtige Vorgänge erwähnt, die sich am Tag des Attentats oben im Haus abgespielt hätten, und sich erinnert, daß James ihr den Zutritt zum Obergeschoß verwehrt hatte. Weiterhin hatte uns S. O. Blackburns Mitteilung enthüllt, daß Jowers zweites Lokal eine Spielhölle war, in der unter anderem zwei Frank Libertos und ein weiteres Mitglied der Liberto-Familie verkehrten. Außerdem war (nach Akten des HSCA, die Walter Fauntroy zurückbehalten hatte) die Bespitzelung Kings durch die militärische Abwehr in Zusammenarbeit mit Hoover bekannt geworden.

Endlich hatte sich bestätigt, daß Bill Sartor wahrscheinlich ermordet worden war. Es wurde deutlich, daß er schon früh einer Marcello-Liberto-Beteiligung am Attentat auf Martin Luther King auf der Spur gewesen war, jedoch ohne konkrete Beweise zu finden.

22
Der Termin rückt heran: Januar 1993

Mit Beginn des neuen Jahres blieben uns nicht mehr als 24 Tage bis zum Gerichtstermin. Ich kam erneut nach Memphis und würde nicht eher nach England zurückkehren, bis die Geschworenen ihr Urteil gesprochen hatten. Für James und mich war es die Krönung jahrelangen Wartens und Bemühens, und ich glaubte überdies, daß am Ende eines der furchtbarsten Kapitel der amerikanischen Geschichte neugeschrieben werden mußte.

Wir richteten ein Büro im Parterre der Anwaltsfirma James E. »Jeb« Blount III. ein, nicht weit vom Gerichtshof entfernt. Für die brisantesten Unterlagen ließ ich einen 1,20 x 1,80 Meter großen Tresor ins Haus schaffen; außerdem wurde vor dem Einzug das Büro von Fachleuten systematisch nach Abhörgeräten durchsucht.

Schließlich konnte ich den ehemaligen MPD-Detective Edward Redditt befragen, inzwischen Lehrer an einer Schule in Somerville, Tennessee. Redditt berichtete mir, daß er Anfang 1968 als Verbindungsmann der Polizeikräfte in Memphis zur dortigen Stadtverwaltung tätig war. Während des Müllfahrerstreiks wurde er der Geheimdienstabteilung überwiesen, wo er Lieutenant E. H. Arkin direkt unterstellt war. Arkin war mit der tagtäglichen Planungskontrolle befaßt und zugleich verantwortlich für die Kontakte zum FBI und zu William Lawrence, dem Spezialagenten des Regionalbüros.

Redditt wurde mit der Beschattung von streikenden Müllfahrern betraut. Als Martin Luther King und seine Leute nach Memphis zurückkehrten, mußte er sich gemeinsam mit William Richmond, einem farbigen Wachtmeister und regulärem Mitarbeiter der Geheimdienstabteilung, im Spindraum der Station 2 an der Ecke Butler und South Main Street postieren. Von dieser Warte aus konnten sie das Lorraine Motel durch ein Guckloch im Papier beobachten, mit dem die Verglasung der Hintertür überklebt war. Es gab wohl an der Rückwand auch kleinere Fenster unterhalb der Decke, doch um durchzusehen, mußte man auf die Spindreihe klettern (dort lag, wie bereits erwähnt, Feuerwehrmann Charles Stone während der Tatzeit).

Auf diese Weise sollte das Zwei-Mann-Team Redditt und Richmond am 3. und 4. April das Treiben der King-Gruppe und der Invaders in Motel und Umgebung verfolgen. Am 4. April war Richmond erst spät gekommen: gegen 14.00 oder 15.00 Uhr vielleicht. Redditt hingegen war im Dienst und vertrat seinen Partner, dem er nie so recht über den Weg traute. Er kannte ihn nicht und glaubte später, Richmond habe ihn im Auftrag Arkins beschattet.

Redditt erzählte die Geschichte, die wir schon kennen: Irgendwann nach 16.00 Uhr erschien Arkin in der Feuerwache und bedeutete Redditt, ihn ins Hauptquartier zu begleiten. Redditt ging mit und wurde in einen großen Konferenzsaal gebracht, wo rund zwanzig Leute oder mehr zusammensaßen, von denen er kaum einen kannte. Einige trugen Militäruniform. MPD-Chef Holloman teilte Redditt mit, daß ihm ein Mordanschlag drohe, weshalb ihm und seiner Familie Personenschutz gewährt würden. Ein Secret-Service-Agent sei aus Washington eingeflogen, erklärte Holloman, und habe darüber berichtet. Redditt reagierte zunächst skeptisch. Gewiß, er wurde manchmal von Radikalen bedroht, die sich von ihm verpfiffen fühlten, aber Feinde machte man sich in seinem Job immer. Daß er und seine Familie in einer Gefahr schwebten, die Personenschutz verlangte, wollte er nicht glauben. Als Redditt protestierte, schickte ihn Holloman nach Hause. Er wurde offiziell vom Dienst suspendiert, und damit war Schluß der Debatte.

Arkin fuhr ihn heim. Kurz vor 18.00 Uhr kamen sie vor seinem Haus an und saßen noch im Wagen, als der Bericht über das Attentat im Radio lief. Redditt wurde befohlen, bis auf weiteres nicht zum Dienst zu kommen. Drei Tage später rief man ihn an, doch von der Morddrohung war keine Rede mehr. Die Gefahr für seine Familie war so rasch verschwunden, wie sie gekommen war. Ein paarmal erkundigte er sich danach, nur um zu erfahren, daß es ein Irrtum gewesen sei; der Agent habe ihn mit einem schwarzen Polizeibeamten in einer anderen Stadt verwechselt. Bis auf den heutigen Tag war ihm der Zwischenfall rätselhaft, und die Pünktlichkeit seiner Abberufung schien ihm verdächtig.

Der HSCA-Report hatte enthüllt, daß der angebliche »Secret Service«-Agent aus Washington gar nicht vom Secret Service kam. Es handelte sich um Phillip Manuel, Chefermittler beim ständigen Subkomitee für Polizeifragen, das John McClellan, dem Senator aus Arkansas, unterstellt war. Welche Rolle Manuel spielte, konnte nie zur Zufriedenheit geklärt werden. Er hatte eingeräumt, daß er am Tag des Attentats in Memphis gewesen war, ohne einen schlüssigen Grund zu nennen. Auch Polizeichef Hollomans Erinnerungen waren in all den Jahren wenig ergiebig gewesen.

Das HSCA erörterte eine interne MPD-Aktennotiz, wonach Arkin am 4. April sehr wohl wußte, daß kein Anschlag auf Detective Redditts Leben geplant war. Wenn es die Drohung überhaupt gab, richtete sie sich gegen einen anderen schwarzen Polizeibeamten. Das HSCA fügte hinzu, daß »... eine entsprechende Information an Arkin gelangte, während Redditt noch mit Holloman konferierte«.[64]

Weitergehende Schlüsse zog der Untersuchungsausschuß nicht.

Redditt sprach einen noch seltsameren Vorfall an. Irgendwann Mitte der 70er Jahre, noch vor der HSCA-Untersuchung, wurde er in die Vertretung des Bundes in Memphis gebeten. Dort legte ihm ein Mann, den er für einen Beamten des Justizministeriums hielt, ein Foto vor. (Das Justizministerium ermittelte damals gegen die Untersuchungsmethoden des FBI.) Das Foto zeigte ein Bündel, das *an der Ecke Huling und Mulberry Street lag*. Ein uniformierter Polizeibeamter aus Memphis bewachte das Bündel und hielt ein Gewehr in der Hand; Redditt erkannte den Kollegen Louis MacKay, derselbe schwarze Streifenpolizist, der das vor Canipe's Spielhalle gefundene Bündel bewachen sollte, bis sich Inspector Zachary seiner annahm und es mitnahm. Ein weitverbreitetes Foto zeigte den Beamten MacKay, ebenfalls mit schußbereitem Gewehr, vor Canipe's.

Von diesem ungewöhnlichen Vorkommnis hatte ich nie etwas gehört. Am Ende unseres Gesprächs ließ Redditt die Bereitschaft erkennen, beide Aussagen als Zeuge zu wiederholen.

MPD-Polizist Louis MacKay war 1993 noch im aktiven Dienst. Im Rückblick auf die Ereignisse des 4. April war er hundertprozentig sicher, das Bündel nur in der South Main Street bei Canipe's und nicht anderswo bewacht zu haben. Das Foto, das Redditt beschrieben hatte, könne er sich nicht erklären. Übrigens ist dieses Foto nie mehr aufgetaucht.

Die Frage lag nahe, ob das Foto von Louis MacKay in Canipe's Eingang manipuliert, und das Bündel durch Fotomontage in die Ecke Huling und Mulberry Street projiziert worden war. Aber zu welchem Zweck? Waren wir einer alternativen »offiziellen« Version auf der Spur?

Betty Spates Schwester Alda ließ sich endlich überreden, mit mir zu sprechen, und ergänzte Bettys Geschichte um neue Details. Nach dem Mord habe Jowers Bobbi, Rosie Lee und Rosetta gefeuert. Im Gegensatz zu dem, was wir von Betty und Bobbi wußten, behauptete Alda allerdings (was ich ihr nicht abnehmen wollte), sie sei erst sieben Monate nach dem Ereignis in Jim's Grill eingestellt worden. Mit ihr arbeiteten damals Big Lena (die Chefköchin) und Joy. Betty sei immer wieder hereingeschneit und habe »die Aufsicht« übernehmen wollen, wobei sie ihre Beziehung zu Jowers ausgenutzt habe.

Alda will Betty auch von dem Koffer mit Geld in einem ausrangierten Ofen erzählt haben. Jowers sei damals angerufen worden, kurz weggegangen und mit dem Koffer wiedergekommen. Außerdem entsann sie sich, daß Jowers ihr verboten hätte, durch die Küchentür in den Hinterhof zu gehen. Alda fügte hinzu, Betty habe in den 70er Jahren ein Gewehr mit Zielfernrohr besessen, das sie unter ihrem Bett versteckte. Von einer Hochzeit in Oakview wußte sie nichts, auch nicht, daß Jowers das Haus gekauft habe. Sie glaubte, Bobbi und sie hätten das Haus selbst gekauft.

Schließlich berichtete Alda von Coy Love, einem schwarzen Straßenmusikanten, der kurz nach dem Mord einen Mann über die South Main Street laufen sah. Der Unbekannte sei bis zur Seabrook-Fabrik gerannt, habe dort sein Kapuzen-Sweatshirt abgestreift und in einen Mülleimer geworfen. Später habe sich Coy sehr gewundert, daß es ein Schwarzer gewesen sei.

Mir kam die Geschichte von Solomon Jones über den Mann im Gebüsch in den Sinn, der eine Kapuze oder etwas Ähnliches getragen haben soll. Bei seiner Vernehmung durch das MPD hatte Jones ausgesagt, er habe einen Mann in Richtung der Pension laufen sehen. Dies hätte die Fußspuren an der Mauernische erklärt, die jemand auf dem Weg zu Jim's Grill und zur South Main Street hinterlassen haben konnte. Vor der Presse hatte Jones allerdings berichtet, der Mann sei über die Mauer geklettert und über das Lorraine-Grundstück gelaufen, um sich aus dem Staub zu machen. Die Suche nach Jones setzten wir unvermindert fort, aber ohne Erfolg.

Es beunruhigte mich, daß einige Erinnerungen Aldas im Widerspruch zu Bettys Aussage standen, wobei mir auffiel, daß Alda eine gewisse Distanz zu den Geschehnissen des 4. April wahren wollte. Betty hatte nicht erwähnt, daß sie ein Gewehr besaß, und wir überlegten auch, wer von den beiden – Betty oder Alda – sich hinsichtlich des Zeitpunkts irrte, an dem Jowers das Geld im Herd versteckt haben soll. Oder hatte es zwei Koffer mit Banknotenbündeln gegeben? Außerdem wußten wir nicht, was wir mit Bettys unbestätigter Behauptung von einer Hochzeitszeremonie anfangen sollten.

Ich nahm das Risiko auf mich, Betty und Kenny zu kränken, und besuchte gemeinsam mit unserem privaten Ermittler Cliff Dates ihren Sohn John Spates im Gefängnis von Shelby County. Er saß dort seit Oktober ein, weil ihn ein Bekannter wegen eines geringfügigen Delikts angezeigt hatte. Spates bestätigte Akins Versuch, seine Mutter, seinen Bruder und ihn 1983 zu erschießen, doch den Grund habe er nie begriffen. Betty Spates hatte ihren Kindern, um sie nicht zu gefährden, offenbar nie erzählt, was sie wußte. Nach dem Gespräch mit ihrem Sohn faßte ich mehr Vertrauen zu ihr. Sie schienen sich gegenseitig schützen zu wollen, und ich hielt Akin durchaus für fähig, John – aus welchem Grund auch immer – zu beseitigen. Zweifelhaft war noch immer der Zeitpunkt, an dem das Geld bei Jowers eingetroffen war. Und welche Bedeutung sollten wir der Geschichte Coy Loves beimessen, die wir nur aus zweiter Hand kannten? War Betty nach dem Attentat tatsächlich im Besitz eines Gewehrs oder nicht? Später erfuhren wir, daß Coy Love schon lange verstorben war; irgendwelche Angehörige schien er nicht hinterlassen zu haben.

Betty blieb unser Besuch bei John natürlich nicht verborgen, und sie war empört. Damit war klar, daß sie John die Hintergründe des Mordversuchs von 1983 verschleiern wollte. Sie hielt es für sicherer, wenn er nicht erfuhr, was sie am 4. April 1968 gegen 18.00 Uhr beobachtet hatte. An ein Gewehr, daß sie besessen haben soll, konnte sie sich nicht erinnern und beharrte darauf, vor dem Attentat das Versteck des Geldes im Ofen entdeckt zu haben.

1. Die Leiden der Zivilbevölkerung in Vietnam durch die Napalm-Brandbomben motivierten Martin Luther King, gegen den Krieg Stellung zu nehmen.

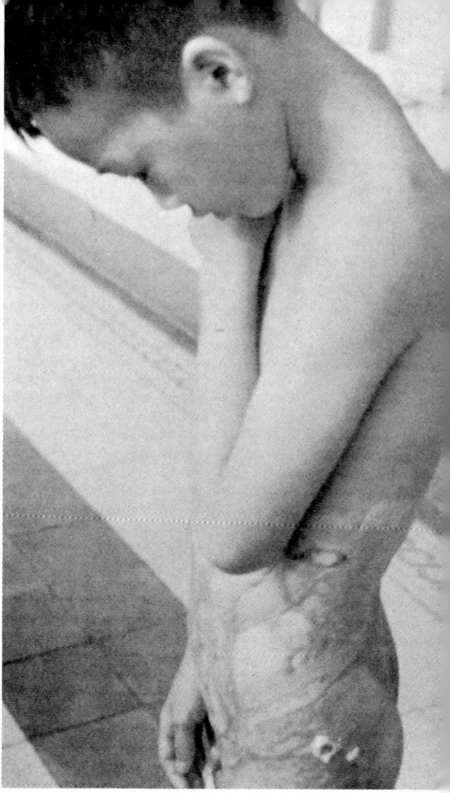

2. Der Autor und Martin Luther King im Gespräch vor der Eröffnungsrede beim Nationalkongreß der NCNP 1967.

3. Podium bei der Eröffnung des NCNP-Kongresses; v. l. n. r.: Dick Gregory, Benjamin Spock, Ralph Abernathy, der Autor und Martin Luther King.

4. Reverend James Lawson im Jahr 1989; in Memphis war er 1968 Kings engster und vertrautester Mitarbeiter.

5. Benjamin Spock und der Autor in Memphis beim Gedenkmarsch für den ermordeten Martin Luther King.

6. South Main Street vor Jim's Grill; das Pensionsgebäude und die Canipe-Spielhalle.

7. Rechtsanwalt Wayne Chastain – inzwischen Rechtsberater des Autors – 1995 in Memphis. 1968 war Chastain als Reporter einer der ersten am Tatort.

8. Solomon Jones, Kings Chauffeur in Memphis, wurde mit der Aussage zitiert, er habe zur Tatzeit jemanden im Dickicht bemerkt und einen Mann über die Mauer klettern sehen.

9. John McFerren 1995 – ein Geschäftsmann, der über eine Stunde vor dem Attentat hörte, wie der Großhändler Frank C. Liberto in Memphis am Telefon sprach und jemanden aufforderte: »Schieß den Mistkerl nieder, wenn er auf dem Balkon steht.«

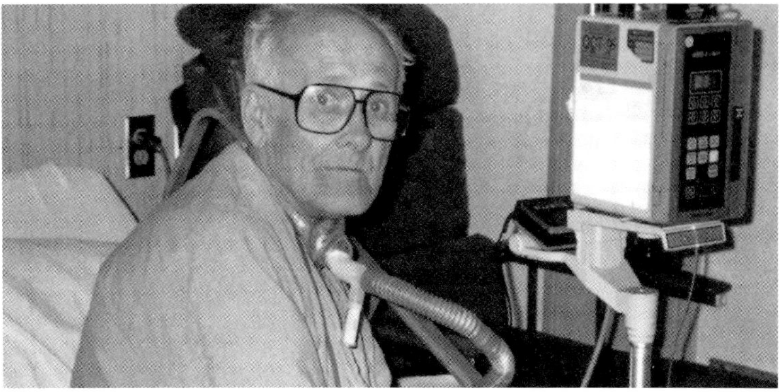

10. James McCraw 1995, ein Taxifahrer, der Minuten vor dem Attentat sah, daß das Badezimmer leerstand und der Hauptbelastungszeuge Charlie Stephens betrunken war. Loyd Jowers soll ihm die Mordwaffe gezeigt haben.

11. Das von James Earl Ray gekaufte »Wegwerf«-Gewehr, das später in einem Bündel vor den Eingang in der South Main Street geworfen und von der Anklage zur Tatwaffe erklärt wurde.

12. Gelände hinter der Pension, nachdem das Dickicht zurückgeschnitten wurde; beide Flügel des Hinterhauses mit der Mauernische dazwischen.

13. oben: Blick vom Balkon des Lorraine, wo King stand, als er erschossen wurde. Davor die Mulberry Street mit dem Gelände hinter der Pension und Jim's Grill. Beachtenswert ist die 2,50 m hohe Mauer und der Baum, dessen Äste über den Rand ragen.

14. rechts: Frank Holloman ca. 1968; Chef des Memphis Police and Fire Department 1967-68.

15. unten: Das tödliche Geschoß in drei Fragmenten; aufgenommen 1992

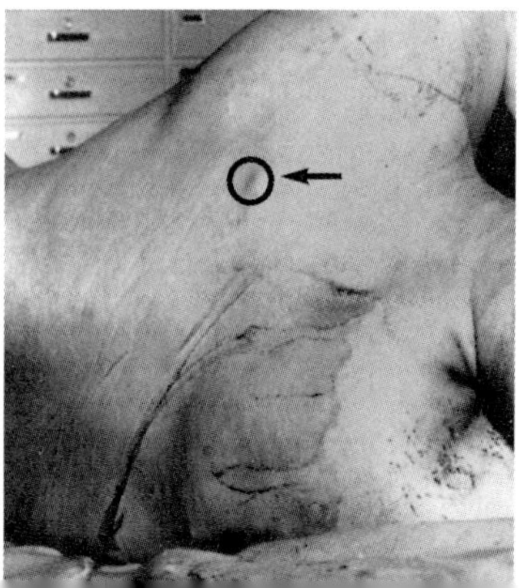

16. rechts: Autopsie-Foto von Kings linkem Schulterblatt, auf dem das Geschoß klar erkennbar unter der Haut steckt.

17. oben: James Earl Ray und der Autor bereiten sich im Anwaltsgesprächszimmer im Riverbend-Hochsicherheitstrakt auf das Fernsehgericht vor.

18. links: Frank C. Liberto, Großhändler in Memphis, der zuerst von McFerren mit dem Attentat in Verbindung gebracht wurde. Das Foto wurde 1978 in Lacada Whitlocks Restaurant aufgenommen, wo Liberto täglich verkehrte.

19. rechts: Nathan Whitlock, dem Frank C. Liberto seine Beteiligung am Attentat auf King eingestand.

20. Louis McKay, Beamter des Memphis Police Department, hält Wache bei dem Bündel vor Canipes Eingang; beachtenswert ist die Hecke oben rechts.

21. Kurz nach dem Attentat wurde die Hecke gerodet.

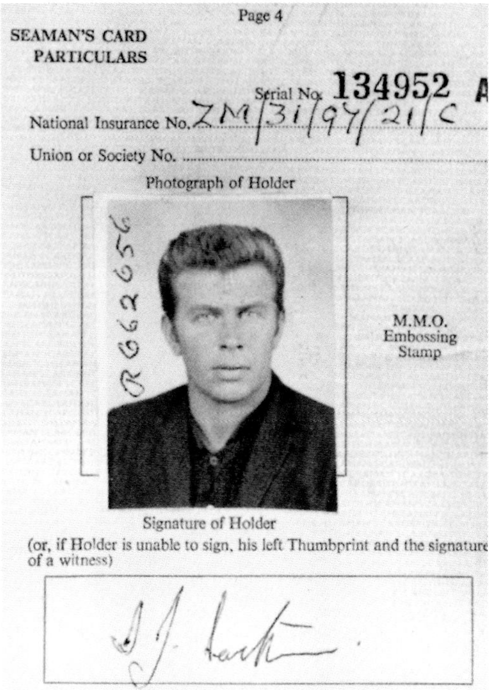

Page 4

SEAMAN'S CARD PARTICULARS

Serial No. 134952 A

National Insurance No. ZM/31/97/21/C

Union or Society No. ....

Photograph of Holder

R062656

M.M.O. Embossing Stamp

Signature of Holder

(or, if Holder is unable to sign, his left Thumbprint and the signature of a witness)

22. Sid Carthews Identitätsnachweis der Handelsmarine aus dem Jahr 1964. Raul hatte Carthew 1967 in der Neptune-Bar von Montreal angesprochen und bot ihm Waffen zum Kauf an.

23. Gestelltes Foto des MPD-Kombis, der am Bürgersteig parkt und von Passanten vor dem Pensionsgebäude deutlich zu sehen ist. Die Aufnahme wurde gemacht, nachdem die Hecke gerodet worden war, um die offizielle Version zu stützen, daß James Earl Ray beim Anblick des Polizeiwagens in Panik geraten und das Bündel fallengelassen habe.

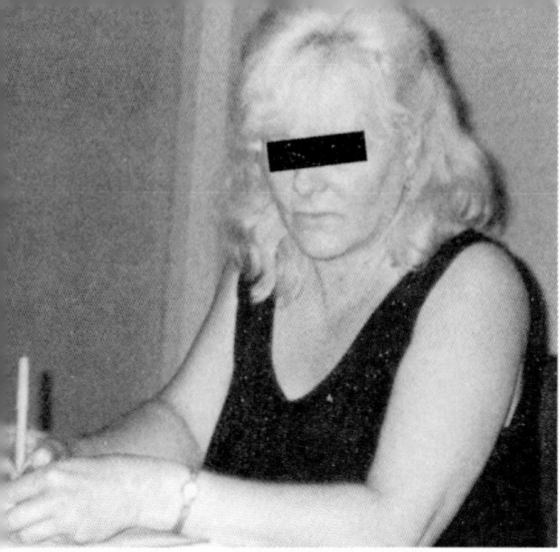

24. Cheryl im Jahr 1995 beim Unterschreiben ihrer eidesstattlichen Erklärung, wonach Raul sie gekannt und ihr gestanden habe, der Mörder zu sein; ferner habe Percy Foreman Raul ebenfalls gekannt und zugegeben, daß James Earl Ray unschuldig sei.

25. Loyd Jowers (links), 1968 Eigentümer von Jim's Grill, der 1993 schließlich zugab, an der Verschwörung beteiligt gewesen zu sein; hier bei einer beeideten Erklärung von 1995 im Verfahren »Ray gegen Jowers u. a.« mit seinem Anwalt, Lewis Garrison.

26. Felix Torrinos Haus, wo sich die Clique angeblich regelmäßig traf und Waffen sortierte, und wo Raul nach Cheryls Darstellung den Mord gestand.

27. Porträtskizze Percy Foremans, die er von Hand signierte und 1979 Glenda Grabow schenkte.

28. links: Carlos Marcello, einstiger Gangsterboß von New Orleans, zu dessen Imperium auch Memphis und der Südwesten gehörte, und der bereit war, den Mordauftrag mit Hilfe Rauls und seiner Leute in Memphis durchzuführen.

29. rechts: Arthur Wayne Baldwin im Jahr 1995; ehemaliger Nachtklubbesitzer mit Gangsterkontakten, der zweimal beauftragt wurde, James Earl Ray im Gefängnis zu töten.

30. Offiziere der Special Forces in Fort Bragg, darunter Colonel Henry Cobb (Befehlshaber der 20. SFG) als 5. v. l., sowie General Yarborough als 9. v. l.

31. Generalmajor William P. Yarborough (2. v. l.) neben J. Edgar Hoover, flankiert von den Adjutanten Colonel F. van Tassel (links) und M. K. Hanson (rechts).

32. Lieutenant Eli H. Arkin um 1968, damals Leiter der Geheimdienstabteilung im Memphis Police Department.

33. Schriftlicher Befehl, der Warren und den anderen Alpha-184-Mitgliedern der 20. SFG überstellt wurde.

B816H JCS004/30/R2
EWT
CO RUEPJS
DE RUEDPSA 65809
ZNY CCC
O 301442Z April 1968
TO RUEOEIA/CINCARSTRIKE
FM LANTCOMN/CINCSPECOPS
INFO/JCS
RUCIAUA/MAC
RUEPJS/NMCC
BT
TOP SECRET/CRYPTO 6880. SUBJECT: LANTCOM/CINCSTRIKE OPLAN GARDEN PLOT 33-75, WASHINGTON (U).
REFERENCES:
A. LANTCOM 5673, DTD
B. CINCSTRIKE GARDEN
1. (C) MISSION: RECON RIOT SITE MEMPHIS PRIOR TO KING, MARTIN L. ARRIVAL.
2. (C) CONCEPT OF OPERATOIN: CAS SUPPORT AT NAS/RIVERSITE. NO, REPEAT, NO AUTHORIZATION BEYOND BRIEF AT 0430 UNLESS COMDED. CHOPPED AVAIL ON NOTICE CHANNEL 012.
3. (R) SITUATION: DEPLOYMENT MAIN FORCE MUST HAVE LOCAL INTEL.
4. (P) OUT NOT SZNR 23. WILL ADVISE IF CHANGE.

INFO: CJCS-1 DJS-3 SJCS-1 SACSA-3 NMCC-1 SECDEF-7
ASD/ISA-9 WHOUSE-4 FILE-1(68)JJF/RAD/LANTCOM

34. Das Illinois Central Railroad Building, wie es 1968 vom Balkon des Lorraine-Motels aus zu sehen war. Das Dach des Gebäudes war zur Tatzeit der Hinterhalt für Warren und Murphy vom Alpha-184-Team der 20. SFG.

35. MPD-Inspector Sam Evans 1989. Evans kommandierte die TACT-Einheiten und informierte die Alpha-184-Mitglieder Warren und Murphy von der 20. SFG am Nachmittag des Attentats.

36. Marrell McCollough von der 11. Military Intelligence Group kniet nur Sekunden nach dem Attentat über dem gestürzten Martin Luther King.

37. Blick vom Flachdach der Station 2 der Feuerwache, wo Reynolds und Norton das Attentat und den Mörder im Gebüsch fotografierten.

38. Der echte Eric Galt, wie ihn ein Foto von 1967 aus seiner Top-Secret-Akte bei der NSA zeigt.

39. Zwei Beamte klettern über die Mauer, nur Minuten nach dem Attentat; einer von ihnen wurde 1994 von Warren als CIA/NSA-Agent enttarnt.

Ken Herman hatte in der Zwischenzeit Bessie Brewer gefunden, die zum Zeitpunkt des Attentats die Verwalterin der Pension in der South Main Street 422½ gewesen war. Wir machten uns sofort auf den Weg zu ihr. Ihr Ehemann Frank war offenbar inzwischen verstorben, denn sie lebte allein. Das FBI hatte sie, wie Herman von ihrer Tochter erfahren hatte, 1968 gewarnt, mit niemandem über das Attentat zu sprechen, und bis heute hatte sie sich daran gehalten.

Als Herman uns vorstellte, verkündete sie plötzlich, sie sei nicht die von uns gesuchte Bessie Brewer; sie und ihr seliger Mann wären immer mit Bessie und Frank verwechselt worden, einem anderen schwarzen Ehepaar. Während wir angesichts dieser fadenscheinigen Ausflucht noch schluckten, zeigte ich ihr ein Foto von der Umgebung der Pension, und mir war, als träte ein Leuchten des Wiedererkennens in ihren Blick. Aber sie blieb bei ihrer Behauptung und gab nicht nach. Bessie wollte nicht reden.

Allmählich gewann der Fall an Konturen. James Orange hatte den Rauch gesehen, der gleich nach dem Schuß von dem Gebüsch aufgestiegen war, das man anderntags entfernt hatte. Er würde uns eine eidesstattliche Erklärung abgeben, denn eine schon länger gebuchte Südafrikareise verhinderte seine Teilnahme am Prozeß.

James' früherer Anwalt Jack Kershaw bestätigte Jerry Rays Geschichte von dem Tauschhandel, den ihm William Bradford Huie in Nashville vorgeschlagen hatte. Geboten wurden damals 220.000 Dollar und Straferlaß aus Missouri und Tennessee, wenn James gestand, der Mörder zu sein. Jack gab zu, James die Offerte vermittelt zu haben, der sie jedoch ohne zu zögern abgelehnt hatte. (Später hatte Huie das Angebot, diesmal über Jerry, erneuert.) Kershaw glaubte, zwei ihm unbekannte Teilnehmer des Treffens hätten sehr wohl Agenten sein können. Er war gewiß, daß Huie als Zwischenhändler für die Bundesbehörde arbeitete, denn nur die Regierung selbst konnte einen Straferlaß und eine neue Identität anbieten. Mir fielen die früheren engen Arbeitsbeziehungen Huies mit dem FBI wieder ein.

Clifton Baird, der Ex-Polizist aus Louisville, nannte uns bereitwillig die Details der Verschwörung zum Attentat auf Martin Luther King von 1965, obwohl er befürchtete, seine durch zwei Schlaganfälle hervorgerufene Sprachbehinderung könne seine Glaubwürdigkeit als Zeuge beeinträchtigen. Schließlich zerschlug sich auch noch die Hoffnung auf eine schriftliche Erklärung, denn seine Frau bedeutete uns, er sei zu gebrechlich, um sich noch länger mit dem Fall zu befassen.

Am 10. Januar kamen neue Erkenntnisse durch den ehemaligen Detective der MPD-Mordkommission, Barry Neal Linville, ans Licht. Linville und sein Kollege, J. D. Hamby, waren am Abend des Attentats gemeinsam mit Lieutenant Tommy Smith in der Leichenhalle. In ihrer Gegenwart holte Dr. Jerry Francisco, der amtliche Gerichtsarzt von Shelby County, das unzerstörte Geschoß aus der Leiche. Das Beweisstück wurde registriert und dem FBI-Labor in Washington, D. C., zugestellt. Dr. Francisco machte auch Fotos von der Kugel, die er Inspector Zachary und dem FBI überließ. Obwohl sie nicht von bester Qualität waren, geriet eins der Francisco-Fotos in die HSCA-Materialbände. Merkwürdigerweise fehlten diese Fotos im Gerichtsarchiv.

Als ich dem inzwischen pensionierten Barry Linville ein Foto der drei Fragmente zeigte, die unter Aufsicht des Gerichts präsentiert wurden und mit Q-64 etikettiert waren (FBI-Markierung für tödliche Kugeln; vgl. Abb. 15 im Bildteil), schüttelte Linville den Kopf. »Das ist nicht die Kugel, die in meinem Beisein aus der Leiche geholt wurde«, stellte er klar. »Die Kugel, die ich kenne, war noch ganz und in gutem Zustand.« Daß die Geschoßspitze beim Aufprall abgeflacht wurde, sei der einzige sichtbare Defekt gewesen, behauptete Linville. In einer Skala von eins bis zehn würde er die Qualität der Kugel mit neun bewerten. Linvilles Gewißheit und Prägnanz beeindruckten mich. Ein erfahrener Inspektor der Mordkommission, der in seiner Laufbahn Tausende von Geschossen überprüft hatte, zeigte sich erschüttert, was mit der aus Martin Luther Kings Leiche geborgenen Kugel passiert war. Er konnte sich diesen Umgang mit einem der wichtigsten Beweismittel nicht erklären. Ebensowenig konnte er sich erklären, weshalb ihn seit fünfundzwanzig Jahren kein einziger der ehemaligen MPD-Ermittler darauf angesprochen hatte, was er gehört und gesehen habe. Barry Linville war gern bereit, in den Zeugenstand zu treten.

Schließlich hatte ich Maynard Stiles gefunden, der 1968 als Vizedirektor im City Public Works Department tätig gewesen war. Am Freitagmorgen, dem 5. April, hatte er zwei Männer entsandt, um den gesamten Hinterhof des Gebäudes South Main Street 422½ abzumähen und freizuräumen. Stiles berichtete, das Polizeidepartment habe ihn am Abend zuvor angerufen und darum gebeten, und er beauftragte umgehend Dutch Goodman und Willie Crawford. Dutch Goodman war inzwischen verstorben, aber Willie Crawford arbeitete noch immer als Aufseher bei der Stadtverwaltung. Ken Herman zufolge bestätigte er, daß Goodman und er die Arbeiten unter Polizeischutz durchgeführt hätten.

Seit ich von den Fußspuren in der Nähe der Mauernische zwischen den Gebäudeflügeln wußte, hatte ich mich um die Adresse von Joe »J. B.« Hodges bemüht, des einzigen der drei an der Spurensicherung beteiligten Polizisten von damals, der noch am Leben war. Endlich gelang es uns, den ehemaligen Hundeführer zu finden und zu befragen. Hodges erinnerte sich, kurz nach dem Mord den Hinterhof der Pension von der Mulberry-Street-Seite aus betreten zu haben, um dem bereits weiter vorgedrungenen TACT-10-Streifenbeamten Torrence N. Landers zu folgen. Hodges betonte, es sei ausgesprochen mühsam gewesen, in dem dichten Maulbeergestrüpp voranzukommen.

Im Gegensatz zu früheren Berichten teilte Hodges mit, er und nicht Landers habe die beiden Fußspuren im Lehm entdeckt. Sie seien ihm noch ganz frisch vorgekommen. Er riegelte das Gelände ab, bis Gipsabdrücke angefertigt worden waren. Der Betreffende hatte offenbar ungewöhnlich große Füße und mindestens Schuhgröße 45.

Hodges war einverstanden, als Zeuge vernommen zu werden.

Bedenkt man, daß es in der Nacht vor dem Attentat heftig geregnet hatte, und daß Torrence Landers ausgesagt hatte, der Boden sei feucht gewesen, dürfte der Regen den Lehm in den Eingang der Mauernische gespült haben. Ein weiterer Hinweis darauf, daß sich jemand im Gelände hinter der Pension aufgehalten hatte. Zusammen mit den Beobachtungen von Caldwell, Jones, Orange und Ross (die in den offiziellen Ermittlungen der letzten fünfundzwanzig Jahre unberücksichtigt geblieben waren), stützte er den Verdacht, daß der Schuß vom Buschwerk aus abgefeuert worden war.

Auch meine Gespräche mit den Invaders förderten einige interessante Details zutage. Charles »Izzy« Harrington war einer der Invaders, die am 3. und 4. April in den Zimmern 315 und 316 untergebracht worden waren, die in unmittelbarer Nachbarschaft von Kings Zimmer 306 lagen. Am 3. April blieb Harrington in der Nähe des Motels und glaubte, im Grünstreifen auf der anderen Seite der Mulberry Street hinter der Pension Geräusche und Bewegungen wahrzunehmen. Mich machte diese Mitteilung neugierig, wenn ich auch nicht viel von ihr hielt, denn die Nacht vom 3. auf den 4. April war stürmisch gewesen, und ein Rascheln im Gebüsch konnte auch vom Wind verursacht worden sein.

Izzy berichtete, daß am 4. April gegen 17.45 oder 17.50 Uhr ein Zimmermädchen bei ihm klopfte und die Invaders zum Verlassen des Hotels aufforderte, weil Kings Gruppe ihre Rechnung nicht länger bezahlen würde (zuvor hatte sich schon Invader Charles Ballard an diesen Vorgang erinnert). Als Izzy fragte, wer das angeordnet habe, verwies sie auf Reverend (Jesse) Jackson. Izzy und die übrigen Invaders packten ihre Sachen zusammen und entfernten sich, einige in Cabbages blauem Mustang, andere zu Fuß. So erklärt sich die Notiz über den plötzlichen Aufbruch im Logbuch von Wachtmeister Richmond, das dieser auf seinem Posten in der Feuerwache gegenüber führte.

Izzy wußte noch, daß sie das Motelgrundstück kaum eine Viertelstunde zuvor verlassen hatten, als sie die Sirenen hörten und die Nachricht von dem Attentat erhielten. Sie rannten zum Motel zurück, kamen jedoch nur bis zur Straßensperre (Holzschranken des Public Works Department), die bereits an der

Mulberry Street errichtet worden war. Die Männer vom Works Department waren offenbar schon zehn Minuten nach dem tödlichen Schuß zur Stelle. Nach Izzys Meinung mußte jemand gewußt haben, was geschehen würde, und entsprechend vorgesorgt haben.

Calvin Taylor, ein anderer Invader, erinnerte sich mit Unbehagen an das Treffen mit Martin Luther King am 29. März.

FBI-Agent Bill Lawrence, der als Verbindungsmann des Regionalbüros von Memphis zum MPD fungierte, hatte vor dem HSCA ausgesagt, daß die Polizei alles wußte, was bei dem Treffen besprochen wurde, denn »sie war praktisch dabei«. Bevor mir das Ausmaß der elektronischen Bespitzelung in Kings Suite bekannt wurde, dachte ich stets, einer der Anwesenden habe die Polizei informiert. Selbst mit den Lauschangriffen hielt ich es noch immer für wahrscheinlich, daß ein V-Mann am Treffen teilgenommen hatte. Die Verwanzung hätte zusätzlich die Kontrolle seiner Angaben ermöglicht. Einer meiner Bekannten beim MPD hatte mir anvertraut, er sei einem Abwehroffizier der Army zugeteilt worden, der sich Hamilton nannte. Fortan gehörte es zu seinen Aufgaben, einem Informanten namens »Copperhead« zu folgen; die Geheimdienstabteilung wollte seine Verläßlichkeit auf die Probe stellen. Copperhead ist heute ein geachteter demokratischer Abgeordneter. Seine Anhänger würden vermutlich sagen, er habe das herrschende System für seine Karrierezwecke genutzt.

Ich deutete gegenüber Taylor an, daß auch die Invaders meines Wissens infiltriert worden waren, nicht nur durch McCollough vom MPD, sondern auch durch das FBI, das seinen eigenen Spitzel in ihren Reihen hatte. Taylor wurde unruhig und erkundigte sich, ob ich wüßte, wer die betreffende Person sei. Ich entgegnete, daß ich einen bestimmten Verdacht hätte, dem ich aber nicht nachzugehen gedächte. Daraufhin schien er aufzuatmen, und die Befragung wurde fortgesetzt. 1968 arbeitete er in einer untergeordneter Stellung beim *Commercial Appeal*. Bill Lawrence vom FBI ließ ihm einmal über den Redakteur ausrichten, er solle sich in acht nehmen und nicht mit den falschen Leuten einlassen. Doch er blieb bei den Invaders, und wurde nach dem Attentat als Reporter eingestellt.

»Big John« Smith, in Memphis geboren, war an der Westküste Mitglied bei den Black Panthers gewesen. Nach der Rückkehr in seine Heimatstadt trat er den Invaders bei und half ihnen beim Aufbau eines lokalen Netzwerks. Im Frühjahr 1968 wurde er praktisch dauernd überwacht – durch Spitzel und, wie er vermutete, auch durch Abhörmaßnahmen.

Am Nachmittag des 4. April sei er ins Lorraine gekommen, um sich gegen 16.45 Uhr mit anderen Invaders zu treffen. Eine Reihe von MPD-Beamten war bei seiner Ankunft zugegen. Namentlich erinnerte er sich, daß er Caro Harris in der Lobby sitzen sah. Gegen 17.30 Uhr kam er nach unten ins Restaurant, um mit seiner Frau und ein paar Freunden zu essen. Zu diesem Zeitpunkt habe sich in der Nähe des Lorraine kein einziger Polizist aufgehalten. Rings um das Motel sei es merkwürdig still gewesen. »Die Atmosphäre war beklemmend«, stellte er fest. Smith war bereit, für uns auszusagen.

Rufus Bradshaw, der Polizeibeamte, der seinem Kollegen in der Funkzentrale, Billy Tucker, die gefälschte Verfolgungsjagd überspielt hatte, bestätigte, daß ihn am 4. April ein Autofahrer namens William Austein angehalten habe, der ihm anschließend eine CB-Sendung zuspielte, die er kommentarlos über Polizeifunk weitergab. Zu seinem eigenen Schutz habe er einen Passanten in seinen Wagen geholt, damit er später einen unabhängigen Zeugen vorweisen konnte. Dieser Person habe er zugesichert, daß sie anonym bliebe, es sei denn, er müsse sich rechtfertigen.

Kritisch äußerte er sich über Austeins ungerechte Behandlung durch das FBI, für die er kein Verständnis habe. Bradshaw war zur Aussage im Zeugenstand bereit.

Ex-Gouverneur Ray Blanton bestätigte die Aussage J. J. Maloneys über die massive Präsenz eines SWAT-Teams des FBI, das umgehend nach James' Flucht im Juni 1977 aufgetaucht war. Er wollte sich gleich auf den Weg zum Gefängnis machen, nachdem ihn Louis Stokes, der HSCA-Vorsitzende, telefonisch unterrichtet hatte. Stokes hatte ihm angedeutet, wenn er nicht sofort eingreife, werde er seinen berühmtesten Gefangenen verlieren und das HSCA seinen Kronzeugen. Stokes hatte erfahren, daß ein FBI-Team nach Brushy Mountain reisen, James aufspüren und anschließend töten sollte. Stokes war die FBI-Präsenz nicht ganz geheuer, und er konnte Blanton davon überzeugen, daß keine Zeit zu verlieren sei. Der Gouverneur nahm den Hubschrauber zum Gefängnis. Er hielt es für einen beispiellosen Vorgang, daß das FBI unaufgefordert und mit derartigem Aufwand auf die Flucht eines Gefangenen reagierte. Bei der Ankunft stellte er fest, daß Stokes recht hatte. Auch er zog den Schluß, daß James nach dem Willen des FBI die Flucht nicht überleben sollte.

Der Gouverneur zögerte, in den Zeugenstand zu treten, wollte sich lieber im Hintergrund halten, denn noch war seine Klage vor dem Appellationsgericht anhängig, mit der er seine Verurteilung aufheben und einen gegen ihn angestrengten Korruptionsprozeß völlig neu aufrollen wollte.

Bei meinem zweiten Treffen mit Walter Fauntroy sagte er zu, beim Fernsehgericht für die Verteidigung in den Zeugenstand zu treten. Er habe in den letzten Jahren einige vom HSCA dokumentierte Quellen studiert und sei zum dem Schluß gekommen, daß James unschuldig sei. Ich war begeistert. Er meinte, ein Großteil des Materials sei dem Ausschuß durch eigene Mitarbeiter vorenthalten worden, die folglich die Ergebnisse und den HSCA-Schlußbericht verfälscht hätten. Außerdem bestätigte er die Aussage des Gouverneurs Blanton, denn er (Fauntroy) sei es gewesen, der die Berichte über das Vorhaben des FBI, James nach seiner Flucht zu beseitigen, erhalten und Louis Stokes veranlaßt habe, den Gouverneur zu alarmieren. Auf meine dringende Bitte um weitere Auskünfte gab Fauntroy zur Antwort, er habe Zugang zu den Berichten der militärischen Abwehr über Martin Luther King.

Der Prozeß stand in weniger als zwei Wochen an. Wir hatten Randy Rosenson gefunden, dessen Gedächtnis allerdings durch langjährigen Drogenmißbrauch gelitten hatte. Rosenson behauptete, er sei mehrmals vom HSCA befragt worden. Später fiel ihm ein, daß er dabei Gene Stanley vorgestellt worden war, dem Anwalt aus Knoxville. Rosenson pflichtete uns bei, daß Stanley vor dem Gericht bezeugen sollte, was und wieviel das HSCA offenbar über Raul gewußt hatte. Rosenson selbst war bereit, eine eidesstattliche Erklärung in dieser Sache abzugeben, denn als Ladenbesitzer und Teilnehmer eines Methadonprogramms konnte er nicht selbst nach Memphis reisen. Rosensons und Stanleys Erinnerungen an die HSCA-Interviews in Knoxville, Atlanta, und anderswo deckten sich mit den Spesenabrechnungen der General Services Administration (GSA).

Rosenson erinnerte sich auch an einen US-Indianer, der 1968 in Miami gelebt, über wichtige Kontakte nach Mittel- und Südamerika verfügt und mit Waffen- und Drogengeschäften zu tun hatte. Rosenson war damals gelegentlich mit ihm nach Mexiko gereist. Auffallend war, daß diese Person einen weißen Mustang fuhr. Rosenson gab außerdem zu Protokoll, vor seinem HSCA-Interview in Richmond sei er von einem hühnenhaften Kerl besucht worden, der ihm geraten habe, eine Bekanntschaft mit Ray vorzugeben, falls man ihn danach fragen würde. Andernfalls könne er in Schwierigkeiten geraten. Rosenson weigerte sich jedoch. Der Mann wurde ihm als hochrangiger Regierungsbeamter aus Tennessee vorgestellt.

In späteren Telefonaten mit unserem Ermittler Jim Johnson gab der Häftling Jules »Ricco« Kimbel zu, daß auch er den von Randy Rosenson erwähnten Indianer kenne, den wir Harry nennen wollen. Er behauptete, Harry stünde in Carlos Marcellos Diensten und sei äußerst gefährlich. Ein Blick in die Verbrecherkartei zeigte, daß seine Personalakte »gesäubert« worden war, woraus hervorging, daß er Beziehungen zu der einen oder anderen Bundesbehörde zu haben schien. Solche Beziehungen halten lebenslang, ihre Existenz und alle damit zusammenhängenden Aktivitäten hält man selbstverständlich geheim. Die »Weißwäsche« der Akten war nur eine Methode, die Geheimhaltung zu wahren. Es war eine aufregende Entdeckung, doch wir würden, wenn überhaupt, erst lange nach dem Prozeß aufklären können, welche Rolle diese Person in unserem Fall spielte.

Am 16. Januar hatte ich die eidesstattlichen Erklärungen für Jules »Ricco« Kimbel, Randy Rosenson, Mithäftling Tim Kirk sowie Marie Martin und Charlie Stein, die James in Los Angeles kennengelernt hatte, vorbereitet. Martin und Stein waren zuvor von Ermittler Jim Johnson befragt worden. Ich hielt ihre Stellungnahmen für nötig, weil ich den Rassismusvorwurf widerlegen wollte, der in ihren 302-Berichten des FBI auftauchte und von der Anklage gewiß ins Feld geführt werden würde. Besonders Marie Martin beteuerte, der FBI-Bericht über ihre Vernehmung, von dessen Existenz sie nie gewußt habe, sei unvollständig und verlogen. Die Medien würden ein falsches Bild von James verbreiten, der alles andere als ein gewalttätiger Rassist sei. Er habe mit farbigen Frauen getanzt und Poolbillard mit farbigen Kunden gespielt, die sich in der Bar des St. Francis, wo sie an der Theke stand, einen netten Abend gemacht hätten. Nie habe sie auch nur das kleinste Anzeichen von Gewaltbereitschaft bei ihm erlebt oder vernommen. Er sei im Gegenteil ein stiller, unauffälliger Typ und irgendwie schüchtern.

Wir wollten einige Zeugen hypnotisieren lassen, um festzustellen, ob sich bei ihnen weitere Erinnerungen einstellen. Der Staat Tennessee erlaubt die Gewinnung von Beweismitteln durch hypnotische Auffrischung des Gedächtnisses, wenn die Prozeßvorschriften peinlich genau eingehalten und die Sitzungen mit einer Videokamera gefilmt werden. Vorschriftsgemäß hatte Dr. Joseph Cassius, ein erfahrener Hypnotiseur, keine Ahnung, welche Bedeutung die von uns vorbereiteten Fragen hatten.

Auch Charles Hurley, der seine Frau am 5. April an der Seabrook-Tapetenfabrik abgeholt hatte, gehörte zu den auf diese Weise Befragten. Unter Hypnose erinnerte er sich an den ersten Buchstaben auf dem Nummernschild des vor ihm parkenden Mustang, das er ansonsten vergessen hatte. Der Buchstabe (A) war identisch mit dem, den er bei seiner ersten Vernehmung 1968 angegeben hatte, wo er den zweiten Buchstaben L nannte. Außerdem beschrieb er zum ersten Mal einen alten braunen Lieferwagen, der ihm beim Ausparken hinter dem weißen Mustang aufgefallen war. Er habe weiter nördlich und auf derselben Straßenseite wie Jim's Grill gestanden. Meine Assistentin und ich blickten uns verwundert an. Es schien, als habe Charles Hurley soeben Jowers' alten braunen Lieferwagen an fast derselben Stelle lokalisiert, wo ihn Betty Spates gesehen hatte, als Jowers das zerbrochene Gewehr im Laderaum verstaute. Später erklärte sich Hurley zu einem Ortstermin im South-Main-Viertel bereit. Bei klarem Bewußtsein bemerkte er, daß die Plakatwände anderswo standen als früher.

Auch William Ross, der Wirt des Cafés Ernestine und Hazel's, ließ sich bereitwillig hypnotisieren. Er erkannte alles mit verblüffender Präzision wieder. Ross beschrieb, daß er den Schuß gehört habe, als er zu Fuß den Eingang des Lorraine-Motels an der Mulberry Street erreichte. Er ging in die Hocke und wandte sich nach links, so daß er westwärts ins Gebüsch blicken konnte. Damals, als er sich an genau dieser Stelle befunden habe, sei er sofort davon überzeugt gewesen, daß der Schuß nur aus dem Gebüsch abgegeben worden sein konnte. Außerdem sah er einen »blaßgold-bräunlichen Cadillac« auf derselben Straßenseite. Das konnte nur der goldbraune Cadillac sein, in dem Ernestine Campell nach Hause fuhr.

Kurz nach dem Attentat erfuhr Ross durch Walter Bailey von einem Anrufer, der gegen 18.00 Uhr von der Lorraine-Rezeption in Martin Luther Kings Zimmer weiterverbunden wurde. Unter Hypnose glaubte Ross mit Sicherheit sagen zu können, die Nachricht für King habe »Jetzt ist er dran« oder so ähnlich gelautet.

Außerdem habe eine Frau namens Catherine, die offenbar 1976 im Lorraine beschäftigt gewesen war, durch Walter Bailey von dem Telefonat erfahren. Ich erkundigte mich nach ihr, aber sie war nicht aufzufinden.

Zum ersten Mal konnten Ken Herman und ich den Keller unter Jim's Grill besichtigen und zwei benachbarte Ladenlokale, einschließlich des Canipe's. Wir stellten fest, daß die Tür an der Mauernische zwischen den Gebäudeflügeln in einen Flur zu ebener Erde führte. Von dort aus gelangte man durch eine Tür in Jim's Grill. Geradeaus war auch eine Treppenflucht zu sehen, die in den Keller unter der Imbißstube führte. Die lange nicht mehr benutzten Kohlenschütten im Keller stellten uns vor weitere Rätsel. Die Kohlenschütten mündeten oberhalb am Bürgersteig vor den Gebäuden. Angesichts des Versäumnisses der Polizei, die Kellerräume vernünftig zu durchsuchen, und des vorgefundenen Fußabdrucks, der Richtung Feuerleiter zeigte, hielt ich unsere Entdeckungen für interessant genug, um beim TV-Verfahren erörtert zu werden. Später entdeckten wir, daß in der Küche der Grillstube eine Falltür ebenfalls in den Keller führte.

Der Keller entpuppte sich als wahres Labyrinth. 1968 gab es insgesamt drei Türen, die am Rand des nördlichen Flügels, wo James in Zimmer 5-B wohnte, ins Freie führten: eine zur Mauernische, eine ans Ende der hinteren Feuerleiter, und eine dritte, die von der Grillstube in den Vorratsraum hinter der Küche führte (vgl. Abb. 12 im Bildteil).

Obwohl sich die Frage stellte, ob sie 1968 möglicherweise verbarrikadiert war, gab es früher eine weitere Innentür auf der Nordseite der Küche, die auf die hintere Feuerleiter hinausging und ebenfalls ins Treppenhaus der Pension führte.

Erst nach dieser gründlichen Besichtigung konnten wir das mögliche Schußfeld und die Fluchtrouten diskutieren. Der Mord selbst mußte sehr präzise geplant worden sein, denn es ließ sich nicht leugnen, daß die Polizei ungewöhnlich schnell nach dem Schuß am Tatort aufgetaucht war.

Einmal, als ich den muffigen Keller des Pensionsgebäudes besichtigte, erzählte mir der Hausmeister, auch Kläger Hickman Ewing interessiere sich für den Hinterhof als möglichen Tatort. Es überlief mich eiskalt. War es möglich, daß er die Schuß-aus-dem-Badezimmer-Version aufgegeben hatte, die stets zu den Eckpfeilern der Anklage gehört hatte? Um ganz sicher zu sein, schlug ich dem Kläger vor, zur Zeitersparnis diesen Streitpunkt fallenzulassen und einvernehmlich zu erklären, der Schuß sei nicht aus dem Badezimmer gekommen. Seine Antwort kam prompt: »Lächerlich!« Unsere Sorge verflog, als er uns ankündigte, er werde ein Beweisfoto vorlegen, das angeblich Fußspuren im Badezimmer zeige.

Wir erkundigten uns bei einem früheren Geschäftsführer von Jowers Taxi-Unternehmen. (Jowers gehörte zu den Mitgründern der Veterans Cab Company.) Neben allerlei Anekdoten über diverse kriminelle Machenschaften von Jowers und Willie Akins aus den frühen 70er Jahren erwähnte er auch, daß die Beteiligung von Jowers und Akins am Attentat auf King noch immer ein Gesprächsthema bei den Fahrern sei.

Wir erhielten ein Foto und eine Personenbeschreibung von Willie Akins. Er war auf jeden Fall von großer Statur. Hatten wir den Mann gefunden, der die ominösen, von J. B. Hodges in der Mauernische entdeckten Fußspuren hinterlassen hatte?

John Light war zu einer Zeugenaussage bereit. 1978 war er dienstältester Wachtmeister im Alton Police Department gewesen, als die *New York Times*, das HSCA und das FBI mit vereinten Kräften James Earl Ray den Bankraub in Alton, Illinois, in die Schuhe schieben wollten. Er bestätigte die Aussage von Lieutenant Walter Conrad, daß weder die *Times* noch das HSCA, noch das FBI jemals Kontakt mit ihnen aufgenommen hätten, um die Anschuldigung zu prüfen.

Wir hatten vereinbart, daß die Anklage zuerst Tim Kirk als Zeugen vernehmen durfte. Am Tag seiner Aussage fuhr ich mit Ken Herman und einem Mittelsmann der Invaders, Abdul Yawee, in ein anderes Tennessee-Gefängnis, um Doc Walker zu besuchen. Walker war eines der Mitglieder der Akabulon-Schwarzengruppe, die 1981 wegen der Mordversuchs an James im Gefängnis von Brushy Mountain verurteilt worden war. Ich wollte die Möglichkeit eines weiteren, dem Angebot Arthur Baldwins an Tim Kirk von 1978 vergleichbaren Mordauftrags auskundschaften.

Zur Zeit des Baldwin-Auftrags war James drauf und dran, erstmals vor dem HSCA auszusagen. Ich bin sicher, daß manche seinen Enthüllungen mit Furcht entgegensahen. Doch 1981 schien nichts darauf hinzudeuten, daß James je wieder Gelegenheit erhalten würde, etwas zu enthüllen. Man sprach vom politisch motivierten Angriff einer kleinen, wohlbekannten Gruppe schwarzer Radikaler, die größere öffentliche Aufmerksamkeit erstrebe. Doch alles, was dabei herauskam, war eine zusätzliche Haftstrafe von 66 Jahren für zwei Beteiligte, Partee und Doc Walker, während einer ihrer Handlanger, Ransom, erheblich billiger davonkam. James hatte sich geweigert, gegen sie auszusagen, weil er seine Angreifer ohnehin nicht identifizieren konnte.

Bevor ich mit Doc Walker sprach, ergab der ganze Vorfall für mich keinen Sinn. Walker gab zu, daß er kurz vor dem Anschlag in die Zelle neben James verlegt worden war. Seiner Meinung nach habe es sich um einen Verwaltungsbeschluß gehandelt. (Nicht zu vergessen, daß James' bisheriger »Beschützer«, Don Wolverton, kurz zuvor nach Nashville verlegt worden war.) Zum Zeitpunkt des Überfalls hatte man James genehmigt, die Bibliothek zu benutzen, in der sich die Gefangenen freier bewegen durften als anderswo.

Walker behauptete, der Anschlag habe hinter einer Regalwand stattgefunden. Er selbst sei gar nicht in der Nähe gewesen, aber zwei seiner Freunde waren da, Partee und Ransom, sowie eine Reihe weißer Mithäftlinge, die anschließend gegen sie aussagten. Das Resultat ihres Anschlags war die weitgehende Auflösung ihrer Gruppe – sie wurden getrennt inhaftiert, und die Anführer bekamen hohe Freiheitsstrafen.

Die Gefängnisleitung nutzte den Überfall zu einer erbarmungslosen Maßregelung militanter schwarzer Gruppen, die in den Mauern von Brushy Mountain ständig für Unruhe sorgten. Obwohl es zutrifft, daß James rund 22 Messerstiche erhielt, war doch keiner tödlich. Wenn sie James wirklich hätten umbringen wollen, wären sie anders vorgegangen. Auch die Rolle der weißen Häftlinge als Zeugen gegen drei Farbige blieb unklar. Ebenso unbegreiflich war, daß ein Mittäter mit einem Bruchteil der Strafe davonkam, die gegen Walker verhängt wurde, dem man nicht einmal eine direkte Beteiligung am Überfall nachweisen konnte.

Als ich wieder in Memphis war, empfing mich Ken Herman mit einer Hiobsbotschaft. Der Sicherheitsbeauftragte, den die Produzenten HBO und Thames für uns abgestellt hatten, war Jim Nichols, ein MPD-Beamter, den Herman kannte und für vertrauenswürdig hielt. Die Geschworenen sollten am 24. Januar in Memphis eintreffen und direkt ins Hotel gebracht werden. Nichols hatte im Hilton eine Routinekontrolle der Buchungen durchgeführt. Niemand, der mit den Klägern oder der Verteidigung zu tun hatte, durfte wissen, wo die Geschworenen logierten. Die Arrangements waren von den Produktionsfirmen mit einem Maximum an Diskretion getroffen worden. Das Hilton galt in Memphis keineswegs als Hotel erster Klasse. Die Produzenten glaubten, gerade die abgelegene Unterbringung in der Nähe des Flughafens werde die Abkapselung der Geschworenen am besten gewährleisten.

Als Nichols jedoch das Gästebuch durchging, stellte er fest, daß in der sechsten Etage, wo die gesamte Jury untergebracht werden sollte, in derselben Woche fünf Zimmer auf den Namen des FBI-Direktors William Sessions reserviert waren. Nichols stand vor einem Rätsel. Von dem Hoteldetektiv erfuhr er, daß zu Beginn der Woche eigens ein Team von Elektrotechnikern aus Washington gekommen sei, das jedes einzelne Zimmer auf dem Stockwerk für den Besuch des FBI-Direktors und seiner Agenten präpariert habe.

Das hätte ich mir nie träumen lassen. Die Gefahr, daß man Einfluß auf die Jury oder einzelne Geschworene nehmen wollte, war beträchtlich, und höchstwahrscheinlich würden ihre Privatgespräche, vielleicht sogar ihre förmlichen Beratungen abgehört.

Nichols hatte dem Produzenten Saltman von den FBI-Buchungen berichtet, der seinerseits die Reservierung im Hilton stornieren ließ und die Geschworenen anderswo unterbrachte. Nichols hatte außerdem den Terminplan des Polizei- und Feuerwehrchefs Melvin Burgess eingesehen, ob irgendein Hinweis auf den FBI-Besuch zu finden war. Es wäre merkwürdig gewesen, wenn der FBI-Direktor in eine Stadt kam ohne den Polizeichef zu kontaktieren. Von einem FBI-Besuch in der Woche nach dem 24. Januar war dort freilich nirgends die Rede, und Burgess selbst schien nichts davon zu wissen.

Saltman bestätigte den Vorfall, bat mich jedoch, ihn nicht zu erwähnen, bis er ihn selbst bei unserem letzten Treffen vor Verhandlungsbeginn, am Sonntag, dem 24. Januar, zur Sprache brächte. Nichols berichtete, die FBI-Reservierung sei kurz nach der Verlegung der Jury in ein anderes Hotel ebenfalls storniert worden.

Ballistik-Experte Chuck Morton reiste aus Kalifornien an, um die Fragmente der Todeskugel und der anderen im Bündel vor Canipe's Spielhalle gefundenen Patronen zu untersuchen und zu fotografieren. Die letzteren waren, wie er bestätigte, Neutronen-Aktivierungstests unterzogen worden, was aus der einheitlichen Aufschlitzung der Hülsen und der Entnahme von Bleiproben hervorging. Mortons erste, die FBI-Version berichtigende Reaktion war, daß es genug individuelle Riffelungen und Spuren auf den Resten der tödlichen Kugel gab, um eindeutig festzustellen, ob sie aus der sichergestellten Remington Gamemaster 760 vom Kaliber 30.06 abgefeuert worden war. (Das FBI hatte in seinem Bericht behauptet, daß »die beim Opfer geborgene Kugel Q64 … durch die Zerstörung unbrauchbar geworden ist und nicht genug Markierungen aufweist, die für eine Zuordnung notwendig wären. Daher läßt sich nicht eindeutig feststellen, ob die Q64-Kugel aus dem Q2-Gewehr stammt.«)

Ich flog nach Nashville, um James ein letztes Mal auf seine Aussage vorzubereiten. Er war guter Dinge und fieberte dem lang ersehnten Prozeß wegen Mordes an Martin Luther King entgegen.

Ich erklärte ihm, daß einer unserer Ermittler in Memphis, John Billings, während der Verhandlungen stets an seiner Seite wäre. James würde per Kopfhörer, den meine Assistentin Jean trug, eine unmittelbare Einweg-Standleitung zur Verteidigerbank haben und sich während der Verhandlungspausen über ein schnurloses Telefon mit mir austauschen können.

Während meines Aufenthalts im Gefängnis besuchte ich auch Tim Kirk und erfuhr, was er gegenüber der Anklage über seine frühere eidesstattliche Erklärung ausgesagt hatte. Da Kirk nicht in den Zeugenstand treten konnte, kam dieser Ablauf dem intendierten Kreuzverhör so nahe wie möglich. Die Sitzung war anstrengend. Einer meiner Helfer, Ray Kohlman, begleitete mich. Gewisse Informationen, die Kläger Ewing herauszuholen versuchte, hätten Kirk als Quelle enttarnt und ihn selbst innerhalb der Gefängnismauern ernsthaft gefährdet. Wir verfolgten eine maßvollere Taktik.

Bei einer Frage, die den Mord an einem Club-Besitzer in Memphis betraf, der ein Rivale von Art Baldwin gewesen war, stieß Kirk hervor: »Dieser Mistkerl versucht mich umzulegen!« Ich machte ihm klar, daß sein Schweigen zu dieser Frage Ewing gerade recht kam. Noch immer glaubte ich, daß seine Aussage über den Auftragsmord an James, den ihm Baldwin 1978 kurz vor James' Zeugentermin beim HSCA übermittelt hatte, ein schlagendes Beispiel für die fortdauernde Verschleierung der wahren Hintergründe des Attentats bot.

Bei meiner Rückkehr nach Memphis wurde ich über das Treffen mit dem Kläger unterrichtet, das Jean in meiner Abwesenheit arrangiert hatte, wobei jede Seite Gelegenheit bekam, die Beweismittel der Gegenseite zu prüfen.

Ich erfuhr, daß sich im Beweismaterial der Gegenseite das Foto eines Polizeiwagens im Vorhof der Feuerwache befand, der direkt an der Einfahrt Ecke South Main Street parkte. Das Foto war nach dem Attentat aufgenommen worden, und zwar vom Bürgersteig in Höhe der Canipe's Spielhalle aus (vgl. Abb. 23 im Bildteil). Seine Existenz verriet mir, daß die Anklage vorhatte, diesen Wagen als TACT-10-Kombi von Emmett Douglass auszugeben, der nach unseren Erkenntnissen am nördlichen Seiteneingang abgestellt worden war und damit außerhalb des Sichtfeldes, wenn man die Pension verließ. Besonders beunruhigend war, daß dieses Foto kurz *nach* dem Attentat aufgenommen worden war, und ich fragte mich, ob irgendwer diesem Beweisstück Glauben schenken würde.

Rund vier Jahre war es her, daß ich Hosea Williams zum letzten Mal gesehen hatte. Inzwischen war er bereit, seinen ehemaligen Zimmerkameraden, den SCLC-Beauftragten und FBI-Spitzel Jim Harrison, zur Aussage vor dem Fernsehgericht zu überreden. An Kings letzten Besuch in Memphis erinnernd, erklärte Hosea, wie überrascht er gewesen war, daß sie nicht im Rivermont absteigen, sondern in einem Motel namens Lorraine unterkommen sollten. Obwohl er an einem schweren Rückenleiden litt, würde er in den Zeugenstand treten, »komme, was da wolle«; später dankte er mir überschwenglich für dieses »Privileg«.

Während der letzten Woche vor Prozeßbeginn ließen wir über einen populären Radiosender die Aufforderung verlesen, jeder, der neue Erkenntnisse über den Fall liefern könne, möge sich melden. Tatsächlich erhielten wir auf diese Weise einen neuen Zeugen. Emmanuel White konnte sich erinnern, daß er am 28. März an der Demonstration der Müllfahrer teilgenommen hatte. Er und seine Familie seien nach vorn gedrängt, um Martin Luther King näher zu sein, ihn vielleicht sogar berühren zu können. Nicht weit von der Spitze des Demonstrationszugs sah White, wie junge Männer zwischen den Reihen der Polizei und den Demonstranten erschienen und Fensterscheiben einwarfen. Derjenige, der mit dem Vandalismus angefangen habe, sei ein Weißer gewesen. Schwarze Jugendliche folgten seinem Beispiel. Später hatte White Massenplünderungen beobachtet, bei denen das Diebesgut in Pkws und Lieferwagen mit Nummernschildern aus Illinois, Michigan, Missouri und anderen staatsfremden Kennzeichen geladen wurde. Gerüchten zufolge seien viele der Gewalttäter aus Chicago, Detroit und St. Louis angereist. Emmanuel White brannte darauf, vor Gericht auszusagen.

Whites Beobachtungen stimmten mit den Aussagen des ehemaligen Invaders-Anführers Dr. Coby Smith überein, der bei einer Befragung am 9. Januar erklärt hatte, der Vorstand habe den Invaders die Teilnahme am Friedensmarsch freigestellt, sich selbst aber demonstrativ ferngehalten. Sie fürchteten, daß es zu Ausschreitungen käme und man sie beschuldigen würde. Hinterher führten die Invaders eine eigene Untersuchung durch, wobei sich herausstellte, daß an diesem Tag zahlreiche Wagen mit Illinois-Kennzeichen und viele Jugendliche anwesend waren, die keiner der Invaders kannte. Als Smith mir dies 1992 erzählte, mußte ich an den NCNP-Kongreß vom Labor-Day-Wochenende 1967 in Chicago denken, als sich der Schwarze Block und die Blackstone Rangers für obrigkeitsgenehme Provokationen hergaben.

Wir näherten uns dem Ende der Ermittlungen. Doch was uns am meisten erschütterte, war die Tatsache, daß wir im Gerichtsarchiv, in den Berichten des MPD und denen des FBI wesentliche Aspekte, Themen oder Zeugenaussagen vermißten. So fanden wir keinerlei Material über:

- den Zimmerwechsel Martin Luther Kings innerhalb des Motels;
- die Beobachtungen des Taxifahrers James McCraw;
- die Beobachtungen des *New-York-Times*-Reporters Earl Caldwell;
- die gesamte Aussage von Solomon Jones;
- die Beobachtungen von Kay Black und Maynard Stiles, und überhaupt keine Aussage zur Rodung des Gebüschs am Tag nach der Tat;
- die Beobachtungen von Reverend James Orange;
- Charlie Stephens Trunkenheit zur Tatzeit;
- die ominösen Besuche bei Anwalt Russell X. Thompson und Reverend James Latimer.

Als wir die Ermittlungen zugunsten des eigentlichen Verfahrens fast gänzlich einstellen mußten, blieb noch immer vieles offen. Die Phase der intensiven Nachforschungen hatte vier Monate gedauert und schien im Rückblick viel zu kurz. Hätten wir drei weitere Monate und die notwendigen Mittel gehabt, den neu entdeckten Spuren zu folgen und liegengebliebene Fäden wiederaufzunehmen, wäre James' Unschuld vor Gericht zweifelsfrei erwiesen worden. Doch in diesem Stadium war dies allein durch die Aussage von Betty Spates möglich.

Wir taten alles, um Betty und Bobbi in den Zeugenstand zu locken. Betty würde sich überreden lassen, wenn Bobbi mitkam. Doch Bobbi zögerte. Wir boten ihr an, die Gesichter unkenntlich zu machen oder hinter einem Wandschirm auszusagen. Sie überlegten. Endlich erklärte Betty ihre Bereitschaft zur Aussage, wenn auch ihr Gesicht nicht vor die Kamera kam. Doch noch immer war mir nicht wohl bei der Sache.

Jowers konnte nicht wissen, daß Betty für uns aussagen würde. Wir hatten vor, Jowers und seine Frau von zu Hause abzuholen und am Abend vor der Aussage in einem Hotel unterzubringen. Betty würde kurz vor der Mittagspause in den Zeugenstand treten und anschließend das Gericht verlassen. Jowers war als erster Zeuge nach der Mittagspause vorgesehen, verbrachte die Zeit bis dahin in einem Wartezimmer für die Zeugen der Verteidigung, und würde direkt vor den Richter gebracht.

Man erklärte Jowers zuvor, daß er nur ganz allgemein über die Ereignisse des Tages zu sprechen brauche. Er war so zartfühlend wie möglich angesprochen worden. Ursprünglich hatten wir gehofft, die Anklage würde ihn zur Aussage überreden. Tatsächlich brauchten sie ihn als Zeugen, denn sie wußten nichts über den wahren Ablauf des Geschehens, doch als Hickman Ewing ihn ansprach, soll Jowers – wie mir Ken Herman versicherte – mit den Worten »Scher' dich zum Teufel!« reagiert haben.

Die Geschworenen waren, nach den Aussagen Bettys und – vielleicht – auch Bobbis, und nachdem McCraw Jowers' Verwicklung in den Mord bestätigt hatte, auf Jowers eigenes Zeugnis vorbereitet. Ich hatte vor, Jowers am Schluß als falschen Zeugen zu entlarven, seine Aussage Punkt für Punkt zu widerlegen. Doch alles hing von der Mitwirkung Bettys und Bobbis ab.

Beim Herannahen des Gerichtstermins wurde mir bewußt, wieviel noch zu tun war, obwohl wir die Verteidigung an einen bis dato nicht erreichten Punkt vorangetrieben hatten. Meine ganze Sorge galt jetzt den Zeugen, die wir bei der Stange halten mußten, und von denen wir gar nicht genug haben konnten. Außerdem hoffte ich inständig, der Richter würde uns erlauben, die verschiedenen Beweismittel auch geltend zu machen.

Wenig später erfuhr ich, daß Jowers Wert darauf legte, seinen Anwalt während der Zeugenaussage mit in den Gerichtssaal zu nehmen.

23
Am Vorabend der Verhandlung: 24. Januar 1993

Auch wenn die Ermittlungen pausenlos fortgesetzt wurden, durften wir uns 24 Stunden vor Beginn des Verfahrens rühmen, daß wir den Klägern einige Überraschungen zu bieten hatten.

Es war unsere Absicht, James Earl Ray, den unbedeutenden Kleinkriminellen, durch sein eigenes Zeugnis und das anderer Personen als Marionette in einer Verschwörung vorzuführen. Irgendwann hatten ihn Leute angesprochen, die einen Anschlag auf Martin Luther King planten, und James mit dem nie erfüllten Versprechen köderten, ihm falsche Papiere und Geld zu verschaffen. Die winzigen Summen, die er erhielt, dienten gerade dazu, seine eigenen Kosten zu decken. Von einem Drahtzieher mit Namen Raul wurde er kreuz und quer durchs Land geschickt. Eine eidesstattliche Erklärung von Randy Rosenson und die Aussage seines früheren Anwalts Gene Stanley bestätigten nicht nur die Existenz dieses Raul, sondern implizierten, daß auch das HSCA von Rauls Existenz gewußt hatte.

Endlich beschloß man, den Anschlag in Memphis auszuführen. James erhielt kurz vor dem Attentat genaue Instruktionen, eine spezielle Waffe zu besorgen und am bewußten Tag ein Zimmer in der Pension zu mieten.

Die Schlußfolgerungen der Anklage und des HSCA-Reports wollten wir von vornherein durch alle verfügbaren Beweismittel widerlegen. Wir würden aufzeigen, daß es keinerlei ballistische Erkenntnisse gab, die nahelegen könnten, daß der tödliche Schuß aus dem Gewehr kam, das James gekauft und das in dem weggeworfenen Bündel sichergestellt worden war. Überdies hatten wir Grund zu Annahme, daß die Kugel, die man seinerzeit als zertrümmert oder in drei Fragmente zerfallen beschrieben hatte, zum Zeitpunkt der Entnahme aus Martin Luther Kings Leiche noch intakt war und in diesem Zustand dem FBI-Labor in Washington überlassen wurde.

Ferner hatten wir eine Fülle von Beweisgründen, mit denen die Darstellung der Anklage, der Schuß sei aus dem Badezimmerfenster abgegeben worden, bestritten werden konnte. Es gab keine Fingerabdrücke aus dem Bad, und, wichtiger noch, ein Augenzeuge – Taxifahrer James McCraw – konnte beschwören, daß die Badezimmertür kurz vor 18.00 Uhr offenstand und das Badezimmer selbst leer war. McCraw würde außerdem bezeugen, daß ihm Jowers am Morgen des 5. April ein Gewehr in einer Schachtel unter der Kassentheke von Jim's Grill gezeigt hatte. Wir glaubten, die Anklage würde sich auf das eidesstattliche Zeugnis von Charles Stephens berufen, der angeblich James' Profil wiedererkannt hatte. Da sich Stephens in Widersprüche verwickelt hatte und zur Tatzeit stark angetrunken war, würden wir seine Glaubwürdigkeit in Zweifel ziehen. Dabei konnten wir uns auf die Zeugenaussagen des Reporters Wayne Chastain, McCraws und des Polizeidetectives Tommy Smith berufen, die allesamt gesehen hatten, wie betrunkten Charlie Stephens wenige Minuten vor der Tat gewesen war.

Wir gingen vielmehr davon aus, daß James Earl Ray um diese Zeit bereits nicht mehr in der Gegend war. Die Augenzeugen William Reed und Ray Hendrix würden bestätigen, daß sein Mustang einige Zeit vor 18.00 Uhr die South Main heraufgekommen und in die Vance Street eingebogen war.

Mit der Zeugenaussage des ehemaligen Fotoreporters beim *Press Scimitar*, Jim Reid, würden wir vielmehr glaubhaft machen, daß der inzwischen offenbar verstorbene Tankwart Willie Green den Angeklagten zur Tatzeit gesehen hatte. Reid hatte mir berichtet, wie Green auf einem von Reid vorgelegten Foto James erkannt und beteuert hatte, dies sei der Mann gewesen, der am Tag des Attentats gegen 18.00 Uhr bei ihm aufgekreuzt sei. (Gegen diese Identifizierung blieben allerdings Vorbehalte, denn wir kannten das NBC-Interview mit Willie Green von Earl Wells. Danach hatte Green den Angeklagten zwar nach dem Foto zweifelsfrei erkannt, jedoch zugleich versichert, er habe das Telefon benutzt, was mit James' Erinnerungen nicht übereinstimmte.)

Wir wußten, daß die Anklage daran festhalten würde, daß der Mustang, den man südwärts – gleich hinter Canipe's Spielhalle – davonfahren sah, von James gesteuert worden sei. Wir konnten

Beweise vorlegen, wonach es zur Tatzeit ein identisches Fahrzeug in der Straße gab, das nachmittags gegen 16.30 Uhr dort abgestellt worden war und Nummernschilder aus Arkansas aufwies.

Wir waren außerdem imstande, Beweise vorzulegen, die den Mord als das Resultat einer Verschwörung erscheinen ließen, deren Existenz eine Reihe von Umständen im Vorfeld der Tat erklären konnte.

Unsere Augenzeugen würden bestätigen, daß die Demonstration vom 28. März durch *agents provocateurs* gestört worden war. Wir konnten nachweisen, daß King während der Vorbereitung seiner Rückkehr gedrängt worden war, im Lorraine-Motel abzusteigen, und daß die ursprünglich von ihm gebuchte Unterkunft gegen ein hochgradig exponiertes Balkonzimmer im Obergeschoß ausgetauscht wurde.

MPD-Überwachungsberichte ließen erkennen, daß Reverend Billy Kyles bei der Darstellung seines Verhaltens während der letzten Stunde in Martin Luther Kings Leben nicht aufrichtig gewesen war, was Ralph Abernathy und Hosea Williams bestätigen würden. Kyles hatte tatsächlich, so harmlos es zunächst erscheinen mochte, King wenige Minuten vor dem Attentat unter einem Vorwand aus seinem Zimmer gerufen und in ein Gespräch verwickelt. Es gab Hinweise des MPD-Inspectors Sam Evans, daß es Kyles gewesen war, der den Rückzug der TACT-Einheiten verlangt hatte (obwohl ich mich fragte, ob eine solche Forderung tatsächlich gestellt worden war). Außerdem wußten wir, daß Reverend Kyles am 3. und 4. April ein Zimmer (Nr. 312) im Lorraine gemietet hatte, obwohl er in Memphis wohnte. Wir wußten ferner, daß Reverend Kyles der erste Zeuge der Anklage sein würde, und ich sah einer Erörterung dieser Fragen mit größtem Interesse entgegen.

Mit Hilfe von Augenzeugen, die eine oder mehrere Personen in dem bewachsenen Gelände hinter der Pension gesehen hatten, würde die Verteidigung glaubhaft machen, daß der Schuß in Wahrheit von dort gekommen sein mußte. Kurz nach dem Schuß war an dieser Stelle Rauch aufgestiegen, und später hatten man frische Fußspuren am Eingang der Mauernische gefunden. Von diesen Spuren waren Gipsabdrücke und Fotos angefertigt worden, deren Authentizität der MPD-Hundeführer J. B. Hodges, der sie entdeckt hatte, bestätigt wurde.

Größtes Aufsehen würde wohl die Aussage von Betty Spates erregen, falls sie tatsächlich in den Zeugenstand trat. Seit ihren Beobachtungen vom 4. April 1968 und danach fühlte sie sich bedroht; sie war imstande, eine Verschwörung zu bezeugen und womöglich auch den Täter zu benennen, falls dieser identisch war mit der Person, die sich aller Wahrscheinlichkeit nach der Tatwaffe bemächtigt, sie zerbrochen und anschließend fortgeschafft hatte.

Einzelheiten der Aussage von Betty Spates wurden durch ihre Schwester Bobbi gestützt, die auch bezeugen konnte, daß der Eigentümer von Jim's Grill ihr den Zugang zum Obergeschoß der Pension an jenem Abend verwehrt und ihr verboten hatte, einer dort lebenden Mieterin – Grace Walden – das Essen zu bringen. Doch auch Bobbi stand, wie es schien, unter Druck.

Hinweise auf die Verwicklung von Oberhäuptern des organisierten Verbrechens konnten durch die Zeugenaussage John McFerrens bestätigt werden, falls er sich bewegen ließ, über das auszusagen, was er am Spätnachmittag des 4. August 1968 in der L, L & L Produce Company gesehen und gehört hatte.

Auch die Rolle der Ortspolizei bei der Ermordung sollte beleuchtet werden; dabei würden wir Beweise für die unerklärliche Versetzung zweier Feuerwehrleute von ihrem üblichen Einsatzort in Station 2 wenige Stunden vor der Tat sowie für die erzwungene Suspendierung des schwarzen Detectives Edward Redditt vorlegen. Überdies waren im Vorfeld TACT-Einheiten aus der Gegend des Lorraine zurückgezogen worden. Das bisher übliche Sicherheitskommando aus farbigen Detectives der Mordkommission hatte gefehlt, und eine Stunde vor dem Attentat waren keine Polizeikräfte mehr im Motel zugegen gewesen.

In grellem Kontrast zur Abwesenheit der Ortspolizei und ihres Sicherheitspersonals stand hingegen die Präsenz von Agenten des FBI oder anderer Bundesbehörden in zivilen Fahrzeugen an den Straßen Huling und Butler, zwischen denen das

Lorraine gelegen ist. Wir würden diese auffallende Präsenz als »Überwachungs-Sandwich« deuten.

Die Invaders hatten das Hotel unmittelbar vor der Tat verlassen, um kurz danach wiederzukommen, wobei ihnen die in Windeseile errichteten Straßensperren auffielen, für deren Beschaffung und Errichtung normalerweise ein Zeitraum von mindestens dreißig Minuten veranschlagt wird.

Die Verteidigung würde nachweisen, wie King auf Betreiben der Bundesregierung belästigt und diskreditiert werden sollte. Lauschangriffe, Überwachung, das Anzapfen von Telefonleitungen und weitere Maßnahmen zur Drangsalierung Martin Luther Kings in den Jahren vor 1968 würden ausführlich dokumentiert werden. (Die ehemaligen FBI-Spezialagenten Artur Murtagh und Bill Turner würden dies durch ihre Aussagen bestätigen.)

Ferner wollten wir den Zeugen Jim Smith aufrufen, einen Beamten der polizeilichen Geheimdienstabteilung, der gemeinsam mit Bundesagenten an Lauschangriffen gegen King in Memphis teilgenommen hatte. Das FBI hatte bislang hartnäckig bestritten, daß King in Memphis abgehört worden war. Unser Überraschungszeuge würde diese Behauptung richtigstellen und zugleich verdeutlichen, mit welchem Interesse King gerade in Memphis vom FBI oder anderen beteiligten Bundesbehörden bespitzelt worden war.

Das Übermaß an merkwürdigen Umständen unter Beteiligung teils hochrangiger Regierungsbeamter würde durch die Enthüllung Ed Redditts gekrönt, der die Existenz eines Fotos oder einer Fotomontage bezeugen konnte, die den MPD-Beamten Louis McKay zeigt, wie er das wohlbekannte Bündel mit Beweismitteln nicht vor Canipe's Spielhalle, sondern an der Ecke Huling und Mulberry Street bewacht.

Daß es schon früher Bemühungen für einen Mordanschlag auf Martin Luther King gegeben hatte, würde durch die eidesstattliche Erklärung Myron Billets glaubhaft werden.

Außerdem wollten wir die eidesstattliche Erklärung von Jules »Ricco« Kimbel zu Protokoll geben, der ein Flugzeug gesteuert haben will, das der Firma des Bandenchefs Carlos Marcello aus New Orleans gehörte und zwei Schützen von Kanada nach

Memphis brachte. Kimbels Aussage stand zwar im Widerspruch zu unserer Version des Tathergangs, doch das Zusammenwirken von Regierungsstellen und Verbrechersyndikaten an der Vorbereitung und Durchführung des Attentats würde der Zeuge mit Gewißheit bestätigen.

Endlich wollte die Verteidigung zahlreiche Beweise für Vertuschung, schmutzige Tricks, Entstellungen und andere Mittel vorlegen, mit denen von offizieller Seite die Wahrheit über das Geschehen an jenem Nachmittag entstellt wurde, angefangen bei einem falschen Funkspruch, der die Aufmerksamkeit der Polizei vom Tatort und der logischen Fluchtroute abgelenkt hatte. In diesem Zusammenhang stand auch das Versagen des MPD, einen routinemäßigen Fahndungsaufruf zu erlassen, was dem Entkommen des Täters zweifellos Vorschub leistete. Dabei würden wir auch die im polizeilichen Auftrag erfolgte Rodung des Geländes hinter der Pension am Morgen nach der Tat hervorheben.

Schließlich hatte es Versuche gegeben, James aus dem Weg zu räumen oder sein Geständnis mit Geldzahlungen, Gnadenerweisen und einer neuen Identität zu erkaufen. Vorgesehen war die Anhörung Jack Kershaws, des früheren Anwalts des Angeklagten, über seine Vermittlung einer entsprechenden Offerte von William Bradford Huie. Hinweise auf einen gegen James gerichteten Mordauftrag konnte sein Mithäftling Tim Kirk geben, und auch die genauen Umstände der Flucht aus dem Brushy-Mountain-Gefängnis zur einer Zeit, als das HSCA bereits arbeitete, würden zur Sprache kommen.

Auch James' Anwälte und seine Brüder waren Nötigungen ausgesetzt gewesen. Fernsehreporter John Auble aus St. Louis würde darlegen, mit welch schmutzigen Tricks man 1978 gegen Mark Lane und, mit Hilfe von Oliver Patterson, der seine damalige Rolle eingestanden hatte, gegen James' Bruder Jerry vorgegangen war. Die Aussage von John Light, einem ehemaligen Polizeibeamten aus Alton, Illinois, würde das Zusammenwirken von HSCA, FBI und *New York Times* erhellen, von denen James und Jerry Ray fälschlich des Bankraubs bezichtigt worden waren. Wir hielten all diese Beweise für relevant, weil sie das Interesse von dritter, sogar offizieller Seite nahelegten, James Earl Ray als Einzeltäter abzustempeln oder aus dem Weg zu räumen.

Die Manipulation der Berichterstattung über Martin Luther King und James Earl Ray durch das FBI war Gegenstand eines Gutachtens, das Bill Schaap vom Institut für Medienanalyse in New York für uns vorbereitet hatte. Schaaps Recherchen ließen eine langjährige Schmutz- und Verleumdungskampagne gegen King ebenso erkennen wie die Diffamierung von James, dessen Bild in den Medien sich von dem eines kleinen Kriminellen zum unzurechnungsfähigen, blutdürstigen Rassisten gewandelt hatte.

Unsere Schlußfolgerung sollte von Walter Fauntroy selbst vorgetragen werden, der inzwischen überzeugt war, daß er und andere HSCA-Mitglieder von Mitarbeiten und vom eigenen Chefberater hintergangen worden waren. Fauntroy würde bezeugen, daß seine erneute Prüfung der Beweislage den Schluß nahelegte, daß James nicht schuldig sei.

Die Hauptbeteiligten beider Seiten des Verfahrens trafen sich am Sonntagmorgen, dem 24. Januar 1993, zu einem letzten Treffen vor dem Prozeß.

Hickman Ewing hatten wir Einsicht in unsere Dokumentation der COINTELPRO-Aktivitäten des Büros gegen Martin Luther King gewährt, ebenso wie in Bill Schaaps Erkenntnisse über die Manipulation der Berichterstattung und die Transkripte der Telefongespräche Jerry Rays mit William Bradford Huie. Vermutlich würde er nun davon ausgehen, wir wollten die Regierung anklagen, um James zu verteidigen; bis zu einem gewissen Grad traf das ja auch zu.

Dem Richter erklärte Ewing, daß er unser Beweismaterial in der Mordsache gegen James Earl Ray größtenteils für unerheblich halte. Daß King vom FBI drangsaliert worden sei, wolle er gern zugeben, das sei schließlich ein offenes Geheimnis; für die Aufklärung des Mordes sei dieser Umstand jedoch irrelevant. Nichts deute darauf hin, daß eine derartige Operation gegen King auch in Memphis stattgefunden habe. Dies ließe sich sehr wohl nachweisen, entgegnete ich. Der Ankläger zog ein skeptisches Gesicht.

Ich erklärte dem Richter, ich wolle entsprechendes Beweismaterial vorlegen, das ich für aussagekräftig genug hielt; die Verwicklung des Büros, eventuell auch anderer Geheimdienste, in das Attentat auf Martin Luther King, und seine Vertuschung sei ein wesentlicher Aspekt meiner Verteidigung. Der Richter schlug eine vertrauliche Unterredung mit der Verteidigung im Anschluß an das Treffen vor, um sich ein Bild von den Beweisanträgen zu machen, die wir im Verlauf des Prozesses stellen wollten.

Beide Seiten hatten den Prozeßregeln grundsätzlich zugestimmt, doch einige Punkte waren noch nicht mit letzter Klarheit definiert worden. Unser Hauptproblem war wohl, auf welche Weise die Aussagen jener Personen einbezogen werden sollten, die aus dem einen oder anderen Grund nicht in den Zeugenstand treten konnten und für ein Kreuzverhör nicht zur Verfügung standen. Wir einigten uns darauf, 302-Berichte des FBI grundsätzlich auszuschließen; die ihnen zugeschriebenen Äußerungen in derartigen Berichten waren von einigen Zeugen, die sie nicht einmal kannten, grundsätzlich dementiert worden.

Nicht, daß der Verzicht auf 302-Berichte unsere Verteidigung ernsthaft gefährdet hätte. Unser Team hatte sich fieberhaft, wenn auch vergebens bemüht, die Alibizeugen William Reed und Ray Hendrix ausfindig zu machen. Ohne 302-Berichte konnten ihre entlastenden Aussagen nicht zu Protokoll gegeben werden. Andererseits waren manche dieser Berichte, wie wir einsehen mußten, so unglaubwürdig, daß sie das gesamte Verfahren in Mißkredit bringen konnten. Der Richter entschied, die Glaubwürdigkeit solcher Verhörprotokolle könne grundsätzlich vorausgesetzt werden, da sie immerhin von Beamten einer Ermittlungsbehörde stammten, und ließ sie als Beweismittel zu.

Während des Treffens wartete ich darauf, daß unser Produzent, Jack Saltman, die FBI-Buchung von Zimmern auf derselben Etage des Hotels, wo die Geschworenen logieren sollten, und den Besuch eines Teams von Elektrotechnikern in diesen Zimmern zur Sprache brächte. Schließlich wurde mir klar, daß er das Thema gar nicht ansprechen wollte. Vielleicht fürchtete er, es könne den Richter oder gar Ewing negativ beeinflussen. Endlich rang ich mich durch und brach das Schweigen. Man starrte mich nur verwundert an; weder der Richter noch der Ankläger kommentierten meine Mitteilung über den Zwischenfall.

In der anschließenden vertraulichen Unterredung legte ich dem Richter die verschwörungsrelevanten Umstände des Falles dar. Ich skizzierte die Beweisanträge, die wir zu folgenden Sachverhalten ins Verfahren bringen wollten:

- Geheimdienstliche Operationen, die sich gegen Martin Luther King richteten, ebenso wie die FBI-spezifischen COINTELPRO-, COMINFIL- und andere Programme zur Überwachung und Diskreditierung, einschließlich solcher, die in Memphis durchgeführt worden waren;
- frühere Versuche des FBI und anderer Geheimdienstbehörden, einen Mord an Martin Luther King zu ermöglichen oder vorzubereiten;
- Umbuchung des Hotels für Dr. King und seine Verlegung in ein anderes Zimmer;
- Manipulation und Nutzung der Massenmedien durch FBI und andere Geheimdienste;
- einzelne Versuche, den Angeklagten zu bestechen oder umzubringen;
- die Meinung des Experten und ehemaligen HSCA-Vorsitzenden Walter Fauntroy, daß sein Unterausschuß von eigenen Mitarbeitern irregeführt worden sei.

Der Richter war nicht geneigt, auch nur in einem dieser Punkte zuzustimmen, und bezweifelte ihre Relevanz für die zur Verhandlung stehende Mordanklage. Je mehr er zu hören bekam, desto abweisender wurde er. Ob wir Anhaltspunkte für COINTELPRO-Aktivitäten gegen King in Memphis vorlegen könnten? Ich bejahte. In welcher Form wir den Beweis zu führen gedächten? Ich erklärte die Absicht, einen Beteiligten an der Operation in den Zeugenstand zu rufen. Widerstrebend ließ er durchblicken, daß er einen solchen Beweis möglicherweise zulassen würde, falls wir konkret aufzeigen könnten, was in Memphis gegen King unternommen worden wäre.

Es fiel mir schwer, die Nerven zu behalten, besonders nachdem ich vorhin die gegen die Unabhängigkeit unserer Geschworenen zielenden FBI-Aktivitäten enthüllt hatte. Was konnte die Relevanz und Glaubwürdigkeit unserer Verdachtsmomente besser bestätigen? Doch im nachhinein kommt es mir vor, als sei der Richter dadurch erst recht skeptisch geworden. Er versprach, gegen 18.00 Uhr seine Entscheidung bekanntzugeben.

In trüber Stimmung verließ ich die Unterredung; seit Beginn der Prozeßvorbereitung war ich nicht mehr so deprimiert gewesen. Sollte der Richter gegen uns entscheiden, war die Verteidigung wesentlicher Argumente beraubt, und der ganze Prozeß würde zur Farce geraten. Eigentlich wäre es meine Pflicht als Anwalt gewesen, umgehend ins Gefängnis nach Nashville zu reisen und mich mit James zu beraten. Ich mußte ihm den Sachverhalt vortragen und ihn selbst entscheiden lassen, ob es sich unter diesen Umständen lohnte weiterzumachen. Da das Projekt des Fernsehgerichts mein Werk war, wollte ich mich nicht dazu hergeben, wenn es von anderer Seite sabotiert wurde.

Man muß mir meine Verzweiflung angemerkt haben, als wir gegen 14.45 Uhr in einem Korridor auf die Pressekonferenz zur Eröffnung des Verfahrens warteten. Ich hatte keine Ahnung, was ich tun, geschweige denn, was ich den Reportern sagen sollte.

Kurz vor Beginn der Pressekonferenz nahm der Richter mich und Ewing beiseite. Er sei bereit, die Beweisanträge der Verteidigung zu genehmigen, verlangte aber, bis morgen früh der Anklage die Namen aller unserer Zeugen, ausgenommen der »Schutzzeugen«, vorzulegen.

Die Pressekonferenz fand begeisterten Zuspruch und berechtigte uns zu den schönsten Hoffnungen. Als wir an diesem Nachmittag das Gericht verließen, hatte der Vorsitzende eine Verteidigung auf breiter Grundlage gebilligt.

24
Die Verhandlung: 25. Januar – 5. Februar 1993

Richter Marvin Frankel eröffnete den Prozeß am Montag, dem 25. Januar 1993, um 9.30 Uhr.

In seinen einleitenden Bemerkungen unterstrich der Ankläger mit Vehemenz, daß James Earl Ray schuldig sei. Die Geschworenen sollten sich nicht von der Verteidigung in die Irre führen lassen, die Verantwortung für den Mord läge beim FBI, bei der CIA oder bei einem Unbekannten namens Raul.

Ich bat die Geschworenen, klaren Kopf zu behalten; die kommende Verhandlung werde manches altbekannte Vorurteil erschüttern. Ich erklärte, Martin Luther King sei von Mächten, die er nur allzugut kannte, wie ein Lamm zur Schlacht bank geführt worden; auch der Angeklagte sei von Mächten dirigiert und manipuliert worden, die er selbst nicht durchschaut und deren Zusammenwirken er bis heute nicht begriffen habe.

Der erste Zeuge der Anklage war Reverend Samuel »Billy« Kyles. Ewing ließ ihn vom Müllfahrerstreik erzählen und von Kings Entschluß, nach Memphis zu kommen. Kyles erläuterte die Idee hinter der Armutskampagne; es sei jedoch nach seiner Ansicht »… eine sehr große Herausforderung für die herrschenden Mächte gewesen, all diese Armen nach Washington zu bringen und die Nation durch Zeltlager in der Hauptstadt zu beschämen.« Ewing kam dann auf die Einzelheiten der Demonstration zu sprechen.

Zu unserem Erstaunen entfuhr Kyles die Bemerkung, es sei ihm später zu Ohren gekommen, das FBI habe *agents provocateurs* angeheuert, um den Friedensmarsch zu sabotieren. Da kämpften wir erbittert um die Genehmigung entsprechender Beweisanträge für die Verteidigung, und hier wurde uns der Sachverhalt schon vom ersten Zeugen der Anklage spontan bestätigt! Richter Frankel war sein Unbehagen deutlich anzusehen. Ewing, der seinen ersten Zeugen nicht gern zur Ordnung rufen wollte, ging rasch über die Aussage hinweg.

Bei der Erörterung der Ereignisse um den 4. April erklärte Kyles in aller Offenheit, man habe eine der örtlichen Zeitungen, den *Commercial Appeal*, boykottiert, weil dessen Berichterstattung über Martin Luther King einem moralischen Totschlag gleichgekommen sei. Ein Musterbeispiel eben jener Medienmanipulation, die wir ins Verfahren ziehen wollten.

Bald widmete sich die Vernehmung den Ereignissen des 4. April. Der Reverend schilderte sein angebliches Gespräch mit King und Abernathy in Zimmer 306 und seinen Standort wenige Schritte von der Stelle, wo King kurz nach 18.00 Uhr erschossen wurde. Ich begann mein Kreuzverhör mit der Frage, ob Kyles die Rede Kings in der Riverside Church vom 4. April 1967 bekannt sei. Dies sei die erste größere Rede Kings gegen den Vietnamkrieg gewesen, erklärte Kyles und gab zu, daß King sich mit ihr viele Feinde gemacht habe. Es war Kyles, der darauf hinwies, daß Hoover kein Geheimnis aus seiner Abneigung gegen King gemacht und den Bürgerrechtler zum notorischsten Lügner im Land erklärt hatte.

Kyles bestätigte, daß normalerweise ein Kommando aus farbigen Polizisten für Kings persönliche Sicherheit in Memphis zuständig gewesen war. Er konnte sich nicht an die Gegenwart dieser Leibwächter am Tag des Attentats erinnern, und er wußte, daß die TACT-Einheiten zurückgezogen worden waren.

Ich widersprach seiner Aussage, King sei jedesmal im Lorraine abgestiegen, und Kyles mußte zugeben, daß er in Wahrheit zumindest bei zwei Anlässen vor dem letzten Besuch im Rivermont übernachtet hatte.

Ich fragte Kyles, der doch aus Memphis kam, weshalb er die Nummer 312 des Lorraine bewohnt hatte. Er erwiderte, er habe das Zimmer ursprünglich für jemand gebucht, der möglicherweise keine Reservierung hatte. Im selben Atemzug fuhr er fort: »Wie sich dann herausstellte, war A. D. King nachgekommen. Martins Bruder war da«, als wolle er unterstellen, A. D. habe das Zimmer genommen. Anschließend behauptete Kyles, er habe A. D. zu sich nach Hause eingeladen. In Wahrheit hatte A. D. in Zimmer 201 gewohnt.

Schließlich griff ich die Schilderung seiner Aktivitäten am Nachmittag des Attentats an. Ich zog MPD-Protokolle heran, wonach er nicht im selben Zimmer war wie Martin, sondern gegen 17.50 Uhr an seine Tür geklopft und ihn herausgerufen hatte.

Natürlich war es das Dilemma der Verteidigung, daß wir mit Kyles – wenn wir seine Glaubwürdigkeit in Frage stellten – unsere eigene These von den FBI-Aktivitäten gegen King in einem wichtigen Punkt untergruben. Kyles blieb bei seiner Darstellung.

Meine Zeugenbefragung geriet zu einer der hitzigsten Debatten im ganzen Prozeß. Es war ein dramatischer Auftakt.

Danach wurde die Verhandlung unterbrochen. Auf den Stufen des Gerichtsgebäudes verkündete Kyles, es sei in jeder Hinsicht ein echter Prozeß, die Verteidigung habe alle Register gezogen und ihn unerbittlich ins Kreuzverhör genommen.

Nach der Pause gab Ewing die schriftlichen Aussagen Ralph Abernathys und des MPD-Geheimdienstlers Willie B. Richmond, die den Überwachungsbericht enthielt, zu Protokoll. Aus Richmonds Aussage ging hervor, daß Bill Kyles sich gar nicht in Kings Zimmer aufgehalten, sondern gegen 17.50 Uhr – rund elf Minuten vor dem Schuß – bei ihm angeklopft hatte. King kam an die Tür, spähte hinaus, schloß die Tür und tauchte wenige Minuten später wieder auf, kurz vor 18.00 Uhr, bereit zur Abfahrt zum Dinner bei Kyles daheim.

Abernathys Aussage bestätigte, daß er und King sich rasch umzogen, nachdem die SCLC-Konferenz zu Ende war. Er konnte sich gut entsinnen, wie King nach draußen ging und auf dem Balkon wartete.

Lieutenant George Loenneke wurde aufgerufen und schilderte, was er gesehen hatte, nachdem King getroffen worden war. Loenneke räumte ein, er habe Dr. Kings Gruppe und das Lorraine durch ein Guckloch in der Feuerwache beobachtet, als King erschossen wurde. Wie bereits erwähnt, hatten zwei andere Feuerwehrleute (Charles Stone und William King) ausgesagt, daß sich der Lieutenant im Moment der Erschießung an seinem Spind zu schaffen gemacht habe.

Das war nebensächlich, doch der Lieutenant wußte etwas anderes, was mir wichtig war. Er hatte mir von einer Seabrook-Angestellten erzählt, die einen Mann im weißen Mustang vor Canipe's Spielhalle beobachtet hatte, der anschließend die Pension betreten habe. Und die Dame wußte mit Gewißheit, daß es nicht James Earl Ray gewesen war.

Diese Geschichte wollte ich im Protokoll haben. Das Problem war, daß wir sie nur vom Hörensagen kannten. Ewing schien ebenfalls Bescheid zu wissen. Noch bevor der Lieutenant zur Antwort auf meine umständliche Frage ausholte, erhob er Einspruch gegen die »unnötige Wiedergabe von Gerüchten«. Der Richter gab dem Einspruch statt.

Die Anklage kam auf das Bündel vor Canipe's Spielhalle zu sprechen und rief Zeugen auf, die berichteten, daß es kurz nach dem Schuß aufgefunden worden war. Gleichzeitig mit der Aussage von Hilfssheriff Vernon Dollahite legte Ewing – zur Illustration des Vorgangs – ein Foto der damaligen Umgebung vor, das einen Polizeiwagen auf dem Bürgersteig am Parkplatz der Feuerwache zeigte. Es war das Foto, das wir schon aus dem Vorgespräch kannten. Ich erklärte es für irreführend, denn Ewing wolle damit unterstellen, James habe bei seiner angeblichen Flucht einen Polizeiwagen gesehen. In Wahrheit sei dieses Foto viel später aufgenommen worden, denn der abgebildete Polizeiwagen sei nicht der Kombi von Lieutenant Emmett Douglass, der zur Tatzeit am nordwestlichen Seiteneingang der Feuerwache geparkt war.

Der ehemalige MPD-Lieutenant und Absolvent der FBI-Hochschule James Papia trat in den Zeugenstand. Er gehörte zu den ersten Beamten am Tatort und in der Pension, wo er angeblich Spuren in der Badewanne entdeckt hatte. Diese Spuren, so meinte er, müsse jemand hinterlassen haben, der mit Schuhen in der Wanne gestanden hatte.

Während meines Kreuzverhörs mußte er zugeben, daß er keine Ahnung hatte, wohin das rückwärtige Treppenhaus der Pension führte und ob die Hintertür am Fuß dieser Treppe verschlossen oder offen war. Außerdem sei er nie im Raum 6-B gewesen, den Charlie Stephens und Grace Walden bewohnten. Dabei war das

Lorraine von diesem Zimmer aus ebensogut zu sehen wie vom Badezimmer aus, und außerdem lag es dem von James gemieteten Zimmer wie auch dem Badezimmer benachbart. Papia konnte sich daher auch kein Bild von der Nüchternheit des wichtigsten Zeugen der Anklage, Charlie Stephens, machen.

Die Anklage verlas die Aussage von Willie Anschutz, eines inzwischen verstorbenen Pensionsnachbarn, der erst den Schuß gehört und dann einen Mann gesehen hatte, der mit einem Päckchen von Zimmer 5-B ins Treppenhaus und durch den Vordereingang nach draußen gelaufen sei.

Als nächstes trat Glynn King auf, ehemaliger Detective der MPD-Mordkommission und Absolvent der FBI-Hochschule, der ebenfalls schon früh am Tatort erschienen war. Er bestätigte die Spuren in der Wanne, berichtete dann von den Vernehmungen der Zimmerwirtin Bessie Brewer und Charlie Stephens, der nach seiner Angabe völlig nüchtern gewesen sein soll.

Beim Kreuzverhör konnte er sich erinnern, das Gästebuch gesehen zu haben. Da sich das Buch nicht im Gerichtsarchiv fand, fragte ich, weshalb es nicht beschlagnahmt worden war. »Ach wissen Sie, ich weiß auch nicht warum«, war die schlichte Antwort.

Anschließend ließ die Anklage, weil Charlie Stephens nicht mehr lebte, seine Aussage von 1968 verlesen, gegen die ich reichlich Beweise anführen konnte.

N. E. Zachary, Leiter der Mordkommission, zählte die Gegenstände auf, die sich in dem beschlagnahmten Bündel vor Canipe's Eingang gefunden hatten. Darunter war eine Reihe persönlicher Gegenstände von James sowie natürlich das 30.06-Kaliber Remington-Gewehr, das er in Birmingham gekauft hatte. All diese Beweisstücke wurden nach Zacharys Aussage dem FBI zur forensischen Analyse im Labor in Washington überlassen. Außerdem habe man, so Zachary, die tödliche Kugel *in drei Fragmenten* ins Labor gegeben.

Ewing verlas eine Aussage des inzwischen verstorbenen Lieutenants J. D. Hamby, in welcher versichert wurde, er habe Zachary *»eine zerschlagene Bleikugel«* gegeben, die der Gerichtsarzt Dr. Jerry Francisco aus Kings Leiche geholt hätte.

James' Gewehrkauf im Aeromarine-Laden, die Buchung eines Zimmers im New Rebel Motel am 3. April und sein darauffolgender Umzug in einen »Schlafraum« der Pension in der South Main Street wurden ebenso angesprochen wie der Kauf eines Fernglases, das sich im Bündel fand. Wir hatten angeboten, diese unbestrittenen Fakten als nicht zum Fall gehörend auszuklammern, doch der Ankläger weigerte sich und bestand darauf, sie der Jury vorzutragen.

Der ehemalige Spezialagent des Regionalbüros Memphis, Joe Hester, berichtete von den Ermittlungen des FBI im Mordfall King. Im Zeugenstand sagte er aus, ihm habe vor der Vorstellung gegraut, er könne als der Mann in die Geschichte eingehen, dem es nicht gelungen sei, den Mörder Martin Luther Kings zu finden. Ausführlich berichtete er von der Fahndung und den dafür aufgewandten Mitteln. Im Kreuzverhör gab er zu, daß am Nachmittag des Attentats zwei weiße Mustangs vor der Pension standen, doch das nannte er »Zufall«. Hester behauptete, die COINTELPRO-Aktionen des Büros hätten sich gegen Kommunisten gerichtet, nicht gegen King. Die Existenz von Verbrecherbanden in Memphis leugnete er ebenso wie die dortigen Lauschangriffe gegen King. Hätte es solche gegeben, so wäre er davon unterrichtet gewesen.

Dann rief die Anklage Donald Champagne in den Zeugenstand. Er war der weithin geachtete Leiter eines Ballistik-Gutachterteams im Auftrag des HSCA gewesen und schilderte den Verlauf der damaligen Untersuchung.

Im Kreuzverhör räumte er ein, daß die Ergebnisse unbefriedigend gewesen seien. Man habe die tödliche Kugel nicht eindeutig der Tatwaffe zuordnen können. Champagne bestätigte, daß den Gutachtern die Kugel in drei Fragmenten ausgehändigt worden war.

Der nächste Zeuge der Anklage war Dr. Michael Baden, ein New Yorker Gerichtspathologe (er hatte das forensische Gutachterteam des HSCA geleitet), der aussagte, die der Leiche entnommene Kugel sei intakt gewesen. Erneut überführte die Anklage einen eigenen Zeugen der Falschaussage, diesmal Zachary.

Ewing schloß die Vernehmung mit Erklärungen und Zeugenaussagen zu diversen Themen. Eines drehte sich um das Datum, an dem James in Atlanta seine Wäsche weggegeben haben sollte (nach James war es ungefähr der 27. März, die Anklage hielt am 1. April fest). Wir hatten mit diesem Punkt Schwierigkeiten, denn James hatte stets behauptet, er sei am 1. April nicht in Atlanta gewesen, doch die vorhandene Wäschereiquittung schien das Gegenteil zu untermauern. In unseren Augen war die Datumsfrage gar nicht so bedeutsam, doch die Anklage hatte sie zum Thema gemacht.

Hinsichtlich der eingezeichneten Kreise in einem Stadtplan von Atlanta, die angeblich Wohnhaus und SCLC-Büro Martin Luther Kings sowie James' Wohnung in der 14. Straße markierten, mußten die Zeugen der Anklage zugeben, daß deren Lage von keinem der Kreise berührt oder umrissen wurde.

Der letzte Zeuge, den die Anklage präsentieren konnte, war der ehemalige FBI-Fingerabdruckexperte George Bonebrake, der 1968 die Spurensicherung geleitet hatte. Damals war es ihm gelungen, James Fingerabdrücke auf dem weggeworfenen Gewehr, auf dem Zielfernrohr und auf seinen persönlichen Sachen aus dem Bündel nachzuweisen. Im Kreuzverhör gab Bonebrake zu, daß keine Fingerabdrücke im angemieteten Zimmer 5-B und im Badezimmer gefunden worden waren, auch sonst nirgendwo in der Pension. Außerdem konnte er nicht bestreiten, daß man zahlreiche fremde Fingerabdrücke in der Pension sowie an und in dem weißen Mustang sichergestellt hatte, die nie identifiziert wurden und deren Identifikation auch nie beabsichtigt war.

Nach drei Tagen war die Beweisaufnahme durch die Anklage beendet, die 18 Zeugen präsentiert und Aussagen 22 weiterer, nicht abkömmlicher Zeugen verlesen hatte.

Die Beweisaufnahme der Verteidigung begann am Donnerstag, dem 28. Januar. Bevor wir überhaupt anfingen, hatten wir schon einen Zeugen verloren – den CB-Experten Carroll Carroll, der wegen des Medienrummels um den Prozeß nicht mehr aussagen wollte. Weit größere Kopfschmerzen bereitete uns, daß wir kurz davorstanden, Betty Spates aus den gleichen Gründen zu verlieren.

Nach den Aussagen J. J. Maloneys und Don Wolvertons, zwei ehemaligen Mithäftlingen, die James gut kannten und bezeugten, er sei weder Rassist noch gewalttätig, war das Gericht zwei Tage lang mit der direkten Befragung und dem Kreuzverhör James Earl Rays befaßt. Seine Aussage wurde per Satellit aus Nashville übertragen. Im Gefängnis hatte er über Bildschirme den gesamten Prozeß verfolgen können und war selbst in sämtlichen Verhandlungen auf einem Bildschirm im Gerichtssaal zu sehen.

Unmittelbar nach James' Aussage erläuterte ich, unter welchen Umständen und aus welchen Gründen er sich ursprünglich auf das Schuldbekenntnis eingelassen habe um drei Tage später zu widerrufen und einen Prozeß zu verlangen. In seiner Erwiderung stellte Hickman Ewing im wesentlichen fest, James habe das Geständnis aus eigenem Antrieb und bei klarem Verstand abgelegt.

Wir wollten zu James Verteidigung 49 Zeugen präsentieren und neun Aussagen nicht abkömmlicher Personen verlesen lassen. (Als Ewings Assistent Glenn Wright, ein früherer Ermittler beim Generalstaatsanwalt, von dieser Anzahl hörte, wollte er es kaum glauben. Er fragte Jean: »Wie kriegt ihr all diese Leute dazu, für James Earl Ray auszusagen?« Sie erwiderte: »Ganz einfach – wir führen Ermittlungen.«)

Um unsere Behauptung zu stützen, daß Raul existierte, hatten wir Gene Stanley vorgeladen, den Juristen aus Knoxville und ehemaligen stellvertretenden Bundesanwalt für Ost-Tennessee. Stanley hatte Randy Rosenson vor dem HSCA-Untersuchungsauschuß vertreten und war dabei mit einigen Ausschußmitgliedern ins Gespräch gekommen, die die Existenz Raul bestätigt hatten.

In seiner eidesstattlichen Erklärung vom 20. Januar 1993 bekräftigte Rosenson die Befragung durch HSCA-Mitarbeiter, seine Beteiligung an Schmuggelgeschäften an der mexikanischen Grenze in den Jahren1967/68, seine Reisen mit einem US-Indianer, der Kontakte zu Verbrecherbanden und zum FBI pflegte und einen weißen Mustang fuhr. Gegen unseren Protest ließ der Richter den folgenden Teil der Aussage über die HSCA-Anhörung aus dem Protokoll streichen: »Während dieser Sitzungen erwarteten die Leute vom HSCA hauptsächlich, daß ich einen Bekannten von James Earl Ray identifiziere, an dessen Existenz sie nicht zweifelten und den sie Raul nannten.«

Ein Raunen ging durch den Gerichtssaal, als unser Zeuge Barry Neal Linville, ehemaliger Detective der MPD-Mordkommission, das Foto von den drei Fragmenten der Kugel betrachtete, die angeblich das tödliche Geschoß bildeten: »Nein«, sagte er ohne zu zögern, »das ist nicht die Kugel, die ich gesehen habe.« Er fuhr fort, er habe in seiner Laufbahn Tausende von Kugeln untersucht, und das Geschoß, das der Gerichtsmediziner in seinem Beisein aus Kings Leiche entfernte habe, sei – bis auf eine kleine Abflachung an der Spitze – ein nahezu perfektes Beweisstück gewesen.

Ewing versuchte Linville in Mißkredit zu bringen, scheiterte aber. Als er gefragt wurde, ob auch andere die Kugel gesehen hätten, rasselte Linville eine Liste von MPD-Beamten herunter. Das Büro der Mordkommission sei voller FBI-Beamter gewesen, und es hatte zahlreiche Fotos der Kugel gegeben. »Wir glaubten damals, wir hätten ein Goldstück in der Hand!« fügte er hinzu.

Ballistik-Experte Chuck Morton bestätigte Champagnes Gutachten für die Anklage, daß man nicht feststellen könne, ob die tödliche Kugel aus dem Gewehr abgefeuert worden sei, das man vor Canipe's Spielhalle gefunden hatte.

Ankläger Ewing erkundigte sich, inwieweit die Kugel noch erhalten sei. Morton erklärte, das Gewicht der drei Fragmente könne nach dem HSCA-Report kaum größer als die Hälfte eines intakten Geschosses sein. Ewing wollte offensichtlich andeuten, daß die Kugel nicht in dem Zustand gewesen sein konnte, den Linville beschrieben hatte.

Im Hinblick auf Linvilles erschütternde Aussage tat Ewing mit den ihm verbleibenden Möglichkeiten sein Bestes. Doch die Tatsache, daß die Kugel bei der Entfernung ganz war und nunmehr in drei Teilen vorlag, ließ sich nicht wegdiskutieren.

Linvilles Beobachtungen wurden von MPD-Captain Tommy Smith bestätigt, der uns beschrieb, wie er die Hautfalte unter Kings Schulterblatt zwischen die Finger genommen und die intakte Kugel gespürt hatte. Er bezeugte ferner, daß Charlie Stephens so betrunken gewesen war, daß er kaum mehr stehen konnte, als er kurz nach dem Attentat vernommen werden sollte. Außerdem stellte er fest, daß hinter der Pension dichtes Gebüsch gewachsen sei.

Meine Nebenanwältin April Ferguson verlas die Aussagen von William Reed und Ray Hendrix über die Beobachtung eines weißen Mustang, der den Tatort mehrere Minuten vor dem Schuß verlassen haben mußte.

Als nächstes hatten wir vor, durch Aussage des früheren Taxifahrers James McCraw nachzuweisen, daß der Schuß nicht vom Badezimmer aus abgegeben sein konnte, weil das Badezimmer gegen 18.00 Uhr leer gewesen war. Doch McCraw erlitt im Zeugenraum einen Herzinfarkt und mußte mit Blaulicht ins Krankenhaus gebracht werden. Wir hatten zwar ausführliche Erklärungen von ihm, hielten sie jedoch noch zurück, weil wir hofften, er werde sich bis zum Ende der Verhandlungen erholen.

Wir riefen statt dessen Captain Emmett Douglass in den Zeugenstand. Er wies die Behauptungen des Anklägers zurück, daß jemand das Bündel fallengelassen habe, weil er angesichts des Polizeiwagens auf dem Bürgersteig in Panik geraten sei. Douglass blieb felsenfest dabei, daß sein Wagen nicht am Bürgersteig parkte und von der Straße aus nicht gesehen werden konnte.

Im Kreuzverhör wurde Douglass von Ewing mit einer früheren Aussage konfrontiert, wonach er mehr als ein Gewehr gesehen habe, als er in das Bündel blickte. Douglass selbst gab bereitwillig zu, daß ihm seine Wahrnehmung »einen Streich gespielt habe«.

Die Vernehmung Jim Reids über seine Gespräche mit dem Tankwart Willie Green lehnte der Richter ab. »Zeugnis nach Hörensagen«, entschied er, ohne auf unser Argument einzugehen, daß die Zeugenaussage unter die ausdrückliche Ausnahmebestimmung der geltenden Prozeßregeln fiel. Andererseits trug der Richterbeschluß in diesem Moment vielleicht dazu bei, die Jury vor weniger verläßlichen Aussagen zu bewahren.

Richter Frankel weigerte sich auch, die Zeugenaussagen Wayne Chastains und Leon Cohens über die Gespräche zu hören, die sie unabhängig voneinander mit Walter Bailey geführt hatten, dem Eigentümer des Lorraine-Motels. Auch die Aussage über den Zimmerwechsel Kings wurde von ihm als »Zeugnis nach Hörensagen« beurteilt und entsprechend abgewiesen.

Wir fuhren fort mit der Vernehmung von Charles und Peggy Hurley sowie Jimmy Walker. Sie bestätigten, daß am Nachmittag des Attentats tatsächlich zwei Mustangs vor der Pension gestanden hätten. Aus dem Vorhandensein zweier Mustangs und der Tatsache, daß der Mustang vor Canipe's Spielhalle nicht James gehörte, konnte nur gefolgert werden, daß James tatsächlich – und wie er stets behauptet hatte – vor dem Grill parkte. Eine weitere Bestätigung, daß der Mustang vor Jim's Grill James gehörte, erhielten wir später von Frances Thompson. Sie hatte 1968 in der Seabrook-Tapetenfirma gearbeitet. Der 302-Bericht des FBI von ihrer damaligen Vernehmung zitierte sie mit den Worten, daß sie am 4. April zwischen 16.30 und 17.00 Uhr in dem Mustang südlich von Canipe's Spielhalle einen Mann sitzen sah. Als unsere Ermittler sie befragten, meinte sie, der Mann habe im Mustang vor Jim's Grill gesessen. Dieser Widerspruch bereitete mir einiges Kopfzerbrechen.

Als ich den FBI-Bericht ansprach, erklärte sie ihn für unzutreffend; der Mann sei eindeutig im Wagen vor Jim's Grill gewesen.

Unser nächster Schritt war die Fallkonstruktion der Verteidigung: daß der Mord das Ergebnis einer abgefeimten Verschwörung war. Die Zeugenaussagen von Ex-Polizist Jim Smith, Reverend James Lawson, Emmanuel White und Dr. Coby Smith liefen alle darauf hinaus, daß *agents provocateurs* den friedlichen Demonstrationsmarsch der Streikenden im Chaos enden ließen; eindrucksvoll bestätigt wurde dies durch die vorangegangene Aussage von Reverend Kyles.

Wayne Chastain bezeugte Stephens' Trunkenheit und die Existenz dichten Buschwerks, das er kurz nach der Tat bei Stephens vor dem Küchenfenster sah.

Die Verteidigung befand sich in einer ungewöhnlichen Lage. Während praktisch alle von der Anklage präsentierten Zeugen Ex-Polizisten und FBI-Agenten waren, gehörten die Zeugen der Verteidigung beiden Seiten an, darunter mehrere Polizeibeamte, die zum Zeitpunkt des Attentats im Einsatz gewesen waren. Das ging vor allem aus der Erörterung der Demonstration hervor. Dr. Coby Smith hatte Jean erzählt, die Invaders hätten unter ständiger Bewachung des MPD gestanden. Jim Smith bestätigte diese Praxis, weil er selbst eine Zeitlang die Invaders beschattet hatte.

Mit einer bezeichnenden Ausnahme glaubten alle Polizisten, die ich bei der Prozeßvorbereitung befragt hatte, daß James unschuldig war oder hatten zumindest erhebliche Zweifel an seiner Schuld. Die Ausnahme war ironischerweise Detective J. C. Davis, der damals dem Regionalbüro unterstellt war und eine Notiz abzeichnete, die ich im Gerichtsarchiv gefunden hatte. Sie bezog sich auf Betty Spates' Feststellung, daß James unschuldig sei und ihr Boß der Mörder.

Jim Smith wurde später noch einmal aufgerufen und schilderte, wie er am 18. März an der elektronischen Überwachung Kings im Hotel Holiday Inn-Rivermont durch ein Team von Bundesagenten teilgenommen hatte. Bei dieser Gelegenheit wurde Smith klar, daß es den Agenten nur darum ging, den Ruf des Bürgerrechtsführers in den Dreck zu ziehen. Die Gespräche wurden über Richtmikrofone in einen Möbelwagen übertragen, der in der Nähe des Hotels postiert worden war. Er nannte sie stets »Bundesagenten« – bis ich fragte, ob sie vom FBI gekommen seien. Smith bejahte die Frage. Hinterher, als wir vor dem Gerichtssaal standen, schimpfte Glenn Wright auf Smith und rief: »Und ich dachte, du wärst auf unserer Seite!«

Die beiden Männer, die am Nachmittag des 4. April in der Gegend Leitungen verlegten – Hasel Huckaby und Robert Hagerty –, bezeugten, was sie erlebt hatten, so daß wir die Überwachungsaktivitäten für die Straßen in unmittelbarer Nähe des Tatorts nachweisen konnten.

Den Geschworenen wurde allmählich das ganze Ausmaß der Geheimdienstoperation gegen King bis zu seinem Tod bewußt. Ich hoffte, daß sie diese Beweise inoffizieller Präsenz mit dem nachweislichen Rückzug des regulären Personenschutzes in Beziehung setzen würden. Jerry Williams bestätigte das Fehlen der schwarzen Leibwächter, die bei Kings Besuchen in Memphis normalerweise für dessen Sicherheit sorgten. John Smith erinnerte sich, daß in den zwanzig Minuten vor dem Attentat alle im Motel verbliebenen Polizisten oder Agenten verschwunden waren.

Die farbigen Feuerwehrleute Floyd Newsom und Norvell Wallace sowie der schwarze MPD-Beamte Ed Redditt erklärten später, wie sie innerhalb der 24 Stunden, die King noch zu leben hatte, von ihrem Einsatz an der Station 2 entfernt und versetzt worden waren.

Der ehemalige Polizeichef William Crumby, der den Rückzug der TACT-Einheiten bestätigen sollte, mußte dies in letzter Minute doch unterlassen. Er war nicht wohlauf.

Am dritten Tag unserer Zeugenvernehmung mußten wir größere Rückschläge hinnehmen. McCraw lag noch immer auf der Intensivstation, so daß seine Aussage verlesen werden mußte. Der Richter erlaubte nicht, den Abschnitt ins Protokoll aufzunehmen, wo von dem Gewehr die Rede war, das Jowers in einer Schachtel unter der Kassentheke aufbewahrte. Diesen Beschluß habe ich nie verstanden. So schmerzlich er war, weit Schlimmeres stand uns bevor. John McFerren suchte in seiner Angst das Weite und konnte nicht überredet werden, zurückzukehren und in den Zeugenstand zu treten. Auch Betty und Bobbi, die heute aussagen sollten, waren vor Angst verstummt. Betty ging nicht mehr ans Telefon, und wir standen vor verschlossenen Türen.

Uns blieb nichts anderes übrig, als auf Loyd Jowers zurückzugreifen, der immerhin aussagen wollte. Er wohnte ziemlich weit draußen, doch wenn wir ihn jetzt nicht holten, würde er abreisen und wir hätten eine weitere Chance verpaßt. Wir klammerten uns an die Hoffnung, Betty und Bobbi doch noch zur

Aussage zu bewegen oder wenigstens zur Abgabe eidesstattlicher Erklärungen, damit Jowers widerlegt werden konnte. Wie Jowers bereits angekündigt hatte, wollte er nur in Begleitung seines Anwalts vor Gericht aussagen. Sein Rechtsbeistand, Lewis Garrison, hatte Jowers in den letzten Jahren bei verschiedenen Zivilprozessen vertreten. Jowers machte große Umstände wegen seiner Schwerhörigkeit, die ihm erlaubte, über die Fragen in aller Ruhe nachzudenken. Interessant war, daß Jowers mehrmals log. So behauptete er einmal, es habe keinen Ausgang zum Hof an der Hintertreppe gegeben. Dann wieder beteuerte er, die aus der Küche ins rückwärtige Treppenhaus führende Tür stets verschlossen und verbarrikadiert zu haben. Außerdem bestritt er, daß sein Personal am Nachmittag des 4. April zugegen war. Um ihn nicht merken zu lassen, was wir bereits von seinen damaligen Kellnerinnen wußten – daß es ein ganz normaler Arbeitstag gewesen war –, setze ich ihn nicht unter Druck.

Als wir an diesem Abend in unser Büro zurückkehrten, erfuhren wir, daß Hosea Williams, der im Laufe des Tages eintreffen sollte, aus gesundheitlichen Gründen nicht nach Memphis kommen konnte. Sein Termin wurde verschoben.

Unterdessen war Oscar Kent aus Birmingham aufgetaucht und wollte mit uns sprechen. (Wir hatten ihn vor längerer Zeit angeschrieben, weil Morris Davis meinte, Kent könne seine Beschuldigung gegen Dr. Gus Prosch bestätigen). Er erinnerte sich, daß er Davis und Prosch in der Gulas Lounge gesehen hatte, wußte aber nichts von ihren Geschäften, oder daß sie etwas mit dem Fall King zu tun haben könnten. Dafür enthüllte er uns eine andere erstaunliche Neuigkeit. Er habe sich gelegentlich an illegalen Aktionen der Polizei von Birmingham beteiligt. Am 30. März 1968 sei er mit zwei Polizeibeamten auf einem Parkplatz nahe des Aeromarine-Waffenladens zusammengetroffen. Die Polizisten hätten dort auf James Earl Ray gelauert. Kurze Zeit später sei James tatsächlich aufgetaucht und in den Laden gegangen. Die Detectives, die Kent namentlich nannte, hätten ein Foto von James besessen. Es sei nicht ihre Absicht gewesen, James Earl Ray zu verhaften, sie hätten bloß sein Erscheinen bezeugen wollen. Wenn das stimmte (die Mitglieder meines Teams waren geteilter Meinung), war es eine sensationelle Enthüllung und deutete darauf hin, daß die Polizei im Vorfeld von dem Attentat wußte. Wir hatten keine Zeit mehr, Oscar Kents Angaben nachzuprüfen. Ich entschied, ihn als Zeuge aufzurufen.

Der 1. Februar war ein schwieriger Tag für die Verteidigung. Dabei hatte alles so vielversprechend angefangen. Der ehemalige FBI-Agent Arthur Murtagh schilderte in bewegenden Worten, mit welchem Eifer das FBI die Diffamierung Martin Luther Kings betrieben hatte. Mehrmals brach er während der Aussage zusammen und schluchzte.

Ewing versuchte abermals, Beweisanträge zu illegalen FBI-Aktionen gegen King abzuschmettern, doch der Richter gab unserem Begehren statt. Dennoch ließ er nicht zu, daß Murtagh die spontane Erwähnung seines Kollegen Jim Rose zitierte, der angesichts der Todesnachricht ausgerufen hatte: »Endlich haben wir [oder: sie] diesen Hurensohn zur Strecke gebracht!«

Die Aussage des ehemaligen FBI-Agenten Bill Turner wurde abgebrochen, als Ewing nach wenigen Minuten Einspruch erhob, doch Turner hatte die »Black-Bag«-Operationen des FBI in dieser Phase noch schildern können.

Der Nachrichtenredakteur John Auble aus St. Louis, der die »schmutzigen Tricks« erwähnte, zu denen das HSCA die *New York Times* mißbraucht habe, wurde vom Vorsitzenden sprichwörtlich aus dem Zeugenstand geworfen, bevor er noch ein weiteres Wort verlieren konnte. Es hieß, derartigen Geschichten käme keinerlei Beweiskraft in der Mordsache zu. Unser Argument, daß Hinweise auf Täuschungsmanöver die Existenz einer Verschwörung nahelegten, ließ er nicht gelten.

Der Richter unterbrach die Verhandlung und fragte die Verteidiger, worauf das alles hinauslaufen solle. Wir erklärten ihm, daß wir Bill Schaaps Gutachten über politischen Einfluß und Manipulation der Massenmedien vortragen wollten, die das Bild Martin Luther Kings und James Earl Rays in der öffentlichen Meinung beeinträchtigt hätten. Der Richter stellte fest, Gerold Frank habe James in seinem Buch vorverurteilt. Wir entgegneten, genau darum ginge es uns. Jean legte die FBI-Mitteilung DeLoachs an Hoover vor (datiert auf den Tag nach Rays Schuldbekenntnis), in der vorgeschlagen wurde, ein offiziöses Buch schreiben zu lassen und dafür den begabten und vor allem verläßlichen Autor Gerold Frank heranzuziehen. Wir wußten, daß der Richter das Buch gelesen hatte, und hatten es längst darauf abgesehen, diese Notiz vorzutragen. Zu seiner Ehre muß gesagt werden, daß der Richter unserem Beweisantrag gegen Ewings Einwände stattgab. Die Berufung Bill Schaaps in den Zeugenstand lehnte er jedoch ab.

Auch die Beweisanträge der Verteidigung zur Kooperation des HSCA mit den Medien, um die Ray-Brüder als Bankräuber von Alton zu verleumden, fanden keine Gnade. Die Aussage John Lights, des Ex-Polizisten aus Alton, kam nicht ins Protokoll.

Mit weiteren Zeugenaussagen suchten wir nachzuweisen, daß der Schuß aller Wahrscheinlichkeit nach aus dem Grünstreifen zwischen Pension und Lorraine-Motel abgefeuert worden war. Hierzu ließen wir die Aussagen von Solomon Jones und James Orange verlesen. Kay Black bezeugte ebenfalls, das Gelände am Tag danach besichtigt zu haben, als es abgemäht und geräumt worden war. Der pensionierte MPD-Hundeführer J. B. Hodges berichtete von frischen Fußabdrücken, die sich vor der Mauernische fanden, und Maynard Stiles erwähnte die Räumarbeiten im Dickicht, die anderntags in aller Frühe erfolgt waren.

William Ross durfte seine aufgefrischten Erinnerungen mitteilen, wonach der Schuß aus dem Dickicht gekommen war. Unglücklicherweise hatte Ewing zuvor eine Besprechung hinter verschlossenen Türen verlangt, um diese Zeugenaussage zu verhindern: Ross habe sich erst nach der Hypnosebehandlung an den Schuß erinnert. Gerade das war die Absicht gewesen: das Gedächtnis des Zeugen durch Hypnose zu schärfen. Wir boten dem Kläger an, Videobänder von der Hypnosesitzung vorzuführen, doch Ewing weigerte sich. Richter Frankel gab dem Einwand der Anklage statt: Ross wurde vom Prozeß ausgeschlossen, obwohl Hurley und Walter, die ebenfalls hypnotisiert worden waren, aussagen durften.

Oscar Kent trat in den Zeugenstand und sprach über »Geschäftsbeziehungen«, die er 1968 in Birmingham zu gewissen Detectives unterhalten habe, von denen zwei am 29. März James Earl Ray beim Betreten und Verlassen des Aeromarine-Waffenladens beschattet hätten. Kent bezeugte, er sei nach dieser Episode mit einer Reihe fabrizierter Anklagen konfrontiert worden, die allesamt niedergeschlagen wurden. Vor dem Erlebnis auf dem Aeromarine-Parkplatz sei er, von Verkehrsdelikten abgesehen, nie eines Verbrechens angeklagt worden. Im Kreuzverhör verlangte Ewing weitere Einzelheiten. Er erfuhr, daß James an jenem Tag Khakihosen und eine dünne, hellblaue Windjacke getragen habe. Obwohl Ewing nicht nachbohrte, machte uns diese Aussage betroffen, denn laut Donald Wood, dem Geschäftsführer von Aeromarine, soll James seinerzeit einen dunklen Anzug, Hemd und Krawatte getragen haben. (Später bestätigte uns James, daß er die von Kent beschriebene Kleidung nie besessen habe.)

Nachdem so viele Zeugen ausgeschlossen worden waren, geriet die Verteidigung ins Schlingern. Ungeduldig erwarteten wir die Ankunft von Hosea Williams. Unterdessen traf eine weitere Hiobsbotschaft ein. Earl Caldwell hatte sich entschuldigen lassen, angeblich litt er an der Grippe. Die Verteidiger bettelten und flehten, boten ihm ärztliche Betreuung an. Allmählich ging uns die Luft aus.

Williams, der im Rollstuhl am Terminal ankam, wurde umgehend in einem Taxi zum Gericht verfrachtet. Er bezeugte, daß er am 3. April 1968 mit Martin Luther King in Memphis eingetroffen sei. Sie hätten sich auf das Rivermont Holiday Inn gefreut und wären sehr erstaunt gewesen, als man sie stattdessen ins Lorraine-Motel brachte. Weder er noch irgendwer sonst in der Umgebung Martin Luther Kings sei mit dem Lorraine vertraut gewesen, und niemand habe den Grund für den Unterkunftswechsel begriffen.

Auf die Frage nach dem Umzug innerhalb des Motels erklärte er, für King sei »ursprünglich« ein Zimmer im Erdgeschoß gebucht worden, doch »... aus rätselhaften Gründen sei er in den zweiten Stock verlegt worden«.

Dann berichtete er von den Ereignissen in den Stunden vor dem Attentat.

Beim Kreuzverhör konzentrierte sich Ewing auf die Vortragsreisen Kings in den vorangegangenen Monaten, wobei er unterstellte, King habe sich weitgehend in der Öffentlichkeit bewegt und seine Unterkünfte seien allgemein bekannt gewesen.

Während meiner Wiederaufnahme der Befragung bestätigte Williams, daß es einen FBI-Informanten beim SCLC gegeben hatte, der als Buchhalter unter Aufsicht des Schatzmeisters Ralph Abernathy arbeitete.

Zu den bereits erwähnten Abstrichen kam noch der richterliche Entscheid, Tim Kirks eidesstattliche Erklärung über den Mordanschlag auf James nicht zu Protokoll zu nehmen. Ebensowenig berücksichtigt wurde die Geld- und Amnestie-Offerte an James, Myron Billets gefilmte und schriftliche Aussage über eine frühere Verschwörung gegen King sowie Jules »Ricco« Kimbels eidesstattliche Erklärung über den Flug zweier Schützen.

Was James am meisten empörte, war die Ablehnung des Beweisantrags über den gefälschten Funkspruch. Daß schon Minuten nach dem Attentat der Polizeifunk manipuliert worden war, konnte von entscheidender Bedeutung sein. William Tucker, damals in der Funkzentrale tätig, wollte für uns aussagen. Ein Transkript der Tonbänder war seit langem publiziert und bekannt. Außerdem hatten wir den Streifenpolizisten Rufus Bradshaw, der die vorgetäuschte Verfolgungsjagd auf den weißen Mustang empfangen und weitergegeben hatte. Doch der Richter meinte: »Ihr Klient hat schon einmal von dieser Fälschung profitiert – bei seiner Flucht. Ein zweites Mal soll er keinen Vorteil daraus ziehen!« Dieses Argument leuchtete mir nicht ein. James war so wütend, daß er sich aus dem Prozeß zurückziehen wollte.

Ich bot ihm an, ihn noch einmal in den Zeugenstand rufen zu lassen, damit er seinem Ärger Luft machen könne.

Betty und Bobbi mauerten nach wie vor. Eine vorbereitete eidesstattliche Erklärung, die Betty nur zu unterschreiben brauchte, lehnte sie ab. Am 2. Februar sprach sie mit unserem

Ermittler, Cliff Dates, und entschuldigte sich für die Umstände, die sie uns bereitet hätte, doch sie habe sich endgültig gegen eine Aussage entschieden. Andernfalls würde Jowers sie »mit Sicherheit umlegen«. Außerdem gab sie ihrer Überzeugung Ausdruck, daß James, wenn der Prozeß gut ausginge, in spätestens zwei Jahren auf Bewährung entlassen werden würde.

Am nächsten Tag wurde James erneut in den Zeugenstand gerufen. Er war fest entschlossen, über den manipulierten Funkspruch zu reden, doch Ewing erhob Einspruch und Richter Frankel gab dem Einspruch statt.

Ken Hermann erzählte mir später, er habe die Mienen der Juroren eingehend betrachtet, während Kläger und Richter James zum Schweigen brachten. Seiner Meinung nach fragten sie sich die Geschworenen im stillen, *ob man etwas vor ihnen verbergen wolle.*

Später erfuhr ich, daß James an diesem Morgen ein Buch in den Übertragungsraum mitgebracht hatte; zwischen den Seiten schmuggelte er ein Plakat herein, auf dem die Worte standen: DIESER PROZESS IST EINE FARCE. Er war nahe daran, es auseinanderzufalten und vor die Kameras zu halten. John Billings tat sein Bestes, um mäßigend auf ihn einzuwirken.

Als nächstes trat der Feuerwehrmann William King auf. Er bezeugte, daß er am Tag nach dem Schuß an der Mulberry Street entlanggegangen sei und festgestellt habe, daß »das Gebüsch« hinter der Pension frisch zurückgeschnitten worden sei. Später sprach er von Bäumen und konnte sich an einen langen Ast erinnern, der erst kürzlich abgeschnitten worden war und über die Mauer hing.

Ich atmete auf, als Earl Caldwell doch noch erschien. Er berichtete, wie Claude Sitton, Redakteur der *New York Times*, ihn angewiesen habe, King »hochgehen zu lassen«. Außerdem berichtete er von dem Mann, der in den Büschen gehockt und zum Balkon gestarrt hatte. Im Kreuzverhör stellte sich heraus, daß Caldwell erst am 1. April erfahren hatte, daß King im Lorraine-Motel untergebracht werden würde. Wiederholt betonte er, wie hoch und überwuchert das Dickicht gewesen sei, in dem sich der Unbekannte verborgen habe.

Der Richter hatte mir wiederholt erklärt, daß er die Aussage des ehemaligen Kongreßabgeordneten Walter Fauntroy nicht zur Verteidigung zulassen werde. Dennoch machte ich einen Versuch und ließ ihn aufrufen. Fauntroy war über die verschiedenen FBI-Aktionen gegen Martin Luther King bestens unterrichtet, und er kannte Hoovers politische Einstellung aus erster Hand. Außerdem war er nach jahrelangem Quellenstudium zu der Überzeugung gelangt, daß James unschuldig sei. Ich hatte Fauntroy gerade in den Zeugenstand berufen, als Ewing auch schon Einspruch erhob. Wie zu erwarten war, wurde dem Einspruch stattgegeben

Um der Gerechtigkeit willen sei gesagt, daß Richter Frankel sich große Mühe gab, die Beweisanträge auf den Mordfall selbst zu reduzieren. Doch minderten seine Beschlüsse unsere Chance, eine breite Fülle von Hinweisen auf die konspirative Planung, Durchführung und anschließende Vertuschung des Attentats auf Martin Luther King zur Sprache zu bringen.

Insgesamt kam mir die gestrenge Anwendung der Prozeßregeln durch den Richter in mehr als einer Hinsicht übertrieben vor. Kings Umzug ins Obergeschoß des Lorraine wurde von Hosea Williams in seiner Aussage erwähnt, aber der Hintergrund war nicht nur für die Verteidigung wichtig, sondern von größter Bedeutung für den Fall. In seinen Gesprächen mit dem Ermittler Leon Cohen und dem Reporter Wayne Chastain hatte Walter Bailey, der inzwischen verstorbene Manager des Lorraine, die Ereignisse rekapituliert, doch diese Gespräche wurden vom Vorsitzenden nicht zugelassen, obwohl sie eindeutig Baileys Interessen zuwiderliefen.

Vor seinem Schlußplädoyer griff Ewing noch die Aussage Oscar Kents an, indem er eine Stellungnahme von Johnny C. Woods verlas, einem der Birmingham-Detectives, die Kent genannt hatte. Woods leugnete, James Earl Ray beschattet zu haben und stellte fest, 1968 habe der Aeromarine-Laden in Flughafennähe gelegen und nicht – wie heute – in einer Einkaufsstraße von Birmingham. Außerdem behauptete er, Oscar Kent erst seit den 70er Jahren zu kennen.

In seinem Schlußplädoyer drückte Ewing heftig auf die Tränendrüse und lamentierte über den Verlust, den Kings Witwe und seine Kinder erlitten hatten. Bei soviel emotionalem Überschwang wurde mir übel, denn mir selbst war für die Dauer des Prozesses verboten worden, auch nur den kleinsten Hinweis auf meine persönliche Beziehung zu Martin und das Trauma, das seine Ermordung für mich bedeutet hatte, zu geben.

Grundlos spielten die Ankläger mehrfach auf James' »Rassismus« an und machten viel Aufhebens um seine angeblichen »Nachstellungen«. Ihre Strategie lag hauptsächlich in der Diskreditierung von Zeugen der Verteidigung oder in der Relativierung ihrer Aussagen. Mit den Worten des Journalisten Andrew Billen, der für den britischen *Observer* berichtete: »Sie verbrachten einen Großteil der ihnen zugeteilten Zeit damit, die Verteidigung niederzumachen, anstatt ihre eigene Version des Falles zu präsentieren.«

In meinem Schlußplädoyer bat ich die Geschworenen, sich nicht von Emotionen hinreißen zu lassen und den Fall kühl und nüchtern zu betrachten. Zunächst sollten sie sich nach der Persönlichkeit James Earl Rays fragen, sein Verhalten im Kontext der Umstände bewerten, und gut überlegen, ob sie ihm ein solches Verbrechen zutrauten.

Ich erklärte, die Anklage habe nicht den Schatten eines Beweises für ein Motiv vorgelegt, und hob die Absurdität der Behauptung hervor, James habe King seit längerer Zeit nachgestellt. Denn schließlich hatte James bereits in Los Angeles gewohnt, bevor King dort aufkreuzte, und war abgereist, als der schwarze Bürgerrechtler erschien. Außerdem gab es keinen Hinweis darauf, daß James überhaupt wußte, daß Martin Luther King zu Anfang April, weniger als drei Wochen vor dem Attentat, in Atlanta war; bei genauerer Prüfung konnten die Markierungen auf James Stadtplan nicht in Bezug zu Kings Wohnung oder Kirche gesetzt werden. Selbst das HSCA hielt die Karte für ein so fadenscheiniges Beweisstück, daß die Mitglieder des Ausschusses es verworfen hatten. Ich verwies auf die Lücken in der Beweiskette der nach eigenem Eingeständnis nur auf Indizien beruhenden Anklage – beispielsweise, daß die Kugel nicht mit der am Tatort vorgefundenen Waffe verglichen wurde; daß Fingerabdrücke von James in der Pension fehlten; daß der Hauptzeuge der Anklage zur Tatzeit volltrunken war; daß kurz vor dem Schuß das Badezimmer leerstand; daß sich nach drei Augenzeugenberichten im Dickicht etwas regte; daß zwei Zeugen wenige Minuten vor dem Attentat James' Mustang vor der Pension davonfahren sahen.

Ich fuhr fort mit der Aufzählung sonderbarer Umstände rings um den Fall, nannte die offenkundige Manipulation von Beweismaterial wie der Kugel, das Zurückschneiden von Bäumen und Sträuchern, den Wechsel ins Motel und ins Obergeschoß, die Entfernung von Polizeieinheiten, von Detective Redditt und den beiden Feuerwehrleuten; es stellte sich die Frage, ob all das von dem angeblichen Einzeltäter James bewerkstelligt werden konnte. Ferner erinnerte ich die Jury an die Enthüllungen über Abhörmaßnahmen gegen King in Memphis und die Leugnung dieser Aktivitäten durch FBI-Agent Joe Hester.

Der Richter wandte sich in einer halbstündigen Rede an die Jury, die sich anschließend zur Beratung zurückzog. Während ihrer Sitzung verlangten die Geschworenen noch einmal das Foto zu sehen, das Kings Leiche zeigt, die Kugel selbst und die Fußspuren, die an der Mauernische hinter der Pension sichergestellt wurden.

Nach siebeneinhalb Stunden übersandten sie die Nachricht, daß sie ihr Urteil gefällt hätten.

Das Gericht hatte zehn Tage und insgesamt über fünfzig Stunden getagt. Dennoch mußten wir noch fast zwei Monate auf das Ergebnis warten, denn es sollte erst bekanntgegeben werden, wenn HBO in den Vereinigten Staaten und Channel 4 in England am 4. April 1993 die Verhandlung ausstrahlen würden. Unsere Beweise für eine Verschwörung waren zum größten Teil vom Protokoll ausgeschlossen worden. Da manche der Zeugen um ihr Leben fürchteten, mußten wir auf die sensationellsten Aussagen verzichten. Dennoch hoffte ich, unserer Sache einen guten Dienst erwiesen zu haben.

25
Das Urteil: Februar – Juli 1993

Ich war kaum eine Woche wieder in England, als ich einen Anruf von Jim Smith erhielt. Nach dem Prozeß wurde ihm im Amt des Generalstaatsanwalts schwer zugesetzt; man sah ihm immer mehr auf die Finger. Unterdessen versuchte Ewing, Smiths Zeugenaussage unter allen Umständen aus der Sendung zu nehmen. Unsere Regeln sahen vor, daß beide Seiten die Schlußversion abnehmen und unterschreiben mußten, daß sie fair und sachgerecht sei. Ewing verfaßte eine Mitteilung, die Jim förmlich des Meineids bezichtigte. Er unterstellte Smith, er habe nach seiner Zeugenaussage gegenüber Glenn Wright (Ewings Assistent) bemerkt, im Grunde wisse er gar nicht, wer die Bundesagenten seien, die mit der Überwachung Kings befaßt gewesen wären; er habe nur vermutet, daß es das FBI gewesen sei. Außerdem gäbe es Gerüchte, wonach sie zur Armee gehört hätten. Jack Saltman war enttäuscht und wütend auf Ewing. Er und Peter Smith, der Justitiar von *Thames Television*, entgegneten Ewing, da es der Verteidigung nicht erlaubt sei, die Anklage zu verstümmeln, werde man auch für ihn nicht die Zeugen der Verteidigung herausschneiden. Später wurde auf Peters Empfehlung ein winziges Stück aus Smiths Aussage geschnitten, wozu ich nur ungern meine Zustimmung gab. Damals hoffte ich, es trüge dazu bei, den Druck von Smith zu nehmen. Es handelte sich um einen kurzen Dialog, bei dem ich ihn gefragt hatte, wie er die Aussage eines FBI-Beamten einschätzen würde, der die Überwachung Martin Luther Kings kategorisch bestritten hatte; Smith hatte erwidert, dieser Agent würde entweder lügen oder wüßte nichts davon. Beim Kreuzverhör hatte Joe Hester (wovon Smith nichts ahnte) felsenfest beschworen, es gäbe keine derartigen Abhörmaßnahmen, und wenn, dann wüßte er davon.

Joe Hester wurde damit als Dummkopf oder als Lügner hingestellt, und er stand dem Regionalbüro und den Agenten, die früher für ihn gearbeitet hatte, noch immer nahe. Jim Smith fürchtete, er werde ihn auf die eine oder andere Weise drankriegen – und sei es, indem man ihn aus dem Amt drängte.

Als ich Jack Saltman von den Schikanen gegen Smith erzählte, wurde er blaß. Er versprach Smith, wenn es nicht aufhöre, werde er eine Pressekonferenz zur Bloßstellung des FBI einberufen. Ich erwähnte Smiths Besorgnis, Hickman Ewing könne dahinterstecken. Jack knöpfte sich Ewing vor. Dieser bestätigte, man sei im Büro des Generalstaatsanwalts tatsächlich erbost über Smith; er [Ewing] habe dort jedoch bereits signalisiert, daß er derartige Schikanen nicht länger dulden werde

Nachdem die Sendung gelaufen war, wurde Jim Smith mehr als einmal ins FBI-Büro zitiert und wegen seiner Zeugenaussage ins Gebet genommen, als habe das FBI herausfinden wollen, was er sonst noch wußte. Man drohte ihm, wenn er nicht kooperiere, werde der Sicherheitsbericht (eine Unbedenklichkeitsbescheinigung in den Personalpapieren) nicht erneuert.

Am Sonntag, dem 21. März 1993, zwei Wochen vor der Ausstrahlung des Fernsehgerichts, publizierte der *Commercial Appeal* in Memphis die Ergebnisse achtzehnmonatiger Ermittlungen über Operationen der militärischen Abwehr gegen die Bürgerrechtsbewegung. Der Artikel von Steve Tompkins enthüllte, daß Abwehrspezialisten in enger Zusammenarbeit mit dem FBI und J. Edgar Hoover (der eigens in den Offiziersrang erhoben wurde) in Memphis und anderswo Martin Luther King abgehört hatten, bis zum Tag seines Todes. Walter Fauntroy hatte mir schon bei der Vorbereitung der Zeugenaussage erklärt, er habe Kopien von Abwehrberichten, die jeden Morgen unmittelbar auf Hoovers Schreibtisch gelangt seien. Der Artikel im *Commercial Appeal* hielt fest, daß sich die Arbeitsbeziehungen zwischen FBI und Armee in der Regel so gestalteten, daß die Armee mit ihrem unerschöpflichen Reservoir an Personal die von Hoover angeordnete Überwachung im ganzen Land durchführte. Die Abwehr stellte Hoover Agenten für alle möglichen Zwecke zur Verfügung.

Überdies berichtete der Artikel, daß die Abwehr in 39 wegen rassischer Spannungen gefährdeten Städten Green-Beret-Einheiten stationiert habe, auch in Memphis, mit dem Auftrag, detaillierte Karten anzufertigen, Landezonen für Truppen zur Niederschlagung von Aufständen und geeignete Deckungen für Heckenschützen ausfindig zu machen.

Damit war Jim Smiths Zeugenaussage über seine Mitarbeit in einem derartigen Überwachungsteam, das am 18. März King im Hotel Rivermont abgehört hatte, beglaubigt, er selbst persönlich rehabilitiert. Martin Luther King war tatsächlich Lauschangriffen ausgesetzt, während er in Memphis weilte, und dabei arbeiteten das MPD (das Smith damals eingestellt hatte) und das FBI (das Überwachungstonbänder und Transkriptionen erhielt) mit der US-Abwehr zusammen.

Die Sendung stand am Sonntagabend, dem 4. Januar, auf dem Programm. Es war der 25. Todestag Martin Luther Kings. Unser Plan war, daß James, Hickman Ewing und ich im Konferenzraum des Bewährungsausschusses zusammensitzen sollten, damit eine Kamera unsere ersten Reaktionen auf das Urteil festhalten konnte. Hinterher wollte Sheena McDonald von Channel 4 jeden von uns interviewen; das Interview würde via Satellit nach Amerika übertragen werden.

Ich verspätete mich an diesem Sonntagmorgen beinahe, und als ich kurz nach neun beim Gefängnis eintraf, hatte die Sendung bereits begonnen. Von kleineren Pausen abgesehen, wurde fast drei Stunden lang ununterbrochen gesendet. Nachdem die Geschworenen sich zurückgezogen hatten, füllte sich unser Übertragungsraum nach und nach. Selbst Gefängniswärter Mike Dutton hatte sich zu uns gesellt. Die Jury kehrte in den Gerichtssaal zurück und verkündete, daß sie zu einem Urteil gekommen sei. Der Gerichtsdiener nahm den Zettel entgegen und las: »Die Geschworenen halten den Angeklagten für nicht schuldig.«

Einen Augenblick lang herrschte Stille. Dann grinste James. Ich klopfte ihm auf die Schulter. Ewing senkte den Kopf; eine Zeitlang ruhte sein Kinn auf der Brust.

MacDonald fing rasch an, die üblichen Fragen zu stellen. Ich sprach davon, daß ich einen Antrag auf Straferlaß beim Gouverneur stellen würde. James, der mich wohl mißverstanden hatte, äußerte die Hoffnung, dann werde er vielleicht ein richtiges Verfahren bekommen. Ich unterstrich, daß die Anklage ihr Bestes geleistet hätte.

Ewing war mittlerweile wieder gefaßt und gab zu, daß die Sendung insgesamt gelungen sei. Dann trat er den Rückzug mit Rechtfertigungen an. Jeder Prozeß, bei dem die Tat so weit zurückreiche, stelle die Anklage vor erhebliche Probleme. Ein Recht zur Vorladung habe er nicht besessen. Später unterstellte er anderenorts, »mindestens« ein Zeuge der Verteidigung habe »glatt gelogen«.

Sollte der Gouverneur unserem Antrag stattgeben, unterliege er einer »Fehleinschätzung«. Im weiteren Verlauf des Interviews erklärte Ewing – offenbar mit Bezug auf die voraufgegangenen Enthüllungen des *Commercial Appeal* über die Lauschangriffe der Abwehr –, falls es tatsächlich eine Verschwörung gegeben habe, dann sei James Earl Ray gewiß daran beteiligt gewesen. Er fügte die ungeheuerliche Bemerkung hinzu, James habe bei der Ausführung des Attentats vermutlich Hilfe vom Ku-Klux-Klan oder von der US-Army erhalten.

Es verwunderte nicht, daß keine Nachrichtensendung das Urteil erwähnte. Die Medien ignorierten es fast durchweg, mit Ausnahme der *Today Show* auf NBC. In den Tagen vor der Urteilsverkündung standen die Telefone nicht still, doch nachdem das Urteil gesprochen war, herrschte absolute Ruhe.

Ich begann so rasch wie möglich, den Antrag beim Gouverneur auf Aussetzung der Haft zu formulieren. Am Donnerstag, dem 6. Mai 1993, betrat ich das Büro des Rechtsberaters von Gouverneur Ned McWerter, David Wells. Ich erklärte, der Gouverneur möge die Informationen, die ich bei Wells hinterlegte, ernsthaft und in aller Ruhe prüfen. Ich ließ ihn wissen, die Untersuchungen für das Fernsehgericht hätten eine beträchtliche Zahl neuer Beweise ergeben. Trotzdem würden wir nicht mehr an eine Wiederaufnahme durch die Gerichte glauben, auch nicht an eine Neubewertung der Umstände mit der notwendigen und angemessenen Objektivität.

Wells versprach, dem Gouverneur unseren Antrag vorzulegen. Er selbst werde die Dokumente in Augenschein nehmen, doch da ich meinem Antrag eine Dokumentation von fast 700 Seiten beigegeben habe, dürfte die Prüfung einige Zeit in Anspruch nehmen. Seine sonstigen Verpflichtungen machten es unmöglich, früher als in vierzehn Tagen damit zu beginnen.

Nach dem Treffen kehrte ich ins Hotel zurück, wo ich Jim Lawson und Reverend Will Avery traf. Die beiden nahmen an einer Pressekonferenz teil, die noch am selben Nachmittag um 15.00 Uhr stattfinden sollte.

Der Gouverneur hatte schon zwei Stunden früher reagiert, offenbar um unsere Bemühungen absichtlich zu unterlaufen. Als er von Reportern nach unserem Antrag gefragt wurde, gab er zurück, James Earl Ray sei bei seinem Regierungsantritt inhaftiert gewesen, und das werde auch noch der Fall sein, wenn er sich eines Tages zurückziehe. Ich mußte dieses Statement als Entgleisung abtun, die nicht zur Würde seines Amtes paßte. Sein Rechtsberater hatte mir versichert, die in meinem Antrag formulierten Fragen würden dem Gouverneur, unabhängig von dessen öffentlichen Äußerungen, zur Prüfung vorgelegt.

Über diesen Vorfall berichteten nur die lokalen Medien. Reporter von *Associated Press* waren zwar zugegen, doch die Einzelheiten wurden nirgends aufgegriffen. Die Nachrichten zitierten allenfalls die Lokalpresse. Unser Antrag wurde mit keinem Wort erwähnt.

Ich beschloß, eine Petition bei Amnesty International einzureichen, um die Sache publik zu machen. Bei früheren Gelegenheiten war ich stets abgewiesen worden. James sei kein »echter« politischer Gefangener, hatte Amnesty entschieden. Nach einem Gespräch mit Dina Coloma, einer Ermittlerin im Internationalen Sekretariat von Amnesty, hoffte ich auf eine neue Chance.

Coloma hatte das Fernsehgericht gesehen und schon während der Verhandlungen überlegt, ob und inwiefern der Angeklagte die Amnesty-Kriterien erfüllte. Um Amnesty zur Intervention zu bewegen, würde ich eine formelle Petition schreiben müssen, in der James als Marionette politischer Kreise dargestellt wurde. Und so geschah es. Die Petition hob die politischen Umstände hervor, die in diesem Fall seit langem wirksam waren. Ich stellte ernsthaft die Frage, ob hier nicht eine Koinzidenz von Justizirrtümern und politischer Einflußnahme stattgefunden habe. Außerdem wies ich die Manipulation an einigen Beweisstücken und die Unterdrückung anderer Beweise nach.

Später bat mich Coloma, eine weitere Eingabe zu formulieren, die das Schuldbekenntnis betraf und detailliert schilderte, wie es zustandegekommen sei. Wenn es stimme, daß James zur Einwilligung genötigt worden war, gäbe es einen Anhaltspunkt zum Eingreifen für Amnesty. Ich erkundigte mich, ob ich nicht auch die Auslieferungsfrage erwähnen sollte, da James' Auslieferung hauptsächlich - wenn nicht ausschließlich - auf Grundlage einer betrügerischen und unzutreffenden eidesstattlichen Erklärung Charlie Q. Stephens erfolgt sei. Beide Aspekte formulierte ich in meiner Eingabe vom 25. Juni und wartete ab.

Am 14. Juli schrieb mir Martin Smart, der Leiter der Prüfungskommission bei Amnesty, angesichts der begrenzten Mittel, über die seine Organisation verfüge, sei es leider nicht möglich, genügend Personal abzustellen, um die mit meinem Antrag verbundenen Tatsachenbehauptungen zu prüfen.

Obwohl kaum über das Urteil berichtet wurde, bewertete ich den Prozeß vor dem Fernsehgericht als Erfolg. Seine intensive Vorbereitung hatte eine Grundlage geschaffen, auf der unser Fall in einer Weise neu aufgerollt werden konnte, wie es zuvor nicht möglich erschien.

V

Die Ermittlung geht weiter

26
Loyd Jowers packt aus: August – Dezember 1993

Bei der Nachbereitung des Prozesses fing ich an, mich auf Loyd Jowers zu konzentrieren. Ich suchte nach einer Möglichkeit, diejenigen Beweise zu Protokoll zu geben, die für seine Beteiligung sprachen. Zusätzlich interessierte uns, ob er mehr über die Verschwörung in Memphis wußte, der wir auf den Grund gehen wollten. Obwohl schon genügend Beweise für James' Unschuld beisammen waren, mußten wir den Fall einer Lösung zuführen. Das war die beste Voraussetzung, um für James die Freilassung zu erreichen.

Wayne Chastain war mit Jowers' Anwalt, Lewis Garrison, befreundet, und manchmal diskutierte Garrison mit ihm über den Fall. Garrison erzählte, sein Klient habe angedeutet, er wisse über die Ereignisse vom 4. April mehr als jeder andere. Garrison glaubte, er suche nur nach einer Gelegenheit, sich zu offenbaren.

Ken Herman berichtete mir, er sei auf eigene Faust zu Garrison gefahren und habe mit ihm über die angebliche Verwicklung seines Klienten in den Mord diskutiert. Garrison habe irgendwie Wind von unseren Aktionen bekommen (mir war damals nicht ganz klar, wie das möglich sein sollte, erst später würde ich es herausfinden). Garrison teilte ihm mit, er habe Jowers und Willie Akins (der ebenfalls sein Klient war) empfohlen, nicht auszusagen, bevor ihnen nicht Immunität – der Verzicht auf Strafverfolgung – garantiert worden sei. Er selbst sei mit einem entsprechenden Vorschlag im Namen seiner Klienten an den Generalstaatsanwalt von Tennessee, John Pierotti, herangetreten. John Billings habe daraufhin seinen Nachbarn, den farbigen Richter und Gründer des Museums der Bürgerrechtsbewegung, D'Army Bailey, darum gebeten, den Generalstaatsanwalt in aller Diskretion um Prüfung des Immunitätsantrags zu bitten, was in Kürze geschehen werde.

Das eigenmächtige, von mir nicht autorisierte Vorgehen Hermans und Billings' in dieser Angelegenheit war ein Ärgernis. Beide hatten bis zum Schluß des Prozesses für mich gearbeitet.

Nach dem 4. April 1993 fehlten mir die finanziellen Mittel, ihre Dienste weiterhin in Anspruch zu nehmen, und überdies hatte eine Kürzung des vereinbarten Budgets dazu geführt, daß ich ihnen und anderen noch Resthonorare schuldig war. Doch wie dem auch sei, Herman und Billings waren James durch die Zusammenarbeit mit seinem Anwalt nach wie vor juristisch und moralisch verpflichtet. Und nun hatten sie Jowers und Akins nicht nur auf unsere Aktivitäten aufmerksam gemacht, sondern möglicherweise auch wichtige Zeugen gefährdet, die schon verängstigt genug waren. Wenn Betty und Bobbi erfuhren, daß Jowers und Akins von ihrer Verbindung mit uns wußten, gab es wenig Chancen, sie zur Fortsetzung der Kooperation zu bewegen.

Obwohl ich erst am 4. Oktober davon erfuhr, hatte Garrison im Mai 1993 beschlossen, James McCraw, Bobbi Smith und Betty Spates in den Immunitätsantrag mit einzubeziehen. Mir war nicht ganz klar, wie er ein Mandat erlangt hatte, im Namen von Smith und Spates zu handeln, doch die drei Männer hatte er meines Wissens schon in Beleidigungsprozessen vertreten. Unverständlich war auch, wer von ihnen – außer Jowers – irgendeines Verbrechens beschuldigt werden konnte, da für strafbare Handlungen, die aus dem Verbrechen an King resultieren mochten, längst die Verjährung eingetreten war.

Daß Generalstaatsanwalt Pierotti dem Immunitätsantrag stattgeben würde, glaubte ich nicht, denn er und sein Amt neigten seit jeher dazu, die offizielle »Lösung« des Falls zu akzeptieren. Pierotti war schon 1968 als junger Mann unter Generalstaatsanwalt Phil Canale als Ermittler tätig gewesen. Daß er Canale während unserer Prozeßvorbereitungen ständig auf dem laufenden hielt, hatte Jim Smith durchblicken lassen.

Bei früheren Begegnungen mit Generalstaatsanwalt Pierotti ging es mir hauptsächlich um den Zugang zu Beweismitteln für das Fernsehgericht; damals hatte er Einsicht und Verständnis gezeigt. Später verweigerte er jedoch die Tests von Beweismitteln oder ließ ihre Prüfung nur in den Räumen des Gerichtsarchivs zu, wo sie unter Verschluß lagen. Außerdem erfuhr ich, daß sein Amt einen inoffiziellen Mitarbeiter abgestellt hatte, um Hickman Ewing bei der Klagevorbereitung zu unterstützen.

Jim Smith hatte mir überdies erzählt, daß jahrelang eine ganze Reihe ehemaliger FBI-Leute bei der Staatsanwaltschaft gearbeitet hätten, und diese Gruppe wollte am Status quo natürlich nicht rütteln lassen. Die Intrigen dieser Ex-FBI-Leute waren es, die Smith nach dem Prozeß das Leben schwermachten und die Erneuerung seines Sicherheitsberichts verhinderten. Im Mai 1993 nahmen die Feindseligkeiten seiner Kollegen derart zu, daß Smith verkündete, er würde sich im neuen Jahr eine andere Position suchen.

Auf Garrisons Antrag hatte ich keinen Einfluß, brannte allerdings darauf, daß die Wahrheit ans Licht kommen würde, wofür ich alle Möglichkeiten ausschöpfen wollte. Daß Jowers nicht bereit war, ohne Immunitätsgarantie oder einen Tauschhandel – Geständnis gegen Strafverzicht – auszupacken, konnte ich mir denken. Dem Ankläger und Garrison standen eine Menge Spielraum für derartige Verabredungen offen.

Ich entdeckte einen alternativen Weg zur Immunität für Jowers. Ein wenig bekanntes Gesetz in Tennesse lautet:

> *40-12-106. Verfolgung von Personen, die Aussage unter Haftverschonung beantragen – ausdrückliche Immunitätsgewährung.* – Ungeachtet anderslautender gesetzlicher Vorschriften darf keine Person, die um Vernehmung als Zeuge vor der Grand Jury nachsucht, von einer Strafverfolgung aufgrund der durch die Vernehmung erlangten Erkentnisse dispensiert werden, *es sei denn nach ausdrücklicher Gewährung der Immunität durch die Grand Jury.*

Dieses Gesetz erlaubte uns, an der Generalstaatsanwaltschaft vorbei die Grand Jury direkt anzusprechen und dieses Gremium um Anhörung in der Sache zu bitten. Ken Herman hatte Garrison gegenüber meinen Vorschlag erwähnt, doch der Anwalt bestand darauf, die Immunität auf dem üblichen Antragsweg zu erlangen. Herman meinte, er und Garrison hielten die Angelegenheit für zu bedeutend, um Pierotti außen vor zu lassen.

Garrison traf sich am 3. Juni um 15.00 Uhr mit Pierotti und teilte ihm das Vorhaben mit, wobei er feststellte, seine Klienten, die ungenannt bleiben wollten, gedächten, bislang nicht gewürdigte Erkenntnisse im Mordfall Martin Luther King vorzutragen, verlangten aber im Gegenzug die Gewährung eines Strafverzichts durch den Staat und die Bundesbehörden. Pierotti bat Garrison, die Erkenntnisse in einer kurzen Stellungnahme zusammenzufassen. Nach Hermans Bericht zitierte Garrison den Gouverneur mit den Worten, sobald diese Zusammenfassung vorläge, sei der Strafverzicht kein Problem mehr. Seinen förmlichen Antrag reichte Garrison am 22. Juni 1993 schriftlich ein.

Unterdessen gelangten Einzelheiten der Geschichte von Jowers und Akins zu meiner Kenntnis (vorwiegend durch Wayne Chastain, zu dem sich Herman und zunehmend auch Lewis Garrison offener äußerten). Es zeichnete sich ein Gerücht ab, wonach Jowers einen farbigen Packer namens Frank Holt angeheuert hätte, um das Attentat durchzuführen. (Ich mußte sofort an Coy Loves und seine Mitteilung denken, ein Farbiger habe sein Kapuzen-Sweatshirt in den Mülleimer hinter der Tayloe-Papierfabrik geworfen). Holt hatte damals für die M. E. Carter Produce Company gearbeitet, die an der Front Street und damit parallel zur South Main lag. Holts Name war uns schon in einem 302-Bericht des FBI begegnet, in dem es hieß, er habe gleich nach dem Attentat vor Jim's Grill gestanden und sei von der Polizei aufgefordert worden, drinnen zu bleiben und den Weg nicht zu versperren. Ich hatte Ken Herman bei der Prozeßvorbereitung gebeten, Holt als möglichen Tatzeugen anzusprechen, doch Herman konnte ihn nicht ausfindig machen. Herman zufolge hatte Jowers Garrison erzählt, Frank Liberto (der Großhändler) habe ihm den Auftrag erteilt, King zu ermorden – womit er unwissentlich die Geschichte Joe McFerrens bestätigte.

Jowers hatte jetzt offenbar zugegeben, James am 4. April in der Grillstube mit einem dunkelhaarigen Latino gesehen zu haben. Das war nahezu exakt die Beschreibung des Treffens von James mit Raul am Nachmittag vor dem Attentat. Jowers deutete an, das Geld für den Auftragsmord stamme aus New Orleans und sei mit einem Lieferwagen der M. E. Carter Produce Company gekommen. Außerdem berichtete Herman, Jowers habe

Bettys Geschichte über die Ereignisse des 4. April bis zum Zeitpunkt des Attentats bestätigt.

Hinweise, von und mit wem der Auftragsmord vereinbart worden war, fehlten. Es war auch nicht ausgeschlossen, daß Jowers' Auskünte uns nicht viel mehr brachten als eine Präzisierung bereits bekannter Einzelheiten des Tathergangs. In jedem Fall bestand Jowers darauf, sein Wissen erst dann umfassend preiszugeben, wenn ein Strafverzicht garantiert war.

Später kam heraus, daß Akins zum Zeitpunkt der Tat Jowers noch gar nicht kannte, sondern erst ein gutes Jahr später mit ihm in Verbindung trat.

Ende Juli erweiterte ich den Kreis meiner Ermittlungen. Ich traf mit Steve Tompkins zusammen, einem damals beim *Commercial Appeal* beschäftigten Investigativ-Reporter. In der Nummer vom 21. März 1993 hatte er in seiner Titelgeschichte enthüllt, welche Rolle die Abwehr in der Nachkriegszeit bei der Bespitzelung und Unterwanderung farbiger Organisationen und Bürgerrechtsinitiativen gespielt hatte.

Mitarbeiter der militärischen Abwehr hatten drei Generationen lang Martin Luther Kings Familie bespitzelt. Der Artikel stellte fest, welche Besorgnis das Vorhaben Kings in offiziellen Kreisen auslöste, die Armen Amerikas in jenem Frühjahr nach Washington zu rufen. Es hieß, die Abwehr habe »… verzweifelt nach einem Mittel gesucht, ihn zu stoppen«.

Ich wollte wissen, ob Tompkins, der für seinen Artikel anderthalb Jahre lang recherchiert hatte, etwas über das Attentat wußte und mir möglicherweise ein paar Türen öffnen konnte. Wenn King unter permanenter militärischer Überwachung gestanden hatte, mußte doch jemand den Mord gesehen, vielleicht sogar fotografiert haben! Von dieser Möglichkeit hatte ich schon früher, in Douglas Valentines *The Phoenix Program* gelesen; damals hielt ich sie für ein bloßes Hirngespinst.[65]

Tompkins, ein schmächtiger junger Mann, begegnete mir reserviert, aber nicht unfreundlich. Er hatte früher für die Economic-Development-Abteilung des Gouverneurs von Tennessee gearbeitet. In seinem Artikel hatte er die Präsenz von Abwehroffizieren in Memphis am Tag des Attentats erwähnt. Ich wollte mehr über ihre Rolle wissen, und vor allem, wer diese Leute waren. Die Namen wollte er mir nicht geben, doch machte er eine Bemerkung, die mich überraschte und erschauern ließ. Er sei auf gewisse Informationen gestoßen, die er nicht drucken lassen könne, weil ihm die nötigen Beweise fehlten. Sie ließen seiner Meinung nach die Vermutung zu, daß die Armee, neben der Überwachung Kings, am 4. April 1968 eine weit dubiosere, mit dem Attentat in Verbindung stehende Mission in Memphis erfüllt habe.

Dies schloß er aus dem Gespräch mit einem ehemaligen Soldaten der Special Forces, der heute in Südamerika lebte. Der offenbar nervöse Ex-Soldat war damals mit einer AK-47 zum Termin erschienen, die während des Gesprächs ständig in Griffnähe gelegen hatte. Außer ihm hatte Tompkins keinen Angehörigen dieser Einheit zum Reden bringen können. Ein anderer Soldat war kurz zuvor in New Orleans durch einen Kopfschuß getötet worden. Der Ex-Soldat erklärte Tompkins, er habe sich zur Flucht entschlossen, nachdem ein Kamerad aus der nach Memphis abgeordneten Einheit getötet worden war. Das sei ihm damals wie eine »Säuberungsaktion« vorgekommen, weshalb er es für ratsam hielt, sich aus dem Staub zu machen.

Ich war fasziniert und verzweifelt zugleich, denn diese wichtige Mitteilung verkomplizierte das bisherige Bild erheblich. Es war unabdingbar, der Angelegenheit soweit wie möglich auf den Grund zu gehen. Tompkins warnte mich: Er werde abstreiten, mir diese Auskunft gegeben zu haben, falls er öffentlich dazu befragt werde. Als wir uns trennten, zeigte er sich erleichtert, diesen Termin hinter sich zu haben. »Das sind sehr gefährliche Leute«, ließ er mich wissen. »Ehe Sie sich versehen, werden Sie oder ein Familienmitglied umgebracht. Sie sollten äußerst bedachtsam vorgehen.«

In einer späteren Unterredung bat ich ihn, mich seinen Kontaktleuten vorzustellen oder mir wenigstens die Namen von Leuten zu geben, die ich dann selbst aufsuchen würde. Insgeheim hoffte ich, er würde bei der Stange bleiben und mir helfen. Da er früher im Nachrichtendienst der Marine tätig gewesen war, genoß er das Vertrauen der Streitkräfte und hatte gute Beziehungen zu Militärs. Überdies kannte er die Mentalität dieser verschworenen Gemeinschaft und ihre Arbeitsweise weit besser als ich. Nicht ohne Bedenken versprach er schließlich, darüber nachzudenken.

Zweieinhalb Monate nach Garrisons Treffen mit Pierotti war nicht zu erkennen, ob der Generalstaatsanwalt grünes Licht geben würde oder Garrisons Antrag auch nur ernsthaft in Erwägung zog. Ich hatte mir daher Schritte überlegt, um die Angelegenheit zu beschleunigen.

Am 16. August schrieb ich Pierotti, mir sei die von Garrison eingereichte Petition bekannt. Ich bat ihn freundlich, dem Antrag stattzugeben (oder sich mit Jowers über ein Geständnis gegen Strafverzicht zu einigen), und unterstrich, diese Aussage könne möglicherweise dabei helfen, ein Unrecht aus der Welt zu schaffen und einen Mann auf freien Fuß zu setzen, der seit fast einem Vierteljahrhundert unschuldig im Gefängnis sitze. Außerdem hob ich hervor, daß die betroffenen Personen bereits jetzt von einer *de-facto*-Immunität profitierten.

Pierotti war damals im Urlaub. Am 8. September schrieb er zurück:

> Vor mehreren Monaten kam ein Anwalt in mein Büro, der mir mitteilte, er kenne Personen, die neue, bislang unberücksichtigte Erkenntnisse über den Mord an Martin Luther King beisteuern könnten. Die Frage, ob ich an diesen Informationen interessiert sei, wurde von mir positiv beschieden. Ferner stellte der Anwalt fest, er dürfe die Identität der betreffenden Personen erst aufdecken, wenn ich mich bereit fände, für sie beim Gerichtshof oder durch Entscheid der Grand Jury die Immunität gegen Strafverfolgung zu erwirken.
>
> Ich erklärte diesem Anwalt, daß eine Immunität nicht eher in Betracht käme, bis mir vollständige und detaillierte Angaben über ihre Erkenntnisse vorgelegt würden. Ferner sei ich nur dann interessiert, eine Gewährung der Immunität zu erwägen, wenn der Wahrheitsgehalt der vorgelegten Informa-

tionen durch unabhängige Aussagen oder Dokumente bestätigt würde. Außerdem fragte ich den Anwalt, ob er in Ihrem Auftrag oder unabängig arbeite. Er erwiderte, er arbeite unabhängig, so daß sich Ihre Anfrage offensichtlich auf eine andere Person bezieht …

In Ihrem Brief heißt es, Ihr Klient sei seit über vierundzwanzig Jahren inhaftiert, und Sie glaubten an seine Unschuld. Freilich sind mir keine Erkenntnisse oder Dokumente vorgelegt worden, die Ihre Auffassung stützen könnten. Daher sehe ich mich außerstande, einem Immunitätsantrag stattzugeben, und werde dies so lange nicht in Erwägung ziehen, bis mir Beweise bekannt werden, deren Wahrheitsgehalt über jeden vernünftigen Zweifel erhaben ist.

Wir wechselten weitere Briefe. Es stellte sich heraus, daß er gar nicht daran dachte, den Antrag zu prüfen. Am 15. September bestritt er sogar, daß es etwas zu prüfen gäbe: »Mir liegt bislang kein Antrag auf eine förmliche Immunitätsgewährung für Personen vor, die in Verbindung mit dem Fall stehen könnten; auch steht eine Zusammenfassung der von solchen Personen vorzubringenden neuen Erkenntnisse noch aus, die allein mich veranlassen könnte, eine Gewährung der Immunität in Erwägung zu ziehen. Falls mir die Erkenntnisse präsentiert werden, will ich sie mit aller Sorgfalt prüfen, doch derzeit liegt nichts zur Prüfung vor.«

Enttäuscht schrieb ich zurück, ich müsse daraus den Schluß ziehen, er verfahre mit der Wahrheit nach Gutdünken, worauf er prompt erwiderte, er erwarte einen Bescheid der Bundesregierung und sehe bis zu seinem Eintreffen keinen Anlaß, unseren Meinungsaustausch fortzusetzen.

Ich vermutete, daß Pierotti in der Bundesbehörde einen Sündenbock für seine eigene Untätigkeit finden wollte. Da Immunität für staatliche Vergehen gewährt wird, wäre es höchst ungewöhnlich, wenn vom Bund die Gewährung einer Immunität für viel geringere, den Bund betreffende Delikte beantragt und die Bundesbehörde den Antrag der Staatsanwaltschaft nicht billigen würde.

Am 4. Oktober wurde Wayne Chastain von Lewis Garrison zu einem Treffen in seine Praxis bestellt, dem auch Ken Herman beiwohnte. Zu seiner Überraschung erhielt Chastain von Garrison eine Kopie des Immunitätsbegehrens, das dieser am 22. Juni beim Generalstaatsanwalt eingereicht hatte. Entgegen der Darstellung in Pierottis Brief vom 15. September handelte es sich tatsächlich um einen förmlichen Antrag auf Gewährung der Immunität, der überdies eine Zusammenfassung der betreffenden Erkenntnisse enthielt.

Daraus ging hervor, daß Jowers (hier als Zeuge Green bezeichnet) vor dem 4. April Geld geboten wurde, falls er jemanden zur Durchführung des Attentats auf Martin Luther King fände. Das Geld käme durch einen oder mehrere Mittelsmänner aus einer anderen Stadt. Jowers, der in engem Kontakt zu MPD-Angehörigen stand, sollte von seinem strategisch günstig gelegenen Standort aus mitwirken; King werde von einem bestimmten Datum an im Lorraine-Motel wohnen. Jowers wurde mit einer Waffe versehen und fand jemanden, der den Job übernahm. Kurz zuvor hatte man Jowers das Geld übergeben. Während des Attentats war Jowers nicht weit vom Täter entfernt. Nachdem der Schuß gefallen war, übernahm Jowers die Waffe, zerlegte sie und brachte sie in einem Versteck unter. Seine Mitverschwörer beruhigten Jowers, man werde weder ihn noch andere Teilnehmer verdächtigen; für die Vertuschung unmittelbar nach der Tat sei gesorgt.

Die folgende Aussage faßte Informationen zusammen, die angeblich von Betty Spates stammten (hier als »Zeuge Brown, eine gute Bekannte von Jowers« bezeichnet). Darin hieß es, sie habe sich »wenige Meter von dem Ort aufgehalten, von wo der Schuß abgegeben wurde«. Betty schien aussagen zu wollen, sie habe den Zeugen Green unmittelbar nach dem Schuß mit einem Gewehr in der Hand angetroffen. Außerdem habe sie einen hohen Geldbetrag in großen, gebündelten Scheinen gesehen, der Jowers übergeben wurde. McCraw (er war Zeuge Black) stellte fest, Jowers habe ihm am Tag nach dem Attentat das Gewehr gezeigt und erklärt, es sei die Waffe, mit der King erschossen worden sei. Von Willie Akins (Zeuge White) soll Jowers nach der Tat verlangt haben, er möge sich gewisser Leute annehmen, »die zuviel wüßten«. Außerdem habe ihm Jowers mitgeteilt, der tatsächliche Mörder hätte ihm nach der Tat das Gewehr überlassen. Bobbi Smith (Zeugin Gray) hatte angeblich die Existenz des hohen Geldbetrags bestätigt, der Jowers kurz vor dem Attentat ausgehändigt worden war, und weitere Erkenntnisse zum Tathergang angekündigt.

Die Eingabe endete mit der förmlichen Bitte um Gewährung der Immunität aller fünf Personen.

Garrison teilte Chastain zusammenfassend mit, Jowers habe – nach eigener Darstellung – auf Verlangen des Großhändlers Frank Liberto einen Mann für das Attentat auf King bei dessen Besuch in Memphis angeworben. Für diese Vermittlung habe er 100.000 Dollar bekommen, von denen er einen Gutteil an den Mörder auszahlte – Frank Holt, der damals als Packer bei der Firma M. E. Carter angestellt war.

Jowers habe außerdem versucht, Holt zu beseitigen, wozu er seinen Komplizen Willie Akins anstiftete. Akins schien diesen Auftrag bestätigen zu wollen, allerdings habe er anfangs nicht gewußt, weshalb Jowers den Mann umlegen wollte. Akins hatte ausgesagt, noch bevor er etwas unternehmen konnte, sei der Mann verschwunden.

Ich war sicher, daß der Generalstaatsanwalt eine gerichtsverwertbare Aussage diesen Inhalts in jedem Fall blockieren würde. Mir ging es in erster Linie darum, James zu helfen. Ich beauftragte Wayne Chastain als Anwalt vor Ort, James Interessen vor der Grand Jury zu vertreten. Vielleicht gelang es mir, die Grand Jury zur Vorladung des Anwalts Garrison zu bewegen, der seinerseits die Aussage seiner Klienten im Tausch gegen die Immunität erwirken konnte. Außerdem bat ich den Gouverneur über seinen Anwalt, eine Entscheidung über unseren Antrag auf Straferlaß zurückzustellen, da sich neue Erkenntnisse abzeichneten. Ich deutete an, der Gouverneur dürfte nicht gut dastehen, falls er dem Antrag angesichts demnächst publik werdender Erkenntnisse ablehnen würde.

Am 17. Oktober wurden Wayne Chastain und ich über den Text seines Antrages vor der Grand Jury einig. Durch mich erhielt Wayne auch Namen und Anschriften der fünf Personen, die es vorzuladen galt (Garrison hatte sie ihm nicht gegeben), sowie eine Liste von Fragen. Ich schlug Wayne vor, die Grand Jury zu bitten, auch die Immunitätsgewährung durch den Bund förmlich zu beantragen. In jedem Fall hatten die Zeugen, sobald die staatliche Immunitätsgewährung erfolgt war, keine Wahl mehr. Unter Androhung von Zwangsmitteln mußten sie dann alles enthüllen, was sie wußten.

Wir zögerten den Antrag noch hinaus, denn Wayne riet, dem Generalstaatsanwalt noch eine Frist zum Handeln zu lassen. Da die meisten Grand Jurys weitgehend unter Einfluß des Anklägers stehen, hielt ich es für sinnvoll, unseren Antrag, den die Jurymitglieder ernsthaft und unabhängig prüfen sollten, publik zu machen. Daher informierte ich ausgewählte Vertreter der Presse von unserem Vorhaben.

Als der Dezember heranrückte, war ich recht verzweifelt. Noch immer lag der Immunitätsantrag auf Eis, und in den Medien fanden wir nur wenig Resonanz. Am Dienstagabend, dem 7. Dezember, gab ich Wayne grünes Licht für die Vorlage bei der Grand Jury. Er sollte (in Form eines Briefes und einer eidesstattlichen Erklärung) anderntags unser Vernehmungsbegehren übermitteln. Er gab die Unterlagen ab und heftete eigenmächtig die Namen und Adressen der vorzuladenden Personen bei. (Mir wäre lieber gewesen, wir hätten die Namen erst bei der Vernehmung bekanntgegeben, doch er glaubte, durch das Beifügen die Dringlichkeit des Begehrens zu unterstreichen.)

Im Laufe des Tages bat Wayne um die Erlaubnis, den Generalstaatsanwalt aufzusuchen. Ich explodierte. Wie konnte er nur glauben, daß dort für uns etwas zu erreichen sei? Es beunruhigte mich, Pierotti könne die Namen der Zeugen erfahren haben, und entschloß mich, ihm zu schreiben, daß wir jede Kontaktaufnahme außerhalb der Grand-Jury-Versammlung sorgfältig überwachten. Wayne teilte ich mit, eine der Zeuginnen, die sich bei früherer Gelegenheit endlich zur Aussage durchgerungen hatte, sei damals inoffiziell zu Hause aufgesucht, laut Protokoll später auch offiziell vorgeladen und peinlich befragt worden. Daraufhin sei sie so eingeschüchtert gewesen, daß es zwei Jahrzehnte gebraucht hatte, sie erneut zur Kooperation zu bewegen. Ich mußte unter allen Umständen verhindern, daß so etwas noch einmal vorkam. Eine erneute Phase des Schweigens würde mein Klient schwerlich überleben.

Beim Londoner *Observer*, einem der ältesten und angesehensten Blätter Englands, fragte ich Andrew Billen, ob er die Sache nicht aufgreifen wolle. Billen hatte über den Prozeß berichtet und kannte den Fall in- und auswendig. Er zeigte sich begeistert, ebenso sein Chefredakteur. Diese Meldung war schlagzeilenträchtig. Überzeugt, daß die US-Prese unsere Geschichte nicht vorzeitig verraten würde, weihte ich den *Observer* in alles ein.

Um diese Zeit hatte ich von amerikanischen Freunden erfahren, daß Jack Saltman mit verschiedenen Redakteuren gesprochen hatte, denen er die Story und die Namen der Zeugen anbieten wollte. Außerdem hörte ich, daß Herman und Saltman seit einiger Zeit zusammenarbeiteten.

Ich war erschüttert. Der Vertrauensschutz für James war mißachtet worden. Saltman hatte die Regeln des Fernsehgerichts für den Umgang mit Schutzzeugen verletzt. Arglos hatte ich ihm offenbart, daß diese Zeugen existierten, und was sie zu berichten hatten. Mein Vertrauen war dahin. Wenn uns die Zeugen wegen dieser Indiskretion wegliefen, hatte James das Nachsehen.

Ich stellte Herman zur Rede. Unser Verhältnis war seit dem Ende des Fernsehgerichts angespannt gewesen, nun war es endgültig zerstört.

Wayne wies ich an, die Namen von Ken Herman und Jack Saltman auf die Liste derer zu setzen, die vorgeladen werden sollten. Anderntags, am Donnerstag, dem 9. Dezember, übergab Wayne die Namen einem Gerichtsdiener am Eingang zum Saal der Grand Jury und wartete. Er wurde jedoch nicht aufgerufen.

Am Freitag berichtete mir Jim Smith, der Generalstaatsanwalt und sein Vize Strother hielten eine Konferenz nach der anderen ab; auch der zuständige FBI-Spezialagent habe mehrfach teilgenommen. Jim sprach von einer auffallenden »Bunkermentalität«. Kein Zweifel, Waynes Vernehmungsbegehren vor der Grand Jury hatte für Verwirrung gesorgt. Sie gerieten zunehmend unter Druck.

Als nächstes erfuhr ich, mit welchem Eifer Herman und John Billings nach Frank Holt fahndeten. Wir alle vermuteten Holt in der Gegend von Orlando. Schon aus eigenem Interesse waren die beiden entschlossen, Holt zu finden; ich hielt es daher für besser, mich selbst darum zu kümmern. Ich wußte von einem Zeugen, der einen Farbigen in dem von James gemieteten Zimmer gesehen haben wollte. Konnte es sich dabei um Holt handeln? Ich mußte Genaueres in Erfahrung bringen und teilte Herman und Billings mit, ich wolle persönlich nach Orlando reisen und Holt befragen, falls er gefunden würde.

Außerdem erinnerte ich die beiden an mein Anwaltsprivileg, über alles informiert zu werden, was mit dem Fall zusammenhing und ihnen bekannt werden würde.

Den farbigen Ermittler Cliff Dates wollte ich mitnehmen. Wenn wir Holt finden würden, konnte Dates ihm so schonend wie möglich darlegen, daß er nicht ewig vor der Verantwortung fliehen könne.

Der *Commercial Appeal* aus Memphis zitierte Pierotti mit abfälligen Äußerungen über Garrison und mich, wobei er die ganze Angelegenheit »einen einzigen Schwindel« und »dummes Zeug« nannte.

Am Morgen, als der *Observer* über den neuesten Stand der Dinge berichtete, nahm ich den Flug nach Orlando. C. D. »Buck« Buchanan, ein Privatdetektiv aus Orlando, den ich angeheuert hatte, war endlich auf Holts Adresse gestoßen. Ermittler Cliff Dates aus Memphis war mit mir in Orlando verabredet, und wir suchten die North Terry Nr. 32 auf, ein kleines Mietshaus, auf dessen Terrasse wir den angetrunkenen Jimmie Lee Branner, seine Schwester und eine junge Untermieterin namens Theresa antrafen. Eine Papiertüte mit leeren Bierdosen lag in einer Ecke. Jimmie Lee erklärte, Holt sei schon seit Monaten nicht mehr dagewesen. Theresa nahm uns beiseite und berichtete von »Gangstertypen«, die Holt auf den Fersen wären. Sie hatten behauptet, von der Kirche zu kommen, doch in Wahrheit hätten sie Jimmie Geld und Alkohol mitgebracht und ihn gewarnt, niemandem zu sagen, daß sie nach Holt suchten.

Wir durchkämmten vergeblich die Straßen des Viertels. Später sahen wir vom Auto aus einen grauen Cadillac, der sich näherte. Wir erkannten Ken Herman, der auf dem Rücksitz zwischen einem Schwarzen mit Baseballmütze und John Billings saß. Ich nahm an, daß sie uns ebenfalls erkannt hatten. Wir parkten dem Mietshaus gegenüber, und Cliff Dates ging noch einmal zur Veranda, um mit Theresa zu sprechen. Ich blieb im Wagen sitzen. Über die rechte Schulter sah ich, wie sich der Cadillac auf der Seitenstraße hinter uns näherte. Mein Hinterkopf war deutlich zu sehen. Als der Wagen die Terry Street erreichte und nach links in die entgegengesetzte Richtung bog, gab er Vollgas.

Nachdem ich Dates zum Flughafen gebracht hatte, wo er den Rückflug nach Memphis antrat, kehrte ich abends in das Viertel zurück, lief durch die Straßen und überprüfte zwei Obdachlosenheime in der Gegend – ohne Erfolg.

In den nächsten beiden Tagen (14. und 15. Dezember) mußte ich meine Suche nach Frank Holt unterbrechen, um mit den Produzenten der ABC-Sendung *Prime Time Live* zu verhandeln. Ihnen hatte Saltman, wie ich erfuhr, die Story mitsamt seiner Beratung verkauft. Zwar glaubte ich, daß die Sendung James der Freiheit ein Stück näherbringen könnte, doch fürchtete ich das namentliche Bekanntwerden der Zeugen. Es hätte unsere juristischen Bemühungen in jedem Fall vereitelt, wenn Betty und Bobbi ohne ihr Einverständnis, und bevor sie vor Gericht gehört wurden, ins Rampenlicht gerieten. Dann würden sie vermutlich ihre früheren Aussagen zurückziehen oder gar nicht mehr reden wollen. Genau das war ja zuvor geschehen; die beiden Schwestern hatten aus Angst den Termin beim Fernsehgericht in letzter Minute abgesagt.

Ich wandte mich an den Produzenten der Sendung bei ABC. Er versprach, nur diejenigen Zeugen mit Namen zu nennen, die selbst vor die Kamera treten würden. Geplant seien ausschließlich Interviews mit Jowers und Akins, wurde mir versichert. In

Wahrheit war Chefkorrespondent Sam Donaldson längst dabei, Jowers und Akins zu interviewen, und hatte für den Spätnachmittag geplant, Pierotti um ein Statement zu bitten.

Bei der Sendung, die am Donnerstag, dem 16. Dezember 1993, bundesweit im Fernsehen lief, wurde der angebliche Mörder James Earl Ray durch Loyd Jowers entlastet. Jowers erklärte, er selbst habe Martin Luther King nicht erschossen, aber einen Schützen angeheuert, nachdem er von dem Großhändler Frank Liberto in Memphis angesprochen und mit 100.000 Dollar für die Finanzierung des Attentats versehen worden war. Außerdem erklärte er, ein Mann namens Raul habe ihn aufgesucht und das Gewehr gebracht, das er aufbewahren sollte, bis die letzten Vorbereitungen getroffen wären.

Loyds persönlicher »Gorilla«, Willie Akins, bestätigte den Auftrag, den ungenannten Schützen zu töten, der jedoch nach Florida verschwunden sei, bevor Akins ihn an einem geeigneten Ort hätte »abknipsen« können.

Das Versprechen des Produzenten war keinen Heller wert. Betty war beim Verlassen ihres Arbeitsplatzes gefilmt worden. Ihr Gesicht hatte man zwar verdunkelt, doch so, daß es wiedererkannt werden konnte; auch ihr Name war genannt worden. Die Folgen konnte ich mir denken.

Anderntags bat ich Cliff Dates, mit Betty zu sprechen und ihr eine Reaktion zu entlocken. Sie sei verletzt und gereizt, berichtete er, und gäbe allein mir die Schuld. Daß Herman und Saltman seit acht Monaten nicht mehr in meinen Diensten standen, ahnte sie nicht. Da sie ein Gespräch mit mir ablehnte, sandte ich ihr einen Brief, der die Fakten richtigstellte. An diesem Morgen, zwischen 6.00 und 9.00 Uhr früh zappte ich zwischendurch immer wieder von CNN zu CBS, und wieder zurück von NBC zu ABC. So unglaublich es klingt, keiner der Sender – nicht einmal ABC – brachte die Sendung von gestern in den Nachrichten. Eine Auswertung der Tagespresse, darunter die *New York Times*, *U.S.A. Today* und *Washington Post,* förderte nur winzige Meldungen in den beiden Letztgenannten zutage. Pierotti ließ offenbar den Wunsch erkennen, den Fall neu aufzurollen und Ermittlungen einzuleiten. Da hatte man endlich ein Geständnis zu einem der widerwärtigsten Verbrechen in der Geschichte der Vereinigten Staaten, und die Massenmedien hielten sich weitgehend zurück! Man ließ Gras über die Sache wachsen.

Andrew Billen, der das Stillschweigen der US-Presse ungeheuerlich fand, schrieb einen weiteren Artikel über die TV-Enthüllungen für den *Observer*.

Da ich bezweifelte, ob der Gouverneur die Gründe für unser Gnadengesuch ernsthaft prüfen wollte, stellte ich in James' Namen den Antrag auf Wiederaufnahme des Verfahrens, indem ich die neuen von uns ermittelten Beweise ebenso anführte wie das sensationelle öffentliche Geständnis von Loyd Jowers.

In der Nacht, als die Sendung lief (16. Dezember), hatte John Billings, der den Kontakt nicht ganz abreißen ließ, mir telefonisch mitgeteilt, daß sie Holt noch immer nicht gefunden hätten. Sie wären allerdings auf einer heißen Spur, und es sei nur noch eine Frage der Zeit. Wenn sie ihn hätten, sollte ich es als erster erfahren. Ich hörte mir das in aller Ruhe an. Am Morgen hatte mir Jim Smith noch gesagt, in ganz Memphis sei es kein Geheimnis mehr, daß Holt der »große Unbekannte« wäre. Einem weiteren Gerücht zufolge sei er auch schon gefunden worden.

Eigentlich sollte ich am Freitag, dem 17. Dezember, den Rückflug nach London antreten. Etwa eine Stunde vorher erfuhr ich, daß Dwight Lewis vom *Nashville Tennessean* auf meinem Anrufbeantworter eine Nachricht hinterlassen hatte: Frank sei gefunden worden, und er wolle meine Reaktion auf seine Aussage bringen. Mir blieb das Herz stehen.

Ich rief Lewis zurück, der mir erklärte, zwei Reporter des *Tennessean* hätten Holt am Morgen in einem Männerwohnheim am Central Boulevard in Orlando aufgegriffen, einem jener Asyle, wo ich Anfang der Woche herumgestreunt war. Er wanderte von einem Asyl ins nächste, weil ihn niemand auf Dauer beherbergen wollte. Nach eigener Aussage sei er am Nachmittag des 4. April in Jim's Grill gewesen, wollte mit dem Attentat selbst aber nichts zu tun haben. Der *Tennessean* hatte ihn nach Nashville geflogen, wo seine Aussage mit einem Lügendetektor überprüft worden war.

Ich sorgte mich um Holts Sicherheit und flehte Lewis an, in der zu erwatenden Reportage Holts derzeitige Adresse nicht bekanntzugeben. Lewis versprach, meine Bedenken dem Chefredakteur vorzutragen. Offensichtlich hatte nicht er darüber zu entscheiden.

Der *Tennessean* publizierte anderntags einen Bericht über das Interview mit Frank Holt vom Sonntag, dem 19. Dezember. Am selben Morgen hörte ich, daß Lewis schon zum Flughafen unterwegs sei, um Holt in eine Maschine nach Orlando zu setzen. Ich sah die Flugpläne durch und kam zu dem Schluß, daß man für Holt einen Direktflug gebucht haben könnte. Dann rief ich Buck Buchanan an und bat ihn, Holt abzuholen und ihm für die nächste Zeit einen sicheren Unterschlupf anzubieten. Obwohl der *Tennessean* Holts Adresse nicht gedruckt hatte, war doch sein Name und sein genereller Aufenthaltsort bekannt, und zudem hatte er öffentlich dementiert, der Schütze zu sein. Mir schien, daß sein Leben noch immer in Gefahr war. Immerhin gab Akins offen zu, daß Jowers ihn 1974 beauftragt hatte, Holt zu beseitigen.

Buchanan fuhr zum Flughafen, und Frank Holt akzeptierte seinen Schutz und die befristete Unterbringung, bis ich am Mittwoch eintreffen und ihn befragen konnte. Buck brachte ihn in einem Motel in der Umgebung von Orlando unter.

Am Dienstag wurde Buchanan von einem Reporter des *Tennessean* und Ermittlern des Generalstaatsanwalts Pierotti heimgesucht. Eine Woche zuvor, als er nach Holt suchte, hatte er seine Adresse im Obdachlosenasyl hinterlassen, und die Zeitung hatte – ebenso wie die Behörden von Shelby County – Wind von der Sache bekommen.

Da hatten wir dem Ankläger seit über einem halben Jahr fünf Zeugen angeboten, und er rührte keinen Finger, um ihre Aussage zu hören. Als aber der Artikel im *Tennessean* erschien, schickte Pierotti seine Spürhunde unverzüglich über die Staatsgrenze, um – wie er sich ausdrückte – die Version von Loyd Jowers »Stück für Stück auseinanderzunehmen«.

Buchanan erklärte dem Reporter, er könne ohne Einverständnis seines Klienten keine Auskünfte geben; den Ermittlern aus

Memphis erklärte er, er sei im Auftrag eines Anwalts tätig und an dessen Mandat gebunden. (Ich empfand diese Loyalität eines Ermittlers als nachgerade wohltuend). Wie er berichtete, sei er nicht gebeten worden, meine Erlaubnis zur Vernehmung Holts einzuholen, und ich erhielt eine derartige Anfrage weder vom Generalstaatsanwalt noch von seinen Mitarbeitern. Sie reisten mit leeren Händen ab.

Bei meiner Ankunft, am Mittwoch, dem 23. Dezember, holte mich Buchanan gegen 19.00 Uhr ab, und wir gingen mit Holt essen. Holt erwies sich als blasser, fast ausdrucksloser Zeitgenosse, und es dauerte eine Weile, bis wir uns, nach fast dreieinhalb Stunden Gespräch, ein wenig miteinander anfreundeten. Er bangte um seine Sicherheit, wollte Orlando am liebsten ein für allemal Lebewohl sagen und sich in Tampa oder sonst irgendwo niederlassen.

Am anderen Morgen fuhr ihn Buck in mein Hotel, wo ich ihn von 8.00 Uhr morgens bis zum Mittagessen befragte. Er war ein wenig nervös wegen des Tonbandgeräts, das ich deshalb ausgeschaltet ließ und mir statt dessen Notizen machte. Ich profitierte dabei von Bemerkungen, die er vor meiner Ankunft beiläufig gegenüber Buchanan gemacht hatte; offenbar traute er mir zu, Jowers von Verleumdungen gegen ihn abzubringen.

Obwohl ich ihn alles mehrmals erzählen ließ, brachte er seine Geschichte vor, ohne sich in Widersprüche zu verwickeln. Demnach hatte er seine Vaterstadt Darling, Mississippi, Mitte der 50er Jahre verlassen und war in die Gegend von Jacksonville gekommen, wo er sich wie zu Hause fühlte. Anfang der 60er Jahre habe er sich in Memphis niedergelassen. Dort fand er schließlich bei der Firma M. E. Carter eine Anstellung als Packer und Speditionshelfer und fuhr bei Auslieferungen nach Arkansas und Mississippi mit.

Manchmal kam er mit den LKWs auch nach Gulfport, Mississippi, und New Orleans, wo sie Güter aufluden und nach Memphis zurückbrachten. Das war sein Job zur Zeit des Attentats im Jahr 1968.

Er hatte den Eindruck, daß Frank Liberto, der seinen eigenen Großhandel (L, L & L) in der Scott Street betrieb, sich für M. E.

Carter interessierte, denn er kam gelegentlich ins Büro der Firma in der Front Street. Manchmal kam es zu Unterredungen zwischen Liberto und den »großen Tieren« bei M. E. Carter, und einmal, während des Müllfahrerstreiks, hörte Holt, wie Liberto sagte: »King ist ein Unruhestifter, er muß verschwinden. Wenn er erst tot ist, macht er uns keinen Ärger mehr.« Außerdem erinnerte sich Holt, daß Charles Liberto, den er für Frank Libertos Bruder hielt, ebenso schlecht von Martin Luther King dachte.

Zwei- bis dreimal die Woche, erzählte Holt, ging er in Jim's Grill ein Bierchen trinken. Er habe die Imbißstube schon frequentiert, bevor Jim starb und Jowers den Laden übernahm. Angeblich kannte er Jowers kaum, und erst recht habe Jowers ihn nicht gekannt, außer als Kunden.

Er erinnerte sich an Betty Spates und ihre Schwester, die als Kellnerinnen dort arbeiteten. Daß Jowers etwas mit Betty hatte, wußte er, und er erinnerte sich auch, daß Jowers Ehe daran zerbrach. Betty und Bobbi seien in Jowers' Abwesenheit immer freundlich zu ihm gewesen; war er zugegen, verhielten sie sich reserviert.

Gelegentlich kam er auch in die Pension, um zwei Freunde zu besuchen und Bier mit ihnen zu trinken – Applebooty und Commodore. Applebooty arbeitete im Lagerhaus von M. E. Carter. Das letzte Mal hatte Holt nach eigener Erinnerung die Pension bei Commodores Umzug betreten, einige Zeit vor dem Attentat. Seiner Beschreibung ließ sich entnehmen, daß Commodore 5-B bewohnte, das von James unter dem Namen John Willard am Nachmittag des 4. April gemietete Zimmer. Bessie Brewer, die Verwalterin der Pension, hatte den Namen Commodore als Vormieter von James genannt, doch meinte sie, er sei krank geworden und in der Klinik gestorben.

Holt will am Tag vor dem Attentat eine Lieferung nach Mississippi begleitet haben, von der er nicht vor dem Mittag oder Frühnachmittag des folgenden Tages – Donnerstag, der 4. April – zurückgekehrt sei. Als er in Memphis eintraf, machte er die Runde durch einige Kneipen und endete schließlich am Spätnachmittag in Jim's Grill. Soweit er sich erinnern konnte, war er nicht mehr im Grill, als der Schuß fiel; für jene Erwähnung in dem FBI-

Bericht, wonach er auf dem Weg zur Arbeit am Grill vorbeigekommen sei, hatte er keine Erklärung. Er sei nie von Polizei oder FBI vernommen worden. Ich fand diese Angaben etwas merkwürdig. Doch dieser Widerspruch mochte auf Holts durch langjährigen Alkoholmißbrauch zerrüttetes Gedächtnis zurückgehen.

Ihm fiel noch ein anderer Frank ein, der bei M. E. Carter gearbeitet habe, ein breitschultriger Kerl, der nur ein Auge hatte. Besonders gut kannte er ihn nicht, aber er war wohl verheiratet und wohnte in der Gegend. (Eine Zeitlang hatten Ken Herman und John Billings nach einem einäugigen Frank Holt gesucht, der in einer Straße namens Chicken Hawk wohnte. Ich fragte mich, wie sie die beiden verwechseln konnten). Holt wollte diesem anderen Frank, der vielleicht eine Strickjacke getragen hatte, am Nachmittag des 4. April sogar begegnet sein. Daß er in den Mordfall verwickelt sei, schien Holt nicht anzunehmen. (Ich nahm mir trotzdem vor, ihn ausfindig zu machen, was uns allerdings nicht gelang).

Holt gab an, er habe nie in seinem Leben eine Waffe besessen. Zwar sei er vor Jahren mit einem .22er-Gewehr in Mississippi auf Karnickel- und Eichhörnchenjagd gegangen, doch mit größeren Kalibern, wie sie beim Attentat auf King benutzt wurden, würde er sich nicht auskennen.

Coy Love, den Straßenmusiker, hatte er gekannt, aber am 4. April nirgends gesehen.

Ein Rätsel war ihm, weshalb Loyd Jowers ihn als Täter angegeben hatte. »Vielleicht dachten sie, ich wäre tot«, lautete sein Kommentar. Holt hatte Memphis vor 24 Jahren verlassen, Ende 1969, und war nur 1993 kurz zurückgekehrt, um einen kranken Freund zu besuchen.

Ihm stand nicht der Sinn nach Publicity, und er wollte unter keinen Umständen mit dem Mord in Verbindung gebracht werden. Mein Eindruck nach dem Gespräch war, daß man ihm glauben durfte, und einen ungeeigneteren Kandidaten hätte ich mir als Täter kaum vorstellen können.

Buck und ich verbrachten auch den Nachmittag mit Holt. Er willigte in einen Lügendetektor-Test ein, der ungefähr dem des *Tennessean* entsprach, und wurde anschließend hypnotisiert.

Von beiden Sitzungen nahmen wir Videos auf, und der Hypnotiseur war ebenso wie der Lügendetektor-Spezialist der Ansicht, daß Frank Holt mit dem Attentat nichts zu tun hatte.

Am Abend des 23. Dezember verabschiedete ich mich von Frank Holt. Meiner Ansicht nach hatte er selbst viel dazu beigetragen, seinen guten Ruf zu wahren.

Über Weihnachten war ich wieder in England. Inzwischen war ich überzeugt, daß Jowers entweder vertuschen wollte, selbst geschossen zu haben, oder einen anderen deckte. Akins Behauptung, er habe Holt 1974 nachgestellt, um ihn zu töten, war kaum glaubwürdig. Damals war Holt schon seit fünf Jahren nicht mehr in Memphis.

Jowers hatte vielmehr eins seiner Luftschlösser errichtet, mit denen er von seiner Beteiligung ablenken wollte, denn um dieselbe Zeit stand James kurz vor seiner Habeas-corpus-Anhörung. Diese Strategie wiederholte Jowers immer wieder, wenn jemand an das Geschehen vor nun fast 26 Jahren rührte. Am Morgen nach dem Attentat hatte er Bobbi erzählt, er habe ein Gewehr im Hof entdeckt und der Polizei übergeben. Ähnliches hatte noch am selben Tag der Taxifahrer McCraw von ihm gehört. 1968/69 nannte er Wayne Chastain den Namen eines geheimnisvollen Fremden, der in der Grillstube gewesen sein soll und von der Polizei verhaftet wurde – Jack Youngblood. Als ihn Wayne und der Reporter Jeff Cohen 1972 danach fragten, wollte er nichts mehr davon wissen. Dann bestätigte er mir die Youngblood-Story, als das HSCA die Anhörung von James vorbereitete. Was die Anwesenheit von Kellnerinnen am 4. April betraf, behauptete Jowers mal dies und mal das. 1982, als ich in Memphis anderen Spuren nachging, wies er offenbar Akins an, Betty zu töten. Sechs Jahre später erschwerte er meine Suche nach Betty, Bobbi, Alda und Rosie Lee Dabney, den anderen Kellnerinnen. Das bizarre Muster von Täuschungsmanövern oder versuchten Täuschungsmanövern, mit denen Loyd Jowers den Fall zu verschleiern suchte, läßt sich nachvollziehen. Doch begreifen ließ sich dieses Verhalten erst aus der Perspektive der folgenden beiden Jahre.

27
Der Durchbruch: Januar – 15. April 1994

Im Interview mit dem *Tennessean* vom 7. Januar 1994 vertrat Generalstaatsanwalt Pierotti die Ansicht, die Grand Jury solle sich einen Ruck geben und Chastain zur Anhörung laden. Herbert Robinson, Sprecher der Jury, bezeichnete Chastain zwar als »Nervensäge«, wollte ihn jedoch irgendwann nach dem 18. Januar, wenn die neue Jury formiert sei, vor Gericht laden. (Als die englische Originalfassung dieses Buchs in den Druck ging [1995] wartete Wayne noch immer auf seine Vorladung). Ich befürchtete das Schlimmste. Schließlich hatte Phil Canale, Pierottis Vorgänger, die Geschworenen bei James' Anhörung vom 10. März 1969 in ähnlicher Weise angefeuert. Damals hieß es noch, sobald ihm je »irgendein Hinweis auf eine Verschwörung vorgelegt« werde, wolle er »umgehend und entschlossen die Untersuchung wieder aufnehmen und neue Anklage erheben …«

Glücklicherweise waren wir entschlossen, uns nicht darauf zu verlassen, sondern hatten bereits eine Petition mit der Bitte um Wiederaufnahme des Verfahrens eingereicht.

Am 7. Januar flog ich nach Nashville und traf mich mit James rund zwei Stunden, bevor er live im Fernsehen interviewt wurde. Die Sendung war für den folgenden Sonntag vorgesehen. James war guter Dinge und zuversichtlich, daß wir die Petition dazu nutzen konnten, die noch immer versiegelten Akten, Berichte und Dokumente über seinen Fall freizubekommen.

Das Interview lief glatt. Als er nach einer Behauptung seiner Ex-Frau Anna gefragt wurde, wonach er sich ihr gegenüber am Telefon zu seiner Schuld bekannt hätte, stellte James klar, daß jedes dieser Gespräche im Gefängnis mitgehört worden war, so daß er am Telefon wohl kaum über heikle Fragen diskutieren, geschweige denn ein Schuldbekenntnis ablegen würde.

Ich traf mich auch wieder mit Steve Tompkins, dem Ex-Reporter des *Commercial Appeal*. Wir hatten in den letzten Monaten ein paarmal telefoniert, und er war bereit, mir in seiner Freizeit mit Rat und Tat zur Seite zu stehen. Er versprach sogar, einige hochrangige Freunde bei der Abwehr, im Pentagon und bei den Special Forces anzusprechen. Niemand konnte voraussehen, wie sie reagieren würden, doch wollte er mir Leute vermitteln, die Antwort auf manche meiner Fragen geben konnten. Vermutlich würden sie mir nicht persönlich, sondern nur über Mittelsmänner gegenübertreten, denn schließlich war ich Anwalt und dazu noch der Vertreter James Earl Rays.

Tompkins setzte jedoch hinzu, daß man in diesen Kreisen seiner Erfahrung nach ein Versprechen einhielt. Selbst wenn sie von sich aus nichts preisgaben, hatten sie seine Fragen, wenn überhaupt, stets aufrichtig beantwortet.

Einige Unteroffiziere der Special-Forces waren zur Kooperation bereit. Zusätzlich zu den verdeckten Operationen infolge der Wirren von 1967 betrieben sie damals Waffenschiebereien in New Orleans und Umgebung. Diese Aktionen wurden von einem Sergeant Master geleitet, der zu ihrer Gruppe gehörte. Die heiße Ware wurde auf Carlos Marcellos Rechnung verkauft und auf Kähne in einer Bucht verladen, die an ein Marcello-Grundstück grenzte. Ein Mann namens Zippy oder Zip Chimento war für die Abwicklung der Transaktionen zuständig. Für den Fall, daß es Schwierigkeiten beim Transport der Waffen gab, hatte man den Soldaten den Namen Joe Coppola genannt, der gute Beziehungen zur Louisiana-Autobahnpolizei unterhielt. Als ich der Sache nachging, erfuhr ich, daß Zip Chimento tatsächlich ein Vertrauter und Geschäftsfreund von Marcello war; Joe Coppola war Einsatzleiter bei der Autobahnstreife.

Am Montag, dem 10. Januar, reichte Wayne die Petition für die Wiederaufnahme des Verfahrens ein, zusammen mit fünf Bänden Unterlagen und zwei Videofilmen. Wayne und ich fuhren dann in Jim Lawsons frühere Kirche, Centenary Methodists, wo ich eine Pressekonferenz anberaumt hatte. Wir forderten unabhängige Ermittlungen durch die Grand Jury. Bei unserer Ankunft war schon eine Reihe von Teilnehmern dort, Jim Lawson zum Beispiel, der extra von Los Angeles eingeflogen war. Reverend William Sloane Coffin, ehemaliger Kaplan der Yale University und Pastor der Riverside Church in New York, den ich seit sechzehn Jahren nicht mehr gesehen hatte, kam kurze Zeit später mit John Frohnmeyer. Rechtsanwalt Frohnmeyer war von seinem Posten als Beauftragter des National Endowment for the Humanities, einer Stiftung der Bush-Administration, zurückgetreten; momentan arbeitete er im Freedom Forum First Amendment Center in Vanderbilt. Außerdem gehörten zu unserer Gruppe: Reverend C. T. Vivian, Kings ehemaliger Assistent; Reverend Joseph Agne, Direktor beim National Council of Churches in New York; Reverend Ken Sehested von der Baptist Peace Fellowship in Memphis; Reverend Mark Matheny, Vorsitzender des Asbury United Methodist District Council on Ministries in Memphis; Reverend Herbert Lester, Pastor an der Centenary United Methodist Church; und Reverend William Vaughan III., Pastor an der Good Samaritan United Methodist Church.

Ich unterrichtete die Anwesenden über unser Vorhaben und beantwortete zwei Stunden lang Fragen. Schwerpunkt der anschließenden zweistündigen Pressekonferenz war die Forderung unserer Gruppe, die Grand Jury solle durch ihren eigenen Sprecher und einen unvoreingenommenen Ankläger, der keine Verbindungen zum Generalstaatsanwalt von Shelby County pflegte, den Mord an King eigenverantwortlich untersuchen.

Wayne und ich verließen das Treffen in gehobener Stimmung. Im Laufe des Tages erfuhren wir, daß die Petition dem Richter Joe Brown vorgelegt worden war, auf den Wayne große Stücke hielt. Eine Anhörung war für den nächsten Tag vorgesehen.

Im Gerichtssaal des Criminal Justice Center waren die Fernsehkameras bereits in Stellung gebracht, als wir am anderen Morgen eintrafen. Während der kurzen Anhörung erörterte der Richter die Frage der Zulässigkeit der Petition, von der einige – hauptsächlich den Widerruf des Schuldbekenntnis betreffende – Punkte bereits Gegenstand früherer Entscheidungen gewesen waren. Wir hielten dagegen, diese früheren Entscheide seien ohne die von uns ermittelten neuen Erkenntnisse getroffen worden, die James Unschuld beweisen würden. Der Richter trug beiden Seiten auf, Rechtsgutachten über diese Frage zu erstellen, und legte die Anhörung auf den 4. April fest, den 26. Jahrestag des Attentats.

Gegen Mittag kam John McFerren mit einem Freund, Freddie Granberry, aus Somerville zu einem Treffen im Restaurant des Hotels Ramada angereist. McFerren versprach, diesmal werde er nicht »ausbüchsen«; er sei vielmehr bereit, »wie ein Vogel zu singen«. Von einem Bekannten namens Tommy Wright habe er gehört, daß Liberto mit einem hochrangigen Staatsbeamten aus Tennessee in dessen Anwaltsbüro in Fayette County zusammenträfe. Diese Treffen fänden regelmäßig jeden Samstagmorgen statt. Bei mir klingelten die Alarmglocken. Schon Randy Rosenson hatte behauptet, er habe 1978, um die Zeit seiner Befragung durch HSCA-Ermittler, Besuch von demselben Staatsbeamten erhalten, der ihn bewegen wollte, vor dem HSCA die Bekanntschaft mit James Earl Ray zuzugeben. Wenn Rosenson James gekannt hatte, konnte er die Zigarettenschachtel mit seiner Visitenkarte selbst im Wagen vergessen haben. Wenn er James nicht kannte, mußte jemand anderes Schachtel und Karte hinterlassen haben. James hatte immer behauptet, die Karte hätte mit Raul zu tun. Da die Staatsanwaltschaft und das HSCA stets die Meinung vertreten hatten, Raul existiere gar nicht, stellte jeder Hinweis auf das Gegenteil ein Problem für sie dar.

Im Rückblick könnte dies erklären, weshalb behördlicher Druck auf Rosenson ausgeübt wurde, die Bekanntschaft mit Raul zu bezeugen. Doch damals konnte ich nicht verstehen, welches Interesse der Beamte an dem Fall haben sollte. Daß dieser Beamte mit Liberto zu tun hatte, ließ die ganze Angelegenheit in einem neuen Licht erscheinen. Als weitere Informationsquelle nannte McFerren Mr. J. Ragan, seinen Anwalt aus Jackson, Tennessee. Ragan hatte McFerrens Scheidung ausgehandelt und sich mit ihm angefreundet. Er hatte McFerren vor Jahren einmal im stillen erklärt, daß derselbe Staatsbeamte »Dinger drehe« und die Interessen des organisierten Verbrechens in Tennessee wahrnehme. Ragan hatte sich wiederholt geweigert, mit mir zu sprechen. Offenbar hatte er Angst und zeigte nicht das geringste Interesse, das einst mit John McFerren diskutierte Thema aufzugreifen.

Mehr Glück hatte ich mit Tommy Wright. Er konnte sich erinnern, den »fetten« Frank – den Großhändler – 1968 im Anwaltsbüro jenes hochrangigen Staatsbeamten gesehen zu haben, der angeblich Randy Rosenson vor seiner HSCA-Anhörung einen Besuch abstattete.

Gegen 14.30 Uhr verabschiedete ich mich von McFerren und Smith und besuchte den MPD-Captain a. D. Tommy Smith. Auf Nachfrage vertraute mir Smith an, daß mehrere führende MPD-Beamte 1968 die Pensionsgrenze erreicht hatten, nähere Einzelheiten wisse er nicht. Damals kam er ohnehin nicht mehr für einen neuen Posten in Frage, und die anderen hätten gewußt, daß er nicht interessiert gewesen wäre.

Außerdem erklärte er, daß unter den MPD-Beamten solche, die von der FBI-Akademie kamen – N. E. Zachary, Robert Cochran, Glynn King und andere – eine eigene Clique bildeten.

Tommy Smith überraschte mich dann mit der Mitteilung, daß Zachary ihn vor seiner Aussage vor dem Fernsehgericht angerufen habe; offenbar wollte er seine Aussage beeinflussen. Dies gab vermutlich den Ausschlag, weshalb Tommy überhaupt in den Zeugenstand trat. Er habe Zachary entgegnet, daß er nicht daran dächte, sich die Aussage von ihm aufnötigen zu lassen. Ich mußte an Glynn King denken, der behauptet hatte, Charles Stephens sei zur Tatzeit nüchtern gewesen. Verglichen mit den Beteuerungen so vieler anderer Zeugen erschien Kings Aussage unbegreiflich.

An diesem Abend waren Wayne und ich mit John McFerrens Schwester, Sallie Boyd, verabredet, die unser Gespräch mit Margaret Toler arrangiert hatte. Als stellvertretende Leiterin der Krankenhausküche der St. Judes-Klinik bestellte Toler oft Lebensmittel bei M. E. Carter. Doch wie sie sagte, kamen die Lieferungen oft in Frank Libertos LKWs. Auch die Rechnungen kamen von Libertos Firma, und gelegentlich enthielten sie Posten, die nie geliefert worden waren. Durch solche Betrügereien mußte das Krankenhaus jährlich rund 90.000 bis 100.000 Dollar verloren haben. Jowers hatte behauptet, das Geld für seine Aktion sei in einem M.-E.-Carter-Wagen nach Memphis gekommen. Frank Holt hatte mir berichtet, daß Liberto ständig bei M. E. Carter aus- und einging. Tolers Erinnerungen schienen die engen Verbindungen Libertos mit M. E. Carter zu bestätigen.

Ende Januar konnte ich endlich Betty Spates aufsuchen. Nachdem sie damals meinen Brief gelesen hatte, hatte sie Cliff Dates erklärt, sie und Bobbi wollten nur noch mit mir sprechen. Von Jowers, Akins und anderen wußte sie, daß sie ein Buch über den Fall schreiben lassen wollten, und man hätte von ihr verlangt, ihre Aussage abzuwandeln; ob sie nicht einen Farbigen gesehen habe, der Loyd das Gewehr vor der Küchentür in die Hand drückte? Sie hatte sich geweigert.

Jowers selbst hatte sie angerufen und verlangt, seine Story zu untermauern. Willie Akins war mit einem Tonband aufgekreuzt, das sie sich anhören sollte, um ihre Erinnerung aufzufrischen. Als sie diese Farce nicht mitmachen wollte, habe Akins geschimpft, sie hätte den anderen alles »vermasselt«. Wäre sie kooperativ gewesen, hätte man sich 300.000 Dollar mit ihr teilen können.

Kurz bevor Jowers in *Prime Time Live* vor die Kamera trat, und während Sam Donaldson in Memphis noch Interviews für die Sendung aufzeichnete, erschien Akins mit einem ABC-Mitarbeiter vor Spates' Haus. Betty ließ sie nicht herein. Akins hämmerte gegen die Fenster. Sie habe sogar gehört, wie der ABC-Redakteur sagte: »Lassen wir diese Dame in Ruhe, wenn sie nicht mit mir reden will!« Später seien sie abgezogen.

Betty wies die Beschuldigungen gegen Frank Holt energisch zurück und blieb dabei, daß sie Jowers allein zur Küchentür rennen sah. Wir vereinbarten, daß ich sie bei meinem nächsten Aufenthalt in Memphis wieder besuchen sollte.

In einem Telefongespräch berichtete mir Betty Mitte Januar, das Tennessee Bureau of Investigation (TBI) habe sie angerufen und wolle sie vernehmen. Sie fragte mich, was sie meiner Meinung nach tun solle. Ich riet ihr, darauf einzugehen und die Fragen wahrheitsgemäß zu beantworten.

Am letzten Januarwochenende berichtete mir John Billings, Pierotti habe das TBI gebeten, die durch Jowers aufgekommenen neuen Erkenntnisse zu überprüfen. Sie hätten schon zweimal mit McCraw gesprochen, und McCraw sei bei seiner Aussage geblieben. Billings hatte im TBI-Büro Memphis angerufen und mit dem Untersuchungsleiter gesprochen, der mit den Hintergründen des Falls offenbar wenig vertraut war. Als er Billings anbot, er und Ken Herman ständen jederzeit für eine Aussage zur Verfügung, bekam Billings zur Antwort, ein solches Verhör müsse erst vom Generalstaatsanwalt genehmigt werden. Billings hatte den Eindruck, daß sie nie mehr von ihm hören würden, und daß Pierotti sich des TBI bediene, um selbst keine Verantwortung übernehmen zu müssen und den Gang der Ermittlungen trotzdem lenken zu können. Tatsächlich ist es nie zu einer Vernehmung gekommen.

Ich schrieb an Pierotti und bot ihm jede erdenkliche Hilfe bei der TBI-Untersuchung der neuen Erkenntnisse an. James sei vorwiegend an seiner Freilassung interessiert, nicht an der Lösung des Mordfalls. Außerdem deutete ich Pierotti an (in der Hoffnung, daß diese Nachricht auch andere erreichte), daß James nach seiner Freilassung außer Landes gehen wolle.

Als er vom *Tennessean* nach den Ergebnissen seiner Untersuchung befragt wurde, behauptete Pierotti, die Zeugen hätten ihre Aussagen zurückgezogen. Als ich das las, rief ich Betty an und fragte, wie denn ihre Vernehmung gelaufen sei? Sie erklärte mir, man habe sie nur nach Ken Herman und seiner Version ihrer Aussage gefragt. Da sie ihm zürnte und sich von ihm hintergangen fühlte, hatte ich meine Zweifel, ob und was sie wohl im Zeugenstand antworten mochte.

Während dieser Zeit rief mich Steve Tompkins an und hinterließ eine dringende Nachricht. Als ich zurückrief, erklärte er, zu seiner Überraschung habe er ein Telegramm von einem Special-Forces-Informanten erhalten – nennen wir ihn Warren –, den er in Südamerika interviewt hatte. Seine Mitteilung lautete, er wisse nun, »wer Dr. William Pepper ist«, und sei bereit, alle Fragen zu beantworten, die ich ihm über Tompkins stellen wolle. Mit mir persönlich zusammentreffen wollte er auf gar keinen Fall. Als Datum für das Treffen mit Tompkins außerhalb der USA schlug er Ende März vor. Steve Tompkins war bereit, als mein Mittelsmann aufzutreten und Warren meine Fragen vorzulegen. Warren habe ihn nie belogen, beteuerte Tompkins, auch wenn er sich zuweilen weigere, bestimmte Fragen zu diskutieren oder behaupte, nichts zu wissen. Nach dem, was mir Tompkins erzählt hatte, wußte ich einiges über den Informanten und seinen Partner – nennen wir ihn Murphy –, der im selben Land lebte, aber Tompkins nie vorgestellt worden war. Beide hatten offenbar brandheiße Informationen. Ich mußte mich verpflichten, die persönlichen Daten von Warren, Murphy und einigen anderen unter allen Umständen geheimzuhalten. Ohne diese Zusicherung gäbe es keine Auskünfte, und sollte ich wortbrüchig werden, wäre es leicht möglich, daß wir beide dran glauben müßten. Ich war mit dieser Bedingung einverstanden, wußte aber nicht, ob ich Namen von Leuten nennen durfte, die inzwischen verstorben waren. »Das ist Ihre Sache«, erklärte Tompkins. Da er jetzt für mich arbeite, könne ich auch seinen Namen nennen; er würde mir über alles ausführlich Bericht erstatten.

Von James bekam ich weitere Hinweise auf die Rolle der Armee. Bei einem Besuch hatte er mir vor einiger Zeit geraten, einen Privatdetektiv namens Alexander Taylor anzurufen. Dieser ehemalige Abwehroffizier erklärte, er würde unsere Ermittlungen nach Kräften unterstützen, und erwähnte ein Telefonat, das er kürzlich mit dem pensionierten stellvertretenden Stabschef der militärischen Abwehr, Generalmajor William P. Yarborough, geführt hatte. Taylor berichtete, Yarborough hielte die Zeit für gekommen, dem amerikanischen Volk zu erklären, daß die Nation Ende der 60er Jahre am Rande des Bürgerkriegs gestanden habe, auf den die Armee längst vorbereitet gewesen sei. Taylor hatte im Herbst des letzten Jahres aus anderer Quelle erfahren, daß ich im Mordfall Martin Luther King ermittelte. Er war davon überzeugt, daß am Schluß die Rolle des Militärs in ganz anderem Licht dastehen werde. Was den Fall King betraf, so sei die Zeit reif für einen Kompromiß, als dessen Ergebnis James möglicherweise auf freien Fuß gesetzt werde. Taylor bot an, über einen Kongreßabgeordneten ein Treffen mit Vizepräsident Al Gore zu erwirken. Taylors Motive waren mir nicht ganz einsichtig, und ich zweifelte, ob diese Aussichten realistisch seien, doch warum sollte man es nicht wenigstens versuchen? Schließlich kam aber doch nichts dabei heraus.

Endlich, nach sechs Jahren intensiven Drängens, nahm sich am 22. Februar 1994 Amnesty International unserer Sache an und schrieb an den Generalstaatsanwalt, was er angesichts der neuen Beweislage zu unternehmen gedächte; gefordert wurde eine lückenlose Aufklärung des Falls in öffentlicher Verhandlung.

Pierotti antwortete am 28. Februar und teilte Amnesty mit, James sei nicht als politischer Gefangener in Haft, sondern weil er Martin Luther King ermordet habe. Die neuen Beweise nannte er »haltloses Blendwerk«. Nach einigen weiteren Briefen wurde klar, daß er auf die spezifischen Fragen nicht antworten wollte. Amnesty beschloß, die Angelegenheit ruhen zu lassen. In seiner Arroganz ließ sich Pierotti von nichts und niemandem beirren. Vermutlich wußte er inzwischen, daß die Jowers-Geschichte in manchen Teilen der Wahrheit entsprach, und doch tat er nach wie vor so, als wäre alles ein Hirngespinst.

Am 7., 8. und 9. März verbrachte ich insgesamt dreizehn Stunden mit Betty Spates. Sie war bereit, mir ihre Geschichte von Anfang bis Ende zu erzählen, und fügte hinzu, sie habe noch einmal gründlich nachgedacht und sich jede Einzelheit ins Gedächtnis gerufen, die sie am Tag des Attentats beobachtet hatte. Ich traf sie in ihrem düsteren Haus, und wir saßen die ganze Zeit über an einem Tisch im Wohnzimmer. Unsere Gespräche wurden ab und zu unterbrochen, von dem einen oder anderen ihrer erwachsenen Kinder. Wie sie zu Jim's Grill kam, wie sie mit Jowers angebandelt hatte, all das kannte ich schon, doch fügte sie kleinere Details hinzu. Beispielsweise erfuhr ich, daß Jowers sich nach der Scheidung einen weißen Cadillac gekauft hatte, der vollkommen identisch mit dem war, den seine Frau während der Ehe besaß und noch immer fuhr. Es gab auch ein paar Überraschungen, als sie auf die Ereignisse des 4. April 1968 zu sprechen kam.

Jetzt erinnerte sich Betty, daß sie an diesem Tag schon kurz vor Mittag zur Grillstube gekommen war und Loyd nirgends entdeckte. Sie ging in die Küche im hinteren Teil und suchte nach ihm. Die Küchentür war nur angelehnt. Sekunden später erschien Loyd mit einem Gewehr in der Hand. Das Gewehr hatte einen hellbraunen Griff und einen Lauf von scheinbar ganz normaler Länge; an ein Zielfernrohr konnte sie sich nicht erinnern. Loyd habe es nicht eilig gehabt und schien auch nicht unter Druck zu stehen. Er wirkte fast lässig.

Sie war entsetzt und fragte: »Was hast du denn mit der Knarre vor?« Er habe darauf erwidert: »Damit werde ich dich abknallen, wenn ich dich mit einem Nigger erwische!« Doch augenblicklich fügte er hinzu, dies sei nur ein Witz gewesen; sie wisse ja, daß er ihr niemals etwas antun würde.

Daraufhin habe er das Gewehr auf ein Bierfaß gelegt und, als sei ihm gerade etwas eingefallen, es noch einmal aufgenommen und vor ihr in zwei Teile zerbrochen. Er trug diese Teile anschließend durch die Gaststube, trat nach draußen und machte ein paar Schritte zu seinem alten braunen Kombiwagen. Sie hatte durchs Fenster zugesehen, wie er die Teile des Gewehrs im Heck verstaute und sich hinterher umdrehte, ob ihn jemand dabei beobachtet hatte. Dann sei er wieder hereingekommen.

Sie bestätigte, daß sie im Laufe dieses Nachmittags mal drinnen und mal draußen gewesen war, und immer wieder zu Seabrook gelaufen sei. Obwohl Jowers nicht wollte, daß sie donnerstags erschien, weil seine Frau dann vorbeizuschauen pflegte, war er an diesem Donnerstag besonders nervös und schickte sie immer wieder weg. Das steigerte Bettys Mißtrauen, die längst argwöhnte, daß er sie hinterrücks betrog; sie war deshalb auch in der Imbißstube, als Jowers' Frau gegen 16.00 Uhr aufkreuzte. Mrs. Jowers fiel direkt über sie her, nannte sie eine Hure und wollte sie hinauswerfen. Loyd mischte sich ein, wies seiner Frau selbst die Tür und befahl Betty, hinter die Theke zu gehen. Gekränkt und wortlos verließ Loyds Ehefrau das Lokal.

Nach einer Weile ging Betty zu Seabrook auf die andere Straßenseite und kehrte kurz vor 18.00 Uhr zurück, um nach Loyd zu sehen. Bobbi sei noch immer dagewesen, obwohl ihre Schicht um 15.30 Uhr endete. Rosetta und Rosie Lee hatten längst Feierabend. Von Loyd fehlte jede Spur.

Sie wandte sich daraufhin nach hinten, wo die Küche lag, und stellte dabei fest, daß die Tür zwischen Gastraum und Küche fest geschlossen war. Das kam ihr ungewöhnlich vor. Als sie in die

Küche trat, bemerkte sie die offene Tür zum Hinterhof. Kurz danach hörte sie einen Lärm, der wie ein lauter Feuerwerkskörper klang. Sekunden später blickte sie nach draußen und sah, wie Jowers aus dem Gebüsch kam und zur Tür eilte, mit einem anderen Gewehr unterm Arm. Als sie ihn zuerst sah, war er drei bis fünf Meter von der Tür entfernt. Er war außer Atem, berichtete sie, und weiß wie ein Gespenst. Sein Haar war durcheinander, und der Kniebereich der Hose naß und verdreckt, als hätte er im feuchten Gras des Grünstreifens gekniet.

Als er wieder Luft bekam, bat er sie flehentlich: »Du wirst mir doch nicht wehtun wollen, oder?«

»Das würde ich nie tun, Loyd«, erwiderte sie. Ohne ein weiteres Wort schlüpfte er durch die Tür, die zum Grill führte. Mit einem einzigen Schritt stand er hinter der Theke, das Gewehr an der Seite, und sie sah, wie er es auf einem Regal unter der Theke verstaute und nach hinten schob.

An das Gewehr erinnerte sie sich ganz genau. Es hatte einen mahagonifarbenen Griff, ein Zielfernrohr und einen kurzen Lauf, der es wie eine Spielzeugwaffe aussehen ließ. Irgend etwas war auf den Lauf geschraubt oder geklebt.

In dieser Aussage hatte Betty zum ersten Mal davon gesprochen, daß sie zweimal sah, wie Loyd Jowers mit einem Gewehr aus den Sträuchern hinter der Küche trat. Es beunruhigte mich zunächst ein wenig, daß plötzlich von einer zweiten Waffe die Rede war. Andererseits bestätigte diese Version McCraws Geschichte, Jowers habe ihm ein Gewehr unter der Theke gezeigt.

Betty fuhr fort, sie habe einige Monate nach dem Attentat Besuch von drei Personen erhalten, die sie für Regierungsbeamte hielt. Einer sei schwarz gewesen, einer ein Weißer, und der dritte so etwas wie ein Spanier oder Latino. Sie boten ihr und ihrer Schwester – wie es hieß, zu ihrem eigenen Schutz – neue Papiere, eine Umsiedlung und Geld an. Von ihrer Mutter bestärkt, weigerten sie sich, und die Männer verschwanden.

Zwei dieser Männer kehrten etwa fünf Jahre später zurück (das wäre etwa um die Zeit gewesen, als eine Anhörung von James bei Gericht zugelassen wurde). Das Angebot wurde wiederholt und abermals zurückgewiesen.

Anfang der 80er Jahre hatte Akins nicht nur auf sie und ihre beiden Söhne geschossen, sondern kam eines Abends auch noch durch die Hintertür ihres Hauses, als sie gerade erschöpft von der Arbeit heimgekehrt war. Sie hatte sich auf dem Sofa niedergelassen, er zog die Pistole und feuerte drei Kugeln in das Sofa. Nach längerer Überlegung glaubte sie, Akins habe nur versucht, ihr Angst einzujagen.

Betty unterzeichnete eine eidesstattliche Erklärung über ihre Erlebnisse.

Als wir die wichtigsten Aussagen Bettys dem Gericht vorlegten, machte ein Redakteur des *Tennessean* den Inhalt publik. Kurz darauf spielte ihm Generalstaatsanwalt Pierotti ein vom TBI am 25. Januar angefertigtes Protokoll zu, das uns Kopfschmerzen bereitete. Angeblich war es unter Eid aufgenommen, handschriftlich von TBI-Spezialagent John Simmons verfaßt und bezeugt von Mark Glander, einem von Pierottis Ermittlern. Darin leugnete Betty, das Gewehr gegen 18.00 Uhr gesehen und auch sonst keine Informationen zu haben, die James entlasten könnten.

Als ich Betty darauf ansprach, erinnerte sie sich nicht an den Wortlaut der damals gegebenen Antworten. Erneut bekräftigte sie, nur nach bestimmten Punkten in ihrer von Kay Herman wiedergegebenen Aussage befragt worden zu sein.

Es stellte sich dann allerdings heraus, daß sie das TBI-Protokoll unterschrieben hatte. Diese heillosen Widersprüche, soviel war klar, würden sich nie klären lassen, solange ich nicht das Protokoll selbst und sämtliche bei der Vernehmung vom TBI mitgeschnittenen Tonbänder vor mir liegen hatte. Die letzteren würde ich erst bekommen, wenn wir eine Anhörung durchsetzten, bei gegenseitiger Vorlage neuer Beweismittel. Doch Ende März konnte ich mir immerhin eine Kopie des Protokolls jener Vernehmung von Betty Spates durch das TBI beschaffen. Oberflächlich betrachtet, schien das handgeschriebene Protokoll vom 25. Januar 1994 im Widerspruch zu Bettys eidesstattlicher Erklärung vom 8. März 1994 zu stehen. Als ich es ihr zeigte und fragte, weshalb sie es unterschrieben habe, schwor sie, es nie gelesen zu haben, weil ihre Brille damals defekt gewesen sei. Man habe ihr das Protokoll vorgelesen und ausdrücklich geraten, nichts Neues vorzutragen, sondern nur auf die Fragen nach Hermans Version ihrer Erklärung einzugehen. Die Männer des Generalstaatsanwalts und des TBI hätten ihr Angst eingejagt, beteuerte sie. Betty bat mich inständig, als Zeugin auftreten zu dürfen, schon um ihren Namen vom kleinsten Verdacht einer Unaufrichtigkeit reinzuwaschen.

Nach einiger Zeit erfuhr ich dann, daß Betty an einem Hirntumor litt, der in periodischen Abständen ihr Erinnerungsvermögen schwächte, doch damals nahm ich diesen Hinweis nicht besonders ernst. Der Tumor verursachte auch Sehstörungen und Kopfschmerzen; operieren lassen wollte sie sich nicht, weil sie das Risiko eines bleibenden Hirnschadens fürchtete.

Sid Carthew lebt in England. 1967-1968 war er bei der Handelsmarine und hatte auf Fracht- und Personenschiffen Häfen in aller Welt angefahren. Häufig kam er nach Nordamerika und hielt sich in US-Hafenstädten an der Golfküste ebenso wie in Montreal auf. In Montreal besuchte er gern die Neptune-Bar an der West Commissioner's Street, weil sie gleich an den Docks lag und ein Treffpunkt für Matrosen war. Bei zwei Besuchen in dieser Bar hatte er einen Mann namens Raul kennengelernt.

Carthew hatte zufällig das Fernsehgericht gesehen. Ohne zuvor etwas über den Fall zu wissen, wurde Carthew aufmerksam, als er James Earl Rays Aussage hörte, er habe Ende Juli und Anfang August 1967 in der Neptune-Bar verkehrt. Seine Neugier wurde noch größer, als von Treffen mit einem gewissen Raul die Rede war. Dann mußte er erleben, wie sich Ankläger Hickman Ewing lustig machte – nicht nur über die Behauptung Rays, er sei von Raul als Strohmann für ein Attentat auf Martin Luther King benutzt worden, sondern auch über die angebliche Existenz dieser Figur.

Carthew hatte überall nach mir gefahndet und mich nicht gefunden, bis er schließlich die Anwaltskammer in London anschrieb, die ihm meine Adresse gab. Daß Raul tatsächlich existiere, könne er beschwören. Carthew behauptete, 1967 sei Raul mit dem Angebot, ihm Waffen zu verkaufen, in der Neptune-Bar an ihn herangetreten. Carthew hatte flüchtiges Interesse gezeigt, worauf Raul versprach, ihm einige Handfeuerwaffen zu zeigen. Das Geschäft sei schließlich doch nicht zustande gekommen, da Raul die Waffen nur kistenweise verkaufen wollte.

Sid Carthew schilderte Raul als ungefähr 1,80 Meter groß, rund 75 Kilo schwer, ein dunkelhäutiger, mediterraner Typ mit dunkelbraunem Haar. (Dies stimmte mit Rays Beschreibung von Raul überein). Carthew erinnerte sich, daß Raul durchblicken ließ, seine Waffen stammten aus einer Kaserne, und im Preis sei der Aufschlag für den Master Sergeant inbegriffen, der für Nachschub sorge und die Ware gegen bar selbst auf seinem Schiff herschaffe. Dies paßte zu Tompkins Bericht von den Waffenschiebereien der Special Forces in New Orleans.

Außerdem erinnerte sich Carthew, wie Raul sich danach erkundigt habe, ob man nicht jemanden auf seinem Kahn nach England schicken könne. Kein Problem, habe Carthew erwidert, Seeleute würden jedem helfen, der in Schwierigkeiten stecke. Aber Raul schien skeptisch zu sein. Es war fast, als wolle er sich bloß rückversichern, daß so etwas nicht funktioniere. Jedenfalls kam er nicht mehr darauf zurück.

Ich konnte mein Glück nicht fassen. Carthew meinte sogar, ein befreundeter Schiffsmaat namens Joe Sheehan, den er allerdings aus den Augen verloren habe, sei damals ebenfalls zugegen gewesen, als von den Waffen die Rede war. Doch als es uns später gelang, Sheehan aufzuspüren, hieß es, er sei zwar nicht in der Neptune-Bar gewesen, aber Carthew habe ihm irgendwann von dem Vorfall erzählt, vermutlich bei der Jahresversammlung der National Union of Seamen im Mai 1968.

Die ursprünglich für den 4. April festgesetzte Anhörung war auf den 15. April verschoben worden. Bis auf die Geschworenenbank, um die sich die Journalisten drängten, war der Gerichtssaal praktisch leer, als Richter Joe Brown um 11.15 Uhr auf den Tisch klopfte. Die Anklage war durch den Generalstaatsanwalt und zwei Assistenten vertreten; Wayne und ich teilten uns die Verteidigerbank. Unter den wenigen Zuschauern erkannte ich Ken Herman, John Billings, Lewis Garrison und, zu meiner Überraschung, Willie Akins.

Nach dem üblichen Vorgeplänkel begründete für die Anklage der assistierende Generalstaatsanwalt William Campbell den Antrag, unsere Petition zu verwerfen. Nach strenger Auslegung der Gesetze des Staates Tennessee sei die Ablehnung sogar zwingend. Zwar stünde James das Begehren zur Wiederaufnahme nach Bundesrecht zu, doch seit seinem Schuldbekenntnis und in Anbetracht der langen Zeitspanne könne in seinem Fall nur das Staatsrecht Anwendung finden.

Nach dieser Auffassung dürfte im Grunde genommen niemandem der Prozeß gemacht werden, der – freiwillig oder nicht – ein Geständnis ablegt, selbst wenn neue Beweise für die tatsächliche Unschuld ans Licht kämen.

Als ich an der Reihe war, faßte ich in meinem Überblick die Geschichte des Falls zusammen und argumentierte für unseren Antrag nach den Rechtsgarantien in den Verfassungen von Tennessee und der Vereinigten Staaten. Ich führte aus, der Gerichtshof müsse die neue Beweislage zur Kenntnis nehmen, die für die Unschuld des Angeklagten sprechen würde. Daß ihm sein Schuldbekenntnis aufgenötigt worden sei, ließe sich mittlerweile substantiell nachweisen, und in keinem Fall dürften die Ankläger auf einen Prozeß verzichten, wenn der Angeklagte tatsächlich unschuldig sei. Die fortgesetzen Versuche der Anklage, das Prozeß- und Verfahrensrecht des Staates Tennessee von den durch das Bundesrecht gegebenen minimalen Verpflichtungen zu trennen, seien verfassungswidrig.

Obwohl sich die Anhörung auf die Erörterung der Rechtslage beschränkte, suchte ich die Notwendigkeit einer Wiederaufnahme vor allem unter Berufung auf die Tatsachen darzulegen. Dies ermöglichte mir, im Beisein des Richters und der Medienvertreter zahlreiche bislang ignorierte Sachbeweise und Diskrepanzen in den Akten aufzuzählen.

Pierotti sprach eine gute Viertelstunde lang über seine Gründe für die Zurückweisung unseres Antrags, wobei er sichtlich erregt wirkte. Er beging den Fehler, mich persönlich anzugreifen, und fragte, ob ich Rays Bruder bei der HSCA-Anhörung nun vertreten hätte oder nicht. Damit gab er mir Gelegenheit zur Erwiderung, wobei ich dem Gerichtshof die Umstände erklären (und zu Protokoll geben) konnte, die mich veranlaßt hätten, Jerry Rays Rechtsbeistand zu werden.

Am Ende der Auseinandersetzung lobte der Vorsitzende die Ausführungen beider Seiten. Anschließend stellte er, nicht ohne ausführliche Bemerkungen zur Gesetzeslage, fest, die Anklage sei zwar möglicherweise im Recht, wenn sie die Zurückweisung unserer Petition fordere, gleichwohl wolle er uns keineswegs die Chance zur Vorlage neuer Beweise nehmen. Diese Beweisaufnahme dürfe nicht allein vor einem Appellationsgericht stattfinden, sondern auch vor der Geschichte. Nach ein paar dürren Worten über die historische Bedeutung Martin Luther Kings gab Richter Brown zu verstehen, sie sei uns Auftrag und Verpflichtung, vor den Augen der Öffentlichkeit und unter den Auspizien des Gerichts so viele Informationen wie möglich zusammenzutragen.

Die Anklage war wie vom Schlag gerührt. Campbell fragte, was das konkret heißen solle. Richter Brown erklärte, er werde keinen Beschluß fassen oder zu den Akten geben, bis unser »Beweis-Anerbieten« (Vortrag zur Tatsachenfeststellung) abgeschlossen sei. Wir brachen in Jubel aus.

Als die Reporter ihn vor dem Gerichtssaal fragten, was er zu unternehmen gedenke, versprach der Generalstaatsanwalt, mir »jedes Haar einzeln ausreißen«, und erklärte unseren Vortrag schon jetzt für »Makulatur«.

Es war ein hervorragendes Ergebnis. Hätte der Richter ausdrücklich zu unseren Gunsten entschieden und ein Verfahren oder eine regelrechte Beweisaufnahme angeordnet, hätte die Anklage in Berufung gehen können und unseren Antrag – nach den bisherigen Erfahrungen mit Appellationsinstanzen, einschließlich des Supreme Court – mit einiger Sicherheit abgeschmettert. In jedem Fall wäre der Berufungsweg beschwerlich und lang geworden. Indem er den Beschluß hinausschob (und damit effektiv blockierte), behielt er den Fall in seiner Zuständigkeit und erlaubte uns, Zeugen zu berufen und Beweise vorzutragen. Jetzt konnten wir beispielsweise beweiskräftige ballistische Untersuchungen des Gewehrs und der Kugeln verlangen. Ob der Richter so weit ging, angesichts unserer Beweise am Ende eine Wiederaufnahme des Verfahrens zu beschließen, würde sich noch zeigen. Doch nach der Anhörung vom 15. April hatten wir wieder eine reelle Chance.

28
Rückschläge und Überraschungen: 16. April – 30. Oktober 1994

Schon vor Jahren hatte mir John McFerren – ebenso wie 1968 dem Schriftsteller Bill Sartor – von einem Zwischenfall erzählt, der sich kurz nach James' Gefangennahme abgespielt haben soll. Er hatte in Palazollas Markthalle eingekauft, als ihn der Manager erkannte und plötzlich in Tränen ausbrach. Verwundert fragte McFerren einen farbigen Angestellten (Robert Tyus), den er einen »alten Kumpan« nannte, was das zu bedeuten habe. Der Angestellte nahm ihn beiseite und erklärte, sein Anblick habe Mr. Palazolla wohl an seinen Sohn erinnert. Der Junge hatte einen Stand in Frank Libertos Geschäft in der Scott Street 815 betreut, und wußte offenbar zuviel über den Mord an Martin Luther King. Kurz nach McFerrens Vernehmung über das, was er am 4. April gehört hatte – Libertos Befehl an einen Unbekannten, den »Mistkerl« niederzuschießen, »wenn er auf dem Balkon steht« –, war der junge Palazolla gestorben, angeblich bei einem Verkehrsunfall. McFerren hatte Frank Liberto durch seine Aussage in eindeutigen Zusammenhang mit dem Attentat gebracht. Dank enger Kontakte der Italienergemeinde sprach sich die Anschuldigung McFerrens unter den Großhändlern schnell herum. Der »alte Kumpan« hatte andeuten wollen, es werde Liberto nicht anders ergehen als Palazollas Sprößling.

Es kostete mich einige Zeit, mehr über diesen angeblichen Unfall in Erfahrung zu bringen. Als ich Ken Herman 1992 bat, die Sache zu überprüfen, konnte er keinen Polizeibericht finden. Auch McFerren war nach all den Jahren nicht imstande, sich an Einzelheiten zu erinnern. Doch dann, als ich ihn nach dem Management des Palazolla-Unternehmens fragte, rückte er damit heraus, es sei Bob Palazolla gewesen, der geweint hatte. Er führte für seinen Vater die Geschäfte. Jetzt fiel McFerren ein, daß anläßlich seines Gefühlsausbruchs die Rede davon war, daß sein Sohn sterben mußte, weil er von Libertos Rolle beim Attentat auf King erfahren hatte. Robert Chapman, ein mit Wayne befreundeter Restaurantbesitzer und langjähriger Großkunde der Palazolla Produce Company, bot uns an, den gegenwärtigen Inhaber Michael Palazolla nach dem Tod des Jungen zu befragen. Er erfuhr, daß Walter Palazolla, der Patriarch der Familie, damals einen Enkel verloren habe. Walters Sohn Bob war Michaels Vorgänger gewesen. John war bereit, den »alten Kumpanen« aufzusuchen und mehr darüber in Erfahrung zu bringen.

Am 22. April 1994 reiste ich nach Dallas, um mich mit John Curington zu unterhalten, der einst die rechte Hand des Ölmagnaten H. L. Hunt gewesen war. Am 6. November trafen wir uns erneut, und er brachte mit Clyde Lovingood einen früheren Mitarbeiter und Freund Hunts mit. Ich hatte Jim Johnson, einen meiner Ermittler, um eine Vorbesprechung mit ihm gebeten, als er sich zum Interview bereit erklärte. Bei unseren Sitzungen, die bis zu dreizehn Stunden dauerten, ergänzte er die meinem Mitarbeiter gegebenen Auskünfte und bot weitere an. Er beschrieb mir die engen Verbindungen des Milliardärs zu Institutionen und Personen, die möglicherweise an der Verschwörung beteiligt waren – darunter das FBI und die Mafia.

Curington hatte fünfzehn Jahre lang bei Hunt Oil gearbeitet, davon dreizehn für H. L. Hunt persönlich, im Büro nebenan, getrennt nur durch eine Tür, die gewöhnlich offen stand. Bei einem solchen Beschäftigungsverhältnis läßt sich denken, daß er bis zu achtzehn Stunden hintereinander, manchmal sieben Tage die Woche im Dienst war, und oft mit seinem Chef verreiste. In einer solchen Position entgeht einem nichts.

Nach eigener Aussage war er prinzipiell so etwas wie Mr. Hunts »Mädchen für alles«. Er tat, was verlangt wurde, und nahm sich jeder Aufgabe an. Zwar erledigte er die Drecksarbeit nicht selbst, aber er traf die Arrangements nach den Wünschen des Alten. Mein Ermittler hatte einmal erwähnt, Curington sei oft als »Geldbriefträger« in Aktion getreten, habe Bargeld transportiert und abgeliefert, teilweise recht hohe Summen, an Organisationen im ganzen Land ebenso wie an Geschäftsfreunde, für die Finanzierung rechtsextremer Propaganda und als Honorar für bestimmte Leistungen. Curington glaubte nicht, daß irgendwer über sämtliche Geschäfte des Alten orientiert sei; gewisse diskrete Aufträge vergab er nur an Einzelpersonen, denen er vertrauen konnte.

Obwohl Curington an einer weißen Weste gelegen war, sprach er bemerkenswert offen für jemanden, der selbst in illegale Geschäfte verwickelt war, die er detailliert aufzählte. Immer wieder berief sich der 67jährige Texaner auf Unterlagen, die er in einem alten braunen Lederkoffer aufbewahre und aus denen auch hervorgehe, daß die Beziehung zwischen seinem Ex-Arbeitgeber und FBI-Direktor J. Edgar Hoover noch weit enger gewesen sei als allgemein bekannt. Ihre Freundschaft datierte noch aus den frühen 50er Jahren. Mein Ermittler Jim Johnson hatte in seiner Jugend selbst miterlebt, wie gut sie sich verstanden, als er Monroe Waldridges Ranch in Ost-Texas besuchte. Offenbar waren sie jahrelang Partner beim Pokern; die gemeinsamen politischen, eher am rechten Rand angesiedelten Ansichten machten sie zu natürlichen Verbündeten. Hoover stellte sogar einen verläßlichen FBI-Agenten ab, Paul Rothermel, der bei Hunt als Leiter im Sichheitsdienst arbeitete. Rothermund verließ das FBI 1954 und fing 1955 bei Hunt an.

Curington war bei diversen Unterredungen der beiden Männer zugegen, als von Martin Luther King die Rede war. Gewöhnlich kam Hoover ins Hotelzimmer des Alten. Beide waren vom Haß gegen King erfüllt, aber Hoovers Abscheu war eher persönlich motiviert, leidenschaftlicher, fanatischer. Hoover versorgte Hunt regelmäßig mit einer beträchtlichen Menge an Unterlagen und Material, das gegen King verwendet werden sollte, vor allem durch den rechtslastigen, überregionalen Rundfunksender *Life Line*, der dem Ölbaron gehörte. King war ein ständiges Opfer von *Life-Line*-Pöbeleien, und wenn der Geifer verspritzt war, sorgte Hoover für Nachschub. Curington fiel ein Treffen Hunts und Hoovers in Chicago ein. Um diese Zeit hatte gerade die nationale Ärztetagung der American Medical Association stattgefunden, auf der Milford Rouse zum Präsidenten gewählt wurde (ich stellte nachher fest, daß es im Juni 1967 gewesen sein mußte). Bei ihrer Unterredung im Hotelzimmer soll Hunt zu Hoover gesagt haben, die täglichen Verleumdungen seines Radiosenders genügten, um King fertigzumachen. Hoover genügte das jedoch nicht. Mit King müsse »ein für allemal Schluß gemacht werden«, anders sei er nicht zu stoppen. Nach Kings Ermordung gab Hunt gegenüber Curington zu, daß Hoover recht behalten hatte.

Außerdem erfuhr ich, daß der Alte ein Privattelefon in einer Schreibtischschublade versteckte. Das Telefon war auf den Namen eines Verstorbenen angemeldet, John McKinley. Auf diesem Apparat pflegte Hunt Anrufe in heiklen Angelegenheiten zu empfangen oder selbst zu tätigen. Nur ganz wenige Leute bekamen die McKinley-Nummer. Hoover gehörte dazu, und er rief immer nur auf diesem Apparat an.

Im April 1968 produzierte *Life Line* sechsmal die Woche ein tägliches Viertelstundenprogramm, das in ganz Amerika auf 429 Sendern in 398 Städten Verbreitung fand. Zwischen 1967 und 1968 hatte Hunt fast 200.000 Dollar allein für dieses Programm aufgewandt. Curington enthüllte, daß die gesamte Finanzierung, ebenso wie andere zwielichtige, oft verdeckte Machenschaften, von Hunt über die H. L. H. Products Inc. abgewickelt wurden. Curington führte die Geschäfte dieser Firma, hinter deren Fassade der Alte seine politischen Aktivitäten verbarg. Das war der Grund für die Prozesse, die Hunts Söhne, Bunker und Herbert, sowie der Neffe Tom Hunt 1969 gegen Curington und Paul Rothermel wegen Unterschlagung anstrengten: die Profite wurden auf Geheiß des Alten ständig abgezweigt, Zuschüsse über Mittelsmänner gesammelt und verteilt. Schließlich wurde James' ehemaliger Anwalt, Percy Foreman, der auch die Hunts vertrat, der Mitwirkung beim Anzapfen der Telefone von Hunt-Gehilfen wie Curington und Rothermel beschuldigt, als Beweise für den Unterschlagungsverdacht gesammelt wurden.

Curington gab auch die gemeinsamen Freunde seines ehemaligen Chefs und Hoovers an, darunter einige Häuptlinge des organisierten Verbrechens. Hunt kannte nicht nur die Spieler Frank Erickson (dem er einmal 400.000 Dollar schuldete) und Ray Ryan (der gleichzeitig bei ihm in der Kreide stand), sondern auch Frank Costello (Hoovers Mafia-Verbindungsmann) und Meyer Lansky. Clyde Lovingood, der noch weitere heikle Kontakte dieser Art für ihn arrangierte, bestätigte die Verbindung zu Lansky. Ferner gehörten Carlos Marcello und der Dallas-Pate Joe Civello zu Hunts Gangsterfreunden.

Später fand ich in Curingtons Akte einen Nachruf der *Dallas Morning News* auf Civello vom 19. Januar 1970. Daraus ging hervor, daß eines der Vorstandsmitglieder von H. L. A. Products, John H. Brown, zu den Sargträgern bei Civellos Begräbnis gehörte. Andere Sargträger waren zum Teil Baton-Rouge-Verwandte Civellos aus der Polito-Familie, die seit langem mit Carlos Marcello verbündet war. Brown wohnte bei Civello gegenüber, und als das FBI einen Informanten in Civellos Nähe suchte, sammelte Curington für Brown – im Einvernehmen mit Civello – unverdächtige kleine Mitteilungen, um die Kontakte Hunts sowohl mit dem Büro als auch mit dem Gangstermilieu zu verschleiern. Curington glaubte zwar nicht, daß Hoover je etwas getan hätte, was nicht in Civellos Interesse lag, aber Wissen ist Macht, und der FBI-Chef wollte soviel wie irgend möglich wissen. Hunt vertraute auch gewissen Leute in Houston, die mit Marcello versippt waren.

Was die Politik anging, so gehörten Sam Raybourn, ehemaliger Sprecher des Repräsentantenhauses, und sein Protegé Lyndon B. Johnson zeitlebens zu Schlüsselfiguren in Hunts Einflußsphäre.

Andere Verbündete Hunts und Nutznießer seiner Großzügigkeit waren beispielsweise John Connally in Texas und Senator James Eastland in Mississippi, der im Senat dem rechtslastigen Unterausschuß für Innere Sicherheit angehört hatte. Curington behauptete, all diese Leute hätten Zahlungen und Zuwendungen von Hunt erhalten, die nicht über die Bücher liefen, sondern auf ganz unterschiedlichen Wegen übermittelt wurden. Connally oder Eastland verkauften beispielsweise ihr Vieh weit über Preis an Hunt. Ein Staatsbeamter in Louisiana sei der Vermittler von

Barzahlungen an Jimmy Hoffa und die Teamsters-Gewerkschaft gewesen, deren Unterstützung man sich versicherte, um die Arbeiter in Unternehmen der Hunt-Gruppe ruhigzustellen. Gegründet hatte Hoffa sein Gewerkschaftsimperium mit der Belegschaft einer Hunt-Firma in Muncie, Indiana. Die Teamsters-Connection wurde nicht selten benutzt, um widerspenstige Angestellte Hunts einzuschüchtern oder kaltzustellen.

Der tägliche Kontakt H. L. Hunts zu Lyndon B. Johnson in politischen Fragen sei, so Curington, über den ehemaligen FBI-Mann Booth Mooney gelaufen, der zum engsten Beraterkreis des Präsidenten zählte. Mooney sorgte für den reibungslosen Informationsaustausch zwischen Hunt und Johnson und schrieb zugleich über die Hälfte der *Life-Line*-Sendemanuskripte, vor allem die gegen Martin Luther King gerichteten.

Was die Ermordung Martin Luther Kings anbelangt, will Curington gehört haben, wie Hoover am 4. April, kurz nach dem Attentat, bei Hunt anrief. Er habe empfohlen, die für den Abend und den morgigen 5. April vorgesehenen Attacken gegen King vom *Life-Line*-Programm abzusetzen. Anschließend wurde Curington in Hunts Privatwohnung zitiert und angewiesen, mit Hilfe eines Sekretärinnenteams alle Lizenzsender anzurufen. Am Tag nach dem Attentat buchte Curington, im Auftrag Hunts und seiner Frau, ein Zimmer im Holiday-Inn-Hotel von El Paso, Texas. Die Tickets wurden auf die Namen Curingtons und seiner Frau ausgestellt. Außerdem nahm Hunt auch Curingtons American-Express-Karte mit. Am 5. April schrieben sich die Hunts als John und Mary Ann Curington ins Gästebuch des Holiday Inn ein. Curington zufolge, der mir eine Kopie der Hotelrechnung überließ, soll Hunt vor dem Verlassen des Hotels am 6. April ein Ferngespräch getätigt haben. Möglich, daß er dabei eine unangenehme Nachricht empfing, die ihn zur sofortigen Abreise nötigte. Danach sei er für ungefähr zehn Tage verschwunden. Bei der Durchsicht ausgewählter Firmenunterlagen, die mir Curington überließ, entdeckte ich eine Aktennotiz, die nach Curingtons Meinung von Paul Rothermel am 9. April 1968 verfaßt worden sei. Offenbar spielte Martin Luther King nach seinem Tod eine wichtige Rolle für Hunt. »Am 6. April um 6.50

Uhr rief Mr. Hunt aus El Paso an und meinte, ein Buch über Martin Luther King müsse dringend geschrieben werden.« In diesem Buch sollte nachgewiesen werden, daß King »praktisch ein Kommunist« gewesen sei. Die Notiz verzeichnete einen weiteren Anruf um 8.00 Uhr; es wurden noch »mehrmals« Nachrichten hinterlassen, »alle über die Wirkung, die das Buch haben sollte«. Hunt soll sogar einen Titel vorgeschlagen haben: »Die King-Karriere«.

Auch Curington hatte an jenem Morgen mit Hunt gesprochen, der immer nur über das Buch reden wollte. Doch als sie sich schließlich ein ganzes Wochenende mit dem Projekt um die Ohren geschlagen hatten, verwarf er es plötzlich. Curington spekulierte, irgend jemand, vielleicht Hoover, müsse Hunt geraten haben, die Sache fallenzulassen, damit keine schlafenden Hunde geweckt würden. Trotzdem wurde deutlich, daß sich H. L. Hunt am Wochendende nach dem Attentat ausgiebig mit King beschäftigt hatte.

Am Ende unserer Unterredung fiel mir auf, daß John Curington ein Vierteljahrhundert später noch großen Respekt vor dem Alten hatte, von dem er sagte, er habe sich in ganz anderen Sphären bewegt »als wir kleinen Würstchen«.

In der letzten Aprilwoche flog ich von Dallas nach Miami und traf Jim Johnson in Fort Lauderdale. Er hatte den Tag mit Harry verbracht, dem US-Indianer, der Rosenson auf diversen Schmuggelreisen und Waffentransporten nach Mexiko begleitet haben soll. 1968 lebte Harry in Miami und besaß einen weißen Mustang. Nach Johnsons Überzeugung war er mit Raul identisch. Mir kam das eher unwahrscheinlich vor. Am anderen Morgen unterhielt ich mich vier Stunden mit ihm. Obwohl er oft in verdeckten Operationen für Regierungsbehörden, Carlos Marcello und sogar die Dixie-Mafia (eine locker verbundene Gruppe professioneller Killer) unterwegs gewesen war, hielt ich ihn eindeutig nicht für Raul. Dennoch konnte er natürlich mit Leuten zu tun haben, die in das Attentat auf King verwickelt waren.

Dann reiste ich nach New Orleans weiter, um Randy Rosenson zu interviewen. Vielleicht war der hochrangige Staatsbeamte aus

Tennessee mit jenem identisch, der ihn kurz vor der HSCA-Vernehmung in Richmond, Virginia, besucht und bedrängt hatte, er solle seine Freundschaft mit Ray eingestehen. Doch Rosenson konnte es nicht mit Gewißheit sagen.

James war für den 25. Mai zu einer Bewährungs-Anhörung vorgeladen. Es war das erste Mal, daß er vor ein solches Gremium trat. Bei diesen Anhörungen geht es nicht um Schuld oder Unschuld. Vielmehr wird mit Rücksicht auf die bisherige Führung und andere Faktoren geprüft, ob der Gefangene die Voraussetzung für eine bedingte Haftentlassung erfüllt. Mir war klar, daß die Entscheidung des Gremiums ausschließlich politischen Rücksichten folgen würde und schon im vorhinein gefallen war. Infolgedessen nahmen wir uns vor, die Anhörung zu nutzen, um die Öffentlichkeit auf James' Unschuld aufmerksam zu machen.

Das Medieninteresse war gewaltig. Die Verhandlung wurde im Gerichts-TV übertragen, ausführliche Artikel erschienen in der Presse – all das war erstaunlich, angesichts der Tatsache, daß über das Zugeständnis der Beweisanhörung kaum berichtet worden war. Jim Lawson und Hosea Williams traten zu James Gunsten auf und forderten seine Freilassung. James' Ex-Gattin Anna gefiel sich erneut in der Rolle der Denunziantin. Generalstaatsanwalt John Pierotti – zum ersten Mal persönlich bei einer Bewährungs-Anhörung zugegen – beschwor den furchtbaren Verlust, den die Nation mit Dr. King erlitten habe. Diese Schuld könne James auch in hundert Jahren nicht abtun. Mir ekelte vor dieser politischen Vereinnahmung Kings durch den Generalstaatsanwalt.

Ich rief das Gremium auf, die Entscheidung unabhängig vom Gouverneur zu treffen, der es nur berufen hatte, um gleich darauf öffentlich für die Ablehnung des Antrags zu plädieren. Es sollte auch nicht auf die Behauptungen des ehemaligen Gremienvorstands hören, der James die Bewährung versagen wollte, solange er sich nicht eindeutig zur Schuld bekannte. Nach drei Stunden Gezerre um seine bisherige Führung wurde klar, daß der Häftling durch das Gremium längst vorverurteilt war. Ein

Versprecher, den sich eins der Mitglieder leistete, ließ darauf schließen. Die Bewährung wurde verworfen. In fünf Jahren, wenn er volle dreißig Jahre abgesessen hatte, durfte James einen neuen Antrag stellen. Seine wütende Reaktion war mehr als verständlich.

In der Pressekonferenz nach der Anhörung wurde Pierotti nach dem ballistischen Test der Tatwaffe gefragt und traf die ungewöhnliche Feststellung, er wisse nicht, ob James unschuldig sei, und brauche es auch nicht zu beweisen. Soviel zum Anspruch eines öffentlich bestellten Anklägers, der Wahrheit zum Recht – und dem Recht zur Wahrheit zu verhelfen!

Ich war überzeugter denn je, daß all unsere Hoffnung vor dem Richtertisch Joe Browns lag. Richter Brown drängte schon seit einiger Zeit darauf, daß wir den Antrag auf ballistische Tests der Kugeln und der angeblichen Tatwaffe einreichten. Mit einiger Wahrscheinlichkeit würde die Anklage gegen die Bewilligung dieses Antrags Einspruch erheben und die Beweiserhebung hinauszögern wollen. Daher schien es mir ratsam, die Tests erst nach der Bewährungs-Anhörung zu beantragen, damit das Gremium nicht unter dem Einfluß eines Rückschlags im Appellationsverfahren urteilte, was sehr wohl möglich gewesen wäre.

Ich kehrte nach England zurück, nur um acht Tage später wieder nach Memphis zu fliegen, wo wir uns auf einen Testschuß mit dem Gewehr vorbereiteten, der am Montagmorgen, dem 6. Juli, stattfinden sollte. Der Richter hatte die Untersuchung in Shelby County angeordnet, womöglich im Schießstand des Sheriff's Department, was sich aber nicht verwirklichen ließ. Nach Rücksprache mit unserem Ballistik-Experten, Chuck Morton, beschloß ich, selbst einen Schießstand auf dem Gelände des Amts zu errichten. Wir besorgten einen 600-Pfund-Ballen Baumwolle und siebzehn 60x90x45 cm große Pappkartons, die wir mit Baumwolle füllen und hintereinander anordnen wollten. In diesen Baumwoll-Tunnel sollten die Testkugeln gejagt werden; unser Ermittler Cliff Dates war bereit, als Schütze zu fungieren. Ich kaufte eine Schachtel 150-körnige Remington-Rundkopfmunition und auf Mortons Vorschlag eine weitere Schachtel Zentralfeuerpatronen mit Messinghülse, wie sie beim Militär verwendet werden. Er wollte Testkugeln beider Sorten in verschiedenen Winkeln abfeuern, wieder einsammeln und vor Zeugen in einem Päckchen versiegeln lassen, bevor der nächste Schuß abgegeben wurde.

Ein Physiklehrer namens Wallace Milam, der sich mit der Analyse von Spurenelementen im allgemeinen und mit Neutronen-Aktivierungstests im besonderen auskannte, besorgte die Entnahme von Bleiproben, die gewogen, versiegelt und einem mit der Analyse beauftragten Labor übergeben wurden. Mir wäre natürlich lieber gewesen, wenn der damit betraute Chemiker selbst vor Ort die Proben entnommen, und Chuck Morton alle ballistischen Tests selbst koordiniert hätte. Doch dafür fehlten uns einfach die Mittel.

Es war gegen 22.30 Uhr an jenem Samstagabend (4. Juni), als ich einen Anruf von Nathan Whitlock erhielt, der Frank Liberto in den 70er Jahren gekannt hatte, und dem Liberto selbst gestanden haben sollte, das Attentat auf King vorbereitet zu haben. Whitlock arbeitete nachts als Taxifahrer; an jenem Abend fuhr er eine Limousine, in der er mich mitnahm, so daß wir uns unterhalten konnten. Er berichtete mir von seinem Gespräch mit »Mr. Frank« (Frank C. Liberto) vor rund sechzehn Jahren. Seine Mutter, Lavada Whitlock, war Eigentümerin eines Restaurants gewesen, das an der Strecke zwischen Libertos Anwesen und den Geschäftsräumen der L, L & L Produce Company lag. Fast täglich kehrte der Großhändler hier morgens zum Frühstück ein oder schaute nach Feierabend auf einen Dämmerschoppen herein. Wenn er ein paar Drinks intus hatte, pflegte er Lavada Whitlock sein Herz auszuschütten. Seine Mutter, erklärte Nathan, sei dann hinter der Theke hervorgekommen, habe sich an Libertos Tisch gesetzt und mit ihm geredet. Die Themen ihrer Gespräche reichten von Klagen über die Ehefrau (deren Leidenschaft das Glücksspiel war) und die Freundin (die nach seiner Überzeugung nur hinter dem Geld her war) bis hin zum Eingeständnis, daß er Martin Luther Kings Ermordnung ins Werk gesetzt habe. Nathan berichtete, wie aufgeregt er gewesen sei, als er davon gehört habe; fürchtete er doch, Mr. Frank würde seine Mutter in die »Gangstergeschichten« mit hineinziehen. Nathan war häufig als Gitarrist unterwegs, doch zwischen den Konzertreisen bediente er auch im Restaurant seiner Mutter und zapfte Bier für Mr. Frank. Manchmal ließ Liberto sich sogar etwas auf der Gitarre vorspielen – sein Lieblingsstück sei, so Nathan, »Malaguena« gewesen. Außerdem schickte er Nathan gelegentlich mit seinem Lieferwagen in die Stadt zurück, um etwas abzuholen, was er im Großmarkt vergessen hatte. Derlei Gefälligkeiten ließ sich Liberto zehn bis zwanzig Dollar kosten.

Nathan berichtete, daß Liberto bei jeder Gelegenheit Eindruck schinden wollte. Dicke Rollen mit Geldscheinen und ein Ring aus Jade, Diamant und Gold, den ihm angeblich Elvis Presley geschenkt hatte, waren die Attribute, die er zur Schau stellte. Sie wurden trotzdem recht gute Freunde.

Ein anderer Kunde des Restaurants nahm Nathan einmal beiseite und riet ihm, vorsichtiger zu sein, denn Liberto sei von der Mafia. Nathan, der damals etwa 18 Jahre alt war, wollte von Liberto selbst hören, ob er in der Mafia sei, und welchen Zweck diese Organisation verfolge. Liberto erklärt ihm, die Mafia sei ein ganz normaler Zusammenschluß von Geschäftsleuten, die sich bloß »um ihre Geschäfte kümmern«. Er fügte hinzu, als junger Kerl habe er mit Carlos Marcello einen Gemüsekarren in New Orleans geschoben. Damals begriff Nathan nicht, was das heißen sollte, denn er hatte keine Ahnung, wer Marcello war.

Weil er sich wegen Mr. Franks Gespräch mit seiner Mutter ängstigte, wollte er ihn selbst zur Rede stellen. Eines Nachmittags im Jahr 1978, kurz bevor Nathan wieder verreisen wollte, kam Liberto herein, bestellte ein Bier und setzte sich an den Tisch vor der Wand, an der sein Foto neben denen der übrigen Stammkunden hing. Nathan verwickelte den 300 Pfund schweren Großhändler in ein Gespräch und fragte ihn auf den Kopf zu, ob er King umgebracht habe. Mr. Frank habe ein Gesicht gezogen, als drehte sich ihm der Magen um. Er fragte den Jungen, ob seine Bude verwanzt wäre. Nathan dachte, er wolle sich wegen Ungeziefer im Lokal beschweren, und verneinte heftig.

»Du hast mit deiner Mutter gesprochen, stimmt's?« fragte Liberto und fuhr dann fort: »Ich hab' den Nigger zwar nicht selbst abgeknallt, aber dafür gesorgt, daß es geschieht!«

Nathan entgegnete, James Earl Ray habe die Tat doch gestanden. Liberto machte eine wegwerfende Handbewegung. »Ach der, das war bloß so'n Armleuchter aus Missouri.« Wie er sich ausdrückte, sei James nur als »Bauernopfer » dabeigewesen und »vorgeschickt« worden. Doch davon brauche Nathan nichts zu wissen. Schließlich sei Liberto aufgestanden und habe mit der Rechten ausgeholt, als wolle er Nathan schlagen: »Wehe, du sagst es weiter, Lausekerl!« Er funkelte ihn böse an, lief auf und ab, überlegte einen Moment, dann fügte er hinzu: »Du gehst doch nach Kanada, oder?« Nathan bejahte. Der Großhändler schwieg eine Weile, und Nathan kehrte hinter die Theke zurück, um einen Gast zu bedienen. Als er wieder an Libertos Tisch trat, stand das Bierglas noch auf dem Tisch, aber Mr. Frank war verschwunden.

Er sah Liberto nie wieder, doch Anfang 1979, als er noch unterwegs war, schickte ihm seine Mutter einen Brief, in dem es hieß, Frank Liberto sei verstorben. Nathan stimmte es traurig, daß sie damals mehr oder weniger in Feindschaft auseinandergegangen waren.

Am darauffolgenden Montag übergab mir Nathan eine schriftliche Fassung seiner Gespräche mit Liberto und zeigte mir überdies Fotos des Großhändlers, wie er am Tisch im Restaurant seiner Mutter saß (vgl. Abb. 18 im Bildteil).

Einige Zeit danach berichtete Nathan dem Generalstaatsanwalt direkt über seine Erlebnisse und wurde anschließend von Pierottis Leuten in die Mangel genommen. Er behauptete später, sie hätten versucht, seine Geschichte zu widerlegen, aber er blieb unbeirrt. (Nathan und seine Mutter sagten später unter Eid aus.)

Am 5. Juni klopften Wayne Chastain und ich zum ersten Mal bei Willie Akins an. Im Laufe der dreistündigen Sitzung schilderte er, wie er Loyd Jowers kennengelernt und mit der Zeit von dessen Beteiligung am Attentat erfahren hatte. Daß er Betty gewaltsam eingeschüchtert hatte, gab er im wesentlichen zu, doch die Umstände seien völlig anders gewesen. Nie habe er den Auftrag erhalten, Betty zu töten. Auch die Schüsse in ihr Sofa wollte er nicht als Morddrohung gelten lassen. Hätte er sie umbringen wollen, wären die Schüsse wohl kaum danebengegangen. Vielmehr seien er und Betty damals ein Paar gewesen, und er hätte sie mit einem anderen Mann auf dem Sofa erwischt.

Es schien, als habe Jowers ihn erst vor kurzer Zeit in die King-Affäre eingeweiht. An dem Abend, als John Edgintons Dokumentarfilm in den Staaten lief (in dem Earl Caldwell beschwor, eine Gestalt im Buschwerk gesehen zu haben), habe Jowers ihn angerufen und gesagt: »Weißt du was, Big N [Jowers pflegte ihn so zu nennen; das »N« stand für Nigger], die Gestalt in den Büschen, von der er redet – das war ich!«

Akins ließ keinen Zweifel daran, daß Betty die Wahrheit sagte. Jowers war, als der Schuß fiel, draußen in den Büschen gewesen. Einmal hatte ihm Jowers vorgejammert, der Chauffeur habe ihm am meisten geschadet. Gemeint war damit wohl der lang gesuchte Solomon Jones. Akins kommentierte auch das Hin und Her mit der wirklichen Tatwaffe. Wenn er recht verstanden habe, dann sei es Jowers gewesen, der sie eine Zeitlang unter Verschluß hielt. Er glaube sogar, Jowers wisse noch heute, wo das Gewehr sei. Ich hielt das für unwahrscheinlich, zumal Jowers als drittrangiger Teilnehmer der Verschwörung erschien.

Auch über die Frage nach dem Auftrag, Frank Holt zu beseitigen, äußerte sich Akins ganz in meinem Sinne. Gut möglich, daß sich Akins die Einzelheiten nach und nach selbst zusammengereimt hatte, denn Jowers hatte ihm keineswegs alles gesagt.

Obwohl er mich über manche Sachverhalte eindeutig belogen hatte, bestätigten Akins' Auskünfte einmal mehr Jowers' Verwicklung in das Attentat. Blieb nur die Frage nach der eigentlichen Tatbeteiligung. War er tatsächlich allein draußen gewesen? Hatte er selbst den Schuß abgegeben? Zunehmend kam ich zu der Überzeugung, daß beides mit Nein zu beantworten war. Jemand, oder mehrere, waren bei ihm gewesen.

Am folgenden Montagmorgen, dem 6. Juni, nach einem Frühstück bei Nathan Whitlock, fuhr ich mit Ermittler Cliff Dates zum Sheriff-Department hinaus, und wir begannen mit dem Bau des Kugelfangs. Wayne gesellte sich mit Wallace Milam und seinem Partner zu uns.

Dates und ich waren gerade dabei, die Kartons von Hand zu füllen, als der Hilfssheriff herauskam und uns mitteilte, daß heute keine Schießübung stattfinden könne. Der Generalstaatsanwalt habe verlangt, einen Ballistik-Experten des FBI hinzuzuziehen, mit dem erst ein Termin vereinbart werden müsse. Obwohl nie zuvor davon die Rede gewesen war, befand der Richter die Idee für gut und willigte ein. Wieder einmal wurden wir aufgehalten. Ich kehrte nach London zurück.

Während Dates und ich auf dem Schießstand waren, hatte sich ein Mann namens Robert McCoy im Gerichtsgebäude nach mir erkundigt. Er war eigens aus Milwaukee angereist, um seine Geschichte zu erzählen. Da er mich nicht antraf, hinterließ er eine Nachricht auf Chastains Anrufbeantworter. Ich sprach erst fünf Tage später mit ihm, am 11. Juni. Er glaubte, er sei im Jahr 1967, als 18jähriger Aktivist der schwarzen Bürgerrechtsbewegung in Carthage, Mississippi, zufällig in einen konspirativen Anschlag auf Martin Luther King geraten. Der Sheriff verdächtigte McCoy als Aufrührer und hatte ihn am 1. Dezember unter einem Vorwand verhaften lassen. Unter falscher Anschuldigung wurde er festgehalten, bis ein FBI-Agent auftauchte, um ihn zu vernehmen. McCoy erzählte, man habe ihm mit dem Tode gedroht, falls er eine Undercovertätigkeit für das FBI ablehne. Um sich aus der Klemme zu befreien, hatte er akzeptiert. Der Agent holte ein kleines schwarzes Buch heraus und fragte ihn nach einer Reihe von Bürgerrechtsführern und ihrem Einfluß auf die örtliche Bewegung. In erster Linie verlangten sie von ihm, daß er sich bei der SCLC engagiere, um mehr über Martin Luther Kings Pläne zu erfahren, zum Beispiel, wann er wieder nach Mississippi käme.

Besonders interessiert hätten sie sich danach erkundigt, was McCoy von Kings Wahlkampf-Ambitionen wisse, ob er Präsidentschaftskandidat oder Vize neben Robert Kennedy werden wolle. Nachdem er das Büro des Sheriffs verlassen durfte, verschwand McCoy aus der Gegend. Später zog er nach Wisconsin. McCoys Erlebnisse waren ein weiteres wichtiges Zeugnis für die Panik des Büros und seiner Verbündeten vor den politischen Plänen Martin Luther Kings.

Zu Beginn der folgenden Woche ließ uns der Generalstaatsanwalt wissen, daß ein FBI-Ballistikexperte am Donnerstag, dem 16. Juni, anwesend sei, um die Testschüsse mit dem Gewehr ebenso zu überwachen wie die Entnahme von Bleiproben aus den Kugeln und dem tödlichen Geschoß. Zur gleichen Zeit ließ Pierotti allerdings erkennen, daß er gegen Richter Browns Bewilligung von ballistischen Tests und neuen Beweisanträgen durch die Verteidigung Rechtsmittel einlegen würde.

Mittwochs flog ich von London ab, um die Schießübungen durchzuführen, doch als ich eintraf, hatte der Court of Criminal Appeals eine einstweilige Verfügung erlassen. Ich konnte nicht viel mehr tun als eine Pressekonferenz zu geben, um die Arglist des Generalstaatsanwalts anzuprangern. Zunächst hatte er die Verzögerung erreicht, weil er uns einen FBI-»Experten« schicken wollte; das war aber anscheinend nur ein Vorwand gewesen, um unser Vorgehen auf Dauer zu unterbinden. Wir bereiteten einen eigenen Antrag vor, um die Beweisprüfung voranzubringen.

Wayne und ich versammelten die Vertreter der Lokalpresse. Zwei TBI-Agenten saßen in einigem Abstand daneben, einer schrieb im Verlauf der Konferenz alles mit. Ich stellte fest, daß die verzweifelten Bemühungen des Generalstaatsanwalts, uns Knüppel zwischen die Beine zu werfen, im Grunde nur die Fortsetzung der damaligen Täuschungsmanöver seien. Die Journalisten sollten ihn doch mal fragen, was er zu befürchten habe, wenn er die Tests erlauben würde? Doch als Pierotti sie später empfing, fragten sie ihn bloß, wie ich denn seiner Meinung nach die Beweise an die Öffentlichkeit bringen solle. Ich könne ja ein Buch darüber schreiben, gab er wütend zurück. Allmählich kam es mir vor, als sei dies tatsächlich der einzig gangbare Weg.

Ich prophezeite den Medien auch, daß ich den US-Generalbundesanwalt bitten würde, sich in den Fall einzuschalten, jedoch nicht mittels einer Untersuchung des Justizministers, sondern durch Bevollmächtigung einer Grand Jury des Bundes, die Zeugen zu vernehmen. In der folgenden Woche formulierten wir diesen Antrag.

Abermals hatte ich das vertraute Gefühl, wir würden in einer Sackgasse stecken. Meine Ungeduld wuchs, als Wayne mir einen Stapel Geheimpapiere der Anklage überbrachte. In beeideten Stellungnahmen hatte Pierotti behauptet, durch unsere Testverfahren würden »Beweismittel irreversibel geschädigt« und »künftiger prozessualer Verwendung entzogen«. Würde die Berufungsinstanz naiv genug sein, diesen Unsinn zu glauben?

Ich stattete Art Hanes senior und Art Hanes junior (inzwischen Richter) einen Besuch ab. Beide hatte ich seit sechzehn Jahren nicht gesehen. Ich wollte mir noch einmal das alte Verteidigungsmaterial daraufhin ansehen, ob etwas zu James Gunsten dabei war. Doch ich sollte kein Glück haben. 1977 hatten sie die gesamte Akte, einschließlich der Interviews aus ihrer ersten Ermittlungen, dem HSCA geschickt und nie wiederbekommen. Später wurde sie mit dem Rest der HSCA-Ermittlungsakten auf fünfzig Jahre gesperrt. Das hieß, daß auch James spätere Anwälte, denen dieses Akte eigentlich zustünde, sie weder einsehen noch benutzen konnten. Das war ein weiteres Beispiel für die Verletzung von James' Recht auf gleichberechtigte und ungehinderte Verteidigung.

Auch der Berufung des Generalstaatsanwalts gegen den Entscheid von Richter Joe Brown, uns ein Beweis-Anerbieten zu gewähren, mußten Wayne und ich formell widersprechen.

Der Tennessee-Appellationshof hatte für den 16. August eine mündliche Anhörung über das Berufungsbegehren angesetzt. Da ich zu diesem Termin verhindert war, beantragten wir, ihn um eine Woche zu verschieben. Das wurde abgelehnt, denn der Vorsitzende beschied mir, daß meinem Antrag auf Teilnahme vor den unteren Instanzen bei der Berufungsinstanz der Anklage nicht zwingend stattgegeben werden mußte. Ich hätte also vor zwei Berufungsinstanzen der Anklage separat darauf klagen müssen, um teilnehmen zu dürfen, wofür ich keine Zeit hatte. Von einer solchen verfahrenstechnischen Spitzfindigkeit hatte Wayne noch nie gehört. Infolgedessen erschien Wayne allein und ergriff das Wort. Wie erwartet, war uns auch dieser Gerichtshof feindlich gesonnen. Das Urteil wurde für September erwartet.

Ich eröffnete daraufhin noch eine weitere Prozeßfront, und strengte in James' Namen Zivilklage gegen Loyd Jowers an. Immerhin hatte Loyd Jowers in einer landesweit und zur besten Sendezeit ausgestrahlten Fernsehsendung seine Schlüsselrolle bei der Tat, für die James jetzt seit 25 Jahren hinter Gittern saß, eingestanden. Außerdem hatte Jowers öffentlich zugegeben, daß James ein Strohmann sei und gar nicht gewußt habe, was damals vorgegangen sei. Infolgedessen hatten Jowers Taten und sein fortgesetztes Schweigen dazu beigetragen, daß James schuldlos verurteilt worden war.

Am Donnerstag, dem 25. August, reichten wir vor einem Zivilgericht Klage gegen Loyd Jowers, Raul und andere unbekannte Parteien ein. Wir führten aus, daß Jowers Teilnehmer einer Verschwörung gewesen sei, die im weiterem Verlauf James Earl Ray 25 Jahre lang zu Unrecht seiner Freiheit beraubt habe. Das alles gipfelte in der neuen, zusätzlichen Schadensersatzklage über 6.500.000 Dollar unmittelbaren Schadensersatz und ein Strafgeld von 39.500.000 Dollar.

Als ich im September wieder in London war, kam mir eine Aufnahme in einem Bildband des *Commercial Appeal* vor Augen.[66] Es war ein Schnappschuß des MPD-Beamten Louis McKay, wie er das Bündel im Eingang zu Canipe's Spielhalle bewacht. Im ersten Moment dachte ich, diesen Anblick schon auswendig zu kennen. Dann bemerkte ich, daß dieses Bild anders war als alle diejenigen, die ich schon ein dutzendmal gesehen hatte. Dieses Foto war aus dem Blickwinkel nach Süden, zur Feuerwache hin aufgenommen. Im Hintergrund oben rechts war eine Hecke zu sehen, die zwischen Parkplatz und Feuerwache emporragte. Das machte mich neugierig. Zwar gab es Gerüchte von einer

Hecke an dieser Stelle, doch hatten wir nie ein Bild von ihr gesehen. Als ich die Aufnahmen vom Tatort im Gerichtsarchiv prüfte, schien gerade diese Hecke der Kameralinse immer wieder entgangen zu sein. Dann stieß ich auf ein Foto, das die Wurzeln der frisch geschnittenen Hecke zeigte. Ich war damals erstaunt und wunderte mich, daß ich dieses Foto bisher übersehen hatte. Von den übrigen Bildern her zu schließen, konnte man glauben, daß dort nie eine Hecke existiert hatte. Das war natürlich nicht ganz unwichtig, denn die behördlichen Ermittler waren immer davon ausgegangen, daß James einen Polizeiwagen sah, der am Bürgersteig stand, und in einem plötzlichen Anfall von Panik das Bündel fallenließ. Wie bereits gezeigt worden ist, gab es keinen Polizeiwagen an der betreffenden Stelle (er parkte achtzehn Meter weit vom Bürgersteig entfernt). Aber selbst wenn er dort gewesen wäre, hätte die Hecke die Sicht versperrt und die offizielle Version Lügen gestraft.

Es gab keinen Zweifel mehr, daß dort zur Tatzeit eine Hecke gestanden hatte. Einige Zeit danach – vielleicht anderntags, als das Gebüsch hinter der Pension gerodet wurde –, beseitigte man sie ebenfalls und vernichtete alle Belege ihres Vorhandenseins. Die Aufnahme, mit der Ewing beim Fernsehgericht seine Ausführungen illustriert hatte, zeigte einen deutlich sichtbaren Polizeiwagen, der am Rand der Einfahrt halb auf dem Bürgersteig parkte. Dieses und ähnliche Fotos waren offenbar gestellt und wurden nach der Veränderung des Tatorts aufgenommen. Die gestellten Fotos mit dem Polizeiwagen zeigten ganz andere Reklametafeln als jene, die am Tag des Attentats und am Tag danach aufgenommen wurden! Die Plakate auf den Bildern mit der geschnittenen Hecke hingegen waren identisch mit denen, die zur Tatzeit dort hingen. Ein weiterer Beweis für das Vorhandensein der Hecke lieferte die HSCA-Zeichnung des Tatorts (MLK-Ausstellungsstück F-19).[67] Später hat auch der Ex-Feuerwehrmann William King die Existenz der Hecke bestätigt. Um die Behauptung der Anklage zu stützen, war also nicht nur der Grünstreifen hinter der Pension zurückgeschnitten worden, sondern auch der an der South Main Street (vgl. Abb. 20, 21 und 23 im Bildteil).

Mit 2 zu 1 Stimmen machte der Appellationshof die einstweilige Verfügung, die unseren Waffentest verhindern sollte, endgültig, und hinderte auch Richter Brown daran, unseren Beweisantrag zu hören, der uns Zugang zu einem großen Teil der Beweismittel verschafft hätte. Richter Summers, der den ursprünglichen Aussetzungsbeschluß unterzeichnet hatte, schrieb ein abweichendes Urteil. Darin hieß es, es sei unerhört, daß der Appellationshof das historische Recht eines Gerichtsvorsitzenden, Beweise zu prüfen, in dieser Weise einschränkte. Der Richter hielt dies für einen bedenklichen und nicht verfassungsgemäßen Vorgang und deutete an, daß wir (die Verteidigung) in der Ausübung unserer Pflicht beeinträchtigt werden könnten, wenn wir die Sache nicht vor den Supreme Court brächten. Wir legten Berufung ein und forderten eine Eilanhörung.

Chastain, ich und der Ermittler Thurston Hill trafen schließlich mit Willie Crawford zusammen. Ich wollte ihn über die Rodung der Hecke befragen und außerdem wissen, ob jemand vom MPD die Arbeiten auf der Grünfläche beaufsichtigt hatte.

Während des Gesprächs pries der ehemalige Aufseher der Memphis-Stadtwerke Martin Luther King und leugnete zugleich, daß er je das Gelände hinter der Pension betreten habe. Keinesfalls sei er damals in einem Zweimann-Team mit dem Zurückschneiden des Dickichts beschäftigt gewesen, das an die Mulberry Street grenzte und oberhalb des Lorraine lag. Daß er Dutch Goodman kenne, den Direktor Stiles als zweiten Mann beauftragt hatte, wolle er nicht bestreiten, doch auch er wäre gewiß nicht zu solchen Arbeiten angehalten worden. Ihre Arbeit hätte vor allem im Aufsammeln von Papier bestanden, nicht in der Pflege von Grünflächen.

Als ich ihn mit Stiles' Aussage konfrontierte, geriet er in Rage und verteidigte sich heftig. Außerdem, setzte er hinzu, sei der Schuldige ja längst gefaßt und inhaftiert; ich könne mir die ganze Fragerei also schenken. Er wollte auch nicht zugeben, daß Ken Herman bei ihm gewesen war, der mir vor dem Fernsehgericht ähnliche Aussagen von ihm übermittelt hatte. Crawford war sichtlich eingeschüchtert und blieb dabei, die nähere Umgebung des Tatorts nie betreten zu haben.

Jim Lawsons alter Freund John T. Fisher gehört einer alten, wohlhabenden Patrizierfamilie aus Memphis an. Er und Lawson hatten sich während des Müllfahrerstreiks angefreundet. Lawson schlug vor, ich solle ihn auf Percy Foreman ansprechen, über den er mir Informationen aus erster Hand geben könne. Im Januar 1969 hatten sie bei einem Flug von Houston nach Memphis nebeneinander gesessen.

Fisher nahm kein Blatt vor den Mund. Foreman habe sich sehr direkt geäußert und festgestellt, es sei ein Fehler gewesen, daß er Rays Verteidigung übernommen habe. Normalerweise gäbe er sich mit weißen Asozialen nicht ab, die hätten kein Geld. Er würde Ray auf bequeme Art loswerden, indem er für ihn ein Schuldbekenntnis arrangierte. Damit säße Ray in der Kiste, und weil es nach den Gesetzen Tennessees kaum eine Chance auf Wiedereröffnung des Verfahrens gäbe, wäre er ein für allemal aus dem Schneider. Foreman habe erklärt, ob Ray schuldig sei oder nicht sei ihm völlig egal – er werde ihn nur aus dem Verkehr ziehen.

Fisher war ziemlich verblüfft, daß dieser Anwalt so unverblümt über seinen Klienten redete. Es sei eine Schande, versicherte er mir, und war bereit, seine Aussage unter Eid zu wiederholen.

Am 15. Oktober machte ich mich auf den Weg ins Shelby County Correctional Center – zur »Gefängnisfarm«, wo ich Arthur Wayne Baldwin besuchen wollte. Ich hatte schon seit längerer Zeit mit Art Baldwin reden wollen, vor allem, nachdem sein Name in Tim Kirks eidesstattlicher Versicherung aufgetaucht war, die den Mordanschlag auf James betraf. Aber das Timing hatte nie gestimmt. Baldwin hatte einige Jahre in der High-Society verkehrt, als Besitzer einer lukrativen Striptease-Bar in Memphis. In dieser Zeit war er gar nicht ansprechbar gewesen. Dann geriet er unter die Fittiche der US-Regierung, die Gouverneur Ray Blanton und einige aus seinem Mitarbeiterstab der Korruption überführen wollten. Zu diesem Zeitpunkt war Baldwin noch zugeknöpfter. Nachdem ich kein Gehör bei ihm fand, wartete ich einfach ab.

Mittlerweile, nach sechzehn Jahren, schien Art Baldwin den Tiefpunkt seiner Karriere erreicht zu haben. Er war für ein relativ unbedeutendes Diebstahlsdelikt eingelocht worden. Jetzt war die Zeit gekommen, um ihm persönlich gegenüberzutreten. Dennoch machte ich mich auf eine Enttäuschung gefaßt – zu Unrecht.

In dem kleinen Gesprächszimmer, wo er mit einem Dreitagebart erschien, zeigte sich Baldwin liebenswürdig und hellwach. Inzwischen täte ihm James leid, behauptete er. Angeblich habe er gehört, daß James bei seiner Flucht im Juni 1977 geholfen worden wäre, weil man nicht wollte, daß er lebend zurückkehrte. Ich machte keinen Hehl daraus, daß ich zur selben Ansicht gelangt sei. (Steve Jacks, James damaliger Rechtsbeistand, hatte mir berichtet, daß der seiner Fluchtroute nächstgelegene Turm nicht bemannt war; daß ein zahlenmäßig starkes SWAT-Kommando des FBI unmittelbar danach erschien, wurde bereits erwähnt.) Einige Leute schienen zu fürchten, was James vor dem HSCA aussagen würde. Zum Zeitpunkt der Flucht stand die Anhörung kurz bevor.

Dann berichtete er mir von den zwei Mordaufträgen, in die er verwickelt gewesen war, und die den Zweck verfolgt hatten, James zum Schweigen zu bringen. Der erste sei vom »Paten von Memphis« gekommen, der ihm 1977 erklärt habe, die Jungs in New Orleans wollten ein für allemal reinen Tisch machen. Er zitierte ihn mit den Worten, der Mord sei verpfuscht worden. Ray sollte in Memphis erledigt werden. Angeblich sagte der Pate: »Eins, zwei, drei, *wumm*!« und schlug mit der Hand auf den Tisch. »Es wäre so einfach gewesen!« Daß der Versuch gescheitert war, sei ihm ausgesprochen peinlich gewesen; er bezeichnete Ray als einen »Stein im Schuh, den man loswerden will«. Deshalb würde er es Baldwin hoch anrechnen, wenn er die Sache zu Ende bringen würde.

Baldwin hatte wenig Lust, sich da hineinziehen zu lassen, wollte den Mann aber nicht kränken. Ein anderes Mal war er dabei, als der Pate den Großhändler Frank Liberto in die Mangel nahm. Der Pate habe ihn »wie einen Kettenhund« behandelt. Den Mordauftrag will Baldwin dann später an Tim Kirk weitergegeben haben, als er ihm im Herbst 1977 persönlich begegnete. Einige Monate später brachte er das Thema noch einmal am Telefon zur Sprache. Das war das Angebot gewesen, von dem mir Kirk berichtet hatte. Aber letztlich wurde nichts daraus.

Der Annäherungsversuch des FBI kam einige Monate später, als man Baldwin, der als Kronzeuge in dem Prozeß gegen Gouverneur Ray Blanton aussagen sollte, einen Betreuer zur Seite stellte, der in Wahrheit ein von Washington gesteuerter Agent war. Der »Betreuer« hatte Baldwin während einer gemeinsamen Fahrt von Memphis nach Nashville den Plan auseinandergesetzt. Nach diesem Plan sollten er und ein Staatsbeamter (mit Überstellungspapieren für James nach Nashville) in Brushy Mountain vorsprechen und ihn gegen 3.00 Uhr morgens abholen. Von Baldwin wurde erwartet, ihn unterwegs zu ermorden und irgendwo zu verscharren. Aus der Häftlingsliste des Brushy Mountain war er gestrichen, in Nashville wurde er nicht erwartet; es würde eine Weile dauern, bis man ihn vermißte. Die Überstellungspapiere in Brushy Mountain müsse man nur rechtzeitig verschwinden lassen. Daß niemand ihm erklären konnte, wie lange der Mord unentdeckt bleiben würde und wie man ihn letztlich vertuschen wolle, gab Baldwin zu denken. Er rechnete sich aus, daß er und vielleicht auch der beteiligte Beamte ebenso erschossen würden wie James. Deshalb lehnte er ab.

Sie hätten ihn zeitlebens von jeder Strafverfolgung freigestellt, berichtete Lawson. Der zweite FBI-Kontrollagent habe den Plan ebenfalls gekannt; außerdem will Baldwin zwei Agenten belauscht haben, die weitere Anschläge auf James diskutierten (den Ausbruch vom 10. Juni 1977 und den Plan des Paten). Daß James noch lebte, war allen Beteiligten ein Dorn im Auge. Sowohl die Mafia als auch die Regierung wollten ihn lieber beseitigen, weil sie fürchteten, die Fragen über das Attentat auf Martin Luther King würden sonst nie verstummen. Man unterstellte, mit seinem Tod wären die Zweifel weitgehend behoben.

Als James später vor dem HSCA aussagte und nichts Weltbewegendes passierte, gab man den Mordplan offenbar auf. Es war keine Rede mehr davon, und mir schien, als wären die Beteiligten inzwischen zu der Überzeugung gekommen, daß James nicht vorhatte, das wenige, was er wußte oder sich nach der Tat zusammenreimen konnte, zu enthüllen.

Baldwin war bereit, sich einem Lügendetektor-Test zu unterziehen. Seine Offenheit überraschte mich. Er hatte sichtlich die Nase voll davon, der Obrigkeit als Marionette zu dienen. Von ihm hörte ich zum ersten Mal über die Verwicklung des Paten von Memphis in das Attentat.

Ich fuhr anschließend nach Orlando zu einem der bis dahin schwierigsten Gespräche. Am 16. Oktober konferierte ich drei Stunden lang mit einem Mann, den ich Carson nennen will, und der nach meiner Einschätzung genau Bescheid wußte über die Präsenz des Militärs beim Müllfahrerstreik in Memphis – und mir entsprechende Nachweise liefern konnte.

Anfangs blieben Carson und ich auf der Hut. Er gehörte zu den intelligenten, anfangs idealistischen und patriotischen Männern, die irgendwann den Punkt erreichen, an dem sie Korruption, Irreführung und unverhohlene Kriminalität, die mit verdeckten Ermittlungen im Regierungsauftrag unvermeidlich einhergehen, nicht mehr aushalten. Carson taute erst allmählich auf, aber dann offenbarte er mehr, als ich zu hoffen gewagt hätte. Daß seine Angaben später durch ganz andere Quellen bestätigt wurden, zerstreute alle noch bei mir verbliebenen Zweifel an dem Bild, das sich allmählich zu entwickeln schien. Ich bat ihn, für mich einige Details zu recherchieren, wozu er sich widerstrebend bereit erklärte. Allerdings wolle er unter gar keinen Umständen hineingezogen werden. Carson versprach, mir irgendwann die gewünschten Informationen per Fax zuzustellen.

Bevor wir auseinandergingen, stellte Carson klar: »Dieses Treffen hat nie stattgefunden!« Ich nickte. »Und Sie sollten sehr vorsichtig sein«, setzte er hinzu. »Sonst erwischt man Sie da, wo Sie es am wenigsten erwarten.«

New Orleans war noch genau wie früher. Hier konnte man beobachten, was eine alles durchdringende Korruption mit sich bringt, die nicht nur jeden Lebensbereich vergiftet, sondern von den Bürgern als unvermeidliches Element ihres Alltags akzeptiert wird. Schlaglöcher von dieser Größe hatte ich bisher nur auf den Straßen der Bronx oder in den Ländern der Dritten Welt gesehen. Die Brücken verfielen, Stromausfälle waren an der Tagesordnung, und 1994 hatte Louisiana die schlechteste Gesundheitsstatistik im ganzen Land. Carlos Marcello, der aus New Orleans sein persönliches Imperium gemacht hatte, war tot, doch sein Erbe – Verbrechen, Gewalt, Bereicherung und Korruption im Amt – wirkte unvermindert fort.

Die New Orleans Metropolitan Crime Commission wurde in den 60er Jahren zu einem aktiven Sicherheitsteam umgeformt, doch sein damaliger Direktor, Aaron Kohn, war verstorben. Kohn war ein ständiger Kritiker des Bezirksstaatsanwalts Jim Garrison gewesen, der sich stur stellte, wenn es darum ging, das organisierte Verbrechen auszumerzen oder wenigstens seine Existenz einzugestehen. Bei meinem Treffen mit Tony Radosti, einem Ermittler der Kohn-Kommission (zu ihr war er gestoßen, nachdem er, angewidert von der Bestechlichkeit seiner Vorgesetzten, den Abschied von der New-Orleans-Polizei genommen hatte), erfuhr ich von Kohns streng geheimem Bericht über die Kennedy-Ermordung. Wenn der publik würde, meinte Radosti, könnte dies »einige Leute in Texas ins Unglück stürzen«. Radosti selbst hatte den Bericht allerdings nicht gelesen und wußte auch nicht, wo er unter Verschluß lag. Die Kommission hatte aufgrund von Klagedrohungen vor kurzem damit begonnen, den Zugang zu ihren Archiven zu beschränken. Mit Rücksicht auf meine eigenen Recherchen wollte Tony jedoch die eine oder andere Akte beschaffen, selbst studieren und – sofern aus seiner Sicht nichts Dringendes dagegen sprach – mir zur Einsichtnahme überlassen. Über die Libertos gab es nur dürftiges, größtenteils nichtssagendes Material. Größer war die Ausbeute hinsichtlich der kriminellen Aktivitäten des Marcello-Partners Joe »Zip« Chimento (der nach Aussage des Soldaten Warren bei den Waffenschiebereien Konktaktmann in New Orleans war) und Randy

Rosensons, der sich häufig von Marcellos Anwalt – C. Wray Gill – vertreten ließ, meist in Prozessen wegen Dealerei und Drogenbesitz. Daß Carlos Marcello abermals mit einer Person in Verbindung stand, die in unseren Ermittlungen aufgetaucht war, hielt ich für aufschlußreich.

Charlie Stein besuchte ich in einer Rehabilitationsklinik und durfte ihn ausgiebig interviewen. Ein Schlaganfall hatte zwar sein Erinnerungsvermögen beeinträchtigt, aber gewisse Dinge standen ihm noch klar vor Augen. James, den er unter dem Namen Eric Galt kennengelernt hatte, sei kein Rassist gewesen. Auf ihrer Reise von Los Angeles nach New York habe James einen Anruf getätigt und mit Leuten gesprochen, die er »Auftraggeber« oder »Ingenieure« nannte und in New Orleans treffen wollte. Eines Abends in New Orleans habe James erzählt, wie er in einer Bar an der unteren Canal Street gesessen hätte (Le Bunny Lounge) und Stein vorbeilaufen sah. Er konnte ihn aber nicht hereinrufen, weil sein Partner (vermutlich Raul) nicht gesehen werden wollte. Stein zufolge war James zu einer Besprechung geladen, die in einem Hochhaus am Ende der Canal Street stattgefunden habe.

Die nächsten Stunden verbrachte ich in der Städtischen Bibliothek über den Adreßbüchern von New Orleans, und trotz eines Stromausfalls, der mich am Weiterlesen hinderte, erfuhr ich mehr über das von Charlie Stein erwähnte Hochhaus. Es konnte nur das International Trade Mart gemeint sein, das 1967 kein Geringerer als Clay Shaw leitete – ein langjähriger »Asset«-V-Mann der CIA, den Jim Garrison als Teilnehmer der Verschwörung zum Mord an Kennedy verdächtigt hatte. Ich schrieb mir Namen und Telefonnummern einer Reihe von Mitmietern auf. Gleich neben Trade Mart lagen die Büros der Buck Kreihs Machine Company. Vizepräsident und Geschäftsführer dieser Firma: Salvatore J. Liberto.

Wie zuvor berichtet, hatte James lange Zeit geglaubt, die Telefonnummer, die Raul ihm für Notfälle gegeben hatte, gehöre einem Mann namens Herman Thompson, damals Hilfssheriff in Baton Rouge. Thompson war eng mit Edward Grady Partin befreundet, dem Teamsters-Gewerkschaftsführer in Baton Rouge, dessen Zeugenaussage schließlich zu Jimmy Hoffas Untersuchungshaft wegen Bestechungsvorwürfen führte. Während der 60er Jahre wurde Ed Partin nachweislich von der Regierung kontrolliert, die genug gegen ihn in der Hand hatte, um ihn für lange Zeit aus dem Verkehr zu ziehen. Es gab auch Gerüchte, wonach Partin in das King-Attentat verwickelt sein sollte.

In einem Telefonat und späteren Treffen zeigte sich Doug Partin (1994 Geschäftsführer der Teamsters-Ortsgruppe Nr. 5, die sein Bruder lange Zeit geleitet hatte) sehr entgegenkommend. Ed habe sich auf zahlreichen Gebieten engagiert, die er selbst ganz und gar mißbillige und von denen er lieber nichts Genaues wissen wolle. Doug Partin überraschte mich mit der Mitteilung, daß sein Bruder durchaus mit dem Attentat zu tun haben könnte, selbst wenn es nicht nachzuweisen sei. Ich fragte ihn nach Herman Thompson, und er bestätigte, daß Thompson Hilfssheriff des Ortes gewesen und seinem Bruder damals nahegestanden sei. Bei meinen anschließenden Recherchen konnte ich keinen Hinweis auf eine mögliche Beteiligung Thompsons oder Partins an der Verschwörung entdecken.

29
Raul:
31. Oktober 1994 – 5. Juli 1995

Als Teil unserer Ermittlungen in der Zivilklage gegen Loyd Jowers, Raul und andere bereitete ich am 31. Oktober 1994 eine schriftliche Bekundung unter Eid für eine Frau vor, die in den 60er Jahren in Houston, Texas, einen Mann namens Raul kennengelernt hatte, der später – wie sie vermutete – am Attentat auf Martin Luther King beteiligt gewesen sei. Im Herbst 1993 hatte sie Lewis Garrison angeschrieben, dessen Namen sie in Verbindung mit Loyd Jowers Immunitätsbegehren aus der Zeitung kannte. Aus irgendeinem Grund brachte Garrison Ken Herman mit zu ihrem ersten Treffen, und sie glaubte (wie offenbar auch Lewis Garrison), er arbeite noch immer für mich als Ermittler.

Erst viel später erfuhr ich von ihr und durfte zunächst keinen Kontakt aufnehmen. Schließlich wollte Lewis Garrison jedoch der eidlichen Bekundung nicht länger im Weg stehen.

Am anderen Morgen, dem 1. November, hieß es plötzlich, die Dame sei erkrankt und mit ihrem Mann nach Hause zurückgekehrt. Garrison, dem das alles recht peinlich war, gab mir und Chastain ihren Namen und die Telefonnummer. Herman habe ihm Stein und Bein geschworen, die Zeugen hätten mit uns nicht reden wollen. Für den Fall, daß sie uns bewußt ausweichen wollten, bereiteten Chastain und ich auf der Stelle eine Klage gegen das Ehepaar vor, das ich im folgenden Cheryl und Bob nennen will. Anschließend machten wir uns auf den Weg zu den beiden, die einige Fahrtstunden von Memphis entfernt wohnten.

Wir kamen gerade vor ihrem Haus an, als ein Schulbus hielt und einen Knirps absetzte, der sich als ihr Enkelsohn herausstellte, den das Ehepaar hütete, bis die Mutter von der Arbeit kam.

Als Bob den Jungen auf dem Bürgersteig in Empfang nahm, näherte ich mich und rief ihn beim Namen. Er wirkte nicht im mindesten überrascht, weil er mich, wie er sagte, vom Fernsehen kannte. Ich stellte mich und Wayne vor und setzte hinzu, wir glaubten, sie seien möglicherweise einer Fehlinformation aufgesessen. Spontan bat er uns herein. Wir nahmen im Wohnzimmer Platz, und er stellte uns seiner Frau vor.

Ihr Unwohlsein bestätigten beide; außerdem sei sie am Montag nicht auf eine eidliche Zeugenaussage gefaßt gewesen. Jetzt schien es, als freuten sie sich, uns kennenzulernen. Nach der ersten Vorsprache in Garrisons Büro hatten sie offenbar nur noch mit Herman und dem Ex-Thames-Fernsehproduzenten Jack Saltman zu tun gehabt. Die Zusammenkünfte hätten stets ohne Rechtsanwalt in Hermans Wohnung stattgefunden. Sie hatten sich schon gewundert, wo die Anwälte blieben, da es den beiden doch vor allem darum ging, einen Unschuldigen aus dem Gefängnis zu holen.

In diesem und späteren Gesprächen erfuhr ich von Cheryls Erfahrungen als junge Frau. Sie wirkte meist nervös und fahrig, blickte immer wieder hilfesuchend nach ihrem Mann, wenn sie sich nicht erinnern konnte.

Es muß 1962 gewesen sein, als sie vierzehn war und einen Mann kennenlernte, den alle nur mit dem Spitznamen Dago ansprachen. Jahre später erfuhr sie seinen echten Namen, den sie mir auch nannte. Der Vorname war Raul, doch für den Nachnamen will ich hier das Pseudonym Pereira benutzen. Täglich kam sie auf dem Schulweg an einer kleinen Tankstelle vorbei, Ecke East Haven und College Boulevard. Dago schien nicht als Tankwart zu arbeiten, sondern saß untätig davor. Da er freundlich zu ihr war und sie damals kein leichtes Leben hatte, freute sie sich über seine Bekanntschaft. Sie erinnerte sich, daß er etwa 1,80 Meter groß war und zwischen 155 und 160 Pfund wog. Das Haar war dunkel, mit einer rötlichen Tönung, und sie schätzte ihn damals auf etwa dreißig Jahre. (Dies paßte zu James' Personenbeschreibung, besonders hinsichtlich der Haarfarbe). Ein Jahr später, als sie fünfzehn war, lernte sie Bob kennen, den sie heiratete, und der nach eigenem Eingeständnis regelmäßig trank und selten zu Hause war.

Bald nach der Hochzeit zogen Cheryl und Bob in ein kleines Haus nach East Haven, nicht weit von der Tankstelle entfernt. In dieser Periode sah sie Dago nur gelegentlich, und zwischen 1966 und 1970 verschwand er ganz aus der Gegend. Sie hatte keinen Kontakt mehr mit ihm, doch 1969 oder 1970 lernte sie einen Mann kennen, den sie und Bob Armando nannten.

Armando kam immer öfter zu ihnen, und da Bob immer häufiger weg war, fühlte sich Cheryl sehr einsam und verbrachte ihre Zeit zunehmend mit Armando und seinen Freunden. Es scheint, als sei sie von ihnen und einigen ihrer Komplizen ausgenutzt worden. Armando, der keinen Führerschein hatte, ließ sich des öfteren von ihr herumkutschieren. Einer der Orte, die sie besuchten, war das Mietshaus von Felix Torrino [Name geändert]. Irgendwann im Jahr 1970 sah sie Dago zum ersten Mal nach seinem Verschwinden wieder. Damals erklärte ihr Armando, der viel jüngere Dago sei sein Cousin, und sie hätten denselben Familiennamen. Dagos richtiger Name sei Raul Pereira, und sie hätten vor langer Zeit ihre Heimat (Brasilien oder Portugal) verlassen. Nach Cheryls Erinnerung war Armando mächtig stolz darauf, daß er früher in Chicago gelebt und sogar für Al Capones Organisation gearbeitet hatte.

Nachdem sie einige Zeit mit ihnen verbracht hatte, erzählten ihr Armando und Torrino unabhängig voneinander, Raul sei der wirkliche Mörder Martin Luther Kings. Sie berichteten ihr sogar von Einzelheiten wie Gebüsch und Bäumen im Hinterhof der Pension; Raul habe an einem Ast gelehnt, der während des Schießens abgebrochen sei. Sie war schockiert, als sie das hörte.

Cheryl freundete sich zwischen 1970 und 1978 mit dieser Clique an, obwohl sie in diverse illegale Geschäfte verwickelt war: Waffenschmuggel, Fälschung von Personalpapieren, Herstellung pornographischer Filme. Bei einigen Machenschaften wirkte sie mit, so beim Pässefälschen und Schmuggel. Wenn eine Schiffsladung Waffen aus New Orleans eintraf, fuhr sie zum Kanal in Houston, ging auf die Docks und ließ die Kisten in den Kofferraum ihres Wagens verladen. Im Auftrag der »Freunde« unternahm sie mehrere Fahrten und lieferte Waffen aus. Sie wurden entweder in Pappkartons oder in Kisten an Torrinos Adresse gebracht, wo sie von Raul Pereira, Torrino und ihren Komplizen eingesammelt wurden. Sie holte nur dann Lieferungen ab, wenn bestimmte Zollbeamte Dienst taten, damit sie unbehelligt durchgewunken wurde. Obwohl sie nie Fragen stellte, pflegten die Männer zu sagen, es sei sicherer, die Waffen an der Küste entlangzuschippern als mit Lkws zu transportieren. (Ich erinnerte mich an die Auskünfte Warrens über den Waffenschmuggel, der von Marcello über Zip Chimento abgewickelt wurde, wobei gestohlene Rüstungsgüter an Warren und andere SFG-Offiziere geliefert und auf ein Schiff in einer Bucht gebracht wurden, die an Marcellos Grundstück grenzte. Auch war da der britische Seemann Sid Carthew, der von Annäherungsversuchen eines Mannes namens Raul in der Neptune-Bar von Montreal berichtet hatte. Ihm waren neuwertige Handfeuerwaffen aus Militärbeständen angeboten worden. Nach Carthew hatte Raul eingeräumt, daß die Waffen aus einer Kaserne gestohlen worden waren, und daß ein Master Sergeant ausgezahlt werden mußte.

Es war erstaunlich, wie hier die Mitteilungen der Informanten unabhängig voneinander bestätigt wurden.)

Cheryl erwähnte, daß sich Raul Pereira in dieser Zeit in einem Apartment im Obergeschoß des Navigation Drive, nahe der 75. Straße und nicht weit von den Docks niedergelassen hatte oder dort die meiste Zeit verbrachte.

Obwohl Raul fahren konnte, ließ er sich gerne von Cheryl kutschieren. Einmal hatte sie Raul zum Alabama-Kino gebracht, wo er sich oft mit Houston-Repräsentanten von Carlos Marcello traf. Zu dieser Clique gehörte auch der Kinobesitzer Ross Vallone, offenbar Marcellos wichtigster Mann in Houston, sowie ein Joe Bacile, der Cheryl irgendwann einen Heiratsantrag machte. Cheryl lehnte ab, denn sie wollte lieber bei Bob bleiben. Bob meinte, dieser Marcello habe eine ganze Kette von Kinos in Houston besessen, und Cheryl hielt auch eine Pornofilmproduktion in Alabama für wahrscheinlich. Cheryl hatte sogar Marcello selbst ein paarmal in Houston gesehen, in Gesellschaft von Armando, Raul und ihren Freunden, am Obststand auf dem Navigation Drive und in einer benachbarten Bar. Bei anderer Gelegenheit wurde sie von Marcello zum längeren Aufenthalt in einem nahegelegenen Landhaus eingeladen.

Anfang der 70er Jahre fuhr sie eines Tages gegen 13.00 Uhr Armando zu Torrinos Haus, wo die Clique sich wieder versammelte. Der Anhänger ihres Wagenschlüssels war ein Stereoskop aus Plastik mit Miniaturporträts von John und Robert Kennedy sowie Martin Luther King. Einer der Männer, die am Tisch saßen (sie glaubte, sein Name sei Manuel gewesen), habe die Schlüssel aufgehoben, die sie achtlos neben sich gelegt hatte, ins Stereoskop geschaut und es Raul zugeworfen. Cheryl berichtete, Raul sei wütend geworden wie noch nie, als er die Bilder sah.

Sie erinnerte sich nicht an alles, was er sagte, aber unter anderem habe er geschrien: »Da hab' ich diesen schwarzen Widerling um die Ecke gebracht, und nun sieht's so aus, als müßte ich's nochmal tun!« Er habe den Schlüssel zu Boden geworfen und das Stereoskop zertrampelt. Dann packte er Cheryl, um sie in ein Schlafzimmer nebenan zu schleppen und dort zu vergewaltigen. Ganz aufgelöst war sie an diesem Nachmittag heimgekehrt. Bob drängte sie, ihm zu sagen, was vorgefallen war, aber sie schwieg, weil sie fürchtete, er würde sich von ihr trennen.

Von diesem Augenblick an gehörte sie zwar noch zur Clique, hielt aber Abstand zu Raul, der so tat, als wäre nichts geschehen.

Sie erinnerte sich, daß 1978 und 1979 zwei Brüder von Bob in Schwierigkeiten waren und vor Gericht mußten. Bob und Cheryl baten den Houstoner Anwalt Percy Foreman, sie zu verteidigen. Foreman fühlte sich zu Cheryl hingezogen und bot ihr sogar einen Job an. Sie wollte in den Häusern, die Foreman besaß und vermietete, Innendekorateurin werden, aber er wollte sie nahe bei sich in seinem Büro haben. Er suchte Eindruck bei ihr zu schinden und schenkte ihr sogar die Originalzeichnung seines Porträts, die er persönlich am 22. Juni 1979 signierte (vgl. Bildteil, Abb. 27).

Nach einer Weile erfuhr sie, daß Foreman James Earl Rays Anwalt gewesen war. Er ließ sie wissen, das amerikanische Volk würde eines Tages erfahren, daß Ray ein »Opfer« sei. Er gestand ihr sogar, Ray sei unschuldig, aber das würde nichts ausmachen. Cheryl, die seit längerer Zeit das schreckliche Geheimnis hütete, wer King ihrer Meinung nach umgebracht hatte, entschloß sich schließlich, ihr Herz auszuschütten. Sie erzählte Foreman alles. Kurz danach informierte Foreman sie, daß er mit Raul Pereira darüber gesprochen hätte. Zu ihrem Schrecken schien er mit Raul seit längerer Zeit bekannt zu sein. Anschließend rief Foreman sie mehrmals wegen Raul zu Hause an und riet ihr, vorsichtig zu sein. Sie hatte den Eindruck, daß er regelmäßig mit Raul zu tun hatte, von ihrer Zwangslage profitieren und mit ihr ins Bett steigen wollte. Sie war dagegen und hielt ihn auf Abstand, obwohl sie sich fürchtete, ihm direkt einen Korb zu geben. Schließlich erklärte ihr Foreman 1979 klipp und klar, sie und Bob müßten Houston verlassen, sonst wären sie ihres Lebens nicht mehr sicher.

Sie schrieben ihr Haus zum Verkauf aus und bereiteten die Abreise vor. Als Cheryl ein paar Wochen später auf einer Schnellstraße fuhr, verlor sie plötzlich einen Reifen an ihrem Wagen und wäre um ein Haar von einem Lastzug erfaßt worden, der ihr folgte. Sie glaubte nicht an einen Unfall, denn alle Radmuttern hatten sich gelöst. Da Bob regelmäßig den Wagen wartete und die Reifen prüfte, mußte jemand die Muttern absichtlich gelöst haben.

Sie verließen Houston und kehrten nur noch einmal zurück, um ihr Haus zu verkaufen. 1981 ließen sie sich an ihrem jetzigen Wohnort nieder. Armanda oder Raul Pereira haben sie nie wiedergesehen.

Cheryl und Bob erwähnten auch, daß sie den Edginton/BBC-Dokumentarfilm gesehen und ein Foto von Jules »Ricco« Kimbel wiedererkannt hatten, das vor über zwanzig Jahren aufgenommen worden war. Er gehörte auch zu denjenigen, die sich in Houston in Gesellschaft von Raul, Armando und ihrer Clique aufgehalten hatten.

Zuerst hatten sie ihre Geschichte Herman und Saltman erzählt, die sie vor etwa einem Jahr kennengelernt hatten. Erst kürzlich hatte man ihnen ein altes Foto gezeigt, auf dem Cheryl Raul Pereira wiedererkannt hatte. Daß Herman und Saltman eine kommerzielle Vermarktung von Cheryls Geschichte vorschwebte, war nicht zu übersehen.

Warum sollte Cheryl lügen? Offenbar ging es ihr nicht ums Geld. Percy Foreman widmete ihr die Skizze seines Porträts, so daß hier eine engere Beziehung vorlag, doch die übrigen Details ihrer Geschichte mußten weitestgehend überprüft werden.

Ich rief unseren Houston-Ermittler Jim Carter an und bat ihn, einigen Spuren nachzugehen. Er bekam die Erlaubnis, Ross Vallone zu kontaktieren, der noch immer in Houston wohnte. Unter dem Vorwand, ein alter Freund Raul Pereiras zu sein, verifizierte Carter zunächst Vallones Beziehung zum Alabama-Lichtspieltheater; dann rückte er damit heraus, daß er ihren gemeinsamen Freund ausfindig machen wolle. Vallone wurde für einen Augenblick still, dann behauptete er, Rauls derzeitigen Aufenthaltsort nicht zu kennen. Carter zweifelte nicht, daß er ihn kannte.

Ich entdeckte einen Telefonbucheintrag in Houston auf Amaro Pereiras Namen, und als ich ihn Bob mitteilte, meinte er: »Nun ja, Armandos Name war eigentlich Amaro, aber wir nannten ihn immer Armando.« Als Carter der Sache nachging, stellte sich heraus, daß Amaro Pereira unter dieser Adresse gewohnt hatte, doch vor ein paar Jahren unbekannt verzogen war. Die jetzigen Mieter hatten den Namen nicht umschreiben lassen, um die Ummeldegebühr zu sparen.

Als nächstes ließ ich Carter mehrere Leute in Houston überprüfen, die unter dem Namen Pereira gemeldet waren.

Während dieser Zeit fuhren Wayne und ich nach Corinth, Mississippi, um ohne vorherige Anmeldung James Latch, den ehemaligen Vizepräsidenten der L, L & L (Liberto, Liberto & Latch) Produce Company in seinem Haus aufzusuchen. Wayne war unschlüssig, ob wir es wagen sollten, aber ich drängte auf den Besuch, denn Frank Libertos alter Geschäftspartner zeigte mir seit einiger Zeit die kalte Schulter. Wir fanden das Haus und klopften an die Tür. Schließlich erschien Mr. Latch und bat uns hinein. Waynes Unruhe steigerte sich noch, als das Telefon klingelte, kaum daß wir eingetreten waren und Platz genommen hatten. Wir hatten Mr. Latch unsere Visitenkarten gegeben, und in Beantwortung von Fragen des Anrufers gab er unsere persönlichen Angaben telefonisch durch. Als wir nach diesem Telefonat noch in den Anfängen unserer Befragung steckten, klingelte es erneut und der Vorgang wiederholte sich. Schließlich konnten wir ein Gespräch ohne weitere Unterbrechungen führen.

Latch wollte sich merklich von Frank Liberto distanzieren, indem er Unkenntnis vorschützte. Liberto habe ihn in finanziellen Dingen nicht immer fair behandelt. Er machte ferner geltend, zwei Herzinfarkte und ein Schlaganfall hätten sein Gedächtnis stark beeinträchtigt. Infolgedessen könne er sich auch nicht erinnern, wer am Telefon gewesen sei, als sein Partner am 4. April 1968 zwei Anrufe bekam. Daß er das Telefonat an Liberto weitergegeben hatte, wie McFerren behauptete, wollte er nicht wahrhaben. Daß Libertos Bruder Tony gelegentlich aus New Orleans gekommen war, daran konnte er sich ebenso erinnern wie an Besuche ihrer Mutter. Außerdem fiel ihm ein, daß Liberto ab und zu seinen Vater besuchte, der geschieden von seiner Frau in Beaumont, Texas, lebte.

Gladys, Libertos Ehefrau, eine eingefleischte Spielerin, arbeitete Latch zufolge ebenfalls im Geschäft. Liberto habe ihm einmal erzählt, daß sie sich in den Hinterzimmern von Las Vegas herumtrieb, wo sie manchmal erhebliche Geldsummen verlor. Einmal soll sie sogar den wertvollen Jadering versetzt haben, den Elvis Presley ihm geschenkt haben soll (dies entsprach den Erinnerungen von Nathan Whitlock).

In beeideten Erklärungen zum Zivilprozeß (Ray gegen Jowers u. a.) bezeugten Nathan Whitlock und seine Mutter, was sie erlebt hatten. Nathan wiederholte die frühere Angabe über Frank Libertos Geständnis. Lavada Whitlock Addison gab an, ein Restaurant geführt zu haben, in dem Frank Liberto 1977-78 regelmäßig verkehrte. Er kam jedesmal morgens auf dem Weg zur Arbeit und nahm ein speziell bereitetes Müsli zu sich. Außerdem schaute er nach Feierabend auf ein oder zwei Bier vorbei, wenn er vom Markt heimkehrte. Mit der Zeit wurden er und Mrs. Whitlock gute Freunde, und manchmal offenbarte er sich ihr oder ihrem Sohn Nathan. Beispielsweise habe er über seine Ehe geklagt, weil seine Frau leidenschaftliche Spielerin sei, und über seine Geliebte (die er damals in einem Zweizimmer-Apartment des Lynton-Square-Gebäudes an der Ecke Macon und Graham untergebracht hatte), die angeblich nur hinter dem Geld her sei.

Wenn sie mit der Bedienung anderer Kunden fertig war, setzte sie sich manchmal an seinen Tisch und plauderte mit ihm. Bei einer dieser Gelegenheiten sei nach ihrer Erinnerung etwas über das King-Attentat im Fernsehen gekommen, und Liberto habe ruhig kommentiert, teils vor sich hin murmelnd, teils an Mrs. Whitlock gerichtet: »Ich habe diesen Martin Luther King umbringen lassen.« Bestürzt sei sie aufgesprungen und habe gleich erwidert: »Sag doch nicht so etwas!« und: »Ich glaube dir sowieso nicht!«

Chastain hatte mir schon früher berichtet, beim Treffen in Garrisons Kanzlei habe man ihm freiwillig eine Kopie des Immunitätsbegehrens überlassen. Herman machte viel Aufhebens darum, daß er es gewesen sei, der Garrison über die Verwicklung seines Klienten Jowers in den Mordfall informiert hatte. Herman berichtete dem Staatsanwalt, er fühle sich dazu verpflichtet, weil er die Ermittlungen für Garrisons Anwaltsbüro geleitet habe. Ich fragte mich, was aus seiner Verpflichtung gegenüber James Earl Ray geworden war. Es war dieses Vorwissen, das Jowers mißtrauisch machte, weshalb er verlangte, daß Garrison während seiner Zeugenaussage vor dem Fernsehgericht anwesend sein müsse. Zugleich war damit Hermans frühere Aussage erklärt, als er gleich nach dem Fernsehgericht festgestellt hatte, daß er als Zeuge der Aussage beiwohnen müsse. Garrison hatte mit Hilfe unserer Fernsehbilder gleichwohl einiges über Jowers' Verwicklung in Erfahrung gebracht.

Kurz vor Jowers' beeideter Erklärung hatte Anwalt Garrison mir versichert, daß Herman ihm von der Existenz der Kellnerinnen berichtet habe, die seinen Klienten in Verruf bringen könnten; Jowers war daher bereit, bei der Zeugenaussage anwesend zu sein.

Loyd Jowers wurde insgesamt neuneinhalb Stunden vernommen. Mit sich führte er eine Paragraphensammlung, die für alle Fälle seine Rechte nach dem Fifth Amendment geltend machte. Neun Stunden sollten vergehen, bis er Gebrauch davon machte. Wir fingen ganz ruhig an, ließen ihn von seiner Kindheit und den ersten Jahren auf einer großen Farm erzählen, bis hin zu den Tagen bei der Polizei, wo er ungefähr von 1946 bis 1948 beschäftigt gewesen war. Danach hatte er sein eigenes »Veteranen-Taxi«-Unternehmen gegründet, deren Mitglieder anfangs allesamt Veteranen aus dem Zweiten Weltkriegs waren. Während seiner kurzen Laufbahn als Polizeibeamter hatte er 1945 oder 1946 zum ersten Mal mit dem Großhändler Frank C. Liberto in Memphis zu tun. Einen anderen Frank Liberto will er nicht gekannt haben. Auf den Besitzer des Schnapsladens ein paar Häuser weiter angesprochen, meinte er, den habe er gekannt, auch bei ihm eingekauft, manchmal täglich, doch bis zu meiner Frage nicht gewußt, daß »Frank« – wie er ihn nannte – auch ein Liberto gewesen sein soll.

Dagegen war er 1946 sowohl mit N. E. Zachary als auch mit Sam Evans von der Streifenpolizei befreundet. Auch Inspector

Don Smith kannte er noch als einfachen Wachtmeister. Besonders stand er G. P. Tines nahe, der Jahre später als Inspector der Geheimdienstabteilung wirkte. Die Freundschaft gründete darin, daß Mrs. Tines und Jowers erste Ehefrau gemeinsam die Schulbank gedrückt hatten. Jowers berichtete ausführlich über seine sechs Ehen (davon drei mit ein und derselben Frau).

Frank C. Liberto sei in den späten 40er Jahren ein bekannter Mann gewesen. Sein Großhandelsgeschäft lag in der Downtown am Markt, nicht weit vom Polizeihauptquartier. Später wurde der Markt in die Scott Street verlegt, und Liberto ließ sich dort nieder. Jowers nahm an, das Scott-Street-Unternehmen L, L & L habe Frank Liberto und seinem Bruder gehört, dessen Vornamen er nicht wußte.

Danach habe er Frank Liberto bis 1965 aus den Augen verloren; es habe keinerlei Geschäftsverbindung zu ihm gegeben. 1966 zog er sich aus dem »Veteranen-Taxi« zurück und arbeitete in der Funkzentrale der Yellow Cab Company, die Hamilton Smythe gehörte. Im nächsten Jahr (1967) eröffnete er in der East Calhoun Street 153, in den Räumen des früheren Café Tremont, ein Restaurant namens Check Off Inn. Als er dann im Sommer 1967 Jim's Grill übernahm, soll seine Frau das Check Off Inn weitergeführt haben, doch wie sie dies mit ihrem Vollzeitjob in der Firma Memphis Stone and Gravel Company vereinbaren konnte, wurde nicht deutlich. Daß es im Check Off jemals Glücksspiel gegeben habe, wies er zurück.

Als er Jim's Grill eröffnete, nahm er Lena, eine Köchin vom Check Off, in die Grillstube mit. Ferner stellte er Betty Spates mit ihren Schwestern Alda Mae Washington und Bobbi Smith ein. Damals arbeitete auch eine Weiße als Kellnerin, deren Name ihm jedoch entfallen war.

Die Esso-Tankstelle an der Ecke Vance und Second Street kannte er; an der Vance und Third habe es außerdem eine Shellstation gegeben. (Eine von ihnen konnte meines Erachtens diejenige sein, wo James zur Tatzeit seinen kaputten Ersatzreifen flicken lassen wollte).

Er gab zu, einen weißen Cadillac und einen braunen Rambler-Kombi gefahren zu haben; daß der Cadillac auf den Namen seiner Frau gemeldet war, sei gut möglich. Außerdem bestätigte er, daß seine Frau Dorothy jeden Donnerstag zum Friseur ging (der 4. April 1968 war ein Donnerstag gewesen).

Obwohl er seine sonstigen Einkäufe im Montesi-Supermarkt besorgte, sei das Frischgemüse von der Firma M. E. Carter gekommen, die ihn täglich belieferte.

Die Hintertür des Pensionshauses sei mit Brettern vernagelt gewesen. Daß es auf den von mir vorgelegten Polizeifotos vom Tatort, die kurz nach dem Attentat angefertigt worden waren, offen erschien, könne er sich auch nicht erklären.

Jowers fuhr fort, am 4. April sei er mit dem weißen Cadillac zur Arbeit gefahren. Bobbi Smith habe an diesem Morgen gekellnert, sei jedoch gegen 16.00 Uhr fortgegangen. Betty Spates sei nur halbtags gekommen, weil damals eins ihrer Kinder krank war. Außerdem seien Big Lena und Rosie Lee schon Monate zuvor aus dem Dienst ausgeschieden; er selbst habe dem »Rührei-mit-Würstchen«-Mann das Frühstück zubereitet. (Kurz vor Jowers' beeideter Erklärung hatte ich Rosie Lee Dabney ausfindig gemacht, und sie hatte beteuert, daß sie am Nachmittag des 4. April in Jim's Grill die Tische bedient hatte. Sie habe am Nachmittag des Attentats einem Fremden Eier mit Würstchen serviert, und noch einmal am Morgen danach. Auch ein MPD-Bericht vom 6. April hielt fest, daß Dabney für den ganzen 4. April eingeteilt gewesen war und einem Fremden Rührei mit Würstchen serviert hatte). Jowers vermochte Jack Youngblood nach einem Foto nicht als »Rührei-mit-Würstchen«-Mann zu identifizieren. Um die Zeit, als der Schuß fiel, habe er einen Krug Bier gezapft.

Jowers war sich ganz sicher, daß der Grünstreifen im Hinterhof danach zurückgeschnitten worden sei. Er zeichnete eine Linie auf, erstaunlich nahe am Gebäude; dort sei das Buschwerk bereits ganz dicht gewesen. Daß die Kellnerinnen Grace Walden Essen aufs Zimmer gebracht hätten, sei gut möglich gewesen; er wies jedoch zurück, daß ihr Bobbi am Morgen des 4. April *kein* Frühstück gebracht habe.

Außerdem bestritt er, Bobbi am Morgen des 5. April zur Arbeit gefahren, am Morgen nach dem Attentat in den Hinterhof gegangen oder auch nur aus der Tür geschaut zu haben. An jenem Tag habe er den weißen Cadillac benutzt.

Daß er jede Beziehung zu Betty Spates kategorisch verleugnete, erscheint nachgerade unglaublich. Außerdem wisse er nichts über das Haus in Oakview und habe nie dort übernachtet. Allerdings mußte er zugeben, daß er am 13. Dezember 1993 mit Betty Spates gesprochen hatte – am Abend der Sendung *Prime Time Live* –, um sie vorzuwarnen: die Reporter seien schon auf dem Weg zu ihr.

Ich legte Jowers ein Transkript der ABC-Sendung *Prime Time Live* vor. Das habe alles der Wahrheit entsprochen, bekräftigte er, und ich nahm es in die beeidete Erklärung auf. Als ich ihn nach den Aussagen vor der Kamera befragen wollte, berief er sich auf das Fifth Amendment (Recht auf Aussageverweigerung). Ich hielt im Protokoll fest, daß das Transkript bereits beeidet und in die Beweisakte aufgenommen sei und ihm nach meiner Auffassung der Schutz des Fifth Amendment nicht mehr zustünde. Garrison war mit der Formulierung einverstanden, »daß die Fragen gestellt und Mr. Jowers diese Antworten gegeben hatte« (die Antworten, die er während der Fernsehsendung gegeben hatte).

Jowers Zeugenaussage strotzte nur so von Unwahrheiten, die zum Großteil im grellen Widerspruch zur Beweislage und zu den Aussagen anderer, teilweise sogar zu eigenen früheren Aussagen standen.

Aus Gründen, die Jowers und sein Anwalt am besten kennen mochten, bestand Jowers auf einer beeideten Erklärung von Betty Spates. Lewis Garrison erwirkte eine Vorladung, und Bettys Stimmung war ausgesprochen feindselig, als sie kam. Bevor wir anfingen, nahm ich sie beiseite und erklärte, daß Jowers jede Beziehung zu ihr bestritten und auf ihrem Erscheinen bestanden hatte. Anfangs wollte sie sich an gar nichts erinnern, aber mit der Zeit taute sie auf. Unter Eid bestätigte Betty Spates die faktische Wahrheit dessen, was sie mir in ihrer bereits ausführlich wiedergegebenen eidesstattlichen Erklärung dargetan hatte.

Auch Willie Akins wurde vereidigt und gab an, Jowers habe ihm Jahre nach den Geschehnissen eingestanden, in den Mord verwickelt zu sein. Jowers habe sein Treffen mit Raul erwähnt; Raul habe ihm das Gewehr in die Grillstube gebracht, und Frank Liberto habe für die Auslieferung einer großen Summe Bargelds in einer Gemüsekiste gesorgt, die mit der normalen Lieferung kam. Die Szene war geradezu erschütternd. Jowers hatte Akins in aller Herzlichkeit begrüßt, anschließend erhob Akins unter Eid die schwersten Beschuldigungen gegen den alten Freund. Akins hielt daran fest, daß Jowers ihn Jahre später aufgefordert habe, Frank Holt zu töten. Am Ende der beeideten Aussage zogen Jowers und Akins gemeinsam von dannen und redeten über alte Zeiten.

Bettys Schwester, Bobbi Smith, wurde ebenfalls vorgeladen und erschien wie verabredet am 22. Dezember. Unter Eid beschwor sie, was sie mir bereits in einem informellen Gespräch vor fast genau zwei Jahren, am 18. Dezember 1992, mitgeteilt hatte. Jowers hatte ihr am Morgen des 4. April 1968 verboten, Grace Walden das Frühstück nach oben zu bringen, was sie etwa zweimal die Woche gegen 10.00 bis 10.30 Uhr, wenn der Morgentrubel in der Grillstube vorbei war, zu tun pflegte. Für mich war das ein Indiz, daß schon am Vormittag dort oben etwas im Gang war, etwa vier oder mehr Stunden bevor James das Zimmer mietete. Bobbi wiederholte außerdem, daß Jowers sie am 4. und 5. April morgens zur Arbeit abgeholt habe, wie immer in seinem braunen Kombi, den er am 4. April nördlich vom Eingang abstellte, vor dem Geschäft der U.S. Fixture Company. (Ich erinnerte mich, daß Charles Hurlay, der seine Frau Peggy an der South Main Street abgeholt hatte, während und nach der Hypnose von einem braunen Kombiwagen auf dieser Straßenseite gesprochen hatte). Am Morgen des 5. April habe Jowers seiner Beifahrerin von dem Gewehr erzählt, das nach dem Attentat im Hinterhof gefunden wurde. Außerdem bestätigte Bobbi, daß Jowers häufig in Oakview übernachtet habe, wo sie 1969 mit Betty und ihrer Mutter lebte, und daß er die ganze Zeit über eine Affäre mit Betty hatte. Außerdem sei Betty zur Zeit des Attentats bei ihrem Halbtagsjob in der Seabrook-Tapetenfabrik gegenüber Jim's Grill gewesen.

Endlich sagte sie noch, daß sie dasselbe den von Pierotti entsandten TBI-Ermittlern erzählt hatte und nicht begreife, weshalb man ihr bedeutet hatte, sie wüßte gar nichts, und ihrer Geschichte nicht nachgegangen sei. Man habe ihr außerdem eingeschärft, mit niemandem darüber zu reden.

Irgendwann nach seinen Enthüllungen über Frank Liberto berichtete mir Nathan Whitlock von einem Gerücht, wonach schon zuvor ein Mordanschlag auf King ins Werk gesetzt worden sei. Der Auftrag ging an ein Mitglied der Nix-Familie in Tipton County, Tennessee. Soviel Nathan wußte, sei Red Nix mit einem Neuwagen und einem Gewehr sowie 500 Dollar wöchentlich ausgestattet worden, um dem Bürgerrechtler nachzustellen und ihn zu töten. Im Erfolgsfall winkten ihm weitere 50.000 Dollar. Whitlock glaubte, das Angebot sei von Frank C. Liberto gekommen. Red sei bald nach dem Attentat auf Martin Luther King selbst erschossen worden. Auf Whitlocks Anregung traf ich mit Reds Bruder Norris und mit Bobby Kizer zusammen, die gemeinsam den Nachtclub »Neon Moon« am Sycamore View in Ost-Memphis leiteten. Sie bestätigten, daß Red einen neuen Wagen gefahren und Honorar für irgendeinen Job erhalten habe. »Mag sein, daß er hinter irgendwem her war«, erklärte Nix, »aber ich wüßte nicht, hinter wem!« Er glaubte, der mit seinem Bruder befreundete Tim Kirk müßte wissen, für wen Red gearbeitet habe, und bot mir an, ihn danach zu fragen. Vielleicht bekäme ich auf diese Weise meinen Klienten frei. Bobby Kizer bot sogar an, mich ins Gefängnis zu begleiten und selbst mit Kirk zu reden.

Ich war überrascht. Ich hatte geglaubt, die ganze Wahrheit von Kirk gehört zu haben. Später besuchte ich ihn erneut und fragte nach Red Nix und dem Mordauftrag. Er war ganz sicher, daß der Vertrag von Carlos Marcello angeboten worden sei, nicht von Frank C. Liberto. Es müsse irgendwann zur Jahresmitte 1967 gewesen sein. Nix habe Marcello gekannt und bisweilen Aufträge für ihn erledigt. Tatsächlich habe er dafür den Wagen bekommen. Es war der erste Hinweis, der auf eine direkte Verbindung Marcellos zu einem Mordanschlag auf King deutete. Nathan Whitlock hatte den Eindruck, daß auch Frank C. Liberto hinter dem Auftrag steckte. Kirk stritt das rundweg ab. Er sei direkt aus New Orleans, von Carlos Marcello gekommen.

Kirk behauptete, man habe Red Nix nach dem Attentat eine Falle gestellt und ihn beseitigt. Vielleicht wußte er zuviel über diesen Mordauftrag. Kirk versprach sich umzuhören, was hinter der Ermordung Reds steckte. Doch all seine Bemühungen waren vergebens.

Was wir mittlerweile von dem Geschäft Marcello/Red Nix wußten, erinnerte meine Assistentin Jean an das, was 1992 in einem Bericht unseres Memphis-Ermittlers Jim Kellum gestanden hatte. Es betraf einen Informanten, der anscheinend einen ähnlichen, offenbar in Jackson, Tennessee, ausgehandelten Kontrakt erwähnte. Kellum war bereit, ein weiteres Treffen zu arrangieren. Am Morgen des 20. Dezember 1994 brachte Kellum »Jerry« zum Frühstück mit, einen seiner langjährigen und verläßlichen Informanten. Jerry berichtete von seiner Teilnahme an einem Treffen Mitte 1967 in der Blue Note Lounge in Jackson, Mississippi. Dort sei ein querschnittsgelähmter Rollstuhlfahrer namens Joe »Buck« Buchanan gewesen, der in diversen illegalen Branchen tätig war und gute Verbindungen nach New Orleans unterhielt. Aus jener Stadt sollten nach Jerrys Meinung auch die 50.000 Dollar stammen, die Buchanan auf den Kopf von Martin Luther King ausgesetzt habe. Ferner behauptete Jerry, Tim Kirk habe an dem Treffen teilgenommen, ebenso wie einer der Tiller-Brüder aus Memphis (die unseres Wissens mit Kirk befreundet waren). Als ich Kirk gegenüber das Treffen erwähnte, vermochte er sich nur vage zu erinnern. Es schien, als sei dieser Vertrag möglicherweise von Marcello direkt ausgeschrieben und später von Red Nix angenommen worden.

Ein paar Jahre später war Joe Buchanan tot, wie Jerry berichtete. Er wurde erschossen, als er in seinem Rollstuhl im Vorgarten saß. Eine Frau, die ihn gut kannte, hatte ihn dorthin geschoben. Jerry vermutete, daß sie noch immer in der Gegend lebte und gewiß wußte, wer Buchanan auf dem Gewissen hatte, und weshalb er sterben mußte. Jerry versprach, nach ihr zu suchen und sie zu uns zu bringen. Doch die Suche blieb ohne Ergebnis.

Mehr denn je ließ die Spur des Mordauftrags erkennen, daß der Tod Martin Luther Kings in New Orleans, vermutlich in den Mafiakreisen um Carlos Marcello, schon lange vor dem Attentat beschlossene Sache gewesen war. Marcello hatte ihn nicht nur gutgeheißen, sondern den Job übernommen und mehr als einmal versucht, ihn an Untergebene weiterzugeben: das letzte Mal durch seine Vertrauten in Tennessee, zu denen Frank C. Liberto und der Pate von Memphis gehörten.

Seit einigen Jahren kursierten Gerüchte von einem Yellow-Cab-Taxifahrer, der kurz nach dem Schuß jemanden über die Mauer klettern sah. Während der Vorbereitungen des Fernsehgerichts hatte ich zwei meiner Ermittler, Herman und Billings, um die Namen von Yellow-Cab-Fahrern gebeten, die am 4. April unterwegs waren. Aber sie kamen nicht an die Liste.

Endlich meldete sich im Herbst 1994 ein Taxifahrer von sich aus. Erst wollte er seine Geschichte dem Generalstaatsanwalt erzählen, traf jedoch auf völliges Desinteresse. Dann war er in einem Zeitungsartikel auf Lewis Garrison gestoßen, bei dem er anrief und seinen Namen hinterließ. Garrison gab ihn pflichtschuldigst an mich weiter, und ich rief am 5. November 1994 zurück.

Louie Ward erzählte mir eine Gescichte, die er aus Angst seit nunmehr 26 Jahren für sich behalten hatte. Er war am Abend des 4. April unterwegs gewesen; gegen 18.00 Uhr parkte er unweit der Straßenecke Perkins und Quince. Plötzlich hörte er über Funk, wie die Zentrale die Notfallmeldung eines anderen Fahrers entgegennahm (er konnte auf seiner Welle nur die Zentrale hören, nicht ihren Dialogpartner). Der Funker erklärte, er werde einen Krankenwagen bestellen, und dann, wohl in Beantwortung einer weiteren Meldung des Fahrers, er werde ihn trotzdem bestellen und die Polizei verständigen. Nach und nach erfuhr Ward, daß der Notfall ein Attentat auf Martin Luther King war, und daß der Kollege einen Fahrgast zum Flughafen brachte. Ward fuhr ebenfalls zum Flughafen, wo er den Fahrer traf und sich erzählen ließ, was passiert war. Der Kollege, dessen Namen ihm nicht mehr einfiel, soll Anfang Sechzig gewesen sein und fuhr den Wagen Nr. 58. Ward habe er berichtet, er sei kurz vor 18.00 Uhr ins Lorraine gekommen, um einen Fahrgast mit großem Gepäck aufzunehmen. Als sie das Taxi auf dem Lorraine-Parkplatz vollgeladen hatten, wandte sich der Fahrer kurz noch zu dem dichtbewachsenen Gelände vor dem Motel um. Sein Passagier habe ihn am Arm berührt und auf den Balkon gedeutet, womit er ihn (wie der Kollege glaubte) vom Gebüsch ablenken wollte: »Sehen Sie mal, Dr. King ist ganz allein auf dem Balkon. Alle sagen, wie schwierig es sei, ihn zu erwischen, weil er sich immer mitten in der Menge bewegt. Und jetzt sehen Sie mal!« In diesem Augenblick sei der Schuß gefallen; der Fahrer sah King, in die Wange getroffen, zu Boden stürzen. Daraufhin habe er umgehend sein Mikrofon genommen und der Zentrale gemeldet, Martin Luther King sei erschossen worden. Der Funker wollte einen Krankenwagen schicken, doch der Fahrer entgegnete, bei dieser Verletzung sei das vermutlich nicht mehr nötig. Dann, erzählte Ward, habe sein Kollege einen Mann über die Mauer klettern sehen, mit leeren Händen, der nordwärts zur Mulberry Street lief und an der Kreuzung Mulberry/Huling in einen schwarzweißen Dienstwagen der MPD-Verkehrspolizei stieg. In diesem Augenblick konnte er der Zentrale melden, die Polizei hätte den Mann. Mittlerweile wurde der Fahrgast ärgerlich und drängte zur Abfahrt, bevor Polizei- und Krankenwagen die ganze Gegend zuparkten, denn dann bekäme er seinen Flieger nicht mehr. Sie machten sich auf den Weg.

Ward war dabei, als sein Kollege die Geschichte drei MPD-Beamten am Flughafen erzählte, und beobachtete später am Abend eine weitere Vernehmung durch andere Polizisten im Yellow-Cab-Büro. Nach diesem Abend sah Ward den Fahrer von Wagen 58 nie wieder. Ward hatte einen Vollzeitjob in der Kaserne von Memphis und war in den nächsten zwei, drei Tagen rund um die Uhr im Dienst. Anschließend konnte er seinem Nebenjob als Taxifahrer nachgehen. Als er erstmals wieder das Yellow-Cab-Büro an der South Second Street betrat, erkundigte er sich gleich nach dem Fahrer des Wagens 58. Drei oder vier der anwesenden Kollegen berichteten ihm, er sei am 4. April von der Memphis-Arkansas-Brücke gestürzt, nachdem ihn ein Raser von der Fahrbahn gedrängt hatte. Außerdem habe man schon damals gemunkelt, da der Flüchtende nach Aussage des verunglückten Kollegen keine Waffe getragen habe, müsse sie wohl in Loyd Jowers Café versteckt sein, denn all das habe sich hinter seinem Laden abgespielt.

Ward war bereit, sich einer Hypnose zu unterziehen. Vielleicht würden wir seinem Gedächtnis die Namen des Fahrers von Wagen 58 und des Funkers in der Zentrale entlocken können. Unter Hypnose gab er den Namen des toten Kollegen als Paul an. Außerdem fiel ihm ein, daß der Polizeiwagen, sobald der Flüchtende auf dem Beifahrersitz Platz genommen hatte, mit Vollgas Richtung Norden gestartet sei. Louie war bereit, uns bei der Suche nach dem diensthabenden Funker zu helfen.

Es gelang mir, einen früheren Yellow-Cab-Funker namens Prentice Purdy zur Aussage unter Eid zu bewegen. Im Mai 1995 beschwor er, fast immer die Schicht von 19.00 bis um 3.00 Uhr früh übernommen zu haben. Auch am Tag des Attentats sei er im Dienst gewesen. Er konnte sich an einen Fahrer namens Paul erinnern und glaubte, er sei fast immer für Flughafenfahrten zuständig gewesen. Ob oder wie er gestorben sei, wisse er nicht. Er könne sich auch nicht an Pauls Nachnamen erinnern, wolle aber noch darüber nachdenken. Ein paar Tage später telefonierten wir miteinander, doch der Name war ihm noch immer nicht eingefallen. In derselben Woche hinterließ er eine Mitteilung auf Chastains Anrufbeantworter; ich rief zurück und erfuhr, Pauls Nachname sei Butler gewesen.

Aus den Adreßbüchern ging hervor, daß ein Paul Butler, der als Fahrer bei der Firma Yellow Cab beschäftigt gewesen war, 1967 in Memphis gewohnt und ein Telefon besessen hatte. Seine Ehefrau Betty war bis 1968 als Witwe registriert. Nach der Totenliste der Sozialversicherungsbehörde war ein Paul Butler im August 1967 verstorben. Er konnte demnach nicht am 4. April 1968 Fahrer des Wagens 58 gewesen sein. Damit standen wir wieder am Anfang.

Diese Geschichte ließ sich mit der Aussage von Solomon Jones verknüpfen, aber ich fragte mich, weshalb Ernestine Campbell oder William Ross die Person nicht beobachtet hatten. Auf Befragen erklärte Ernestine, sie habe sich damals ganz auf den Balkon konzentriert, und dann auf Jesse Jackson, der an der Treppe stand. Überdies fiel ihr ein, daß William Ross unmittelbar nach dem Schuß in die Einfahrt zurückgelaufen sei, weshalb er in den folgenden Sekunden dem Balkon zugewandt war und der anderen Straßenseite den Rücken kehrte. Der Flüchtende konnte sehr wohl Ross' Blickfeld entgangen sein, während Jones ihn gesehen hatte

Ich erinnerte mich an das merkwürdige Foto, das Ed Redditt bei der Untersuchung durch das Justizministerium vorgelegt worden war. Es zeigte das Bündel mit der vermeintlichen Tatwaffe an der Ecke Mulberry/Huling Street. Der Hergang der Ereignisse, wie ihn Ward darstellte, könnte den Plan erklären, das Bündel an dieser Straßenecke fallenzulassen – die nunmehr als die tatsächliche Fluchtroute des Mörders erschien.

Am Morgen des 9. November traf ich Steve Tompkins in seinem Büro im Tennessee-State-Capitol-Gebäude. Er hatte mir eine Chronik der Ereignisse angefertigt, und ich freute mich auf die gemeinsame Diskussion und Analyse. Erst am Abend zuvor hatte er sie ausgedruckt, bevor er das Büro verließ. Doch jetzt konnte er sie trotz eifriger Suche nirgends finden. Bei näherer Überlegung fiel ihm ein, daß er sie auf einen Schreibtisch gelegt hatte, in eine Mappe, die auch das Dienstzeugnis seiner Sekretärin enthielt. All das war verschwunden. Er war überzeugt, daß jemand unerlaubt sein Büro betreten und die Mappe gestohlen hatte.

Kürzlich hatte ich eine ähnliche Erfahrung gemacht. Bei einem Besuch in Birmingham war mein Termin- und Adreßbüchlein verschwunden. Ich hatte mir angewöhnt, die verfänglichsten Akten überallhin mitzunehmen. Nach ein paar Telefonaten verließ ich das Hotelzimmer, nahm den Aktenkoffer mit, ließ aber mein Adreßbuch auf dem ungemachten Bett liegen.

Als ich wiederkam, brauchte ich eine Telefonnummer, aber mein Adreßbuch war verschwunden.

Ich befragte das Zimmermädchen, das in meiner Abwesenheit saubergemacht und das Bett ausgeklopft hatte. Sie kehrte mit mir in das Zimmer zurück und zeigte mir den Nachttisch, auf den sie mein Buch und den Pullover gelegt hatte, den ich ebenfalls auf dem Bett liegenließ. Der Pullover war noch genau an der Stelle, wohin sie ihn gelegt hatte, doch das Buch fehlte. Wir suchten gemeinsam hinter und unter Nachttisch und Bett, bevor wir das ganze Zimmer auf den Kopf stellten. Das Buch war verschwunden und tauchte nie wieder auf.

Widerstrebend mußte ich mir eingestehen, daß es absichtlich entwendet worden war. Eine Zeitlang hatte ich mir angewöhnt, unter anderem Namen abzusteigen. Diesmal, weil ich nur eine Nacht in Birmingham bleiben wollte, und nur wenige Leute von meiner Anwesenheit wußten, hatte ich keine Vorsichtsmaßnahmen getroffen. Obwohl das Buch wenige und kaum verwertbare Informationen bot, und meine Handschrift sowieso kaum leserlich ist, war dies ein deutliches Zeichen, daß mein Tun und Lassen genauestens überwacht wurde.

Zu allem Unglück hörte ich von einem Freund in Memphis, der für mich Material aus einer bestimmten Quelle aufbewahrte, daß die »Nur für Ermittler«-Akte vermißt werde. Diese Zwischenfälle beunruhigten uns. Steve Tompkins war besorgt, und es blieb ihm nichts anderes übrig, als einen neuen Ausdruck zu machen. Vorsichtsmaßnahmen wurden für uns wichtiger denn je.

Kurz vor den Gerichtsferien um Weihnachten reichte Garrison einen Antrag in Sachen Zivilklage gegen seinen Klienten Jowers ein und bat um das Recht, das Gewehr aus dem Gerichtsarchiv seinerseits einem Test zu unterziehen. Dem lag die folgende Überlegung zugrunde: Falls es sich tatsächlich um die Mordwaffe handelte, traf Jowers keine Schuld, denn James hatte das Gewehr gekauft. Da wir längst schon versucht hatten, die Waffe einem umfassenden Test zu unterziehen, erhoben wir keine Einwände. Der Gerichtshof versprach, den Antrag sorgfältig zu prüfen, doch als dieses Buch in den Druck ging (1995), war noch keine Entscheidung getroffen.

Ein paar Monate zuvor hatte mir Richard Bakst, Taxifahrer aus Maryland, von einem seiner Fahrgäste erzählt, der behauptet hatte, er kenne einen Polizisten in Memphis, der am Tag des Attentats in der Gegend um das Lorraine-Motel im Einsatz gewesen sei. Der Polizist, der ein Freund seiner Familie sei, habe – wie der Fahrgast ausführte – kurz nach dem Schuß einen Mann durch das Gebüsch zur South Main Street rennen sehen. Dabei trug er ein Gewehr. Als der Polizist kurz danach seinen Vorgesetzten von dieser Beobachtung in Kenntnis setzte, wurde beschieden, die Sache zu vergessen, denn man kenne den Täter bereits. Bakst hatte sich standhaft geweigert, den Fahrgast beim Namen zu nennen, weil dieser nicht weiter darüber reden wolle.

Am 17. Dezember offenbarte Bakst schließlich doch die Identität seines Fahrgasts – Michael. Später sprach ich mit Michael selbst und überredete ihn, den ehemaligen MPD-Beamten einmal anzusprechen. 1968 war der Mann bei der Motorradstreife gewesen, möglicherweise – wie Michael annahm – bei der Eskorte, die King betreute. Michael bestätigte grundsätzlich, was wir von Bakst wußten, den Befehl des Vorgesetzten eingeschlossen, den Mann mit dem Gewehr im Gebüsch nicht wieder zu erwähnen. Michael zufolge war der Mann willens, sich mit mir zu treffen. Ich hinterließ meine und Chastains Telefonnummer, doch bis heute haben wir nichts von ihm gehört.

Jim Kellum, der bei der MPD-Geheimdienstbehörde tätig war, gab am 20. Dezember 1994 erstmals an, daß nach seinen Erkenntnissen Reverend Billy Kyles 1967–1968 als Informant gedient habe. Als Quelle gab er eine Sekretärin der Verwaltung an, die mir bestätigte, daß Kyles sie in der Tat regelmäßig mit Neuigkeiten versorgt habe, ohne zu offenbaren, wann und wie oft er diesen Dienst versehen hatte, und ohne allzusehr in Details zu gehen.

Als nächstes nahm ich mir wieder vor, nach der kurzfristigen Aufbewahrung des Gewehrs in den Geschäftsräumen eines anderen Mitglieds der Liberto-Familie zu forschen, bei dem Ezell Smith gearbeitet hatte. Schließlich erfuhren wir, daß Ezell gestorben sei. Einer seiner Freunde (der auch mit John McFerren befreundet war) hieß O. D. Hester, wurde aber von allen nur »Slim«genannt. Slim lebte in Illinois, nicht weit von Chicago. John McFerren rief ihn an. Angeblich wußte Slim alles über das Gewehr, das in den Liberto-Geschäftsräumen aufbewahrt wurde. »Tango«, der einen Laden auf dem Gelände des Markts für Naturprodukte hatte, enthüllte John McFerren, daß auch er von einem Gewehr auf dem Grundstück wußte. Als ich Tango eines Abends im Februar 1995 kennenlernte, berichtete er mir von Columbus Jones, der ihm von einer Waffe erzählt hatte, die vor dem Attentat herumgezeigt worden sei. Einzelheiten kannte er nicht. Es gab Gerüchte, wonach es sich um die Waffe handelte, mit der Martin Luther King erschossen worden sei. Colombus Jones starb Anfang 1995, bevor ich mit ihm reden konnte. Stattdessen unterhielt ich mich mit Slim. Ezell hatte ihm erzählt, die Mordwaffe sei in Libertos Büro aufbewahrt und zusammengesetzt worden. Er nahm sich vor, mit einem anderen Mitarbeiter der Firma zu sprechen, um Näheres über das Gewehr zu erfahren, konnte die Adresse des Kollegen aber nicht finden.

Am Samstag, dem 11. März 1995, trat Anwalt Lewis Garrison in Begleitung von Loyd Jowers in den schmalen Konferenzraum der Riverbend-Strafanstalt und nahm James eine Erklärung unter Eid ab. Die Erklärung war erst am Mittag des folgenden Tages abgeschlossen. Während der ganzen Sitzung lauschte Jowers angestrengt, während James die gewohnten Antworten auf Fragen gab, die er schon tausendmal gehört hatte. Als Loyd Jowers das Gefängnis an diesem Sonntagnachmittag verließ, um sich auf den – angeblich 800 Kilometer weiten – Rückweg zu seinem derzeitigen Wohnsitz zu machen, wirkte er geneigter denn je, Details zu enthüllen, die nach meiner Überzeugung geeignet waren, James letzten Endes auf freien Fuß zu setzen.

Jowers erklärte sich einverstanden, mir telefonisch durch seinen Anwalt weitere Auskünfte zum Attentat zu übermitteln. Es sollten keine Aufzeichnungen gemacht werden, und sein Anwalt Garrison würde ihm die jeweils nächste Frage zur Beantwortung unterbreiten. Am 14. März 1995 fingen wir in Garrisons Praxis in der North Main Street 400 mit dieser Prozedur an. Einige

Neuigkeiten erhielt ich über die Verschwörung, von denen viele zu den bereits gesammelten Aussagen von Betty Spates, Bettys Schwester Bobbi Smith und Taxifahrer James McCraw paßten.

Nach außen hin betonte Garrison, daß die Holt-Geschichte nicht von Jowers stamme. Wer damit angefangen habe, wisse er nicht, aber er hielt Willie Akins und Ken Herman für die Urheber. Doch obwohl Jowers diese Version nicht ausgeheckt habe, mußte Garrison zugeben, daß sein Klient sie doch eine Zeitlang vertreten hatte.

Jowers gestand, im März 1968 habe ihm ein Geschäftsmann angeworben, der mit Kautionen und Sicherheitsleistungen arbeitete, und den er am Spieltisch Frank C. Libertos kennengelernt hatte.

Dieser Mann hatte gemeint, man wolle Jowers wegen der Lage von Jim's Grill um Hilfe bei der Ausführung eines Anschlags auf Martin Luther King bitten. Für seine Gefälligkeit würde er fürstlich belohnt.

Am 15. März, bald nach diesem Gespräch, trat Großhändler Frank C. Liberto an ihn heran, dem er ein stattliches Sümmchen schuldete. Diese Schuld würde getilgt, versprach Liberto, und zusätzlich bekäme er eine Stange Geld, wenn er die Hilfestellung leistete, die ihm der Kundschafter angedeutet hatte. Im einzelnen listete Liberto auf:

1. 100.000 Dollar würden ihm in bar auf dem Grund einer Gemüsekiste von M. E. Carter übergeben. Das Geld käme – ebenso wie der Mordauftrag – aus New Orleans.
2. Ein Mann würde ihn besuchen und die Mordwaffe – ein Gewehr – überbringen; er solle sie aufbewahren, bis sie abgeholt werden würde.
3. Es werde einen Strohmann oder Lockvogel geben, der die Aufmerksamkeit auf sich lenken würde.
4. Die Polizei – von denen einige sowieso mitmachten – werde sich nicht einmischen.

Jowers war einverstanden. Wie von Liberto versprochen, erhielt er Besuch von einem Mann. Eigentlich hatte er den Mann schon zweimal vor dem 4. April getroffen. Jowers glaubte, er habe sich als »Raul« oder »Royal« vorgestellt. Er schien indianischer oder südamerikanischer Abstammung zu sein, war 1,80 Meter groß und 145 bis 155 Pfund schwer. Mit seinem dunklen Haar wirkte er zwischen 35 und 40 Jahre alt. (Diese Beschreibung paßte zu der von Cheryl und James).

Sie diskutierten die Mordpläne. Raul teilte Jowers mit, seine Rolle sei es, die Mordwaffe in Empfang zu nehmen und nach dem Mord aufzuheben, bis Raul sie abholte. Außerdem erwartete man von Jowers, daß er seine Mitarbeiter möglichst lange aus der Pension fernhielt. Er bestätigte Bobbis Bericht, wonach sie Grace Walden nicht wie sonst das Essen bringen durfte.

Am Morgen des 4. April, irgendwann gegen 11.00 Uhr, als nicht mehr viel los war, kam Raul wie geplant in Jim's Grill und brachte das Gewehr in einer Schachtel mit, die er Jowers übergab. Jowers meinte, Raul habe versprochen, am späten Nachmittag wiederzukommen und es abzuholen. Daraufhin legte Jowers das Gewehr unter die Kassentheke. Ferner gab er zu, er habe irgendwann gegen 13.00 Uhr im Hinterzimmer sein Nickerchen gehalten, als der Mittagsbetrieb nachließ. Er wachte auf und machte sich gegen 16.00 Uhr wieder an die Arbeit. Irgendwann kam Raul kurz zurück, nahm ihm die Waffe ab und betrat die Küchenräume. Jowers behauptete, nicht mehr zu wissen, ob er dort hinten blieb oder über die Hintertreppe ins Obergeschoß der Pension ging. (Nach James Erinnerung war Raul schon den ganzen Nachmittag dort aus- und eingegangen. Daher scheint es wahrscheinlicher, daß Raul die Waffe hinauf in Zimmer 5-B brachte und dort versteckt hielt).

Jowers bemerkte, irgendwann vor 18.00 Uhr sei er nach draußen ins Dickicht gegangen und habe jemanden getroffen.

Weitere Angaben machte er nicht, außer daß er einräumte, unmittelbar nach dem Schuß die auf dem Boden liegende Waffe an sich genommen und durch die Hintertür in Jim's Grill gebracht zu haben. Als er zurück ins Haus lief, sei er Betty begegnet, die – wie sie sagte – neben ihm stand, als er das Gewehr auseinanderbrach, in ein Tuch wickelte und rasch unter der

Grilltheke verstaute. Damit hatte Jowers endlich zugegeben, daß ihre Erinnerung im wesentlichen korrekt war.

Er gestand auch, am anderen Morgen zwischen 10.00 und 11.00 Uhr das in der Schachtel unter seiner Theke liegende Gewehr dem Taxifahrer James McCraw gezeigt zu haben, womit er McCraws Aussage bestätigte. Irgendwann am 5. April, noch vor Mittag, erschien Raul abermals in der Grillstube, nahm das Gewehr an sich und verschwand damit. Er habe es nie wiedergesehen und wisse nicht, wo es sich heute befinde. (Als McCraw Mitte Juni 1995 in Gegenwart von Chastain und Garrison unter Eid aussagte, hatte Jowers ihn vor dieser Aussage regelrecht bedroht. McCraw, der aufstand, um ihn zu begrüßen, schnauzte er an: »Steh bloß auf, solange du noch kannst, denn wenn du dir weiter das Mundwerk verbrennst, wirst du mit den Füßen nach vorn 'rausgetragen!«)

Am 15. April 1995 erwiderte der US-Bundesanwalt endlich meinen Brief, in dem ich ihn um Einberufung einer Grand Jury gebeten hatte. Grundsätzlich hieß es in dem Brief, daß die Bundesregierung nichts tun könne, weil, wie allgemein bekannt, eine Ermittlung der Anklage sowie eine Petition des Verurteilten um Straferlaß noch in der Schwebe seien. Dabei ging es mir doch nur darum, meine Beweise den staatlichen Behörden vorzulegen! Aber was war von einer Regierung zu erwarten, die eben erst den Ex-Gouverneur Ned McWerter als engsten Berater des Präsidenten nach Washington geholt hatte.

Am 8. Mai 1995 lehnte der Tennessee Supreme Court unseren Antrag auf ein außerordentliches Berufungsverfahren ab. Die Intervention des Court of Criminal Appeals blieb bestehen und nahm Richter Joe Brown die Möglichkeit, über Beweisanträge aller Art vor seinem Gericht zu entscheiden. Außerdem wurde der Richter angewiesen, über unsere Petition abschließend zu entscheiden. Das Vorgehen des Appellationshofs erschien mir als drakonischer Willkürakt, der einem unabhängigen Gericht die Autorität entzog. Da der Beschluß des Richters, dem Beweis-»Anerbieten« durch die Antragsteller stattzugeben, vom Appellationshof zurückgewiesen wurde, würde dem Richter nach allgemeiner Ansicht nichts übrigbleiben, als die Petition zurückzuweisen. Trotzdem hoffte ich, der Richter könne immer noch eine Beweisanhörung oder sogar ein Verfahren durchsetzen. Ich gedachte, eine solche Anhörung zu fordern, damit der vollständige mündliche Vortrag möglich würde.

Am Donnerstag, dem 1. Juni 1995, tauchte ein früherer Klient Lewis Garrisons, den ich »Chuck« nennen will, in seiner Praxis in Memphis auf. Vor ein paar Jahren hatte sich Chuck bei der Arbeit am Bein verletzt, und Garrison setzte eine Entschädigung wegen Invalidität für ihn durch. Nun suchte er weitere juristische Unterstützung in der Sache. Während ihrer Besprechung kamen sie auf das King-Attentat zu sprechen, offenbar wegen eines Anrufs, den Garrison von Loyd Jowers empfing. Chuck teilte Garrison etwas mit, das er über den Mord wußte. Garrison drängte Chuck, mit mir zu sprechen. Er fürchtete sich sehr. Sowohl Garrison als auch Chucks Lebensgefährtin berichteten mir, mehrere Leute wollten ihm ans Leben, wenn er auspackte. Endlich drohte ich ihm mit einer Vorladung, und er rief mich an. Wir sprachen etwa eine Stunde miteinander.

1968 war er sechs Jahre alt. Am 4. April dieses Jahres kam er mit seinem Vater von Tunica in Mississippi nach Memphis, wo sich Martin Luther King aufhielt. Er wußte damals nicht, daß sein Vater sich mit King treffen wollte, erinnerte sich aber noch an die Aufregungen der Reise. Sein Vater fuhr nach Memphis, kam an die Mulberry Street und fuhr weiter südlich zum Lorraine. Er parkte gegenüber, aber etwas entfernt von Zimmer 306, im Schatten der Bäume und Büsche oberhalb der Mauer. (Mir war klar, daß an jenem Nachmittag die Sonne im Westen und hinter dem Grünstreifen und der Wand lag, die an dem von ihm angegebenen Ort Schatten warf). Chuck erzählte, wie ihn sein Vater bat, im Wagen zu warten. Der Vater sei dann durch den Südeingang auf das Motelgrundstück gelangt und das südlichste Treppenhaus zum Zimmer 306 emporgegangen. Chuck habe sich unterdessen auf dem Vordersitz des Wagens gekuschelt und ein Nickerchen gemacht. Das mußte so gegen 16.00 Uhr gewesen sein. Er wußte nicht, wie lange er geschlafen hatte. Als er erwachte, sah er durch das heruntergekurbelte Seitenfenster. Mit der natürlichen Neugier des Kindes blickte er umher. Nach einer Weile fiel ihm ein Mann zwischen den Bäumen und Sträuchern oberhalb der Mauern auf, nur anderthalb bis zwei Meter (südlich) vor ihm. Dieser Mann habe direkt zum Motel hinübergestarrt. Er stand ein paar Schritte hinter der Mauer und teilweise im Schatten; soweit Chuck erkennen konnte, sei er mittelgroß gewesen, mit dunklem Haar und einem schwarzen Schnurrbart, einem Araber oder Mexikaner gleichend. Er trug Khakihosen und ein kurzärmeliges Hemd sowie einen nach Art der Army-Offiziere spitzen Hut. Mit einem Gewehr, das er vor dem Bauch hielt, verharrte er eine Weile in dieser Position vor dem Lorraine und verschwand schließlich im Gebüsch. Chuck dachte, er sei auf Vogeljagd. Er kam aus einer ländlichen Gegend, wo Leute mit Gewehren auf der Jagd nach Wildhühnern oder Kaninchen kein ungewöhnlicher Anblick waren, und doch kam ihm das merkwürdig vor. Chuck erzählte, es habe sehr lange gedauert, bis der Mann wieder aufgetaucht sei, vielleicht eine Stunde; aber nach 27 Jahren ist es nicht einfach, das Zeitgefühl eines Sechsjährigen einzuschätzen.

Irgendwann habe sein Vater das Zimmer Martin Luther Kings wieder verlassen und sei die südliche Außentreppe am Ende des Balkons hinuntergestiegen. Außerdem sah er King selbst auf den Balkon und ans Geländer treten. Genau in diesem Moment tauchte der Mann wieder auf. Diesmal war er ganz deutlich zu sehen, denn er stand nur einen Schritt von der Mauer entfernt, allerdings immer noch im Schatten. Chucks Aufmerksamkeit wurde abgelenkt, als im gleichen Moment Vögel aus dem Gebüsch flatterten, die der Mann wohl aufgescheucht hatte. Der Mann hob das Gewehr und zielte; Chuck wußte noch lebhaft, wie er es mit der Angst bekam, weil der Mann (der doch eigentlich auf die Vögel schießen sollte) den Lauf direkt auf den Balkon des Lorraine richtete. Der Mann schien sich Zeit zu lassen. Er konnte Chuck, der ihn wie gelähmt anstarrte, aus etwa drei bis fünf Metern Höhe herab erkennen. Die rechte Hand des Mannes hielt den Griff; der Zeigefinger der Linken lag am Abzug. Er feuerte, und Chuck sah zwei Wölkchen Rauch aus dem Lauf steigen, die noch in der Luft hingen, als der Mann verschwunden war. Merkwürdigerweise erinnerte sich Chuck nicht an den Schuß. Der Mann zog sich sofort ins Gebüsch zurück und war fort.

Chuck dachte schon, er würde ihn nicht wiedersehen, aber keine zwei oder drei Minuten später rannte er zu einem weißen Wagen, der auf der anderen (südlichen) Seite der Butler Street vor der Feuerwache stand. (Um dorthin zu gelangen, hätte der angebliche Schütze, falls er sich vor dem Zaun befand, entweder die Wand entlang im Schatten der Büsche, von hinten auf die Feuerwache zu und weiter nördlich zur Butler laufen müssen, oder den Zaun am niedrigsten Punkt an der Ecke hinter Canipe's überspringen, den Parkplatz durchqueren und die Vorderfront der Feuerwache zur Butler Street umrunden müssen. Wenn er hinter dem Zaun war, wäre er schon auf dem Parkplatz gewesen und der letztgenannten Strecke gefolgt. Beide Strecken hätten ihn und das Gewehr eine Zeitlang den Blicken eventueller Passanten ausgesetzt. Chuck hat ausdrücklich festgestellt, daß er ihn nicht auf der Mulberry Street rennen sah). Chuck meinte, der Mann habe die Seitentür des Wagens geöffnet und das Gewehr auf den Beifahrersitz geworfen, dann sei er hineingesprungen und über die Butler ostwärts losgebraust. Als er sich umblickte, sah Chuck einen korpulenten Weißen im hellen T-Shirt im Gebüsch stehen, nicht weit von Jim's Grill entfernt. Etwa um diese Zeit kam sein Vater über die Mulberry Street gerannt, erreichte den Wagen und setzte sich hinein, wobei er Chuck anbrüllte, er solle sich flach auf den Boden legen, was dieser auch tat. Der Vater sei mit Vollgas davongefahren.

Chuck erinnerte daran, daß auf dem berühmten Foto von Joseph Louw die Menschen vom Balkon aus in die Richtung zeigen, aus welcher der Schuß kam. Eine Person, die junge Mary Hunt, zeigte zwar nach vorn, blickte aber nach links – in Richtung Butler Street und weißem Wagen. Jahre zuvor schon hatte ich Mary Hunt aufzutreiben versucht, aber es gelang mir nicht, bis ich dann hörte, daß sie an Krebs verstorben sei. In jedem Fall war das Foto nicht unmittelbar nach dem tödlichen Treffer aufgenommen worden; es war gut möglich, daß der Mann den Tatort schon verlassen hatte.

Chuck behauptete, er habe Reverend Kyles von seinen Erlebnissen berichtet, und Kyles habe ihm geraten, lieber zu schweigen. Kyles erklärte ihm, die Regierung habe King auf dem Gewissen, der Tod eines Schwarzen mehr oder weniger mache denen nichts aus. Chuck betonte, viele Leute hätten ihn gewarnt, auch er würde umgebracht, wenn er seine Erlebnisse weitererzähle. Sein Vater ließ ihn manchen Leuten berichten, was er gesehen hatte. Doch weil sein Vater glaubte, die Wahrheit könne seinen Jungen das Leben kosten, wurden diejenigen, die es hörten, zu strengstem Stillschweigen verpflichtet. Einer von denen, die es vor vielen Jahren erfuhren, sei Ralph Abernathy gewesen. Wenn das stimmte, fragte ich mich, weshalb mir Abernathy nie davon erzählt, nicht einmal eine Andeutung gemacht hatte.

Chuck hatte Angst, mit mir gesehen zu werden, war aber schließlich doch bereit, gemeinsam den Tatort zu besichtigen. Wir parkten an der Stelle, wo damals sein Vater den Wagen abgestellt hatte. Kings Zimmer hätte ein wenig hinter ihm gelegen (vgl. Abb. 6). Von dieser Position aus hätte er den weißen Wagen, mit dem der Schütze angeblich entkommen war, zweifellos erkennen können.

Mir war klar, daß Chuck nach 27 Jahren Schwierigkeiten haben würde, sich zu orientieren. Er glaubte, es habe an der Mulberry Street eine zweite Einfahrt zum Lorraine gegeben. Das war nicht der Fall, obwohl an der Butler Street, nicht weit vom südlichen Treppenhaus, ein Zugang war. Wichtiger noch: Er hatte nicht wahrgenommen, daß die Feuerwache direkt an die Mulberry Street grenzte, und ahnte auch nicht, wie groß sie war. Der Parkplatz gegenüber, auf der Mulberry-Street-Seite, war von einem hohen Gitterzaun umgeben, in geringem Abstand (ca. 1,50 Meter) zur Mauer. Chuck hatte den Zaun nie bemerkt und blieb dabei, er habe den Mann ohne Schwierigkeiten von der Mauer ins Dickicht zurückweichen sehen.

Ich erinnerte mich, daß die Stelle, wo Reverend James Orange den Rauch gesehen haben wollte, ganz nahe an dem von Chuck bezeichneten Standort des Schützen lag. Ich hatte immer geglaubt, daß der Reverend hier irrte und das Gebüsch hinter

Abb. 6: Schauplatz des Attentats

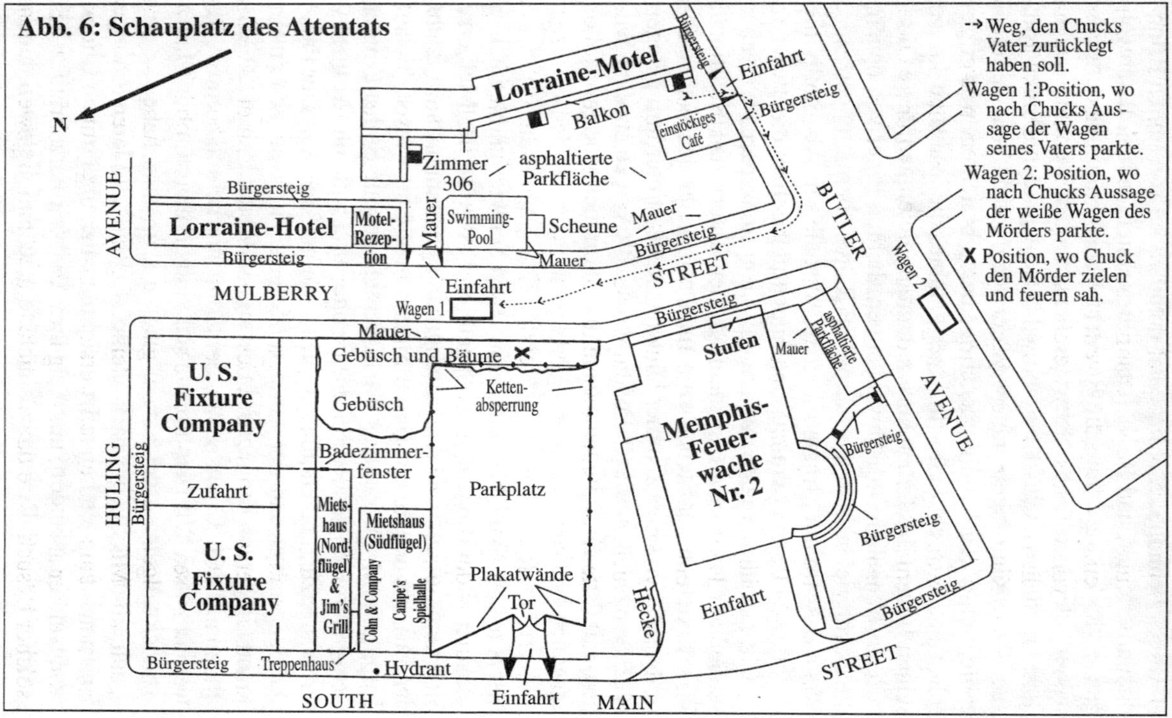

Jim's Grill und dem Nordflügel der Pension meinte. Die Flugbahn der Kugel und Beobachtungen anderer Zeugen ließen darauf schließen, daß der Schuß weiter nördlich abgefeuert worden war. Daß von weiter südlich geschossen wurde, konnte ich mir einfach nicht vorstellen; die Kugel hätte von weiter links kommen und King in die rechte Wange treffen müssen, wäre unterhalb des Kieferknochens eingedrungen und rechts in den Nacken gewandert. Um dies möglich zu machen, hätte er sich kurz vor dem Treffer nach links drehen müssen, wofür es keinen Augenzeugen gab.

Überdies fand sich niemand, der sich an den Wagen von Chucks Vater auf der Westseite der Mulberry Street erinnerte.

Als ich Carthel Weeden interviewte, der 1968 die Feuerstation 2 geleitet hatte, berichtete er, wie er unmittelbar nach dem Schuß ins Lorraine rannte und Benny Thornton half, King für den Krankentransport auf eine Bahre zu hieven. Dabei stieß er auf eine hysterische schwarzgekleidete Farbige, die angeblich Catherine hieß. »Er ist in einem weißen Wagen erschossen worden«, brüllte sie. Weeden dachte damals, sie hätte sagen wollen, das Attentat sei von einem vorbeifahrenden weißen Fahrzeug aus erfolgt. Ich vermutete, es sei dieselbe junge Frau, von der es 1968 in den Akten des Nebenanwalts Hugh Stanton hieß, sie sei Schülerin des LeMoyne-Colleges und habe die Polizei angeschrien, sie solle die Verfolgung des Flüchtenden aufnehmen. Wie bereits erwähnt, war es mir nicht möglich gewesen, sie aufzufinden. Mag sein, daß sie in Wahrheit meinte, der Schütze habe sich in einem weißen Fahrzeug aus dem Staub gemacht.

Davon, daß Chucks Vater an jenem Tag mit King zu einem Treffen verabredet war, hatte ich nie gehört. Die SCLC-Vorstandskonferenz nahm zumindest einen Teil der Zeit ein, die der Mann nach Chucks Angaben bei King verbracht haben soll. Reverend Hosea Williams konnte sich nicht erinnern, ob Nichtmitglieder teilgenommen hatten, glaubte aber, man habe ein paar Leute aus Mississippi nach Memphis geholt. Reverend Lawson nahm nicht am Treffen teil, versicherte aber, die Leute wären oft von weither angereist, um King ihre Anliegen vorzubringen. Ein solcher Besuch wäre damals nicht ungewöhnlich gewesen, denn der Südflügel des Poor-People's-Friedensmarsches sollte von Mississippi aus starten. Ich unterhielt mich mit Bürgerrechtlern aus Tunica, die mit Chucks Familie befreundet waren. Keiner konnte sagen, ob sein Vater je mit Martin Luther King zusammengetroffen war. Ein Gemeindeführer meinte sogar, die Familie sei Anfang der 60er Jahre nach Memphis gezogen. Einer von Chucks Brüdern, drei Jahre älter als Chuck, beschrieb mir die Farm, die sie 1968 in Tunica bewirtschaftet hatten; für einen Bauern sei es höchst ungewöhnlich, im April die Felder zu vernachlässigen und nach Memphis zu reisen. Er könne sich jedenfalls nicht daran erinnern.

Andererseits wußte Chucks greise Mutter noch gut, wie ihr Mann von seinem Treffen mit Martin Luther King erzählt hatte. Er habe es mehr als einmal erwähnt, aber sie wußte nie, wann und wo das oder die Treffen stattfanden. Und nur vage entsann sie sich, daß eine Beobachtung Chucks geheim bleiben sollte, von der auch sie nichts Genaueres wußte oder wissen wollte. In dieser Zeit sei sie sehr krank und von der Familie getrennt gewesen, während ihr Mann und die jüngeren Kinder eine Zeitlang in Memphis gelebt hätten.

Am Sonntag, dem 2. Juli, konfrontierte ich Chuck mit diesen Aussagen. Er entgegnete, erst gestern habe er an einer Beerdigung teilgenommen, bei der sein Bruder und einige Gemeindeführer, mit denen ich gesprochen hatte, ihn ausdrücklich gewarnt hätten: Wenn er nicht den Mund hielte, würde er umgebracht. Chuck hatte den Eindruck, daß sie weniger die Attentäter Martin Luther Kings fürchteten als andere geheimnisvolle Umstände, die seinen Vater betrafen. Außerdem habe man ihn zur Mitgliedschaft in der Freimaurerloge eingeladen, die ihm bisher verwehrt worden war. Sein Bruder drängte ihn beizutreten. Als Logen-Bruder wäre er zum Schweigen verpflichtet.

Als ich mit Chucks Lebensgefährtin sprach, bestätigte sie, Chuck habe ihr seine Geschichte schon vor Jahren offenbart. Sie kannte ihn seit etwa 1979; erst 1987 oder 1988 wagte er, sein Herz auszuschütten. Und um die Zeit des Fernsehgerichts sei sie mit Chuck zu seiner Familie gefahren, wo er versucht hätte, das Thema anzuschneiden. Die Angehörigen Chucks wollten aber nicht darüber sprechen und rieten Chuck, es sei besser für ihn, die Sache für sich zu behalten. Chuck habe sie nie belogen; er mochte andere Charakterschwächen haben, doch Unaufrichtigkeit gehöre nicht dazu. Sein Anwalt, Lewis Garrison, bestätigte diese Einschätzung, bemerkte aber, daß Chuck für weiche Drogen anfällig sei und kürzlich eine kleinere Gefängnisstrafe abgesessen habe.

Chuck wirkte aufrichtig, doch seine Geschichte war nicht plausibel und ließ sich praktisch nicht belegen. Auf den ersten Blick wirkte die Detailfülle beeindruckend, doch selbst wenn er die Wahrheit sagte, konnte er sich in dem einen oder anderen Punkt irren, vor allem, weil er zum Zeitpunkt der Tat erst sechs Jahre alt war. Einen Grund zu lügen hatte er offenbar nicht, doch es war möglich, daß er sich das Ganze nur ausgedacht hatte. Im Hinblick auf widersprechende, aber belegbare Aussagen anderer Zeugen mußte ich mich entschließen, Chucks Version der Geschichte zurückzustellen.

Bis Mai 1995 waren die Nachforschungen in Houston ergebnislos geblieben. In der Zwischenzeit erfuhr ich von Garrison, Herman habe ihm erzählt, daß ein Mann, den sie für Raul hielten, unter dem Namen Diablo in Detroit leben würde und für ein bestimmtes Produkt im Import-Export-Geschäft tätig sei. Eine Recherche in diesem Branchenzweig erwies sich als unergiebig, und ich argwöhnte, daß Herman uns an der Nase herumführte. Außerdem hatte James mir von einem Besuch Hermans und Saltmans berichtet, die ihm ein ein Foto aus dem Jahr 1979 vorgelegt hatten. Das Bild zeigte einen Mann, auf den James Beschreibung von Raul zutraf. Doch auf einem Foto von 1994 von einem Mann, den sie für dieselbe Person hielten, erkannte er Raul nicht wieder.

Während der beeideten Aussage Loyd Jowers' am 2. November 1994 legte ihm Garrison das Foto von 1994 vor, das Herman ihm überlassen hatte. Jowers war nicht imstande, das Bild eindeutig zu identifizieren. Garrison zeigte mir ebenfalls das Foto eines relativ schlanken Mannes in blauem Jackett, weißem Hemd und Krawatte, mit ergrautem braunen Haar.

Wenig später informierte mich Anwalt Garrison, daß Jowers auch ein älteres Foto des Mannes gesehen hatte, der angeblich Raul Pereira war, und den er als Beteiligten der Verschwörung unter dem Namen »Raul« oder »Royal« kannte.

Auch Cheryl hatte, wie sie mir sagte, das jüngere Foto gesehen. Anfangs sei sie nicht sicher gewesen, denn das graue Haar habe sie irritiert. Es kam ihr vor, als trüge der Abgebildete eine Perücke. Später gelangte sie zu der Überzeugung, daß die Gesichtszüge denen ihres Bekannten Raul Pereira zum Verwechseln ähnlich seien.

Ich beschloß, mit Cheryl und Bob selbst nach Houston zu fahren. Wir besuchten alle Schauplätze von Cheryls Geschichte, seit der Zeit, als sie im Alter von vierzehn Jahren nach Houston übergesiedelt war. Ein Waffle-House-Restaurant stand jetzt dort, wo früher die Tankstelle gewesen war. Wir verbrachten einige Zeit in den Docks und an der Navigation Avenue und beobachteten ein altes Haus, wo sie Raul getroffen hatte, wenn er sich in Houston aufhielt. Außerdem fuhren wir an dem Haus vorbei, das Torrino gemietet hatte; dort hatte Raul angeblich den Mord zugegeben und anschließend Cheryl vergewaltigt. Jetzt war es in graublauer Farbe gestrichen (vgl. im Bildteil Abb. 26). Die sonstigen Unterkünfte Raul Pereiras in Houston schienen nur für vorübergehenden Aufenthalt bestimmt. Mir kam der Gedanke, ob er nicht anderswo einen Stützpunkt hatte. Cheryl und Bob fühlten sich in der rauhen und abweisenden Umgebung nicht wohl, wo Fremde, besonders solche mit Fotoapparaten, als Feinde betrachtet und nicht selten von vorbeifahrenden Heckenschützen angegriffen wurden. Die Gegend habe sich seit damals kaum verändert, meinten sie. Das Alabama-Kino war jetzt ein Buchladen, doch Cheryl konnte uns Ross Vallones früheres Büro zeigen, wo er, in seinem Lehnstuhl sitzend, Hof zu halten pflegte.

Bob wollte mit einigen früheren Bekannten aus den 60er und 70er Jahren ins Gespräch kommen. Doch die wenigen, die er ausfindig machte, verhielten sich reserviert, mit Ausnahme einer Person, die bereitwillig redete und ihm sogar ein Foto Amaros überließ, das Bob an mich weiterreichte.

Bevor wir uns trennten, gab Cheryl eine eidesstattliche Erklärung ab, die ihre Geschichte in allen Einzelheiten enthielt, und bekundete, daß sie James Earl Ray für unschuldig halte und bereit sei, zu seinen Gunsten vor Gericht auszusagen.

Vor meiner Rückkehr nach England versicherte mir noch ein Anwalt aus der Houstoner Gegend in einem längeren Telefonat, daß Percy Foreman in den 60er und 70er Jahren zum wichtigsten Anwalt der Verbrechersyndikate aufgestiegen wäre. Zuvor schon hatte mir der ehemalige Gangster-Anwalt Frank Ragano, der Carlos Marcello und Santo Trafficante vertrat, von Foremans Rolle als Rechtsbeistand prominenter Bandenführer berichtet. (Zugleich erfuhr ich, wie unzufrieden sie mit seinen Diensten waren).

Gerüchten zufolge sollte der Gesuchte heute im Nordosten der USA wohnen. Bei einer computergestützten Rasterfahndung wurden die Staaten einer nach dem anderen durchkämmt, Personen und Adressen mit Querverweisen durchmustert, wobei ich den von Cheryl mitgeteilten Namen Raul Pereira zugrunde legte. Daß er irgendwo unter echtem Namen lebte, war unwahrscheinlich, aber probieren wollte ich es doch. Ich suchte Kreditkarteninstitute und andere Institutionen ab. Durch Ausschlußkriterien wie Alter und ethnische Herkunft (ich beschränkte die Suche auf weiße, männliche Einwanderer zwischen 55 und 68 Jahren mit portugiesischem oder brasilianischem Hintergrund) ließ sich die Liste nach und nach reduzieren. Anfang Juni waren meine Bemühungen abgeschlossen und nur eine Person übriggeblieben, die den Voraussetzungen entsprach. Es handelte sich um einen relativ erfolgreichen Geschäftsmann von fast 61 Jahren. Mit seiner Frau bewohnte er ein eigenes Haus in einer Gegend, in der die Nachbarn der Mittelschicht und oberen Mittelschicht angehörten. Er hatte zwei erwachsene Kinder, eine 25jährige Tochter und einen Sohn von vermutlich 33 Jahren. Dann recherchierte ich in Branchenbüchern nach Import-Export-Firmen, die auf ein bestimmtes Produkt spezialisiert waren, und stieß auf eine, die in Frage kam. Als ich in den Geschäftsräumen anrief, meldete sich der Anrufbeantworter und verwies mich auf die Privatnummer des Mannes, auf den ich meine Suche konzentriert hatte.

Erst wollte ich mehr über die Lebensumstände und die Geschäfte dieses Menschen in Erfahrung bringen. In der Straße, wo sein Import-Export-Büro lag, und die zu den ärmsten Vierteln der Stadt gehörte, besaß er weitere Immobilien. Angeblich war er Mitglied des Ortsvereins der Portugiesisch-Amerikanischen-Gesellschaft und hatte keine Vorstrafen. Anhand der Einwanderungslisten stellte ich fest, daß er von Portugal über New York City eingereist war. Eine Sozialversicherungsnummer hatte er zwischen 1961 und 1964 erhalten; im Telefonbuch tauchte er erstmals 1965 auf. (Mir fiel Cheryls Angabe ein, sie habe Raul Pereira 1962 in Houston kennengelernt). Wenn dies der Raul war, den James kannte, hatte er wenigstens in den letzten zwanzig Jahren ein Doppelleben geführt.

Ein Brief von James erreichte mich, dem ich entnehmen konnte, daß Saltman ihm geschrieben hatte. Angeblich hatten Saltman und Herman sich mit Raul getroffen. Er sei feindselig gewesen, habe Fotos von ihnen gemacht und seine spanischsprechende Frau angeherrscht, sie hinauszuwerfen.

Ich wollte ein aktuelles Foto jenes Raul Pereira erhalten, den ich zur Zeit im Visier hatte, um es Cheryl vorzulegen und zu entscheiden, ob dies derselbe war wie der, den Herman und Saltman verdächtigten, und dessen Bild ich von Jowers beeideter Erklärung kannte. Im Juni 1995 beauftragte ich daher eine Privatdetektei, ihn zu fotografieren. Als die Bilder in meinem Londoner Büro eintrafen, öffnete ich aufgeregt das Päckchen. Ich war fast sicher, daß es derselbe Mann war, dessen Bild ich bei der Jowers-Aussage gesehen hatte.

Schließlich rang ich mich durch, Herman anzurufen. Er schaltete Saltman ein, und beide bestätigten den Besuch und den feindseligen Empfang. Raul wollte nicht an die Tür kommen. Die Tochter habe mit ihnen verhandelt, sich aber bei den einfachsten und unverfänglichsten Fragen in Widersprüche verwickelt. Ohne den kleinsten Hinweis, wo der Mann lebte oder wer er war, versicherten sie mir, es sei eindeutig Cheryls Raul gewesen. Als ich skeptisch reagierte, um ihnen mehr zu entlocken, schworen sie einträchtig, Geburtsdatum und Sozialversicherungsnummer des von ihnen kürzlich besuchten Raul, von dem sie auch eine neuere Aufnahme besaßen, stimmten mit denjenigen des Mannes auf dem älteren Foto überein. Später fügte Herman hinzu, einer seiner CIA-Informanten habe ihn wissen lassen, daß es eine aktuelle CIA-Akte über den Mann gäbe. Der Akte zufolge habe Raul für die staatliche Waffenfabrik der portugiesischen Regierung gearbeitet, wo er von Oktober 1957 bis Dezember 1961 für Waffenverkauf und -vertrieb zuständig gewesen sei.

Unmittelbar danach rief ich Cheryl an. Von ihr erfuhr ich, daß Herman und Saltman noch vor dem Besuch bei Raul eine Telefonkonferenz arrangiert hatten, die zu Raul Pereiras Privatanschluß geschaltet wurde. Sie glaubte, mehrere Mitglieder seiner Familie, er selbst, seine Frau, seine Tochter und sein Schwiegersohn seien jeweils für unterschiedliche Dauer ebenfalls am Hörer gewesen. Als Raul ans Telefon kam, habe Cheryl an der besonderen Aussprache ihres Namens sofort gemerkt, daß es der Raul aus Houston sein müsse. Er hatte ihn nie korrekt aussprechen können. Trotz seiner fast hysterischen Beteuerung des Gegenteils sei dieser Mann, der nie in Houston gewesen sein wollte, eindeutig der Raul von damals.

Es bestand kein Zweifel mehr, daß Raul Pereira jetzt gewarnt war, und ich fürchtete, er würde untertauchen. Infolgedessen würde die Anklage daran festhalten, daß er nicht der richtige sei und James' Raul gar nicht existiere. Da Herman und Saltman noch nicht genug in der Hand hatten, um ihre Fernsehproduzenten zu befriedigen, war ich gespannt, was sie als nächstes vorhatten. Abschrecken würde es Pereira auf jeden Fall.

Es blieb anscheinend keine andere Wahl, als Raul Pereira in unsere Zivilklage gegen Jowers aufzunehmen. Wir bereiteten eine Klageschrift vor, die sich an die ursprüngliche Klage anschloß, in der er namentlich genannt war, sowie eine Erklärung, die er beeiden sollte. Unsere Eingabe umfaßte folgende Anklagepunkte gegen Raul Pereira:

1. Er habe mit anderen an einer Verschwörung zum Attentat auf Martin Luther King teilgenommen;

2. in Verfolg dieser Teilnahme an der Verschwörung habe er die Schritte von James Earl Ray veranlaßt, gesteuert und koordiniert. Dahinter steckte die Absicht, daß ein Gewehr mit Rays Fingerabdrücken am Tatort vorgefunden und Ray des obengenannten Verbrechens beschuldigt werden würde;
3. gemeinsam mit anderen Angeklagten habe er für die Beschaffung und Entfernung eines weiteren Gewehrs gesorgt, bei dem es sich mutmaßlich um die Tatwaffe handelt.

Es gab allerdings immer noch die Möglichkeit, daß er nicht der Richtige war. Ein Irrtum hätte unsere Glaubwürdigkeit weitgehend erschüttert, doch die Hände in den Schoß legen durften wir auch nicht, sonst hätten wir einen der wichtigsten, wenn nicht den wichtigsten Drahtzieher am Tatort verloren, dessen bloße Existenz schon von MPD, FBI und HSCA bestritten wurde.

Ich beschloß, einen Mittelweg zu gehen. Mit der Zustellung der Anklage würden wir ihm einen Brief aushändigen, in dem wir versprachen, die Klage zurückzuziehen, falls er nicht der Mann war, den wir suchten, und bereit war, mit uns zu reden. In der Zwischenzeit würden wir dann einen Gerichtsbeschluß beantragen, daß seine Akte versiegelt wurde, damit die Tatsache der Anklage, Vorladung und eidlichen Beurkundung gegen ihn nicht an die Öffentlichkeit käme.

Im Einvernehmen darüber sprachen Chastain und Garrison am Freitag, dem 23. Juni, beim Richter vor und ließen die Akte bis auf weitere Beschlüsse des Gerichts versiegeln.

Ungefähr um diese Zeit teilte mir der Privatdetektiv Bob Smith mit, ein Informant vom Immigration and Naturalization Service (INS) habe ihm zugesteckt, daß Raul Pereira am 11. Dezember 1961 eingereist sei. Aus der gleichen Quelle wußte er, daß Rauls INS-Einwanderungsakte im Oktober 1994 nach Memphis, Tennessee, überstellt worden war. Es gab keinen erkennbaren Grund für diese Übersendung; derartige Akten durften nur auf Anforderung anderer Bundesbehörden ausgegeben werden.

In Windeseile verabredete ich ein Treffen mit Cheryl und Bob für den 24. Juni in Memphis. Ich zeigte Cheryl die Fotos, die ich mir von Raul Pereira verschafft hatte. Ich war fast sicher, daß sie denselben Mann zeigten, den Herman und Saltman fotografiert hatten, doch Cheryl bestätigte nicht, daß es der Raul aus ihrer Jugendzeit sei. Der Telefonanruf für die Konferenzschaltung war von ihrem Haus aus erfolgt. Daher mußte die Nummer auf einer der letzten Monatsrechnungen stehen. Die beiden versprachen, die Rechnung herauszusuchen, damit ich die Nummer mit derjenigen vergleichen konnte, unter der ich Raul Pereira lokalisiert hatte.

Cheryl unterschrieb mir eine eidesstattliche Erklärung, daß sie Raul auf den 60er-Jahre-Fotos wiedererkannt hatte, und die Gesichtszüge des Mannes auf dem Bild von 1994, das ihr Ken Herman gezeigt hatte, mit denen Rauls übereinstimmten. Ferner bestätigte sie das Telefongespräch mit Raul Pereira, bei dem sie ihn an der Aussprache ihres Namens als den Mann gleichen Namens aus Houston identifiziert hatte, und daß ihr bekannt sei, daß wir ihn auf der Grundlage dieser Identifizierung in das Verfahren gegen Loyd Jowers und andere einbeziehen würden.

Am folgenden Sonntagabend rief ich wegen der Telefonnummer an, doch Bob hatte die Rechnung nicht finden können.

Am Montag trafen wir gegen 7.45 Uhr Bob Cruz, der die persönliche Überwachung Pereiras organisiert hatte. Er berichtete, Mutter und Tochter seien ausgegangen und hätten Pereira offenbar alleingelassen. Noch bevor wir die letzten Verabredungen für die Überbringung der Klageschrift trafen, mußte ich absolut sicher sein, daß es sich um denselben Mann handelte, den Saltman und Herman besucht hatten. Ich beschloß, ihn selbst anzurufen. Am Telefon gab ich mir die größte Mühe, ihm in allerfreundlichstem Tonfall zu versichern, wie leid es mir täte, daß er grundlos belästigt worden sei, daß diese Leute längst nicht mehr in anwaltlichen Diensten stünden, sondern vielmehr auf eigene Faust an dem Fall arbeiteten. Bedächtig lauschte er meinen und Chastains Äußerungen. Er sprach mit schwerem Akzent und wirkte kein bißchen nervös. Schwer zu sagen, ob Raul Pereiras Sprachprobleme vorgetäuscht waren. (Das Überwachungsteam glaubte, er sei mit allen Wassern gewaschen; mehrmals war es ihm gelungen, seine Verfolger abzuschütteln). Unverständlich war ihm, woher ich von seinem »Problem« wüßte. Er sei tatsächlich von einigen Leuten genervt worden, die ihm und seiner Familie keine Ruhe ließen. Ob wir denn Geschichten, die dreißig Jahre zurücklägen, immer wieder aufwärmen müßten? Nein, in Houston sei er nie gewesen. Ich schlug ihm ein vertrauliches Gespräch mit Chastain und mir vor, um restlos auszuschließen, daß er beteiligt war gewesen wäre, und er bat mich um Rückruf am selben Abend nach 19.00 Uhr, damit er sich vorher mit den Kindern und seiner Frau beraten könne. Ich war einverstanden, und wir hielten die Klageschrift noch den ganzen Tag zurück. Gegen 19.15 Uhr meldete sich die Tochter am Telefon und wollte uns abwimmeln. Ihr Vater habe nichts zu beweisen, sein Ehrenwort müsse ausreichen, um jede Beteiligung zu dementieren. Sie bestätigte, daß ein Mann namens Saltman an ihrer Tür erschienen sei, der sie ausfragen wollte, und sie habe ihm angedroht, ihn zu verklagen falls er irgendwelche Informationen über ihren Vater veröffentlichen würde.

Mein Eindruck war, daß sie gut geschult und ziemlich gerissen war. Mr. Pereira mußte wissen, weshalb er sie vorschickte. Bevor sie auflegte, äußerte sie immerhin, sie wolle ihren Anwalt zu Rate ziehen, bevor sie über unser Gesprächsangebot entscheiden würde. Den Namen des Anwalts wollte sie mir nicht nennen. Aus all dem zog ich den Schluß, daß wir Raul Pereira verklagen mußten.

Ich überließ es Privatdetektiv Cruz, die Anklageschrift zu überbringen.

Der Mann, den ich Raul Pereira nannte, wurde am 5. Juli verklagt und gehörte fortan zu den Beklagten im Zivilverfahren *Ray gegen Jowers u.a.*

30
Mord auf Befehl

Über einen Zeitraum von zwei Jahren wurde ich seit Juni 1993, während alle übrigen Ermittlungen mit Hochdruck fortgesetzt wurden, aus Kreisen der Armee mit Nachrichten versorgt. Zu den Informanten gehörten die beiden Special-Forces-Angehörigen, die jetzt in Südamerika lebten und von mir Warren und Murphy genannt wurden. Sie beantworteten mir die Fragen, die ihnen Steve Tompkins übermittelte. Ihre Antworten und einige zusätzliche Dokumente (die Warren beschaffte) enthüllten nicht allein die Ausdehnung verdeckter Operationen in verschiedenen Teilen der USA zwischen 1967 und 1968, sondern auch Einzelheiten über die Umstände der Ermordung Martin Luther Kings.

Erste Hinweise auf eines der düstersten, streng gehüteten Staatsgeheimnisse unserer Nation – die Rolle der Armee und anderer kooperierender Regierungsorganisationen beim Attentat auf King – hatte 1993 der *Commercial Appeal* in Memphis gegeben. Erst durch die Aufschlüsse, die ich von Warren und Murphy sowie von Personen erhielt, die durch ihre Position Zugang zu geheimem Nachrichtenmaterial erhielten, konnte ich die Einzelteile zu einem Gesamtbild fügen. Meiner Analyse lagen aussagekräftige Dokumente, Akten und behördeninterne Notizen der Abwehr zugrunde. Wo immer es mir möglich war, habe ich sie anhand unabhängiger Quellen verifiziert. Dabei durfte ich die Namen des gefährdeten Teams unter keinen Umständen preisgeben. Genannt werden jedoch – mit Rücksicht darauf, daß den Nachgeborenen ein Recht auf historische Wahrheit zusteht – diejenigen, die bereits verstorben sind.

Bevor ich ins einzelne gehe, erscheint es mir sinnvoll, die Organisationsstruktur zu umreißen, die hinter den geschilderten Ereignissen steckte.

Während der 60er Jahre übernahm eine streng geheime Organisation des Bundes, allen voran die Abwehr, offiziell genehmigte Aufgaben, die von konventioneller Spionage – Überwachung »am Mann«, Sammlung und Analyse von Nachrichten – bis hin zu eindeutig illegalen verdeckten Aktionen reichten. Ich war überrascht, als ich feststellte, wie bereitwillig staatliche Behörden bei Unternehmen mitwirkten, die öffentlich stets als Aufgaben der Geheimdienste und ihrer Agenten dargestellt wurden.

Im Oktober 1961 gründete Verteidigungsminister Robert McNamara die Defense Intelligence Agency (DIA) mit dem Fernziel, alle Geheimdienstabteilungen der einzelnen Truppenteile unter gemeinsamer Leitung zusammenzufassen. Doch bis 1965 hatte die DIA nicht mehr als die Geheimdienst- und Strategieschulung der US-Armee sowie die Verwaltung des Militärattaché-Systems übernommen. Die einzelnen bewaffneten Streitkräfte, namentlich das Heer, kämpften um den Erhalt ihrer Geheimdienste. Das Heer hatte seinen eigenen Nachrichten- und Abwehrdienst am 1. Juli 1962 eingerichtet. Nach den Rassenunruhen von 1963 in Oxford, Mississippi, wohin die 101. Fliegereinheit entsandt worden war, schrieb der vor Ort kommandierende Generalmajor Creighton V. Abrams einen höchst kritischen Bericht über Zustand und Einsatzbereitschaft der Militärabwehr in Oxford. Im besonderen stellte er fest:

> Wir sollten auf Initiative der Streitkräfte umgehend ein größeres Geheimprojekt in Angriff nehmen, die Rädelsführer, schwarze wie weiße, enttarnen und Analysen zum Bürgerrechtskampf erstellen, in den sie verwickelt sind.

Sein Bericht fand großen Anklang und wurde in den großangelegten Operationen der Abwehr zwischen 1967 und 1968 umgesetzt. Der Nachrichten- und Abwehrdienst bestand aus einer Gruppe professioneller Geheimdienstoffiziere, die den Aufgaben der Military Intelligence Division gerecht wurden, jener von Colonel Ralph Van Deman gegründeten Organisation. Van Deman, den man auch »Vater der Abwehr« nennt, hatte sechzig Jahre zuvor begonnen, mit städtischen Polizeidienststellen zusammenzuarbeiten. Die Umbenennung zur Military Intelligence Branch erfolgte 1967, und als Teil des U.S. Army Intelligence Command (USAINTC) fand die Organisation ihren Stützpunkt in Fort Holabird, Maryland. Fort Holabird ist ein dreißig Hektar großes Militärgelände, auf dem 1968 in einem riesigen zweistöckigen Stahlbau von der Ausdehnung eines städtischen Häuserblocks das Geheimdienstarchiv Investigative Records Repository (IRR) untergebracht war. Das IRR enthielt damals über sieben Millionen braun eingeschlagene Dossiers über amerikanische Staatsbürger und Organisationen, die – nach Meinung der Abwehr – als »ständige Bedrohung für die Sicherheit und Verteidigungsbereitschaft der Vereinigten Staaten eingeschätzt werden müssen«. Unter anderem waren Akten über sämtliche Mitglieder der King-Familie im IRR angelegt.

Zur gleichen Zeit übernahm USAINTC die Kontrolle von sieben der acht existierenden Spionageabwehr- oder US-Abwehrgruppen (MIGs) in den Continental United States (CONUS) und in Deutschland (66. MIG). Die achte MIG – Nr. 902 – stand unter dem Kommando von Generalmajor William P. Yarborough, der von Dezember 1966 bis Juli 1968 stellvertretender Stabschef der Abwehr (ACSI) war. Von 1961 bis 1965 hatte er die John F. Kennedy Special Warfare School in Fort Bragg, North Carolina, absolviert und gehörte zu den Gründern der Einheit, die als Green Berets bekannt wurde. Um 1967 waren den MIGs 798 Armeeoffiziere zugeordnet, 1.573 Soldaten und 1.532 Zivilisten, darunter 67 schwarze Undercoveragenten. Von dieser Gesamtzahl waren 1.576 Personen für Nachrichtensammlung und geheimdienstliche Operationen im Inneren zuständig; rund 260 davon zivile »Spitzel«. Mit lag eine Kopie der ACSI-Befehlsstruktur von 1967 und eine Organisationstafel vor.

Die MIG-Offiziere waren verantwortlich für direkte Bespitzelung »am Mann«, einschließlich Lauschangriffe und Videoüberwachung von Zielobjekten wie Individuen oder Ereignissen. Ein solches Zielobjekt war Martin Luther King, und im ganzen letzten Jahr seines Lebens stand jede seiner Bewegungen unter Kontrolle der einen oder anderen MIG. Auf diese Weise wurde er in New York von der 108. MIG-Einheit bespitzelt; in Los Angeles von der 115.; in Tennessee, Georgia, Alabama und im Süden von der 111.; in Chicago von der 113.; in Washington, D. C., von der 116.; in Newark, New Jersey von der 109. In Deutschland war es die 66., die in Stuttgart stationiert war. Abbildung 7 (vgl. Anhang) stellt eine Übersicht der Territorien und Hauptquartiere der MIGs auf dem CONUS-Gebiet dar; die

Abbildungen 8, 9 und 10 im Anhang zeigen den Aufbau der USAINTC-Organisation 1967, die USAINTC-Regionalvertretungen und das Netzwerk der USAINTC-Kommunikation.

In engem Bezug zur USAINTC-Struktur standen damals die einzelnen Abwehrbüros der militärischen Führungsstäbe unter Leitung von ACSI Yarborough. Zusätzlich zu seiner Kontrolle der 902. MIG war ihm auch die Spionageabwehr – Counterintelligence Analysis Board (CIAB) – unterstellt; beide Organisationen waren in Falls Church, Virginia, beheimatet; ein weiteres geheimes CIAB-Zentrum verbarg sich in einem roten Ziegelbau und ehemaligem Kaufhaus an der South Eads Street 1430 in Arlington, Virginia. Das CIAB wertete den größten Teil der von den MIGs gelieferten Nachrichten aus und gab die Berichte gewöhnlich umgehend an den ACSI weiter. Die 902. MIG war eine Organisation auf höchster Geheimhaltungsstufe, die – wie ich später erfuhr – einige der heikelsten Operationen durchführte.

Die Überwachung wurde auch 1967 fortgesetzt (mindestens seit dem 12. Juni, als ein förmlicher Befehl erlassen wurde), und zwar durch die 20. Special-Forces-Gruppe (20. SFG) mit Hauptquartier in Birmingham, Alabama. Wie wir sehen werden, gehörte diese Aufgabe zu den üblichen Schwerpunkten der 20. SFG, die über ein kleines, spezialisiertes Team für weitere verdeckte Operationen verfügte. Diese Gruppe bestand aus Reservisten aus Alabama, Mississippi, Florida und Lousiana. Die Alabama-Reservisten gehörten zur landesweit drittgrößten Einheit der Nationalgarde (20.016 Mann, übertroffen nur noch von New York und Kalifornien). Seit Beginn der 60er Jahre wurden die Special Forces zusätzlich zu ihrer verdeckten Mission als Green Berets in Südostasien für spezielle Spionageeinsätze abkommandiert.

Der Ku-Klux-Klan hatte ein besonderes Arrangement mit der 20. SFG getroffen. Die 20. SFG ließ sich von ihm über schwarze Bürgerrechtsführer in der Region informieren und bildete im Gegenzug Klanmitglieder in einem Geheimlager nahe Cullmann, Alabama, im Gebrauch von Schußwaffen und anderen Militärtechniken aus.

Das U.S. Strike Command (CINCSTRIKE) war die Koordinierungsstelle (die sämtliche Militärkräfte auf dem Boden der Vereinigten Staaten zusammenrufen konnte) für die Bekämpfung des städtischen Aufruhrs in den Jahren 1967-1968. Zu dieser Zeit gehörten auch Verbindungsoffiziere der CIA, des FBI und anderer nichtmilitärischer Bundesbehörden dazu. Sein Hauptquartier lag in der MacDill-Luftwaffenbasis in Tampa, Florida, und die ACSI- und USAINTC-Kommandeure trieben die sich entwickelnde CINCSTRIKE-Strategie zur Mobilisierung der Streitkräfte bei CONUS-Verteidigungsmaßnahmen im Inneren voran.

Die United States Army Security Agency (ASA) hatte ihr Hauptquartier in Fort Meade, Maryland, wo 1964 unter Aufsicht des Stabschefs ein größeres Regionalkommando die gesamte »Nicht-am-Mann«-Überwachung, genannt ELINT (elektronische Überwachungsmaßnahmen) durchführte. Im Dienst der ASA standen Telefon-Anzapfer, Abhörexperten und Safeknacker. Die Überwachung umfaßte das – beispielsweise gegen King am 18. und 28. März 1967 im Hotel Rivermont in Memphis gerichtete – Anzapfen von Leitungen sowie Lauschangriffe durch Wanzen. Wie wir noch sehen werden, wurde King auch am 3. und 4. April im Lorraine-Motel überwacht. Daher waren die »Bundes«-Agenten, denen der MPD-Mann Jim Smith am 18. März begegnete, und die wir ursprünglich für FBI-Agenten hielten, mit an Sicherheit grenzender Wahrscheinlichkeit ASA-Agenten, auch wenn sie vermutlich mit der 111. MIG zusammenarbeiteten. Während ihrer Einsätze wurden die ASA-Mitarbeiter, wenn auch in deutlicher Distanz zum Einsatzort, stets von den MIG-Kräften untergebracht. Im Fort McPherson in Atlanta saßen sie zum Beispiel im gleichen Gebäude wie die 111. MIG-Einheit, wahrten jedoch Abstand und umzäunten ihr Terrain mit einem Drahtzaun vom Boden bis zur Decke.

Schließlich gab es noch die Sektion für Psychologische Kriegsführung (Psy Ops). Diese Gruppe wurde vor allem für hochsensible und technisch problematische Fotoüberwachung und -berichte benötigt. Von den MIGs wurden Psy-Ops-Kräfte auch für andere Sondermissionen eingesetzt, darunter solche, die vom ACSI-Büro direkt angeordnet worden waren.

Die Struktur zwischen den Diensten

Neben dieser multifunktionalen Armeestruktur gab es die National Security Agency (NSA), die CIA, das FBI und das der Marine zugeordnete Office of Naval Intelligende (ONI). Die NSA überwachte und analysierte alle internationalen telegraphischen, telefonischen, Telex-, Teletype- und Telefax-Verbindungen ebenso wie speziellen, sensitiven hausinternen Telefonverkehr. Wie bereits erwähnt (vgl. Kapitel 11), unternahm die CIA durch ihr geheimes Office of Security und die Domestic Operations Division ausgedehnte Aktionen im Inneren (ebenso wie alle von den Streitkräften gesteuerten Geheimdienste) und arbeitete intensiv mit FBI und ONI zusammen. Solche Einsätze fanden auf Projektbasis statt, gewöhnlich durch eigens gebildete SOGs (Special Operations Groups). Schirmherr oder Koordinierungsstelle war regelmäßig das United States Intelligence Board (USIB). In diesem ständigen Gremium waren die CIA vertreten (ihr Direktor Richard Helms war der Vorsitzende), der NSA-Direktor, der Berater des Präsidenten in Fragen der Nationalen Sicherheit, der ACSI, das FBI, die ASA, USAINTC, DIA und ONI.

Diese allgegenwärtige Geheimdienst-, Militär- und Exekutiv-Hierarchie war entschlossen und in der Lage, in die Planung und Verbesserung der Militäraktionen in Memphis einzugreifen und auch die Tennessee-Nationalgarde zu mobilisieren. Die letztere war dazu bestimmt, Aufstände in dieser Region im Keim zu ersticken.

Die wichtigsten Führungsoffiziere

Generalmajor Yarborough übernahm das Amt des ACSI im Dezember 1966, als er vom Kommando der 66. MIG in Stuttgart abgelöst wurde. Dort bestand seine Hauptaufgabe in der Jagd nach Spionen und Überläufern aus Ostdeutschland, wobei ihm eine begrenzte Anzahl Schlüsselagenten zu Diensten war. Der befehlshabende Offizier von USAINTC, der allgegenwärtigen

Abwehr-Organisation, war Brigadegeneral William Blakefield, der kein geheimdienstliches Training oder Erfahrungswissen hatte und von Armee-Stabschef Harold Johnson vermutlich gerade deshalb auf den Posten gehievt wurde, weil er ein Außenseiter war. Nach meinem Eindruck fühlte sich General Blakefield unwohl in diesem Befehlsbereich; jedenfalls folgte er ACSI-General Yarborough in fast allen Angelegenheiten.

Direktor der CIA war damals Richard Helms, und J. Edgar Hoover führte bekanntlich das FBI. Obwohl es ein streng gehütetes Geheimnis war, stellte FBI-Direktor Hoover eigens einen vertrauten Agenten ab, Patrick D. Putnam, der Yarboroughs ACSI-Mitarbeiterstab im Pentagon angehörte. Es galt, die engstmögliche Arbeitsbeziehung zu sichern. Putnam nahm die Arbeit im Dezember 1966 auf und blieb bis zu seinem Abschied im Juli 1968.

Der befehlshabende Offizier der 111. MIG (jener Gruppe, die für den gesamten Süden zuständig war und dabei häufig Überwachungsmaßnahmen gegen Martin Luther King durchführte), war Colonel Robert McBride.

Von 1959 bis 1971 wurde Colonel Henry Cobb jr. (Dienstnummer 0000514383) aus Montgomery, Alamaba, der Kommandant der 20. SFG, zuletzt war er in der Position eines Generalmajors gewesen. Sein zweiter Mann war Major Bert E. Wride (Dienstnummer 0002267592). Die Nationalgarde von Alabama, zu der die 20. SFG gehörte, war 1968 der Kopfzahl nach die größte. Außerdem hatte Alabama die meisten Kasernen aller Staaten Amerikas (140). 1968 konnte die Alabama-Garde mit einem Budget von 150 Millionen Dollar arbeiten.

1979, nach seiner Pensionierung, wurde Cobb von Gouverneur Fob James zum Generaladjutant von Alabama ernannt – der höchste Posten in der Alabama National Guard.

Die Profis von der 20. SFG

Warren und Murphy, die beiden Mitglieder des Special-Forces-Teams, die am 4. April in Memphis gewesen waren und mir über ihre Mission berichten wollten, waren in einem verdeckten Einsatz der Special Operations Group (SOG) in Vietnam gewesen. Es waren hartgesottene, hochspezialisierte Veteranen. Warren war Scharfschütze gewesen. Beide kamen aus der 5. Special-Forces-Group in Vietnam und gehörten einer mobilen Einsatztruppe an, die 1965-66 grenzüberschreitende Aktionen durchführte. 1967 wurden sie als Reservisten der 20. SFG zugeteilt, mit einem Trainingslager in Camp Shelby, Mississippi. Warren berichtete, die Ausbildung sei zum Teil geheim erfolgt, und zwar auf einer Plantage des Mississippi-Senators James Eastland. Ich erhielt eine Kopie des damals aktuellen Dienstplans der 20. SFG für Alabama, in dem ihre beiden Namen auftauchten.

Andere Missionen im Innern

Warren und Murphy berichteten, wie sie 1967 in verdeckten 902-Einsätzen und als Mitglieder eines kleinen, speziellen »Alpha-Teams« in Städte entsandt wurden, wo es zu gewalttätigen Ausschreitungen gekommen war. In jeder Stadt machten sie geheime Aufnahmen von schwarzen Rädelsführern, und in einigen Fällen wurden bestimmte Personen zur Beseitigung (Tötung) freigegeben, sobald sich die Gelegenheit im Laufe von Unruhen oder Gewaltausbrüchen ergab. In dieser Zeit publizierte die Abwehr Grün- und Weißbücher (sogenannte »mug books«) über radikale Farbige, die Fotos und Angaben über Familiengeschichte, politische Überzeugung, Finanzverhältnisse und neuere geheimdienstliche Erkenntnisse enthielten, um ihre Identifikation durch Befehlshaber und Geheimdienstler der Armee zu erleichtern.

Als Beispiel, das Warren mir gab, kann seine Mission in Los Angeles dienen, als er im Februar 1968 an einer größeren Konferenz von Farbigen im Sportstadion teilnahm. SNCC-Führer Stokely Carmichael und H. Rap Brown waren da. Die 20. SFG ließ für den Fall, daß es Ärger gab, die Arena umstellen. Überwachungsfotos von Führern militanter Gruppen wurden an die Mitglieder der Einheit ausgegeben. Daß die Gruppe sich das Green-Beret-Symbol anheftete, »fanden wir alle zum Kotzen«, versichert Warren. Ein Zielobjekt sei ein Mann namens Karenga gewesen (Ron Karenga), dessen Organisation ihr Hauptquartier am South Broadway, in der Nähe einiger Striplokale hatte. Die 20. SFG erwartete ihn mit einem Killerkommando auf der anderen Straßenseite, doch er tauchte gar nicht erst auf. Warren meinte, daß sie bei dieser Gelegenheit einen weiteren Auftrag hatten, nämlich die »recon« (Rekognoszierung) eines Hauses in den Western Hills nahe des UCLA-Lagers. Bei solchen »recons« sollten Möglichkeiten erkundet werden, einen »wet insert ops determined«-Einsatz durchzuführen – was bedeutete, heimlich in das betreffende Haus einzudringen, alle Anwesenden umzubringen und keine Spuren zu hinterlassen. Damals, berichtete Warren, habe die »recon« ergeben, daß der Einsatz ohne große Schwierigkeiten durchgeführt werden konnte. Später hörte Warren, daß Senator Robert Kennedy in diesem Haus wohnte, wenn er sich in Los Angeles aufhielt. (Kurz nach der »recon« gab Kennedy seine Kandidatur für das Präsidentenamt bekannt).

Warren gab weiterhin an, er sei 1967 zu ähnlichen Geheimoperationen in folgende Städte entsandt worden:

Tampa, Florida	(12. – 15. Juni 1967 – Unruhen)
Detroit, Michigan	(23. Juli 1967 – Unruhen)
Washington, D. C.	(Oktober 1967 – Unruhen)
Chicago, Illinois	(Dezember 1967 – Rekognoszierung)

Die Memphis-Mission

In mehreren aufeinanderfolgenden Sitzungen schilderten mir Warren und Murphy in allen Einzelheiten, was sie über die Einsätze in Memphis wußten. Sie gehörten damals zu einem achtköpfigen Team mit dem Namen »Operation Detachment Alpha 184«. Es handelte sich um eine Special-Forces-Trainingseinheit in speziell vorbereiteter Zivilkleidung. Zu dieser Einheit gehörten: ein Captain (als befehlshabender Offizier), ein Second Lieutenant, zwei Stabssergeanten, zwei einfache Sergeanten und zwei Korporale. (Von einem Informanten des ACSI-Büros – im folgenden: Herbert – erfuhr ich, daß ein Adjutant des 902. MIG, den ich Gardner nennen will, dieses Team persönlich aus der Reserveliste der 20. SFG zusammengestellt hatte. Diese wurde ihm auf Anforderung des ACSI-Büros am 23. Oktober 1967 um 6.15 Uhr per AUTOVON vom Hauptquartier der 20. SFG in Birmingham zugestellt. (AUTOVON ist eine Frühform des Faxgeräts und entsprach damals dem neuesten Stand der Technik.)

Das zweiköpfige »recon«-Team der Alpha-184-Rekognoszierungseinheit – dazu gehörte, wie die beiden glaubten, auch der stellvertretende Befehlshaber (wie ich später von Herbert erfuhr, handelte es sich um den inzwischen verstorbenen Second Lieutenant Robert Worley) – war am 25. Februar über den Trailway-Busbahnhof nach Memphis gekommen, rekognoszierte die Downtown-Hotelgegend und legte Karten über die Ausfallstraßen in die Nordstadt an. (Man wird sich erinnern, daß der »Streich« mit der vorgetäuschten Verfolgungsjagd im Norden von Memphis stattfand und die Aufmerksamkeit der Polizei dorthin lenkte). Dem Teamleiter – Captain Billy R. Eidson, Dienstnummer 0002282683, der heute ebenfalls nicht mehr am Leben ist – waren offenbar am 29. März um 7.30 Uhr die letzten Anweisungen übermittelt worden. Warren und Murphy stimmten überein, daß ihr Team am 4. April 1968 um 4.30 Uhr in Camp Shelby den Tagesbefehl erhalten hatte.

Während der rund halbstündigen Sitzung wurde dem Team unmißverständlich klargemacht, um was es bei ihrer Mission ging. Ihr Auftrag war, auf »Weichziele« zu schießen (Köperzentrum, Brustkorb) und zu töten: Martin Luther King und, zu meiner Überraschung, Reverend Andrew Young, der Warrens Zielobjekt war. Man zeigte ihnen »Zielobjekt-Erkennungsfotos« der beiden Männer und des Lorraine-Motels. In einer kämpferischen Rede stellte Eidson sie als Feinde der Vereinigten Staaten dar, die den Sturz der Regierung planten. Warren räumte ein, daß niemand im Team gezögert hätte, die beiden »Scheißkerle« umzulegen. Nach Warren und Murphy verließ das Team unmittelbar nach Befehlsempfang die Konferenz und wurde mit dem

Wagen nach Memphis gebracht. In ihrem Gepäck führten die Männer die folgenden Waffen mit: .45er-Standardschußwaffen, M-16-Scharfschützengewehre mit 8-Grad-Zielfernrohren (dem kam als einziges freiverkäufliches Gerät nur die Remington 30.06 700-Serie gleich – man denke an James' Instruktion, eine Remington 760 zu kaufen), Armeemesser, Splitterhandgranaten und ein bis zwei leichte Panzerabwehrraketen. Es schien, als wären sie gegen alle denkbaren Angreifer gerüstet. Eingekleidet waren sie in Arbeiterkluft, wie sie die Tagelöhner auf Lastkähnen oder in Lagerhäusern unten am Fluß nahe President's Island trugen.

Warren erinnerte sich, daß sie in einem Restaurant der Howard-Johnson-Kette frühstückten, als sie in der Stadt eintrafen. Captain Eidson stellte Warren und Murphy einem führenden MPD-Beamten vor, der ihrer Meinung nach der Geheimdienstabteilung angehörte und bekräftigte, wie wichtig ihre Anwesenheit sei, um die Stadt vor dem Niederbrennen durch den von King aufgehetzten Mob zu bewahren. Warren identifizierte den Mann später nach einem Foto als Lieutenant E. H. Arkin. (Arkin war außerdem der wichtigste MPD-Verbindungsmann zu Spezialagent William Lawrence, dem Geheimdienstfachmann vom regionalen FBI-Büro. Als ich Arkin danach befragte, wollte er von diesem Treffen nichts wissen).

Irgendwann am Nachmittag trafen Warren und Murphy ihren Kontaktmann nahe der Eisenbahnstrecke. Warren nannte den Mann »Gespenst« (Armeeslang für CIA). Er konnte sich noch gut an ihn erinnern, weil er einem seiner besten Freunde ähnelte. Dieser Kontaktmann brachte sie ins Dachgeschoß eines großen Gebäudes, das die Gegend überragte und auf das Lorraine hinausging. Ihr Führer gab ihnen eine genaue Karte des Einsatzgebietes, Bilder der Wagen, die Kings Leute fuhren, und die Radiofrequenzen des Polizeifunks von Memphis.

Warren kannte das Gebäude nicht, aber nach seiner Schilderung konnte es nur das Illinois Central Railroad Building gewesen sein, ein achtstöckiger Bau auf einem Zwischengeschoß, das schräg südwestlich vom Lorraine lag (vgl. Abb. 34 im Bildteil). Murphy stimmte zu, daß sie etwa gegen 13.00 Uhr dort gewesen wären und rund fünf Stunden auf dem Dach des Gebäudes verbracht hätten. In ihrer Zweimann-Schützeneinheit war Warren der Schütze, Murphy der »Späher« und Funker. Murphy sollte die Befehle von der koordinierenden Zentralfunkstelle an Warren weitergeben und das Zielobjekt durch sein Fernglas finden oder »ausspähen«. Der Zentralfunker, ein Korporal, lebt heute unbehelligt in Kanada im Rahmen eines Geheimagenten-Schutzprogramms. Ich kenne Namen und Dienstnummer, konnte ihn jedoch nicht ausfindig machen.

Im Laufe des Nachmittags hatte sich Warren über Funk auch mit einem MPD-Beamten unterhalten, dessen Vorname »Sam« gewesen sein soll. (Das mußte Sam Evans gewesen sein, dem die taktischen MPD-Einheiten unterstanden). Von Sam erfuhr Warren Einzelheiten über Grundriß und Aufbau des Lorraine. Außerdem erklärte er Warren, daß »unsere Jungs keine Krawatten tragen«. Warren glaubte daraus entnehmen zu können, daß es einen oder mehrere Informanten in der King-Gruppe gab.

Einen Großteil des Nachmittags verbrachten Murphy und er wartend. (Aus anderen Quellen in der 111. MIG erfuhr ich, daß ASA-Agenten die Diskussionen in Kings Zimmer Nr. 306 überwachten, einem der drei verwanzten Zimmer im Lorraine. Ich hörte auch, daß die Telefone in allen drei Zimmern angezapft wurden und die Agenten je einen besonderen Aktenordner mit Transkriptionen der hier geführten Gespräche angelegt hatten. Vermutlich wurden die Diskussionen und Telefonate an Captain Eidson durch seinen Zentralfunker weitergegeben. Obwohl ich nicht ganz sicher bin, könnten die in der Butler/Mulberry Street parkenden Zivilbeamten an diesem Nachmittag, die Robert Hagerty gesehen hatte, auch ASA-Agenten gewesen sein, denn Hagerty sprach von Walkie-talkies. Ebenso könnte der Mann, der sich während der Reparatur durch den Fernmeldetechniker Hasel Huckaby in der Nähe seines Wagens auf der Huling Street herumtrieb, zum MIG-111-Team vor Ort gehört haben).

Später berichtete mein Ermittler Jim Kellum, ihm gegenüber hätten frühere Mitglieder der MPD-Geheimdienstabteilung, darunter auch Lieutenant Eli Arkin, ausgesagt, daß damals Agenten der 111. als ständige Mitarbeiter in ihren Büros gesessen hätten. Arkin selbst bestätigte mir ihre Anwesenheit; er habe damals erreicht, daß sie eigene Büros im Hauptquartier bezogen, denn seine Leute fühlten sich in ihrer Arbeit gestört. Ich erfuhr, daß »Intelligence Emergency Operation Centers« (IEOCs) innerhalb der MIGs eingerichtet wurden, wenn in einer Stadt im Zuständigkeitsgebiet eine Krise drohte. Sämtliche Geheimdienstnachrichten, die hereinkamen oder weitergegeben wurden, liefen über die IEOC, und auch die Truppeneinsätze wurden mit diesen Zentren abgestimmt. Nach dem, was Lieutenant Arkin zugegeben hatte, war in Memphis – ganz im Sinne der Van Demanschen Tradition – die IEOC anscheinend bei der Ortspolizei untergebracht, zunächst in der Geheimdienstabteilung.

Endlich, kurz vor dem Zeitpunkt, den Warren die TTH nannte (»top of the hour« – 18.00 Uhr), beendete die King-Gruppe ihre ausgiebigen Beratungen.

Warren machte sein Zielobjekt – Andrew Young – aus, legte an und behielt ihn im Auge. Funker Murphy wartete auf den Feuerbefehl, der von Captain Billy Eidson erteilt und weitergegeben werden sollte. Er kam nicht, und wie oft in solchen Situationen dehnten sich die Sekunden zu Stunden. Warren hielt Young im Fadenkreuz seines Objektivs, dann fiel, kurz nach TTH, ein Schuß. Es klang nach einer Militärwaffe, und Warren vermutete, die andere Heckenschützeneinheit habe den Auftrag verpatzt und zu schnell gefeuert, weil sie ursprünglich gleichzeitig abdrücken sollten. Er habe nie erfahren, wo die andere Einheit in Stellung lag, beteuerte Warren, aber sie mußte ebenfalls mindestens 300 Meter entfernt oberhalb des Zielobjekts stehen. Ein weniger disziplinierter Soldat hätte beim Hören des Schusses gefeuert, doch Warren mußte die Order abwarten, bevor er abdrückte. Murphy fragte nach Instruktionen, bekam aber keine Antwort. Dann brach Eidson das Schweigen und befahl den geordneten Rückzug über die vorher vereinbarten Routen, auf denen sie unbehelligt aus Süd-Memphis herauskommen würden. Warren und Murphy packten ein und stiegen dieselbe Treppe hinunter, die sie fünf Stunden zuvor erklommen hatten. Zu Fuß gingen sie am Riverside Drive entlang und zum Fluß, wo ein Boot sie aufnahm. Eidson gesellte sich zu ihnen. In einiger Entfernung flußabwärts lag der vereinbarte Treffpunkt. Dort warteten mehrere Wagen auf sie. Für die Rückkehr befahl Eidson Schweigen; niemand durfte ein Wort sagen. Nur ein Teil des Teams gelangte auf diesem Weg aus Memphis heraus. Warren meinte, die übrigen hätten eine andere Strecke genommen, wußte aber nicht welche. Der erste Eindruck, daß die anderen »alles vermasselt« hätten, blieb noch bis in den Abend haften. Dann erst erfuhr er, daß offenbar irgendein »beknackter Zivilist« den Schuß abgefeuert hatte.

Auf Befragen hielt er es für möglich, daß die Alpha-184-Mission nur der Notbehelf für eine »Behind-the-fence«-Operation, ein offiziell dementierbares, ebenfalls geplantes ziviles Attentat sein sollte. Nach dem 4. April will Warren den Captain nur noch zweimal gesehen haben, und jedesmal schwieg Eidson sich über den Vorgang aus.

Als einfache Soldaten zählten die Stabssergeanten Warren und Murphy zur Kategorie »Schütze Arsch«. Ihnen teilte man nur mit, was unbedingt nötig war, um an einem bestimmten Tag einen klar definierten Auftrag auszuführen. Warren betonte, er sei vor dem 4. April nie in Memphis gewesen und habe an keiner Rekognoszierung teilgenommen. Obwohl ihr Einsatz rein militärischer Natur war, habe es seines Wisses auch eine Kooperation zwischen den Geheimdiensten gegeben, denn sie arbeiteten mit Einheiten der Nationalgarde und der NAS – der Millington Naval Air Station – zusammen.

Warren überließ mir eine Kopie des Tagesbefehls für die Mission am 4. April in Memphis (als Abb. 33 im Bildteil). Dieses Dokument bestätigt folgende Angaben Warrens:

1. Ein Team hielt sich Memphis auf.
2. Instruktionen wurden gegen 4.30 Uhr erteilt.
3. Diese Instruktionen waren bis auf Widerruf bindend.
4. Unterstützung durch die NAS.
5. Weitere Hilfestellung durch andere Dienste auf der »Riversite«.
6. Geheimdienste vor Ort wurden benötigt.

7. Rekognoszierung (»recon«) war schon vor Martin Luther Kings Ankunft angeordnet.
8. Durchführung der Mission nach Order über Radiokanal 012.

Dieser Befehl schien von einem Büro der Stabschefs (Joint Chiefs of Staff) zu kommen und lief unter dem Deckmantel einer gegen schwarzen Terror gerichteten Operation »Gartenbeet«, die zum landesweiten U.S. Kommandoplan CINCSTRIKE gegen Unruhen unter der Zivilbevölkerung gehörte. Das Dokument wurde einem geheimdienstlichen Informanten des Pentagon vorgelegt, der dessen Echtheit bestätigte.

Solche Befehle fanden recht große Verbreitung und waren auch in höchsten Regierungskreisen nicht unbekannt. Sie wurden sogar ins Weiße Haus gesandt. Der Pentagon-Informant half mir, die Abkürzungen im Verteiler zu entziffern. Sie nennen diejenigen, an die sich das Dokument richtet: CJCS steht für Chairman of the Joint Chiefs of Staff (Vorsitzender der Stabschef-Gruppe); SJCS für Secretary (Sekretär) of the Joint Chiefs of Staff; SACSA für Special Agent in Charge of Security Affairs (FBI-Spezialagent für Sicherheitsfragen); NMCC für National Military Command Center (Kommandostelle der Streitkräfte); SECDEF für Secretary of Defense (Verteidigungsminister); ASD/ISA für Assistant Secretary of Defense for International Security Affairs (Staatssekretär für Fragen der internationalen Sicherheit); und WHouse bezieht sich auf das Weiße Haus.

Die Nennung der Befehle LANTCOMN/CICSPECOPS enthüllt die Unterrichtung und Beteiligung des NATO-Kommandos ebenso wie die der speziellen Sektion CINCSTRIKE. Besonders brisant ist der Hinweis auf die Instruktion um 4.30 Uhr, als nach Angabe meiner Informanten der tödliche Auftrag bereits feststand und ihnen »Zielobjekt-Erkennungsfotos« vorgelegt wurden.

Warren hatte von einer anderen Gelegenheit erfahren, als ein Team der 20. SFG Martin Luther King fast schon einmal »ausgeknipst« hätte. Das war 1965 während des Friedensmarsches in

Selma. Damals soll der Scharfschütze, der ebenfalls Mitglied des Alpha-184-Teams in Memphis war, auf das »Weichziel« des SCLC-Führers (seinen Brustkorb) gezielt und auf den entscheidenden Schießbefehl gewartet haben, der jedoch nicht erfolgte, denn King wandte sich plötzlich um und war anschließend von Demonstranten umringt. Warren wollte diesen Schützen und auch keinen anderen aus dem Team mit Namen einnennen. Eine Ausnahme machte er nur bei Murphy, der sich einverstanden erklärt hatte und auch meine Fragen beantwortete. Obwohl sie es damals nicht wußten, waren mir die Namen aller acht Team-Mitglieder bekannt. Herbert (der Beamte im ACSI-Büro) hatte sie mir als unabhängiger Informant preisgegeben. Er bestätigte auch den aktiven Einsatz eines Alpha-184-Teams in Memphis, dessen Mitglieder von Gardner aus der 902. MIG ausgesucht und koordiniert wurden. Eine weitere Prüfung der Akten durch Herbert ergab, daß die 20. SFG tatsächlich einen Scharfschützen nach Selma entsandt hatte, bevor der Marsch von dort nach Montgomery begann. Zwei Mitglieder dieses Selma-Teams gaben an, King sei im Fadenkreuz gewesen, bis er sich an einer Stelle nach links wandte und eine Brücke überquerte.

Es gab einen Soldaten, der sowohl in jenem SFG-Kommando als auch beim Alpha-184-Team am 4. April in Memphis dabeigewesen war. Sein Name war John D. Hill (J. D.), einfacher Sergeant, der 1979 ermordet wurde. Wie bereits erwähnt, trat ich am 16. Oktober 1994 mit einem Mann in Verbindung, den ich Carson nenne und der J. D. gut gekannt hatte. Wichtiger noch, J. D. hatte ihm mitgeteilt, was er über den Anschlag auf King wußte.

Als ich das Gespräch auf J. D.s Beteiligung an dem Attentat brachte und Carson ihn fragte, ob er ihm je darüber berichtet habe, seufzte er und blieb eine Weile still. Er sagte, man habe das Thema nicht vermeiden können, aber er habe gezögert auszupacken, weil sie beide sonst erschossen würden. »Sie ahnen nicht, mit wem Sie's da zu tun kriegen!« – dieser Satz war mir inzwischen sehr vertraut. Ich erkärte ihm, daß ich mir's schon denken könne. Das Problem sei, daß mein Klient seit fast sechsundzwanzig Jahren unschuldig in Haft säße, und daß trotz erdrückender Gegenbeweise die Staatsanwaltschaft alles unternehmen würde, ihr Gesicht zu wahren und ihn unter keinen Umständen in die Freiheit zu entlassen. Schon deshalb hätte ich keine Wahl und müsse notfalls einige Risiken in Kauf nehmen. Ich glaubte, daß unsere einzige Chance darin bestünde, den Fall abschließend zu lösen, und in dieser Hinsicht waren wir schon ziemlich weit gekommen.

Endlich rückte Carson mit der Wahrheit heraus. J. D. sei um die Mitte der 70er Jahre zu ihm gekommen und habe sein Gewissen erleichtern wollen. Dabei habe er von einem Mordauftrag berichtet, für den er monatelang trainiert worden war, um ihn auf ein kurzfristig erteiltes Kommando auszuführen. Er sei gemeinsam mit einer kleinen Einheit ausgebildet worden, die als Mitglied der 20. SFG ebenfalls an der Mission teilnehmen sollte.

J. D. war Mitglied der 20. SFG gewesen, die – wie Carson später herausfand – zwar offiziell als Special-Forces-Reserveeinheit galt, in Wirklichkeit jedoch auch für viele verdeckte Einsätze innerhalb und außerhalb der USA genutzt wurde. Am 4. April sei nach J. D.s Bericht das Alpha-184-Team in Kraftfahrzeugen von Camp Shelby, dem Stützpunkt und Trainingslager der 20.-SFG-Reservisten, nach Memphis gebracht worden. Jedes Jahr fuhr die 20. SFG zu Manövern mit anderen Einheiten für zwei Wochen nach Camp Shelby. Shelby wurde bevorzugt, weil die Weiträumigkeit des Geländes das Abfeuern weittragender Geschütze ermöglichte.

Was die Memphis-Mission betraf, so seien alle Waffen, Materialien und unmittelbaren Befehle vom Stützpunkt gekommen, wobei die eigentliche Vorbereitung auf den Schuß im Dreiecksteam auf einem Grundstück bei Pocatello, Idaho, stattgefunden habe. In seinem Frühstadium sah der Plan vor, von drei Stellen aus auf ein fahrendes Auto in städtischer Umgebung zu schießen. Damals wurden keine Einzelheiten über die Mission bekannt, und die Männer glaubten, ein Araber sei das Zielobjekt. Wer es tatsächlich sein würde, sei auch J. D. ein Rätsel gewesen, obwohl er den Mordauftrag bald schon in Memphis, Tennessee, lokalisieren konnte. Wie er glaubte, seien einige aus dem Team schon früher dort gewesen, allerdings schätzte er ihre Zahl auf insgesamt zehn, nicht acht Personen: drei Schützen, ein Funkspezialist, Offiziere für Logistik und Transport und ein Kommandant. Da jeder der Soldaten in mindestens drei MOS (militärischen Techniken) ausgebildet war, würden einige Mitglieder als Späher dienen, denn diese Qualifikation wurde von allen verlangt.

Carson meinte, J. D. habe die Orte bei den Übungen als ein Gebäudedach, einen Wasserturm und ein Fenster im dritten Stock identifiziert, wobei das Team auf ihre Zielobjekte (es sollten mehrere sein) zielen und schießen mußte, während die Zielpersonen in einen Wagen stiegen oder den Motelparkplatz verließen. Das Team wußte, daß die King-Gruppe an diesem Abend zum Essen eingeladen war, und keine Sekunde habe man daran gedacht, daß der Bürgerrechtsführer in so exponierter Stellung auf dem Balkon erscheinen würde. Man sei davon ausgegangen, der Mord würde gewiß kein Kinderspiel sein.

Die mitgeführten Waffen, die J. D. Carson genannt hatte, stimmten mit Warrens Liste überein, bis hin zu den leichten Panzerabwehrraketen. Aus der Version, die er von J. D. hörte, schloß Carson, daß etwas schiefgegangen sein mußte, und sie rasch und unerwartet den Rückzug antraten. Sie (oder einige Mitglieder des Teams) wurden von West-Memphis ausgeflogen.

Carson war bereit, mir die Information per Fax zu schicken und Name und Adresse von J. D.s Partner in der Einheit zu nennen, der von ganz anderem Holz geschnitzt sei als J. D. Geprägt durch seine Erfahrungen in Vietnam sei er ein hartgesottener Killer geworden, ein »Psychopath«, wie Carson ihn nannte.

Carson war nie sicher, was er von J. D.s Ableben halten sollte. Der offizielle Bericht erschien ihm unglaubwürdig. Demnach sei J. D. aus nächster Nähe von seiner Frau erschossen worden, irgendwann nach Mitternacht, am 12. Januar 1979. Sie habe ihm fünf Kugeln aus einer .357er Magnum direkt in die Brustpartie geschossen. Bevor er zu Boden stürzte, sei er bereits tot gewesen. Carson meinte, dies alles spräche wohl eher für einen professionellen Mord. Er habe J. D.s Frau gekannt und glaube nicht, daß sie die Fertigkeit oder auch nur die Kraft besessen hätte, eine so große Schußwaffe mit der geschilderten Präzision zu handhaben. Nach seiner Erinnerung war sie kurz nach der Tat aus der Stadt fortgeschafft und nie vor Gericht gestellt worden. Carson hielt J. D. für schwer alkoholsüchtig, möglicherweise habe er angefangen, im Suff mit anderen über seine Memphis-Erlebnisse zu plaudern und sei deshalb zum Schweigen gebracht worden. Warren hatte mir damals seine Furcht vor einer Säuberungsaktion gestanden, die ein Jahr nach dem Attentat begonnen und seine Flucht veranlaßt habe. Wenn er zurückkehrte, würde er nach eigener Einschätzung »sofort erledigt«. Mein Ermittler Buck Buchanan sprach mit Donald Freshaur, dem ersten Beamten, der nur Minuten nach den Schüssen auf J. D. am Tatort erschienen war. Janice Hill hatte gestanden, daß »sie es nicht mehr ausgehalten habe«. Ihr Mann J. D. war Alkoholiker und offenbar drogenabhängig gewesen. Ich erhielt eine Kopie des Gerichtsprotokolls, das sich auf den Tod ihres Mannes bezog und feststellte, daß von einer Verurteilung abgesehen würde. Sie wurde freigelassen und lebt heute in einer anderen Stadt in Memphis.

Wie schon erwähnt, hatte Carson zu mir gesagt: »Dieses Treffen hat nie stattgefunden! Und Sie sollten sehr vorsichtig sein.« Dann hatte er hinzugefügt: »Sonst erwischt man Sie da, wo Sie es am wenigsten erwarten.«

Als Carsons mir später einige Unterlagen faxte, bestätigten sie seine Aussagen; zugleich wurden mir weitere Auskünfte versprochen. J. D.s Team war auf dem Wasserturm einer Tayloe-Papierfirma postiert gewesen.

J. D. glaubte, die übrigen Teams hätten auf einem Dach und an einem Fenster im dritten Stock Posten bezogen. (Ich wußte, daß es mehrere Wassertürme auf dem Gelände der Tayloe-Papierfabrik gab, das sich nach Westen erstreckten, zur Front Street und zum Fluß hin). Carson schrieb, J. D. habe immer beteuert, es sei etwas schiefgegangen, und man habe die Mission abgeblasen. Sie trennten sich, wurden abgeholt und aus Süd-Memphis zum Flughafen West Memphis/Arkansas gefahren, wo man sie in einen kleinen Flieger setzte. Nach Übergabe ihrer Waffen und sonstigen Ausrüstung, die der zurückbleibende

Logistikoffizier entgegennahm, flog man sie nach Amory, Mississippi. Offenbar wurden sie dort entlassen, und J. D. kehrte nach Columbus heim. J. D. hatte erzählt, daß sie während der Trainingsphase nur erfuhren, daß ihre Mission als Top Secret eingestuft wurde. Erst nach der Ankunft in Columbus stellte er fest, daß Martin Luther King ermordet worden war.

Ich hatte keine Ahnung, daß im Alpha-184-Team ein dritter Schütze mitwirkte, und Warren hatte stets darauf gepocht, daß es zwei waren. Zwei der Orte, die J. D. Carson geschildert hatte, waren glaubwürdig, denn wir wußten, daß Warren und Murphy auf dem Dach des Central Illinois Railroad Building lauerten, und auch der Wasserturm der Tayloe-Papierfirma hätte den Kriterien für einen Hinterhalt entsprochen.

Bemerkenswert war, daß J. D.s Bericht, den ich zwanzig Jahre später durch Carson hörte, unabhängig die Präsenz eines 20. SFG-Schützenteams Alpha 184 in Memphis am 4. April 1968 bestätigte, das aus Reserven der 20. zusammengestellt worden war, und es auf Martin Luther King abgesehen hatte. Ferner hatte J. D. gesagt, daß sein Team auf diese Mission monatelang vorbereitet worden war. (Dieser Zeitrahmen paßte zu dem Datum 23. Oktober 1967, als Gardner von der 902. MIG den Dienstplan der 20. SFG bekam und sich die geeigneten Leute herauspickte). Bei einer späteren Unterredung bestätigte Warren, ihr Trainingscamp habe in Pocatello, Idaho, gelegen.

Warren und Murphy haben nie erfahren, daß mir J. D.s Geschichte zu Ohren gekommen war. Auch ahnten sie nicht, daß Carson die Namen aller Mitglieder des Alpha-184-Teams kannte, die mir schon von Herbert genannt worden waren. Einer der Namen paßte auch zu der Person, die Carson mir unabhängig davon als J. D.s Partner in dem Kommando genannt hatte.

Warren beantwortete die Frage, ob er Jack Youngblood, den einstigen Regierungsbeauftragten und Söldner, der schon so lange am Rand des King-Mordfalls herumspukte, gekannt habe, mit einem klaren Ja. Er kannte ihn noch gut aus ihrer gemeinsamen Dienstzeit in Vietnam, als Youngblood bei der Special Operations Group in Can Tho (erstes SOG) ein hochgeschätzter V-Mann gewesen war. Diese Einheit hatte die CIA finanziert, um Drecksarbeiten in ganz Südostasien durchzuführen – Sabotage, Attentate und Geheimaufträge inbegriffen. Warren flog mehrere Einsätze mit Youngblood, als dieser bei der »Luftaufklärung« in Nha Trang tätig war. Zuletzt will er ihn im Sommer oder Frühherbst 1967 gesehen haben, als er auf einer Schmuggeltour in New Orleans unterwegs war. Youngblood habe mit Zippy Chimento unter einer Decke gesteckt, dem Koordinator der Waffenschiebereien Carlos Marcellos, in die Warren und (nach den Aussagen von Sid Carthew und Cheryl) auch Raul Pereira verwickelt waren. Er erinnerte sich, daß Youngblood mit »Ken Burns oder so« eingeflogen worden sei. (Ich kam allmählich dahinter, daß es sich um Ken Burnstein handelte, der sowohl in Waffen- als auch in Drogengeschäfte verwickelt war. Burnstein beschäftigte Youngblood als Pilot für seine Florida Atlanta Airlines. Doch Youngblood arbeitete auch für einen Waffenhändler in Alabama, der Stuart F. Grandon hieß. Burnstein, der als freier Mitarbeiter eine Schlüsselrolle bei der CIA spielte und wegen Drogenschmuggel im Jahr 1974 verurteilt wurde, starb 1976 bei einer mysteriösen Flugzeugkollision. Er war auch der wichtigste Waffenbeschaffer für Mitchel Livingston WerBell III., der bei der CIA ein- und ausging und Waffen nach ganz Zentralamerika schleuste).

Erst sechzehn Jahre später traf ich Jack Youngblood und befragte ihn persönlich. Ich hatte den Eindruck, als sei er gar nicht selbst am Attentat beteiligt gewesen, würde aber mindestens eine Person kennen, die zur Tatzeit anwesend war. Mir schien, als könnten die Personen, von denen er redete, durchaus jene ehemaligen Vietnamkumpel Warren und Murphy sein. Immerhin hatte Youngblood erwähnt, die Leute, die ich treffen sollte, fühlten sich nach vielen Jahren im Dienst des Vaterlandes von ihrer Regierung verraten und verkauft und lebten nun außer Landes. Warren und Murphy nährten einen Haß auf die Regierung, und sie waren geflüchtet, weil sie fürchteten, ermordet zu werden. Daß sich nach sechzehn Jahren ihre Geschichte aus unabhängiger Quelle bestätigen ließ, war Ironie des Schicksals.

Warren hatte auch behauptet, er habe »etwas läuten« hören, nämlich Gerüchte, wonach die 111. Military Intelligence Group (MIG) einen schwarzen V-Mann in Kings Gruppe geschleust hätte. Durch einen Geheimdienst-Informanten, der Zugang zu sensiblen Personaldaten hatte, ließ ich Marrel McCollough überprüfen, von dem ich aus zwei unabhängigen Quellen vernommen hatte, er sei in den 70er Jahren zur CIA gegangen. Das Ergebnis war vielversprechend. McCollough war nicht der, für den er sich ausgab. Zwischen Februar 1964 und Dezember 1966 war er Soldat der regulären Truppe gewesen und hatte bei der Militärpolizei (MP) gedient. Am 16. Juni 1967 hatte man ihn reaktiviert, als Informanten bei der Abwehr angeheuert und der 111. MIG mit Hauptsitz in Camp McPherson, Kalifornien, zugeordnet.

Auf diese Weise war McCollough in letzter Instanz der 111. MIG rechenschaftspflichtig, obwohl er beim MPD als Undercoveragent arbeitete und MPD-Lieutenant E. H. Arkin unterstellt war. Offenbar war er schockiert und überrascht, als das Attentat stattfand. Es ist unwahrscheinlich, daß er, über der Leiche Kings kniend (vgl. Abb. 36 im Bildteil) geahnt hat, daß zuvor ein SFG-Heckenschützenteam den Bürgerrechtler – ebenso wie das »Weichziel« Andrew Young – ins Visier genommen hatte.

Ich ließ Warren ein Foto zustellen in der Hoffnung, er könne eine der beiden Personen identifizieren, die – offenbar kurz nach dem Attentat, denn man sieht Uniformierte über die Mulberry Street laufen – über die Mauer kletterten. Die beiden Gestalten haben keine Dienstmütze und tragen dennoch eine Art Uniform. Einer von ihnen scheint eine kleine militärische Waffe an der Seite zu tragen (vgl. Abb. 39 im Bildteil). Warren beeilte sich mit der Antwort. Die hintere Person erkannte er nicht, aber der Mann, der näher an der Mauer steht, und sich vorbeugt, als wolle er gleich springen, sei ein Kamerad aus Vietnam, der bei der 1. SOG in Can Tho mitgewirkt hatte. Er nannte ihn beim Namen und äußerte die Überzeugung, er sei in Vietnam entweder der CIA oder der NSA verbunden gewesen. Ich hielt es für möglich, daß er bei diesem Unternehmen im Auftrag einer anderen Organisation mitgewirkt hatte. Die Kontakte zwischen den Agenten und die Bereitstellung von Personal war reguläre Praxis.

Warren, den ich zunehmend für verläßlich und glaubwürdig hielt, sprach auch von einem Foto, das die Erschießung vom Dickicht aus zeigte. Er habe es kurz nach dem Ereignis gesehen. Der Schütze sei auf keinen Fall James Earl Ray gewesen. Ich erinnerte mich an Doug Valentines Buch *The Phoenix Program,* in dem ebenfalls von einem solchen Foto die Rede war.[68] Warren nannte mir Namen und Adresse des mittlerweise pensionierten Offiziers, der vermutlich einen Abzug besaß, und war bereit, ihn selbst anzusprechen.

Der frühere Psy-Ops-Offizier, den ich »Reynolds« nennen will, war bereit, mit mir in Verbindung zu treten, doch anfangs verlangte er dieselben Vorsichtsmaßnahmen wie seine südamerikanischen Kumpanen. Meine Fragen sollten ihm von einem Ex-Geheimdienstoffizier zugetragen werden, dem wir beide vertrauten. Ein Treffen wurde für Dezember 1994 im Café des Hotels Hyatt Regency an der Michigan Avenue in Chicago vereinbart.

Reynolds war etwa 1,75 Meter groß, wog 160–170 Pfund und hatte graues, kurzgeschorenes Haar. In Vietnam sei er der 1. SOG (Special Operations Group) zugeteilt worden, die ihren Stützpunkt in Can Tho hatte. Außerdem diente er beim 525. Psychological Operations Bataillon.

Reynolds berichtete, er und sein Partner (den ich »Norton« nennen will) seien am 3. April nach Memphis beordert worden, als Teil einer größeren Mission, die – wie sie glaubten – dem Oberkommando von Gardner von der 902. MIG unterstellt war. Reynolds kannte ihn und hatte bereits bei mehreren Aufträgen für ihn gearbeitet. Die nötige Kamera-Ausrüstung und die üblichen .45er-Automatikwaffen trugen sie bei sich. Norton trug außerdem einen kleinen Revolver im Holster. Noch vor Mittag trafen sie an jenem Tag in Memphis ein und fuhren sofort in die Feuerwache 2, wo der Captain, Carthel Weeden (dessen Name in keinem offiziellen Bericht und keiner mir bekannten Akte auftauchte), ihnen den Zugang auf das Flachdach erleichterte. Auf der Ostseite des Dachs bezogen sie Stellung. Von diesem Aussichtspunkt überblickten sie das Lorraine und waren gut postiert, um ihre Mission zu erfüllen: die King-Gruppe im Motel visuell und fotografisch zu überwachen und einzelne herauszugreifen, die als Kommunisten oder staatsfeindliche Individuen gelten konnten. (Im Frühjahr 1995 stieg ich auf das Dach. Ich war beeindruckt von dem praktisch ungehinderten Blick auf den Balkon vor Kings Zimmer 306 [vgl. Abb. 37 im Bildteil]). Um 13.00 Uhr fingen sie an, ihre Berichte dem IEOC-Offizier vor Ort zu übersenden, der sie ins Hauptquartier der 111. MIG in Fort McPherson und anschließend an Gardner und die 902. MIG weitergab. Informanten der 111. MIG bestätigten, daß diese regulären Berichte am 3. und 4. April eingegangen waren.

Diese Überwachung wurde den ganzen Nachmittag fortgesetzt und am anderen Morgen, dem 4. April, wieder aufgenommen. Aufgrund von Auskünften Jim Kellums und dem Eingeständnis Eli Arkins, daß sich Agenten der 111. in den Büros der MPD-Geheimdienstler aufgehalten hatten, hielt ich es mittlerweile für wahrscheinlich, daß diese Berichte in erster Instanz im MPD-Hauptquartier von der Feuerwache abgerufen und dann weitervermittelt wurden. Dieser Prozeß würde zu dem Kommunikationsstrang passen, den 1973 der gerichtliche Senats-Unterausschuß zu den Verfassungsgrundsätzen beschrieben hatte. Es gab keinen Grund, weshalb Captain Weeden über das Attentat informiert sein sollte, und ich hatte keine Gründe, dies anzunehmen. Als ich Weeden im Juni 1995 besuchte, deutete er seine Kenntnis von Fotografen auf dem Dach an, doch dann verlegten wir die Diskussion auf das »Ob« und das »Wo« der Tat. Hätte er die innere vertikale Leiter in der Garage genommen, wäre er nicht auf das Dach gelangt, erklärte er. Vielmehr brauchte er eine »kurze« Leiter, um jederzeit seitlich in das Gebäude zu gelangen.

Nach Reynolds Aussage hatte er – gerade, als die Alpha-184-Heckenschützen der 20. SFG die »Weichziele« Martin Luther King und Andrew Young ins Fadenkreuz ihrer M-16 nahmen – die Kamera auf King gerichtet, der auf dem Balkon stand, während Norton die ankommenden Wagen beobachtete und durchgab. Gegen 18.01 Uhr, als der Schuß fiel, war Reynolds nach eigener Aussage überrascht und machte in schneller Folge vier oder fünf Fotos, während King auf den Balkonboden stürzte. Norton schwenkte die Kamera instinktiv herum und fotografierte statt des Parkplatzes links das Buschwerk, wo er den Attentäter (einen Weißen) aufnahm, der sein Gewehr sinken ließ. Er machte gleich mehrere Schnappschüsse, während der Mann sich vom Tatort entfernte. Reynolds behauptete, obwohl Norton den Mörder klar im Kasten gehabt hätte, habe er persönlich nur den Rücken des flüchtenden Schützen gesehen. Die Bilder habe er Gardner persönlich ausgeliefert, doch die Negative hätte Norton behalten und eine weitere Serie abziehen lassen, die Reynolds gesehen haben wollte. (Ich erinnerte mich, daß auch Warren sie gesehen hatte). Reynolds beharrte darauf, daß der Scharfschütze im Revier hinter der Pension nicht James Earl Ray gewesen sei.

Eric S. Galt

An einem Punkt meiner Erkundungen im Bereich der Armee legte mir ein Informant ein Foto vor und fragte: »Wissen Sie, wer das ist?« Es war das Porträt von Eric St. Vincent Galt – jenes Mannes, dessen Identität James angenommen hatte und für den Großteil der Zeit zwischen dem 18. Juni 1967 und 4. April 1968 auch benutzte (vgl. Abb. 38 im Bildteil). Man riet mir, keine Fragen über die Herkunft des Bildes zu stellen, denn es habe sich ursprünglich in einer NSA-Akte befunden. Ich erfuhr, daß Galt, den wir als Kaufhausmanager der Union Carbide's Factory in Toronto kannten, mit lupenreinem, vom Geheimdienst gereinigten Lebenslauf dastand. Das Warenhaus, das er geleitet hatte, beherbergte ein geheimes Rüstungsprojekt der CIA, das sogenannte U.S. Naval Surface Weapons Center, sowie das Army Electronics Research and Development Command. Zu seinen Aufgaben gehörte die Produktion und Lagerung von »Proximity-Sicherungen«, die für Boden-Luft-Raketen, Artillerie-Minen und Panzerabwehrgeschosse benötigt wurden. Galt hatte für die Union Carbide of Canada Ltd. gearbeitet, die seit Anfang der 80er Jahre zu 75 Prozent der US-Union Carbide Inc. gehörte.

Dieses Unternehmen war namentlich bei High-Security-Forschungsprojekten engagiert. Galts offiziell gesäuberte Sicherheitspapiere kamen ursprünglich von der Royal Canadian Mounted Police, und sein letzter Sicherheitscheck hatte 1961 stattgefunden. Die Nuklearabteilung von Union Carbide betrieb ein Laboratorium in Oak Ridge, Tennessee.

Ich erfuhr, daß der echte Eric Galt im August 1967 – James hatte gerade erst Galts Identität angenommen – mit Gardners Adjutant zusammengetroffen war; ein weiteres Treffen fand im September statt. Damals wirkte Galt bei einer anderen 902. MIG-Operation mit, die auf den Diebstahl einiger Proximity-Sicherungen und deren verdeckte Lieferung nach Israel abzielte. (Ich hatte einen vertraulichen Bericht der 902. MIG vom 17. Oktober 1967 erhalten, in dem diese Operation – Projekt MEXPO – bestätigt und erörtert wurde. Sie wurde als »Nutzungsprojekt für Militärmaterial der wissenschaftlich-technischen Division (S & T) … in Israel« beschrieben. Aktenzeichen und Projektnummer war 10518S-MAIN. Die Mitteilung deutete darauf hin, daß man bei einer Konferenz vom 12. Juli 1967 übereingekommen war, der 902. Amtshilfe durch Unterstützung dieses Projekts zu geben).

Der echte Eric Galt stand 1967/68 als »Eric Galt« im Telefonbuch, ohne zweiten Vornamen oder Initialen. Seit 1967 hatte er begonnen, die Initiale S. einzufügen und seinen zweiten Vornamen St. Vincent ganz fallenzulassen. Als James im Juli den Decknamen Eric S. Galt annahm, unterschrieb er mit demselben Namen, den Galt seit kurzem bevorzugte.

Das war ein merkwürdiger Zufall – wenn es ein Zufall war. Aus irgendeinem Grund hatte James ausgerechnet den Namen eines hochrangigen kanadischen Abwehragenten der US-Sreitkräfte erwischt. Und überdies benutzte er ihn seit dem 18. Juli 1967, um die gleiche Zeit, als der echte Eric Galt mit Gardners Adjutant zusammentraf.

Ich konnte daraus nur einen Schluß ziehen: Mochte James seine anderen Pseudonyme selbst ausgesucht haben, die Wahl der Galt-Identität konnte kein Zufall sein. Fest stand für mich auch, daß James entschlossen war, jemanden oder mehrere

Personen zu schützen, die ihm seiner Meinung nach geholfen hatten (auch wenn er mit ziemlicher Sicherheit nicht wußte, wer ihm den Decknamen verschafft hatte). Sein Schweigen trug auch dazu bei, daß ihm die sogenannte »Schutzhaft« erspart blieb. Diesen Status erhalten in den USA Häftlinge, die als Informanten auftreten. Wer ihn einmal erlangt, den haben die Strafvollzugsbehörden vollständig in ihrer Gewalt, die sie zum »Schutz« des Betreffenden umfassend ausüben; sie können ihn zwingen, mit strengsten Restriktionen zu leben, unter Bedingungen einer totalen Überwachung. Für manche ist es die Hölle. Wer mit diesen Lebensumständen nicht vertraut ist, kann sich kein Bild davon machen. Ganz abgesehen davon, daß James sehr genau darauf achtete, nie zum »Petzer« zu werden, war er ebenso entschlossen, niemandem Anlaß zu geben, ihn unter Schutzhaftbestimmungen zu stellen. Seit einiger Zeit begegnete ich dieser Haltung mit mehr Verständnis.

Schon zuvor hatte ich nie daran gezweifelt, daß James benutzt und manipuliert worden war, aber jetzt kam heraus, daß nicht bloß einflußreiche Gestalten des organisierten Verbrechens hinter der Manipulation steckten, sondern eine spezifische, hochrangige und streng geheime militärische Abwehreinheit, deren Beteiligung mindestens bis zum 18. Juli 1967 zurückreichte, als James die Galt-Identität übernommen hatte.

Mit einem Mal erschien Galt als entscheidendes Zwischenglied. Durch ihn war die Verwendung James Earl Rays als Strohmann einer verdeckten Operation erleichtert worden, bei der die 20. SFG, das FBI sowie weitere Gruppen und Einzelpersonen aus Regierungs- und Geheimdienstkreisen zusammenwirkten, um Martin Luther King ermorden zu lassen.

Ich diskutierte mit dem Informanten Herbert darüber. Er nickte: »James Earl Ray war ein toter Mann.« Seine Identität habe keine Rolle gespielt, er sollte sowieso beseitigt werden, sei es in Memphis oder in Afrika – falls er sich bis dorthin hätte durchschlagen können.

Aber weshalb verschaffte man diesem Strohmann ausgerechnet die Papiere von Eric St. Vincent Galt? Bei näherer Betrachtung war es nur logisch. Die Benutzung einer geheimdienstlich reingewaschenen Identität bedeutete, den Strohmann vor Fehlern und Zufällen zu bewahren, die ihm widerfahren könnten, bevor er gebraucht wurde. Jede routinemäßige Polizeikontrolle oder Akteneinsicht würde an einer derart geschützten Persönlichkeit scheitern, und im Ergebnis behielt die Regierungsbehörde (in diesem Fall die NSA und die Armee, koordiniert vom ACSI-Büro) die Situation in der Hand und konnte Polizeidienststellen oder Strafverfolgungsbehörden anweisen, den Strohmann in Ruhe zu lassen. Als kanadischer Staatsbürger, der James flüchtig ähnelte, mußte Galt nicht unbedingt wissen, wofür sein Name benutzt wurde, und vermutlich hatte es ihm niemand gesagt. Auch James dürfte mit einiger Wahrscheinlichkeit nichts über Eric S. Galt wissen.

Die Tatsache, daß bei der NSA eine Akte über Eric Galt vorlag, erinnerte mich an James Bamford, der in seinem Buch *The Puzzle Palace* auf ein hochgradig sensibles, wohlgehütetes Geheimnis gestoßen war: die Einmischung der NSA in die Versuche der Fahnder, James nach dem Mord ausfindig zu machen.[69]

Bereits 1962 hatte die NSA systematisch jene Personen und Organisationen zu einer »Verdächtigenliste« zusammengestellt, die aus ihrer Kritik an der amerikanischen Politik in Vietnam keinen Hehl machten. 1967 dehnte sich diese Liste immer weiter aus. Am 20. Oktober dieses Jahres sandte General Yarborough eine »TOP SECRET COMINT CHANNELS ONLY«-Mitteilung an den NSA-Direktor Marshal Carter, in der die NSA um alle verfügbaren Informationen gebeten wurde, Auslandsverbindungen von und ausländischen Einfluß auf solche Personen betreffend, die sich an Bürgererhebungen in den Vereinigten Staaten beteiligen.[70]

Die Anfrage war ein beispielloser Vorgang. Die Abwehr begann, seitenweise die von Geheimdienstlern der Armee im ganzen Land gesammelten Namen von Protestlern und Demonstranten zu übersenden, die von nun an überwacht werden sollten. Die CIA, der Secret Service, das FBI und die DIA folgten auf dem Fuße. Das Ergebnis war ein voluminöses Anwachsen der »Verdächtigenliste«, die inzwischen weit über den ursprünglichen Zweck hinausging. Beim Nachrichtensammeln ging die

NSA nach dem Staubsaugerprinzip vor; beispielsweise wurden sämtliche Ferngespräche einer Zielperson gleich mitregistriert. Wo immer der Name verdächtiger Individuen oder Organisationen fiel, wurden Gespräche belauscht, mitgeschnitten und anschließend analysiert. Auf diese Weise gerieten die Gesprächs- und Kontaktpartner einer Zielperson gleich mit in die Mühle, deren dienstliche und private Telefonleitungen tausendfach vom »großen Bruder« angezapft wurden.

Die NSA wurde im Mai 1968 in die Fahndung nach James Earl Ray einbezogen. Generalstaatsanwalt Ramsey Clark und eine Reihe von Supreme-Court-Entscheidungen hatten das FBI daran gehindert, James' Geschwistern eine Mikrofon- und Kameraüberwachung angedeihen zu lassen. Später räumte ein FBI-internes Memorandum ein, daß dieses Vorgehen nicht verfassungsgemäß sei.

Dann allerdings erhielt Frank Raven, der NSA-Beauftragte, der die Verdächtigenliste von den anderen Diensten und Behörden empfing und weiterverteilte, unmittelbare Order, Rays Namen und seine diversen Decknamen auf die Liste zu setzen. Ungewöhnlich daran war, daß die Anordnung nicht vom FBI oder vom Justizministerium kam, sondern aus dem Büro des Verteidigungsministers, Clark M. Clifford, der sich an eine solche Entscheidung nicht zu erinnern vermochte.[71] Raven beteuerte, er habe zunächst aus verfassungsrechtlichen Rücksichten gezögert, aber zu hören bekommen: »Machen Sie bloß keine Schwierigkeiten – das kommt von allerhöchster Stelle!«[72]

Von einer Beteiligung der NSA an der Fahndung nach James Earl Ray war in keinem offiziellen Ermittlungsbericht die Rede gewesen. Was sich später abzeichnete, war die Tatsache, daß die geheime Abwehr (präziser gesagt, die 902. MIG, die der direkten Kontrolle des stellvertretenden Stabschef für Geheimdienstfragen, Generalmajor William P. Yarborough, unterstand) James spätestens im Juli 1967 mit der falschen Identität eines 902-Top-Agenten mit bereinigtem Hintergrund versorgt hatte. Fast erscheint es, als sei die Anordnung, die aus dem Büro des Verteidigungsministers kam, ursprünglich vom Büro des ACSI erteilt worden.

Das Ausmaß und die Komplexität dieser Operation war verwirrend. Ich wollte begreifen, wie sich all dies im Laufe des letzten Lebensjahrs von Martin Luther King zugetragen hatte.

Chronologie der wichtigsten Ereignisse

Seit mir die ersten Augenzeugenberichte der Alpha-184-Team-Mitglieder und weiterer ihnen zugeordneter Personen zugänglich gemacht wurden, hatte ich mir vorgenommen, Informationen und Dokumente (von denen einige nach 28 Jahren immer noch als geheim eingestuft waren) aus anderen Quellen zu sammeln, um in Erfahrung zu bringen, was sich in den Jahren 1967–68 in führenden Regierungs- und Geheimdienstkreisen abgespielt hatte.

Wie bereits erwähnt, wurde mit Übernahme des ACSI-Amtes durch General Yarborough im Dezember 1966 seinem Stab ein verläßlicher, bis dato völlig unbekannter Agent namens Patrick D. Putnam von FBI-Chef Hoover zugeteilt. (Man darf nicht vergessen, daß Hoover ausgezeichnete Arbeitsbeziehungen zum Militär pflegte. Schon Ende der 20er Jahre war seine »Nummer eins«, Clyde Tolson, vom Abschirmdienst herübergekommen und hatte seinem Boß die Wege geebnet. Großzügig verlieh man Hoover den Rang eines Lieutenant Colonel der Abwehr, den er bis zum Ende des Zweiten Weltkriegs behielt). Putnam wurde zum täglichen Botschafter zwischen Hoover und Yarborough, bis letzterer das ACSI-Büro im Juli 1968 verließ und Hoover brieflich ein überschwengliches Lob für seinen Agenten Putnam ausstellte. Eine Kopie des Briefes vom 2. Juli 1968 konnte ich mir verschaffen.

Der Führungsstab der 111. MIG trat am 17. Januar 1967 im Hauptquartier Fort McPherson zusammen, um sich die Aufnahmen anzusehen, die dem Abschlußbericht des Überwachungskommandos bei Martin Luther Kings Ankunft in Jamaica beigegeben waren. Die 111. war ihm seit seiner Abreise auf den Fersen geblieben und hatte die Bespitzelung in der Karibik fortgesetzt.

Anderntags stellte sich General Yarborough gegen 11.00 Uhr im FBI-Hauptquartier Direktor Hoover in seiner neuen Eigenschaft vor. Auch CIAB-Chef Colonel F. E. Van Tassell war bei dieser Unterredung zugegen. Man sprach über das künftige Zusammenwirken des Büros und der Armee bei der Bekämpfung der wachsenden Friedensbewegung, die nach Yarboroughs und Hoovers übereinstimmender Meinung kommunistisch unterwandert war. Gewiß entdeckten sie ihre Seelenverwandtschaft. Die grundsätzlich antikommunistische, antibürgerrechtliche und kriegsbefürwortende Haltung, die Hoovers FBI und die Arbeit der militärischen Abwehr 1967 geprägt hat, ist nicht zu überschätzen.

Man einigte sich, daß die aus der massiven geheimdienstlichen Überwachung Kings durch die Abwehr gewonnenen Erkenntnisse routine- und regelmäßig dem Büro mitgeteilt werden sollten. (Walter Fauntroy hatte während meiner Vorbereitungen des Fernsehgerichts eingeräumt, er habe in Dokumenten, die Teil der HSCA-Ermittlungsakte seien – obwohl sie im Abschlußbericht nicht erwähnt wurden –, Protokolle der Abwehr entdeckt, die Hoover übersandt worden waren).

Im Februar wurde das Anzapfen der Telefone sowie ELINT (elektronische Überwachungsmaßnahmen) durch die ASA ausgeführt. Tonbänder und Transkriptionen wurden in Fort Meade geprüft, auch wenn sie oft durch die MIG der jeweiligen Region, wo die Lauschangriffe stattfanden, überstellt wurden. Beispielsweise wurde ein Telefonat Kings mit dem befreundeten New Yorker Anwalt Stanley Levison am 18. Februar von der ASA mitgeschnitten und über die 108. MIG weitergegeben. Aus diesem Gespräch erfuhren die Abwehr, das FBI und andere beteiligte Geheimdienste von Kings wachsender Besorgnis, daß viele Schwarze den Krieg als Völkermord mit anderen Mitteln erlebten, und von seiner Entschlossenheit, an der Friedensdemonstration vom 15. April vor den Vereinten Nationen teilzunehmen, wo ich seine und Ben Spocks Nominierung zu einer alternativen Präsidentschaftskandidatur in Vorschlag brachte.

Die Konferenzen in den verschiedenen Bereichen der Geheimdienst-Gemeinde über die damaligen Aktivitäten der Friedensbewegung schienen gar nicht mehr abzureißen.

Am 23. Februar, um 10.30 Uhr, hielt die Schirmorganisation, das USIB, ihr wöchentliches Treffen ab, zu dem auch CIA-Chef Richard Helms und ACSI Yarborough erschienen.

Die 115. MIG fotografierte King auch bei seiner Rede am 25. Februar in Los Angeles, als er gemeinsam mit den gegen den Vietnamkrieg opponierenden Senatoren Eugene McCarthy und George McGovern auftrat. Die Aufnahmen und die Transkription seiner Rede enthüllten dem Pentagon, daß King den Krieg als Ausdruck des »weißen Kolonialismus« deutete und den Satz geäußert hatte: »Wir müssen demonstrieren, lehren und predigen, bis unsere Nation in den Grundfesten erschüttert ist.«

Eine Analyse dieser Bemerkungen wurde zwei Tage später im CIAB-Hauptquartier in Bailey's Crossroads, Virginia, vorgenommen. Sie ergab, daß Kings Rede »ein Aufruf zur bewaffneten Aggression der Neger gegen das amerikanische Volk« sei. Gegen 10.30 Uhr wurde diese Analyse dem ACSI Yarborough vorgelegt. Noch am selben Tag, um 14.30 Uhr, übersandte die 111. MIG aus Fort McPherson die Namen zweier schwarzer Agenten, die für eine Infiltration der SCLC in Frage kämen.

Anfang 1967 wurde das amerikanische Volk zwar noch mit überschwenglichen Vorhersagen über den Vietnamkrieg getäuscht, doch dem Abschirmdienst war längst klar, wie schlimm es an der Front tatsächlich aussah. Am 18. März forderte der Oberbefehlshaber, General William Westmoreland, bei den Joint Chiefs of Staff 201.250 Mann Verstärkung an (viereinhalb zusätzliche Divisionen). Gleichzeitig gewann die Friedensbewegung daheim immer mehr Anhänger.

In Chicago machten sechs Tage später, am 24. März, Mitglieder der 113. MIG (mit Hauptquartier in Fort Sheridan, Illinois) Aufnahmen von Martin Luther King und Benjamin Spock bei ihren Reden vor einer Versammlung von fünftausend Kriegsgegnern. Bei dieser Gelegenheit forderte King dazu auf, die ganze Kraft der Bürgerrechtsbewegung nun auch gegen den Vietnamkrieg einzusetzen. Die Überwachung wurde bis zum 25. März fortgesetzt. Wie bereits erwähnt, formulierte King am 4. April in der Riverside Church in New York seine förmliche und massive Stellungnahme gegen den Krieg und versprach, sich mit aller Kraft für ein Ende der Kampfhandlungen einzusetzen. Natürlich wurde auch diese Rede von Agenten der 180. MIG mitgeschnitten und fotografiert.

In keiner seiner Reden verzichtete King darauf, die verheerenden Folgen des Krieges für die vietnamesische Zivilbevölkerung anzusprechen. Am 7. April, um 10.30 Uhr, prüften Colonel Van Tassell und sein CIAB-Stab die fotografischen Beweise für die Auswirkungen des Bombardements in Vietnam, besonders auf Frauen und Kinder, die nun auch immer häufiger in den Massenmedien erschienen. Bilder von Kindern mit Napalmverbrennungen (wie jenes, das als Abb. 1 im Bildteil zu sehen ist) kamen auf die Titelseiten. (Ich hatte damals bei der Gründung eines nationalen »Komitees der Verantwortung« mitgewirkt, das sich mit Hilfe prominenter Amerikaner dafür einsetzte, in Krankenhäusern überall in den Staaten schwerverletzte und verbrannte Kinder aus Vietnam unterzubringen. Auf diese Weise wurden die schrecklichen Verstümmelungen immer mehr Bürgern in amerikanischen Städten und Gemeinden bewußt). Nun mußte aus Sicht des Militärs eine Strategie her, der wachsenden Anteilnahme der Amerikaner am Leid der vietnamesischen Zivilbevölkerung entgegenzutreten. Eine Woche später, am 14. April, um 16.00 Uhr, traf sich Colonel Van Tassells CIAB-Stab mit General Yarborough und Mitarbeitern der DIA sowie der Joint Chiefs of Staff Intelligence Unit. Bei diesem Treffen ging es vor allem um die Mittel und Wege zur Unterwanderung der Friedensbewegung, zur Gewinnung von Erkenntnissen über und zur Einflußnahme auf ihre Initiativen.

Alles, was sich im Vorfeld und im Verlauf der gewaltigen Friedensdemonstration vom 15. April vor den Vereinten Nationen abspielte, wurde von der 108. MIG beobachtet. Die gewonnenen Fotos und Transkriptionen der Mitschnitte übergab die 108. MIG wie gewohnt dem CIAB zur Analyse, die anschließend auf Yarboroughs Schreibtisch landete. Ihr zufolge arbeitete Martin Luther King kontinuierlich mit subversiven Elementen zusammen, die »den Straßenkampf in unseren Städten und Gemeinden« probten. In dieser Analyse wurde King in einem Atemzug mit dem SNCC-Führer Stokely Carmichael genannt und beide als »Verbündete bei subversiven und revolutionären Umtrieben« bezeichnet.

Fünf Tage vor dem »Vietnam-Sommer« in Harvard (eine von Studenten organisierte Vorlesungsreihe gegen den Krieg) sandte Hoover ein Gutachten über King ans Weiße Haus, von dem eine gekürzte Version über Putnam an Yarborough gelangte. Darin bekräftigte der FBI-Chef, King sei »eine Marionette in den Händen subversiver Mächte, die alles daransetzen, unsere Nation zu unterminieren«.

Am 30. April wurde Kings Rede in der Ebenezer Baptist Church von ASA-Mikrofonen aufgenommen und von der 111. MIG in Fort McPherson an das CIAB gesandt. In dieser Versammlung, bei der auch Stokely Carmichael zugegen war, bezeichnete King die Vereinigten Staaten als »den heute größten Exporteur der Gewalt in alle Welt«.

Am 16. Mai behauptete Hoover vor dem House Appropriations-Ausschuß im Senat, Stokely Carmichael, den er als Kings Verbündeten bezeichnete, rekrutiere heimlich eine schwarze Armee, um die Revolution gegen das »weiße Amerika« ins Werk zu setzen.

Die 66. MIG (mit Sitz in Stuttgart) nahm auch die Antikriegsrede auf, die Martin Luther King am 29. Mai in Deutschland hielt.

Am 6. Juni befürwortete General Yarborough bei einer Nachtsitzung um 2.00 Uhr den ehrgeizigen Plan, HUMINTs (Informanten) in größere schwarze Bürgerrechtsgruppen einzuschleusen. Eine halbe Stunde später traf er sich mit seinem engen Vertrauten und Mitstreiter, dem USAINTC-Befehlshaber Blakefield.

Während sich die Atmosphäre in den Großstädten immer mehr aufheizte, fürchtete man in allen Bereichen der Verwaltung, daß in diesem Sommer die Spannungen erneut zum Ausbruch kämen. Auf der Suche nach vorbeugenden Maßnahmen berief der Präsident am 12. Juni eine Konferenz auf höchster Ebene ein. Anwesend waren der Vorsitzende der Joint Chiefs of Staff, Earle Wheeler, CIA-Direktor Richard Helms, Verteidigungsminister Robert McNamara sowie der Berater für Nationale Sicherheit, McGeorge Bundy. Auf dieser Sitzung, die sich der noch immer wachsenden Friedens- und Bürgerrechtsbewegung widmete, fiel die Entscheidung, die 20. SFG für Spezialaufgaben in städtischer Umgebung einzusetzen und bei der 111. MIG eine aktuelle Analyse der politischen Ziele Kings und seiner Organisation in Auftrag zu geben. Entsprechende Anordnungen erteilte noch am selben Tag Colonel McBride, befehlshabender Offizier der 111., seinen Mitarbeitern.

Der erste Bericht einer 20. SFG-Einheit aus der Umgebung der Rassenkrawalle in Prattville, Alabama, erreichte das Hauptquartier der 111. MIG am 13. Juni. Darin hieß es, schwarze Rädelsführer hätten Kings Stellungnahmen gegen den Krieg zitiert. Außerdem schickte die 20. SFG zwei Alpha-Heckenschützenteams nach Tampa, während der dortigen Unruhen zwischen dem 12. und 15. Juni. Wie ich aus unabhängiger geheimdienstlicher Quelle erfuhr, gehörte Warren einem dieser Teams an, das in jener Stadt unter Befehl der 902. MIG stand.

Drei Tag später, am 16. Juni, wurde der ehemalige Militärpolizist Marrell McCollough, der im Dezember 1966 den Abschied genommen hatte, von der 111. MIG reaktiviert und dem Polizeidepartment in Memphis zugeteilt.

In Newark kam es am 12. Juli zu gewaltsamen Demonstrationen. Die Besprechungen im Hauptqartier der 109. MIG in dieser Stadt, im Pentagon und anderswo in Washington wollten nicht mehr abreißen. Hauptsächlich ging es darum, wie man den Deckel draufhalten, weitere Krawalle im Keim ersticken und auf Dauer verhindern konnte.

Am 18. Juli 1967 benutzte der inzwischen nach Kanada geflohenen James Earl Ray den Namen Eric S. Galt zum ersten Mal. Im August 1967 – und noch einmal im September – traf sich der echte Eric S. Galt (der einen vom Geheimdienst »gesäuberten« Lebenslauf und eine qualifizierte Personalakte bei der NSA hatte) mit dem Adjutanten Gardners.

Als die Protestbewegung Detroit am 23. Juli erreichte, wurde die 82. Airborne-Luftwaffeneinheit unter Generalleutnant John L. Throckmorton entsandt. Auch die 20. SFG war vertreten, und diesem Team gehörte unter anderen Sergeant Warren an. Die 113. MIG begann mit der Vernehmung verhafteter Rädelsführer und fertigte ausführliche Mitschriften und Berichte für Washington an. Am 23./24. Juli sprach Yarborough gegen Mitternacht in der Zentrale der Streitkräfte im Pentagon vor und erklärte, die Revolution der Schwarzen stünde kurz bevor. Noch in der Nacht ordnete Yarborough die höchste Alarmstufe für sämtliche MIG-Einheiten an und stellte sämtliche potentiellen Guerilla-Ziele – Waffenlager, Kraftwerke, Rüstungsfirmen, Radio- und Fernsehstationen und sonstige Versorgungseinrichtungen – unter Bewachung.

Während dieser Woche rief Martin Luther King gemeinsam mit den Bürgerrechtlern Whitney Young, A. Philip Randolph und Roy Wilkins die Aufständischen zur Ordnung. Unmißverständlich wurden die Krawalle als schädlich für die Bürgerrechtsbewegung und für die Nation verurteilt. Gleichzeitig sprachen die SNCC-Führer Carmichael (am 25. Juli in Havanna) und H. Rap Brown (am 27. Juli in Washington, D. C.) von bewaffnetem Guerillakampf und schwarzer Revolution. Am 25. Juli kam es auch in Cleveland, Phoenix, sowie in Flint und Saginaw, Michigan, zu Ausschreitungen. Am 26. Juli erreichte die Welle der Gewalt South Bend, Indiana.

Am 28. Juli wurde Memphis auf die »Überwachungsliste« der 111. MIG gesetzt, und gegen 8.00 Uhr früh berief General Yarborough eine Konferenz seines Führungsstabs über die Detroit-Krise ein. Die Rückmeldung der 113. MIG stellte eindeutig fest, daß hinter den Ausschreitungen kein ausländischer oder innerer Feind der USA steckte. Sämtliche Agenten hielten die hausgemachten Konflikte für das Ergebnis der verschlechterten Lebensbedingungen und der Opposition gegen den Krieg. CIAB-Analysen des Detroit-Aufstands vom 21. Juli 1943 und der Watt-Unruhen von 1965 kamen zu demselben Schluß. Man teilte Yarborough mit, daß nichts auf die Vorbereitung oder Provokation von Krawallen durch subversive Elemente hindeute;

sie würden vielmehr durch spontane Einzelaktionen isolierter Elemente ausgelöst.

Yarborough verwarf diese Analyse und beharrte darauf, man werde letztlich dahinterkommen, daß bei dieser städtischen Verschwörung entweder Peking oder Havanna die Fäden zögen. Er ging so weit, zu offenbaren, es gäbe »Hinweise auf Waffendiebstähle in einigen Marinehäfen, darunter Dugway Proving Grounds, wo Geschütze auf dem neuesten technischen Stand lagerten«. (Die Ironie der Geschichte wollte es, daß diese Diebstähle vorwiegend von Angehörigen der Streitkräfte verübt wurden, darunter der Provost Marshall höchstpersönlich, der später wegen des Waffendiebstahls verurteilt wurde).

Während dieser gesamten Phase fällt auf, wie einheitlich die Positionen beim ACSI Yarborough, Hoover, und selbst bei der CIA waren. (Man erinnere sich an Jay Richard Kennedys Mitteilung an das Office of Security der CIA, wonach King von Kommunisten maoistischer Prägung kontrolliert werde). Angesichts der Spannungen und trotz der Verfügbarkeit geheimdienstlicher Informationen, die das Gegenteil besagten, versteiften sich diese Herren darauf, alle Schuld einem ausländischen Staatsfeind zuzuschieben.

Da die offizielle Linie einvernehmlich darauf hinauslief, keinen Unterschied zwischen King, Carmichael und H. Rap Brown mehr zu machen, wurden auch Stokely Carmichaels Treffen mit dem nordvietnamesischen Premier Phan Van Dong und dessen vom NSA abgefangene Rundfunkrede vom 31. Juni, in der sich die Regierung Nordvietnams mit dem »antiimperialistischen Kampf« der schwarzen Bevölkerung Amerikas solidarisierte, als repräsentativ für die Haltung Martin Luther Kings bewertet. Ähnlich großen Wirbel verursachten die angeblichen Drohungen Carmichaels in Havanna gegen Präsident Johnson und Verteidigungsminister Robert McNamara.

Am 8. August berichtete das CIAB von den Verhören der 496 Personen, die in Detroit während der Unruhen verhaftet worden waren. Die Tatsache, daß die Aufständischen King und nicht Carmichael oder Brown als Führer bewunderten, löste wahres Entsetzen aus.

Zwei Tage später, während des wöchentlichen USIB-Treffens unter Vorsitz von CIA-Chef Helms, erörterte man die Einrichtung einer Stelle, die mit Hilfe der Abwehr die Friedensinitiativen unterwandern und zugleich die Subversion durch Radikale oder Gruppen aufklären sollte. Nur fünf Tage später, am 15. August, befahl Helms einem seiner Agenten, Thomas Karamessines, eine Special Operations Group (SOG) gegen den inneren Feind ins Leben zu rufen. Wie ich erfuhr, operierte die Gruppe von einem Haus in der I Street 1770 in N. W. Washington aus. Unter ihrer Schirmherrschaft wurde unter anderem folgendes veranlaßt: die Operation CHAOS, bei der Briefe abgefangen und Akten über US-Zivilisten angelegt wurden, sowie das MERRIMAC-Projekt, das darauf abzielte, zehn größere Friedens- und Bürgerrechtsgruppen zu unterwandern. Es sieht so aus, als sei die Entscheidung, eine SOG einzurichten, irgendwann zwischen dem Beginn der Unruhen am 12. Juli in Newark und Mitte August gefallen (nachdem der Aufstand in Detroit analysiert worden war). Ziel der gemeinsamen Anstrengungen war es, die »revolutionären Umtriebe auf dem Gebiet der Vereinigten Staaten zu unterbinden«. Die SOG bündelte die geheimdienstlichen Aktivitäten und Ressourcen der CIA, des FBI und der Armee sowie weiterer Dienste, die zwar zum Informationsverteiler gehörten, doch bei konkreten Einsätzen höchstens am Rande mitwirkten.

Am 31. August wohnte, ohne daß wir es wissen konnten, die 113. auch der Eröffnungsveranstaltung des NCNP-Kongresses bei, wo Martin Luther King als Hauptredner fotografiert und auf Tonband aufgenommen wurde. Am selben Morgen hatte sich General Yarborough mit NSA-Vertretern getroffen und sie beauftragt, in einem (später Operation MINARET genannten) Großeinsatz den internationalen Telefonverkehr zu überwachen, die Spionageabwehr zu unterstützen und festzustellen, welche ausländischen Regierungen hinter den schwarzen Radikalen und der Friedensbewegung steckten.

Am 5. September befaßte sich General Yarborough erstmals mit der bevorstehenden größeren Friedensdemonstration, die unter Schirmherrschaft des National Mobilization Committee am

21. Oktober vor dem Pentagon stattfinden sollte. Yarborough rief umgehend den Führungsstab zusammen. Am 13. September traten Yarborough, Generalleutnant L. J. Lincoln – Oberbefehlshaber der vierten Armee – und ihre Stäbe eine Reise nach Mexiko an, wo sie fünf Tage blieben.

Nach seiner Rückkehr sorgte General Yarborough (durch Armee-Vizestabsschef General Ralph E. Haines jr.) für die Lagerung einer großen Menge Tränengas und weiterer Kampfmittel gegen Demonstranten an zwölf strategischen Orten überall in den USA.

Am 3. Oktober traf sich der Präsident um 18.10 Uhr mit Verteidigungsminister McNamara, Staatssekretär Dean Rusk und dem Berater für Nationale Sicherheit, Walt Rostow. Er berichtete, daß der Kongreßbeauftragte ihm mitgeteilt habe, er werde »die für Ende Oktober geplante Großdemonstration nicht hinnehmen«. Der Präsident verlangte die Erstellung eines Katastrophenplans, um das Weiße Haus, das Pentagon und das Capitol zu schützen.

An diesem Tag kam es zu Ausschreitungen in der 198. Brigade der Leichten Infanterie in Fort Hood, Texas, bei der viele junge Leute äußerten, sie würden sich lieber pfählen lassen, als anderntags nach Vietnam zu fliegen. Es kam zu Krawallen, die mit Schußwaffen und Brandbomben niedergekämpft wurden.

Zwischen der Meuterei in Fort Hood und dem 14. Oktober fanden Besprechungen von Mitarbeitern des Kabinetts und des Präsidialamts sowie Vertretern des ACSI und des USAINTC auf allen Ebenen statt. Den Schwerpunkt in jeder Hinsicht bildeten die bevorstehende Demonstration in Washington und die wachsende Opposition gegen den Krieg in den Städten sowie – seit Beginn des Semesters – an den Universitäten. Am 14. Oktober entsandte Yarborough, bis zu einem gewissen Grad mit dem USAINTC kooperierend, fünfundvierzig V-Leute in Großstadtzentren der USA, wo sich Demonstranten zur Abreise nach Washington rüsteten. Diese Agenten sollten sich unerkannt den Friedensgruppen anschließen und mit ihnen reisen. Man gab ihnen gefälschte Einberufungsbefehle und Personalpapiere. Eine weitere Agentengruppe der 116. MIG bereitete sich auf die Unterwanderung der Demonstration vor.

Einen Tag später, am 15. Oktober 1967, übernahm Frank C. Holloman das Amt des Feuerwehr- und Polizeichefs von Memphis. Seit 25 Jahren war er Agent des FBI gewesen, sieben davon hatte er im Büro J. Edgar Hoovers gearbeitet und stand nach einhelliger Meinung aller Kenner loyal zu Hoover, der ihm rückhaltlos vertraute.

Am 19. Oktober wurde um 2.30 Uhr früh und im Hinblick auf die Vorbereitung der Demonstration der DEFCON-2-Status erklärt. (DEFCON ist ein Gradmesser für die Ernsthaftigkeit einer Bedrohung der nationalen Sicherheit. Steigende DEFCON-Ziffern – sie reichen von 1 bis 5 – stufen die Lage als zunehmend bedrohlich ein). An diesem Tag holte eine C-130-Militärmaschine 89 Personen von der Pope Air Force Base ab und brachte sie zur Andrews Air Force Base nach Washington.

DEFCON-3-Befehle wurden der 82. Airborne-Luftwaffeneinheit in Fort Bragg, North Carolina, am 20. Oktober zugestellt. Der Kommandant dieser Einheit, Generalleutnant Throckmorton (der während der Detroit-Aufstände als Befehlshaber vor Ort gewesen war), verließ das Hauptquartier der 111. MIG in Fort McPherson und flog direkt nach Fort Myers, wo die Befehlszentrale der Streitkräfte eingerichtet worden war. Hier traf er auf Stabschef Harold Johnson, und gemeinsam machten sie eine Rundfahrt in die Gegend des Capitols. Um 17.02 Uhr erschien General Throckmorton im Weißen Haus zu einer Unterredung mit dem Präsidenten.

Der Demonstrationszug setzte sich am 21. Oktober gegen 10.00 Uhr in Bewegung. Armee-Angehörige begannen mit der umfassenden Videoüberwachung (Kameras waren an Hubschrauber-Waffenkästen montiert und am Pentagon angebracht worden). Später bezogen Verteidigungsminister McNamara, Stabschef Johnson, ACSI Yarborough und ihre Adjutanten selbst den Beobachtungsposten auf dem Dach des Pentagon. Das Aufgebot der Demonstranten muß ein Schock für die Militärführer gewesen sein. Die schiere Präsenz einer solchen Menschenmenge, die sich öffentlich gegen die Politik ihrer Regierung stellte, beraubte die Machthaber ihrer Autorität. Später wurde Yarborough in einem Bericht des *Commercial Appeal* mit den Worten zitiert:

> Es sah aus wie auf einer Burg, um die sich ringsum die Hunnen versammelten. Sie waren erschienen und schüttelten die knochigen Fäuste. Da waren amerikanische Nazis. Da waren Kommunisten. Sogar Hippies ... Ich versichere Ihnen, es war ein Anblick, der einen nachdenklich stimmte. Während wir auf diese große Horde hinunterblickten, die – bildlich gesprochen – schon mit dem Rammbock zum Sturm ansetzte, wandte sich der Verteidigungsminister [McNamara] an den Stabschef der Armee [General Johnson] und sagte: »Johnny, was wollen Sie dagegen unternehmen?« Und Johnny entgegnete: »Ich will verdammt sein, wenn ich's wüßte!«

Einer gut informierten Quelle zufolge soll der Stabschef sich gleich darauf General Yarborough zugewandt haben: »Und du, Bill, was wirst du gegen sie unternehmen?«

Martin Luther Kings Pressekonferenz vom 23. Oktober, die seiner Aussage vor dem National Advisory Committee on Civil Disorders folgte, mußte die militärische und politische Führung noch mehr beunruhigen. Vor den Journalisten erklärte Martin unzweideutig, er werde weitere Großdemonstrationen nach Washington führen und die Regierung zum Rücktritt zwingen. Er war überzeugt, daß eine Regierung, die sich als unfähig erwies, den Krieg zu beenden, selbst am Ende war.

Schon um 13.04 Uhr rief Präsident Johnson unter dem Eindruck dieser Pressekonferenz CIA-Chef Richard Helms, den Joint-Chiefs-of-Staff-Vorsitzenden Earle Wheeler und den Berater für Nationale Sicherheit, Walter Rostow, zu einer Lagebesprechung. »Wir hätten in den letzten zwei Monaten fast den Krieg verloren«, erklärte Johnson den Anwesenden, »zumindest in den Augen der öffentlichen Meinung. Die Demonstranten und ihre Verbündeten wollen uns nötigen, dieses Land in andere Hände zu geben ... Wir müssen etwas gegen die öffentliche Meinung tun!«

Noch am selben Tag rief das ACSI-Büro gegen 15.30 Uhr bei der 20. SFG in Birmingham an und verlangte, den Dienstplan an Gardner in das Büro der 902. MIG im Pentagon zu schicken. (Ich hörte später, daß mit dem Eintreffen des Dienstplans die Auswahl des geheimen, von Gardner persönlich handverlesenen Alpha-184-Teams der 20. SFG begann).

Am anderen Morgen, gegen 10.30 Uhr, wurde Yarborough im CIA-Hauptquartier in Langley zu einer Geheimkonferenz mit Direktor Helms erwartet, bei der es um die angebliche kommunistische Unterstützung der Demonstranten ging. Bei der Rückkehr ins Büro erklärte Yarborough unverblümt: »Wir haben alles in der Hand, um diese Bastarde zu stoppen; ich brauche bloß das Kommando zu geben!«

Zwei Tage später (am Donnerstag, dem 26. Oktober) war der ACSI erneut in Langley, zum wöchentlichen USIB-Treffen unter Vorsitz von Helms. Gegen 16.00 Uhr traf er sich mit Gardner von der 902. MIG.

Yarborough flog am 8. November selbst nach Vietnam, um einen Eindruck von den Kampfhandlungen zu gewinnen. Überall schlug ihm die schlechte Stimmung der Truppe entgegen. Dann streuten die Vietnamesen am 11. November noch Salz in seine Wunden, indem sie drei Kriegsgefangene, darunter zwei Schwarze, freiließen. Bei den voraufgehenden Verhandlungen hatte angeblich Martin Luther King mitgewirkt. Wie die Nationale Befreiungsfront (NLF) erklärte, wurden sie freigelassen, um den »tapferen Kampf« der Farbigen in den Vereinigten Staaten zu ehren.

Am 17. November wurden um 17.10 Uhr – als Reaktion auf Berichte, wonach bewaffenete Farbige die Übernahme öffentlicher Versorgungseinrichtungen vorbereiteten – Einheiten der Special Forces entsandt, um Rekognoszierungen in Städten vorzunehmen, in denen man für den kommenden Frühling und Sommer Unruhen erwartete. Sie waren angewiesen, präzise Karten zu erstellen, Luftaufnahmen zu machen, sowie für Kommunikationsverbindungen, Kommandobrücken, Geschützstellungen und Operationspläne zu sorgen. Darunter fiel auch die Ausbildungstätigkeit, von der mir Jim Smith, Beamter bei der

MPD-Geheimdienstabteilung, erzählt hatte. Außerdem wurden Waffen und Kampfmittel gegen Demonstrationen angehäuft. Die Special-Forces-Einheiten kamen von der 20. in Birmingham, der 10. in Fort Devins, Massachusetts, und der 5. in Fort Bragg, North Carolina. Bis Anfang 1968 erstreckten sich diese Erkundungen auf 124 Städte in ganz Nordamerika.

Später an diesem Tag erhielt das ACSI-Büro einen Bericht darüber, daß die in CONUS verbliebenen regulären Truppeneinheiten (Teile der 82. Airborne-Luftwaffeneinheit, der 1. und 2. Panzerdivision und der 5. Infanteriedivision in Fort Carson, Colorado) bei weitem nicht ausreichend bemannt und ausgestattet seien.

An der Heimatfront hatten sich, zumindest aus Sicht der Armee, die Aussichten erheblich verschlechtert. Am 30. November kündigte Senator Eugene McCarthy an, er werde eine Nominierung gegen Lyndon Johnson als Kandidat des Friedens durch die Demokraten anstreben. Und am 4. Dezember gab Martin Luther King in Atlanta bekannt, daß er im Frühjahr 1968 einen großen Demonstrationszug der Armen nach Washington führen wolle.

Ein Bericht der CIA vom 5. Dezember stellte fest, das tägliche Bombardement Hanois mit insgesamt 800 Tonnen Bomben- und Raketenmaterial seit März 1965 habe Sachschäden in Höhe von 300 Millionen Dollar angerichtet. Die Kosten für die USA enthielten freilich unter anderem die Zerstörung von 700 Flugzeugen im Wert von 900 Milionen, was einem Nettoverlust von 600 Millionen Dollar entsprach. Die Rüstungs- und Luftfahrtindustrie hörte man kaum über diese Bilanz klagen.

In seinen Reden drängte Martin Luther King immer wieder zum Frieden, so auch am 10. Dezember in seiner alten Dexter Avenue Baptist Church in Montgomery, Alabama (von der 111. MIG fotografiert und mitgeschnitten), sowie im Sheraton Hotel von Chicago (von der 113. MIG überwacht).

Am 12. Dezember testeten die Streitkräfte im Rahmen einer großangelegten Prüfung durch die militärischen Nachrichtendienste ihre Einsatzbereitschaft im CONUS-Gebiet. Eine Erneuerung aller Rekognoszierungen wurde ebenso angeordnet wie die Neubewertung der Städte und Gemeinden hinsichtlich ihres radikalen Potentials. Als das Jahr 1967 zu Ende ging, trafen sich Yarborough und Gardner noch einmal am 28. Dezember gegen 2.00 Uhr zu einer Nachtsitzung.

Am 2. Januar übergab Patrick Putnam ein Gutachten des Büros an Yarborough, in dem es hieß, King werde »zum Frühjahr 1968 in der Hauptstadt und in zehn bis fünfzehn weiteren Städten der USA für zivilen Ungehorsam sorgen, falls sich gewisse Entscheidungen auf dem Gebiet der Bürgerrechte im Kongreß nicht durchsetzen lassen«.

Noch am selben Tag, als General Westmoreland in seinem Jahresabschlußbericht den vollständigen Sieg der Amerikaner ankündigte, griff die Nationale Befreiungsfront (NLF) nur 80 Kilometer von Saigon entfernt in Regimentsstärke an. Die anschließende Schlacht in einer Gummibaumplantage kostete 26 US-Soldaten das Leben, 111 wurden verletzt.

Am 10. Januar 1968 wies Präsident Johnson seinen Stabschef Harold Johnson an, »alle Mittel auszuschöpfen«, um die von King für das Frühjahr geplanten und vorgesehenen Störungen des Zivillebens abzuwenden. Aus Geheimdienstkreisen wurde mir bestätigt, man habe damals nicht daran gezweifelt, daß von höchster Stelle rücksichtsloses Durchgreifen gewünscht wurde. Nichts sollte mehr tabu sein, um Kings »Sturm« auf die Hauptstadt Einhalt zu gebieten.

Anderntags nahm ACSI Yarborough an der regelmäßigen USIB-Wochenkonferenz in Langley teil. Nachmittags trat Martin Luther King, von Mikrofonen und Kameras der 115. MIG scharf bewacht, unerachtet der Stürme, die er heraufbeschwor, in seiner New Yorker Rede im Belmont Plaza Hotel für ein Ende des Krieges und den Rücktritt der Regierung ein.

Am 12. Januar traf Yarborough um 14.00 Uhr mit Stabschef Johnson zusammen. Dann kam es zu einer neuen Krise. Die Anzahl von »Störfällen« (bei denen schwarze Wehrpflichtige ihre wei-ßen Ausbilder erschossen), kletterte dramatisch in die Höhe. Der ACSI-Führungsstab nahm sich des Problems an. Besonders erbost war Yarborough, daß selbst *Stars and Stripes*, die einzige Armeezeitung, über die Unruhen der Schwarzen daheim berichtete.

Am 15. Januar begann in Warrenton, Virginia, eine viertägige Konferenz der Internationalen Vereinigung der Polizeichefs über Vorbeugung und Verhinderung ziviler Unruhen. Zu den Teilnehmern gehörten auch die Polizeichefs von Memphis, J. C. MacDonald und Frank Holloman. King führte am selben Tag eine Demonstration gegen den Vietnamkrieg an, bei der fünftausend einheitlich schwarzgekleidete Frauen zum Capitol marschierten.

Am 26. Januar teilte Yarborough um 16.45 Uhr seinem Stab die neuen CIAB-Erkenntnisse über Martin Luther King mit. In dem Bericht hieß es, King ereifere sich zunehmend über den »Völkermord«, da 22 Prozent der getöteten US-Soldaten Farbige seien, mehr als doppelt soviel, wie ihr Anteil am Gesamtheer betrug. Eine Kopie wurde an Westmorelands J-2 (Geheimdienstchef) übersandt.

Patrick Putnam und Yarborough trafen am 29. Januar um 15.00 Uhr zusammen, um die gemeinsamen Gegenmaßnahmen von FBI und Armee bei den zu erwartenden städtischen Unruhen zu koordinieren.

Am 31. Januar wurden Armee und Regierung durch die ersten Meldungen von der Tet-Offensive erschüttert. Fünf der größten südvietnamesischen Städte waren angegriffen worden, darunter 36 von 44 Provinzhauptstädten und ein Viertel der 242 Distrikthauptstädte. Für die Offensive hatte die NLF 70.000 Mann mobilisiert, die ihre amerikanischen und südvietnamesischen Gegner förmlich überrollten. Westmorelands ständige Schönfärbereien und Triumphmeldungen entpuppten sich als übelste Propaganda.

Im Februar verbrachten ACSI Yarborough und sein Stab viel Zeit mit der Vorbereitung der CINCSTRIKE-Maßnahmen gegen die erwarteten Unruhen. Wie bereits erwähnt, handelte es sich dabei um Operationen, bei denen die allgegenwärtigen bewaffneten CONUS-Truppen gegen Aufstände im Innern vorrücken sollten. Alle heimatlichen Streitkräfte erhielten ihre Befehle vom Planungsstab ihrer Zentrale, der MacDill Air Force Base in Tampa, Florida. In dieser Zeit verbrachte Yarborough ungefähr drei Stunden täglich mit der Planung; besonders am 2., 5., 6., 7. und 8. Februar kam es zu Dauersitzungen. Die meisten dieser Konferenzen fanden im Pentagon statt, doch am 7. flog Yarborough um 16.15 Uhr nach Tampa zum Ortstermin am 8. Februar.

Am Abend des 7. Februar verfolgte die 116. MIG Martin Luther Kings Rede in der Vermont Baptist Church in Washington, D. C., in der die Regierung heftig angegriffen wurde. Eine Stunde vor der Rede hatte er sich mit den SNCC-Führern H. Rap Brown und Stokely Carmichael in Browns Hotelzimmer im Nordosten Washingtons getroffen. Bei dieser Unterredung kam der Gegensatz in Weltanschauung und Strategie zwischen King einerseits, Brown und Carmichael andererseits klar zum Vorschein. In einer Transkription heißt es:

Brown: »Wir müssen die Arschlöcher stoppen, hier und jetzt …«
Carmichael (beim Eintreten): »Keinen Onkel-Tom-Quatsch mehr. Dieser Laß-dich-ruhig-als-Fußabtreter-benutzen-Scheiß … der bringt's doch nicht. Das weißt du doch auch. Das weiß doch jeder …«
King (fällt ihm ins Wort): »Morden und Brandstiften (unverständlich) in den Straßen eurer eigenen Leute, ist das eure Antwort?«
Carmichael: »Es wird Zeit. Wir können nicht länger warten.«
King: »Niemand ist das Warten mehr leid als ich.«
Carmichael: »Machen wir doch den Weißen die Bude dicht. Die lassen ihre Soldaten aufmarschieren, wir gehen mit unseren gegen die Arschlöcher vor. Wir haben Gewehre. Für den Frieden marschieren – alles Schwachsinn; haben wir doch erlebt. Was hat uns das schon gebracht!«

Martin blieb unerschütterlich in seiner Haltung. Ihm ging es darum, diejenigen Abweichler, die für Gewalt plädierten, in die Strategie einzubinden, allerdings nicht nach ihren Bedingungen. Die für das Frühjahr in Washington geplante Demonstration sollte möglichst alle Kräfte mobilisieren und die Macht der Friedfertigen unter Beweis stellen. Das geht selbst aus den ASA- und MIG-Überwachungsprotokollen klar hervor. Dennoch wollten ihn Yarborough und seine Kollegen im USIB mit Brown und Carmichael, die Gewalt befürworteten, in einen Topf werfen. Das entsprach ganz den Interessen und Vorurteilen Hoovers, Yarboroughs, Helms und sogar Lyndon B. Johnsons.

An diesem Tag erhielt das ACSI-Büro auch einen internen Bericht, wonach es 1967 unter den Soldaten zu 40.227 Desertionen und 155.536 Fällen von unerlaubter Abwesenheit vom Dienst gekommen war.

Seit dem 9. Februar breitete sich der Sumpf noch weiter aus: Um 22.02 Uhr übergab der Joint-Chiefs-of-Staff-Vorsitzende Wheeler dem Präsidenten das Schreiben, in dem General Westmoreland, um die Situation zu retten, um Entsendung der 82. Airborne-Luftwaffeneinheit und der 69. Marinedivision bat (fünfzehn Bataillone, 40.000 Mann Verstärkung). Wheeler riet von der Entsendung ab und erklärte Johnson, wenn diese Truppen das Land verließen, »haben Sie keine strategischen Reserven mehr in Bereitschaft«, die im CONUS-Gebiet eingesetzt werden konnten. Der neue Verteidigungsminister, Clark Clifford, stand der Forderung ebenfalls kritisch gegenüber.

Drei Tage später, am 12. Februar 1968, traten die 1.300 Müllfahrer von Memphis, Tennessee, in den unbefristeten Streik. In ihrem Hauptquartier in Fort McPherson, Atlanta, berief die 111. MIG ein »spezielles Sicherheits-Kommando« unter direktem Befehl von General Yarborough für die sofortige Entsendung und den Einsatz in Notfällen ein.

Am 15. Februar verfolgten und überwachten Agenten der 111. MIG Martin Luther Kings Predigten in der St. Thomas AME Church in Birmingham und der Maggie Street Baptist Church in Montgomery, Alabama. Dann, am 19. Februar, registrierte die 111. MIG auch seine Ansprache an 150 schwarze Pastoren in Miami. Am nächten Tag erhielt Yarborough den jüngsten FBI-Bericht über Martin Luther King, der ihn hauptsächlich als Kommunisten und Lüstling verteufelte.

Eine Geheimdienstakte vermerkte ohne Quellenangabe am 22. Februar, daß King nach Memphis kommen werde, um den Müllfahrerstreik zu unterstützen.

Daraufhin wurde – wie Warren berichtet hatte – am 25. Februar in aller Stille ein Rekognoszierungsteam der 20. SFG über den Trailways-Busbahnhof nach Memphis eingeschleust. Die Männer nahmen das Gelände der Downtown-Hotels in Augenschein und zeichneten Karten der möglichen Fluchtstrecken nach Norden.

Drei Tage später, am 28. Februar, wurde Präsident Johnson eine weitere Forderung General Westmorelands vorgelegt, in der er 200.000 Soldaten verlangte. Das hieß, wie Wheeler betonte, 250.000 Mann einzuberufen und zusätzlich 2,5 Milliarden Dollar auszugeben. Womöglich müsse man die Veteranen des Koreakriegs reaktivieren.

Am gleichen Tag traf sich um 10.30 Uhr Gardner mit dem CIAB-Chef Colonel Van Tassell und dem FBI-Verbindungsmann Patrick Putnam, um die jüngsten Maßnahmen gegen die im Frühjahr geplante Demonstration in Washington zu erörtern.

Am 1. März verkündete Verteidigungsminister Clark Clifford den Bankrott der amerikanischen Vietnampolitik. (Es scheint, als hätte man ihn in dieser Phase absichtlich aus dem Informationsverteiler herausgenommen und selbst in seinem Ministerium übergangen). Unterdessen fand in Cullman, Alabama, ein Geheimtreffen von sechs Mitgliedern der 20. SFG mit »Rittern« des Ku-Klux-Klans aus Tuscumbia statt, wobei es zu verdeckten »Klan Special Forces«-Geländeübungen kam. Dabei wurden die anwesenden Klanmitglieder von SFG-Soldaten zwei Tage lang im Gebrauch von Schußwaffen und Sprengstoff geschult.

Am 4. März traf sich Yarborough gegen 14.30 Uhr mit Gardner, vier Tage später nahm er an einer Lunchparty teil, die um 12.30 Uhr von den FBI-Leuten William Sullivan (Geheimdienstchef für Inneres), Patrick Putnam sowie Merrill Kelly gegeben wurde. Die Anhörungen des Senatsausschusses für Auswärtige Beziehungen zum Vietnamkrieg wurden am 11. März durch den Vorsitzenden William Fulbright eröffnet. In seiner Begrüßung stellte Fulbright fest: »Ringsum erleben wir die Zeichen eines Umbruchs, nicht allein bei der Hippiebewegung und in der Formierung einer kritischen Neuen Linken, sondern auch im Rückgang der freiwilligen Meldungen zum Peace Corps, bei begabten Studenten, die sich einer vielversprechenden politischen Karriere verweigern, in den Protestbriefen gegen die Regierungspolitik in Vietnam und in der Zunahme der Fälle von Kriegsdienstverweigerung aus Gewissensgründen.«

Anderntags schockierte Senator McCarthy das amerikanische Establishment, als er bei den Vorwahlen zur Präsidentschaft in New Hampshire 42 Prozent der Stimmen erhielt.

Am 14. März traf gegen 8.00 Uhr ein CIAB-Bericht bei ACSI Yarborough ein, wonach dreißig Personen nach gewaltsamen Ausschreitungen der streikenden Müllfahrer verhaftet worden seien. Eine friedliche Einigung sei nicht in Sicht; der Bericht schlug die Abordnung zusätzlichen Personals von der 111. MIG zur Zusammenarbeit mit MPD und FBI vor, um die Stadt unter Kontrolle zu bekommen.

Anderntags, am 15. März, traf sich FBI-Chef Hoover unter vier Augen mit Gardner von der 902. MIG.

Am Morgen des 16. März begann das Massaker unter der Zivilbevölkerung des Dorfes My Lai. (Obwohl die Abwehr umgehend davon erfuhr, wurde es erst aufgedeckt und an die Öffentlichkeit gebracht, als der Journalist Seymour Hersh am 13. November 1969 darüber berichtete). Am selben Tag verkündete Senator Robert Kennedy in Washington, daß er die Präsidentschaftskandidatur anstrebe, und im kalifornischen Anaheim sprach King vor dem mächtigen California Democratic State Council, während Agenten der 115. MIG seine Rede beobachteten und aufnahmen.

Am 17. März telefonierte Reverend James Lawson in Memphis mit Martin Luther King in Los Angeles, um ihn über den Streik zu informieren. King hatte sich bereit erklärt, bei einer Versammlung am 18. März vor den Streikenden und ihren Sympathisanten zu sprechen. Das Ferngespräch wurde auf Kings Seite von ASA-Spezialisten angezapft. Danach wurde Kings Rede in der Second Baptist Church von Los Angeles von der 115. MIG mitgeschnitten und fotografiert.

Am 18. März traf King um 19.00 Uhr in Memphis ein, ständig verfolgt von einem Überwachungsteam der 115. MIG, und hielt seine Rede vor 15.000 Zuhörern in der Mason Temple Church. Im Publikum saß der 111.-MIG-Undercoveragent Marrell McCollough. Martin versprach, wiederzukommen und vier Tage später die Demonstration anzuführen. Nach der Rede traf er sich im Lorraine-Motel mit Sprechern der schwarzen Gemeinde, um anschließend im Rivermont zu übernachten. Dort wurde er von ASA-Agenten, denen Jim Smith als Beamter der MPD-Geheimdienstabteilung assistierte, elektronisch überwacht und sein Telefon angezapft.

Am anderen Morgen nahm General Yarborough um 10.00 Uhr an einer zweistündigen Besprechung im Pentagon über die wachsenden innenpolitischen Spannungen teil. Um 14.30 Uhr erfolgte ein fünfzehnminütiges Telefongespräch zwischen dem Büro der 20. SFG und dem nationalen Verteidigungszentrum im Pentagon über die Entsendungspläne.

Am 20. März gab der frühere Kommandant des Marinekorps und Träger der Ehrenmedaille, David M. Shoup, bekannt, daß der Vietnamkrieg nicht zu gewinnen sei. Seine Ausführungen steigerten die Wut und die Verzweiflung über den scheinbar grenzenlosen Sumpf, in den sich die Amerikaner mit ihrer Südostasienpolitik begeben hatten.

Am 21. März wurde Westmoreland als Oberbefehlshaber abgelöst und vom Präsidenten zum Stabschef ernannt. Noch am gleichen Tag traf sich die Führung der 20. SFG gegen 15.30 Uhr zu einer zweistündigen Diskussion über die Lage in Memphis. Gleichzeitig trafen sich (nach dem Bericht eines farbigen V-Manns der 113. MIG in Camp Ravenswood, Illinois), heimlich 175 weiße und 50 schwarze Bürgerrechtler, um die Protestveranstaltungen der Democratic National Convention zu planen. Martin Luther King hatte zwei Vertreter dorthin entsandt.

Vier Tage später, am 25. März, war Präsident Johnson ein geschlagener Mann, als er sich um 10.30 Uhr im Speisesaal des

Weißen Hauses mit dem Joint-Chiefs-Vorsitzenden Wheeler traf. »Unsere strategischen Reserven«, führte er aus, »sind vollkommen aufgebraucht. Die Steuereinkünfte sind erbärmlich … das ganze Land liegt moralisch am Boden. Sie müssen davon wissen … Die [New York] *Times* und die [Washington] *Post*, alle sind gegen uns. Der überwiegende Teil der Medien ist gegen uns.«

An diesem Abend sprach King in glänzender Stimmung in der Convent Avenue Baptist Church in New York City. Nach den Berichten der 108. MIG stellte er klar, daß seine Kampagne für gewaltlosen zivilen Ungehorsam sowohl auf Washington als auch auf die beiden großen Parteien abziele.

Am 28. März traf King um 10.30 Uhr in Memphis ein, um die Demonstration anzuführen, deren Termin wegen des Schneesturms verlegt worden war, und die um 11.06 beim Clayborn Temple beginnen sollte. *Agents provocateurs* sorgten für gewaltsame Unruhe, und King wurde ins Rivermont Holiday Inn gebracht, wo seine Suite und sein Telefonapparat von ASA-Agenten verwanzt worden waren. Am gleichen Tag wurden 68 alarmbereite C-130 und C-5-Truppen nach Memphis verlegt, und der Sektionschef der FBI-Division 5, George C. Moore, sandte Yarborough einen Bericht über die Unruhen. Yarborough erhielt außerdem die Meldung, daß die strategischen Reserven der US-Armee nur noch 60.000 Mann zählten und diese Truppen nicht zum Fronteinsatz tauglich waren. Es stellte sich die Frage, ob die Armee im CONUS-Gebiet noch über ausreichende Kräfte verfügte, um größere Aufstände in amerikanischen Städten niederzuschlagen.

Endlich setzten sich am 28. März um 8.45 Uhr Gardner von der 902. MIG, FBI-Divisionschef George C. Moore und Special Agent Steve Lancaster zusammen, um die letzten Vorbereitungen des Memphis-Einsatzes der 902. zu besprechen. Dabei wurde Gardner über die Pläne der 20. SFG informiert, ein Alpha-184-Team nach Memphis zu schicken.

Um 10.00 Uhr früh traf King in seiner Suite im Hotel Rivermont, nach wie vor von ASA-Agenten elektronisch überwacht, mit Charles Cabbage, Calvin Taylor und Charles »Izzy« Harrington zusammen und erklärte sich bereit, eine weitere Demonstration am 5. April anzuführen. Eine Transkription der Gespräche wurde ins Pentagon gekabelt.

Außerdem wurde an diesem Tag in der MacDill Air Force Base in Tampa die CINCSTRIKE-Operation in Alarmstufe DEFCON 1 versetzt. Im SCLC-Hauptquartier traf ein Brief von Vizepräsident Hubert Humphrey ein, der Martin Luther King drängte, seine Armutskampagne zu verschieben.

Am Sonntagmorgen, dem 31. März, predigte King in der National Episcopal Cathedral in Washington, D. C. Abends verkündete Lyndon B. Johnson, daß er für eine Wiederwahl nicht zur Verfügung stehen würde. Die Reverends Andrew Young, James Orange und Jim Bevel flogen nach Memphis und standen seit ihrer Ankunft unter Beobachtung von MIG-Agenten, die ihnen ins Lorraine-Motel folgten und das Einchecken meldeten. (Im Vorgriff auf ihre Ankunft hatten ASA-Agenten, mit Unterstützung der MPD-Ortspolizei, Mikrofone in drei Zimmern des Lorraine versteckt, darunter Zimmer 306, wohin King nach seiner Ankunft am 3. April verlegt wurde).

Am nächsten Morgen belauschten ASA-Agenten den SCLC-Vorstand bei Gesprächen mit den Invaders zur Vorbereitung der Demonstration. Zur selben Zeit steigerten sich die Spannungen in Washington und draußen im Land durch die Rede des schwarzen Kongreßabgeordneten Adam Clayton Powell in der A & M Universität in Tallahassee, Florida. Powell rief zur »totalen Revolution der Jugend, ob schwarz oder weiß, gegen die ungesunden Machtverhältnisse in Amerika« auf. Agenten der 111. MIG nahmen seine Bemerkungen auf Tondband auf.

CINCSTRIKE konferierte am 3. April um 9.30 Uhr über die Mobilisierungspläne gegen die in Memphis zu erwartenden Unruhen. Zwei Stunden später kamen King und seine SCLC-Getreuen aus Atlanta nach Memphis. Unter dem argwöhnischen Blick von Agenten der 111. MIG hielt King eine kurze Pressekonferenz ab und fuhr dann ins Lorraine-Motel, wo man ihn im Balkonzimmer 306 einquartierte (obwohl für ihn, wie wir wissen, zunächst das abgeschlossenere und geschütztere Erdgeschoßzimmer 202 reserviert war). Während des Tages nahm er an mehreren Planungstreffen teil, die – ebenso wie seine Telefongespräche – von ASA-Agenten in einem in der Nähe geparkten Fahrzeug überwacht und mitgeschnitten wurden.

Gegen Mittag zeigte Carthel Weeden, Feuerwehrchef von Station 2 (die das Lorraine-Motel überragte), den beiden Psy-Ops-Offizieren unter Gardners Kommando, Reynolds und Norton, diskret das Dach an der Ostseite der Wache. Von diesem Aussichtspunkt konnten sie die visuelle und fotografische Überwachung der Vorgänge im Lorraine-Motel fortführen. (Um ihren Blickwinkel zu würdigen, vgl. Abb. 37 im Bildteil). Von 13.00 Uhr an meldeten die Psy-Ops-Kundschafter ihre Beobachtungen dem 111. MIG-Hauptquartier (in Fort Mcpherson) über das in der MPD-Zentrale untergebrachte IEOC-Büro.

Außerdem nahmen sich im Laufe des Tages der SCLC-Buchprüfer und FBI-Informant Jim Harrison, der mit King eingetroffen war, sowie der für Memphis zuständige FBI Special-Agent Robert Jensen ein Zimmer.

In Camp Shelby begann der 4. April frühmorgens um 4.30 Uhr, als Billy Eidson den sieben anderen Mitglieder des Alpha-184-Teams ihre Mission erläuterte. Das Team wurde gegen 5.00 Uhr in Kraftfahrzeugen nach Memphis gebracht. Dort wurden sie von Organisatoren vor Ort empfangen und in ihre Stellungen gebracht. Auch an diesem Morgen waren die Überwachungsteams und V-Leute zur Stelle.

Um 15.00 Uhr traf sich Phillip R. Manuel, ein ehemaliger Abwehroffizier und 1968 Chefermittler beim McClellan-Ausschuß (ständiger Untersuchungsausschuß im Senat), der seit zwei Tagen in Memphis weilte, mit dem Leiter der MPD-Geheimdienstabteilung, Lieutenant E. H. Arkin.

Martin Luther King und ein Großteil des SCLC-Vorstands setzten an diesem Nachmittag in Zimmer 306 ihre Besprechung fort, elektronisch überwacht von ASA-Agenten und visuell observiert von MPD-Beamten in Station 2, von Psy-Ops-Offizieren auf dem Dach dieser Feuerwache sowie von Scharfschützen des

Alpha-184-Teams in ihrer Stellung auf dem Dach des Illinois-Central-Railroad-Gebäudes und dem Wasserturm der Tayloe-Papierfabrik.

Um 17.50 Uhr wurde von mehreren Beobachtern gemeldet, wie Reverend Billy Kyles, ein Informant der MPD-Geheimdienstabteilung, an die Tür von Nr. 306 klopfte. Martin Luther King öffnete die Tür, um sie gleich wieder zu schließen. Kurz darauf war die SCLC-Vorstandssitzung zu Ende und die diversen Teilnehmer zogen sich in ihre Zimmer zurück.

Um 18.01 Uhr feuerte ein Heckenschütze einen einzigen Schuß ab, der King zur gleichen Zeit niederstreckte, als das Alpha-184-Team King und Young im Fadenkreuz hatte. Reynolds Kamera hielt in vier oder fünf Aufnahmen fest, wie King stürzte, während Norton den Grünstreifen in den Blick nahm und den Scharfschützen fotografierte, der das Gewehr sinken ließ und sich vom Tatort entfernte.

Unmittelbar nach dem Schuß rannte der 111. MIG/Undercoveragent Marrell McCollough die Treppe hinauf und kniete über dem hingestreckten Körper Martin Luther Kings.

Gegen 18.04 Uhr, nach einer Pause, die dem Schuß folgte, befahl Captain Eidson seinen Männern, den Rückzug anzutreten, einzupacken und die Gegend auf dem verabredeten Fluchtweg zu verlassen. Ein Teil des Teams fand sich am Flußufer ein. Von dort wurden sie auf dem Wasserweg zu einer Stelle gebracht, wo sie von Kraftfahrzeugen erwartet wurden. Die übrigen nahmen die Straße zum Flughafen West Memphis und flogen von dort nach Amory, Mississippi.

Gegen 18.30 Uhr übertrug der Polizeifunk die vorgetäuschte Verfolgung eines Verdächtigen im Nordteil der Stadt und lenkte die Aufmerksamkeit aus der Downtown-Gegend ab (die dortigen Fluchtrouten waren zuvor vom Rekognoszierungsteam der 20. SFG erkundet worden).

Um 19.05 wurde Martin Luther King in der St.-Josephs-Klinik für tot erklärt.

Der von Regierung, Militärs und Geheimdiensten so gefürchtete »Sturm« auf die Hauptstadt der Vereinigten Staaten konnte ohne Martin Luther King nicht stattfinden. Das Feuer, die Wut und die Rebellion der 60er Jahre erloschen nach seinem Tod. Die Nation kam zur Ruhe. Das Recht ihrer Einwohner – und derjenigen Vietnams – auf ein menschenwürdiges Dasein, zuvor im Mittelpunkt weltweiter Anteilnahme, verschwand erneut aus dem Blickfeld.

31
Chronologie des Tathergangs

1995 hätte Martin Luther King seinen 66. Geburtstag feiern können. Jetzt, fast achtzehn Jahre nach dem Beginn dieser Recherchen, bin ich imstande, die Einzelheiten des Wie und des Warum seiner Ermordung in chronologischer Ordnung zusammenzufassen.

Schon 1957 hatte das FBI die SCLC als potentielles Ziel kommunistischer Infiltration ausgemacht. 1962 legte das FBI eine COMINFIL-Akte über die Organisation und Martin Luther King an; 1963 steigerte sich das Interesse noch. Vielfältige COINTELPRO-Aktivitäten wurden in Angriff genommen, um King zu belästigen, zu diskreditieren und zu entmutigen.

Im Laufe des Jahres 1964 setzte die Regierung alles daran, ihn zu verleumden und aus Führungspositionen in der Bürgerrechtsbewegung zu verdrängen. Seit Anfang 1965 hatte sie es allerdings nicht mehr nur mit einem schwarzen Baptistenprediger zu tun, sondern mit einem Nobelpreisträger von internationalem Rang. Die Strategie zielte jetzt auf seine Beseitigung ab.

Heute ist klar, daß es bereits 1965 zwei Versuche gab, Martin Luther King zu ermorden. Es mag weitere gegeben haben. Die 20. SFG war von Anfang an zugegen, schon beim Friedensmarsch von Selma nach Montgomery, der am 21. März 1965 begann. J. D., Mitglied eines Scharfschützenteams dieser Einheit, hatte das »Weichziel« kurzzeitig im Fadenkreuz, bevor sich Martin Luther King plötzlich abwandte.

Der zweite Versuch fand im September 1965 statt. Bekannt wurde er nur, weil einer der potentiellen Teilnehmer, der Polizist Clifton Baird, den Anwerbeversuch auf Tonband mitschnitt und die Verstrickung namentlich genannter Beamter aus Louisville offenbarte.

Die elektronische Überwachung des Bürgerrechtlers dauerte an. Im Herbst 1966 weigerte sich der zuständige US-Bundesanwalt, General Ramsey Clark, dem FBI die Lauschangriffe auf Martin Luther King und das Abhören seines Telefons zu genehmigen. Doch J. Edgar Hoover pflegte gute Kontakte zur Abwehr und zu ASA-Geheimdienstlern mit nahezu unbegrenzten Mitteln. Zusätzlich legte auch die CIA eine eigene Akte an.

Von Anfang 1967 bis zu seiner Ermordung am 4. April 1968 war King einer massiven, flächendeckenden Bespitzelung durch das MIG-Netzwerk der Abwehr und der ASA ausgesetzt. Die Berichte wurden meist täglich FBI-Chef Hoover, der mit Patrick Putnam einen seiner Vertrauten in Yarboroughs Stab sitzen hatte, wie auch dem CIA-Chef und USIB-Vorsitzenden Richard Helms vorgelegt. General Yarborough scheint eine Brückenfunktion eingenommen zu haben, nicht nur zwischen Hoover und Helms, sondern auch zwischen der militärischen Abwehr und den übrigen nationalen Diensten.

Seit 1967 hatte King zunehmend die Probleme der Bürgerrechte, des Friedens und der wirtschaftlichen Gerechtigkeit miteinander verquickt. Obwohl sich H. Rap Brown, Stokely Carmichael und andere für Gegengewalt aussprachen, wurden sie eher als Randfiguren mit geringem Einfluß betrachtet. King vermochte es, die Armen und die Mittelschichten, schwarze, weiße und hispanische Minderheiten, die Jugend im allgemeinen und die Studenten im besonderen anzusprechen. Seine Basis war dementsprechend breit, und seine moralische Glaubwürdigkeit als Führer der Bewegung beispiellos – allen schmutzigen Tricks und Hetzkampagnen des FBI zum Trotz.

Die Berichte über die Treffen von Geheimdiensten und Regierungsbehörden in jener Zeit lassen nur den Schluß zu, daß King der Hauptfeind war – ein gefährlicher Radikaler, der unter kommunistischem Einfluß stand. An höchster Stelle und mit nur geringen Abstufungen auf allen Ebenen der Behördenhierarchie herrschte nicht der geringste Zweifel daran, gegen alle Vernunft und wider besseres Wissen. Seine Antikriegsrede vom 25. Februar in Los Angeles, die sich auf die Vorfälle in Vietnam bezog, empfahl, für den Frieden zu lehren, zu predigen und zu demonstrieren – ACSI-Spitzel deuteten dies unbegreiflicherweise als Aufruf »zur bewaffneten Aggression der Neger gegen das amerikanische Volk«. Vier Stunden später standen bei der 111. MIG in Fort McPherson, Atlanta, zwei farbige V-Leute zur Unterwanderung der SCLC bereit. Jim Harrison, der SCLC-Buchprüfer, war bereits als verdeckter, von Spezialagent Al Sentinella geführter FBI-Informant in den Vorstand eingedrungen. Andere V-Leute arbeiteten unter Führung von Spezialagent Art Murtagh im Regionalbüro Atlanta.

General Yarborough, CIA-Chef Helms und FBI-Chef Hoover reagierten zunehmend besorgt auf die wachsende Kritik Martin Luther Kings an der Regierung, nachdem er 1967 sogar eine Bewerbung um die Präsidentschaftskandidatur erwogen hatte.

Während der AMA-Nationalkonferenz in Chicago traf Direktor Hoover mit seinem Freund, Poker-Partner und politischen Verbündeten, dem texanischen Ölmilliardär H. L. Hunt, zusammen (dessen tägliches *Life-Line*-Radioprogramm immer wieder gegen Martin Luther King polemisierte). Hoover hielt die Zeit reif für eine endgültige Lösung. Nur dies könne King Einhalt gebieten.

Andere Anschläge auf das Leben Kings in dieser Periode wurden offensichtlich erstmals unter Beteiligung von Verbrechersyndikaten organisiert. Eine diesbezügliche Besprechung fand in der Blue Note Lounge in Jackson, Mississippi, statt. Dabei setzte Joe »Buck« Buchanan, ein querschnittsgelähmter Gangster, der viele illegale Geschäfte im Süden – auch in New Orleans – betrieb, 50.000 Dollar auf den Kopf von Martin Luther King aus. An diesem Treffen nahm auch Tim Kirk und einer der Tiller-Brüder teil. Der Mordauftrag kam aus New Orleans, ging direkt auf Carlos Marcello zurück und wurde später von Red Nix aus Tipton County, Tennessee, übernommen, der einen Wagen und ein Gewehr erhielt, um King nachstellen zu können.

Als Reaktion auf die wachsenden Spannungen im Land wurde am 12. Juni die 20. SFG mobilisiert und schickte eine Einheit nach Tampa. Scharfschütze Warren war Mitglied eines der beiden Alpha-184-Teams der 20. SFG, die von der 902. MIG kommandiert und in diese Stadt entsandt wurden (die 902. MIG war dem ACSI-Büro direkt unterstellt). Die Unruhen in Tampa dauerten vom 12. bis 16. Juni.

Am 15. Juni wurde Raul Pereira als amerikanischer Staatsbürger naturalisiert.

Am 16. Juni, inmitten der landesweiten Eskalation der Gewalt, wurde Marrell McCollough, ein ehemaliger Soldat, wieder in den aktiven Dienst genommen. Er war der 111. MIG zugeordnet und wurde ins Memphis Police Department entsandt, wo er sich für den Undercovereinsatz bereithielt.

Im Juli und August 1967 traf Gardners Adjutant der 902. MIG mit Eric S. Galt zusammen, einem Angestellten der US-Rüstungsvertragsfirma Union Carbide mit geheimdienstlich bereinigter Vergangenheit. Auch James Earl Ray, der sich nach seiner Flucht aus dem Gefängnis im April nach Montreal durchgeschlagen hatte, erhielt und benutzte den Decknamen Eric S. Galt.

1967 nahm Warren an einer Waffenlieferung nach New Orleans teil. Die Rüstungsgüter waren aus dem Trainingslager der 20. SFG in Camp Shelby gestohlen worden; hinter dem Diebstahl steckte ein Master Sergeant. Die Lieferungen wurden von einem Vertrauten Marcellos, Zippy Chimento, vom Grundstück des New-Orleans-Mafiaführers aus verschifft. Auch der CIA-Agent und Abwehrspezialist Jack Youngblood war bei diesem Anlaß zugegen.

Wenig später nahmen Raul Pereira und sein Cousin Amaro einige dieser Waffen im Hafen von Houston in Empfang. Raul und Amaro trafen um die gleiche Zeit mit Carlos Marcello in Houston zusammen.

Jener Sommer war von Unruhen gekennzeichnet, die im ganzen Land schwelten und vor allem in Newark und Detroit (wohin Warren ebenfalls entsandt wurde) zum Ausbruch kamen. Trotz gegenteiliger Spitzelberichte wurde Martin Luther King als Initator dieses Aufruhrs gebrandmarkt.

Im Gegenzug setzten die Generäle Yarborough (ACSI) und Blakefield (USAINTC) gemeinsam mit CIA-Chef Helms die Einrichtung einer neuartigen Special Operations Group (SOG) für Einsätze im Innern durch. Projekte wie CHAOS und MERRIMAC wurden eingeleitet, um opponierende Staatsbürger zu bespitzeln und zehn größere Friedens- und Bürgerrechtsinitiativen zu unterwandern, darunter die NCNP, deren Vorbereitungen für einen Nationalkongreß am Labor-Day-Wochenende bereits auf Hochtouren liefen.

Im August begegnete James Earl Ray, der inzwischen den Decknamen Eric S. Galt angenommen hatte, in der Neptune Bar an der West Commissioners Street in Montreal einem Mann namens Raul. Dieser unterbreitete James das Angebot, ihm Geld und Reisedokumente zu verschaffen, wenn James ihn bei gewissen Schmuggelaktionen unterstützen würde. James war mittellos und auf der Flucht nach Europa. Er erklärte sein Einverständnis, verließ Montreal Ende August und reiste nach Birmingham, wo er Raul treffen wollte. Raul hatte James zur Kontaktaufnahme eine Telefonnummer in New Orleans gegeben.

Am 31. August hielt King eine große Eröffnungsrede zum NCNP-Kongreß im Palmer House in Chicago. Ein »Schwarzer Block«, der aus dem Nichts zu kommen schien, bildete sich und stellte farbige Teilnehmer unter Fraktionszwang. Die Gruppe, die von städtischen Schwarzen dominiert zu werden schien (erst später wurden die Provokateure als Gangster der Chicago Blackstone Rangers und anderer innerstädtischer Banden enttarnt), wurde von unbekannten politischen Kadern angeführt und verfolgte eine destruktive Taktik. Mir wurde bekannt, daß King entführt und festgehalten werden sollte, bis ihre weitgehenden Forderungen erfüllt waren. Nachdem Kings Rede beendet war, wurde er rasch durch einen Seitenausgang in Sicherheit gebracht. Im Rückblick erscheint es, als hätten die Provokateure gerade dies beabsichtigt. In seiner Vermittlerfunktion besaß King die unvergleichliche Fähigkeit, Gegensätze zu überbrücken und Menschen zueinander zu führen. Seine Gegenwart mußte den *agents provocateurs* der Regierung ein Dorn im Auge sein, die den Kongreß und seine Ziele erfolgreich zum Scheitern brachten.

Am letzten Augusttag wurde die National Security Agency (NSA) in einen kürzlich gebildeten SOG-Verteiler aufgenommen, der die Bekämpfung sozialer Proteste und der wachsenden Friedensbewegung durch die unterschiedlichen Geheimdienste koordinieren sollte. Nach einem Treffen mit Yarborough startete die NSA die Operation MINARET zur Überwachung des internationalen Fernsprechverkehrs und unterstützte die ACSI-Spionageabwehr dabei, Hinweise auf die Unterstützung »radikaler Schwarzer« und Friedensgruppen durch fremde Regierungen zu finden.

Anfang September erfuhr Yarborough von den Vorbereitungen zu einer Großdemonstration gegen den Vietnamkrieg, die King am 21. Oktober vor das Pentagon führen wollte. Er steigerte daraufhin die Überwachungstätigkeit und entwickelte ein Programm für die Unterwanderung von Friedensinitiativen.

Die schlimmsten Befürchtungen der Obrigkeit wurden Realität, als die Demonstration am 21. Oktober stattfand. Der Anblick der gegen die Zitadelle der amerikanischen Militärmacht vorrückenden Menschenmassen löste nicht nur Angst und Schrecken aus, durch ihn wurde die Staats- und Militärführung, aller Überwachungsperfektion zum Trotz, erst recht ihrer Ohnmacht bewußt. Man glaubte tatsächlich, alles deute auf eine revolutionäre Umsturzbewegung hin, die nicht mehr aufzuhalten sei, vor allem, weil es wegen des Krieges an ausgebildeten Truppen im CONUS-Bereich fehlte. Verteidigungsminister McNamara fragte Stabschef Harold Johnson, was er gegen die sich anbahnende Krise zu unternehmen gedenke. Johnson wandte sich um und gab die Frage an General Yarborough weiter.

Der Schock der Demonstration fand seinen Nachhall im offiziellen Washington, und ganz offensichtlich wurde die Entscheidung, ein spezielles Alpha-Team der 20. SFG zu schaffen, auf hoher, wenn nicht höchster Ebene getroffen. Am 23. Oktober erhielt Gardner auf Anfrage des ACSI-Büros den Dienstplan der 20. SFG und bestimmte acht Personen, die als Alpha-184-Team in Memphis zum Einsatz kommen sollten.

Inzwischen hatte Raul in Birmingham James mit Geld versehen, um den Mustang zu kaufen, und ihn zum Kauf einer Fotoausrüstung ermuntert, die er per Post bei einem Versandhaus in Chicago bestellte.

James blieb sporadisch in Verbindung mit Raul. Seinen Instruktionen folgend, ging er nach Mexiko, wo er am 7. Oktober eintraf. Er blieb dort bis zum 19. November. Dann machte er sich auf den Weg nach Los Angeles. Als er seinen Wagen vor dem Grenzübertritt säuberte, entdeckte er die L.E.A.A.-Visitenkarte mit dem handschriftlichen Zusatz von Name und Adresse Randy Rosen(sons).

Während James nach Kalifornien unterwegs war, wurden einige Mitglieder des 902. MIG Alpha-184-Teams täglich bei Pocatello, Idaho, für ihre spezielle Mission trainiert. Der »Schuß« sollte durch ein Dreieckskommando erfolgen, und obwohl dieser Plan wohl in letzter Minute geändert wurde, waren drei Schützen beteiligt.

Im Herbst 1967 kamen James Beziehungen zu Raul und die gemeinsamen Aktivitäten zum Erliegen. Raul wußte allerdings immer, wie er ihn kontaktieren konnte (durch die Postzustellung in L. A.), und James war die Kontaktnummer in New Orleans geblieben.

Anfang Dezember wurde James von Raul angewiesen, nach New Orleans zu kommen. Er fuhr hin und nahm Charlie Stein mit, einen flüchtigen Bekannten. Während dieses Besuchs traf James mit Raul in New Orleans zusammen. Raul erzählte ihm, seine Dienste würden bei einem weiteren Waffenschmuggel nach Mexiko benötigt, und er werde ihn in ein paar Monaten darauf ansprechen.

Am 4. Dezember kündigte Martin Luther King, während Präsident Johnson gerade mit den Stabschefs konferierte, die Armutskampagne der SCLC an, die im Frühjahr 1968 in Großdemonstrationen in Washington gipfeln sollte.

Am 10. Januar befahl ein sichtlich nervöser Präsident dem Stabschefs-Vorsitzenden Harold Johnson »alle Mittel auszuschöpfen«, um die angekündigten Störungen der öffentlichen Ordnung zu verhindern.

Um diese Zeit erhielten die Verbrechersyndikate einen weiteren Mordauftrag. Nachdem vorherige Versuche ergebnislos geblieben waren, wurde ein Vertrag angeboten. Der Kleinkriminelle Myron Billet wurde Zeuge einer Besprechung in Apalachin, New York, wo sich die Häupter des organisierten Verbrechens oft versammelten. Obwohl die meiste Zeit von anderen Dingen die Rede war, offerierten drei Regierungs-Agenten (von der CIA und vom FBI) Carlo Gambino und Sam Giancana eine Million Dollar, wenn sie den Mord an King ins Werk setzten. Das Angebot wurde zurückgewiesen. Die Agenten deuteten an, man werde es anderswo versuchen.

Möglicherweise wurde daraufhin Marcello, dessen Handlanger Red Nix bei einem früheren Anschlag versagt hatte, angesprochen, denn er kam darauf zurück und suchte Mitglieder seiner Organisation zur Erfüllung des Auftrags zu bewegen.

Am 12. Februar, dem ersten Streiktag der Müllfahrer in Memphis, rief die 111. ein »Spezielles Sicherheits-Kommando« ins Leben, das in Katastrophenfällen unter direktem Befehl des ACSI, General Yarborough, zum »unmittelbaren Einsatz« kommen sollte.

Zehn Tage später, am 22. April, deutete ein Informant der 111. MIG offenbar an, daß Martin Luther King sich mit den Streikenden verbünden wolle. Das war fast einen Monat, bevor er tatsächlich nach Memphis kam.

Drei Tage später fuhr ein Rekognoszierungsteam der 20. SFG nach Memphis und gelangte über den Trailways-Busbahnhof in die Stadt. Zu seinen Aufgaben gehörte das Anfertigen von Karten mit Fluchtrouten in den Nordteil der Stadt.

Am 28. Februar traf sich FBI-Agent Patrick Putnam mit Gardner von der 902. MIG und CIAB-Chef Colonel Van Tassell.

Am Wochenende des 15. März wurde James von Raul nach New Orleans beordert, wo er nähere Instruktionen bekommen sollte. Zu dieser Zeit schlug der Großhändler Frank Liberto aus Memphis Loyd Jowers vor, seine Schulden mit einer »großen Gefälligkeit« zu begleichen. Wie Jowers, der schon zuvor durch einen gemeinsamen Bekannten informiert worden war, von Liberto erfuhr, sollte das Dickicht hinter Jim's Grill einem Heckenschützen dazu dienen, Martin Luther King zu ermorden, der irgendwann in den nächsten drei oder vier Wochen im Lorraine-Motel, dem Gebüsch direkt gegenüber, absteigen würde. Für ein Gewehr wolle man schon sorgen.

Ferner wurde Jowers mitgeteilt, daß die Polizei ihn in Ruhe lassen würde. Ein Strohmann werde gestellt, Jowers bekäme eine stattliche Belohnung. Liberto deutete an, das Geld werde aus New Orleans kommen.

Am 15. März traf sich J. Edgar Hoover zu einem Gespräch unter vier Augen mit Gardner von der 902. MIG, der den militärischen Einsatz koordinieren sollte.

Es wird deutlich, daß bereits am 15. März nicht nur die Würfel gefallen, sondern alle Räder in Bewegung gesetzt waren, um den Mordbefehl während des Besuchs Kings bei den Streikenden in Memphis zu vollstrecken.

Anderntags, am Samstag, dem 16. März, begann das Massaker an der Zivilbevölkerung von My Lai in Vietnam, und Robert Kennedy verkündete seine Bewerbung um die Präsidentschaftskandidatur. King hielt eine Rede vor dem mächtigen Democratic State Council in Kalifornien, und am folgenden Sonntag, dem 17. März, vereinbarte er – von ASA-Agenten belauscht – am Telefon die Modalitäten seiner Reise nach Memphis, wo er am Montagabend (18. März) im Mason Temple zur Versammlung der Streikenden sprechen wollte.

King flog nach Memphis und hielt seine Rede von fast 15.000 Zuhörern. MIG-Agent Marrell McCollough befand sich im Publikum. King versprach, den für 22. März geplanten Demonstrationszug anzuführen. Danach traf er sich im Lorraine-Motel mit schwarzen Gemeindeführern und kehrte ins Rivermont zurück, wo das vierköpfige schwarze Leibwächterteam unter Jerry Williams für seine Sicherheit sorgte. Während des Aufenthalts wurde er durch ASA-Agenten unter Beihilfe von Jim Smith aus der Geheimdienstabteilung des MPD elektronisch überwacht; die Telefone seiner Suite wurden angezapft und die Gespräche abgehört.

Am 22. März wurde der geplante Marsch in Memphis wegen heftigen Schneetreibens abgesagt und auf den 28. März verschoben. Am gleichen Tag traf James, einen Tag später als geplant, in New Orleans ein. Raul war bereits nach Birmingham weitergereist und hatte James die Adresse der dortigen Starlight Lounge hinterlassen, wo er ihn anderntags erwartete. Sie trafen sich, und auf Rauls Drängen machte sich James nach Atlanta auf. In Atlanta sollte sich James nicht allzuweit aus seiner Pension entfernen, denn möglicherweise würde er sehr kurzfristig nach Miami aufbrechen müssen.

In Birmingham gab der stellvertretende Kommandant der 20. SFG, Major Bert E. Wride, einen zweistündigen Lagebericht aus Memphis. Gleichzeitig verkündete Präsident Johnson, daß General Westmoreland als Oberbefehlshaber der Streitkräfte in Vietnam durch General Creighton Abrams abgelöst werde.

Am 28. März erhielt der Alpha-184-Teamchef Billy R. Eidson in Camp Shelby um 7.30 Uhr den Einsatzbefehl für Memphis. Im Verlauf des Tages ließen *agents provocateurs* die aufgeschobene Demonstration im Chaos enden, und Martin Luther King wurde von MPD-Motorradpolizisten ins Hotel Rivermont gebracht, obwohl er im Hotel Peabody reserviert hatte. Man gab ihm die übliche Suite, wodurch seine Aktivitäten und Gespräche abermals von den ASA-Agenten belauscht werden konnten. Die Unterbrechung der Demonstration versetzte das Militär in Memphis in die »höchste Bereitschaftsstufe«. George C. Moore von der FBI-Division 5 (Spionageabwehr) entsandte einen Kundschafter nach Memphis; später am Nachmittag fuhr Moore nach Falls Church, Virginia, um Garder von der 902. MIG zu treffen.

Am Tag nach der Demonstration versuchte King, im Einvernehmen mit den Invaders, denen er (fälschlicherweise) die Schuld für das gestrige Desaster gab, das Beste aus der verfahrenen Situation zu machen. Ihre Besprechung wurde von ASA-Agenten abgehört und mitgeschnitten, die Transkriptionen ins Pentagon gekabelt. Man erfuhr, daß King entschlossen war, nach Memphis zurückzukehren und seinen Marsch am Freitag, dem 5. April, zu Ende zu bringen.

Am 29. März kehrte Raul, den James seit über fünf Tagen nicht gesehen hatte, zurück und erklärte, der Waffenschmuggel könne jetzt realisiert werden. Sie müßten umgehend nach Birmingham fahren. Dort wurde James befohlen, im Aeromarine-Waffenladen ein Gewehr zu kaufen. Als James mit einem .234er-Kaliber ankam, bedeutete ihm Raul, die Waffe gegen eine 30.06 umzutauschen, was James am anderen Morgen tat. Vor seiner Abreise verabredete sich Raul mit James für den 3. April im New Rebel Motel; James sollte das Gewehr mitbringen.

Am 29. März, als King bereits den provozierten Gewaltausbruch in Memphis angeprangert hatte, ritten verschiedene Kongreßabgeordnete und Senatoren wütende Attacken gegen ihn. Die Medien nahmen sich des Themas an.

Noch am selben Tag bereitete das FBI einen Artikel vor, der durch »verläßliche« Kontaktmänner in der Presse verbreitet werden sollte. King wurde als Anführer einer gewalttätigen Demonstration gebrandmarkt und kritisiert, weil er in Hotels übernachtete, die von Weißen geführt wurden, anstatt im Lorraine abzusteigen, das seit jeher von Schwarzen geleitet wurde. Die Kooperation des Büros mit der Presse (landesweit wurden Artikel nachgedruckt) funktionierte hervorragend. Daraufhin fiel die Entscheidung, im Lorraine zu logieren.

Um diese Zeit erhielt Jowers eine reguläre Gemüselieferung in einem Lkw der von Liberto kontrollierten Firma M. E. Carter. In einer der aus New Orleans gelieferten Kisten befand sich

Bargeld in Höhe von 100.000 Dollar. Angesichts der Rolle, die Jowers zugedacht war, erscheint diese Summe sehr hoch, und es erhebt sich die Frage, ob Jowers die Gelder nicht eher nach genauer Instruktion an bestimmte MPD-Beamte und andere mögliche Beteiligte verteilen sollte. Zweimal erschien Raul in dieser Phase bei ihm und erörterte mit ihm die Einzelheiten des geplanten Attentats.

Am 31. März, während Martin Luther King in der Episcopal Cathedral in Washington predigte, flogen seine Getreuen Andrew Young, James Orange und James Bevel nach Memphis, um die Demonstration vorzubereiten. Ihr Treffen mit den Invaders im Lorraine wurde von ASA-Agenten mitgehört. Irgendwann wurde die Reservierung des abgelegenen, sicheren Zimmers 202 für Martin Luther King zugunsten des hochgradig exponierten Zimmers 306 umgebucht.

Am Morgen des 3. April traf Martin Luther King in Memphis ein, wo er nicht von dem üblichen schwarzen Leibwächterteam empfangen wurde, sondern von einer eigens gebildeten weißen Polizeitruppe, die bislang nie für Kings Personenschutz zuständig gewesen war. Sie wurde spät am Nachmittag zurückgezogen und anderntags nicht mehr ausgeschickt – ein hochinteressanter Vorgang. Die schwarzen Detectives hatten bei früheren Besuchen Kings Leben geschützt. Jetzt, als die Auseinandersetzungen in der Stadt und die Feindseligkeiten gegen ihn den Siedepunkt erreicht hatten, wurde das spezielle schwarze Leibwächterteam nicht berufen.

Kurz nach Kings Ankunft im Motel, beim Einzug in Zimmer 306, wurden die Psy-Ops-Offiziere Reynolds und Norton gegen Mittag (während die Feuerwehrleute ihr nachmittägliches Nickerchen machten – 12.00 bis 17.00 Uhr) von Captain Carthel Weeden empfangen, dem Leiter von Station 2, der ihnen einen Observationsposten auf dem Dach an der Ostseite der Feuerwache zuwies. Von hier hatten sie das Lorraine gut im Blick. Stündliche Überwachungsberichte wurden über Funk an Agenten der 111. MIG weitergegeben, die in den IEOC-Büros des zentralen Polizeihauptquartiers saßen.

Bald nach Ankunft der SCLC-Gruppe in Memphis hatte einer von ihnen, Buchhalter Jim Harrison, der als V-Mann des FBI in den SCLC-Vorstand eingedrungen war, den Memphis-Spezialagenten Robert Jensen angerufen, um ihn wissen zu lassen, daß er mit den anderen eingetroffen und im Notfall verfügbar sei.

In den Hinterräumen der Feuerwache waren außerdem Detective Ed Redditt vom MPD-Geheimdienstbüro und Wachtmeister Willie Richmond damit beschäftigt, alle Bewegungen im Motel gegenüber zu beobachten. Die TACT-Einheiten waren auf Befehl von Inspector Sam Evans, dem sie unterstellt waren, zurückgezogen worden. TACT 10, die das Lorraine als Basis benutzt hatte, wurde aus der unmittelbaren Nähe des Motels wegbeordert. Ihr neuer Stützpunkt sollte ab dem 4. April die Feuerwache sein. Dieser Rückzug stellte eine weitere Verringerung der Sicherheitskräfte in unmittelbarer Umgebung des Lorraine dar.

Am 3. Januar war James – mit dem Aeromarine-Gewehr im Gepäck – ins New Rebel Motel eingezogen, wo ihn Raul am späten Abend aufsuchte. Bei diesem Treffen verabredete sich Raul mit James für 15.00 Uhr am folgenden Nachmittag in Jim's Grill und schrieb ihm die Adresse auf. Dann verabschiedete sich Raul und nahm das Gewehr mit.

Ein anderes Gewehr wurde in den Geschäftsräumen einer Liberto-Firma aufbewahrt, die nur wenige Blocks vom Lorraine entfernt lag.

Martin Luther King, dessen Zimmer unter ständiger optischer Beobachtung durch MPD und MIG-Agenten ebenso wie unter elektronischer Überwachung durch ASA-Agenten stand, hielt an diesem Abend (3. April) eine Ansprache im überfüllten Saal des Memphis Temple, in Gegenwart eines 111. MIG-Kommandos und des 111. MIG-Undercoveragenten Marrell McCollough.

Auf Anforderung des MPD wurden zwischen 22.00 und 23.00 Uhr an diesem Abend die einzigen schwarzen Feuerwehrleute der Station 2 – Floyd Newsom und Norvell Wallace – für den folgenden Tag von ihrem angestammten Revier in entlegene Stadtviertel versetzt. Es erscheint glaubhaft, daß Newsom und

Wallace entfernt werden sollten, weil sie als Zeugen möglicherweise gefährlich werden konnten.

Am 4. April, um 4.30 Uhr, informierte Captain Eidson in Camp Shelby sein Alpha-184-Team über die bevorstehende Aufgabe. Man zeigte den Männern Fotos des Lorraine-Motels und von ihren »Zielobjekten« King und Andrew Young, die ihnen als Staatsfeinde geschildert wurden. Young wurde vermutlich als potentieller Nachfolger Martin Luther Kings eingeschätzt, der dessen Fackel nach dem Attentat weitertragen würde. Auf keinen Fall sollte gefeuert werden, bevor Eidson den Befehl erteilte. Jeder Teilnehmer hatte genaue Instruktionen, wohin er sich bei der Ankunft in Memphis begeben sollte. Dort würde man sie erwarten und sie zu den vorbereiteten Stellungen führen.

Nach 35 oder 40 Minuten waren sie unterwegs. Kurz danach schloß Loyd Jowers die Tür zu Jim's Grill auf und bereitete wie üblich das Frühstück für die zahlreichen Gäste. Er verbot Bobbi Smith, der Mieterin Grace Walden das Frühstück nach oben in die Pension zu bringen. Möglicherweise wurde das Obergeschoß bereits für Vorbereitungen der Operation benötigt.

Um 10.00 Uhr, während sich das Alpha-184-Team Memphis näherte, verließen General Yarborough und USAINTC-Kommandant Blakefield das Pentagon, um sich zu einer fast vierstündigen Besprechung mit führenden CIAB-Offizieren und anderen Teilnehmern in Bailey's Crossroads einzufinden. Gegen 14.10 Uhr löste sich die Versammlung auf, und sie kehrten ins Pentagon zurück.

In der Feuerwache bezugen Reynolds und Norton ihren Hinterhalt auf dem Dach und wiederholten die Routine von gestern, gaben Berichte über das Geschehen im Motel über Funk an die im MPD-Hauptquartier untergebrachten MIG-Agenten weiter. Die 111. MIG und die ASA-Agenten waren ebenfalls seit dem frühen Morgen in unmittelbarer Nähe des Lorraine stationiert. Auch das MPD-Überwachungsteam (Redditt und Richmond) bezog Posten im hinteren Teil der Feuerwache.

Irgendwann im Laufe des Vormittags erhielt Jowers Besuch von Raul, der ihm ein Gewehr zur Aufbewahrung gab, das er später abholen wollte. Jowers legte es pflichtschuldigst unter seine Kassentheke.

Martin Luther King stand an diesem Morgen spät auf. Für den Nachmittag war ein SCLC-Vorstandstreffen und ein Gerichtstermin angesetzt, bei dem über einen Antrag der Stadtverwaltung zum Verbot der Demonstration entschieden werden sollte. Andy Young sollte der Anhörung beiwohnen und Bericht erstatten. Nachdem er das Lorraine verlassen hatte, bezog MPD-Chef MacDonald mit einem Walkie-talkie Stellung nahe der Motel-Einfahrt Butler Street.

In Memphis machte Captain Billy Eidson die Schützen Warren und Murphy mit Lieutenant Eli Arkin von der MPD-Geheimdienstabteilung bekannt. Arkin erklärte ihnen angeblich, ihre Hilfe sei wichtig, um die Stadt vor dem Niederbrennen durch King und seine Leute zu bewahren. Gegen 13.00 Uhr trafen sie ihren Kontaktmann. Warren, der ihn für einen CIA-Agenten hielt, nannte mir später den Namen. Man brachte sie zu ihrem Hinterhalt auf dem Dach des Illinois Central Railroad Building, wo sie mehrere Stunden in Bereitschaft lagen. Im Verlauf des Nachmittags brachte Captain Eidson Warren über Funk in Verbindung mit MPD-Inspector Sam Evans, der ihm den Grundriß des Lorraine erläuterte. Außerdem bedeutete er ihm, daß »unsere Jungs keine Krawatten tragen«. (Der einzige bis jetzt von uns identifizierte Regierungsagent, der die Ermordung Kings aus nächster Nähe miterlebte, war Marrell McCollough, der keine Krawatte trug. Interessant ist auch, daß James grundsätzlich Krawatte trug, während Raul angeblich keine hatte).

Inspector Evans (dessen Sohn Sam jr. inzwischen als Ermittler für Generalstaatsanwalt Pierotti tätig ist) war ein bedeutender MPD-Führungsoffizier und Verbindungsmann zwischen Abwehr und geheimen Zivilkommandos. Jowers hatte von Liberto erfahren, daß zum Zeitpunkt des Attentats keine Polizei in der Gegend sei. Evans war mit MPD-Spezialaufträgen befaßt. So unterstand ihm beispielsweise die Krisen-Eingreiftruppe TACT, und am 3. April hatte er den Rückzug der TACT-Einheiten im

Lorraine-Motel und Umgebung angeordnet. Die nächstplazierte Einheit – TACT 10 – übersiedelte vom Lorraine in die Feuerwache und gab so dem Attentäter mehr als eine Chance zu entkommen. Auch daß Evans von dem Befehlshaber des Alpha-Teams, Captain Billy Eidson, dem Schützen Warren vorgestellt wurde, scheint auf seine Beteiligung an der Militäraktion hinzudeuten.

Um diese Zeit wurden J. D. und sein Partner von ihrem Kontaktoffizier empfangen und in ihre Stellung auf dem Wasserturm der Tayloe-Papierfabrik gebracht.

James, der morgens ein paar Einkäufe erledigt hatte, suchte Jim's Grill in der Downtown auf, wo er am frühen Nachmittag Raul treffen wollte. Er verspätete sich jedoch, weil er unterwegs einen platten Reifen wechselte. James erreichte die South Main Street, und nachdem er zunächst in der falschen Bar gelandet war, betrat er endlich Jim's Grill. Dort konnte er Raul nirgends finden, holte seinen Wagen und parkte ihn vor dem Lokal. Inzwischen war auch Raul eingetroffen und wies James an, in der Pension im Obergeschoß ein Zimmer zu mieten. James trug sich unter dem Namen John Willard ein, obwohl Raul ursprünglich wollte, daß er das Pseudonym Galt benutzte. James trug einen dunklen Anzug, weißes Hemd und Krawatte, und schien in diese Umgebung nicht zu passen. Raul trug ebenfalls dunklen Anzug und helles Hemd, aber keine Krawatte.

Loyd Jowers ging seinem gewohnten Tagwerk nach, traf sich jedoch mit Raul im Gebüsch hinter Jim's Grill.

James kaufte in Rauls Auftrag ein Fernglas und trug anschließend das Gepäck nach oben ins Zimmer. Außerdem brachte Jim einen Bettbezug mit, denn auf dem vorhandenen wollte er nicht schlafen.

Zu diesem Zeitpunkt waren alle Vorbereitungen für James getroffen und erledigt. Er hatte das Zimmer gemietet, das nahe dem Tatort lag, einige seiner Habseligkeiten dort hinterlassen, so daß sie als Beweismittel zur Verfügung standen, und außerdem ein Fernglas gekauft, damit man ihm anhängen konnte, er habe das Motel beobachtet.

Gegen 16.00 Uhr kehrte Andrew Young vom Gericht zurück und gesellte sich zur Vorstandskonferenz der SCLC in Zimmer 306.

Zwischen 15.00 und 16.00 Uhr hatte sich der Leiter der MPD-Geheimdienstabteilung, E. H. Arkin, mit Phillip R. Manuel getroffen, dem ehemaligen Abwehroffizier und Ermittler für das U.S. Senate Committee on Permanent Investigations. Manuel war seit einigen Tagen in Memphis. Irgendwann nach 16.30 Uhr erschien Arkin in der Feuerwehr-Station 2 und ordnete an, daß Redditt mit ihm ins Hauptquartier kommen müsse. Zwischen 17.00 und 17.30 Uhr, während einer Zusammenkunft mit hochrangigen Militärs im Hauptquartier, wurde Redditt zu seiner eigenen Sicherheit von Feuerwehr- und Polizeichef Frank Holloman nach Hause geschickt, weil es angeblich eine Morddrohung gegen ihn gab. Redditt wehrte sich, wurde aber schließlich von Arkin nach Hause gefahren, der bereits wußte, daß die Drohung nur vorgetäuscht war.

Gegen 16.40 oder 16.45 Uhr fuhr ein Mann in dunkelblauem Anorak die South Main Street in einem weißen Mustang mit Arkansas-Nummernschild entlang und parkte südlich von Canipe's Spielhalle, genau vor der Einfahrt zum Parkplatz. Er blieb eine Zeitlang im Wagen sitzen und stieg schließlich aus, betrat die Pension, ging ins Zimmer 5-B und gesellte sich zu Raul. Dieser weiße Mustang wurde eindeutig nicht von James gefahren, der den ganzen Tag Anzug und Krawatte trug.

Am späten Nachmittag stattete Raul Jim's Grill einen weiteren Besuch ab. Diesmal nahm er das Gewehr mit. Er trug es in den hinteren Teil der Grillstube und offenbar hinauf in James' Zimmer.

Gegen 17.00 Uhr nahm James Latch einen Anruf im L, L & L-Büro entgegen und reichte ihn an Frank Liberto weiter. Ein erregter Liberto schrie daraufhin in den Hörer: »Hab' ich dir nicht gesagt, du sollst mich hier nicht anrufen? Schieß den Mistkerl nieder, wenn er auf dem Balkon steht.« Dann erklärte er dem Anrufer, er solle das Geld von seinem (Libertos) Bruder in New Orleans abholen, wenn der Job erledigt wäre. Die Summe, von der die Rede war, belief sich auf 5.000 Dollar. Es scheint, als habe Liberto mit dem Schützen gesprochen, der möglicherweise Raul war.

Unterdessen, immer noch gegen 17.00 Uhr oder kurz danach, erreichte Invader Big John Smith das Lorraine-Motel. Während er unterwegs zum Treffpunkt die Lobby durchquerte, fielen ihm mehrere MPD-Beamte rings um das Motel auf, besonders der Polizist Caro Harris. Als er das Treffen etwa eine halbe Stunde später verließ (17.30 – 17.45 Uhr), waren die Beamten verschwunden, einschließlich Harris.

Bis zu diesem Zeitpunkt waren sämtliche Sicherheitskräfte aus Kings unmittelbarer Nähe entfernt worden. Im Kontrast dazu stand die Präsenz umfassender Überwachung. Drei Zimmer des Lorraine, einschließlich des von King bewohnten, waren mit Wanzen versehen, die Telefone angezapft worden. Ferner sorgten Einheiten auf der Butler und der Huling Street für visuelle Observation; Fotos wurden vom Dach der Feuerwache aus aufgenommen. Auch die Alpha-184-Scharfschützen waren auf ihren Posten.

Um 17.15 Uhr übergab Raul James 200 Dollar und empfahl ihm, ins Kino zu gehen, weil er die Waffenschmuggler allein sprechen wolle. Außerdem sollte James den Wagen zurücklassen, den Raul möglicherweise später noch brauchen würde. Eigentlich hätte James erst in zwei oder drei Stunden wiederkommen sollen, als er die Pension gegen 17.20 Uhr verließ und einen Imbiß zu sich nahm. Dann fiel ihm der platte Ersatzreifen ein. Er beschloß, ihn für Raul reparieren zu lassen, und machte sich im Wagen auf die Suche nach einer Tankstelle. Er nahm die South Main nach Norden und bog gegen 17.50 oder 17.55 Uhr zwei Blocks weiter in die Vance Avenue ein, direkt vor zwei Gästen aus Jim's Grill (Ray Hendrix und Jim Reed), die zu ihrer Unterkunft in Clarks Hotel wollten.

Zwischen 17.30 und 17.50 Uhr hatte James das Feld geräumt, und der Schütze begab sich mit der Mordwaffe ins Gebüsch, wo sich Loyd Jowers zu ihm gesellte. Die beiden begannen das Motel zu beobachten und warteten auf das Erscheinen Martin Luther Kings.

Unterdessen wartete eine andere Person in Zimmer 5-B der Pension, um das Bündel mit dem von James gekauften Gewehr und anderen Gegenständen nach unten zu bringen und auf der Straße zu hinterlassen.

Ebenfalls gegen 17.50 Uhr, als J. Edgar Hoover sich in seinem Lieblingslokal in Washington niederließ (Harvey's Restaurant), war General Yarborough unterwegs zu einem Empfang beim chinesischen Botschafter in der Woodley Road N. W. 3225.

In Memphis hatte zwischen 17.45 und 17.55 Uhr Redditts Observationspartner Richmond beobachtet, wie die Invaders überstürzt ihre Zimmer 315 und 316 räumten. Einige verließen das Motel in Charles Cabbages Wagen, andere brachen zu Fuß auf. Kaum waren sie weg, als Richmond bemerkte, wie Billy Kyles an die Tür zu Nr. 306 klopfte. Er sah, wie King öffnete, kurz mit dem Reverend sprach und dann ins Zimmer zurückkehrte, die Tür hinter sich schließend. Etwa um dieselbe Zeit muß der MIG-Undercoveragent Marrell McCollough mit Jim Orange und Jim Bevel von der SCLC in den Parkplatz des Motels eingebogen sein.

Wenig später war die SCLC-Sitzung zu Ende. Reverend Kyles stand auf dem Balkon, vielleicht drei bis fünf Meter nördlich von Kings Zimmer. Die Mitglieder des Vorstands waren guter Dinge und verließen Kings Zimmer rasch, um sich ein wenig frisch zu machen und auf das Dinner vorzubereiten, zu dem sie Reverend Kyles eingeladen hatte.

Eine Minute (oder zwei) vor 18.00 Uhr trat King hinaus auf den Balkon, beugte sich über das Geländer und redete mit ein paar Leuten, die unten auf dem Parkplatz standen, darunter Andrew Young.

Betty Spates war kurz vor 18.00 Uhr in die Grillstube zurückgekehrt. Sie kam von der Seabrook-Tapetenfabrik schräg gegenüber und suchte nach Jowers. Auf dem Weg in die hinteren Räume bemerkte sie, daß die Küchentür geschlossen war, die sonst immer weit offenstand oder angelehnt war. Jowers war nirgends zu sehen.

Als King gegen 18.00 Uhr am Geländer stand, nahm ihn J. D. ins Visier und wartete auf den Schießbefehl. Gleichzeitig wurde

Andrew Young, der auf dem Motelparkplatz stand, von Warren ins Visier genommen.

Ohne daß es einer der Armeeschützen ahnte, hatte auch der Zivilist vom Gebüsch aus auf Doktor King angelegt, während Loyd Jowers neben ihm kniete.

Exakt um 18.01 Uhr feuerte der Schütze, und seine Kugel traf Martin Luther King seitlich ins Gesicht. Die Wucht des Geschosses ließ ihn zurücktaumeln und auf den Boden stürzen.

Während King rückwärts zu Boden fiel, knipste Reynolds vier oder fünf Fotos von ihm. Norton hingegen schwang die Kamera vom Parkplatz weg und nach links ins Gebüsch, um gerade noch den Schützen zu erwischen, der sein Gewehr sinken ließ und sich vom Tatort entfernte. Das Gewehr ließ er zu Boden fallen und arbeitete sich durch das Gestrüpp bis zur Mauer vor. Mit einem Satz war er auf der Mulberry Street, rannte zur Huling Steet und stieg auf der Beifahrerseite in einen dort wartenden MPD-Wagen, der die Mulberry Street Richtung Norden nahm.

Paul, der Fahrer des Yellow-Cab-Taxis Nr. 58, wollte gerade seinen Fahrgast vom Lorraine abholen, sah den Schützen noch über die Mauer kommen und zum Einsatzwagen rennen, und machte über Funk umgehend Mitteilung an die Zentrale.

Inzwischen hatte Loyd Jowers die Tatwaffe aufgelesen, die der Schütze achtlos weggeworfen hatte, und rannte zu seiner Küche zurück. Dort war Betty auf den Schuß hin an die offene Hintertür getreten und blickte hinaus. Jowers war nur noch ein paar Meter weit und näherte sich. Sie trat zurück und ließ ihn ein. Er war bleich wie ein Gespenst, völlig außer Atem, sein Haar vom Wind zerzaust. An den Knien seiner Hose klebte Dreck. In der Küche wandte er sich um und bat flehentlich: »Du wirst mir doch nicht wehtun wollen, oder?« Sie erwiderte: »Das würde ich nie tun, Loyd.« Vor ihren Augen brach er das Gewehr in zwei oder drei Teile auseinander und bedeckte sie mit einem Tuch. Er verließ die Küche und trat rasch hinter die Theke, unter der er die Gewehrteile auf ein Regal legte und nach hinten schob, wo sie nicht gesehen werden konnten.

Unmittelbar nach dem Schuß rannte MIG-Agent Marrell McCollough die Treppe hinauf und kniete über dem gestürzten King, offenbar, um ihn nach Lebenszeichen zu untersuchen.

Der Schuß war gerade erst gefallen, als ein Mann in dunklem Anzug aus James' Zimmer 5-B trat, die Treppe hinunterging und das Gebäude verließ. Das Bündel warf er in den Eingang bei Canipe's. Dann setzte er sich in den Mustang, der hinter der Spielhalle stand, und fuhr auf der South Main Street Richtung Norden.

In den fünf Minuten, die unmittelbar auf den Schuß folgten, erhielten Warren und Murphy auf dem Hochhaus der Illinois Central Railroad, wie auch J. D. und sein Partner auf dem Wasserturm, Befehl von Captain Billy Eidson, sich zurückzuziehen und ihre vorbestimmten Fluchtrouten zu nehmen. Irgendwann danach stiegen auch Reynolds und Norton vom Dach der Feuerwache herunter.

Die MPD-Beamten Joe Hodges, Torrence Landers und Carroll Dunn hatten das Gebüsch im Hinterhof der Pension schon durchkämmt, als sie große und scheinbar frische Fußspuren entdeckten. Ein Abdruck war 28½ cm, der andere fast 30 cm lang. Sie fanden sich vor der Mauernische, die zwischen den Gebäudeflügeln verlief, und deuteten in Richtung einer Kellertür, die auch in den Grill führte. Der Keller der Pension wurde weder damals noch später fachmännisch untersucht.

King wurde eilends in die St.-James-Klinik transportiert.

James, der den Wagen zur Pension zurückbringen wollte, sah sich durch eine Polizeisperre an der South Main Street daran gehindert. Da er noch immer als untergetauchter, entflohener Sträfling galt, machte er kehrt und fuhr nach Süden. Später wollte er seine Kontaktnummer in New Orleans anrufen, um zu erfahren, was geschehen war. Aus den Radionachrichten erfuhr er, daß Martin Luther King ermordet worden war und die Polizei nach einem Weißen in einem weißen Mustang suchte. Er beschloß, gleich nach Atlanta weiterzufahren.

Unbegreiflicherweise waren vom MPD weder ein kompletter Fahndungsaufruf (APB) noch das Signal Y (Blockieren der Ausfallstraßen am Stadtrand) erlassen worden. Nach dem Attentat gelangte ein vorgetäuschter CB-Funkspruch auf die Polizeifrequenz, der die Jagd nach dem gesuchten Wagen auf einer nördlichen Ausfallstraße schilderte. (Erinnert sei daran, daß eine Woche zuvor Karten mit Fluchtrouten in dieser Gegend vom Alpha-184-Rekognoszierungsteam erstellt worden waren).

Der Yellow-Cab-Fahrer Paul setzte seinen Lorraine-Fahrgast am Flughafen ab und berichtete sein Erlebnis zunächst einem Taxifahrerkollegen, später drei MPD-Beamten. Am 4. April verunglückte Paul tödlich mit seinem Wagen. Es hieß, er sei von einem anderen Fahrzeug abgedrängt worden und die Memphis-Arkansas-Brücke hinuntergestürzt.

Am Abend des 4. April erhielt H. L. Hunt einen Anruf von J. Edgar Hoover, der ihm riet, sämtliche gegen King polemisierenden Radiosendungen aus den Programmen der nächsten 24 Stunden zu streichen. Hunt ließ daraufhin John Curington kommen und gab ihm den Auftrag, mit einigen Sekretärinnen die Sender anzurufen. Außerdem begann Hunt, am Tag nach dem Attentat ein Buch gegen King vorzubereiten, um dieses Projekt ebenso abrupt wieder fallenzulassen.

Im Laufe des Abends wurde King im St. Joseph's für tot erklärt, und seine Freunde erwiesen ihm die letzte Ehre. Im Verlauf der Autopsie gelang es dem Gerichtsmediziner merkwürdigerweise nicht, den genauen Weg der Kugel in Kings Körper zu verfolgen. Das tödliche Geschoß wurde in einem Stück aus Kings Rücken geborgen, wo es unter dem linken Schulterblatt steckengeblieben war. MPD-Beamte, oft begleitet von FBI-Agenten, begannen mit der Vernehmung von Tatzeugen in der Umgebung; Gewehr, Todeskugel und Gegenstände aus dem vor Canipe's Spielhalle sichergestellten Bündel wurden zur forensischen Untersuchung ins FBI-Labor geschickt.

Am anderen Morgen beauftragte der Vizedirektor der Stadtwerke von Memphis, Maynard Stiles, auf Geheiß des MPD zwei Aufseher seiner Behörde, Dutch Goodman und Willie Crawford (die Arbeiter befanden sich ja seit Wochen im Streik), im Grünstreifen hinter der Pension unter Polizeischutz die Sträucher und

Bäume zurückzuschneiden. Die hohe Hecke, die zwischen der Feuerwache und dem Parkplatz unmittelbar neben dem Pensionsgebäude verlief, wurde ebenfalls bis auf die Wurzeln abgemäht. Einen großen Ast am Baum zwischen Pension und Mulberry Street hat man wohl kurz nach dem Attentat ebenfalls abgesägt. Damit waren alle eventuellen Hindernisse im Schußfeld zwischen Badezimmer und Lorraine nachträglich beseitigt worden.

Die MPD-Ermittlungen, von Anfang an zum Scheitern verurteilt, wurden vom FBI übernommen und kontrolliert, obwohl der Mord ein staatliches, kein Verbrechen auf Bundesebene war. Zwar führten die Detectives Verhöre in stattlicher Zahl, doch wurden offenkundige Spuren bewußt übersehen und die Trunkenheit des Hauptbelastungszeugen Charlie Stephens verschleiert. Wo sind beispielsweise abgeblieben: die Interviews mit dem Yellow-Cab-Fahrer Paul; die Fotos der Kugel, die aus Kings Leiche entfernt wurde; die Fotos vom Tatort, wie er zum Zeitpunkt des Attentats wirklich aussah, bevor die Büsche hinter der Pension und die Hecke zwischen Parkplatz und Feuerwache gerodet wurden?

Loyd Jowers öffnete die Grillstube am Morgen nach der Tat wie gewohnt, nachdem er Bobbi zur Arbeit gefahren hatte. Unterwegs hatte er von dem Gewehr berichtet, das er gefunden und der Polizei übergeben habe. Irgendwann am späten Vormittag öffnete er den Deckel einer Schachtel und zeigte James McCraw das Gewehr, das er wenige Minuten nach dem Attentat unter der Theke verstaut hatte. Auch ein Zielfernrohr lag in dem Kasten, war aber nicht auf dem Gewehr montiert. Jowers erklärte McCraw, dies sei das Gewehr, mit dem Martin Luther King erschossen worden sei; er habe es im Hinterhof gefunden und werde es der Polizei übergeben. Es scheint, als habe Jowers schon damals angefangen, sich eine ihn entlastende Version des Hergangs zurechtzulegen.

Es wäre wohl zuviel verlangt, einen Zufall zu unterstellen, wonach die Scharfschützen der Armee und der »Ziviltäter« unabhängig voneinander zur gleichen Zeit am Tatort erschienen wären, um Martin Luther King das Leben zu nehmen. Das gesamte Arrangement – Verlegung Kings in ein exponiertes Balkonzimmer; Entfernung der Sicherheitkräfte und potentieller, schwer kontrollierbarer Zeugen; Verwendung eines Strohmanns; Präsenz einer umfassenden Überwachungsmaschinerie und eines Heckenschützenteams; Amtshilfe durch örtliche Polizei- und Geheimdienststellen; Behinderung der Ermittlung durch das FBI; das Ignorieren von Spuren und Zeugenaussagen, denen einfach nachgegangen werden mußte; die Veränderung des Tatorts – all das konnte nur mit Wissen und im Auftrag des FBI, der ASA, der 20. SFG, des ACSI-Büros, der CIA, der Verbrechersyndikate und führender Polizeibeamter geschehen sein. Ferner wissen wir aus Warrens Anweisungen, daß der Verteidigungsminister, das Weiße Haus, das FBI und die Angehörigen der Joint Chiefs of Staff von dem Truppeneinsatz in Memphis wußten. Verbindungen der Armee zu einem vorwiegend zivilen Mordanschlag ergeben sich schon aus James' Gebrauch des Decknamens Eric S. Galt. Galt, dessen Personalien vom Geheimdienst bereinigt wurden, war damals in eine eigene verdeckte Ermittlung (Projekt MEXPO) verwickelt, und zwar mit derselben Einheit (902. MIG), die den Einsatz der 111. MIG, ASA und der 20. SFG am Tatort Memphis vorbereitet und koordiniert hatte.

Aus all dem geht klar hervor, daß der Schuß von einem zivilen Auftragskiller abgegeben werden sollte, während die Militärs nur im äußersten Notfall eingreifen und, falls nicht geschossen oder King nicht getroffen werden konnte, den Plan vollenden sollten. Wie es den beiden Scharfschützen aus so unterschiedlichen Positionen gelungen wäre, King unter den anderen auszumachen, läßt sich schwer sagen. Es darf aber nicht vergessen werden, daß ursprünglich auf einen fahrenden Wagen geschossen werden sollte. Die Bewegungen des Wagens hätten Querschläger verursacht, so daß man den exakten Standort der Schützen nie hätte ermitteln können. Die Scharfschützen waren überrascht, daß sich ihre Zielojekte Martin Luther King und Andy Young kurz vor 18.00 Uhr außerhalb der Zimmer in besonders exponierter Stellung befanden. Sie trauten ihrem Glück erst nicht, dann legten sie an und warteten auf den Schießbefehl, der allerdings nie erteilt wurde.

Während auf den höheren Ebenen die Teilnehmer der Verschwörung vollständig informiert waren, hatten die unteren Chargen längst nicht erkannt, welche Rollen ihnen zugedacht waren. Daher wußten die Scharfschützen nichts über den lokalen Mordauftrag, und Warren glaubte, einer seiner Kollegen habe zu früh gefeuert. Umgekehrt werden auch die Zivilisten kaum gewußt haben, daß Militär zugegen war. Selbst wenn die Fiktion des Einzeltäters James Earl Ray nicht aufrechterhalten werden konnte, gab es auf der nächsten Stufe bereits an Ort und Stelle einen offiziell dementierbaren Mordauftrag und eine Operation, zu deren Ausführung offenbar vor allem das organisierte Verbrechen beigetragen hatte.

Was die Verbrechersyndikate betrifft, so würden diese sich wohl kaum eingemischt haben, wenn nichts dabei heraussprang. Obwohl es so scheint, als wären Zahlungen durch offizielle Stellen erfolgt, kann es sich nur um unquittierte und daher kaum nachvollziehbare Zuwendungen handeln.

In gewissem Sinne war der Mord selbst noch der einfachste Teil. Das Hauptproblem bei derartigen Operationen sind die Täuschungsmanöver, mit denen die Wahrheit verschleiert und dauerhaft unterdrückt wird, so daß keine öffentliche Einflußnahme erkennbar wird. Zu diesem Zweck muß jede Ermittlung strengstens überwacht werden. Genau diesen Charakter lassen die ursprünglichen, vom FBI betreuten MPD-Ermittlungen sowie die späteren Recherchen des Justizministers und des HSCA erkennen.

Auffallend ist die Tatsache, daß der Schwerpunkt dieser Vertuschungspraxis in eine Zeit fiel, als eine Reihe der Verantwortlichen von 1967–68 bereits von der Bühne abgetreten waren. 1972 war Direktor Hoover verstorben. Lyndon Johnson stellte sich nicht zur Wiederwahl und starb 1973. H. L. Hunt hatte 1974 das Zeitliche gesegnet, und bis dahin waren Richard Helms, Stabschef-Vorsitzender General Harold Johnson und General William Yarborough längst nicht mehr in den Positionen, die sie zur Tatzeit innehatten. Gardner geriet aus dem Blickfeld und verschwand später spurlos. Schließlich waren nach den Ereignissen des 4. April 1968 zwei Mitglieder des Alpha-184-Teams

(Captain Billy Eidson und Second Lieutenant Robert Worley) verstorben oder getötet, woraus Warren und Murphy den naheliegenden Schluß auf eine Säuberungsaktion ziehen mußten. Sie verließen das Land. Ein drittes Mitglied, der Mann, der die Funksprüche empfing und weitergab, tauchte ebenfalls unter; ein vierter – J. D. – wurde ein paar Jahre später erschossen.

Die große Ausnahme, von Regierungsmitgliedern abgesehen, blieb Carlos Marcello. Zwar war er eine Zeitlang inhaftiert, doch ansonsten ging er weiterhin seinen kriminellen Machenschaften in New Orleans nach; auch der Pate von Memphis schien seine Position unbehelligt gewahrt zu haben. Der Großhändler Frank C. Liberto konnte sich mit dem Segen des Paten nach wie vor »um seine Geschäfte kümmern«, bis er 1978 starb, kurz nachdem er seine Beteiligung den Whitlocks eingestanden hatte.

Innerhalb der Regierung wurde das Personal zwar nach und nach ausgewechselt, doch die Politik der Verdrängung und der Lüge wurde mit allen Mitteln (darunter weitere Morde) beibehalten. Die Vertuschungspraxis sollte in jedem denkbaren Sinn institutionalisiert werden, um nicht von der Willkür einzelner Beteiligter, die sich selbst schützen wollten, abhängig zu sein.

James Earl Ray legte den Decknamen Eric S. Galt ab, und als er nach der Flucht von Atlanta nach Kanada in England landete, benutzte er den Namen Ramon George Sneyd. In der Presse, die häufig auf FBI-interne Meldungen zurückgreifen konnten, wurde er als rassistischer, kaltblütiger Gewalttäter dargestellt, der im Drogengeschäft tätig sei. Dieses Image haftete ihm noch nach seiner Verurteilung an. Doch das war nicht das einzige, was von den Massenmedien verfälscht wurde. Sie priesen auch stets in höchsten Tönen den Kampf Martin Luther Kings für die Bürgerrechte bis 1966, worüber sein großer persönlicher Einsatz gegen den Vietnamkrieg und die wirtschaftliche Ungleichheit im eigenen Land in Vergessenheit geriet. James wurde schließlich am 8. Juni 1968 verhaftet und am 19. Juli an die USA ausgeliefert, wo er gegen 3.00 Uhr früh in Memphis eintraf. Erst Stunden zuvor war der Großhändler Frank C. Liberto, der rechtzeitig einen Tip bekommen hatte, von Memphis nach Detroit geflüchtet. Mit James' Gefangennahme hörten die Ermittlungen des FBI gegen ihn mit einem Schlag auf.

Der Verteidigung wurde niemals erlaubt, das Gewehr und die am Tatort vorgefundenen Kugeln einem Test zu unterziehen, weder bei der Vorbereitung des Prozesses noch seither. James wurde unter gänzlich inakzeptablen Bedingungen in Isolationshaft gehalten, während seine Anwälte (erst das Hanes-Team, später Percy Foreman) Geld von einem Autor nahmen, von dem James annehmen mußte, daß er das FBI mit Informationen versah. Von seinem zweiten Anwalt, Percy Foreman, wurde James später ge-nötigt, ein Schuldbekenntnis abzulegen. Am Schluß stellte sich heraus, daß Foreman – zumindest in den Jahren 1977-78 – Raul gekannt hatte und genau wußte, daß sein Klient unschuldig war.

Am Tag nach dem Geständnis fing das FBI an, die offizielle Version des Falles zu fabrizieren. Als Autor wurde Gerold Frank bestimmt, dessen Buch tatsächlich lange Jahre das Geschichtsbild prägte. Der Fall wurde zu den Akten gelegt.

Drei Tage später widerrief James sein Geständnis und reichte beim Gericht eine Petition zur Wiederaufnahme des Verfahrens ein. Dies wurde zurückgewiesen, und seitdem versucht er, einen fairen Prozeß zu bekommen.

Irgendwann im Jahr 1969 oder 1970 ließen Amaro Pereira und Felix Torrino Cheryl wissen, daß Raul Martin Luther King ermordet habe.

1971 starb der Schriftsteller William Sartor, der sich für die Verwicklung Carlos Marcellos und der Liberto-Brüder in das Attentat interessierte, unter mysteriösen Umständen, am Abend vor dem Interview mit einem wichtigen Zeugen in Waco, Texas. Der Obduktionsbericht wurde erst über zwei Jahrzehnte später freigegeben, und alles deutet darauf hin, daß Sartor einem Gewaltverbrechen zum Opfer gefallen ist. Ermittlungen der Mordkommission in dieser Sache wurden eingeleitet.

Anfang der 70er Jahre kehrte Marrell McCollough, der damals für die CIA arbeitete, nach Memphis zurück und beteiligte sich an verdeckten Operationen gegen bestimmte Friedensinitiativen in dieser Stadt.

1974 gestand Raul gegenüber Cheryl – und im Beisein von Amaro und Torrino –, daß er Martin Luther King getötet habe. Damit bestätigte er, was Amaro und Torrino einige Jahre zuvor Cheryl anvertraut hatten.

Als 1974 die Drangsalierungen Kings durch das COINTEL-Programm des FBI bekannt wurde, mußte das Justizministerium endlich auf den öffentlichen Druck reagieren und ließ die Rolle des FBI bei dem Attentat untersuchen. In einem Bericht vom 11. Januar 1977 stellte der Justizminister fest, an der »fachlichen Kompetenz bei den Ermittlungen« sei nichts auszusetzen gewesen; auch habe man keine Erkenntnisse gewonnen, die ein Aufrollen des Falls durch die Behörden des Staats oder des Bundes notwendig machen würden.

1977 nahm der Schriftsteller William Bradford Huie an einem privaten Treffen mit James' Anwalt, Jack Kershaw, in Nashville teil, dem auch zwei Unbekannte, möglicherweise Bundesagenten, beiwohnten. Huie bat Kershaw, seinem Klienten ein Angebot zu unterbreiten; falls er seine Schuld zweifelsfrei eingestehe, solle James Geld, einen Straferlaß sowie eine neue Identität erhalten. Ein solcher Handel konnte nur durch Bundesbehörden abgesegnet sein. James lehnte die Offerte, die später von Huie in einem mitgeschnittenen und transkribierten Telefonat mit Jerry wiederholt wurde, rundheraus ab,

Die angeblichen Ermittlungen des HSCA entpuppten sich als das nächste großangelegte Täuschungsmanöver. Gleich zu Anfang wurde Richard Sprague abgesetzt, der seine Entschlossenheit bekundet hatte, von CIA und FBI die Herausgabe aller relevanten Akten zu verlangen. Er wurde von einer bewaffneten Eskorte aus seinem Büro im Capitol entfernt, weil man fürchtete, er könne geheime Unterlagen mitnehmen, die der Ausschuß der Öffentlichkeit vorenthalten wollte. Unter dem neuen Chefberater, Robert Blakey, blieben die Interessen der Geheimdienste und des FBI gewahrt. Der Ausschuß begann mit seiner Ermittlung innerhalb enggesteckter Grenzen. Anstatt jedoch wichtige Hinweise aufzugreifen, trug er eher dazu bei, die Akten des Falles zu schließen – und für Jahrzehnte zu versiegeln, was unbegreiflicherweise auch den Gerichtsakten des ersten Verteidigers, Art Hanes, widerfuhr. Schließlich sind die »schmutzigen Tricks« von Oliver Patterson zu beklagen, der sich weigerte, offensichtlichen Spuren nachzugehen, die auf eine Beteiligung des organisierten Verbrechens deuteten. Ebenso bedauerlich ist der Versuch des HSCA, an der Geldbeschaffung durch den Alton-Bankraub festzuhalten, obwohl James nie der Teilnahme verdächtigt oder angeklagt wurde und auch tatsächlich nichts mit ihm zu tun hatte. Selbst der Vorsitzende des King-Unterausschusses, Walter Fauntroy, hat eingeräumt, dem HSCA seien Details der MIG-Überwachungstätigkeit zumindest in Ansätzen bekanntgeworden, doch auch diese brisante und wichtige Information geriet mit den Akten unter Verschluß. Das HSCA wußte außerdem von den Plänen des FBI von 1977, James auf der Flucht zu erschießen, die freilich nirgends erwähnt wurden. Außerdem hatten einzelne Ermittler zugegeben, daß sie keine Zweifel an Rauls Existenz hegen würden und wüßten, wer er sei. Dennoch wurde Raul im Abschlußbericht als Hirngespinst dargestellt; falls er wirklich existiere, hieß es, sei er vermutlich einer von James' Brüdern.

Trotz all dieser Informationen hatte Chefberater Blakey die Stirn, unmißverständlich zu behaupten, das HSCA habe keinerlei Beweis für irgendeine Verwicklung von US-Behörden, Geheimdiensten oder Regierungsstellen. Ferner entwarf das HSCA seine eigene, kaum stichhaltige Verschwörungstheorie, wonach James mit zwielichtigen Gestalten aus St. Louis unter einer Decke gesteckt habe – obwohl es nicht den Schatten eines Beweises gibt, daß er mit ihnen bekannt war oder auch nur von ihrer Existenz wußte. Dazu paßte auch, daß die übrigen angeblichen Verschwörer zum Zeitpunkt der Ermittlungen bereits tot waren.

Während die Recherchen des HSCA noch andauerten, gab es eine Reihe von Versuchen, James Earl Ray vor seiner öffentlichen Aussage im August 1978 endgültig zum Schweigen zu bringen. Es ist bemerkenswert, wie jedesmal dann, wenn der Fall in eine kritische Phase zu treten schien, Anschläge auf

James' Leben unternommen wurden. James Earl Ray hätte längst tot sein sollen, bevor man ihn gefangennahm. Ein geheimdienstlicher Informant (Herbert) hatte festgestellt, die Annahme des Galt-Decknamens, der mit der 902. MIG verbunden war, sei kein Problem gewesen, weil James – ob in Memphis oder Afrika – ohnehin auf der Abschußliste gestanden habe.

Gewiß war man in offiziellen Kreise besorgt über das, was James bei einem möglichen Verfahren gegen ihn zu Protokoll geben würde. Dem wurde jedoch mit Rücksicht auf sein Geständnis ein Riegel vorgeschoben.

Dann gelang James im Juni 1977 gemeinsam mit anderen die Flucht aus der Strafanstalt Brushy Mountain, und alles deutet darauf hin, daß er nicht lebend zurückkehren sollte. Er hatte die Gefängnismauern kaum überwunden (wobei der nächstgelegene Wachtturm zum Zeitpunkt der Flucht unbemannt war), als ein umfangreiches SWAT-Team mit bis zu dreißig FBI-Scharfschützen in den Hügeln hinter dem Gefängnis Stellung bezog. Über die Funktion von Scharfschützen kann kein Zweifel bestehen – sie sollten James erledigen. Am Tag seiner Flucht erhielt Gouverneur Ray Blanton einen Anruf vom HSCA-Ausschußvorsitzenden Louis Stokes. Stokes äußerte die Befürchtung, das FBI sei mit einem Mordauftrag nach Brushy Mountain gereist. Der Gouverneur suchte daraufhin umgehend das Gefängnis auf und ordnete den Rückzug der Scharfschützen an. Einige Jahre später, als Bundesagenten den von ihnen geführten Arthur Baldwin darauf ansprachen, begriff Baldwin sofort, daß sie es auf Ray abgesehen hatten. Die Flucht war laut Baldwin nur ein Vorwand gewesen, um James zu töten und das Problem ein für allemal aus der Welt zu schaffen. Abermals hatte James Glück – er wurde von einem Gefängnisbeamten arretiert. Der Plan war gescheitert.

Der nächste Versuch, den Fall auf diese Weise abzuschließen, erfolgte im Herbst 1977. Damals stellte der Mafia-Pate von Memphis Arthur Baldwin eine hohe Belohnung in Aussicht, wenn er James Earl Ray beseitigen würde. Seine Freunde in New Orleans machten sich große Sorgen, daß Ray noch immer unter den Lebenden weilte. Der Pate fühlte sich verantwortlich, weil der »Zwischenfall« sich in seiner Stadt und seinem Einflußbereich zugetragen hatte. Baldwin wandte sich an Tim Kirk, der schon bei ähnlichen Aufträgen mitgewirkt hatte. Sie trafen sich und erörterten das Problem, kamen aber nicht weiter. Einige Monate später (Juni 1978) telefonierte Baldwin mit Kirk, der damals im Shelby-County-Gefängnis saß. Obwohl man Baldwin nicht weniger als 50.000 Dollar geboten hatte, wenn er den Job erledigen würde, sprach er Kirk gegenüber nur von 5.000 Dollar. Was Kirks verdächtig vorkam, waren Baldwins stadtbekannte Verbindungen zu Bundesagenten, und er informierte James' Anwälte über die Pläne. Falls Kirk gewußt hat, daß der Pate hinter dem Mordauftrag steckte, hat er es nie durchblicken lassen.

Der dritte und bisher letzte Versuch war ein Angebot, das Baldwin sechs oder sieben Monate nach der Offerte des Paten durch seinen FBI-Führungsagenten erhielt. Es wurde ihm während einer Autofahrt nach Nashville unterbreitet; später hörte Baldwin andere, in den Prozeß gegen Gouverneur Ray Blanton verwickelte Agenten davon sprechen. Baldwin ließ sich nicht darauf ein, weil er auf wichtige Fragen keine befriedigende Antwort bekam. Obwohl ihm lebenslänglicher Schutz vor Verfolgung zugesichert wurde, argwöhnte Baldwin zunehmend, er und sein potentieller Mittäter würden bei dieser Operation ebenfalls beseitigt.

1980 erhielten Cheryl und Bob Houston eine Empfehlung des Anwalts Percy Foreman (der Raul gekannt zu haben scheint), Houston so schnell wie möglich zu verlassen. Aus Angst um ihr Leben, ließen sie sich in einem anderen Bundesstaat nieder, wo Bob Verwandte hatte.

1989 wurde James letzter Antrag auf Wiederaufnahme des Verfahrens – unter eindeutiger Verletzung seiner Grundrechte nach dcm Sixth Amendment – vom Supreme Court der Vereinigten Staaten abgeschmettert.

Nachdem er vor allen Instanzen gescheitert war, bot das 1993 von Thames und HBO ausgestrahlte Fernsehgericht die Chance, wenigstens kurzfristig den Schleier zu lüften und den Fall an die Öffentlichkeit zu bringen.

Doch selbst jetzt gab es noch Täuschungsmanöver. Die für Geschworene des Fernsehgerichts reservierten Hotelzimmer wurden in der Woche vor ihrer Ankunft von »technischem Personal« des FBI aus Washington inspiziert. Überdies waren im gleichen Stockwerk Zimmer auf den Namen William Sessions (des damaligen FBI-Chefs) für ihn selbst und vier Agenten gebucht worden. Versuche, Geschworene zu bespitzeln oder zu beeinflussen, waren offenbar auch noch Mitte Januar 1993 an der Tagesordnung. Diese Versuche scheiterten.

Zwischen 1993 und 1995 wurde die jüngste Vernebelungstaktik auf gerichtlicher Ebene durch John Pierotti, Generalstaatsanwalt von Shelby Coutnty, angewandt. Das Auftreten Wayne Chastains vor einer Grand Jury wurde verhindert, unter Verletzung des staatsbürgerlichen Grundrechts nach den Gesetzen Tennessees. Natürlich schwiegen sich die US-Massenmedien über die von Loyd Jowers eingestandene Beteiligung und seinen Antrag auf Immunitätsgewährung aus, weshalb diese Meldung nur durch den Londoner *Observer* bekannt gemacht wurde. Nachdem der Artikel im *Observer* erschienen war, wurde Loyd Jowers' Geständnis vom Sender ABC in *Prime Time Live* ausgestrahlt, doch auch dies wurde von CBS, NBC und sogar von den hauseigenen ABC-Nachrichten ebenso ignoriert wie von der überregionalen Tagespresse. Obwohl sich Pierotti zu seiner Pflicht bekannt hatte, jedem Hinweis nachzugehen, wurde Jowers nie von ihm vernommen. In öffentlichen Stellungnahmen seines Büros wurden auch die Aussagen von James McCraw und Bobbi Smith ins Gegenteil gekehrt. Später wollte der Generalstaatsanwalt nichts von Nathan und Lavada Whitlocks Berichten über die Verwicklung der Gangstersyndikate in den Fall hören. Auch Louie Ward wurde nicht über den Mann vernommen, den sein Taxifahrerkollege Paul direkt nach dem Attentat über die Mauer klettern und in einem Einsatzwagen der Verkehrspolizei flüchten sah. Schließlich hat das Büro des Generalstaatsanwalts jeden Versuch unterdrückt, dem Gericht Beweise für James' Unschuld vorzulegen. Es verhinderte auch, daß die angebliche Tatwaffe ballistisch untersucht wurde.

Auch die Bundesgerichte waren nach wie vor nicht bereit, uns zu helfen. So stieß mein Appell an die Generalbundesanwältin, Janet Reno, mit Rücksicht auf die staatsbürgerlichen Grundrechte eine Grand Jury zu berufen, auf taube Ohren.

Die Maschinerie der Täuschung und Vertuschung funktioniert nach wie vor – in Tennessee ebenso wie in ganz Amerika und, in letzter Konsequenz, weltweit. Nach wie vor zeugt ihre Effektivität vom fortdauernden Einfluß höchster Regierungsstellen auf die Justiz und sogar auf Tages- und Zeitschriftenpresse, Fernseh- und Radiosendungen.

Und dennoch, solange ein Unschuldiger hinter Gittern sitzt, wird dieser Fall nicht zum Abschluß kommen. Im Frühling und Sommer 1995 schien es, als hätten wir Raul dingfest gemacht. Am 5. Juli 1995 wurde ihm die Klageschrift zugestellt, die ihn in ein Zivilverfahren *James Earl Ray gegen Loyd Jowers, Raul und andere* einbezog. Obwohl James der ersehnte Prozeß bis heute verweigert wurde, dürften bald neue Beweise auf Richter Browns Tisch liegen, und auch die Zivilklage nimmt ihren Lauf und wird in Kürze zur Verhandlung kommen. Außerdem gehen die Ermittlungen weiter.

Einige Antworten werden vermutlich nie mehr gefunden, doch so unvermeidlich, wie jeder Beweis für eine Tat irgendwann ans Licht kommt, wird auch die Geschichte des Attentats auf Martin Luther King eines Tages neugeschrieben werden müssen.

32
Fazit

Hier, wo mein Bericht endet, trennen uns nur noch wenige Jahre vom nächsten Millenium.

Vor nahezu vierzig Jahren erlebten Amerika und die Welt eine außergewöhnliche Epoche. Es war eine Zeit, als kein Problem unlösbar, kein Hindernis unüberwindlich zu sein schien.

Heute fällt es schwer, sich dies ins Gedächtnis zu rufen, viel schwerer noch, sich vorzustellen, mit wieviel Hoffnung wir damals in die Zukunft blickten, welch ungezügelte Leidenschaft für das Leben unseren Alltag bestimmte. Ganze Bevölkerungsgruppen traten erstmals ans Licht, die bis dahin ein Schattendasein geführt hatten. Ihr bloßes Dasein erschien einer verschworenen Elite und ihren Freunden in der Regierung bedrohlich. Das Heer der Armen, Farbigen, Frauen; die amerikanischen Ureinwohner, die rebellischen Soldaten, Studenten, selbst Strafgefangene repräsentierten eine neue, vitale Macht, die unvermeidlich mit jenen Politikern kollidierte, die für ein kriegerisches Engagement in Vietnam eintraten, anstatt die sozialen Probleme vor der eigenen Haustür anzupacken.

Als Martin Luther King sich auf moralische Predigten beschränkte, wobei er seine Anhänger, die Schwarzen des Südens, behutsam zur Wahrnehmung ihrer staatsbürgerlichen Grundrechte erzog, da wurde er noch geduldet. Er galt zwar als Störenfried, doch die integrative US-Gesellschaft konnte es sich gerade noch leisten, der schwarzen Bevölkerung längst überfällige Zugeständnisse zu machen, um ihren politischen Forderungen die Spitze zu nehmen. Diese erstaunliche Integrationskraft des amerikanischen Systems war in der Geschichte seit jeher erfolgreich. Sie ist das subtilste und effektivste Mittel der Sozialkontrolle, das sich denken läßt. Die Flexibilität des Systems erlaubt es, nur die grundsätzlich unvermeidbaren Reformen durchzuführen und gerade soviel Wohlstand an die Bevölkerung zu verteilen, daß nur noch eine kleine, zwar lästige, aber ungefährliche Minderheit ihre Unzufriedenheit artikuliert.

Dann allerdings meldete Martin Luther King mit dem gleichen moralischen Gewicht die Forderung nach Frieden und sozialer Gerechtigkeit an. Das konnte nicht mehr toleriert werden. Deshalb ließ ihn die amerikanische Regierung gnadenlos verfolgen. Wie wir gesehen haben, wurden er und seine Mitstreiter drangsaliert, unterwandert, bespitzelt und belauscht. Zum Schluß wurde er sogar umgebracht – und weshalb? Weil er Frieden und Gerechtigkeit für das Land seiner Geburt erstrebte, das ihm beides verweigerte.

Was die vielen gegen King gerichteten Operationen der Regierung gekostet haben, läßt sich kaum ermessen, von den Ausgaben für den HSCA und andere Täuschungsmanöver ganz zu schweigen. Der Durchschnittsbürger dürfte sich ebenso wundern wie ich, als ich des Ausmaßes der geheimdienstlichen Aktivitäten erstmals gewahr wurde. Das Erstaunen wandelt sich zum Schrecken, wenn man bedenkt, daß die Überwachung Kings nur die Spitze des Eisbergs war, daß zahlreiche Bürger ausspioniert wurden, von denen die meisten brave Steuerzahler waren und somit noch für ihre eigene Bespitzelung aufkommen mußten.

Als der Unterausschuß des Senats über Grundrechtsfragen in seinem Bericht von 1973 die Überwachung der Zivilbevölkerung durch die Abwehr detailliert schilderte, war die Nation schockiert. Doch es dauerte nicht lange, da wurden diese Praktiken als Exzesse einzelner Personen, als Eigenheit der Generäle Yarborough, McChristian und Blakefield abgetan. Nach allem, was wir heute wissen, hat dieser Bericht höchstens an der Oberfläche gekratzt.

Es wäre allzu simpel, den Mißbrauch der Grundrechte – wie es oft geschieht – nur den damaligen Machthabern wie Hoover, Yarborough und ihresgleichen in die Schuhe zu schieben. Vielmehr dürfen wir uns nicht der Erkenntnis verschließen, so unangenehm sie sein mag, daß der Fehler im System liegt.

Im Jahr 1968 fand der letzte ernstzunehmende Versuch, einen grundlegenden Wandel der Verhältnisse herbeizuführen, mit dem Tod Martin Luther Kings ein vorzeitiges Ende. Eine Zeitlang standen die Zentren Amerikas in Flammen, doch der gefürchtete »Sturm auf Washington« flaute ab. Die Kraft, die in den Abendstunden des 4. April 1968 erloschen ist, hat sich bis heute nicht mehr wiederbeleben lassen.

Heute mag es zu spät sein. Die herrschenden Eliten, ihre Anwälte, ihre Bankiers und ihre Handlanger in höchsten Regierungskreisen, die uns in den Abgrund führten, sitzen heute viel zu fest im Sattel, um sie – zumindest zu unseren Lebzeiten – noch stürzen zu sehen. Heute erkennen wir mehr denn je die Macht dessen, was man »Establishment« nennt.

Damit haben sich die schlimmsten Befürchtungen James Madisons bewahrheitet. Madison, der vierter Präsident der Vereinigten Staaten, Schöpfer der Bill of Rights und der Verfassung, hatte bereits die Gefahren erkannt, die unserer repräsentativen Demokratie drohen. Schon damals bemerkte er: Wenn eine Gruppe Macht erlangt, die weit über die legitime Anzahl ihrer Vertreter hinausgeht, so daß sie Regierungsämter und politische Parteien beherrscht, ist die Tyrannei nicht mehr weit. Das Ergebnis ist eine Regierungsform, die nur noch dem Namen nach demokratisch ist.

Madison und die anderen Väter der amerikanischen Verfassung wollten diesem Problem vorbeugen, indem sie ein Regierungssystem schufen, das eine klare Trennung der Gewalten vorsieht, so daß Exekutive, Legislative und Judikative prinzipiell völlig unabhängig voneinander handeln und sich gegenseitig kontrollieren.

Was sich nicht absehen ließ, war jedoch die Entwicklung einer zunehmend mächtigen Elite, die der Allgemeinheit nicht nur ihre Politik, ihre Wertmaßstäbe und Ziele aufdrängt, sondern ihre führenden Regierungsvertreter bestimmt und lenkt. Der allgewaltige Einfluß dieser Elite reicht von den Ministerien bis in die kleinste Behörde. Regierungen und Politiker, die jenen wirtschaftlichen Interessengruppen dienen, haben diesen Dienst, wenn nötig, stets verleugnet und das Volk über die tatsächliche Situation daheim und in anderen Ländern getäuscht. So wurde die enorme Macht und der Wohlstand einer ganzen Nation Zwecken unterworfen, die nicht selten im direkten Gegensatz zu den Interessen der Bürger Amerikas standen.

Obwohl nun diese Geschichte einmal offengelegt ist und alle Einzelheiten des Machtmißbrauchs enthüllt wurden, bleibt doch die Schlußfolgerung für viele Amerikaner nur sehr schwer annehmbar: Die repräsentative Demokratie amerikanischer Prägung ist gescheitert.

Ich glaube, eine demokratische Erneuerung Amerikas kann nur bewerkstelligt werden, wenn das Volk die Kontrolle seiner öffentlichen Angelegenheiten tatsächlich selbst in die Hand nimmt. In meiner juristischen Tätigkeit war ich immer wieder überrascht von der Kompetenz der Geschworenen. Legt man diesen ganz gewöhnlichen Zeitgenossen einen Sachverhalt nur vollständig dar, werden sie nach gründlicher Prüfung dem Recht zur Geltung verhelfen. Nach wie vor glaube ich, daß eine über alle Tatsachen informierte Bevölkerung die beste Gewähr für eine lebendige Demokratie ist.

Jetzt, im Jahre 1995, muß ich allerdings einräumen, daß es noch viele Hindernisse gibt, die eine vollständige und ausgewogene Verbreitung der Wahrheit in allgemeinverständlicher Form blockieren. Die Wahrheit wird gewöhnlich verzerrt, um gezielt das erwünschte Meinungsbild in der Öffentlichkeit herzustellen. Dagegen muß sich Widerstand regen. Die zunehmende Konzentration multinationaler Massenmedien wird kaum dazu beitragen, die notwendige Objektivität von Informationen zu gewährleisten, die den Staatsbürger erst befähigen, wohlbegründete Entscheidungen zu treffen.

Das war ein Problem, mit dem auch Martin Luther King zwischen 1965 und 1968 täglich zu tun hatte. Er hatte dafür plädiert, den nationalen Wohlstand lieber für den Kampf gegen das Elend im eigenen Land zu verwenden, statt andere Länder mit barbarischen Kriegen zu überziehen.

Martin Luther King ist für immer von uns gegangen. Nichts kann ihn uns zurückbringen, sosehr auch das Andenken seines Ringens um Gerechtigkeit fortwirkt. James Earl Ray wird so lange im Gefängnis bleiben, bis sich die Entrüstung seiner Zeitgenossen zu einem Proteststurm erhebt, der ihm entweder das seit 26 Jahren verweigerte Gerichtsverfahren oder die ihm zustehende Amnestie auf dem Gnadenweg verschafft. Bis dieser Tag kommt, wird das Recht in seinem Fall mit Füßen getreten.

Das Krebsgeschwür, das unser politisches und demokratisches Staatswesen befallen hat, wird allein das Volk heilen können. Statt über das Absterben der Freiheit zu trauern, wird es, so hoffe ich, eines Tages zu ihrer Wiedergeburt beitragen.

Danksagung

Während der achtzehn Jahre, die ich an diesem Fall gearbeitet habe, wurde ich von zahlreichen Menschen unterstützt, denen ich Dank schulde. Obwohl es nicht möglich ist, jedem einzelnen von ihnen diesen Dank abzustatten, waren doch die Beiträge und Hilfestellungen bestimmter Personen so bedeutend, daß ich sie hier namentlich festhalten möchte.

Zunächst möchte ich den Mut von John McFerren, »Cheryl« und »Bob«, Betty Spates, Louie Ward, Nathan Whitlock, Clifton Baird, Art Murtagh, Billie Turner, Daniel Ellsberg und William Sartor rühmen, ebenso wie den meines Ratgebers und Mitanwalts Wayne Chastain in Tennessee. Jeder dieser Menschen hat, oft unter starken Pressionen, das Durchhaltevermögen an den Tag gelegt, ohne das ein 26 Jahre altes Unrecht nicht in Recht verwandelt werden kann – ein Unrecht, das uns die einzigartigen Führungsqualitäten Martin Luther Kings raubte und zudem einen Unschuldigen hinter Gitter brachte.

Dank und Anerkennung gebührt außerdem einer großen Zahl von Polizei- und Geheimdienstmitarbeitern vor Ort, die mir den Hintergrund der Geschichte teilweise enthüllt oder mich auf andere Weise unterstützt haben. In diese Reihe gehören jetzige und ehemalige Mitarbeiter des Memphis Police Departments wie Tommy Smith, Barry Neal Linville, Jim Nichols, Ed Atkinson, Ed Redditt, Jerry Williams, Joe Hodges, Emmett Douglass und Alex McCollum. Ganz besonderen Dank schulde ich dem früheren MPD-Beamten Jim Smith, der die Wahrheit sagte und dafür Schikanen am Arbeitsplatz ausgesetzt war. Entscheidende Hinweise erhielt ich von dem ehemaligen Vizedirektor der Stadtwerke von Memphis, Maynard Stiles, sowie den ehemaligen Feuerwehrmännern William King, Charles Stone, Floyd Newsom, Chief Norvell Wallace und Lieutenant George Loenneke.

Viele Menschen waren bereit, mir mitzuteilen, was sie über den Fall wußten, und/oder gaben mir Rückhalt durch Unterstützung und Ermutigung »von unten«. Ganz besonders bin ich Sid Carthew verpflichtet, den sein Gewissen zwang, keine Mühe zu scheuen, mich ausfindig zu machen. Ebenso dankbar bin ich Ray Kohlmann, der mir unendlich viel Zeit opferte. Neben vielen anderen möchte ich danken: James McCraw, Peggy und Charles Hurley, William Ross, Ernestine Campbell, John »Bill« McAfee, John Fisher, »Tango«, Tommy Wright, Jerry Little, Hazel Sweeney, Kay Black und den Invaders, darunter besonders Charles Cabbage, Big John Smith, Izzy Harrington, Dr. Coby Smith und Abdul Yawee.

Einige der Freunde und Kollegen von Martin Luther King haben mir unschätzbare und wertvolle Hilfestellung geleistet. Allen voran Ralph Abernathy, mit dem ich James Earl Ray erstmals besucht und befragt habe. Im Laufe der Jahre war auch Reverend Jim Lawson eine stete Quelle der Kraft und Ermutigung. In seiner unerschütterlichen Hingabe an das Vermächtnis Martin Luther Kings war mir Reverend Hosea Williams stets ein mahnendes Vorbild. Wann immer ich ihn brauchte, war er für mich da, nicht selten unter größten körperlichen Schmerzen. Auch Reverend James Orange gehört zu jenen Menschen, die viel auf sich genommen haben, um mir zu berichten, was sie zum Zeitpunkt des Attentats gesehen haben.

Eine wesentliche Grundlage meiner Erkenntnisse bildeten umfassende Vorarbeiten und Recherchen, die Harold Weisberg und Mark Lane geleistet haben.

Vor nicht allzulanger Zeit haben die Arbeiten des englischen Fernsehproduzenten John Edginton und des Autors Philip Melanson das Interesse an der Thematik wiederbelebt. Die britischen Reporter Andrew Billen vom *Observer*, der über einen Wendepunkt der Ermittlungen berichtete, und Oonagh Blackman vom *Sunday Express*, beide London, legten ein Interesse und eine Sachlichkeit an den Tag, die in der US-Presse selten geworden sind. Andere Ermittler und Autoren halfen mir durch ihre Erkenntnisse weiter und ermutigten mich. Besonderen Dank schulde ich in dieser Hinsicht Anthony Summers, Jim Hougan, Fletcher

Prouty (Colonel a. D. der US-Air Force), James Bamford, Peter Dale Scott, Dan Moldea, Douglas Valentine und Dick Russell.

Home Box Office und Thames Television verschafften James das einzige Verfahren, das ihm bisher zugebilligt wurde. Dieses Bemühen (und meine gesamte Arbeit) wurde durch Mike Dutton, Direktor der Strafvollzugsbehörde in Tennessee und seine Assistentin, Mary Dennis, außerordentlich erleichtert. April Ferguson, Rechtsanwältin in Memphis, die ein langjähriges Interesse mit diesem Fall verbindet, stand mir als Nebenanwältin beim Fernsehgericht zur Seite.

Einige der früheren Rechtsbeistände von James Earl Ray (Arthur Hanes sen. und sein Sohn, Richter Arthur Hanes jun., Jack Kershaw und Jim Lesar) nahmen sich Zeit für mich und halfen großzügig mit Informationen.

Nicht zuletzt hat sich Steve Tompkins, ehemals Journalist in Memphis, um die Sache verdient gemacht. Seine Vorarbeit eröffnete mir die heikelsten und verborgensten Gebiete meiner Recherche. Für mich ist Steve das leuchtende Beispiel einer Gattung, die in Amerika auszusterben droht: der Investigativ-Reporter, der sich bei der Suche nach der Wahrheit – außer von seinem Gewissen – von nichts und niemandem einschränken läßt.

Verpflichtet bin ich auch einer ganzen Anzahl ehemaliger oder noch aktiver Militärs und Geheimdienstler, deren Beitrag zu meiner Arbeit ich hier würdigen will. Ich darf ihre Namen nicht nennen, doch ohne ihren Mut wäre diese ganze Geschichte nie ans Licht gekommen.

Nur die herkulischen Anstrengungen von Jean Hazel Obray, meiner Assistentin während der letzten neun Jahre, machten es möglich, daß dieses Buch geschrieben wurde. Ihr unbeirrtes, selbstloses Engagement für die Rehabilitierung von James Earl Ray, für die Ermittlungen in seinem Fall und die Fertigstellung dieses Buchs, wird nur noch von ihrem Ideenreichtum und ihrem Gespür für Menschen und Ereignisse übertroffen. Wann immer meine Leistungen nachlassen wollten, hat sie mir aufgeholfen, und wo sie gut waren, sorgte sie dafür, daß sie vorzüglich wurden. Ihr bin ich aus vollem Herzen verbunden.

Anhang

Abb. 7: USAINTC-Aufmarschplan

Gerichtsbezirke – CONUS Abwehr-Einsatzgruppen

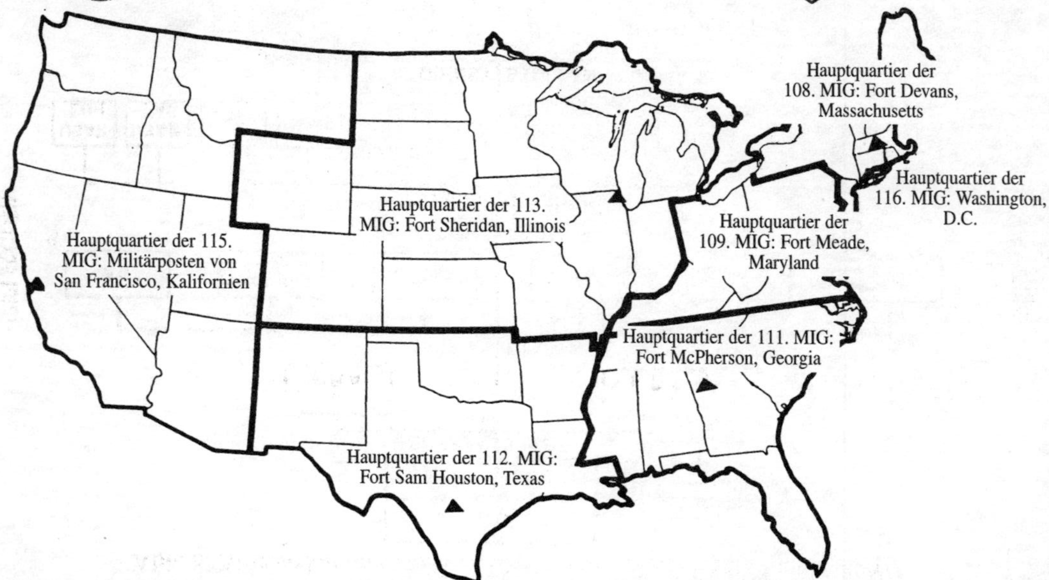

Abb. 8: Abwehrkommandos der US-Armee – USAINTH (Januar 1967)

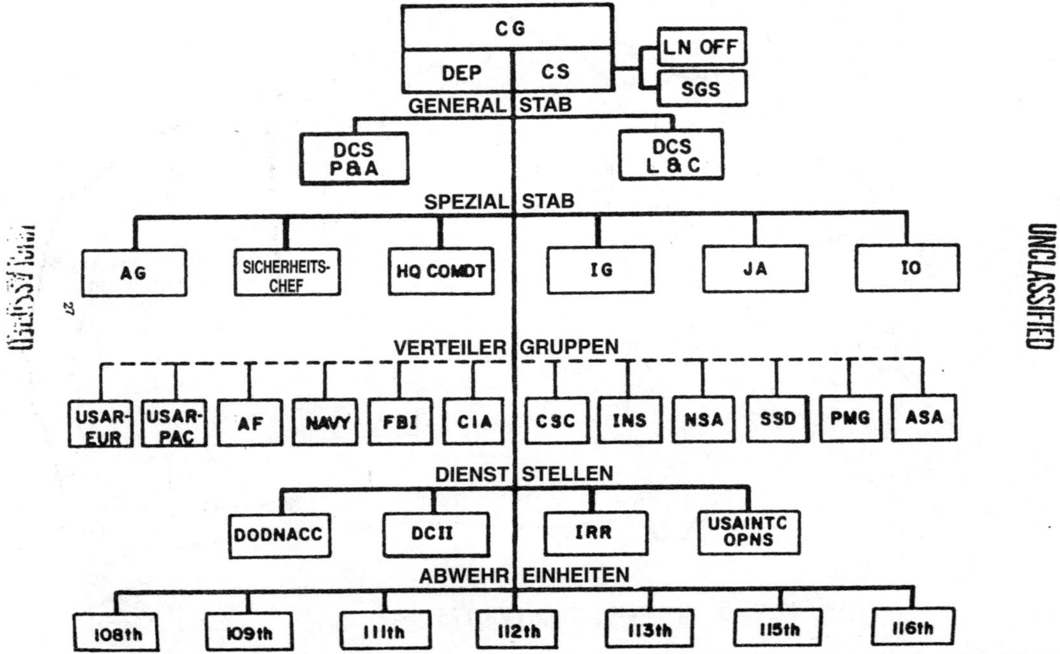

Abb. 9: USAINTC-Einheiten

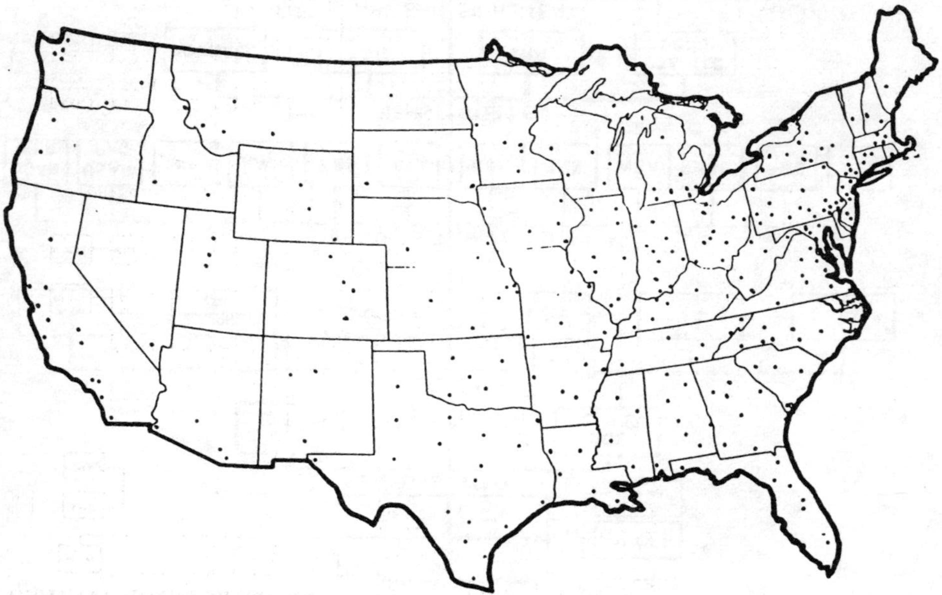

Abb. 10: USAINTC-Kommunikationsnetz

Externes AUTOVON-Netzwerk

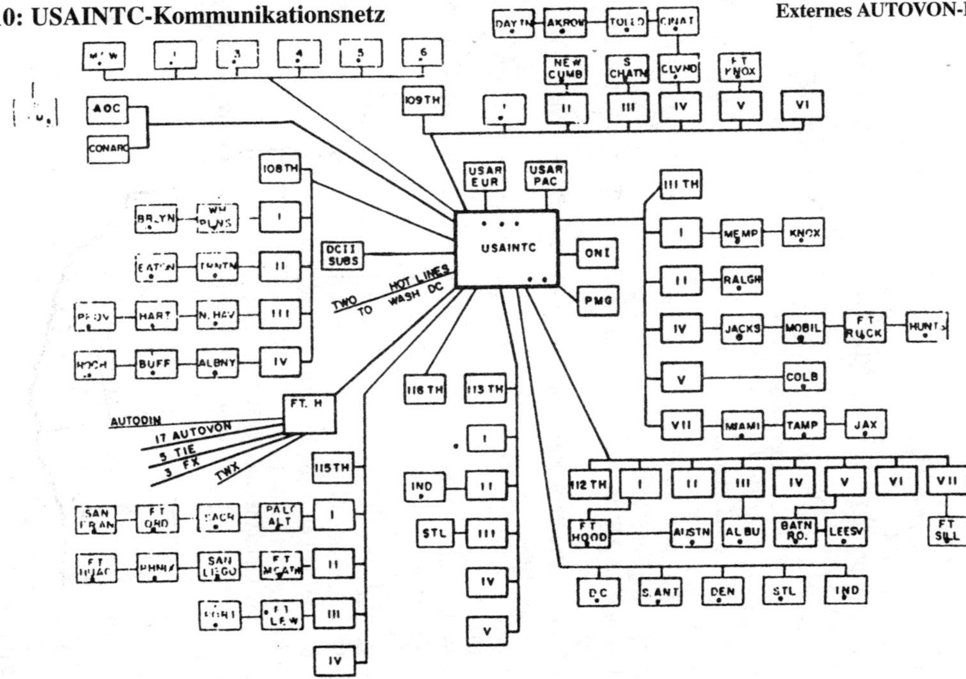

Anmerkungen

1 David J. Garrow: *Bearing the Cross*, New York: Vintage Books 1988, S. 543
2 Ebenda, S. 545
3 FBI-Memorandum: Bericht Cartha DeLoachs an Mr. Mohr v. 27. November 1964.
4 Joan Turner Beifuss: *At the River I Stand*. Memphis: St. Lukes Press 1990, S. 382 f.
5 Gerold Frank: *An American Death*, New York: Doubleday & Co. 1972, S. 172; UPI v. 24. April 1968.
6 UPI v. 24. April 1968.
7 Drew Pearson/Jack Anderson, in: *The Washington Post*, 22. Juli 1968.
8 Gerold Frank, a.a.O.
9 FBI-Mitteilung von Cartha DeLoach an Clyde Tolson v. 11. März 1969.
10 Nachtrag zum Brief De Loachs an Tolson v. 12. März 1969.
11 George McMillan: *The Making of an Assassin*. Boston: Little, Brown 1976.
12 William Bradford Huie: *He Slew the Dreamer*. Nashville: Thomas Nelson 1968.
13 Harold Weisberg: *Frame-Up*. New York: Outerbridge & Dienstfrey 1971.
14 Mark Lane/Dick Gregory: *Code Name »Zorro«*. Englewood-Cliffs, New Jersey: Prentice-Hall 1977.
15 George McMillan, a.a.O.
16 *St. Louis Post-Dispatch* v. 20. Januar 1976.
17 Gutachten von G. Robert Blakey in der Klage Rancho La Costa Inc. u. a. gegen Penthouse International Ltd. u. a.
18 *Penthouse* v. März 1975.
19 Blakey-Gutachten, a.a.O.
20 Jim Hougan: *Spooks*. New York: William Morrow & Co. 1978, S. 533 f.
21 Thomas Plate/Andrea Darvi: *Secret Police*. London: Robert Hale 1982, S. 294
22 Memorandum des amtierenden Sicherheitsdirektors an den Vizedirektor für Finanzwesen vom 15. März 1968.
23 David Wise/Thomas B. Ross: *The Espionage Establishment*. New York: Random House 1967, S. 143
24 Ebenda
25 Ebenda, S. 143-160
26 Morton Mintz/Jerry S. Cohen: *Power, Inc.* New York: Viking Presse 1976, S. 283

27 U.S. Department of Justice: Report of the Justice Department Task Force to Review FBI Martin Luther King jr., Security and Assassination Invesitgations. Washington, D.C., v. 11. Januar 1977.
28 U.S. Senate Committee on the Judiciary: FBI Statutory Charter – Appendix to Hearings Before the Subcommittees on Administrative Practice and Procedure Part 3, 95th Cong. 2d. Sess. U.S Court Print, S. 33-75
29 HSCA-Report Bd. VI, S. 138; MLK Exhibit F-436D.
30 Mitteilung von W.C. Sullivan an A. E. Belmont v. 24. Dezember 1963.
31 Ebenda
32 Mitteilung von C. D. Brennan an W. C. Sullivan v. 18. April 1968.
33 Mitteilung von C. D. Brennan an W. C. Sullivan v. 15. Dezember 1968.
34 Aktennotiz v. 23. Juni 1966 für den Atlanta-SAC Joseph K. Ponder.
35 Mitteilungen von G. C. Moore an W. C. Sullivan v. 13. Dezember 1967 und 29. Dezember 1967; Mitteilung an Generalbundesanwalt Clark v. 2. Januar 1968 und seine Antwort v. 3. Januar 1968.
36 HSCA-Report Bd. VI, S. 67
37 Details über diese Kontakte finden sich in den wie folgt datierten Mitteilungen F. J. Baumgardners an W. C. Sullivan: 10. November 1964, 1. Februar 1964, 2. März 1965, 23. April 1965, 24. Mai 1965 und 14. August 1965.
38 *New York Times* v. 19. November 1964.
39 Mitteilung Baumgardners für William Sullivan v. 3. November 1966.
40 Mitteilung von Robert Wick an Cartha DeLoach v. 9. November 1966.
41 Mitteilung von Charles Brennan an William Sullivan v. 8. März 1967.
42 Philip Melanson: *The Martin Luther King Assassination*. New York: Shapolsky Publishers 1991, S. 132
43 Mitteilung des SAC Chicago an die FBI-Direktion vom 1. Juni 1967.
44 Melanson, a.a.O., S. 132
45 Mitteilung von George Moore an William Sullivan v. 25. Oktober 1967.
46 Mitteilung von George Moore an William Sullivan v. 26. März 1968.
47 HSCA-Report Bd. IV, S. 200
48 Mitteilung von Milton Jones an Thomas Bishop v. 18. März 1969.
49 Jack Anderson/Les Whitten in *The Washington Post* v. 17. Dezember 1975.
50 Mitteilungen F. J. Baumgardners an W. C. Sullivan v. 8. und 17. September 1964.
51 HSCA-Abschlußbericht, S. 573
52 Curt Gentry: *J. Edgar Hoover. The Man and the Secrets*. New York: W. W. Norton 1991, S. 572
53 HSCA-Report Bd. VI, S. 125
54 HSCA-Abschlußbericht, S. 377

55 HSCA-Abschlußbericht, S. 376
56 Melanson, a.a.O., S. 73
57 Garrow, a.a.O., S. 468
58 Erklärung Percy Foremans v. 3. April 1974 in der Sache *James Earl Ray gegen Jimmy H. Rose* No. C-74-166, United States District Court, Western District of Tennessee, Western Division, S. 154
59 Ebenda, S. 167
60 Ebenda, S. 182
61 HSCA-Abschlußbericht, S. 548 f.
62 HSCA-Abschlußbericht, Fußnote S. 547
63 HSCA-Report Bd. VIII, S. 608
64 HSCA-Abschlußbericht, S. 555
65 Douglas Valentine: *The Phoenix Program*. New York: William Morrow & Co. 1990, S. 338
66 *I Am A Man*, Memphis: Memphis Publishing Co. 1993, S. 104
67 HSCA-Report Bd. I, S. 77
68 Valentine, a.a.O.
69 James Bamford: *The Puzzle Palace*. New York: Penguin Books 1983, S. 321
70 Ebenda, S. 317
71 Ebenda, S. 321
72 Ebenda

Die Hauptbeteiligten:

Das Memphis Police Department (MPD) 1968

Frank C. Holloman	ehemaliger FBI-Agent; leitete das Polizei- und Feuerwehrdepartment in Memphis
J. C. MacDonald	Polizeichef
William O. Crumby	stellvertretender Polizeichef
Sam Evans	Inspector; Leiter aller Spezialeinheiten einschließlich der Krisen-Eingreiftruppe TACT
Don Smith	in den 60er Jahren Leiter des persönlichen Sicherheitskommandos für King in Memphis
N. E. Zachary	Inspektor der Mordkommission
Eli H. Arkin	Einsatzleiter der Geheimdienstabteilung
J. C. Davis	Detective der Geheimdienstabteilung
Emmett Douglass	Fahrer des TACT-10-Kombiwagens am Nachmittag des 4. April 1968
Joe B. Hodges	Wachtmeister, Hundeführer
Barry Neal Linville	Detective der Mordkommission
Marrell McCollough	verdeckter Ermittler mit dem Auftrag, die Invaders zu unterwandern
Ed Redditt	der Geheimdienstabteilung zugeordneter, farbiger Detective
Willie B. Richmond	farbiger Mitarbeiter der Geheimdienstabteilung
Jim Smith	Beamter des Special Service; Berichterstatter der Geheimdienstabteilung; später Leiter der staatsanwaltlichen Ermittlungen
Tommy Smith	Detective der Mordkommission
Jerry Williams	farbiger Detective

Die Feuerwehr von Memphis 1968

Carthel Weeden	diensthabender Captain auf Station 2
Lieutenant George Loenneke	zweiter Befehlshaber auf Station 2
William King	Feuerwehrmann auf Station 2
Floyd Newsom	farbiger Feuerwehrmann auf Station 2
Norvell Wallace	farbiger Feuerwehrmann auf Station 2

Die Richter

Preston Battle jr.	1968 Vorsitzender des Criminal Court im Distrikt Shelby County
Joe Brown jr.	1994-95 Vorsitzender des Criminal Court im Distrikt Shelby County

Die Vertreter der Anklage

Phil Canale	1968-69 Generalstaatsanwalt im Distrikt Shelby County
John Pierotti	1993-95 Generalstaatsanwalt im Distrikt Shelby County

James Earl Rays Verteidigung

Arthur Hanes sen. & der jetzige Richter Arthur Hanes jr.	die ursprünglichen Anwälte von James Earl Ray
Percy Foreman	zweiter Anwalt von James Earl Ray
Hugh Stanton sen.	zusammen mit Percy Foreman 1968-69 vom Gericht bestellter Nebenanwalt
James Lesar	James Earl Rays Anwalt in den frühen 70er Jahren
Jack Kershaw	James Earl Rays Anwalt Mitte der 70er Jahre
Mark Lane	James Earl Rays Anwalt von 1977 bis Anfang der 80er Jahre
William F. Pepper	Autor des vorliegenden Buches; vertrat die Interessen James Earl Rays von 1988 bis in die Gegenwart
Wayne Chastain	Generalbundesanwaltschaft Memphis; von 1993 bis heute Rechtsberater der Verteidigung; 1968 Reporter des *Press Scimitar* in Memphis

Regierungsbehörden der USA

Die Regierung der Vereinigten Staaten 1967-68

Lyndon Baines Johnson	Präsident
Robert S. McNamara	Verteidigungsminister

Das FBI 1968-69

J. Edgar Hoover	Chef des FBI
Clyde Tolson	Stellvertreter, enger Freund und Nachfolger J. Edgar Hoovers
Cartha DeLoach	stellvertretender Direktor
William C. Sullivan	stellvertretender Direktor für den Bereich Innere Sicherheit und Ausweitung der Einsätze des Spionage-Abwehrprogramms COINTELPRO
Patrick D. Putnam	Spezialagent der US-Streitkräfte; stellvertretender Chef des Abwehrstabs
Robert G. Jensen	Spezialagent (SAC) im Regionalbüro Memphis
William Lawrence	Spezialagent des Geheimdienstes im Regionalbüro Memphis
Joe Hester	Spezialagent im Regionalbüro Memphis; mit der Koordinierung der Geheimdienstaktivitäten im Gebiet von Memphis betraut
Al Sentinella	Spezialagent des FBI im Regionalbüro von Atlanta, 1967-68 mit der Führung des SCLC-Informanten James Harrison betraut
Arthur Murtagh	FBI-Agent im Auftrag des Regionalbüros von Atlanta 1967-68

Die CIA 1967–68

Richard M. Helms	Chef der CIA

Die US-Streitkräfte 1967–68

Büro des Stabskommandanten

General Harold Johnson	Stabskommandant

Militärischer Abschirmdienst

Brigadegeneral William H. Blackfield	Oberbefehlshaber der Spionageabwehr der US-Streitkräfte
Generalmajor William P. Yarborough	Stellvertretender Stabschef der Abwehr (»ACSI«)
Gardner (Deckname)	Schlüsseladjutant der 902. militärischen Abwehreinheit
Col. F. E. van Tassel	befehlshabender Offizier, ACSI-Sicherheitsdienst und Ermittlungseinheit der Spionageabwehr (»CIAB«)
Gardners Adjutant (Deckname)	Adjutant Gardners; seine rechte Hand
Herbert (Deckname)	Stabsoffizier im ACSI-Amt, Pentagon
Col. Robert McBride	befehlshabender Offizier der 111. militärischen Abwehreinheit, stationiert in Fort McPherson, Georgia

20th Special Forces Group (20. SFG) 1967-68, Hauptquartier Birmingham, Alabama

Col. Henry H. Cobb jr.	befehlshabender Offizier
Major Bert E. Wride	stellvertretender Befehlshaber
Capt. Billy Eidson †	Alabama-Kontingent
Second Lieutenant Robert Worley †	Mississippi-Kontingent
Stabssergeant Murphy (Deckname)	Alabama-Kontingent
Stabssergeant Warren (Deckname)	Alabama-Kontingent
Gefreiter J. D. Hill †	Mississippi-Kontingent

Psychologische Kriegführung (»Psy Ops«)

Reynolds (Deckname)	fotografische Überwachung
Norton (Deckname)	fotografische Überwachung

Die für Attentate zuständige parlamentarische Untersuchungskommission (HSCA)

Louis Stokes	Vorsitzender des HSCA
Richard Sprague	ehemaliger Staatsanwalt von Pennsylvania; 1976 erster HSCA-Chefberater
Robert Blakey	1977-79 Chefberater des HSCA
Walter Fauntroy	1976-79 Vorsitzender der für das Attentat auf Martin Luther King zuständigen Sonderkommission

Vertreter der Southern Christian Leadership Conference (SCLC) von 1967, zugleich die wichtigsten Zeugen oder Beteiligten des Geschehens

Rev. Dr. Martin Luther King jr.	Präsident
Rev. Dr. Ralph D. Abernathy	Vizepräsident, Schatzmeister
Rev. Andrew Young	geschäftsführender Vizepräsident
Rev. Hosea Williams	Chefkoordinator der Veranstaltungen
Rev. James Orange	Veranstaltungsleiter in Memphis
Rev. James Lawson	SCLC-Vertreter in Memphis, der King eingeladen hatte

Die Invaders 1967-68

Charles Cabbage
Dr. Coby Smith
»Big« John Smith
Charles »Izzy« Harrington
Calvin Taylor

Weitere wichtige Beteiligte

Lavada (Whitlock) Addison	Eigentümerin eines Restaurants, in dem Frank C. Liberto 1978 verkehrte
Willie Akins	mit Loyd Jowers befreundet
Amaro (»Armando«)	Cousin von Raul
Walter Bailey	1965 Eigentümer und Manager des Lorraine-Motels
Clifton Baird	1965 Polizeibeamter in Louisville, Kentucky
Arthur Baldwin	in den 70er Jahren Eigentümer einer Striptease-Bar in Memphis
Myron Billet	arbeitete in den 60er Jahren zeitweise als Chauffeur für den Gangsterboß Sam Giancana in Chicago
Kay Black	1968 Reporterin des *Press Scimitar* in Memphis
Ray Blanton	Gouverneur von Tennessee, als Ray 1976 aus der Haft entkam
Earl Caldwell	Reporter der *New York Times*, am 4. April 1968 im Lorraine-Motel
Carson (Deckname)	Freund und Mitarbeiter von Sergeant J. D. Hill von der 20. SFG
Sid Carthew	britischer Seehandelskaufmann, der 1967 die Neptune-Bar in Montreal aufsuchte
Cheryl (Deckname)	von 1962 bis 1979 Bekannter/Mitarbeiter von Amaro und seinem Cousin Raul
Joe »Zip« Chimento	gehörte zu Marcellos Leuten in New Orleans; 1967/68 für Marcellos Waffenschmuggel und Waffenhehlerei zuständig
Chuck (Deckname)	sechsjähriger Junge, der 1968 angeblich in einem auf der Mulberry Street geparkten Wagen saß, als der Schuß fiel
Morris Davis	1968 Spitzel für FBI und DEA; 1977–78 Spitzel und verdeckter Ermittler des HSCA
Daniel Ellsberg	ehemaliger Experte im Verteidigungsministerium, der die *Pentagon-Papiere* veröffentlichte
Hickman Ewing jr.	ehemaliger US-Staatsanwalt und Chefberater in der Verhandlung des Fernsehgerichts gegen James Earl Ray

April Ferguson	1978 Mitabeiter Mark Lanes und Berater der Verteidigung in der Verhandlung des Fernsehgerichts gegen James Earl Ray
Marvin E. Frankel	ehemaliger Richter am US-Bundesgerichtshof; vorsitzender Richter des Fernsehgerichts gegen James Earl Ray
Eric S. Galt	1967–68 Arbeiter der Union Carbide Corporation in Toronto; Biographie unter strengster Geheimhaltung von der US-Regierung gefälscht; diese Identität benutzte James Earl Ray 1967–68
Lewis Garrison	Anwalt in Memphis für Loyd Jowers
James Harrison	1967-68 SCLC-Beauftragter, vom FBI als Spitzel bezahlt
Ray Alvis Hendrix	Augenzeuge, der am 4. April 1968 Jim's Grill zehn bis fünfzehn Minuten vor der Schießerei verließ
Kenneth Herman	Privatdetektiv in Memphis
O. D. Hester »Slim«	Freund von Ezell Smith
Frank Holt	LKW-Beifahrer, der 1968 bei M. E. Carter angestellt war
Charles Hurley	Einwohner von Memphis, der seine Frau am Nachmittag des 4. April 1968 vor dem Hotel abholte
Solomon Jones	1968 der Chauffeur Kings in Memphis
Loyd Jowers	1968 Eigentümer von Jim's Grill auf der South Main Street in Memphis
Jim Kellum	Privatdetektiv der Verteidigung in Memphis
(William) Tim Kirk	1978 Häftling im Shelby-County-Gefängnis und im Riverbend-Maximum-Hochsicherheitstrakt von 1992 bis heute
Reverend Samuel »Billy« Kyles	Geistlicher in Memphis
James Latch	Teilhaber der Firma L, L & L Produce Company in Memphis und 1968 Partner Libertos
Frank Camille Liberto	1968 Teilhaber der Firma L, L & L Produce Company in Memphis
Phillip Manuel	1968 Ermittler für den ständigen Untersuchungsausschuß des US-Senats

Carlos Marcello	Mafia-Bandenführer in New Orleans 1967–68
John W. (»Bill«) McAfee	Fotograf in Memphis, der am 4. April 1968 von einer Fernsehanstalt auf King angesetzt war
James McCraw	1968 Taxifahrer, der am Abend des 4. April unterwegs war
John McFerren	Geschäftsmann aus Somerville, Tennessee; 1968 führender Kopf der Bürgerrechtsbewegung
Sheriff Bill Morris	1967–68 Sheriff in Shelby County
Red Nix	von Marcellos Syndikat beauftragter Killer
der Pate von Memphis	Carlos Marcellos wichtigster Mann in Memphis
Oliver Patterson	1977–78 Informant des FBI und HSCA
Paul	1968 Taxifahrer, am Abend des 4. April unterwegs
Raul	zwielichtige Figur, mit der sich James Earl Ray 1967 in der Neptune-Bar von Montreal traf
James Earl Ray	der angebliche Attentäter Martin Luther Kings, der im März 1998 seit 29 Jahren im Gefängnis sitzt
Jerry Ray	jüngster Bruder von James Earl Ray
John Ray	zweitjüngster Bruder von James Earl Ray
William Zenie Reed	Augenzeuge, der am 4. April 1968 Jim's Grill zehn bis fünfzehn Minuten vor der Schießerei verließ
Randy Rosenson	sein Name stand auf einer Visitenkarte, die James Earl Ray 1967 im Mustang fand
Jack Saltman	Produzent bei der Fernsehverhandlung gegen James Earl Ray für Thames Television 1993
William Sartor	Artikelschreiber und Investigativ-Reporter für das *Time Magazine*; starb 1971 unter mysteriösen Umständen
Bobbi Smith	1967-68 Kellnerin im Jim's Grill
Ezell Smith	1968 Angestellter im Liberto-Familienbetrieb in Memphis
Betty Spates	1967–68 Geliebte von Loyd Jowers und Kellnerin im Jim's Grill

Dr. Benjamin Spock	Kinderarzt, Autor, Politiker und Kandidat für das Amt des Vizepräsidenten beim King-Spock-Wahlvorschlag von 1968
Gene Stanley	ehemaliger US-Anwalt und 1972 Randy Rosensons Verteidiger in Knoxville
Charles Quitman Stephens	Mieter in Zimmer 6b im Apartmenthaus der 422½ South Main Street; 1968 Hauptbelastungszeuge der Anklage gegen James Earl Ray
Maynard Stiles	1969 stellvertretender Leiter des Amts für öffentliche Bauten in Memphis
Alexander Taylor	1968 hochrangiger Spion in Florida
Steve Tompkins	1993 Reporter des *Commercial Appeal* in Memphis
Ross Vallone	Carlos' Marcellos rechte Hand in Houston
Louie Ward	1968 Taxifahrer, am Abend des 4. April unterwegs
Nathan Whitlock	Sohn von Lavada (Whitlock) Addison, der 1978 Frank C. Liberto im Restaurant seiner Mutter kennenlernte
John Willard	Deckname, den James Earl Ray benutzte, um am 4. April 1968 ein Zimmer in der 422½ South Main Street zu mieten
Glenn Wright	Berater der Strafverfolgungsbehörde im Fernsehgericht gegen James Earl Ray
Walter Alfred »Jack« Youngblood	Im Vietnamkrieg bei einer operativen Spezialeinheit der US-Armee; Pilot, Geheimagent und Söldner

Glossar

ACLU	American Civil Liberties Union
ACSI	Stellvertretender Einsatzleiter beim Geheimdienst (Assistant Chief of Staff for Intelligence)
Alpha 184 Team	ein operatives Einsatzkommando
AFSCME	Association of Federal, State, County and Municipal Employees Union (Gewerkschaft der Bundes-, Landes-, Kreis- und Stadtbediensteten)
agent provocateur	verdeckter Ermittler, der in die zu bespitzelnde Gruppe eingeschleust wird und Einfluß auf ihre Aktionen nimmt
AUTOVON	erste Generation der Faxgeräte; 1967 auf dem modernsten Stand
ASA	Army Security Agency
asset	soviel wie »Trumpf«; regierungsunabhängiger Auftragsagent, dessen Aktivitäten offiziell dementiert werden
Behind-the-fence-Operation	offiziell dementierter Undercovereinsatz
body mass	sogenanntes »Weichziel« eines bewaffneten Angriffs; der menschliche Körper im Brustbereich
BOP	Black Organizing Project (mit den Invaders verbündete Bewegung)
bureau	Kurzform für Federal Bureau of Investigation (FBI)
center mass	anderer Begriff für »body mass« (vgl. dort)
CIA	Central Intelligence Agency
CIAB	Counterintelligence Analysis Board (Spionageabwehr)
CINCSTRIKE	Commander-in-Chief U. S. Strike Command
C. O.	Commanding Officer (befehlshabender Offizier)
COINTELPRO	gegen Oppositions- und Protestgruppen gerichtetes Spionageabwehrprogramm des FBI
COME	Community on the Move for Equality (ein Bündnis von Arbeiterführern und Bürgerrechtsgruppen in Memphis)

COMINFIL	FBI-Bezeichnung für kommunistische Infiltration einer bespitzelten Zielgruppe
Committee	Untersuchungsausschuß des Repräsentantenhauses zu Attentatsfällen
CONUS	Continental United States
D. A.	Distriktsanwalt (entspricht dem deutschen Generalstaatsanwalt)
DEA	Drug Enforcement Agency (Antidrogentruppe)
DEFCON	Kurzform für den nationalen Notstand, wobei der Ernst der Lage durch aufsteigende Ziffern signalisiert wird (z. B. DEFCON 2, 3, 4)
DIA	Defense Intelligence Agency
ELINT	geheimdienstliche elektronische Überwachung
FBI	Federal Bureau of Investigation
HSCA	Untersuchungsausschuß des Repräsentantenhauses zu Attentatsfällen
HUMINT	Human Intelligence Source (ein Informant)
IEOC	Intelligence Emergency Operation Center; Informations- und Einsatzzentrum der militärischen Abwehr; überall dort eingerichtet, wo zivile Unruhen zu erwarten sind
Invaders	kleine, militante Schwarzenorganisation in Memphis; als autonome Gruppe agierend
IRR	Investigative Records Repository; Geheimarchiv der Militärischen Abwehrr in Fort Holabird, wo geheimdienstliche Akten über Zivilpersonen aufbewahrt wurden
LAWS	leichte Antipanzer-Raketenwerfer
L, L & L	Liberto, Liberto & Latch (Firma im Besitz von Frank C. Liberto)
MIGs	Military Intelligence Groups (militärische Abwehreinheiten)
MPD	Memphis Police Department
NAACP	National Association for the Advancement of Colored People
NAS	Millington Naval Air Station
NCNP	National Conference for New Politics
NLF	National Liberation Front
NSA	National Security Agency

ONI	Office of Naval Intelligence
Operation CHAOS	CIA-Programm, bei dem durch Abfangen und Öffnen von Privatbriefen, durch V-Leute und verdeckte Ermittlungen über Staatsbürger und politische Gruppierungen Informationen gesammelt wurden
Operation MINARET	»Schwarze Liste« der NSA zur Beschattung von Einzelpersonen und Gruppen, die sich für zivilen Ungehorsam, Wehrdienstverweigerung und Desertion einsetzen
OS	Office of Security; Abteilung der CIA, von der eine Vielzahl streng geheimer verdeckter Operationen ausging, häufig unter Mithilfe des organisierten Verbrechens
Projekt MERRIMAC	SOG-Projekt der CIA, das auf Unterwanderung und Bespitzelung von zehn großen Friedens- und Bürgerrechtsgruppen abzielte
Projekt RESISTANCE	OS-Projekt von 1967, bei dem Versammlungen von Friedensbewegungen unterwandert, Informanten angeworben und in Zusammenarbeit mit der Ortspolizei die Aktivitäten farbiger Studenten bespitzelt wurden
Psy Ops	Sektion für psychologische Kriegsführung
recon.	reconnaissance (Militärische Aufklärung)
SAC	FBI-Spezialagent im Einsatz; höchstrangiger Offizier in jedem Kommando vor Ort
SCLC	Southern Christian Leadership Conference
SFG	Special Forces Group der Armee, auch Green Berets genannt
SNCC	Student Non Violent Coordination Committee (gewaltlose Studentengruppe)
SOG	Special Operations Group; kleine, verdeckte Einsatztruppe für besondere Aufgaben
TACT (TAC)	taktische Krisen-Eingreiftruppe, aus zwölf Männern und drei oder vier Wagen bestehend, die in Memphis während des Müllfahrerstreiks stationiert war
TBI	Tennessee Bureau of Investigation
USAINTC	U.S. Army Intelligence Command (der übergeordnete Geheimdienst der Armee)
USIB	United States Intelligence Board

Personenregister

Wegen der häufigen Nennung ist der Name Martin Luther King nicht in das Register aufgenommen.

Bildquellennachweis

Autor: 1, 7, 8, 9, 10, 15, 22, 24, 25, 26, 29, 37
Ben Fernandez: 2, 3
David Barker: 4, 35
Memphis Police Department Evidence Files: 11, 12, 13, 16, 21, 23, 39
Memphis State University Collection: 5, 14, 34
UPI/Bettman: 6
Jean Obray: 17
Courtesy of Sunday Express: 18
Courtesy of Nathan Whitlock: 19
Sam Melhorne, Commercial Appeal: 20
Robert McSorley: 27
Chistopher R. Harris: 28
Yarborough Collection, Boston University: 30, 31
Joseph Louw: 36